한국민족운동과 민족문제

한국민족운동사연구회 편

국학자료원

차 례

朝鮮總督府 圖書之印 폭도격문 분석 ························· 강 길 원 ······ 1
자강운동기 평안도지방 '야학운동'의 실태와 성격 ······· 김 형 목 ······ 41
천도교의 3·1운동 前史 ································· 김 정 인 ······ 83
대한독립선언서의 사상적 구조 ··························· 김 기 승 ······ 115
일제강점기 조세제도 연구 ·················· 김생기·오문석 ······ 163
1920~30년대 초 古下 宋鎭禹의 사상과 활동 ········· 심 재 욱 ······ 197
1920년대 한중 양국에서 전개된 통일전선운동의
  역사적 성격 비교 ·································· 이 은 우 ······ 245
金마리아의 망명생활과 독립운동 ····················· 박 용 옥 ······ 267
일제시기 직업소개소의 운영과 노동력 동원 실태 ······· 홍 순 권 ······ 339
태평양전쟁기 조선인 자본가들의 공업관 ················· 김 인 호 ······ 385
1946년 11월 북한의 인민위원회 선거 연구 ············· 조 성 훈 ······ 439
한국전쟁에서 중국의 개입을 둘러싼 논쟁연구 ··········· 보론초프 ······ 477
조지훈·이청담의 불교계 '분규' 논쟁 ··················· 김 광 식 ······ 495

□ 자료소개
『不逞團關係雜件 朝鮮人ノ部 新聞雜誌』 ················· 이 상 일 ······ 525
『新聞으로 본 韓國佛敎近現代史』Ⅰ·Ⅱ집 ················· 이 경 순 ······ 535

□ 서평
만주지역 민족운동의 새로운 이해 ························· 장 세 윤 ······ 541

□ 역사기행
북만주와 연해주 지역 항일전적지 탐방 ················· 박 환 ······ 553

JOURNAL OF STUDIES ON KOREAN NATIONAL MOVEMENT

NO.22   September 1999

Contents

Kang, Kilwon, An analysis of the slogan of the righteous army stamped by Chosun Government-General. / 1

Kim, Hyung-mog, A real situation and characterist of PyungAn province night-school movement during the power establisment sovereignty restoration age. / 41

Kim, Jungin, Preparation for 3.1Movement by Religion of the Heaven Way / 83

Kim, Ki-seng, A study on declaration of Korean independence / 115

Kim, Saing-kee · Oh, Moon-sok Taxation system under the japanese imperialism / 163

Shim, Jaewook, Ideas and activities of Go Ha Song Jin Woo in 1920's-early 1930's / 197

Lee, Eunwoo, A comparative study on the unified movement in China and Korea in 1920's. / 245

Park, Yongock, Maria Kim's exiled life and independence movement in China and the United State / 267

Hong, Soonkwon, Operation of Recruit office and Labor Draft under the rule of Imperial Japan. / 339

Kim, Inho, A study of industry cognition of Korean capitalist during the pacific wartime / 385

Cho, Sung hun, The North Korea's Election for People's Committee in November 1946 / 439

Vorontsov, A study of disputes over the intervention of China in Korean War. / 477

Kim, Kangsik, Dispute over the separation of Buddist society between Cho Jihoon and Lee Chungdam. / 495

朝鮮總督府圖書之印 暴徒檄文 分析*

姜 吉 遠**

─────────＜목 차＞─────────

Ⅰ. 머리말   Ⅲ. 檄文의 分析
Ⅱ. 暴徒의 意味   Ⅳ. 맺음말

Ⅰ. 머리말

　『暴徒檄文』은1) 朝鮮總督府圖書之印이 찍혀있는 한책(一冊)으로 현재 奎章閣 圖書 番號 15253 인 Microfilm 상태로 보관되어 있다. 이 자료는 각기 다른 29개의 文件을 意圖한 編輯 方針에 따라서 한책으로 편집한 듯하다. 原文이 漢文이거나 國漢文인 경우는 그대로 筆寫하였고 각 문건 마다 日譯文을 붙혀 漢文과 日文을 한건, 혹은 國漢文과 日文을 한건으로 하여 일본어 해독자가 보기 편하도록 묶고 편집자가 따로 목차를 써서 각 건마다 소제목을 달고 소제목의 일련 번호를 1)에서 29)까지 매긴 뒤에 表題를 『暴徒檄文』이라고 달았다. 編輯者가 따로 부친 表題와 目次 이외의 本文은 原文대로 충실히 옮겨 적었다. 또 本文에 들

─────────────

* 이 논문은 1998년도 전북대학교의 연구비 지원으로 이루어진 논문이다.
** 全北大學校 史學科 敎授
 1) 이 글의 基本 資料인 이 冊은 이하 脚註에서 A. 라고 한다.

어가기 앞서 『暴徒檄文』 第 4輯이라 하여 通卷 號數를 기록한 것으로
보아 『暴徒檄文』은 몇 卷이 있었던 것으로 판단되나 그 전체는 이 책
이외는 알 수 없다.

　이 책은 1) 李錫庸의 「太皇帝 上奏文」, 2) 湖南 倡義 都會所 大將 權
澤의 「廣告 巡查隊」, 3) 權澤의 「廣告 商賈」, 4) 權澤의 「訓告 閭里 士
民」, 5) 倡義 元師部 總督將兼 先鋒將 成桂銀의 「令 各邑, 各面, 各里,
面長,.執綱及 大小 人民」, 6) 倡義 元師部 右軍將 尹仁淳의 「曉諭文」, 7)
尹仁淳의 「傳令 楊州邑 內面 面長」, 8) 湖南 倡義所 盟主 李의 「示 倭賊
」, 9) 湖義所 都統 大將 朴의 「廣告 一眞會, 巡查隊」, 10) 智異山 義兵所
大將 文慶秀의 「通文」, 11) 三南 倡義所 大將 全의 「曉諭, 廣告」, 12)
畿湖 先鋒隊將 左右 召募 一隊護軍將 李의 「傳令 各里 大小民及 里長」,
13) 鮮國 復讐 雲雷 大將 壯義軍令의 「令 潭陽 知郡 土倭 李庸榮」, 14)
壯義軍令의 「令 潭陽 地方委員 李奎聯 ,鄭錄島」, 15) 壯義軍令의 「令 潭
陽 稅務官 李 土倭」, 16) 壯義軍令의 「令 潭陽 稅務 田.金 兩色」, 17) 湖
南義所 白鋒의 「令 外西面(同福)長及 各村 舍音 各洞 頭民」, 18) 湖南
壯義所 石浦의 「令 外西面長」, 19) 倡義 尊壤軍師府 大將 延起羽의 「輪
示 各郡 各面 大小民」, 20) 延起羽의 「輪示」, 21) 大將 李의 「廣告」, 22)
湖南義將 錦齋一의 「令 光州 稅務署」, 23) 義陣所의 「廣告 嶺南 各郡,
各里, 大小 人民」, 24) 義陣所의 「令 各面, 各里 契長」, 25) 六南 召募將
兪宗煥의 「泣告 大韓 僉君子」, 26) 嶺南 倡義人 徐丙熙의 「檄告 于日商
」, 27) 湖南 壯義所 朴平南의 「廣告」, 28) 湖左 壯義所의 「傳令 麗州 各
面 面長」, 29) 湖左 大陣 左軍部의 「檄告」를 한 책으로 묶었다.

　위의 文件들은 靜齋 李錫庸 上奏文2)이 戊申年(1908) 8月에 지어진 것

---

2) 光復 後(1961) 靜齋 李錫庸의 글을 모아서 鉛活字 三卷 一冊으로 묶은 『湖南
　倡義錄』에는 靜齋가 쓴 이 上奏文이 빠져 있다. 『湖南倡義錄』을 묶을 때 上
　奏文 草稿가 발견되지 않아서 넣지 않은 듯하다. 이 冊은 脚註에서 이하 B.
　라고 한다.

이고 이어서 權澤, 成桂銀의 글들이 그 해의 작성 일시를 명기하고 있
다. 몇 몇 글들은 작성 년 월을 쓰지 않았지만 그 외의 대부분은 작성
년 월을 기록하고 있다. 이에 따르면 尹仁淳의 글 이후는 대부분이 己
酉年(1909)에 지어졌다 이를 대체적으로 가늠해 볼 때『暴徒檄文』은 그
간에 수집된 것들을 戊申年(1908)에서 己酉年(1909)까지 記年과 日字 別
로 編冊 하였던 것으로 판단된다. 어떤 글은 崇禎 年號를 쓰고, 어떤 글
은 光武, 隆熙 年號를 썼지만 나머지는 모두 단지 干支 만을 쓰고 있는
점이 전통 시대의 격문들과는 다름을 보여준다.[3]

위의 글들 가운데는 湖南 倡義所 盟主 李, 湖義所 都統 大將 朴, 三
南 倡義所 大將 全, 畿湖 先鋒隊將 左右 召募一隊 護軍將 李, 湖南義所
白鋒, 大將 李만을 쓰고 있는 경우가 있다. 이러한 경우는 湖南 倡義所,
湖義所, 三南 倡義所, 倡義義所가 어느 지역을 중심으로 鬪爭하고 있던
義陣이었고 또 이들 義陣의 規模나 義陣의 構成, 義兵將의 이름, 등을
구체적으로 파악 할 수는 없다. 그리고 作成者의 처지 또한 盟主 혹은
大將이라고 밝히고 있는 경우에는 義兵將으로 이해할 수 있다. 다만 都
統 大將, 護軍將은 義陣의 職責을 만을 기록한 경우는 작성자의 처지가
의진에서 도통장, 호군장이었던 경우가 된다. 또 湖南義所 白鋒에서와
같이 義陣의 先鋒將 白의 의미로 써서 의진의 직책과 작성자의 성만을
쓰고 있는 경우도 있다. 또 湖南 壯義所 石浦와 같은 경우는 石浦가 시
장 이름으로 볼 수 있어서 그 義陣이 주둔하고 있던 場所만을 알리려고
하였던 듯 하다. 더욱이 壯義軍令, 湖南 壯義所, 湖左 壯義所, 湖左 左軍
部처럼 義陣 이름 만을 전하는 경우는 구체적인 여러 사항들을 파악하
기 어렵다. 그러나 李錫庸, 權澤, 尹仁淳, 成桂銀, 文慶秀, 延起羽, 錦南
一, 兪宗煥, 徐丙熙, 朴平南과 같이 作成者의 이름을 기록해 놓은 경우
는 다른 文件들보다 많은 사실들을 전해 준다.

---

3) 傳統時代의 檄文은 干支만을 썼던 경우는 없고 中國의 年號를 記錄해서 記
   年을 표시하는 것이 보편적인 例이었다.

위의 책을 구성하고 있는 29개의 文件들은 1908년 가을부터 1909년 여름까지를 記年과 日字 別로 編冊되었기 때문에 여러 지역의 글들이 포함되어 있다. 이들을 지역 별로 단순한 計量的 구분을 해보면 京畿道 가 4건, 慶尙道 4건, 黃海道 3건, 江原道 1건, 지역을 구분하기 모호한 3 건, 全羅道 15건으로 나누어 볼 수 있다. 이는 명확히 지역을 확인 할 수 있는 경우는 물론이고 그 내용에서 이를 확인 할 수 있는 것을 포함 한다. 그리고 지역을 구분하기 어려운 3건은 그 내용상 蓋然性으로 全 羅道로 보여진다. 이러한 단순한 구분은 그 의미를 부여하기에는 다소 간의 논의의 여지가 있다. 이러한 위험에도 불구하고 槪觀할 수 있는 점은 이 책에 들어 있는 29개의 文件 중에 全羅道가 전체의 50%이며 구분이 模糊한 3건을 포함시키면 60%에 이른다. 이는 당시 義兵鬪爭이 全國的인 현상이었지만 그 중 全羅道가 전국에서 가장 熾烈하였던 상황 과 無關하지 않은 듯하다.[4] 이 때문에 日帝는 全羅道 義兵을 韓國倂合 의 걸림돌로 파악하고 이들을 潰滅시키려는 대규모의 軍事作戰을 전개 하였다. 이 군사작전이 소위 南韓大討伐이었다. 作戰名은 南韓大討伐이 었지만 기실은 作戰地域이 全羅道에 한정한 되었던 군사작전이었다. 日 帝는 이 蠻行에서 수많은 義兵과 良民을 殺戮하고 2000명 이상의 義兵 을 포로로 체포하여 全羅道 義兵을 潰滅시킨 후 그 다음해(1910) 韓國 倂合을 실현하였던 歷史의 進行과 일치하는 史實이다.

編冊者가 檄文으로 題號하여 한책으로 묶은 위의 글들은 그 표현이 다양하다. 어떠한 일을 알려서 부추키기 위하여 작성한 글의 성격을 지 닌 上奏文, 曉諭文, 泣告는 특정한 인물을 대상으로 하고 있다. 그리고 어떠한 일을 알려서 여러 사람을 부추기는 성격인 경우는 訓告, 檄告, 示, 輪示, 廣告로 쓰고 있는 듯하다. 또 軍兵을 募集하거나 軍用金이나 軍需品, 武器, 彈藥의 支供을 요구하는 경우에는 通告, 通文을 사용하고

---

4) 拙稿, 「韓末 湖南義兵의 展開過程」, 『湖南文化研究』 26, 全南大學校 湖南文 化研究所, 1988 參照.

있다. 한편 敵軍이나 良民들을 달래거나 꾸짖으려는 목적에는 令, 傳令을 사용하고 있다. 그러나 이러한 分類는 筆者의 편의상 구분 일뿐이고 어느 경우나 명확히 구별되는 것은 아니고 慣行처럼 그 내용과는 관계없이 混用하여 사용하고 있다. 오직 전달하려는 의사를 명확히 전달하는 것으로써 作成者의 意志를 밝히는 기능을 하고 있는 글들이다. 이들 글은 그 대상이 특정인이든 여러 사람이든 그들을 說得하기 위하여 보편적인 狀況을 설명하고 이어서 作成者의 처지를 밝히고 이어서 작성자의 正當한 當爲性을 펼쳐 작성자의 主張에 同調를 요구할 뿐 아니라 이를 行動으로 연결해 주기를 바라는 순서로 전개하고 있다.

위의 책이 奎章閣에 所藏되어 있게된 저간의 經緯를 어림해 보면 다음과 같다. 日帝는 韓國을 侵略하여 倂合시키는 과정에서 統監府를 만들고 親日 傀儡政府를 앞세워 이를 구체화시키던 1905년에서 1910년 기간 중에서도 특히 1907년 이후는 헤이그 사건을 빌미로 皇帝를 바꾸고 日本人을 韓國 政府의 官史로 任命하는 등 韓國의 倂合을 서두르기 시작하였다. 이에 맞서 韓國人들도 國權을 守護하여 독립국가를 지켜가기 위하여 抗日鬪爭을 더욱 치열하게 전개하였다. 때문에 日帝도 日本軍과 傀儡政府의 韓·日 警察兵力을 동원하여 한국인들의 抗日鬪爭을 무자비하게 抹殺하였다.[5]

이를 지휘하고 있었던 統監府와 駐箚 日本軍은 이 때의 兩 陣營의 충돌 내용들을 일본군과 경찰 등을 통해서 收集하여 軍事日誌의 성격을 지닌 『朝鮮暴徒討伐誌』[6]를 남겼다. 統監府 警務局 또한 통치 자료 성격을 가진 『暴徒에 관한 編冊』[7], 『暴徒史 編輯資料』[8]를 남기고 日本 外

---

5) 拙稿, 「海山 全垂鏞의 抗日鬪爭」, 『歷史學報』 101, 歷史學會, 1984 參照.
6) 駐箚 朝鮮軍 司令部에서 1913년에 刊行한 이 冊은 脚註에서 이하 C. 라고 한다.
7) 統監府 內部 警務局에서 警務日誌를 모아서 묶은 이 冊을 脚註에서 이하 D. 라고 한다.
8) 觀察使들의 管轄地域 義兵關聯 情況報告(1907, 1908, 1909년)를 根據로하여

6

務省에서는 따로 『朝鮮 暴徒 蜂起의 件』9)을 남겼다. 『暴徒檄文』은 이러한 책들을 만들기 위하여 모아졌던 것들을 묶었을 蓋然性이 크다. 그러나 統監府와 駐箚 朝鮮軍이 이들 資料들을 前記한 책들을 編纂하면서 參考하였는지는 확인 할 수 없다.10) 다만 編輯 體制에 맞지 않아서 따로 『暴徒檄文』을 여러 책 만들었던 것은 확실하다.

統監府나 總督府는 이들 자료들을 收集하기 위하여 다양한 方法들을 동원하였다. 원래 이들 글이 정해진 특정한 對象을 상대로 作成된 경우는 그 대상으로부터 전해 받거나 傳達過程에서 수거하였다. 그러나 이들 글의 대부분은 널리 돌려서 알리려는 목적으로 작성되었기 때문에 이 사람 저 사람이 回覽하다가 일본군이나 警察, 密偵들의 손에 들어가서 보고되기도 하고 ,사람이 많이 다니는 저자 거리나 주막의 담벼락에 揭示하였던 것을 수거하기도 하였다. 또 警察 官署에 人便으로 직접 전달되었던 경우도 있고 어떤 事例는 逮捕되어 裁判에 회부되었던 義兵들의 押收된 證據物을 이관 받기도 하였다.

日帝는 韓國을 倂合한 뒤에 朝鮮 總督府 官制11)를 발표하여 支配 體制를 정비하였다. 이 조선 총독부 관제는 실질적인 한국통치의 성격을 보여주는 것이었다. 정무총감을 추차 조선군 헌병사령관이 겸직하도록 규정하여 사실상의 군사 통지의 길을 열었다. 이 무단 통치의 구조 가운데도 경찰과 헌병을 일원화 시켜 사법 경찰 업무를 집행하도록 하였던 경무 총감부의 편제는 독특하였다.12) 總督府 警務 摠監部는 1914년

內部 警務局에 서 만든 冊이다.
9) 1907~1910년 동안에 統監府, 駐箚 朝鮮軍 司令部와 청, 러시아 등지 海外 情報機關에서 收集하여 本國 外務省(日本 外務省)에 보고한 國內外 義兵關聯 事項을 日本 外務省에서 묶은 冊이다.
10) 義兵關聯 重要資料인 註 6~9의 어느 冊에도 『暴徒檄文』에 들어 있는 글들은 발견되지 않는다. 따라서 위의 冊들의 編輯過程에서 『暴徒檄文』이 參照되었는지는 확실하지 않다.
11) 朝鮮總督府官報 1910년 9月 2日.
12) 朝鮮 駐箚 日本憲兵 條例 勅令 제343호(1910년 9월 10일).

부터 각 憲兵隊長과 警務部長에게 警察 事務에 관한 각종 보고서를 수시로 제출하도록 지시하고 제출된 보고서를 분류해서 일본이 한국을 지배하는데 방해된다고 판단되는 일체를 "秘"로 분류 특별 취급하였다. 이들 "秘" 資料들은 總督府 警務 總監部 文書係에서 보관하였다. 이러한 정황을 근거로 가늠해 보면 『暴徒檄文』이 總督府 圖書印 만 찍혀 있을 뿐 "秘" 表示가 되어있지는 않는 점으로 보아 1914년 이전에 編冊되었을 것으로 판단된다. 그 후 이 책은 總督府 文書係에서 보관하여 오다가 해방 후 奎章閣에 넘겨졌고 奎章閣의 藏書 Microfilm 작업과정에서 Microfilm으로 작성되어 오늘에 이른 듯하다.

筆者는 『暴徒檄文』이 한정된 단기간에 발표되었고 每件 마다 그 分量이 적어서 義兵將, 義兵들의 思想이나 指向하는 목표를 구체적으로 파악하거나 義兵鬪爭의 발전적 진행을 찾아내는 데는 어려움이 있지만 義兵들이 地方民들에게 널리 알리려고 하였던 世界의 情勢, 日帝의 侵略 實狀, 統監府 新施政의 性格, 國家의 危機 狀況, 日本軍, 親日 傀儡 政府의 蠻行과 搾取, 親日 貪官 汚吏들의 反民族的인 走狗 行爲, 韓人 警察과 密偵들의 이기적인 親日 行脚 등을 담고있을 뿐 아니라 義兵募集, 軍需品, 軍需金, 武器, 彈藥의 支供에 協助 呼訴, 日帝, 日本軍, 親日 政府 官吏, 韓國人 警察, 密偵들에게 보내는 叱責, 警告 등을 포함하고 있어서 義兵들의 鬪爭, 目標, 對象, 方法들을 일정한 범위에서 分析하여 낼 수 있다는 기대로 本稿를 執筆한다.

全文 18개 條로된 이 條例의 第1條 "朝鮮 駐箚 日本軍 憲兵은 治安 維持 및 軍事 警察을 掌握 한다."에 따라서 駐箚軍 憲兵 司令官이 總督府의 政務摠監을 兼職하는 독특한 편제이었다.

Ⅱ. 暴徒의 意味

日帝는 淸, 러시아와의 두 번에 걸친 戰爭에서 승리하였다. 그 뒤에 日帝는 韓國을 倂合하는 일이 당시의 최대 懸案 問題가 되었다. 러·일 간의 戰爭 마무리는 미국의 주선으로 미국의 포스머드(Portsmouth, New Hampshire U.S.A)에서 兩國 全權委員들이 모인 會談에서 이루어 졌다. 이 를 포스머드 條約이라 부른다. 日本은 이 條約에서 사실상 韓國의 倂合에 대하여 國際的으로 公認을 얻었다. 그러나 日本의 강력한 主張에도 불구 하고 러시아는 이 條約의 本文에 日本의 韓國 倂合을 구체적으로 明記하 는 것을 거부하였다. 당시 러시아는 主權國인 韓國의 倂合을 戰爭 當事國 間에 맺는 條約의 本文에 明記하는 것은 國際的인 慣例가 아니라는 主張 을 굽히지 않았다.

때문에 韓國의 倂合 問題는 러·일 兩國 間의 公式的인 聲明 形態로 서 會議錄에 揷入한다는 線에서 合意가 마무리되었다. 條約文 以外에 따로 作成되었던 兩國의 聲明 內容을 記錄한 이 會議錄은 "日本國 全權 委員은 日本國이 장래 韓國에 있어서 취할 필요가 있다고 認定하는 措 置로써 同國의 主權을 侵略하게 될 경우에는 韓國 政府와 合意한 후에 이를 執行할 것"[13] 이라는 內容을 包含하고 있다. 이 會議錄은 國際的 인 足鎖가 되어 이후 日本이 韓國 侵略해오는 方式을 결정하게 된다. 이것은 敷衍해서 설명하면 일제는 즉각적으로 武力을 動員해서 韓國을 倂合해 버리는 方式의 韓國 侵略을 留保할 수밖에 없도록 했다는 것을 의미한다.

1905년부터 1910년까지의 期間 동안 일제의 모든 侵略 行爲는 形式

---

13) 國會圖書館 立法調査局, 「일·로 講和條約 槪要」『舊韓末 條約 彙纂』, 東亞 出版社, 1965, 215~217면.

上으로라도 韓國 政府의 同意가 필요하게 되었다. 이 形式的 同意 節次는 日帝의 强壓으로 締結되었던 兩國 政府 間의 條約들로 나타났다. 1905년 11월 17일의 韓日 協商 條約 곧 乙巳 5條約14)에서 일제는 韓國의 外交權을 빼앗고 韓國이 國際 社會에서 日本의 保護國인 것을 宣言하였다. 이 條約으로 韓國은 사실상 日帝의 半植民地로 轉落하였다. 이때 日帝는 韓國 政府를 그대로 두면서 統監府를 설치하여 韓國民 支配의 端緒를 열었다. 1907년에는 韓日 新協約 곧 丁未 7條約15)으로 日本人들을 韓國人들과 함께 韓國 政府의 官吏로 임명하여 侵略을 가속시켰고 더욱이 이 條約의 附屬 覺書에 따라서 韓國의 軍隊까지를 解散시키고 韓國을 日本軍의 日本 帝國 保護의 테두리에 包含 시켜 韓國을 日本의 領土 範圍로 취급하기 시작하였다. 이어서 1909년 7월 12일에는 己酉覺書16)를 强要하여 韓國의 司法 및 監獄 事務까지 차지하였다. 이렇게 진행되어 오던 日帝의 韓國 侵略은 드디어 1910년 8월 22일 韓日 合倂 條約17)과 동 8월 29일 合倂 宣言으로 완결되었다. 이로써 한국은 國權을 喪失하고 桎梏의 植民地 시대를 시작하게 되었다.

---

14) 『위의 책』 상 74~86면.
全文 5個條로 되어있는 이 條約을 5條約이라 한다. 이 條約 第3條 "日本政府는 그 代表로 하여금 韓國 皇帝 陛下의 管下에 一名 統監을 置하되 統監은 … 京城에 駐在하고.."를 근거로 하여 統監府가 設置되었다.

15) 『위의 책』 상 87~89면.
全文 7個條로 되어 있는 이 條約을 7條約이라 한다. 이 조약 제5조 "韓國政府는 統監이 推薦하는 日本人을 韓國 官吏로 任命할 事"에 의거하여 日本人韓國政府의 官吏로 任命되어 흔히 次官政治가 시작되었다고 한다.

16) 『위의 책』 93면.
全文 5個條로 이루어진 이 條約을 韓國의 司法, 監獄 事務의 剝奪 條約이라고 한다.

17) 『위의 책』 상 98~101면.
全文 8個條로 이루어진 이 條約을 合倂條約이라 한다. 이 條約 第1條 "韓國皇帝는 韓國 政府에 관한 일체의 統治權을 完全 또는 永久히 日本皇帝에게 讓與 한다."에 의거하여 한국은 일본에게 병합되었다.

1905년부터 1910년까지 韓國의 皇室과 政府를 볼모로 잡고 실질적인 韓國의 統治機關의 役割을 遂行하였던 權力機關은 統監府이었다. 統監府는 韓國人들의 福利 增進은 처음부터 관심 사항이 아니었다. 이 機關이 追求하는 目標는 日本의 韓國 侵略을 위한 諸般 體制의 改編과 日本이 韓國을 收奪하는데 필요한 諸 體制로의 改編에 있었다. 어느 경우이든 統監府가 指向하는 마지막 目標는 韓國의 完全 倂合이었다. 統監府는 이러한 統治 施策들을 近代化라는 美名으로 宣傳하면서 이를 新施政이라고 불렀다. 이 新施政은 駐箚 日本軍의 軍事力과 韓·日人 警察力을 武力 背景으로 하고 親日 政府 官吏들의 走狗 行動을 道具로 사용하면서 進行되었다. 그리고 統監府는 이 新施政 이라는 統治 行爲에 障碍가 된다고 판단되는 일체의 행위를 治安 維持에 妨害로 認識하였다.

統監府는 아직 韓國의 皇室과 政府가 存續하고 있는데도 불구하고 1907년에는 韓國의 皇帝를 자기들 마음대로 바꾸고 韓國 政府에 日本人들을 官吏로 任命하는 등 侵略의 고삐를 더욱 조이기 시작하였다. 이러한 日本의 侵略에 반대하는 韓國人들도 더욱 적극적으로 맞서 싸우게 되었다. 統監府는 이들 韓國人들을 抗日 勢力으로 規定하였다. 日帝의 韓國 侵略과 이에 맞섰던 韓國人들의 抗日 鬪爭 가운데에서도 義兵들의 鬪爭이 가장 적극적이었고 더욱이 의병들의 투쟁이 이 시기에는 더욱 熾烈하게 擴散되고 있었다. 統監府는 韓國人들의 義兵 鬪爭이 日本의 궁극적인 목표인 韓國의 完全 倂合에 妨害가 되는 對象으로 認識하였다. 이 때문에 統監府는 抗日 義兵들을 治安을 妨害하고 있는 대표적 勢力으로 罵倒하였다.

統監府는 당시에 義兵들이 가지는 限界性에 注目하였다. 義兵들은 韓國民들 全體를 代表하는 代表的인 集團일 수 없다는 代表性의 問題와 全國을 한 組織體로 하지 못하고 일정한 地域들에 割據하고 있다는 地域性을 根據로 해서 일제는 의병들을 治安을 妨害하고 있는 暴徒, 强盜, 火賊, 匪徒 등으로 罵倒하였다. 또 일제는 이들 義兵들의 抗日 鬪爭을

內亂, 暴動, 亂動, 强盜 등으로 意味를 縮小하여 指稱하였다. 이것은 韓國의 皇室과 政府 그리고 그들의 代行者인 統監府가 政治 權力의 正當性을 가지고 있고 한편으로 義兵들은 政治 權力의 正當性을 가지고 있는 韓國 皇室과 政府는 물론이고 統監府의 正當한 法 執行에 抵抗하는 不法的인 集團으로 認識하는 일관된 立場을 보여 주는 主張이었다.

이러한 인식에 근거하여 統監府는 日本軍과 警察 兵力을 動員해서 그들이 주장하는 治安의 維持에 妨害를 除去하는데 주저하지 않았다. 軍은 戒嚴令 下에서만이 司法 警察 業務를 委任받는 것이 近代 法治 國家의 常例이지만 統監府는 韓國 政府의 委任을 받은 戒嚴의 宣布도 없이 武力을 動員해서 義兵과 良民을 殺戮하는 行爲를 治安의 維持로 美化하였다. 더욱이 駐箚 日本軍 憲兵은 日本軍 內部의 軍事 警察이 固有의 義務임에도 불구하고 1910년 9월 10일 勅令 第 343號 朝鮮 駐箚 日本 憲兵 條例[18]의 發表로 司法 警察 業務를 위임받기 오래 전인 제물포 조약(1882년)[19] 이후부터 事實上의 司法 警察의 役割을 遂行하면서 義兵과 良民들을 殺戮하고 있었다. 이렇게 不法的으로 動員되고 있었던 日本軍, 憲兵들의 지휘를 받고 있던 韓國, 日本人으로 構成된 警察 兵力 또한 義兵 鬪爭을 終熄시키는 것을 最大의 懸案으로 삼고 있었다. 그리하여 統監府는 이들의 武力 行爲를 暴徒의 討伐로 指稱하였다.

前述하고 있듯이 韓末의 義兵 鬪爭은 밖에서 武力으로 侵略해 들어오는 外敵을 상대로 國家의 獨立을 지키기 위하여 싸운 鬪爭이 아니라 무능한 皇室과 親日政府, 親日官僚, 韓國 政府의 警察, 그리고 이미 國內에 常駐하고 있었던 日本軍들과 싸움을 벌려야 했었던 傳統 時代와는

---

18) 註 12)와 같음.
19) 『앞의 책』 상 24~28면.
　　全文 6個條로 이루어진 이 條約은 壬午軍亂을 마무리하는 條約이다. 이 條約 第5條에서 日帝는 公使館 警備를 구실로 해서 약간이라는 숫자로 字句를 模糊하게 해놓고 실제로는 一個 大隊의 兵力을 主權國家 韓國의 首都에 駐屯시켰다.

또 다른 性格의 義兵들이었다.20) 더욱이 이들은 治安을 妨害하는 暴徒로 罵倒되면서 외로운 싸움을 펼쳐야만 했었다. 이 싸움은 默示的 同調者이었던 韓國人들의 庇護와 協助 속에서 進行되었다. 韓國人들은 義兵들이 生命과 財産은 물론 家族과 姻戚들의 安危까지 고려하지 않고서 이 싸움에 뛰어든 것이 個人的인 榮達이나 富貴를 目的으로 한 決斷이 아니라 단지 拒否할 수 없는 名分 때문이라는 事實에 同意하고 있었던 이웃들이었다. 같은 目標를 위하여 함께 가는 同行者들이었다. 그러나 개개인들의 利害 關係에 따라서는 때때로 불편한 관계를 들어내는 이들도 있었지만 대세는 日帝의 侵略을 拒否하는 데로 한국인들의 의사가 모아졌다

韓國은 1905년 乙巳條約으로 日本의 保護國으로 轉落하고 半植民地 狀態에 놓이게 되어버렸다. 韓民族의 近代 政治史에서 이는 韓國의 國家的인 側面에서 主權의 喪失 狀態를 意味한다. 이 때부터 韓國 政治史는 정치 대신 民族的인 側面으로 移行되었다.21) 이 民族的인 側面에서 近代 한국 政治史의 主流를 떠맡은 民族 運動의 한 형태가 義兵 鬪爭이다. 義兵들은 自主權 回復이라는 民族的 念願을 實踐하기 위하여 民族의 代表 集團으로서 役割을 遂行하였다. 의병들이 民族의 代表 集團으로서 守護하려 했었던 價値는 民族의 自主와 自存이었다. 이 價値가 당시 韓民族이 追求하였던 가장 우선하는 價値이었던 事實에 同意하지 않는 民族 構成員은 없을 것이다.

그러나 義兵들이 당시 韓民族이 함께 追求하였던 價値 實現을 위해서 鬪爭을 展開하였던 民族의 代表 集團이었는지에 대해서는 論議의 餘地가 있다. 이러한 論議는 半植民地 狀態로 있었던 韓民族史의 5년간에 대한 歷史的인 性格을 規定하는 問題가 된다. 이 5년간은 韓國의 皇室과 韓國의 政府가 있었고 또 國家의 治安을 維持하는 機能을 擔當하고

---

20) 拙稿, 「앞의 論文」, 1998, 364면 參照.
21) 崔昌圭, 『韓國 近代 政治 思想史』 一潮閣, 1973, 189면 參照.

있던 警察이 있었던 어정쩡한 時期이기 때문이다. 이 어정쩡한 時機에 實質的으로 韓國의 統治를 擔當하고 있던 日帝의 統監府가 皇室과 政府를 앞에 내세우고 前面에 나서지 않고 있었기 때문이다. 이미 統監府의 꼭두각시 노릇을 하고 있던 한국 皇室과 政府를 正面으로 否定하지 못하였던 義兵들을 評價하는데는 다양한 意見들을 제시할 수 있다는 데서 義兵들의 民族 代表 集團의 論議는 갈리게될 수 있다.

統監府가 韓國 皇室과 政府 그리고 이를 委任받은 統監府의 政治 權力의 正當性을 根據하고 義兵들의 대표성과 地域性을 들추면서 義兵들을 暴徒, 强盜, 火賊, 匪徒 등으로 指稱하였던 것이 그 代表的인 例가 되고 親日 官僚들과 經濟的 安定을 希求하는 일부 兩班들의 親日, 附日 的인 樣態가 다른 例가 될 수 있다. 또 일부 新知識人들의 감상적인 自强 主張들도 있었고 더욱이 韓國人 密偵들의 走狗 行爲는 極端的인 例이었다. 이와 같이 당시 韓國人들 사이에는 자신들의 處地에 따라 각기 다른 處身들이 있었다. 그러나 日本軍과 日本人들을 韓國에서 몰아내고 親日 政府를 바꾸어서 國家의 主權을 回復하려는 가장 적극적인 處身은 義兵들의 抗日 鬪爭이었다. 때문에 당시의 民族史에서 義兵들이 民族史를 이끌어 갔던 代表 集團이었다는 主張에 論難의 餘地는 적다.

統監의 指揮를 받는 駐箚 朝鮮軍은 義兵들을 戰鬪의 對象으로 認識하였다. 近代式 個人 火器와 部隊 火器로 武裝하고 近代式 軍隊 編制를 갖추어 두 번에 걸친 侵略 戰爭을 經驗하였던 日本軍은 러·일 戰爭 이후 撤軍하지 않고 韓國에 常駐하고 있던 2개 師團 規模의 兵力을 根幹으로 하여 南, 北部 司令部로 編制로 해서 1개 사단 씩 南, 北韓에 분산 배치되었고 또 1907년 가을에는 1개 旅團 規模의 兵力을 增强하여 臨時 派遣隊라고 부르면서 大邱에 司令部를 두고 오로지 義兵들을 殺戮하는데 投入되었다.[22] 日本軍은 몇 곳에 集團 駐屯하지 않고 戰略地로 判斷

---

22) C. 暴動의 起因 및 經過와 槪要.

되는 곳에 分散 駐屯하면서 守備隊라 칭하였다. 日本軍 守備隊는 義兵
들을 敵, 敵徒, 暴敵 등으로 부르고 搜索, 討伐, 追擊, 攻擊, 突擊, 夜襲,
挾擊, 會戰, 交戰, 大擊, 防戰, 苦戰, 戰歿, 戰死 등의 用語[23]들을 동원하
면서 義兵 殺戮을 戰爭, 戰鬪, 作戰으로 認識하고 있었다.

한편 統監의 指揮를 받는 日本軍 憲兵과 警察은 司法 警察의 義務인
治安 維持를 主張하였다. 憲兵은 各道에 憲兵隊, 憲兵 分隊, 憲兵 分遣
所, 憲兵 派遣所, 憲兵 出張所, 憲兵 派出所를 두어 小規模로 分散 配置
하고 警察은 各道에 警務部, 警察署, 巡査 駐在所, 巡査 派出所 등으로
分散 配置되었다. 憲兵, 警察 또한 義兵들을 暴徒, 匪徒, 徒黨, 火賊, 등
으로 부르고 警備, 警戒, 搜索, 偵察, 逮捕, 捕獲, 生擒 등의 用語[24]를 쓰
면서 義兵 抹殺에 日本軍과 함께 動員되고 있었다. 日本軍, 憲兵, 警察
어느 경우나 統監府가 主張하고 있던 新施政에 반대하거나 妨害하는 義
兵들의 殺戮에 道具로 사용되고 있었던 武力的 背景이었다.

皇室, 政府, 統監府. 日本軍, 憲兵, 警察은 義兵을 敵, 暴徒, 暴敵. 匪
徒, 徒黨, 火賊, 其黨 등 구분 없이 呼稱하였지만 皇室은 특이하게 匪
警[25]이라 呼稱한 경우도 있었다. 그리고 義兵이라고 부르는 경우도 있
었다. 그러나 暴徒가 보편적으로 널리 쓰이고 있었던 呼稱이었다. 義兵
將은 首魁, 巨魁, 匪魁, 匪首, 賊魁, 主魁, 首領, 賊頭, 賊將, 賊頭, 將師
등으로 기준 없이 呼稱하고 있었다. 이들 呼稱 가운데는 首魁가 보편적
으로 널리 쓰이고 있었던 呼稱이었다. 義兵과의 싸움은 搜索, 討伐, 追
擊, 突擊, 夜襲, 挾擊, 會戰, 交戰, 大擊, 防戰, 苦戰, 戰鬪, 作戰 ,警備, 警
戒, 偵察, 逮捕, 生擒, 火擊 등으로 기준 없이 呼稱하고 있었다. 이들 呼
稱 가운데는 討伐이 보편적으로 널리 쓰이고 있었던 呼稱이었다. 義兵
의 殺戮을 저들의 呼稱으로 간추리면 暴徒의 討伐이었다.

---

23) 이 用語들은 C. 에서 拔萃 한 것들이다.
24) 이 用語들은 D. 에서 拔萃한 것들이다.
25) 承政院 日記 純宗 二年 八月 三十一 條.

한편 저들은 義兵들의 鬪爭을 內亂, 暴動, 殺人, 掠奪, 强盜, 强請, 奪去, 採奪, 强奪, 强取, 侵奪, 侵掠, 徵發, 擁徵, 强求, 徵收, 脅迫, 亂打, 毆打, 襲來, 暴行, 捉去 放火 등으로 기준 없이 呼稱하고 있었다. 이들 呼稱 가운데는 內亂 暴動, 强盜, 掠奪, 이 보편적으로 널리 쓰이고 있었던 呼稱이었다. 義兵들의 鬪爭을 저희들의 呼稱으로 간추리면 內亂, 暴動이고 義兵들의 軍需金品의 募集은 强盜의 掠奪이었다. 그리고 軍需金品의 支供에 대한 協助의 要請은 脅迫이었고, 日本人과, 親日 官僚, 密偵, 一進會등 親日 人物의 膺懲은 殺人, 暴行이었다. 이들 用語를 저들의 呼稱으로 다시 간추리면 義兵들의 鬪爭은 暴徒, 暴徒 首魁들의 內亂, 暴動, 强盜들의 掠奪, 脅迫, 暴行, 放火이었다.

對象에 대한 認識은 呼稱의 選擇으로 具體化되며 宣言的으로 普遍化되고 日常的으로 通用되는 用語가 되어 버린다. 저들은 暴徒의 內亂, 暴動, 强盜의 掠奪을 鎭壓하여 治安을 維持한다는 일관된 統治 行爲의 實踐 方法으로 義兵들을 殺戮. 逮捕, 拘禁하였다. 그리고 이러한 입장은 事實的인 法 執行으로 나타났다. 殺害되었던 義兵들에 대하여는 彼, 我間 記錄을 남길 수 없지만 逮捕되었던 義兵들은 裁判에 回附되어 刑이 宣告되었다. 이 過政은 公判 記錄으로 남아 있다.26) 司法 警察의 審問, 檢事의 起訴, 判事의 裁判, 刑의 宣告 등의 節次에 따라서 公權力이 執行되었다. 司法 警察은 憲兵과 警察이었고 憲兵은 日本人이었으며 警察은 韓・日人 이었으나 대부분 日本人 警察의 使嗾와 意志에 따라서 起訴되고 있다. 起訴 節次는 이 司法 警察들의 審問 調書, 被告人의 供述書를 根據로 하여 起訴 便宜主義에 따라 이루어 졌다. 이 節次는 近代 法治國家의 裁判 證據主義를 무시한 便宜的이고, 恣意的인 起訴 節次이었고 이 또한 法院에서 그대로 받아드려져서 刑이 宣告되고 있었다. 起

---

26) 獨立 運動史 編纂 委員會,「義兵抗爭 裁判記錄」,『獨立 運動史 資料集』別集
   1 獨立有功者 事業基金委員會, 1974, 11~941면. 이 冊은 脚註에서 以下 E.
   라고 한다.

16

訴權 獨占者인 檢事는 가끔 韓國人이 끼어 있었지만 대부분 日本人들이었다. 의병들은 日本人 司法 警察의 審問과 日本人 檢察의 起訴 便宜 主義에 따라서 起訴되었다.

저들 司法 警察들은 內亂, 暴動, 强盜, 殺人, 竊盜, 放火 등과 이들 罪의 數罪 併合犯으로 起訴되는 것은 물론이고 知情 隱避罪, 知情 藏匿罪를 적용하여 義兵은 물론이고 良民들까지 무차별하게 起訴를 남발하고 있었다. 司法 警察들의 이러한 起訴에서 주목되는 점은 義兵들이 內亂, 暴動罪로 起訴되는 경우는 少數이고 대부분은 强盜, 殺人, 竊盜, 放火. 知情 隱匿罪, 知情 藏匿罪로 起訴 당하고 있었다. 裁判部는 義兵들의 公判 判決文 中 判決 理由에서 內亂, 暴動罪 경우는 常套的인 法律 用語를 사용하여 "被告는 韓國 現時의 政治에 불만을 품고서 日·韓 協約에 起因하는 保護 政治에서 벗어나 獨立 一國을 만들고 당시 政府를 顚覆하여 日本人을 國外로 驅逐하여 政事를 變更할 目的으로 그 鄕里 부근의 村落에서 徒黨을 召集하고"27)라고 判決 理由를 들어 義兵들의 鬪爭이 統監府의 新施政의 否定과 政事의 變更을 目的으로 하고 있음을 들고 이러한 목적인 義兵들의 集團的인 軍事 行動은 實定法의 內亂, 暴動에 해당하는 犯罪로 規定하고 있었다. 더욱이 內亂, 暴動罪가 적용되는 少數 이외 대부분의 義兵들에게는 强盜, 殺人, 竊盜, 放火, 知情 隱匿罪, 知情 藏匿罪가 적용되었다. 이러한 罪名들은 通常的으로 雜犯들에게 적용되는 罪目이다. 저들은 義兵들을 治安을 妨害하는 雜犯들로 몰았다. 이러한 法 적용은 統監府가 義兵들을 雜犯으로 評價 切下하고 있는 입장의 충실한 실천이었다. 그러나 法院이 義兵들의 公判 判決文 中 判決 理由에서 사용하고 있는 常套的인 用語는 대체로 "被告는 OOO 가 義兵을 憑藉하여 다수의 무리를 糾合하고 武器를 사용하여 民財를 劫奪하는 實定을 알면서 그 部下로 加擔하여..."28)이었다. 이러한 法律 用語의 選

---

27) E. 明治 四十二年 刑 第 七十四號 "金永俊 內亂事件 判決 理由".
28) E. 明治 四十二年 刑 第 五十二號 "韓柱錫 强盜 放火 事件 判決 理由".

擇에서 알 수 있듯이 法院은 義兵들이 단순한 雜犯들이 아니다는 사실을 충분히 熟知하고 있었다. 그러나 法院은 이러한 情況을 무시한 채 단지 治安을 妨害하는 雜犯으로 刑을 宣告하고 있었다.

舊韓國 政府는 隆熙 元年 (1907년) 裁判所 構成法을 公布하여 3 審制를 確立하였다. 初審, 覆審, 上告審을 採擇하면서 上告審은 法律 適用의 適法性만을 判斷하도록 하였다.[29] 또 同 法 第 26條는 定員 3人의 判事로 刑事部를 構成하여 刑事 事件을 合意 判決하도록 規定하였다. 그리고 이어서 勅令 72號[30]로 刑事 裁判은 飜譯官을 입회시켜 通譯하여 言語의 疏通을 돕게 하거나 合議部 3人의 判事 中 1人의 韓國人 判事를 配定하여 2人의 日本人 判事와 合議部를 構成하여 判決하도록 하였다.

義兵들 가운데는 刑事 合議部의 判決에 不服하여 公訴하고 이어서 上告하는 이들이 있었다. 法律 適用의 適法性 만을 判斷하도록 되어 있는 上告審에서 "原審에서 나를 審判한 것은 韓國人 法官이 아니고 말이 통하지 않고 듣지도 못하는 日本人이었으니 完全하게 裁判所 構成을 하지 않고서 審判한 것에 該當하여 裁判所 構成法에 違反되는 判決로서 無效이다."[31]라고 주장해서 裁判의 不法性을 指摘하고 있다. 勅令 72號에서는 日本人 判事의 裁判 對象이 韓國人들이므로 言語의 불편을 없애도록 처음에는 通譯生을 임명하여 재판을 진행하다 점차 韓國人 判事들을 合議部에 配當하여 裁判을 進行하도록 明示하였지만 이를 무시하고 日本人 判事들로 만 合議部를 構成하는 경우가 많았다. 上告의 要旨는 裁判所 構成이 不法이므로 裁判 자체가 無效라고 주장을 하고 있다.

上告하였던 다른 이들은 "韓國의 時運이 날로 기울어져 감을 坐視 할

韓柱錫 事件 뿐 아니라 現在 남아 있는 公判 記錄 대부분이 그 判決 理由에서 韓柱錫의 例와 같이 그들이 義兵이었던 점을 認知하면서도 强盜, 殺人, 放火, 掠奪 등으로 刑을 宣告하고 있다.

29) 舊韓國官報 隆熙 元年 十月 七日.
30) 舊韓國官報 隆熙 元年 十月 二十 一日.
31) E. 隆熙 二年 刑上 第 八號 "許蔿 內亂 事件 上告審 判決 理由"

수 없어서 이를 回復하려는 期待를 가지고 同志를 糾合하여 義兵을 일으켜 종종 守備隊, 憲兵과 交戰하였으므로 그간 原判決이 認定한 것과 같이 피해 사실을 발생하게 한 일이 있다손 치더라도 이는 戰爭으로부터 發生한 當然한 歸結로서 當初부터 原判決과 같은 犯行을 目的으로 한 것이 아니고 또 하나의 犯行도 없으며 우리들의 行爲는 忠君 愛國을 위한 것에 불과하며 그리하여 暴徒로 몰린 오늘에 있어서는 敵이라 하여 殺戮하는 것은 실로 납득할 수 없는 것이며 法律로서 制裁를 가할 수 있는 것이 아니다. 그런데 原審은 우리의 行爲를 굳이 犯罪라고 認定하여 法律로서 絞首刑을 宣告한 것에 不服한다."[32]라고 주장하여 犯罪의 動機 처음부터 犯罪에 있지 않고 國權 回復과 愛國이었던 鬪爭을 實定法 上 內亂, 暴動으로 처벌할 수 없고 이 愛國 鬪爭은 裁判의 對象이 아니다고 주장하고 있다.

上告하였던 또 다른 이들은 "原判決에서 認定한 것과 같이 軍事를 일으켜 軍資 金品을 徵發하며 또 反黨된 韓人을 殺害한 것은 오로지 韓國을 위해서 행한 所爲인데 그 所爲는 本始 犯罪로 논할 것이 아니다 그런데 原審이 그 行爲를 內亂 强盜 謀殺 등의 犯罪로 認定하고 이에 해당한 法律을 適用하여 處罰하였던 것은 不法의 判決이었다."[33]라고 하여 國家를 위해서 軍事를 일으켰고 당연한 鬪爭을 展開하였던 事實은 法律 適用의 對象이 아니다고 거듭 주장하고 있다. 더욱이 "순연한 義兵인데 暴動 및 强盜, 殺人犯으로 宣告함은 法律에 違背된 判決"[34] 이며 저들이 內亂, 暴動이라고 강변하는 싸움은 認定한다고 하더라도 "殺

---

32) E. 明治 四十三年 刑上 第 八十八 八十九號 "梁相基. 劉秉基 內亂. 强盜, 傷人 事件 公訴審 判決 理由".

33) 拙稿, 「海山 全垂鏞의 抗日鬪爭」, 『歷史學報』 101, 歷史學會, 1984 參照.
   E. 明治 四十三年 刑上 第 百二十一號 "全垂鏞 內亂, 謀殺, 强盜 事件 上告審 判決理由".

34) E. 明治 四十三年 刑上 第 九十五號 "權寧會 暴動및 强盜, 殺人 事件 上告審 判決 理由".

人, 强盗, 放火罪 등의 惡名이 씌어지는 것은 冤痛한 일이다."35) 또 "이러한 추한 名目 下에 死刑을 宣告하는 것은 나를 욕되게 한다."36) 라고 하여 犯法者, 雜犯으로 處罰되는 것을 부끄러워하고 있었다.

義兵들은 韓國이 日帝의 侵略에서 벗어나 獨立된 一 國家를 維持하게 하고 親日 政府를 바꾸어서 새로운 政府를 만들어내려는 目標로 싸웠던 當時의 民族 代表 集團이었다. 그리고 그들은 그들의 正當한 鬪爭이 實定法 上 犯罪 行爲로 處罰되는 것을 拒否하였다. 더욱이 內亂, 暴動은 물론이고 强盗, 掠奪, 殺人, 放火 등 雜犯으로 處罰되는 것을 부끄러워하였다. 때문에 저들의 呼稱인 暴徒는 義兵으로 暴徒 首魁는 義兵將으로 內亂, 暴動, 强盗, 掠奪, 殺人, 放火 등의 呼稱은 國權 守護를 위한 抗日 鬪爭으로 바로잡는 歷史 用語가 定立되어야 한다. 이에 따라서 『暴徒檄文』도 『義兵檄文』으로 바로 잡는다

Ⅲ. 檄文의 分析

朝鮮 總督府의 圖書印이 찍혀있는 『暴徒檄文』은 義兵들이 國家의 獨立을 지켜야하는 理由를 널리 알리거나 이러한 목적을 이루기 위하여 사람들을 부추겨서 그들의 鬪爭에 同參을 呼訴하기도 하고 敵을 달래거나 꾸짖기 위하여 作成하였던 글들을 檄文이라는 題號로 묶은 冊이다. 그러나 檄文이라는 틀로 묶어졌지만 作成者의 處地와 目的, 學問의 水準이 각각 다르기 때문에 글의 깊이와 폭이 다양할 뿐 아니라 제목 또한 上奏文, 廣告, 訓告, 令, 命令, 傳令, 示, 通告, 通文, 曉諭文, 輪示, 泣告, 檄告 등으로 다양하다. 따라서 이들 檄文의 分析은 쉽지 않는 일이

---

35) E. 大正 三年 刑上 第 二十七號 "李錫庸 放火, 傷害, 謀殺및 强盗, 傷人 事件 上告審 判決 理由".
36) 註 31과 같음.

다. 이에 筆者는 義兵 檄文 속에 들어 있는 29編의 글들에서 中心이 되는 命題와 共通으로 追求하려 했었던 意志를 뽑아서 "자주 독립 후 회맹 개화"(自主獨立後會盟開化), "강토는 회복되어야 한다"(疆土之不可不復), "민족은 구해야 한다"(民族之不可不救)라고 하는 세 개의 항으로 추스려서 分析한다.

1. 自主獨立後會盟開化

"開化라는 것은 物件을 開發하여 産業을 일으키고, 百姓을 敎化하여 아름다운 風俗을 이룬다는 뜻에서 나온 것 같으나 이에 立脚한 政治를 실시한 이래 무슨 物件을 開發하고 어떤 百姓을 敎化시켰으며 어떤 産業을 이룩하고 어떤 아름다운 風俗을 이루었느냐"[37]라는 李錫庸의 反省은 "改化가 崇尙하는 것은 器物이다. 비록 全的으로 이것만을 가지고 나라를 다스려서는 안되겠다고 하겠지만 또 무엇 때문에 반드시 이를 버리겠는가"[38]로 이어지고 있다. 이러한 反省은 "세계 各國이 한결 같이 開化에 종사하는데 우리만이 어찌 홀로 있겠는가[39]는 理解에서 출발하고 있다. 이러한 李錫庸의 反省은 한 曉諭文의 "最近에 와서 東洋 3國과 西洋 各國이 會盟 開化하여 自主 獨立 後에 東洋人은 西洋에 들어가고 西洋人은 또한 東洋에 와서 서로 出入하게된 것을 좋아하여 영영 征伐 없이 物化를 交易하고자 하지 않을 수 없다."[40]라는 주장과도 같다. 이들의 이러한 이해는 상당한 굴절을 거치면서 이룩한 이해이었다.

이는 18世紀의 關衛論에서 出發하였다. 洋學은 朝鮮 王朝 共同 社會

---

37) B. 上政府書.
38) 위와 같음.
39) 위와 같음.
40) A. 11) 三南 倡義所 大將 全의 曉諭, 廣告.

의 毒害가된다는 생각이 구성원들 사이에 共感帶를 만들면서 朝鮮 王朝 社會의 正統性에 대한 挑戰으로 擴大 解釋되었다. 때문에 그 때까지 安住해오던 傳統 社會는 外部의 衝擊에 당황하게 되었다. 그리고 이에 맞서려는 자기 論理의 開發에 奔走하게 되었다. 洋人을 夷狄禽獸로 規定하고 洋人과 邪敎를 一體化하는 단순한 틀을 만들어서 王朝의 統治 理念이던 儒敎의 異端論으로 具體化 시켰다. 그리하여 "闢異端, 崇正學"하는 것을 洋人과 邪敎 排斥의 지름길로 認識하였다. 이 洋人과 邪敎의 排斥은 正租 年間에 이미 衛正斥邪[41]라 부르면서 國家 政策 方向으로 定해졌고 이 政策은 國王으로부터 시작되어 識者들로 이어져서 대다수의 韓國人들 사이에 默示的인 同調로 擴散되고 막연한 信念으로 굳어졌다. 洋學의 傳來는 一貫된 單純性으로 朝鮮을 지탱하여 오던 儒敎 理念의 틀에 多樣性을 향하는 分裂의 틈새와 쐐기로 작용하여 점차 더 큰 틈새와 더 많은 갈래를 가르는 쐐기 구실을 하게 된다.

19世紀 後半期에는 帝國主義 列强들의 韓國 侵略이 實際로 現實로 나타나고 여기에다 日本 國까지 列强들과 合勢하여 힘을 자랑하게 되자 闢衛論은 禦洋論[42]으로 다듬어졌다. 18世紀의 洋學과 西敎는 韓國人들의 思想 汚染에 대한 威脅이므로 排斥의 對象에 불과 하였지만 19世紀 列强들의 侵略은 막지 못하면 亡한다는 生存의 威脅이었다. 禦洋은 西洋을 막아야 한다는 意味이며 洋은 西洋과 日本을 指稱하는 말이다. 지금까지의 華夷의 틀을 禽獸의 틀로 바꾸어 洋을 禽獸로 韓國人을 人으로 兩分하는 人과 禽獸와의 관계로 分別해냈다. 그러나 이 區分이 사람은 人倫을 알지만 禽獸는 人倫을 모르기 때문에 終局에는 사람이 禽獸를 이겨낼 것이라는 지극히 觀念的인 틀이었다. 그러나 그 틀은 지극히 觀念的이었을지라도 시급한 帝國主義 列强들의 侵略을 막기 위해서 이

---

41) 『日省錄』正租 十五年 十一月 二十六日 條 "宋道鼎 上疏 批答".
42) 『重菴先生文集』卷 三十八 雜著.
　　禦洋論은 金平默의 論策에서 시작되었던 말이다.

觀念的인 틀 아래서 多樣한 方法들이 摸索되었다. 이 摸索되었던 여러 가지 방법들 중에서 "結人心"을 바탕으로 해서 이룬 義旅를 통한 鬪爭이 가장 확실한 方法으로 確認되었다. 이 事實은 禦洋의 實踐 主體를 政府나 官僚들에게 만 둘 수 없다.는 共感帶의 確認이었다. 이와 같이 形成된 共感帶는 禦洋의 主體 勢力을 국민들에게까지 擴散시키는 일에 一定한 成功을 意味한다. 이에 따라서 禦洋의 主體는 점차 親日 政府나 官僚들을 代身해서 在野 學者와 儒林 그리고 이들에 共感하였던 다수의 농민들의 몫으로 바뀌게 된다. 主體는 바뀌어 갔지만 여전히 이들을 支撑하던 思想의 가장 큰 줄기는 觀念的인 禦洋論이었다. 한편 禦洋論 이외에도 西歐 列强들과 修交를 통해서 西歐 文物들을 받아드려서 自强함으로서 禦洋이라는 目標를 이룰 수 있다는 開化 主張들이 상당한 힘을 얻고 이에 同調하는 이들도 점차 늘어나게 되었다. 또 이와는 별도로 禦洋의 宗敎的인 實踐 方案의 하나로 創敎되어 擴散되어 가고 있던 東學이 있었다. 이상과 같은 韓國人들의 固有 思想의 틀들은 물론이고 이미 傳來되었던 洋學, 西敎는 당시 韓國人들의 思想을 一貫된 單純性으로 朝鮮을 支撑하여 오던 儒敎 理念의 틀에서 多樣性을 향하는 分裂의 틈새와 쐐기로 작용하여 점차 더 큰 틈새와 더 많은 갈래를 가르는 役割을 하게 되었다.

日帝의 侵略이 具體的으로 드러나 現實로 固着되어가자 觀念的인 禦洋의 틀은 春秋大義의 扶植을 통해서 斥倭를 實踐해 내겠다는 더 模糊하게 모양을 바꾸어 갔다.[43] 그러나 어느 경우든 華夷의 區別에 依支하여 禦倭을 達成해 내겠다는 儒敎 理念이 義兵들의 意識의 틀로 남아 있었다. 이러한 틀은 義兵들의 檄文에 常套的인 文套로 反復되어 나타나고 있다. 그러나 內面으로는 충분히 憂慮의 마음을 가지고 있었지만 대개는 形式이나 外觀을 갖추는 감이 있을 뿐 심각한 趣味나 切實한 欲求

---

43) 玄相允, 『朝鮮 儒學史』, 民衆書館, 1977, 438~439면 參照.

에서 나오는 것은 아니었다. 다만 文章이나 學識을 중심으로 日帝의 侵略을 널리 알리기 위해서 번거롭게 華夷의 구분을 빌려서 姑息的인 文套로 檄文을 作成하고 있을 뿐이었다. 또 이 時期의 檄文들은 皇室이나 親日 政府가 보여주고 있던 日帝에 대한 走狗 노릇에 失望하여 忠君을 標榜하면서도 勤王을 강하게 주장하는 경우가 드물어지고 있다. 이와 함께 學識을 中心으로 하는 文章을 만들고 있다. 이 學識은 傳統的인 華夷의 分別을 前提로 하고 있는 傳來의 固有한 博學한 學識에다가 斥倭에 도움이 된다고 判斷되는 여러 가지의 常識을 動員하고 있다. 이러한 常識은 다양해진 다른 주장들에서 選擇하였던 知識 뿐만 아니라 여러 啓蒙的인 新聞과 冊44)들을 통해서 自得한 불완전한 것들이었다. 때문에 固有한 博學한 學識과 皮相的인 知識의 理解가 합쳐지자 義兵들의 檄文 內容은 마치 두루마기를 입고 자전거를 타는 것과 흡사한 꼴로 나타났다. 그렇다고는 하지만 檄文의 基本 틀은 華夷의 分別을 前提로 한 斥邪를 斥倭로 연장한 것이 基本的인 골격이었다는 점에는 論議의 餘地가 적다.

義兵들의 檄文은 斥倭를 설명하는데 도움이 된다고 判斷되는 多樣하고 博學한 學識들을 動員하고 있다. 이 博學한 學識들이 具體性이 없고 비록 皮相的이기는 하지만 의병들이 國際 情勢에 대해서도 一定한 水準의 理解에는 到達하고 있었던 것을 보여준다. "지금의 世界 政治는 나폴레옹의 外交와 비스마르크의 政治를 손꼽습니다"45)에서와 같이 나폴레옹 3세의 膨脹 政策과 비스마르크의 獨逸 統一 政策에 대하여 거론하고 있다. 그러나 프랑스와 독일의 政策이 가지고 있는 그 目標에 대하여 정확히 판단했고 또 그들의 政策이 당시의 韓國 社會에 어떻게 反映되어야 國權 喪失을 막을 수 있는지는 具體的으로 설명하고 있지는 않

___

44) 주지하듯이 당시는 啓蒙的인 冊과 新聞의 論說들이 꽤 광범위하게 읽히고 있었다.
45) 註 37)과 같음.

다. 때문에 이들이 西洋의 帝國主義 膨脹 政策에 대하여 정확한 理解에 到達하였다고는 判斷하기에 躊躇되는 점들이 있다는 느낌이다. 더욱이 國際公法에 呼訴를 主張하면서 日本의 韓國 侵略을 不法으로 糾彈하고 있는 態度에서 의병들의 國際公法의 理解를 볼 수 있다. 義兵들은 國際 公法의 內容이 무엇이고 國際公法이 追求하는 價値가 무엇이었는가를 따져보지 않은 듯 하다. 다만 日帝의 韓國 侵略이 不法的인 主權 侵奪 行爲이기 때문에 糾彈의 對象이며 다른 西洋 國家들도 우리의 주장에 同調해 주리라는 막연한 期待를 披瀝하고 있다. 마치 도적에게 다른 도적을 막아 달라고 외치는 것 같은 空虛한 외침처럼 들리는 느낌을 준다. 그러나 이러한 皮相的인 國際社會의 理解도 확실히 傳統的 價値觀이었던 華夷觀 만으로 당시의 문제를 설명해 낼 수 없고 또 說得力도 얻을 수 없다는 자기 反省의 결과였다는 데는 再論의 餘地가 없다.

"最近에 와서 東洋 3國과 西洋 各國이 會盟 開化하여 自主 獨立 후에 東洋人은 西洋에 들어가고 西洋人은 또한 東洋에 와서 서로 出入하게된 것을 좋아하여 영영 征伐 없이 物貨를 交易하고자 하지 않을 수 없다."46)와 같이 이제는 開化는 反對 할 수도 없는 國際的인 大勢인 것을 自得하고 있다. 그러나 이 開化는 서로가 自主 獨立을 前提로 하는 物貨 만의 交易에 意味한다. 開化와 交易이 主權의 侵略이어서는 안 된다고 명확히 선을 긋고 있다. 이것이 義兵들이 到達하였던 洋倭에 대한 意識의 틀이었다. 前述에서 알 수 있듯이 지금까지의 義兵들의 思想의 틀은 傳來해 온 華夷의 틀이었다는 理解47)는 義兵들의 思想의 틀을 설명하는데 있어서 그 절반만의 理解가 될 뿐이다. 開化와 物貨의 交易은 容忍하지만 侵略은 國際公法에 違背되는 侵略 行爲이므로 糾彈되어야 한다는 이 주장은 皮相的인 帝國主義에 대한 이해를 바탕으로 하고 있

---

46) 註 40)과 같음.
47) 현재 義兵들의 思想의 틀은 華夷論을 바탕으로 하는 衛正斥邪이다는 理解가 普遍的인 定說이다. 이러한 硏究는 그 수가 너무 많아서 典據를 생략한다.

으면서도 韓國은 洋倭의 侵略에서 獨立이 지켜져야 한다는 바램을 표현하고 있다. 당시 韓國人들의 바램을 이보다 정확히 表現해 내는 方法은 없을 것이다. 義兵들의 이러한 現實의 理解는 그들의 先學들이 洋倭가 韓國과 交易하려는 것은 利得이 있기 때문이라는 정확한 지적48)이었던 것을 잊었거나 理解하지 못한 것이 아니면서도 義兵들이 自主 獨立 後에 會盟 開化하자는 데에까지 이른 것 또한 그 간 侵略 勢力들과 부대끼면서 自得한 最善의 結論이었고 당시 韓國人들의 바램을 정확히 反映해낸 表現이었다.

義兵들이 지금은 會盟 開化하고 物貨는 交易하는 것이 國際的인 大勢이다는 事實을 알리려는 意圖로 國際 秩序를 거론한 것은 아니다. 다만 대세가 이러한데 倭洋과 더불어 살아가야 한다면 韓國 또한 國際的인 대세를 끝까지 거부하는 고집을 지켜야 할 필요는 없다는 現實을 알리려 했던 것으로 보인다. 그러나 이 宣言的인 주장에는 開化해야하는 內容이 具體的으로 어떤 것들이고 이에 따라서 우리가 버려야하는 內容은 무엇이며 收容해야 하는 내용이 무엇인지는 밝히고 있지 않다. 또 交易할 수 있는 物貨는 무엇이고 어느 만큼이나 交易해야 서로가 손해를 보지 않는 정도일까 하는 헤아림은 설명이 없다. 때문에 筆者가 皮相的인 理解라고 조심스럽게 表現하고 있는 것은 이러한 具體的인 方案들의 表現이 없다는 것을 傳達하려는 意味로 사용한 표현이다. 義兵들이 華夷觀을 基本으로 하고 있으면서도 이 정도라도 國際的인 秩序를 理解하고 收容한 것은 苦惱를 통해서 自得한 前 時期와는 다른 自己 改新이었다. 이러한 자기 改新은 自主 獨立이 지켜져야 한다는 優先的인 다급한 目標를 지켜내기 위하여 다른 價値는 固執하지 않는다는 判斷 위에서 이루어진 理解이었다. 즉 다른 것들은 讓步할 수 있더라도 國家

---

48) 『蘆沙先生全集』 卷三 丙寅疏.
　　蘆沙는 丙寅疏에서 "帑藏我山海"라고 해서 列强이 우리의 山海를 저들의 寶庫로 삼으려고 한다고 지적하고 있다.

의 自主 獨立은 절대로 讓步할 수 없는 至高의 價値이며 이 價値가 威脅받을 때는 安協 없이 鬪爭을 해서라도 지켜내겠다는 것이 義兵들이 가지고 있었던 자기 틀이었다. 그리고 이 價値를 지키는 것은 義라고 생각했었다. 義는 勇을 前提로 해서 達成될 수 있는 德目이다. 勇을 實踐하는 行動은 軍事的인 鬪爭이고 이 義를 實踐하고 있는 軍士인 자신들을 스스로를 義兵이라고 생각하고 또 그렇게 부르고 있었다.

2. 疆土不可不復

檄文에서 疆土는 지켜져야 한다는 외침은 日帝의 侵略이 모든 부분에서 이루어지고 있었던 당시의 切迫感에서 나온 自存的인 외침이었다. 政策의 執行者들과는 거리가 멀었고 國家 政策이 어떤 것들이고 그 目標가 무엇인지를 알리고 批判하는 言論이 普遍化되지 못했었던 傳統 社會의 構成員들이었던 義兵들이 日帝의 侵略을 具體的으로 把握하거나 그 窮極的인 意圖가 무엇인지를 조목조목 따져서 對應하는 것은 不可能한 일들이었다. 同時代의 政治를 政治의 一線에서 參與하고 있지 않았던 그들로서 그 全體를 說明해 내는 일은 처음부터 不可能 할 수밖에 없었다. 다만 당시 사람들 사이에서 널리 膾炙되고 있었던 侵略 事實들을 얻어 듣거나 實體가 體感되고 있었던 侵略의 實狀들을 거칠게 把握하고 그것 만이라도 알리고 막아야 한다는 切迫感이 民族的인 共感으로 具體化되면서 宣言的인 水準에서 侵略을 糾彈하고 있을 뿐이었다. 하지만 누구나 이 일제의 한국 侵略이 가는 마지막에 대해서는 확실히 알고 있었다. 이러한 理由에서 檄文이 들추어내서 糾彈하고 있던 日帝의 侵略 實狀은 대단히 皮相的일 수밖에 없다. 그러나 이를 大綱 추스려 보면 政治的인 侵略과 經濟的인 掠奪로서 대별할 수 있다.

政治的 侵略은 "自壬午 以後로 又來 侵我國하고..."[49]로 시작하고 있다. 여기서 '다시'라는 말을 使用하는 意味는 丙子年(1876)의 修好條約을

日帝의 韓國 侵略에 대한 출발로 理解하고 있는 듯하다. 修好條約 이후 壬午年 軍亂을 계기로 해서 一端은 日本 領事館이 불타고 日本 大使가 渡日하였던 事實을 初期 侵略의 一時的 斷絶로 理解하고 있다. 그러나 軍亂이 마무리되어 가자 日本 大使가 다시 來韓하게 되고 더욱이 제물 포 條約에 따라서 日本 領事館 保護의 口實로 日本軍이 韓國에 처음으로 駐屯하게 되었던 事實을 日帝의 韓國 侵略이 다시 시작되었던 것으로 이해하고 있다. 이어서 "弑 我國母하니"50)로 바로 이어 글을 延長하는 것은 這間의 日帝 侵略 중에서 특히 國母의 弑害를 중요한 침략 행위로 理解하고 있는 말의 展開이다. 여기서 乙未年(1897)의 國母 弑害는 主權 國家의 國母를 日本人 浪人들이 主權 國家의 宮闕 안에서 무참히 殺害한 것으로 받아드리기 어려운 國家的인 屈辱이며 중대한 侵略 行爲라는 認識의 表現이었다. 이어서

"凶 彼倭酋 八處 都城하야 称曰 統監에 威脅 我君父하야 愚弄 我朝臣하고"51)에서는 日帝가 러·일 戰爭에서 勝戰한 뒤에 國際的으로 韓國을 併合할 權利를 획득한 政治的 立地를 根據로 해서 名分 없이 韓國에 軍隊를 常駐시키면서 皇帝와 政府를 威脅하여 강제로 乙巳 5條約을 締結시켰다는 事實을 생략하면서 이 乙巳條約의 後續 措置로서 設置되었던 統監 政治를 說明하고 있다. 統監이 全國에 常駐한 日本軍을 武力的인 背景으로 해서 皇帝를 威脅하고 韓國 官僚들을 操縱하면서 이 日本人 統監이 實質的인 韓國 統治의 中心 機關으로서 機能을 하고 있는 統監 政治의 構造를 指摘하고 있다. 이러한 정치의 變化는 國權이 侵奪당한 중대한 事實이고 統監의 統治는 異民族의 支配가 시작되었다고 理解하고 있었다. 그리고 義兵들의 이러한 現實 認識은 정확한 洞察이었다.

---

49) A. 5) 倡義 元師部 總督將겸 先鋒將 成桂銀의 令 各邑, 各面, 各里, 面長, 執綱及, 大小人民.

50) 위와 같음.

51) A. 23) 義陣所의 廣告 嶺南 各郡, 各里, 大小 人民.

28

"變亂 其腸吐 始爲皇位 而任意 易禪 奸計 何者"[52]에서는 日帝와 親日 賣國奴들이 서로 協力하여 처음에는 皇帝를 받드는 듯하다가 任意로 皇帝를 바꾸고 이를 讓位 혹은 禪讓이라고 하였다. 그리고 이러한 凶計를 꾸민 자들이 누구인가를 묻고 있다. 皇帝가 自意로 讓位한 것이 아니라 日帝와 親日 官僚들의 凶計로 皇位에서 强制로 退位시킨 事實의 責任을 묻고있는 것은 皇帝의 退位를 讓位로 받아드리지 안고 變亂의 시작으로 理解하고 있음을 보여 준다. 傳統 時代의 讓位는 종종 있어 왔지만 外勢의 脅迫 때문에 이루어진 경우는 없었다. 이러한 經驗에 익숙하였던 義兵들은 變亂으로 王位가 바꾸어졌던 例에서처럼 變亂이나 反正으로 理解하고 있다. 이러한 理解에서 보더라도 反正과는 또 다른 外勢의 壓力으로 皇位가 移讓되는 것은 初有의 經驗이었다. 이 經驗은 日帝의 중요한 國權 侵奪로 받아드리고 있었다. 이러한 認識은 光武의 年號를 고집하고 太皇帝를 斥倭의 精神的인 支柱로 삼아 上奏文을 보내는 反應을 보여주고 있었다.[53]

"憙尒 憲兵이 布列 郡邑 称曰 警察에 殘虐 我生靈 發出令하니"[54]에서는 日本軍 憲兵이 韓國人들을 相對로 司法 警察을 自稱하면서 治安을 維持한다. 美名으로 韓國人을 逮捕, 拘禁, 拷問, 放火, 殺害하는 등의 蠻行을 恣行하고 있는 일들이 寒心하다고 생각하고 있었다. 여기에서 寒心하다는 뜻은 日本軍이 執行하고 있는 이러한 司法 警察 業務를 韓國 政府가 默認하고 있을 뿐만 아니라 日·韓人으로 構成된 警察들도 憲兵들의 지시에 따르고 있고 한국인들 또한 憲兵들의 殘忍한 虐待를 받을 수밖에 없다는 모두를 包含한 自嘆이었다. 憲兵들의 蠻行을 보면서 重大한 國權의 侵奪이 進行되는 狀況을 默認하고 있는 政府, 그리고 그들

---

52) A. 29) 湖左 大陣 左軍部의 檄告.
53) A. 1) 李錫庸의 上奏文.
54) 註 51)과 같음.

의 追從者들이 보여주는 蠻行이 寒心하다는 意味의 反應이었다. 主權 國家에서 왜 日本 憲兵들이 한국 사람들에게 司法 警察權을 行使할 수 있고 또 그것이 默認되고 있는지에 대한 답은 自明한 것이었다. 國權이 喪失되어가고 있다는 現實에 대한 確認일 뿐이었다. "頑彼 守備隊가 橫 行 閭里 砲殺 我無罪하고 突出 我內庭하고 駒打 我士族하니"[55]에서는 日帝는 統監 政治의 武力的인 背景으로 日本軍을 全國에 分散 配置하였 다. 이와 같이 分散해서 駐屯하고 있었던 兵力을 守備隊라고 呼稱하였 다. 守備隊라는 이름으로 全國의 重要 據點에 分散 駐屯하고 있던 日本 軍들의 蠻行에 대하여 말하고 있다. 日帝는 "軍隊는 帝國을 保護하는 것이 그 義務이다."라는 帝國 保護의 槪念을 韓國의 軍隊를 解散시킨 다음부터는 韓國에까지 擴張해서 適用하였다. 따라서 帝國의 保護 義務 를 가지고 있다는 日本軍은 日本의 國家 目的인 韓國 倂合에 障碍가 되 는 義兵들을 暴徒라고 규정하고 이를 討伐해야할 敵으로 삼아 軍事 作 戰을 실시하는 對象으로서 韓國人들을 殺戮하는 蠻行을 恣行하고 있었 다. 이러한 日本軍들의 蠻行에 대하여 國力이 약하고 대항해서 싸울 軍 隊가 없는 現實을 切齒할 일로 받아들이고 있었다.

경제적 침략은 "顧問官 稅務官 百方 設計 財産 爲乾沒 拓植會 測量會 多般 構謀 土地 爲屬空 "[56]에서와 같이 具體的인 日帝의 經濟 侵奪을 헤아릴 수 없는 處地에 있었던 義兵들은 日帝의 經濟 侵奪에 대하여 宣 言的인 糾彈을 하고 있을 뿐이었다. 顧問官이나 稅務官들이 여러 가지 로 計策을 만들어서 韓國의 財産을 모두 빼앗고 東洋 拓植 株式會社나 土地 測量을 主管하고 있던 度支部가 여러 방법을 사용하여 收奪함으로 서 國庫가 비었다는 이 指摘은 극히 皮相的으로 侵奪에 대한 두려움을 表現하고 있기는 하나 日帝의 經濟的인 侵奪의 中心 機關들은 정확히 指摘하고 있다.

---

55) 위와 같음.
56) 註 52)와 같음.

이러한 宣言的인 經濟 侵奪의 糾彈과는 달리 "爲星火 擧行 而結稅之 收納 事也...納于彼 則 不過 資盜兵 而齎盜糧也 納于此則 需用 討國讐 而復國權也"[57]에서는 鄕村 社會에서 擧兵하였고 鄕村 社會의 協助와 黙 示的인 同調를 힘의 바탕으로 해서 鬪爭하고 있던 義兵들이 가장 심각 하게 느끼고 關心을 두었던 것이 土地에 稅源을 두고 있는 田稅 즉 結 稅이었다. 結稅는 國家 收入의 主從을 이루고 있던 稅源이기 때문이었 다. 結稅를 政府에 내는 일은 나라를 侵略하고 있는 日帝에게 資金을 대주는 꼴이고 侵略 費用에 보태는 일이 되는 것이다. 그러나 結稅를 義陣에 내는 것은 나라의 怨讐를 갚고 國權을 回復하는 資金이 되는 것 이라는 주장은 " 現今 我八域의 義子는 大韓民族의 代表者이다."[58]에서 와 같이 義兵들이 民族의 代表 集團으로서 國權을 守護하기 위하여 鬪 爭하고 있다는 自負心에서 출발하여 " 現今 倭奴가 널리 區域에 滿하 여... 我財賦를 奪한다....公稅를 何處에 上納의 處가 있는가"[59]라고 해서 公稅 收納 主體가 義陣이어야 한다는 當爲性의 說得으로 이어지고 있 다.

公稅 收納의 主體가 統監府와 그의 使嗾를 받고 있는 政府가 되어서 는 안되다는 主張은 農民들로부터 公稅를 收納하기 위하여 만들어진 財 務署와 같은 行政 官署는 물론이고 이를 執行하고 있었던 領收員과 郡 邑의 責任者들에 대한 糾彈으로 이어졌고 그들이 義兵들의 攻擊 對象이 되었다. 義兵의 檄文 또한 相當數가 公稅 收納의 主體가 義兵들이어야 한다는 當爲性을 說明하고 이어서 公稅 收納을 執行하고 있던 領收員과 郡邑의 責任者들을 威脅하거나 說得하여 義兵들에게로 公稅를 納付하도 록 要求하는 內容으로 作成되었다. 이 當爲性의 說得은 "奸臣 擅權하야

---

57) A. 7) 尹仁淳의 傳令 楊州 邑內 面長.
58) D. 韓暴特通 第二號 (明治四十一年 五月十四日)—歸順 勸諭書에 대한 沈魯 述 反書의 要 旨—.
59) 위와 같음.

濁亂 朝廷 國財 乏絶하고 軍用 機械 令無 豫備하니"[60]라고 하여 親日 政府를 不信하고 義兵들은 政府가 마땅히 해야할 軍用 機械의 準備를 대신할 수밖에 없는 지금 그 費用으로 公稅가 쓰여야 한다는데서 출발하여 "資盜兵 而齎盜兵也"[61]로 이어졌다. 農民들이 내는 公稅가 결국에는 日帝의 韓國 侵略의 費用을 보태는 결과를 가져온다는 점의 指摘으로 이어지고 있다. 이러한 說得과 威脅은 領收員과 郡邑 責任者들뿐 아니라 納稅者들인 農民들에게도 함께 適用되는 說得과 威脅이었다. 檄文은 당시 가장 심각한 日帝의 經濟的 收奪을 公稅의 徵收로 認識하고 있었다.

公稅의 徵收를 日帝가 韓國人을 搾取하여 韓國 併合의 費用을 調達하고 있다고 理解하였다. 그리고 이러한 理解는 義兵들 모두가 同意하고 있었다. 그리하여 納稅 拒否는 義兵들의 確固한 信念이 되었다. 때문에 의병들은 檄文을 통하여 親日 官僚들의 徵稅를 糾彈하고 納稅者들인 農民들에게 納稅를 拒否하도록 督勵하고 있었다. 이 信念은 農民들에게 國權을 守護하기 위하여 鬪爭하고 있는 義兵들이 徵稅의 主體가 되어야 한다는 主張으로 나타났다. 이 主張은 徵稅 主體에 대한 分別에서 義兵들이 徵稅의 主體라고 主張할 수 있었던 자연스러운 자기 確信이었다.

이와 같은 徵稅 主體에 대한 分別은 "上用을 繼치 않으면 此를 民에서 取함은 元來부터 尋常의 事 貴下의 匪라고 稱함은 人의 訛傳에 의한 것인가 문득 貴下의 잘 考察하지 못함에서 그렇게 된 것인가"[62]와 같은 質問에서 義兵들은 民族의 代表 集團으로서 正統性을 가지고 있기 때문에 統監府와 親日 政府의 正統性을 否定하고 義兵들이 民族의 代表 集團으로서 徵稅의 主體가 되어야할 뿐만 아니라 民으로부터 納稅의 要求와 徵稅의 性格을 지닌 支供의 부탁을 "義兵을 稱함에 强盜, 暴匪 등의

---

60) 註 49)와 같음.
61) 註 57)과 같음.
62) 註 58)과 같음.

惡名으로서 한다."[63]에서 저들이 義兵을 强盜, 暴匪로 罵倒하고 있다고 反駁하고 있다. 義兵과 暴徒의 攻防은 이렇게 시작되었던 統治 主體에 대한 正統性의 論爭이었다. 즉 徵稅 主體의 分別에 대한 統監府와 親日 政府의 統治 行爲의 性格에 대한 論爭에서 出發한 것이었다.

義兵들은 대규모의 軍事 活動을 지속하기 위해서는 資金이 필요하였다. 이 資金은 民으로부터 나오는 것이므로 徵稅를 통하여 調達되어야 하겠지만 統監府와 親日 政府는 이를 認定하지 않았다. 때문에 『義兵檄文』의 대부분은 徵稅의 實務者들이었던 觀察使, 郡守, 邑, 面, 長과 里, 洞, 責任者들에게 모아진 稅額을 義陣에 納付해 줄 것을 勸告하고 威脅하고 있는 內容과 軍需用 金品, 武器, 火藥, 彈藥, 옷감, 신발, 버선 등의 支供을 부탁하는 내용으로 되어 있다. 그리고 또

"如犬 倭賊아 家屋稅 酒稅 煙草稅 此三稅를 밧게 爲計한다니 此之稅를 그만 두어라"[64]에서와 같이 統監府가 從來 없었던 財産稅 性格의 家屋稅와 間接稅인 酒稅, 煙草稅를 新設하려고 計劃하고 있다는 風說을 얻어듣고 農民들의 負擔이 增加하리라는 憂慮를 하게 되었다. 이러한 우려는 賦稅 計劃의 中止를 要求하는 檄文이 되어 稅務署 담벼락에 부쳐졌다. 이 檄文은 警告의 모양을 하고 있을 뿐 아니라 農民들에게는 義兵들이 民生을 위하여 鬪爭하고 있다는 것을 알리려는 意圖에서 作成되었다. 이러한 新設 稅目은 傳統 社會를 살아오던 義兵들에게는 生疎한 것이었고 결국 農民들의 搾取로 認識되었던 듯하다. 또 번거롭게 稅目을 新設하려는 것이 統監府의 財政 擴充을 念頭에 두고 計劃되고 있다는 예리한 指摘이기도 하였다. 統監府 財政의 擴充은 韓國人을 搾取하여 그 資金으로 韓國을 侵略하여 오는데 所要되는 費用으로 充當할 것이라는 確信에서 출발한 憂慮이었다. 또 生疎한 附加稅가 民生의 安定에도 도움이 되지 못하리라는 점도 考慮한 主張이었다.

---

63) 위와 같음.
64) A. 21) 大將 李의 廣告.

3. 民族之不可不救

　　檄文에서 民族은 救해야 한다는 외침은 日帝의 侵入이 國家의 自主權이 喪失 당하는 것은 물론이고 民族 生存權까지 剝奪될 것이다는 憂慮까지를 包含한 意味의 외침이었다. 筆者가 檄文의 民族은 救해야 한다는 이 主張을 추스린 것은 民族 生存權이 지켜져야 한다는 意味를 整理해 보려는 意圖이다. 民族의 生存權은 民族 抹殺과 民族 正體性의 毀損으로 大別해 낼 수 있다. 民族의 抹殺은 日本人들의 來韓에 대한 두려움을 表現한 것이고 民族 正體性의 毀損은 民族 構成員들 間의 離間과 傳統的인 固有 秩序의 破壞에 대한 두려움의 표현을 함께 묶어 나타내려 했었던 義兵들의 主張이었다. 이러한 외침은 日本人의 來韓은 막아야 한다와 民族 構成員들 間에는 和合해야 한다는 意味와 民族 構成員들이 지녀왔던 自己 秩序는 保存되어야 한다는 肯定的인 바램으로 바꿀 수 있다.

　　統監府가 設置된 뒤부터 갑자기 日本人들의 來韓이 늘어나고 이에 더하여 日本人들이 政府의 重要 部處에 布陣하더니 警察, 郵遞局과 같은 公共 部門에는 물론이고 商人들도 마을마다 橫橫하고 土地 收奪이 到處에서 恣行되면서 農業 部門에도 日本人들이 진출하여 점차 그 수가 늘어나고 있었다. 이러한 現狀은 여느 분야든 예외가 아니게 되어버렸다. 이와 같이 日本人들의 來韓이 增加해가자 韓國人들의 불안 또한 점차 증가해가고 있었다. 이에 대하여 義兵들은 "欲移 大韓 人民하야 將殺之 於西海 北海之中하니"[65]라고 크게 근심하고 있었다. 韓國人들을 將來에는 西海, 北海로 옮겨 버리려 한다고 받아드리고 있었다. 具體的으로 西海, 北海가 어느 곳이지는 알 수 없지만 日本人을 韓國에 植民

---

65) 註 49)와 같음.

한 뒤에는 韓國人들을 荒凉한 다른 地域으로 追放해서 種을 바꾸려하다
는 우려를 하고 있었다. 이러한 憂慮의 根據는 "埃及之滅人種 西歐上明
鑑自在 琉球之爲郡縣 東洋中覆轍相尋 械擊徵纆 難免西墨之鬼 車載船送
將塡東海之波"[66] 에서와 같이 이집트가 유대 民族을 奴隷로 隸屬시켜
民族을 抹殺하려 했었던 것은 西洋에서 볼 수 있었던 例이며 琉球가 日
本의 屬縣이 되어 버린 것은 東洋에서 볼 수 있었던 일이라는 東西洋
國家들의 例에서 구하고 있다. 그러나 韓國이 將次 유대나 琉球 중 어
떠한 경우가 되든 日帝는 韓國人들을 동해 바다에 돌아 넣어 버릴 것이
라는 뜻으로 國權의 喪失이 가져올 결과에 대하여 憂慮하고 있었다.

"誘彼 豪族이 付託 兇黨하야 遺子入于學校하여 遺弟入于學倭語하
야"[67]에서는 日帝의 부탁으로 名望家들이 자식들을 新式 學校에 보내고
있으며 이 新式 學校에서 日本語를 배우게 하는 일들은 日帝가 韓國人
들을 저들의 奴隷로 부리기 위하여 親日 人士들을 養成하는 計策이고
韓國人들의 種을 바꾸기 위한 措置들로서 시급히 바로 잡아야 할 일로
指摘하고 있다. 이러한 義兵들의 憂慮는 비단 新式 學校에 名望家의 子
弟들이 다니고 그 곳에서 日本語를 배우고 있는 現實이 增加하고 있다
는 사실 뿐 아니라 都市 곳곳에 日本語 學堂이 亂立하고 있었던 당시의
實態와 그 곳에 몰려들고 있었던 韓國人들을 沒知覺한 實態를 根據하여
日帝가 韓國人의 種을 바꾸려하고 있다고 받아드리고 있었다.

義兵들의 이러한 憂慮가 비록 模糊하고 皮相的인 指摘이기는 하나
植民의 뜻(plant settlers in korea new village establish)인[68] 日本人들의 韓
國으로의 移植이 가져올 결과에 대하여 정확히 알고 있었다. 이러한 義
兵들의 慧眼은 그 후에 歷史의 進行에서 日帝의 韓國人 抹殺 政策으로

---

66) 湖南義兵將列傳 卷二 省齋奇先生擧義錄略抄.

67) 註 51)과 같음.

68) J.A Hobson, Imperialism, George Allen and Unwin LTD.(London), 1948, 41면.
　　 Hobson은 近代 帝國主義 國家들이 本國의 過剩 人口의 解消 方案으로 植民
　　 地 國家에 本國人들을 移植하는 것을 중요시하였다고 지적하고 있다.

確認되었다. 義兵들이 檄文에서 民族은 구해야 한다고 했었던 것은 日帝의 植民地로 轉落해 가고 있는 韓國을 지켜야 한다는 또 다른 表現이었다. 그리고 그 후 오랜 시간 동안 日帝의 植民地 統治를 받고 살아갔던 韓國人들에게 어떠한 敎訓으로 비추어 졌을까 하는 疑問은 義兵들이 왜 생명을 내놓고 鬪爭해야 했었는가에 대한 명확한 대답이 된다. 한편 이러한 일본인들의 이식의 우려 때문에 일제의 침략에 맞서서 투쟁하고 있던 의병들에게는

"奸玆土民이 削髮變形하야 稱曰 巡檢하고 稱曰 補助員에 爲倭 奴僕하야 助其暴迫 其私欲에 爲兎悵鬼하니"[69]에서와 같은 痛嘆하였던 일이 있었다. 그것은 一部 韓國人들의 親日 行爲이었다. 따라서 義兵들은 檄文에서 日帝가 韓國人들을 離間시키지 말 것을 痛駁하고 私慾 때문에 巡檢. 補助員 등으로 활동하고 있는 韓國人들에게는 그들이 하고 있는 일이 국가를 파는 일이라는 것을 깨우치도록 訓戒하기도 하고 威脅하기도 하고 그 職에서 물러나거나 義陣에 合流하도록 勸告하기도 하였다. "寧爲 朝鮮而死 豈爲 島夷而生乎 寧爲 朝鮮而窮餓 豈爲 島而富乎"[70]라고 하여 朝鮮을 위하여 죽을지언정 어찌 섬 오랑캐를 위하여 살려고 하느냐. 朝鮮을 위하여 굶주릴지언정 어찌 섬 오랑캐를 위하여 잘 살려고 하느냐고 絶叫하고 있다. 이러한 絶叫는 한편으로는 私慾에 눈이 어두운 同族들을 향하는 분노이고 한편으로는 이를 利用하고 있는 日帝에 대한 警告의 외침이었다. 또 "與賊兵으로 交戰之場에 補助員이 加倍於倭酋하야 相戰相殺하야 相爲仇讐하니 此는 非骨肉相殘乎也"[71]라고 하여 韓國人들이 日帝의 侵略에 맞서서 싸우고 있는 싸움터에서 저들의 戰力에 보탬이 되고 있는 일을 하고 있다는 사실을 깨닫도록 타이르고 있다. 그러나 檄文의 이 주장은 同族에 대한 憤怒보다는 同族 相殘의 骨

---

69) 註 67)과 같음.
70) A. 9) 湖義所 都統 大將 朴의 廣告 一眞, 巡査隊.
71) A. 19) 倡義 尊壤 軍師府 大將 延起羽의 輪示 各郡, 各面, 大小民.

肉 相爭을 더욱 안타까워하고 있음을 보여 준다. 이 격문의 본 뜻은 民族 間의 和合을 요구하는 念願을 담고 있는 주장이었다. 또 義兵들은 民族 構成員들이 지녀왔던 自己 秩序에 대한 執着은

"況逆臣 弄柄 遺體 斷髮 枕不便 臥坐不席 言不爲辭"72)에서와 같이 斷髮을 심각한 자기 秩序의 破壞로 理解하고 있었다. 斷髮을 비단 머리를 깎는 일로만 받아드리지 않고 民族 構成員들이 傳統的으로 지켜왔던 自己 秩序가 否定 당하는 受侮로 理解하였다. 이러한 理解는 親日 官僚들을 筆頭로 해서 巡檢, 補助員, 一進會員, 自衛團員, 開化人士 등 소위 親日 行脚을 벌리고 있었던 사람들이 自進해서 抛棄한 自己 否定을 보면서 確信으로 굳어진 것이다. 때문에 皇帝의 斷髮을 이들 勢力들의 強壓 때문에 이루어진 屈辱으로 理解하였고 親日 人士들 곧 斷髮의 等式은 國權이 위태로운 現實을 아랑곳하지 않고 日帝에 附和 雷同하는 斷髮人士들에 대한 憤怒로 擴散되어 斷髮 自體의 便 不便을 따지기를 抛棄하고 이것은 막아내야 한다는 使命 意識으로 昇華되었다. 이러한 義兵들의 自己 秩序에 대한 愛着을 단순한 封建 意識의 殘存으로 評價하는 것은 偏狹한 主張이 될 수 있다.

親日 人士들의 自己 秩序 否定은 곧 賣國이다는 信念은 統監府 新施政 모두를 拒否하는 態度로 나타났다. 비록 新施政의 內容들 中에는 傳統 社會를 改善하려는 內容들이 있었다 하더라도 統監府의 新施政이 日帝의 韓國 倂合을 目標로 하는 統治 行爲이라는 것은 親日 人士들의 行動을 통하여 體得했었던 自己 確信이 되었다. 때문에 義兵들은 統監府의 新施政 全部를 拒否하였다. 그리고 地域民들에게 新施政을 따르지 말도록 說得하고 내용의 檄文들을 作成하고 있었다.

---

72) A. 4) 湖南 倡義 都會所 大將 權澤의 訓告 閭里 士民.

IV. 맺음말

『暴徒檄文』은 현재 奎章閣 所藏 圖書 番號 15253 番 Microfilm으로 保管되어 있는 資料이다. 이 冊은 朝鮮總督府 圖書印이 찍혀 있고 全體 29개의 文件을 묶어서 編冊者가 『暴徒檄文』이라고 題號한 冊이다. 原文 은 漢文이거나 國漢文으로 되어 있다. 編冊者가 이를 그대로 筆寫하여 옮기면서 枚 文件 마다 그 내용을 日本文으로 飜譯해서 日本語 解讀者 가 쉽게 보도록 만들었다. 表紙에 『暴徒檄文』 第 4輯이라고 通卷 號數 를 明記한 것으로 보아 이러한 冊이 여러 卷 만들어진 듯 하다. 그러나 그 전체는 이 책 이외는 알 수 없다.

이 冊은 日帝가 韓國을 倂合한 1910年 이후 1914年 사이에 編冊된 듯하며 總督府 警務摠監部 文書系에서 保管해 오다가 光復 후 奎章閣으 로 移管되었고 奎章閣에서 책를 Microfilm으로 만들 때 Microfilm으로 만들어져서 保管되어 현재에 이른 듯하다. 本稿에서 筆者는 이 책을 分 析의 對象으로 하였다.

이 책은 1908년부터 1909년 사이에 義兵들이 발표했었던 글들을 記 年과 月에 따라서 編冊하였다. 때문에 여러 地域의 文件들이 包含되어 있지만 60%가 全羅道 義陣에서 收集된 것들이다. 이러한 事情은 당시 全國 義兵들 가운데 全羅道 地域 義兵이 가장 치열하게 鬪爭하였던 歷 史的 事實과 無關한 듯 하다.

이 책에 들어 있는 各 文件의 作成者는 璿源譜에 謄載된 儒生을 포 함해서 대부분이 儒生들이었고 그 외는 作成者를 알 수 없는 경우도 많 이 있지만 자기들의 의사를 전달하려고 작성되었던 각 文件들의 性格과 그 內容이나 水準으로 미루어 判斷하면 作成者는 知識人들이었다. 이들 은 儒生이라고 불러도 무리가 없다.

統監府는 당시 義兵들이 가지고 있던 限界性에 注目하였다. 그것이

代表性과 地域性이었다. 저들은 義兵들이 韓國民 全體를 대표하는 代表集團이 아니다는 점과 全國을 한 組織體로 묶지 못하고 地域에 割據하고 있는 점이었다. 이를 根據로 하여 統監府는 義兵들을 治安을 妨害하고 있는 暴徒, 強盜, 火賊 등으로 罵倒하였다.

때문에 義兵들의 鬪爭을 內亂, 暴動, 強盜, 掠奪, 放火, 殺人이라고 呼稱하였다. 義兵鬪爭을 저들의 呼稱으로 간추리면 暴徒, 強盜들의 內亂, 暴動, 強盜들의 掠奪, 放火, 殺人이었다. 저들은 治安을 維持한다는 一貫된 統治 行爲의 實踐으로 義兵들을 殺戮, 逮捕, 拘禁하였다. 그리고 이러한 立場은 事實的인 法 執行으로 나타났다. 그러나 逮捕되어 裁判에 回附되었던 義兵들 가운데 內亂, 暴動으로 起訴되었던 이들은 小數이고 대부분은 殺人, 強盜, 放火 등 雜犯으로 起訴되고 刑이 宣告되고 있었다.

裁判을 받았던 義兵들은 자신들의 行動이 國權을 守護하기 위한 正當한 鬪爭이었고 그리하여 實定法上 犯罪 行爲로 處罰되는 것을 拒否하였다. 더욱이 殺人, 強盜, 放火, 掠奪 등 雜犯으로 處罰되는 것을 부끄러워하고 內亂, 暴動의 嫌疑로 處罰하라고 要求한 이들도 있었다. 義兵들의 주장은 韓國人의 正當한 主張이었다. 義兵들의 鬪爭은 暴徒, 強盜들의 內亂, 暴動, 殺人, 強盜, 放火, 掠奪 등의 呼稱으로부터 義兵들의 抗日 鬪爭으로 바로잡는 歷史 用語의 定立이 있어야 한다. 이에 따라 『暴徒檄文』은 『義兵檄文』으로 바로 잡는다

『義兵檄文』은 1908년에서 1909년에 發表되었던 글들이다. 또 다섯 줄에서부터 꽤 긴 文章으로 構成된 것이 包含되어 있다. 作成者들의 學問 水準이 다양한 만큼 그 글의 水準 또한 일정하지 않다. 이러한 緣由로 이 冊을 통하여 韓末 義兵들의 思想, 鬪爭 對象, 鬪爭 目標는 물론이고 義兵 鬪爭의 發展的 進行 등을 모두 밝혀 낼 수는 없다. 다만 筆者는 이 冊을 통하여 일정하게 韓末 義兵들의 鬪爭을 整理할 수 있다는 期待로 『義兵檄文』의 內容에 中心이 되는 命題와 共通으로 追求하려 했었던

意志를 뽑아서 세 개의 項目으로 추스려서 分析해 본 것이다.

義兵들의 理念의 틀은 一貫된 單純性으로 朝鮮王朝를 支撐해오고 있었던 儒敎 理念이었다. 이 儒敎 理念은 당시 社會 構成員들이 지니고 있었던 普遍的인 價値이었다. 朝鮮 後期의 洋學과 邪敎 (天主敎)의 傳來는 이 普遍的 價値 體系에 自己 防禦 論理를 具體化시켰다. 이 때에 다듬어진 關衛論은 "崇正學 闢異端" "衛正斥邪"를 內容으로 하는 觀念論이었다. 19세기 列强의 侵略에 이르러서는 禦洋論으로 더욱 다듬어졌었다. 洋倭를 禽獸로 규정하고 禽獸之別에 의한 韓國人들의 道德的 優位가 列强의 侵略을 克服해 낼 것이라는 念願的인 自信感이었다. 그러나 日帝의 侵略이 具體化되어 가면서 春秋大義 精神의 扶植을 위한 노력으로 이어졌다 이 틀은 御洋論보다도 模糊해졌지만 대체적으로 華夷觀을 基本으로 하는 儒敎 理念은 당시 社會 構成員들이 마지막까지 붙들고 있었던 틀이었다.

義兵들의 理念의 틀도 朝鮮王朝 構成員들의 普遍的 價値이었던 儒敎 理念이었다. 그러나 義兵들은 "自主獨立 後 會盟 開化"를 主張하고 있었다. 會盟 開化의 性格이 비록 皮相的이기는 하였지만 韓國이 獨立을 지킬 수 있다면 다른 價値는 諒解할 수 있다는 自己 改新을 보여 주는 것이었다. 그 간 侵略 勢力들과 부대끼면서 體得한 最善의 論理이었고 당시 韓國人들의 바람을 정확히 반영한 표현이었다.

政策의 執行者들과는 거리가 멀었고 國家 政策이 어떤 것들이고 그 目標가 무엇인지를 알리고 批判하는 言論이 普遍化되지 못했었던 傳統 社會의 構成員들이었던 義兵들이 日帝의 侵略을 具體的으로 把握하거나 그 窮極的인 意圖가 무엇인지를 조목조목 따져서 對應하는 것은 불가능한 일들이었다. 同時代의 政治를 政治의 一線에서 參與하고 있지 않았던 그들로서는 그 全體를 說明해내는 일은 처음부터 불가능할 수밖에 없었다. 다만 당시 사람들 사이에서 널리 膾炙되고 있었던 侵略 事實을 얻어듣거나 實體가 體感되고 있었던 侵略의 實狀들을 거칠게 把握하고

그 것 만이라도 알리고 막아야 한다는 切迫感이 民族的 共感으로 具體
化되면서 宣言的인 水準에서 侵略을 糾彈하고 있을 뿐이었다.

義兵들은 統監府 新施政 全部를 拒否하였다. 그 대표적인 例가 納稅
의 拒否로 나타났다. 徵稅는 韓國人을 搾取하여 韓國 倂合의 費用을 調
達하고 있다고 이해하였다. 그리고 이러한 理解는 義兵들 모두가 同意
하고 있었다. 그리하여 納稅 拒否는 義兵들의 確固한 信念이 되었다. 때
문에 義兵들은 檄文을 통하여 親日 官僚들의 徵稅를 糾彈하고 納稅者들
인 農民들에게 納稅를 拒否하도록 督勵하였다. 이 信念은 農民들에게
國權을 守護하기 위하여 鬪爭하고 있는 義兵들이 徵稅의 主體라고 主張
할 수 있었던 자연스러운 自己 確信이었다.

義兵들은 日本人들이 대거 來韓해 오고있었던 現實을 보면서 民族을
지켜야 한다고 외쳤다 이러한 憂慮가 비록 模糊하고 皮相的인 외침이기
는 하나 植民의 뜻인 日本人들의 韓國으로의 移植이 가져올 결과에 대
하여 정확히 알고 있었다. 이러한 義兵들의 慧眼은 그 후에 歷史의 進
行에서 日帝의 韓國人 抹殺 政策으로 確認되었다. 義兵들이 檄文에서
民族은 구해야한다고 했었던 것은 日帝의 植民地로 轉落해 가고 있는
韓國을 지켜야한다는 또 다른 표현이었다.

自强運動期 平安道地方 '夜學運動'의 實態와 性格

─────────────< 목 차 >─────────────

Ⅰ. 머리말   2. 敎科目과 교육과정
Ⅱ. 야학 설립 양상과 특성   3. 규모와 운영비
Ⅲ. 야학운동의 실태   Ⅳ. 近代敎育史上의 位置
  1. 運營 主體   Ⅴ. 맺음말

Ⅰ. 머리말

야학은 사립학교(이후 사학으로 표기함) 설립을 통한 근대교육이 확산되는 1890년대 후반부터 시작되었다.[1] 즉 근대교육을 時務策으로 인식한 開化論者나 지배층은 근대적인 사학 운영에 적극적이었고, 이들은 야학·야학과·야학교 등을 설립하기에 이르렀다. 이에 朴殷植은 義務敎育의 일환인 民衆敎育論으로 야학의 중요성을 제시하는 한편 적극적인 시행을 권유하였다. 그러나 혁신적인 그의 주장도 보수반동체제의 강화와 더불어 별다른 사회적인 반향을 일으키지 못하고 말았다.

敎育救國運動이 확산된 自强運動期를 맞아 야학은 사회교육운동인 '夜學運動'[2]으로 전개되는 계기를 맞았다. '乙巳勒約'에 따른 위기의식은 국

─────────────────────

* 중앙대학교 강사.
1) 金炯睦, 「1906～1910년 서울지역 야학운동의 전개 양상과 실태」『鄕土서울』 59 (서울특별시사편찬위원회, 1999), <표 1> 참조.
2) 야학운동은 지금까지 '야학'이라는 개념으로 통용되고 있다. 그런데 야학은

가 존립문제를 비롯하여 개인적인 **활동** 영역에도 커다란 변화를 초래하
였다. 위기상황은 사회구성원의 계급적인 이해관계와 사회활동을 극명하
게 규정하기에 이르렀고, 自强運動 중심 영역인 교육구국운동은 私立學校
設立運動과 야학운동으로 귀결되었다. 전국적으로 6,000여 개교에 달하는
사학과 1,000여 개의 國民·國文·勞動·農民·樵童夜學(校) 등은 당시
상황을 반증한다.[3] 특히 사회교육운동으로 전개된 야학운동은 근대교육
사나 민족운동사의 올바른 이해를 위해 주목되는 영역의 하나이자, 이에
대한 연구의 필요성이 절실한 분야이다.

　지금까지 야학운동 연구는 1920년대 집중된 결과 이 시기에 몇몇 야
학만이 실시된 '發生期'나 '萌芽期' 정도로 인식하는 수준이다. 또한 대
부분 연구는 저항적인 측면만을 부각시켜 야학을 식민지교육에 대항한
민족교육기관의 중심지로 규정하기에 이르렀다. 이는 당시 학계의 전반
적인 연구 분위기와 몇몇 사례로써 야학운동을 과대평가함에서 비롯되
었다. 金亨泰와 愼鏞廈는 부녀자·노동자를 대상으로 하는 박은식의 야
학 주장에 주목하였고, 尹健次와 박득준은 당시 '유명한' 馬山勞動夜
學·汲水商夜學(일명 물장수야학; 필자주)·仁川勞動夜學·陜川赤中夜學

　사립학교설립운동과 더불어 교육구국운동의 한 영역으로 전개되었다. 특히
文化運動이 확산된 1920년대 이후에는 최소한 500백 만명 이상이 야학과
직·간접으로 관련되는 등 實力養成運動 중 가장 지속적이고 견고한 민중적
인 기반 속에서 진행된 교육운동이었다. 이러한 사실을 감안한다면, 야학운동
으로 개념화되는 것이 타당하다. 따라서 이 글에서는 개별적인 사례는 야학으
로, 그 외는 야학운동으로 구분하였다.
3) 1906~1910년 야학은 後期 義兵戰爭의 '메카'인 호남을 제외한 전국에서 보편
적인 현상이었다. 다만 제주도 역시 전무하였는데, 이는 교통불편에 따른 취
재 제한과 지역적인 편재성에서 비롯되었다. 문화운동이 국내 '민족주의운동'
의 중심 영역으로 인식된 1927~8년 朝鮮農民社가 평안·함경도 일대에서 조
사한 대다수 농민야학 중 기사화된 야학은 소수에 불과한 사실을 통해 엿볼
수 있다[趙東杰,「朝鮮農民社의 農民運動과 農民夜學」『한국사상』16 (한국사
상연구회, 1978);『日帝下韓國農民運動史』(한길사, 1979)와『韓國民族主義의
發展과 獨立運動史研究』(지식산업사, 1993)에 재수록].

등이 근대교육사에서 차지하는 의미를 밝혔다. 그러나 야학운동의 실상
이나 성격 등은 간과하고 말았다.[4] 이훈상은 자강운동기 220여 개의 야
학이 운영된 사실을 밝혔으나, 야학운동 배경이나 지역적인 차별성 등
을 제대로 부각시키지 못하였다.[5] 반면 김형목은 경기와 서울의 지역적
인 사례를 통해 야학운동의 배경이나 지역적인 특성을 밝혔다. 그는 자
강운동과 이를 계승한 實力養成運動의 지향점인 '先實力養成 後獨立'에
기초한 야학운동은 식민지교육에 '저항과 순응'이라는 양면성에 주목하
였다.[6] 특히 기존 대다수 연구에서 야학운동의 배경으로 파악한 "민중
층의 성장과 교육열 고조"는 1920년대 야학운동의 분화·발전 배경임을

---

4) 신용하와 김형태는 박은식의 민중교육론에 주목하였으나, 당시 야학운동 실
   체는 제대로 파악하지 못하였다[金亨泰,『日帝下 勞動夜學의 實態와 그 機能』
   (성균관대석사학위논문, 1985);「民衆夜學運動의 展開」『溪村閔炳河敎授停年
   退任紀念史學論叢』(창작과비평사, 1988)에 재수록 : 愼鏞廈,『朴殷植의 社會
   思想硏究』(서울대출판부, 1982), 74쪽]. 윤건차와 박득준은 계몽단체 중 학회
   의 활동을 평가하는 가운데 야학이 근대교육사에서 차지하는 의의를 평가하
   였다. 곧 학회의 근대교육 보급에 영향을 받은 노동자·농민들이 야학을 통해
   새로운 세계관을 인식하는 등 민중층의 성장이라는 점에 주목하였다[尹健次
   지음(심성보외역),『한국근대교육의 사상과 운동』(청사, 1987) : 박득준,『조
   선근대교육사(북한연구자료선)15』(한마당, 1989)영인].
5) 李勛相,「舊韓末 勞動夜學의 성행과 兪吉濬의 '勞動夜學讀本'」,『斗溪李丙燾
   博士九旬紀念韓國史學論叢』(동간행위원회, 1990).
6) 김형목,「1906~1910년 서울지역 야학운동의 전개 양상과 실태」: 김형목,「
   한말 경기지역 야학운동의 배경과 실태」『中央史論』10·11 (중앙사학연구회,
   1998).
   1906~1910년까지 서울지역의 야학은 70% 이상이 일본어를 교수하였다. 물
   론 어학의 중요성은 인정하지만, 조선이 일제의 반식민지나 식민지로 전락하
   는 상황에서 언어가 지닌 문화적인 침략성을 인식하지 못하고 文化主義에 매
   몰된 한계성을 극명하게 보여주는 부분이다. 이리하여 개신유학자들 중 근대
   교육에 대해 우려하는 분위기를 제공하였다[金炳睦,「自强運動期 漢城府民會
   의 義務敎育 施行과 性格」『中央史論』9 (중앙사학연구회, 1997), 73쪽]. 이는
   이른바 '한일합병' 이후 식민정책의 심화와 더불어 야학이 일본어 보급을 위
   한 국어강습회(소)로 변질되는 등 현실로 나타났다. 1910년대 야학운동의 변
   화 원인과 성격은 차후에 다루고자 한다.

지적하는 등 새로운 시각에서 이해할 필요성을 제시하였다.[7]

이 글은 교육구국운동 이해를 위한 일환으로 평안도지역 야학운동의 실태 파악에 중점을 두었다. 평안도는 개신교의 선교사업으로 일찍부터 근대교육이 널리 보급된 지역이다. 이에 자극된 '지방유지'들도 사립학교설립운동과 더불어 야학운동을 적극적으로 추진하였다. 그런 만큼 평안도지역의 야학운동에 대한 이해는 교육구국운동의 실체는 물론이고 3·1운동 이후 야학운동이 民族主義運動의 주류로 추진된 배경 일단을 이해할 수 있는 주요한 부분의 하나이다.

이러한 의도에 따라 이 글은 다음 사실에 주목하였다. 먼저 야학 설립 양상과 현황을 파악한 후 특성을 살펴보았다. 이어 설립자·교사진의 활동과 성격, 교과목 구성과 규모 등을 포함한 야학운동 실태를 파악하였다. 당시 각 학회의 지회를 포함한 자강단체 등은 설립자·교사 등 야학 주체와 연계시켜 이들의 활동 속에서 정리하였다. 마지막으로 야학운동이 근대교육사는 물론이고 민족운동사에서 차지하는 위치 등을 살펴보았다. 이러한 과정을 통하여 당시 평안도지역 야학운동의 실태와 성격 등이 분명히 밝혀짐으로써 근대교육사 이해에 도움이 되기를 기대한다.

Ⅱ. 야학 설립 양상과 특성

야학운동은 이른바 지방유지인 전·현직 관리, 자산가, 교원, 상급학교 학생, 각종 사회단체 회원 등을 중심으로 추진되었다. 사립학교설립운동을 추진한 학회의 지회나 民會·農務會·勞動夜學會 등 각종 단체

---

7) 金炯睦, 「1906~1910년 서울지역 야학운동의 전개 양상과 실태」 중 Ⅱ장 야학운동의 배경을 참조.

의 임원·고문·회원 등이 야학운동의 주체였다. 즉 이들은 지방사회의 여론을 주도하는 한편 사회적인 영향력을 발휘할 수 있는 위치에 있었다. 그런 만큼 야학 설립은 대체로 지방유지의 단독이거나 여러 사람의 협력으로 이루어졌다. 단독이나 협력에 의한 야학도 지역민이 동참하는 가운데 교육운동의 차원으로 확산되었다.

먼저 개인 단독에 의해 설립된 야학을 살펴보자. 단독으로 설립한 야학은 크게 민간인과 지방관리로 크게 구분할 수 있다. 민간인이 단독으로 설립한 야학은 다음과 같다.

平南에서는 증남포성당 사역인 吳日煥은 성당 부설인 安熙學校 내에 영어야학교를 설립하자, 야학도가 일시에 40여 명에 달하였다. 신도인 安重根은 경비를 부담하는 등 야학교의 발전에 기여하였다. 그의 외유로 영어야학교가 경비난에 직면하자, 신상회사 임원진은 경비뿐만 아니라 10명이 교대로 학교 사무를 담당하는 등 야학 기반의 확충에 전력을 다하였다. 나아가 이들은 야학교 내에 주학으로 소학교인 五星學校[8]를 설립하는 한편 주민들에게 時勢의 변화를 역설함으로써 일시에 80여 명이 입학하는 등 校勢 확장을 이루었다.[9] 龍岡郡 금천곡면 주홍동의 姜錫冑도 농민들의 문맹퇴치를 위한 노동야학교를 설립하였다. 이에 교사인 이봉래와 교감인 임관모가 무보수로 열심 교수함으로써 설립한 지 2개월만에 야학생이 40여 명이었다. 노동야학의 운영은 晝耕夜讀이라는 새로운 분위기가 조성되어 도박·잡기 등이 사라지게 되었다.[10] 肅川郡

8) 鄭英熏,「舊韓末 安重根의 國權守護運動」『安重根義士 義擧 90周年紀念國際學術大會』(인천대, 1999), 9～10쪽.
  그는 삼홍학교 후신을 오성학교로 파악하였는데, 사실과 부합하지 않는다. 물론 이에 대한 사료가 미흡한 시점에서 단정을 할 수 없다. 다만 전후 상황을 통해 삼홍학교 내에 晝學으로 운영된 사학이 오성학교로 생각된다.
9)『경향신문』1907년 1월 4일 국닉잡보(평안보)「학교셜시」, 1908년 4월 24일 각디방긔셔「학교셜시홈」.
10)『대한매일신보』1908년 2월 13일 잡보「강씨흥학」.

肅明學校 사무원 李炳乾은 자기 가옥을 교사로 明進夜學校를 설립하고 농민·상인·초동아동을 무료 교수하였다.[11] 동군 송리면 百石里 함익모도 자기 동리에 야학교를 설립·교수하자, 야학생 30여 명이 호응하는 성황을 이루었다.[12] 江西郡 보원면 樓鶴里 김봉하는 1908년 자기집에 야학을 설립하는 한편 경비 부담은 물론이고 직접 교수로 생도가 날로 증가하는 등 교황이 점차 발전되었다.[13] 永柔郡 申秉均은 자기집에 야학교를 설립하는 한편 淑貞女學校 명예교사로 활동하였다. 여학교에 유지 金正鍊은 三間의 교사를 무료로 임대하였고, 金志璜·白成驥는 교무를 담당하는 한편 군수 朴容觀의 모친과 부인은 학용품을 지원하였다. 이리하여 영유군 일대는 사립학교와 더불어 야학이 근대교육의 중심지로 발도움하는 계기를 맞았다.[14]

平北에서는 雲山郡 南面 諸仁里 청년 李重進은 사립학교를 세우는 한편 농민야학교를 통해 능력에 따른 근대교육을 실시함으로써 많은 호응을 받았다.[15] 義州郡 多智洞 黃基源은 70세 노인으로 시국정세를 개탄하고 청년교육을 위해 야학교를 설립·후원하기에 이르렀다.[16] 동군 枇峴面 專對學校長인 金志聞은 7~8년 전에 학교를 설립한 후 3처에 주·야학을 겸설하여 학생이 300여 명에 달하는 성황을 이루었다.[17] 당시 언론은 김교장의 이러한 노력에 대해 극찬을 아끼지 않았다. 鐵山郡의 沈致珪는 노동하는 청년을 위해 報濟夜學校를 설립하여 교사를 초빙·교수할뿐만 아니라 학교 사무를 전담하는 등 야학 유지·발전에 전

---

11)『大韓每日申報』1908년 9월 3일 잡보「肅川郡明進校」.
12)『대한매일신보』1910년 1월 22일 학계「함씨 야학교 설립」.
13)『대한매일신보』제4권 1910년 3월 8일 학계「김씨열심」.
14)『大韓每日申報』1908년 1월 24일 잡보「永郡二美」:『대한매일신보』1908년 1월 23일 잡보「영유군 묘흔 소식」.
15)『황성신문』1908년 8월 1일 잡보「少年熱心」.
16)『大韓每日申報』1909년 5월 7일 학계「老人熱心」.
17)『황성신문』1908년 6월 4일 잡보「金氏熱誠」.

력을 경주하였다.[18] 이리하여 청년들 사이에 주경야독하는 분위기가 조성됨으로써 근대교육 보급을 활성화시키는 계기였다. 昌城郡 大倉面 龍淵里 姜道禧는 형인 姜純禧의 사립학교 설립에 자극받아 자기집에 龍淵夜學을 설립하였다. 동리에 거주하는 姜昇㼹·姜昌海·姜起龍 등도 명예교수로 호응하여 야학생이 30여 명에 달하였다.[19] 成川郡 鳳鳴學校 교사인 盧秉翼은 근무 여가를 이용하여 노동야학교를 설립·교수하자, 노동자 40여 명이 호응하는 등 좋은 반응을 얻었다.[20] 이 외에도 전참봉 이종묵이 定州郡 新梨村 자기집에 세운 야학교,[21] 雲山郡 古面 上里 부상동에 15세인 백종술이 설립한 노동야학교,[22] 楚山郡 江面 광영학교장 이변익이 동리 유지의 협조로 세운 야학교[23] 등 다수가 있었다.

지방관리들에 의한 야학 설립은 군수와 기타 관리의 범주로 구분할 수 있다. 먼저 군수가 야학을 설립한 후 지역민을 참여시키는 경우이다. 평남 永柔郡守 朴箕陽은 부임한 이래 관내에 설립된 22개 사학을 전폭적으로 지원하는 등 普通敎育의 보급에 노력하였다. 특히 그는 四德里 와 芙蓉里에 노동야학교를 설립하는데 노력을 기울였다.[24] 龍岡郡守 전덕룡은 농사개량에 권면하는 한편 보신학교 안에 야학교를 설립하였다. 그는 교사로 훈도 이학륜과 군주사 김일홍을 채용하여 청년들의 교육보급을 솔선수범함으로써 주민들의 호응을 받았다.[25] 평북 昌盛郡守 金相範은 군내의 9개 면에 사학을 설립하여 學齡兒童을 교육하는 한편 30세 이상 50세 미만인 문맹자를 위한 야학을 각 동리에 설립하였다. 교육의

18) 『황성신문』 1910년 1월 19일 잡보 「沈氏熱心」.
19) 『황성신문』 1910년 2월 18일 잡보 「姜門勸學」.
20) 『황성신문』 1910년 5월 5일 잡보 「勞働교喜信」.
21) 『대한매일신보』 1908년 10월 30일 잡보 「리씨의 교육열심」.
22) 『대한매일신보』 1910년 1월 30일 학계 「운산군 야학교」.
23 『대한매일신보』 1910년 3월 23일 학계 「리씨열심」.
24) 『大韓每日申報』 1908년 9월 1일 잡보 「永柔日進」: 『대한매일신보』 1908년 8월 26일 잡보 「영유군의 교육확장」.
25) 『대한매일신보』 1910년 7월 16일 잡보 「룡강군슈 션치」.

48

성과와 한글의 중요성을 고취시키는 방안으로 한글과 한문이 병기된 문패를 집집마다 부착시켰다. 이리하여 군내의 전 주민들이 야학에 동참하는 지역운동으로 발전할 수 있었다.26) 碧潼郡守 張鎭爽은 부임한 이래 관내를 순행하면서 유지들에게 학교 설립을 권유하여 10여 개 사학이 설립되는 성과를 거두었다. 이에 자극을 받은 時興學校 교사인 張龜洙·姜燦弘 등은 어학을 중심으로 하는 야학을 설립하는 동시에 직접 교수함에 생도가 50여 명에 달하는 상황이었다.27)

기타 관리에 의한 야학 설립은 다음과 같다. 평남 順安郡 주재소 순사 金文五는 자기집에 노동야학교를 설립·교수하자, 야학생 30여 명이 교수에 참가하였다.28) 평남 甑山郡 재무서장 韓利殷이 증산공립보통학교 내에 일어야학과를 설립한 후 군재무주사 金興能과 군주사 羅周源이 명예교수하자, 호응하는 생도가 40여 명에 달하였다.29) 신의주경찰서 警部인 崔秉斗는 관내 유지들과 협의하여 일어·산술·법률 등을 교수하는 야학을 설립하는 등 시세에 부응하는 분위기를 조성하기에 이르렀다. 당지에 근무하는 변호사·순사 10여 명과 상인·閑散人 30여 명이 교수를 받는 등 야학에 대한 적극적인 관심을 표명하였다.30)

연합으로 설립된 야학은 관리·교사·유지 등을 증심으로 추진되었다. 평북 慈山郡 豊出面 청년들은 第一里와 第二里에 각각 농민야학을 설립하였다. 이들은 『三字經』·『初學階梯』·산술 등을 직접 교수하는 등 향학열 고취에 노력을 아끼지 않았다.31) 안주보통학교 교원 成禧慶, 재무주사 金昌基, 우편국주사 金炳浩는 유지들과 普興夜學校를 설립한 지 불

---

26) 『황성신문』 1907년 12월 13일 잡보 「知有國文」.
27) 『황성신문』 1910년 5월 21일 잡보 「今之文翁」.
28) 『황성신문』 1908년 11월 12일 잡보 「金巡査敎育」.
29) 『大韓每日申報』 1909년 10월 6일 학계 「夜校好績」: 『황성신문』 1909년 10월 6일 잡보 「公暇敎授」.
30) 『황성신문』 1910년 5월 12일 잡보 「警官熱心」.
31) 『황성신문』 1908년 2월 28일 잡보 「農民夜學」.

과 3일만에 야학생 115명이 출석하였다. 교사는 김창기·성희경·金愼圭 등으로 2반으로 나누어 교수하였으며, 시험 성적에 따라 우등생과 급제 생으로 구분·시상하는 등 학생들의 '향학열'을 고취시켰다.[32] 평남 江 東郡 光明學校 교사 崔聖澤은 유지 김장한·원경현·김상준 등과 더불 어 蒼海義塾 내에 蒼海夜學校를 설립하였다. 개학한 지 불과 4~5일에 40여 명의 야학생이 출석하는 등 성황을 이루었다.[33] 특히 최성택의 헌 신적인 교수에 자극 받은 야학생들도 이에 부응하였다. 茂山郡 邑內面 私立普成小學校 임원인 南重鉉은 청소년을 위한 야학을 설립하자 25명 이 호응하였다. 그가 교수는 물론이고 경비 일체를 부담하는 등 야학이 발전하자, 인근 지역 유지들도 2~3개의 야학을 설립·운영하는 등 곧바 로 파급되었다.[34] 价川郡 中南面 龍院里 廣達學校 교감 吳泰遊와 주무 金炳采·吳泰希 등은 빈민자제 교육을 위한 明月夜學校와 揚明夜學校를 설립하였다. 이에 광달학교 임원진은 교육에 필요한 경제적인 지원을 아 끼지 않았다.[35]

이와 달리 노동자·농민이 근대교육의 필요성을 자각하고 야학을 직 접 설립한 경우도 있었다. 平壤 東砲樓船艙의 노동자 400여 명은 자신 들뿐만 아니라 자제들의 교육을 위한 야학을 설립하자, 都房임원인 李 昌萬·沈君連 등은 교사로 자원하여 국어·한문·산술·일어를 교수하 였다.[36] 인근 다른 노동단체나 조직도 노동자 1,000여 명을 수용할 수 있는 노동야학 설립을 계획하였다. 江西郡 동십리 朴明善은 노동자의 이러한 활동에 자극을 받아 군주사 白舜欽과 군내의 儒林所를 빌러 新 興夜學校를 설립하자, 군내의 사범학교·청년학교·공립학교 상급생이

---

32)『황성신문』1908년 8월 14일 잡보「夜學盛況」, 8월 29일 잡보「普興創立」.
33)『대한매일신보』1908년 9월 5일 잡보「창희학교」;『大韓每日申報』1908년 9월 12일 잡보「光明敎師의 光明」.
34)『황성신문』1908년 12월 29일 잡보「南氏熱心」.
35)『大韓每日申報』1909년 1월 28일 학계「明月揚明」.
36)『황성신문』1907년 11월 29일 잡보「勞働夜學」.

교사로 자원하는 등 주민들의 야학에 대한 관심을 촉발시켰다.[37] 평양 林原面 도룡동 한원모는 인근 양재학교의 발전에 비하여 농민들을 교육할 야학이 운영되지 않음을 개탄한 후 의연금을 내자, 수십명 농민들이 호응하여 농부야학교를 설립하기에 이르렀다. 이에 양재학교 교감 한윤모와 교사 최계업·정리목 등이 명예교사로 자원하는 등 야학생이 30여명에 달하였다.[38] 三和府 증남포의 樵童들은 여가를 이용하여 초막으로 된 교사를 짓고 靑靑學校로 명명하였다. 이들은 난방비·석유비 등 야학 경비를 근로소득에서 일정하게 모아 충당하는 등 야학을 통한 문맹 퇴치에 노력하였다. 이에 자극을 받은 金向英은 자기 집 사랑방을 야학 교실로 제공하는 한편 운영비를 부담하는 등 적극적인 지원을 아끼지 않았다.[39] 成川郡 사가면 上坪里 노동자들은 학문의 필요성을 인식하고 야학교를 설립하자, 유지 주상룡은 자기 집을 교사로 제공하였다. 교장 이수, 교사 이각균·한정순 등을 선정하는 등 제도권 교육기관과 유사한 체제를 갖추었다.[40]

한편 야학 설립을 위한 단체 조직과 동시에 趣旨書로 선전하는 등 보다 광범위한 사회적인 후원과 관심 속에서 진행되는 경우도 있었다. 이는 당시 사립학교설립운동에 가장 흔히 사용되는 방식이었다. 李明煥·張明昊 등은 灣友夜學會趣旨書를 발표하였는데, 주요한 내용은 다음과 같다.

…(상략)…今古殊理에 時事變遷ᄒ야 列强交濟ᄒ고 立紀維新ᄒ니 回想時宜컨딘 言語法律이 急先學務라 嗟吾 灣友가 泊沒産業ᄒ야 做工無暇ᄒ니

---

37) 『황성신문』 1907년 11월 30일 잡보 「又一賀事」 : 『大韓每日申報』 1907년 12월 13일 잡보 「新興夜學」와 1908년 3월 21일 잡보 「新校日新」.
38) 『대한매일신보』 1908년 10월 7일 잡보 「한씨열심」.
39) 『황성신문』 1908년 7월 30일 잡보 「靑靑子矜」 : 『경향신문』 1908년 8월 14일 일일특보 「八月 十二日(삼화부 증남포에 교육이 발달된다흠을)」.
40) 『대한매일신보』 1910년 1월 19일 학계 「로동학교 셜립」.

何以則 做得餘力之學文 而盡其國民義務乎아 僉議會同曰 古有志士之畫耕
夜讀ᄒ니 畫事生計之方ᄒ고 夜做時宜之學이 豈不美哉아 所以로 去五月
七日 開會學式也에 學是 英語 日語 法律 三件而 學員則 本府神商間 青年
志氣者 三圓을 募集ᄒ고 推薦教師인중 本部稅務官 趙在榮氏ᄂ 英語를 教
ᄒ고 本府 前鎭衛隊 叅尉 朴東元氏와 前叅奉 金學俊 兩氏ᄂ 日語를 教ᄒ
고 本府 警務署巡查 金永一氏ᄂ 法律를 教ᄒᄂ디 同諸氏가 非但爛熟於
外邦言語及 法律이라 素以名譽有望으로 嗟惜灣友之未達乎 新學ᄒ야 不受
資聘ᄒ고 自願教師ᄒ야 期圖就緖ᄒ오니 伏惟同胞ᄂ 感服此意ᄒ야 共勉進
就ᄒ지여다.[41]

즉 시대 변화에 부응한 근대교육 중 특히 어학과 법률의 중요성을
강조하였다. 세무관 趙在榮은 영어, 전 진위대 참위 朴東元과 전 참봉
金學俊은 일어, 경무서 순사 金永一은 법률을 각각 분담 교수하는 등
'획기적'인 전문성을 꾀하였다. 이처럼 만우야학회는 시의에 따른 실무
교육을 제시함으로써 주민들의 호응을 얻을 수 있었다.[42] 이후 의주군
내에 설립·운영된 야학은 이러한 배경과 일정한 영향 하에 이루어졌
다.

평남 강서군의 야학교취지서 역시 이와 유사한 입장에서 표명되었다.
즉

…(상략)…吾國이 自四千年以來로 不無斯民斯業ᄒ니 可謂完國이로
대 至于今日 競爭時代ᄒ야 民權이 亦伸에 國權이 日墜ᄒ니 其故ᄂ 在
何오 在於人智未開耳라 竊觀泰西각國컨더 人生 七八歲에 無論男女ᄒ
고 率入普通학校ᄒ야 能受卒業然後에 入於專門ᄒ야 從事實業ᄒ니 是
以로 爲士而傳道授業者ᄂ 勿論ᄒ고 至於農商工ᄒ야도 一無目不識丁之
人而 不從踐覆義務라 覽新報而盯衡時局하야 感發恩愛誠心ᄒ니 此國人

---

41) 『황성신문』 1907년 9월 2일 잡보 「灣友夜學會趣旨書」; 『大韓每日申報』
    1907년 8월 24일 잡보 「義州府灣友夜學會趣旨書」.
42) 『大韓每日申報』 1908년 1월 19일 잡보 「夜學將就」.

之所以 先着鞭於開明之域而 雄飛六者也라 現今國內 有志紳士가 灼知
厥由하야 在在設校ㅎ야 擴張敎育ㅎ며 培育人材로 爲方今第一急務ㅎ
니…(하략)…43)

　이러한 활동은 사립학교설립운동과 더불어 야학에 대한 관심을 촉발
시키는 계기였다. 더욱이 외세 침탈의 가속화로 생존권이 위협받는 상
황에서 야학은 근대교육을 위한 새로운 대안이었다. 야학 운영 주체의
의지에 따라 야학은 쉽게 운영될 수 있었다. 더욱이 일제는 「私立學校
令」을 통해 사학에 대한 탄압을 자행하였으나, 야학은 이러한 규제로부
터 '비교적' 자유로운 입장이었다.44) 이리하여 야학운동은 호남을 제외
한 전국 각지에서 발흥하였다. 자강운동기 평안도에 설립된 야학 현황
은 <표 1>과 같다.

---

43) 『大韓每日申報』 1907년 11월 16일 잡보 「江西郡夜學校 趣旨書」.
44) 야학은 1913년 조선총독부령 제3호인 「私設學術講習會에 關한 件」에 의해
　　설립인가나 운영 등에 관한 규제를 받았다[조선총독부학무과, 『現行 朝鮮敎
　　育法規』(조선총독부, 1942), 728쪽]. 그런데 3·1운동 직후까지 이 법령에
　　의해 야학이 폐쇄되거나 탄압된 경우는 전무하다. 이는 1920년대 이후 많은
　　야학이 폐쇄된 사실과는 대조를 이룬다. 물론 폐쇄된 야학도 교육내용의 反
　　植民性보다는 운영 주체들의 활동 성향이 주요한 요인이었다. 따라서 자강
　　운동기 야학은 법규의 미비 등으로 사학에 비해 '상대적인' 활동 영역을 확
　　보할 수 있었다.

<표1>   자강운동기야학일람표[45]

야 학 명	위 치	설 립 자	교 사 진	교 과 목	학 생 수	출 전
영어야학교	평남중남포성당 안회학교내	오일환;성당 사역인	좌동	영어	영어학도;40	경1907.1.4,19 08.4.24
灣友야학교	평북 의주부	李明煥·張明昊·李箕容	趙在榮;세무관, 朴東元;참위,金學俊;참봉,金永一;순사	영어·법률·일어	30	大1907.8.24,1 908.1.19 황1907.9.2;5 월 7일 개학
永柔야학교	평남 영유	柳橋·羅翰炯	羅愼坤		30	황1907.10.13
江西야학교	평남 강서	유지 등	좌동			大1907.11.16
東砲樓船艙 야학	평남 평양 東砲樓 船艙	노동자 400명	유지인사 4인	한문·국문·일어·산술;1시간	노동자의 자제	황1907.11.29
新興야학교	평남 강서 東十里	朴明善, 白舜欽;군 주사	사범·공립·청년학교학생		野農樵夫;80	황1907.11.30 大1907.12.13, 1908.3.21
昌城夜學	평북 창성 각동리	金相範;군수	유지 등	국문·한문	대상자; 30~50세	황1907.12.13
維新야학	평북 의주 圓峰洞	車昌民·朴英欽	상급 학생			大1907.12.25
야학교	평남 영유	申秉均	좌동(군수부인 의 지원)			大1908.1.24 대1908.1.24
宣川夜學	평북 선천 읍내	金熙絿·梁聖河	좌동		초동목수;고용 자;50~60명	황1908.2.11
노동야학교	평남 용강 금천곡 면 주흥동	강석주	이봉래·임관모		40	대1908.2.13
牧童야학	평남 강서 태평 신동	유지청년	좌동		목동과 여학도	대1908.2.26
農民야학	평북 자산 豊出面 第一里	청년농민	청년농민	三字經·初學階梯·산술	다수	황1908.2.28
農民야학	평북 자산 豊出面 第二里	〃	〃	〃	〃	〃
영변상업야 학교	평북 영변	실업가유지 등	좌동			大1908.3.20
부두야학	평남 삼화항	부두조합소	부두조합 임원			대1908.3.22,8 .2,8.13
사립청년야 학교	평북 곽산 읍내	청년유지	좌동		50	대1908.5.22

45) <표 1>에 나타난 약자는 다음을 의미한다. 경은『경향신문』, 大는『大韓每日申報(국한문판)』, 대는『대한매일신보(한글판)』, 황은『황성신문』, 서북은『서북학회월보』등이다.

英明야학교	평북 선천 길성리	영명학교	田文屹			황1908.6.2
專對야학교	평북 義州 枇峴面	金志闊;전대학교장	좌동		주야;300	황1908.6.4
극명야학교	평북 의주 비현면 당후동	김용섭·김재겸			150	대1908.5.3
開進야학교	평북 곽산 好岳里 개진학교 내	李寅芳·李根宅·金基源	좌동		주야;80	황1908.7.14
靑靑學校	평남 삼화부 甑南浦	초동목수 등과 金向英	金向英			황1908.7.30 경1908.8.14
농민야학교	평북 운산 南面 諸仁里	李重進	좌동			황1908.8.1
노동야학교	평남 영유 四德里	朴箕陽;군수	유지 등			大1908.9.1 대1908.8.26
〃	평남 영유 芙蓉里	〃	〃			〃
仁昌야학과	평북 운산 南面 仁峴洞	유지인사	李潤綱	국문·체조	주야;40	황1908.8.9
야학교	평남 삼화항	한산모군청과 짐군청			40	대1908.8.13
普興야학교	평북 安州	成禧慶;보교교사, 金昌基;재무주사	성희경·김창기·金愼圭		115	황1908.8.14,8.29
노동야학교	평남 순천 분지면 일리	이종걸·이원화	김관주		30	대1908.8.16
광계야학교	평북 룡천 광화면 룡계동 광계학교내	광계학교 임원진	문정화		50	대1908.8.30
明進야학교	평남 숙천	李炳乾;학교 사무원	좌동		농상인과 초목아동	大1908.9.3
창해야학교	평남 강동 蒼海義塾 내	최성택;광명학교 교사,김장한 원경현 김상준	최성택		40	대1908.9.5 大1908.9.12
국문야학교	평북 肅川 葛山洞	갈산농무회	金鎭初;농학사 농무회 임원	국문과 신문종람소 운영	농민자제와 노동자	황1908.9.8,『서북』1-5권.1쪽
동명야학교	평남 순천 창동	이종수·최두전·유창순·석문정	이시복;유년학교 교사		40	대1908.9.15
농부야학교	평남 평양 임원면 도룡동	한원모, 농부 다수	양재학교 교사		30	대1908.10.7
야학교	평북 정주 신리촌	이종묵;전참봉	좌동		50~60	대1908.10.30
日新야학교	평남 강서 沙津面	韓成龍·韓宅揆	韓相鳳·朴明善외 2인		70	황1908.11.5
노동야학교	평남 평양 경현	노동자와 박도현	김성국		40	대1908.11.5
노동야학교	평남 순안	金文五;순사	좌동		30	황1908.11.12
通德학교	평남 숙천 右上面 通德里	申榮間외 3	좌동		청년자제;60	황1908.11.26

노동야학	평북 무산 읍내면	南重鉉;군서기	좌동		25(인근에 2-3개 야학)	황1908.12.29
야학교	평남 강서 보원면 서학리	김봉하	좌동			대1910.3.8;1908년 설립
야학교	평남 평양 돌串面	李東悅·林鍾淑·崔鼎植	좌동		수십명	大1909.1.20
明月야학교	평남 개천 중남 龍源里	廣達學校 임원과 교사	광달학교교사			大1909.1.28 황1910.6.21
揚明야학교	〃	〃	〃			〃
야학교	평남 증산 松石里 永明洞	金泰勳·鄭寅泳 文德善	좌동		20	大1909.2.18
淸源야학	평북 강계	金鳳塤;교장 笠鍾爀田虎一;학무원	鄭錫煥;보통학교교사	보통학교과정	57	황1909.4.29
維新야학교	평남 용천 外下面 順川洞	維新學校	유신학교교사			大1909.4.29
장흥야학교	평남 안주	홍창도·왕정한·김윤구·이원방			15인 혈서맹약	대1909.4.29
야학교	평북 의주 多智洞	黃基源	좌동			大1909.5.7
노동야학	평남 성천 四佳面	李炳秀·韓錫曄	좌동			황1909.5.15
의무학교	평북 운산 北鎭	朴鳳淵	姜尙祖·卓茂胃		주야 100	大1909.6.9
일어야학과	평남 甑山보통학교 내	韓利殷;재무서장	金興能·羅周源;주사	일어	40	황1909.10.6 大1909.10.6
야학교		尹麟柱,金驥燁;學生	尹麟柱,金驥燁;張秀用,朱泰鉉	보통학문	50	大1909.12.3
報濟야학교	평북 철산	沈致珪				황1910.1.19
야학교	평남 성천 사가면 상평리	노동자 다수와 주상룡	이각균·한정순			대1910.1.19
야학교	평남 숙천 송리면 백석리	함익모	좌동		30	대1910.1.22
三成야학교	평남 강동 晩達面 桓坊洞 三成學校내	야소교회	삼성학교 교사	국어·한문·산술·지리·역사		大1910.1.25 대1910.1.26
노동야학교	평북 운산 고면 상리 부상동	백종술	좌동			대1910.1.30
야학강습소	평북 의주	의주청년학우회	홍종은·이유필·계룡권			대1910.2.13

龍淵야학	평북 창성 大倉面 龍淵里	姜道禧	姜昇昱·姜昌海·姜起龍		30	황1910.2.18
야학교	평남 개천 중서면 평원	중원학교 학부모자치회				대1910.3.18,5.6
야학교	평북 초산 강면	이변익;광영학교교장			주야;80	대1910.3.23
일어야학과	평북 의주	金道溶;翊原學校校主	崔弼俊	일어		황1910.4.15
동창야학교	평북 안변 내평동	김석조·김성근	김석효		노동자 다수	대1910.4.22
야학교	평북 가산 애도	송관하·이병헌	송창근·김봉익·이익준		80	대1910.5.5
노동야학교	평북 成川 鳳鳴學校 내	盧秉翼;교사	좌동		40	황1910.5.5
의주야학	평북 신의주	崔秉斗;경부	좌동	일어·산술·법률	변호사·순사;10,상업·기타;30	황1910.5.12
야학교	평북 碧潼 北面	張鎭爽;군수	張龜洙·姜燦弘;時興學校교사	어학	50	황1910.5.21
야학교	평남 용강 보신학교내	전덕룡;군수	이학륜;부훈도,김일홍;주사			대1910.7.16

<표 1>에 나타난 야학이 당시 평안도지역에 설립된 전부를 의미하지 않는다. 文化運動이 확산된 1920년대 후반 朝鮮農民社가 평안도와 함경도 등지의 농민야학을 조사하여 표창한 모범적인 야학도 신문 지상에는 제대로 보도되지 않았다. 더욱이 문화운동을 주도한 당시 언론이 특집으로 다룬 기사조차도 미흡하기는 마찬가지였다.46) 이때보다 취재진이나 능력 등이 부족한 상황에서 더욱이 직접 현장 보도가 아니라 대다수가 傳聞한 점을 감안한다면, 이를 쉽게 짐작할 수 있다. <표 1>을 통하여 평안도지역 야학운동의 특징을 정리하면 다음과 같다.

---

46) 동아일보사는 창간 5주년과 문화운동 10주년기념사업으로 1925년과 1929년 군 단위의 교육기관·경제단체·사회단체 등의 연혁과 현황을 조사하였다. 현지 지국장이 조사한 결과 등이 비교적 자세하게 보도되었는데, 교육기관의 경우는 많은 차이를 드러내었다. 특히 1925년의 경우 야학에 대한 언급은 거의 전무한 실정이었다.

첫째로 야학 설립은 1908년 정점을 이루었다가 점차 감소하는 추세이다(<표 2> 참조). 1906년 1개소, 1907년 8개소, 1908년 40개소, 1909년 14개소, 1910년 11개소가 각각 설립되었다. 이는 야학운동이 사립학교설립운동과 같은 양상의 일환으로 이해할 수 있다. 즉 1908년 「私立學校令」 시행과 동시에 많은 사학이 시설 부족과 재정난 등으로 통·폐합되는 단계를 거쳐 점차 '침체기'에 직면하였다. 평안도지역 야학운동은 이러한 양상을 반영하는데, 경기와 서울지역과는 대조를 이룬다.47)

둘째로 여자야학(일명 여성야학이나 부녀야학; 필자주)이 거의 전무한 점이다. 평남 강서군 태평면 신동의 청년들이 설립한 牧童夜學이 남녀를 교육한 유일한 야학이다.48) 당시 평안도 내에 여자교육을 위해 조직된 여성단체는 平壤女子敎育研究會·三和港維持婦人會·永柔女子敎育婦人會·順川西峴女子學會·新昌市婦人會 등이 있었다.49) 그런데도 여자야학이 부진한 이유는 강고한 인습에 따른 현상으로 생각된다. 다음은 당시의 분위기를 엿볼 수 있는 대목이다.

    …(상략)…쳐쳐에 녀ᄌ학교가 니러나며 면면에 로동쟈학교가 니러나셔 쟝쟝춘일에 규중에셔 조국력스를 열람ᄒ며…(중략)…뎌 로동계의 쇼식은 더욱 격절탄복ᄒ올만흔 일이 심히 만타ᄒ니 혹 피쌈을 흘니고 엇은 삭젼을 흔푼두푼 슈합ᄒ야 야학교를 셜립ᄒ며 혹 츄슈ᄒ야 엇은 곡식을 흐되두되 슈합ᄒ야 야학교를 셜립ᄒ야 낫에ᄂ 로동ᄒ고 밤에ᄂ 야학ᄒ기로 결심ᄒ니 뎌 조반셕죽ᄒ고 긔식이 만면흔 쟈의 셜립흔 학교로 엇지 늡과ᄀ치 굉대ᄒ고 화려ᄒ리오마ᄂ…(하략)…50)

---

47) 김형목, 「한말 경기지역 야학운동의 배경과 실태」, 198쪽 : 김형목, 「1906~1910년 서울지역 야학운동의 전개양상과 실태」.
48) 『대한매일신보』 1908년 2월 26일 잡보 「목동의 야학」.
49) 朴容玉, 『韓國近代女性運動史研究』(정신문화연구원, 1984), 209~210쪽.
50) 『대한매일신보』 1908년 12월 29일 논설 「녀ᄌ와 로동샤회의 지식을 보급케 홀 도리」 : 『大韓每日申報』 1908년 12월 26일 논설 「女子及勞働社會의 知識普及홀 道」.

58

즉 각처에 여학교 설립으로 여성교육이 광범위하게 보급되고, 面마다 노동자들 스스로가 야학을 설립하는 등 자력으로 문맹퇴치에 나섰다. 이는 여자교육은 야학보다 사학을 통해 이루어진 사실을 보여준다. 이러한 현상은 평안도에만 한정되지 않고 전국적으로 유사하였다.[51] 물론 농민이나 노동자의 자제 교육을 위해 설립된 야학은 여자도 수용한 것으로 추측할 수도 있다. 그러나 "남녀 칠세 부동석"이라는 관념이 강하게 공존하여 공립보통학교나 소학교 등에서 남녀 학생을 구분하여 교육하는 상황이었다. 더욱이 오후 10시를 전후하여 수업이 끝나는 야학에 여자들이 다닌다는 것은 거의 禁忌나 다름 없었다. 그런 만큼 여자야학은 문화운동의 확산과 더불어 여자에게 가해졌던 인습이 타파되는 1920년대에 와서야 비로소 발흥하는 계기를 맞을 수 있었다.

셋째로 종교기관의 야학에 대한 관심이 미약한 점이다. 기독교의 2개소 야학이 종교기관이 설립한 야학의 전부이다. 즉 평남 증남포성당 내의 영어야학교와 江東郡 晩達面 桓坊洞 三成夜學校[52] 등이다. 1920년대 초반 엡윗청년회·기독교청년회·기독교여자청년회·기독면려회 등은 야학운동을 주도하는 단체였고, 특히 개신교는 우리나라 근대 여성교육에 주도적인 역할을 담당하였다.[53] 천도교 역시 조선농민사를 통한 농민운동의 일환으로 농민야학을 지원한 것과는 대조를 이룬다. 이는 종교기관이나 종교 외곽단체가 사립학교설립운동에 치중한 반면 야학운동에 대한 인식은 전반적으로 미흡함을 의미한다.

넷째로 노동자·농민·초동목수 등이 직접 야학 설립한 사실이다. 민중이 지난한 투쟁과정을 통해 근대교육의 중요성을 인식하고 이를 실천한 점에서 중요한 의의를 지닌다. 나아가 민중이 새로운 사회변화에 대

51) 김형목, 「한말 경기지역 야학운동의 배경과 실태」, 190~191쪽.
52) 『大韓每日申報』1910년 1월 25일 학계「三成夜學」: 『대한매일신보』1910년 1월 26일 학계「삼성야학교 설립」.
53) 朴容玉, 앞책, 210~220쪽.

응하여 스스로 자구책을 강구한 사실을 보여준다. 이러한 변화는 결국
3·1운동기 민중이 민족해방운동의 전면에 나설 수 있는 배경이었다.
地方自治制를 표방한 農務會나 노동자의 권익을 위한 노동조합소·勞動
夜學會 등이 야학을 운영한 사실은 이와 밀접한 관련성을 지닌다. 평북
숙천군 葛山洞의 갈산농회, 평남 삼화항 부두조합소, 평양 동포루선창
노동자와 평양 경현 노동자, 평남 성천군 사가면 노동자, 삼화부 초동목
수 등이 대표적인 경우이다. 그런데 노동조합소나 노동자가 설립·운영
한 야학은 노동자가 운집한 평양이나 삼화항을 중심으로 설립되었다.
이는 평양지역 유지의 근대교육에 대한 높은 관심[54]을 반영하는 동시에
안창호 강연 활동과 관련성을 지닌다. 즉 그는 미국에서 귀국한 후 서
울과 서북지방에서 여러 차례 순회 강연을 실시하는 가운데 "미국에 거
주하는 동포 대다수는 노동자로서 고달픈 삶이지만, 야학으로 실력 배
양에 정진한다"는 것과 "노동자에게 학문이 필요한 문제" 등을 연설하
였다.[55] 이에 자극을 받은 노동자나 부두조합소 등은 노동야학을 설립
하는 등 그의 주장에 호응하는 분위기였다.[56]

다섯째로 한글만을 교육한 국문야학이 1개소에 불과한 점이다. 즉 숙
천군 갈산농회는 신문잡지종람소를 설치하는 한편 국문야학교를 설립하
였다.[57] 당시 국문야학(일명 한글야학; 필자주)은 전국적으로 성행하고
있었다. 특히 서울·경기지역 자강론자들은 취지서를 신문 광고에 게재
하는 등 한글을 통한 문맹퇴치와 애국심 고취에 노력하였다.[58] 이에 부

---

54) 『황성신문』 1908년 1월 10~11일 잡보 「平壤學務會歷史」: 박은식전서편찬
   위원회, 「祝義務教育實施」『朴殷植全書』下 (단국대출판부, 1975), 90~91쪽.
55) 『황성신문』 1907년 12월 11일 잡보 「浿城教育情況」.
56) 『히조신문』 1908년 2월 28일 잡보 「勞動夜學」.
57) 『황성신문』 1908년 9월 8일 잡보 「農會事業」: 서북학회, 「會錄」『西北學會
   月報』1-5권 (서북학회, 1908), 1~2쪽; 한국학문헌연구소, 『西北學會月報』上
   (아세아문화사, 1976), 237~238쪽.
58) 『대한매일신보』 1907년 11월 1일 잡보 「亽립국문학교취지서」: 『황성신문』
   1908년 2월 12일 잡보 「國文夜學」.

녀자·노동자을 위한 한글 교과서의 조속한 보급이 급선무임을 강조하
기에 이르렀다.

　국문과 국어는 익국심의 근원이 될뿐아니라 또흔 간편ᄒᆞ고 알기가 쉬
운쟈 ㅣ라. 그런고로 교과셔를 순국문으로 지어셔 녀ᄌᆞ샤회와 로동샤회의
지식을 열니게홈이 ᄀᆞ쟝 긴요흔 방법이 될지어늘 지금에는 이런 교과셔
가 업스니 가히 흔탄홀 일이로다…(이하 생략)…59)

한글의 교육적인 효과에 주목한 개화자강론자들은 일찍이 한글 연구
에 노력하였다. 周時經·兪星濬·池錫永·崔光玉 등은 國文硏究所를 설
립하고, 서울의 攻玉學校 내에 夏期講習會를 개최하기에 이르렀다.60) 또
한 정부도 국문학교 설립은 물론이고 한글 전용의 공문서 양식으로 전
환을 모색하였다. 비록 국문학교 설립은 실행되지 못하였으나, 당시 지
배층의 한글에 대한 관심을 엿볼 수 있다. 이러한 분위기는 결국 한글
로 된 신문·잡지의 간행으로 이어졌다. 南宮檍·呂炳鉉 등은 최고의
발행부수인 한글판 잡지인『교월월보』를 4,000여 부나 발행하여 국내는
물론이고 미국·일본·만주 등지에서도 교재로 널리 보급하였다.61) 그
런데 국문야학은 한글의 중요성을 일깨우는 계기였지만, 평안도지역은
'상대적'인 부진을 면치 못하였다. 이는 한글만을 교육한 국문야학이 성
행하지 않은 사실을 지적하였을 뿐이지 평안도에서 실시된 야학에서 한
글 교육이 경시된 사실을 의미하지 않는다.

여섯째로 상급학교 학생이 방학을 이용하여 야학을 설립하거나 교사

---

59)『대한매일신보』1908년 12월 30일 논설「녀ᄌᆞ와 로동샤회의 지식을 보급게
　　 홀 도리」:『大韓每日申報』1908년 12월 27일 논설「女子及勞働社會의 知識
　　 普及홀 道」.
60)『황성신문』1907년 1월 12일 잡보「國文硏究會趣旨書」.
61) 崔起榮,「舊韓末『교육월보』에 관한 一考察」『季刊 書誌學報』3 (서지학회,
　　 1991), 22쪽.

로 활동하였다. 微信學校 尹麟柱와 崇實學校 金驥燁은 하기방학에 귀향하여 고향에서 야학을 설립하였다.[62) 개학과 동시에 다른 청년들이 이를 계속 운영하는 등 기반을 공고히 구축할 수 있었다. 이리하여 초기 10여 명에 불과한 야학생이 이후 50여 명으로 급증하는 추세였다. 강서군 동십리 군주사 박순흠이 노동자의 요구에 부응하여 신흥야학교를 설립하자, 사범학교·공립학교·청년학교 학생 등이 교사로 참여하였다. 이는 소수에 불과하지만, 1920년대 후반에서 1930년대 초반 학생들을 중심으로 전개된 農村啓蒙運動의 선구라는 점에서 의의를 지닌다.

일곱째로 영어·일어 등 어학을 중시한 사실이다. 특히 일본어가 주요한 교과목으로 교수된 점은 일제의 침략이 가속화되는 상황에서 문제점을 안고 있었다. 즉 개인의 능력 향상에만 관심이 집중된 결과 어학이 지닌 정신·문화적인 침략은 부차적인 문제로 인식되었다. 당시 통감부가 관·공립학교에서 일본어 교육을 시도함에 격렬하게 저항한 사실을 상기할 필요가 있다.

> 普通學校에셔 曾往부터 敎授ᄒ든 地誌科는 刪去ᄒ고 日語科를 添入ᄒ기로 叅與官이 決定ᄒ얏더니 地誌科는 視學官 魚瑢善氏의 强硬反對홈으로 如前히 敎授케되며 日語科는 各敎員들이 反對ᄒ야 아즉 停止ᄒ얏는디 二個年後부터 實施ᄒ기로 決定ᄒ얏다더라.[63)

이는 야학운동을 추진한 주체들의 현실인식을 극명하게 보여주는 부분이다. 따라서 야학이 식민지교육정책에 저항한 민족교육기관이라는 종래의 견해는 철저하게 비판되어야 한다.

마지막으로 표면상 西北學會 지회나 新民會가 설립한 야학이 전무하다. 서북학회는 서북지방에만 協成學校 지교로 70여 개교를 인가[64)하는

---

62) 『大韓每日申報』 1909년 12월 3일 학계 「夜校興旺」.
63) 『만세보』 1906년 9월 15일 잡보 「語科反對」.

한편 이에 부응하여 협회 내에 속성과정의 야학사범과를 운영하였다. 이들 졸업생은 장차 지교의 교사로 충원하는 등 조직적이고 체계적인 교육운동 방향을 모색하였다. 더욱이 서북학회는 물장수들의 요청을 받아들여 협성학교 내에 널리 알려진 汲水商夜學을 직접 운영하는 등 야학을 통한 문맹퇴치에 노력을 기울였다.65) 신민회도 李東輝 등의 분투로 강화도를 비롯한 서북지역에 보창학교 지교를 무려 100여 개교 이상 설립하였다.66) 강화도의 보창학교 지교는 그곳의 교육운동을 주도하였고, 부설로 운영된 야학은 주민들의 대단한 호응을 받았다. 그런데 평안도의 협성학교나 보창학교 지교에서 야학을 시행한 사실은 전혀 나타나지 않았다. 이는 물론 현상에 불과하다. 야학 설립자의 상당수가 서북학회 중앙이나 지회의 회원임을 감안하면, 이러한 의문점은 다소 해소될 수 있다(이는 후술함).

III. 야학운동의 실태

1. 운영 주체

야학 운영의 주체는 크게 설립자와 교사·후원자로 구분하여 볼 수 있다. 그런데 대다수 야학 설립자는 관리·실업가·교사·청년 등 이른바 지방유지로서 이들은 또한 야학 교사나 후원자들이었다. 곧 지방유

---

64) 愼鏞廈, 앞책, 78~80쪽 : 李松姬, 『大韓帝國末期 愛國啓蒙學會硏究』(이대박사학위청구논문, 1985), 81~82쪽.
65) 朴殷植, 「勞働同胞의 夜學」『西友』15 (서우학회, 1908), 19~20쪽; 박은식전서편찬위원회, 『朴殷植全書』下 (단국대출판부, 1975), 97~98쪽과 한국학문헌연구소, 『西友』下 (아세아문화사, 1976), 335~336쪽 : 『황성신문』 1908년 1월 8일 논설 「勞働團의 興學」과 1908년 2월 20일 논설 「勸勉勞動同胞夜學」.
66) 김형목, 「自强運動期 漢城府民會의 義務敎育 施行과 性格」, 74~75쪽.

지가 야학 운영 주체의 중심적인 세력임을 알 수 있다. 노동조합소·농무회·청년학우회·학부형자치회 등이 설립한 경우도 이러한 범주에 포함된다. 또 상급학교 학생이나 종교기관 등이 세운 야학 역시 비슷하다.

반면 노동자·농민·초동목수 등 스스로가 자신이나 자제를 위한 교육기관으로 설립한 야학은 "민중층 성장‘이라는 측면에서 중요한 의미를 지닌다. 즉 ’시세의 변화‘와 더불어 민중이 자력으로 문제를 해결하려는 의지를 표출한 사실이다. 이러한 야학의 교육 내용이나 설립 목적도 初等敎育을 통한 文盲退治가 주류였고, 지방유지들이 야학의 후원자나 명예교사로서 활동하는 상황이었다. 民衆敎育熱에 부응한 이들의 후원은 야학운동을 교육구국운동의 일환으로 추진할 수 있는 보다 강고한 기반을 구축할 수 있었다. 야학을 매개로 한 지역주민의 참여는 상호간의 인식을 교류하는 한편 대립 관계를 완화시키는 등 완충적인 역할이 가능하였기 때문이다.

자강운동기 평안도의 야학 설립 주체는 다양한 다양한 인적 구성만큼 나눌 수 있다. 당시 상황을 고려하여 이를 정리하면 <표 2>와 같다.

<표 2>　　야학 설립 주체

구분 년도	유지·관리	교사·교육 단체	노동단체 ·노동자	종교기관	농민단체 ·농민	학생	기타	소계
1906	-	-	-	1	-	-	-	1
1907	7	-	1	-	-	-	-	8
1908	24	9	3	-	4	-	-	40
1909	8	2	1	1	-	1	1	14
1910	7	4	-	-	-	-	-	11
소계	46	15	5	2	4	1	1	74

※ 중원학교학부모자치회와 의주청년학우회는 교사·교육단체, 일본인은 기타.
　 설립년도는 신문기사 중 1월까지 전년도로 파악.
　 전대야학교는 3개소, 김상범이 각 동리에 세운 야학은 1개소로 파악.

<표 2>에 나타난 바처럼, 유지·관리가 설립한 야학은 46개소로 최대

를 차지한다. 창성군수 김상범이 각 동리에 세운 야학을 감안한다면, 이
보다 훨씬 많은 비율임을 쉽게 알 수 있다. 교사·교육단체가 15개소,
노동자·농민단체 5개소, 농민·농민단체 4개소, 종교기관이나 종교인 2
개소, 학생과 일본인이 각각 1개소 등의 순이었다. 교사·교육단체와 노
동조합소·농무회·종교단체의 임원이나 학생은 사실상 지방유지의 범
주인 점을 감안한다면, 야학 설립과 운영 주체는 지방유지가 약 90%를
차지한다고 볼 수 있다. 즉 노동자·농민이나 일본인이 설립한 야학을
제외한 모든 야학이 유지들에 의해 설립·운영됨을 의미한다. 앞에서도
언급하였듯이, 노동자·농민이 중심이 된 야학도 거의 유지들의 후원과
지원을 받았다. 따라서 평안도 야학운동의 주체는 근대교육에 관심을
가진 자강론자[67]로 규정할 수 있다.

그러면 야학운동을 주도한 인물들의 구체적인 활동과 경력은 어떠한
가. 결론적으로 말하면, 주요 인물은 서북학회 지회의 임원이었다. 나아
가 서북학회 지교 등에 설립된 야학에서 교사로 활동한 사람들은 지회
원으로 볼 수 있다. 참고로 1909년 3월까지 평안도에 설립된 서북학회
지회는 평양·숙천 등 평남 3개소와 義州·박천·정주·철산 등 평북 9
개소로 총 12개소였다.[68]

증남포 영어야학을 설립한 吳日煥은 官立漢城英語學校, 量地衙門 측량

---

67) 여기에서 지방관리가 민족적인 성향의 인물인가 하는 점은 별개이다. 이들
    의 이후 행적이나 활동상이 구체적으로 드러나지 않은 상황에서 이를 함부
    로 규정할 근거가 없기 때문이다. 다만 근대교육을 통한 개화자강론에 관심
    을 두었는가 하는 사실에 중점을 두고 파악하였을 뿐이다. 당시 사립학교설
    립운동을 주도한 계층 중 전·현직 관리가 상당수를 차지하는데, 이들 역시
    마찬가지다[邊勝雄, 「韓末 私立學校의 設立同鄕과 愛國啓蒙運動」『國史館論叢』
    18 (국사편찬위원회, 1990), 35~38쪽]. 一進會와 같은 친일단체가 각지에서
    운영한 사학과는 명백하게 구분한다. 이들은 근대교육을 표방한 개화자강론
    을 주장하였지만, 궁극적인 지향점은 일제의 예속화였기 때문이다.
68) 서북학회, 『西北學會月報』1-8권, 50~51쪽 : 『西北學會月報』1-10권, 53~54쪽
    : 『西北學會月報』1-11권, 53쪽 : 『西北學會月報』1-12권, 53~54쪽 : 『西北學會
    月報』2-15권, 50쪽 : 이송희, 앞글, 80쪽.

견습생, 진남포 保東學校 일어과 등지에서 수학하였다. 그는 1899년 量地衙門 기사로 임명된 이래 私立興化學校 영어야학과 교사, 地契衙門附屬 관리, 인천해관 서기, 진남포해관 서기 등을 역임한 관료 출신으로 천주교 신자였다.69) 경력에서 나타나듯이, 그는 영어를 중시하는 곳에서 근무하였다. 즉 양지아문과 지계아문은 물론이고 해관이나 흥화학교의 교사도 모두 영어와 관련된 업무가 많았다. 이러한 배경은 그로 하여금 영어교육을 야학을 통해 실행하는 계기로 작용하였다. 한편 증남포 영어야학의 후원자인 안중근은 삼홍학교·돈의학교 등을 야학운동에 적극적인 입장이었다.70) 창해야학교의 설립자이자 교사인 崔聖澤은 1899년 증산군교원을 비롯하여 삼화항, 평남관찰부 교원과 평북관찰부 공립소학교 교원 등을 두루 역임한 교육자였다.71) 숙천군 吹里面 葛山洞에서 農會를 조직한 金鎭初는 사학을 설립하는 한편 국문야학교를 설립하였다. 그는 일찍이 해외 유학에서 농학을 공부한 후 귀국하여 농민운동에 종사한 인물이다.72) 서북학회 회원으로서 서북학회가 운영하던 農林講習所에서

---

69) 국사편찬위원회, 『大韓帝國官員履歷書』 (탐구당, 1972), 911~912쪽 : 국사편찬위원회, 『韓國獨立運動史(資料)』7 (정음사, 1968), 201쪽과 293쪽.
70) 안중근은 비교적 빨리 근대교육을 접할 수 있는 분위기에서 자랐다. 부친 安泰勳은 관직생활을 통해 일찍부터 약육강식이 지배한 국제정세를 이해할 수 있었다. 이리하여 그는 부국강병을 위한 방편으로 천주교에 입교하였고, 그의 가족들도 예외는 아니었다. 이러한 영향으로 안중근은 근대교육의 중요성을 인식하는 한편 형제들과 함께 사립 三興學校(전신은 三高英學校; 필자주)와 敦義學校를 설립·인수하는 등 근대교육의 시행에 노력하였다[『大韓每日申報』1907년 5월 31일 잡보 「賣土寄校」와 국사편찬위원회, 『韓國獨立運動史(資料)』7, (정음사, 1968), 201~205쪽과 292~294쪽]. 영어야학에 대한 그의 아낌없는 지원은 바로 그러한 산물의 하나이다. 그의 교육활동과 국채보상운동을 포함한 자강운동에 대한 실체도 앞으로 밝혀야할 과제이다. 이는 자강론자에서 의열투쟁가로 전환하는 배경을 찾아볼 수 있다는 점에서 한국독립운동사상 중요한 의미를 지니기 때문이다.
71) 『대한매일신보』1908년 9월 5일 잡보 「창희학교」: 『大韓每日申報』1908년 9월 12일 잡보 「光明敎師의 光明」: 국사편찬위원회, 『大韓帝國官員履歷書』 (탐구당, 1972), 679쪽.

활동한 그는 농가의 소득증대를 위한 果樹園 창설과 회원소유지에 대한 식목을 주장하는 등을 주장하였다.[73]

만우야학교(일명 만우청년야학회; 필자주) 교사 朴東元은 1898년 관립 일어학교와 1900년 무관학교 등에서 수학한 후 1902년 육군 참위로 임명되었다. 이듬해 시위대에서 견습을 마치고 러일전쟁 직후인 1904년 4월 일본군대 접대위원으로 피선된 후 진남포 등지에서 근무하였다.[74] 또 설립자인 李箕容은 서북학회 의주지회의 회원으로 교육운동에 노력을 기울였다.[75] 신흥야학교 설립자 白舜欽은 사숙인 鳳鳴齋에서 수학하는 등 근대교육은 거의 받지 않았다. 그는 1901년 강서군 임시우편주사를 거쳐 잠시 휴직하였다가 1906년부터 강서군주사로 재직하면서 근대교육의 보급에 앞장선 인물이다. 그도 역시 서북학회 강서군지회원으로 활동하였다.[76] 영변상업야학교 설립발기인 池思榮은 서북학회 영변지회 설립을 주도하였다. 특히 발기인 중 金元彬·鄭德昇·池熙文 등은 영변지회 회계원·평의원 등으로 활동하는 등 영변지역 교육운동을 주도한

72) 서북학회, 「논설; 肅川郡 葛山洞農會 設立에 對ㅎ야 百拜祝賀홈」『서북학회 월보』1-5권 (서북학회, 1908), 1~2쪽과 서북학회, 「會計員報告」『서북학회월 보』1-4권, 38쪽 :『황성신문』1908년 9월 8일 잡보「農會事業」: 박은식전서 편찬위원회,『朴殷植全書』下 (단국대출판부, 1978), 34쪽 : 李基俊,『韓末西歐 經濟學導入史硏究』(일조각, 1985), 제17장.

73) 金鎭初,「果樹園을 創設홈」『西北學會月報』1-14권 (서북학회, 1909), 43~46 쪽; 한국학문헌연구소,『西北學會月報』下 (아세아문화사, 1976), 47~50쪽.

74) 『황성신문』1907년 9월 2일 잡보 「灣友夜學會趣旨書」:『大韓每日申報』 1907년 8월 24일 잡보「義州府灣友夜學會趣旨書」와 1908년 1월 19일 잡보「 夜學將就」: 국사편찬위원회,『大韓帝國官員履歷書』(탐구당, 1972), 217쪽.

75) 서북학회, 「會事記要」『西北學會月報』1-11권, (서북학회, 1909), 53쪽; 한국학 문헌연구소,『西北學會月報』中 (아세아문화사, 1976), 277쪽.

76) 서북학회, 「會計員報告」『西北學會月報』1-6권 (서북학회, 1908), 29쪽; 한국학 문헌연구소,『西北學會月報』上 (아세아문화사, 1976), 339쪽 : 「會事記要」 『西北學會月報』1-11권, (서북학회, 1909), 53쪽; 한국학문헌연구소,『西北學會 月報』中, 277쪽 : 국사편찬위원회,『大韓帝國官員履歷書』(탐구당, 1972), 438 쪽 :『황성신문』1907년 11월 30일 잡보「又一賀事」:『大韓每日申報』1907 년 12월 13일 잡보「新興夜學」와 1908년 3월 21일 잡보「新校日新」.

인물이었다.77) 곽산군 好岳里에서 李寅芳·金基源 등과 개진학교 내에 開進夜學校를 설립한 李根宅은 사숙 月巖齋에서 수학하는 등 전통교육 을 받았다. 이후 그는 崇仁殿 참봉을 지낸 전직 관리였다.78) 의주야학을 설립한 崔秉斗는 한학을 수학한 후 황해도 순검을 시작으로 일어통역겸 장, 감독순사 등 주로 치안 관련 업무에 종사하였다. 그는 신의주에 부 임한 후 순사와 상업종사자를 위한 실무교육의 일환으로 야학을 설립하 는 등 근대교육에 노력을 아끼지 않았다.79)

영유군수로서 사학을 통한 근대교육은 물론 노동야학교를 주도한 朴 箕陽은 四崇齋에서 전통교육을 받은 후 1897년 평안남도관찰부주사로 관직생활을 시작하였다. 1904년 법부 보고문서를 잘못하여 견책을 받는 등 그의 관직생활은 순탄하지만 않았다. 하지만 그는 1907년 7월 성천 군수로 임명되는 등 지방관으로 발탁되었고, 이어 영유군수로 부임하면 서 자강운동 일환으로 사학의 지원과 야학에 대한 실천을 병행하였 다.80) 벽동군수로 야학을 설립한 張鎭奭은 사숙에서 수학하였다. 그는 영변부 서기를 시작으로 평북관찰부 서기와 주사를 거치는 동안 회계· 법규 등에 관한 강습 등을 받았다. 장진석 역시 서북학회의 회원이었 다.81) 時興學校 교사로서 야학교 명예교사로 활동한 張龜洙도 서북학회

---

77) 서북학회, 「會事要錄」『西北學會月報』1-1권 (서북학회, 1908), 41쪽; 한국학문 헌연구소,『西北學會月報』上 (아세아문화사, 1976), 95쪽 :「會事記要」『西北 學會月報』1-9권 (서북학회, 1909), 59쪽; 한국문헌연구소,『西北學會月報』中, 137쪽:「會事記要」『西北學會月報』1-12권, 52~53쪽; 한국학문헌연구소,『西 北學會月報』中, 345~346쪽.
78) 국사편찬위원회,『大韓帝國官員履歷書』(탐구당, 1972), 512쪽 :『황성신문』 1908년 7월 14일 잡보「晝夜熱心」.
79)『황성신문』1910년 5월 12일 잡보「警官熱心」: 국사편찬위원회,『大韓帝國 官員履歷書』(탐구당, 1972), 512쪽.
80) 국사편찬위원회,『大韓帝國官員履歷書』(탐구당, 1972), 222쪽 :『大韓每日申 報』1908년 9월 1일 잡보「永柔日進」:『대한매일신보』1908년 8월 26일 잡 보「영유군의 교육확장」.
81) 서북학회, 「會員消息」『西北學會月報』1-8권 (서북학회, 1909), 46쪽; 한국학문

지회원82)이었고, 시흥학교는 서북학회의 지교로 야학교사인 姜燦弘 역시 지회원임을 짐작할 수 있다. 용강군수로 보신학교 내에 야학교를 설립한 田德龍도 서북학회의 회원으로 교육운동에 노력하는 한편 농가의 소득증대를 위한 개량된 뽕나무와 유실수 보급에도 노력하였다.83)

한편 소수에 불과하지만, 일본인이 야학 교사나 후원자로 참여한 점이다. 金道濬·崔錫夏 등이 평북 강계에 설립한 一成夜學校 교사로 보통학교 훈도인 湯本勵가 담당하였고84), 평북 강계군 淸源學校 내의 야학은 교장 金鳳塤과 학무원 笠鍾㶨·田虎一 등이 설립하였다.85) 일본인들은 주로 일본어를 담당하였는데, 이들에 대한 지방민의 반응은 비교적 우호적이었다.

이상에서 야학의 주체는 근대교육을 수학한 인물은 물론이고 전통교육을 받은 경우도 적지 않았다. 지방관리는 오히려 후자의 경우에 속하는 인물도 적지 않았다. 그런데 이들이 사학이나 야학을 통한 근대교육에 노력을 기울인 것은 바로 시세 변화를 인식하였기 때문이다.86) 곧 사립학교설립운동이나 야학운동을 교육운동의 일환으로 이해한 점이다. 나아가 守令七事의 하나인 興學校가 자신들의 책무로 간주되기도 하였

헌연구소, 『西北學會月報』中 (아세아문화사, 1909), 50쪽 : 국사편찬위원회, 『大韓帝國官員履歷書』(탐구당, 1972), 260쪽 :『황성신문』1910년 5월 21일 잡보「今之文翁」.

82) 서북학회,「會事記要」,『西北學會月報』1-2권 (서북학회, 1908), 40쪽과 42쪽; 한국학문헌연구소,『西北學會月報』上 (아세아문화사, 1976), 94쪽과 96쪽 :「會事記要」,『西北學會月報』1-3권, 41; 한국학문헌연구소,『西北學會月報』上, 153쪽 :「會事記要」,『西北學會月報』1-7권, 36~37쪽; 한국학문헌연구소, 『西北學會月報』上, 420~421쪽.

83)『대한매일신보』1910년 7월 16일 잡보「룡강군슈 션치」: 서북학회,「會員消息」,『西北學會月報』1-9권 (서북학회, 1909), 55쪽; 한국학문헌연구소,『西北學會月報』中 (아세아문화사, 1976), 133쪽.

84)『황성신문』1909년 1월 9일 잡보「義州一成」.

85)『황성신문』1909년 4월 28일 잡보「淸源夜學」.

86) 李光麟,「舊韓末 關西地方 儒學者의 思想的 轉回」『李丙燾九旬紀念 韓國史學論叢』(일조각, 1987).

다. 사학의 명칭으로 義務學校가 널리 사용된 사실은 이러한 당시 분위기를 반증하는 부분이다. 아울러 서북지방 자강론자들의 정치적인 지향이 이러한 활동과 무관하지 않다는 점이다.[87]

2. 교과목과 교육과정

민중 자립화의 초보적인 단계에서 시행된 야학은 문맹퇴치를 통한 민중 계몽과 지식계발에 중점을 두었다. 그런 만큼 교육내용은 문자해독 또는 습득이라는 수준에서 크게 벗어나지 않았다. 사립학교설립운동도 고등교육보다는 初等教育(일명 小學教育)이 우선적인 과제인 바처럼, 야학 역시 동일한 의도였다. 평안도의 74개소 야학 중 교과목을 알 수 있는 곳은 14개소에 불과하다(<표 1> 참조). 그나마 어학이나 보통학문 등 다소 애매하게 서술한 야학은 3개소이다.

야학의 주요한 교과목은 역시 한글이었고, 당시 전국적으로 많은 국문야학 설립은 이를 반증한다.[88] 이는 야학의 1차적인 목적과도 부합한다. 특수한 목적으로 설립된 영어야학교·만우야학교·일어야학과·의주야학을 제외한 모든 야학에서 한글이 교수된 것으로 짐작할 수 있다. 이와 더불어 한국의 지리·역사는 민족의식을 각성시키는 방편으로 중요시되었다. 특히 疆域의 변천과 만주지역이 고대 우리의 역사무대라는 사실은 지리에서 매우 강조되었다. 또한 초보적인 한문이나 加減乘除를 중심으로 하는 산술 등도 교수하였다. 자산군 풍출면의 농민야학의 교과서로 활용된 『三字經』·『初學階梯』 등은 이러한 사실을 잘 보여준다.[89] 이러한 교과목이 대다수를 차지하였다.

---

87) 朴讚勝, 「韓末 自强運動論의 각 계열과 그 성격」 『한국사연구』68 (한국사연구회, 1990).
88) 『大韓每日申報』 1908년 1월 26일 논설 「國文學校의 日增」과 1908년 2월 13일 잡보 「國民夜學校趣旨書」.
89) 주 31)과 같음.

반면 일어·영어 등 어학도 교수하였는데, 특히 일본어에 상당한 비중을 두었다. 어학이나 보통학문으로 표기된 경우도 일본어를 교수한 것으로 생각한다. 당시 관·공립소학교는 대부분 일본어를 교수한 사실에서 이러한 가능성을 찾아볼 수 있다. 더욱이 하급관리의 채용은 물론이고 일본어 능통자를 우대하는 당시 분위기였고, 이를 추종하는 경향마저 농후하였다.90) 서울지역 야학의 70% 이상에서 일본어를 교수한 사실과 일본인이 운영하는 공장이나 부두 등에 종사하는 노동자들의 현실적인 필요성에서 비롯되었다. 동포루선창야학·의주야학·만우야학교 등은 이를 사실적으로 보여주는 부분이다. 그러나 궁극적인 원인은 자강론자들의 외세 특히 일제의 침략에 대해 적극적인 항일보다 실력양성에 매몰되었기 때문이다. 어학이 지닌 사상·문화적인 침략성을 간파하지 못하고 오직 개인의 능력배양에 치중하는 자강론자들의 인식 한계였다. 한글교육을 무시하고 일본어교육을 중시하는 상황에 대한 우려의 목소리는 일부 논자들에 의해 지적되었다.91)

또한 교과목은 설립자·야학생의 요구·현지의 사정에 따라 다양하게 구성되고 있었다. 즉 현실적인 필요성이 야학의 교과목 구성에 그대로 반영되었다. 영어·일어·법률 등을 교수한 만우야학교와 의주야학은 피교육자의 직업 등을 고려하였다. 특히 의주야학은 순사·변호사·상

---

90) 浩然子, 「敎育界의 思潮」『太極學報』19 (태극학회, 1908), 4~11쪽; 한국학문헌연구소, 『太極學報』參 (아세아문화사, 1976), 308~315쪽 : 桂奉瑀, 「社會의 假志士」『太極學報』25 (태극학회, 19), 6~8쪽; 한국학문헌연구소, 『太極學報』肆, 314~316쪽 : 桂奉瑀, 「學校의 弊害」『太極學報』26, 16~20쪽; 한국학문헌연구소『太極學報』肆, 408~412쪽 : 李喆柱, 「敎育界의 下梢病」『기호흥학회월보』3 (기호흥학회, 1908), 15~17쪽; 한국학문헌연구소, 『기호흥학회월보』上 (아세아문화사, 1978), 169~171쪽.

91) 서북학회, 「雜俎; 警告語學諸君」『西北學會月報』1-17호 (서북학회, 1909), 49~51쪽; 한국학문헌연구소, 『西北學會月報』下 (아세아문화사, 1976), 283~285쪽 : 『경향신문』1907년 3월 8일 론셜 「타국 말을 비홈에 유익홈과 무익홈을 의론홈이라」; 『大韓每日申報』1908년 2월 15일 논설 「韓國敎育界의 悲觀」.

업 등에 종사하는 사람 등을 대상하는 일종의 '전문' 교육의 성격을 지녔다. 주임관이나 판임관 교육을 위한 야학 속성과정의 政法學校 운영 계획이 모색된 점을 감안한다면, 획기적인 의미를 지닌다고 할 수 있다.[92] 또 1920년대 상급학교 진학을 위한 준비기관인 야학이나 주산·부기 등을 중심으로 운영된 점원야학 등과 유사한 성격을 갖는다. 나아가 교육적인 효과를 극대화하는 방안으로 시험을 실시하였다.[93] 성적 우수자에 대한 시상은 야학생 상호간의 경쟁을 통한 향학열 고취가 목적이었다.

교재는 대체로 제도권 교육기관의 교과서가 사용되었다. 자산군 풍출면의 농민야학이나 갈산농회는 직접 교과서를 만들거나 신문·잡지를 교재를 사용하였다. 신문잡지종람소의 운영은 주로 한글판 신문이나 잡지가 교재로 이용되었음을 의미한다.[94] 당시 『교육월보』가 4,000여 부나 간행되어 전국적으로 널리 배포된 사실에서 엿볼 수 있다. 이처럼 교재는 현실적인 여건을 감안하여 채택되었다.

교수진은 피교육자인 야학생수에 따라 많은 차이를 나타낸다. 단독교사와 2~3인 경우가 절대 다수를 차지하였다. 비록 소수에 불과하지만, 교장·학감(교감)·사무원 등 제도권 교육기관의 직제를 갖춘 경우도 있었다. 비록 야학생수는 적지만, 과목 전담제가 채택된 야학은 교수진이 4~6명으로 비교적 많았다.

교육 대상자는 대부분 문맹한 노동자·농민 등과 이들의 자제들인

---

92) 서우학회,「雜俎; 北京報騰載後識」『西友』7 (서우학회, 1907), 16쪽; 한국학문헌연구소, 『西友』上 (아세아문화사, 1976), 384쪽 : 박은식전서편찬위원회, 『朴殷植全書』下 (단국대출판부, 1975), 77쪽.
93) 『大韓每日申報』1908년 8월 2일 잡보「和港夜學試蹟」와 1908년 10월 1일 잡보「講習試驗」.
94) 서북학회,「논설; 肅川郡 葛山洞農會 設立에 對호야 百拜祝賀홈」『西北學會月報』1-5권 (서북학회, 1908), 1~2쪽; 한국학문헌연구소, 『西北學會月報』上 (아세아문화사, 1976), 237~238쪽 : 『황성신문』1907년 12월 13일 잡보「知有國文」와 1908년 9월 8일 잡보「農會事業」.

이른바 '無産兒童'이었다. 또한 상업종사자나 순사 등도 있었다. 곧 전 계층이 야학의 피교육자인 셈이다. 이들은 교육구국운동의 확산과 變革運動을 통한 각성에 의해 근대교육의 필요성을 현실적으로 인식한 계층이었다. 다만 경제적인 빈곤이나 시간적인 여유 등으로 제도권 교육기관에서 교육받을 기회를 갖지 못하였다. 한편 피교육자의 연령층은 학령아동에서 50세까지 다양하였는데, 대다수는 학령아동이었다. 다만 성인들의 문맹퇴치를 위한 경우에는 연령층이 높았고, 창성야학은 30~50세로 연령자격을 규정하였다.[95]

한편 교육기간에 대한 구체적인 사례는 없다. 다만 방학이나 속성과로 운영된 사실을 통해 6개월에서 1년 정도였고, 경우에 따라 그 이상인 경우도 있었다. 일부 야학에서는 진급식 등을 실시한 점으로 보아 각자 능력에 따른 교과과정이 편성되었다고 보인다. 즉 교과과정을 다양화함으로써 교육적인 효과를 도모하였다. 물론 방학기간을 이용한 강습소는 보다 단기간이었다. 수업시간은 매일 2~3시간이 일반적이었으나, 동포루선창야학은 1시간에 불과하였다. 농번기에는 방학으로 일시방학을 하는 등 현지의 사정에 따라 운영되었다.

3. 규모와 운영비

야학은 규모나 교육시설 면에서 관·공립소학교에 비해 상당히 열악한 형편이었다. 독립적인 校舍는 물론이고 교과서를 비롯한 교재 등도 제대로 구비할 수 없었다. 또한 야학 운영에 필요한 재원조차도 마련할 수 있는 기반은 더욱 빈약한 상황이었다. 단지 고조된 민중의 향학열과 야학 설립자와 교사들의 문맹퇴치를 위한 열성으로 이러한 난관을 극복하여 나갔다. 박은식이 서북지방 여행 중에 개천군 노동야학생들과 대

---

95) 주 26)과 같음.

화는 이들에 대한 격려이자 근대교육의 중요성을 다시 한 번 일깨우는 계기였다.[96]

야학 규모는 교사를 포함한 교육시설, 교재 구비 상태, 교육기간, 교사진의 구성 등을 종합적으로 검토해야 한다. 이러한 내용을 포괄적으로 보도한 기사는 매우 드물고, 단편적인 서술에 불과하다. 그런 만큼 야학생수를 통하여 전체적인 윤곽이나마 파악하고자 한다.

야학생수를 어느 파악할 수 있는 야학은 74개소 중 48개소이다. 다수 또는 수십명은 20~40인으로, 주·야학인 경우에는 과반수로 각각 계산하였다. 이를 근거로 야학 규모를 정리하면 <표 3>과 같다.

<표 3> 야학 규모

야학생수	20인	20~40인	40~60인	60~80인	80인	계
야 학 수	2	18	21	2	5	48

※ 평양의 동포루선창야학은 80명 이상에 포함

즉 20명 미만에서 80명 이상에 달하는 등 야학 규모는 상당한 편차를 보인다. 20명 이하 2개소, 20~40명 미만 18개소, 40~60명 미만 21개소, 60~80명 미만 2개소, 80명 이상 5개소 등으로 20명 이상 60명 미만이 39개소로 절대 다수를 차지한다. 평안도지역의 야학 규모는 이러한 정도로 당시 경기지역과 유사한 양상을 나타낸다.[97] 식민지시기 야학의 규모에 관한 구체적인 연구는 없지만, 대체로 이러한 규모였다고 생각된다. 즉 1920년대 여자야학은 대규모로 확장되는 특수한 경우도 있으나 이보다 오히려 축소되는 경향을 보인다.[98]

---

96) 『황성신문』 1910년 6월 21일 잡보 「西道旅行記(一)」: 박은식전서편찬위원회, 『朴殷植全書』下 (단국출판부, 1975), 259쪽.
97) 김형목, 「한말 경기지역 야학운동의 배경과 실태」, 195쪽.

규모 큰 야학은 평양부의 동포루선창야학, 강서군의 신흥야학교와 일
신야학교, 의주군의 전대야학교와 극명야학교, 안주군의 보흥야학교, 가
산군의 야학교 등이다. 동포루선창야학은 예외이지만, 이러한 야학은 유
지들이 연합한 경우이다. 반면 20명 미만의 소규모 야학도 운영되었다.
원인은 지역주민의 교육에 대한 무관심이나 인식 부족, 영세한 촌락 규
모, 경제적인 파탄 등 여러 측면에서 살펴볼 수 있다. 그러나 소규모 야
학이나마 운영한 사실은 근대교육에 대한 지역민의 인식을 반영하는 것
은 아닐까. 안주군 장흥야학교 생도 15인이 애국하는 마음을 혈서로 맹
서[99]한 것이나 용천군 외하면 순천동의 길경환과 주기동의 윤희준이 의
무교육이 실시되지 못함을 개탄하고 야학으로 학문에 정진하기를 맹서
한 혈서사건 등에서 엿볼 수 있다.[100]

교실은 독립적인 교사를 청청야학 등 일부를 제외하고 부속 건물을
이용하였다. 단독으로 설립된 야학은 설립자의 사랑방이나 마을 洞舍·
회관 등이 교실로 활용되었다. 학교 부설이나 학교·사무소 내에 설립
된 경우는 그곳이 바로 교사였다. 증남포 성당 내에는 무려 안희학교·
삼흥학교·영어야학교·오성학교 등 무려 4개교가 설립되었다. 그런 만
큼 교육시설은 상당히 미비함을 알 수 있다. 피교육자의 향학열과 교사
진의 열성은 이러한 난간을 극복하는 원천이었다. 독립적인 야학교사의
확보는 어쩌면 환상인 지도 모른다. 운영비도 제대로 조달할 수 없는
각 야학이 처한 상황 때문이다.

야학 운영비는 설립자나 운영자의 기부금으로 충당되었다. 주민들이
家勢의 정도에 따라 차등부과하는 일종의 '의무교육비' 성격을 지닌 경
우도 있었다. 노동자들이 설립한 경우에는 자신들이 스스로 조달하였는

---

98) 呂運實, 「1920年代 女子夜學 硏究」『誠信史學』12·13합집 (성신여대, 1995),
    202~203쪽.
99) 『대한매일신보』 1909년 4월 29일 잡보 「즈고동밍」.
100) 『대한매일신보』 1909년 4월 29일 잡보 「량씨동밍」.

데, 공동노동을 통한 조달이 일반적이었다. 반면 동포루선창야학이나 삼
화항 노동조합소의 야학 등 노동자의 임금 중에서 월사금으로 충당하였
다. 그런데 이에 대한 구체적인 액수는 전혀 알 수 없다. 운영비는 교사
진에 대한 수고비로 일부 지출되기는 하였으나, 대다수는 교사 보수비
와 난방·전기료·지필묵 구입 등이었다. 하지만 최소한의 유지비 조달
마저도 여의치 않은 상황이었다.

Ⅳ. 근대교육사상의 위치

야학운동의 가장 중요한 기능은 문맹퇴치를 위한 사회교육이라는 점
이다. 제도권 교육기관에 취학이 어려운 學齡兒童이나 교육의 혜택을
전혀 받지 못한 청소년·성인 등을 대상으로 문맹퇴치에 중점을 두었
다. 그런 만큼 교육 내용은 문자해독을 위한 초등교육이 일반적인 수준
이었다. 즉 한글을 중심으로 초보적인 한자·산술·습자 등을 주요한
과목으로 교수하였다. 야학은 소수 지식인층을 중심으로 전개된 교육활
동과는 달리 신분·계급의 차별없이 민중에게 균등한 교육 기회를 부여
하였다. 이리하여 근대교육의 보급을 통한 개인의 능력을 배양함으로써
근대교육사뿐만 아니라 민족운동의 진전에 이바지할 수 있었다. 민중을
민족운동의 성원으로 확보하는 등 보다 폭넓은 기반을 마련하였기 때문
이다.

야학은 의무교육론의 대두와 교육구국운동이 확산되는 시기부터 발흥
하였다. 의무교육은 충추원의 의결을 거쳐 閣議에서 통과되었지만, 통감
부는 여러 가지 구실로 이의 시행을 저지하였다. 또 사립학교설립운동
을 통한 교육구국운동도 초기 열의와는 달리 많은 문제점을 드러내었
다. 교수진의 확보, 운영비의 조달, 일부 지방관의 토색질 등은 교육구
국운동의 진전을 가로막는 장애였다.101) 특히 일제의 경제적인 침탈에

따른 민중경제의 파탄은 자제들의 수업료가 과중한 부담으로 작용하지 않을 수 없었다. 이러한 상황에서 야학은 피교육자에게 교재는 물론 학용품 등 무료로 제공함으로써 발흥할 수 있었다. 자강운동기 야학은 내용에 따라 크게 두 가지 사회교육기관으로 활용되었다.

첫째로 학령아동을 수용하는 초등교육기관이다. 이러한 목적 하에 설립된 야학은 보통학교 교과 과정을 1~2년 속성과정으로 교수하였다. 교과목도 보통학교에 준하는 과정으로 편성되었는데, 일본어·수신 등의 비중이 높았다. 둘째로 청소년이나 성인을 대상으로 한 사회교육이다. 교과목은 한글·습자·일반상식 등을 일상생활에 필요한 영역을 중시하였다.

당시 평안도지방 야학에서 근대교육의 수혜를 받은 사람은 100여 곳에 30명만으로 추정해도 3,000명이나 된다. 야학이 계속 유지된 경우 등을 감안한다면 최소한 4,000여 명으로 보아도 무방하다. 이러한 숫자로 볼 때, 야학이 평안도의 근대교육사상에 차지하는 비중은 상당하다. 이는 평안도 내 공립보통학교 재학생수에 못지 않은 규모이기 때문이다. 더욱이 피교육자 대다수가 민중이나 그들 자제인 사실은 교육기회의 수혜 측면에서도 중요한 의미를 지닌다. 이는 급수상야학과 노동야학의 성행에 부응한 박은식의 치사를 통해 엿볼 수 있다.

今日 我韓學界에 第一 好消息이 發現ᄒ니 卽我 西北學會에 汲水商의 夜學請願이 是也라 盖此 汲水商 諸氏ᄂ 素無一厘之恒産ᄒ고 又乏他種之 營業일시 流離漂泊으로 京師에 住着ᄒ야 托身無所ᄒ고 糊口沒策이라 於 是漢城各處에 源源不竭ᄒᄂ 井泉을 汲取ᄒ야 許多人命의 飮料를 供給홀 시 自晨至昏에 轆轆軋軋ᄒ야 暫不休息이라 分錢零金을 藉此取得ᄒ야 以 延朝夕ᄒ니 其生活의 困難과 身世의 凄凉이 果何如哉아 乃於今日에 慨然 奮發ᄒ야 互相協議에 晝而勞動ᄒ고 夜而上學ᄒ기로 本學會를 對ᄒ야 實

---

101) 金度亨, 大韓帝國期의 政治思想研究』 (지식산업사, 1994), 170쪽 : 윤건차 지음(심성보외 역), 앞책, 375~379쪽.

心懇求ㅎ고 實力做去ㅎ니 是는 時局의 情勢를 觀念흠이오 國民의 義務를 感覺흠이오 自家의 成立을 志願흠이니 果是世界奇聞이오 今古罕事라 孰不喝采懽迎이며 孰不熱心持導哉아

本記者ㅣ 於是에 右勞動同胞의 夜學ㅎ는 誠心美擧를 擧ㅎ야 我全國二千萬同胞의게 一致勸告ㅎ노니 若夫公卿巨室의 紈袴子弟아 彼勞動同胞가 學問에 從事ㅎ거늘 若等은 奢侈滋逸에 沈溺ㅎ야 自誤平生ㅎ고 學問을 不事乎아 素封富豪의 豪華子弟아 彼勞動同胞가 學問에 從事ㅎ거늘 若等은 飽食暖衣에 醋適ㅎ야 抛棄光陰ㅎ고 學問을 不事乎아 其他士族家와 農業家와 商工業家의 一般子弟아 彼勞動同胞가 學問에 從事ㅎ거늘 若等은 國民의 責任을 不念ㅎ고 男兒의 志氣를 墮失ㅎ야 學問을 不事乎아

嗚呼라 我二千萬同胞여 彼汲水商의 身分으로도 若是乎 開明目的과 發達思想으로 學業에 注意ㅎ야 勤勉不怠ㅎ느니 凡我同胞의 耳가 有ㅎ고 目이 有ㅎ고 心知가 有흔 者면 엇지 此에 對ㅎ야 觀感興起홀 思想이 無ㅎ리오 我全國社會에 上流와 中流와 下流를 勿論ㅎ고 無不受教ㅎ야 普通智識이 無不發達ㅎ는 日에는 吾人의 自由를 可以獲得이오 吾國의 自立을 可以克服이니 嗚呼라 其念之勉之어다[102]

즉 호구에도 급급한 물장수가 근대교육에 열심인 현실은 우리 민족의 장래에 대한 희망을 바로 여기에서 볼 수 있다며 격찬을 아끼지 않았다. 반면 그는 근대학문에 등한시하는 양반자제에게 질타와 분발을 촉구하였다.

한편 야학을 설립하는 과정에서 주민이나 단체의 구성원은 빈번한 교류를 통해 새로운 인식을 갖게 되었다. 또한 야학을 중심으로 사회단체와 더불어 각종 교과외활동을 전개함으로써 새로운 문중문화를 창출할 수 있었다. 즉 운동회·토론회·강연회 등은 민중문화로써 활용되는

---

102) 朴殷植,「勞働同胞의 夜學」『西友』15 (서우학회, 1907), 19~20쪽; 박은식전 서편찬위원회, 『朴殷植全書』下, (단국대출판부, 1975), 97~98쪽과 한국학문 헌연구소, 『西友』下, (아세아문화사, 1976), 335~336쪽 : 『황성신문』1908년 2월 20일 논설 「勸勉勞働同胞夜學」.

78

마당이었다.

학예회는 교육받은 성과를 평가받음으로써 야학생에게 자신을 갖게하는 계기였다. 문맹자의 굴레에서 탈피는 민중에게 진정한 '광명'이었다.[103] 토론회는 자신의 의견을 직접 개진하는 등 자신감을 부여하였고, 특히 각종 자강단체·노동단체 등이 교육문제·풍속개량·생활제도 개선 등 현안을 중심으로 공동 개최하는 경우가 일반적이었다. 안창호·이동휘[104] 등의 활약은 이 지방 교육운동 활성화에 크게 이바지하였다. 신문·잡지종람소를 야학의 부대사업으로 운영하여 민중으로 하여금 시세 변화에 대한 인식을 심화시킬 수 있었다. 이러한 과정을 통해 이른바 "침묵이 미덕이다"라는 소극적인 생활자세에서 점차 자신의 존재를 인식하는 적극적인 방향으로 전환되었다. 운동회는 지역민을 통합·단결시키는 활력소였다. 운동회가 개최되면, 수천명이 인산인해를 이루었다는 사실은 이를 반증한다. 마을대항 줄다리기나 릴레이 등은 주민 상호간에 협력심을 일깨우는 동시에 선의의 경쟁심을 배양시켰다. 더욱이 '군대식 체조'(병식 체조; 필자주) 등은 상무정신을 고취시키는 유효한 방법이었다.

이러한 민중문화의 확산은 農閑期 농촌사회에서 만성적인 사회문제인 도박이나 '술타령' 등 이른바 주색잡기를 완화하는데 크게 이바지하였다.[105] 주민의 결속력 강화는 지방관이나 일제의 수탈에 대한 저항이나 공동 대응책을 수립하는 기반이었다. 즉 지방관의 불법적인 수탈이나 탐학한 관리의 배척 등은 주민들의 결집된 힘에 의해 저지할 수 있었

103) 盧榮澤,「日帝時期의 文盲率 推移」『國史館論叢』51 (국사편찬위원회, 1991), 109~159쪽.
1930년대까지 문맹률이 80% 이상인 사실을 감안한다면, 자강운동기는 이보다 훨씬 높았으리라 쉽게 짐작할 수 있다. 그러한 상황에서 문맹을 극복함에서 오는 기쁨은 배가되지 않을 수 없었다.
104)『大韓每日申報』1980년 12월 20일 잡보「教育大家」; 국사편찬위원회,『韓國獨立運動史』2 (정음문화사, 1968), 623쪽에 재수록.
105)『대한매일신보』1908년 2월 13일 잡보「강씨흥학」.

다. 이러한 연결고리의 하나가 바로 야학의 설립·운영과 관련성을 지
닌다. 새로운 민중문화의 차원에서 야학에 대한 접근도 필요한 부분이
다.

특히 국내의 야학운동은 간도지역에도 영향을 끼쳤다. 평안도나 함경
도는 지리적인 위치로 이곳과 빈번한 교류가 성행하였다. 이리하여 간
도에서도 근대교육의 일환으로 야학이 곳곳에 설립·운영되기에 이르렀
다.106)

V. 맺음말

야학은 1890년대 후반 사립학교 부설의 야학과나 사립야학교로부터
시작되었다. 이에 박은식은 민중교육의 현실적인 대안으로써 學區에 의
한 의무교육과 야학 시행을 제시하였다. 이러한 제안도 외세의 경제침
탈에 따른 민중경제 몰락으로 소기의 성과를 달성할 수 없었다. 그런데
을사늑약 이후 교육구국운동 확산은 야학을 발흥시키는 계기였다. 특히
義兵戰爭의 전면적인 확산, 植民地化에 대한 위기의식의 고조, 민중층
성장에 따른 교육열 상승은 야학운동을 추동시키는 기반이었다. 교육열
고조에 부응한 한글판 신문·잡지 등은 야학 교재로 활용되었다.

야학운동은 관리·교사·자산가·상급학교 학생·각 단체 임원 등 이
른바 '지방유지'에 의해 추진되었다. 이들은 지방사회의 여론 형성과 자
강운동을 주도하는 집단으로 '막강한' 영향력을 발휘하였다. 근대교육의
중요성을 인식한 지방관리는 사립학교 설립은 물론이고 각 동리마다 야
학을 설립하는 등 야학운동에 크게 이바지하였다. 또한 청년학우회·갈
산농회·평양노동조합소 등도 민중의 권익옹호를 위한 문맹퇴치 차원에

---

106) 『대한매일신보』 1910년 1월 22일 학계 「신명촌에 야학교」와 1910년 3월 24
   일 학계 「간도야학교」 : 『경향신문』 1910년 2월 4일 각디방긔셔 「교육의 셩
   의」.

서 야학을 설립하였으며, 일부 학생들도 방학을 이용하여 야학을 운영하기에 이르렀다. 민중 스스로도 야학을 설립하는 동시에 자강단체 등에 교사 파견 등을 요청하는 상황이었다. 이처럼 야학을 통한 실력양성운동은 안창호·이동휘·박은식 등의 자강단체 주요 인물의 강연회 활동이 기폭제였다.

노동자·농민·초동목수 등이 직접 야학 설립한 사실이다. 민중이 지난한 투쟁과정을 통해 근대교육의 중요성을 인식하고 이를 실천한 점에서 중요한 의의를 지닌다. 나아가 민중이 새로운 사회변화에 대응하여 스스로 자구책을 강구한 사실을 실증적으로 보여주는 부분이다. 이러한 변화는 결국 3·1운동기 민중이 민족해방운동의 전면에 나설 수 있는 배경이었다. 地方自治制를 표방한 農務會나 노동자의 권익을 위한 노동조합소 등이 야학을 운영한 사실은 이와 밀접한 관련성을 지닌다. 평북 숙천군 葛山洞의 갈산농회, 평남 삼화항 부두조합소, 평양 동포루선창 노동자와 평양 경현 노동자, 평남 성천군 사가면 노동자, 삼화부 초동목수 등이 대표적인 경우이다. 그런데 노동조합소나 노동자가 설립·운영한 야학은 노동자가 운집한 평양이나 삼화항을 중심으로 설립되었다.

교과목은 한글과 초보적인 한문·산술이 주류였는데, 한글교육은 단순한 문맹퇴치 차원을 넘어 민족의식을 고취시키는데 유용한 방편이었다. 1908년을 전후하여 국문야학이 전국적으로 시행한 사실은 당시 상황을 반영하는 부분이다. 나아가 역사·지리뿐만 아니라 일본어와 영어 등 외국어도 채택되었다. 특히 피교육자에 따라 상업·부기·경제·법률 등을 가르치는 경우도 있었다. 그런데 일본어는 식민지 교육정책의 기조가 차별적인 '同化主義'였다는 점에서 문제점를 지닌다. 자강론자들은 언어가 지닌 문화적인 침략성을 제대로 간파하지 못한 채 '실력양성'에만 매몰된 한계를 극명하게 드러내었다. 즉 1910년대 대다수 야학이 이른바 '國語講習會(所)'라는 일본어 보급을 위한 기관으로 전락하는 원인의 일단을 찾을 수 있다. 이리하여 이들은 점차 民族解放運動線上

에서 일탈될 수밖에 없었고, 1910년대 야학은 식민지교육정책에 부응하는 성격으로 변질되어 나갔다.

야학 규모는 20여 명에서 수백 명에 이르기까지 다양하였다. 20여 명 미만의 야학도 있었지만, 20~60명의 야학이 절대 다수를 차지하였다. 반면 수백 명을 수용한 동포루선창야학·普興夜學校 등은 대규모였다. 이러한 야학은 교장·교감(또는 학감)·교사·직원 등의 체제로 운영되는 등 제도권 교육기관에 비해 조금도 손색이 없었다.

교육기간은 농한기를 이용한 단기간과 보통학교에 준하여 속성인 1~2년이 대부분이었다. 운영비는 대다수 설립·운영 주체의 기부금에 의존하였으나, 주민들의 부담이나 노동자의 월급에서 일정을 갹출하는 경우도 있었다. 야학 장소는 사랑방·학교·회관·공공 건물 등이 주로 활용되었고, 농촌의 경우에는 사저를 활용하였다. 이처럼 규모나 교육 시설 등은 정규학교에 비해 영세하고 미흡하였으나, 향학열만은 제도권 교육기관의 학생들에게 결코 뒤지지 않았다.

이처럼 당시 야학운동은 많은 한계를 지니지만, 교육구국운동을 계승·확산시킨 점에서 나름대로 의의를 지닌다. 「사립학교령」 이후 많은 사학이 통·폐합된 반면 야학은 '상대적인' 활성화로 교육구국운동을 확산시킬 수 있었다. 이는 1910년대 국어강습회로 변질되는 과정을 거쳐 1920년대 實力養成運動을 추동시키는 원천이었다. 이리하여 국내 운동자들의 관심과 기대 속에서 전체 민족운동과 궤를 같이 하는 등 변화를 거듭하였다.

天道敎의 3·1운동 前史

金 正 仁*

─────────── <목 차> ───────────

Ⅰ. 머리말   Ⅳ. 정치세력화와 정치투쟁
Ⅱ. 인적·물적 기반의 형성   Ⅴ. 맺음말
Ⅲ. 의례와 교화를 통한 조직화

Ⅰ. 머리말

천도교는 3.1운동의 모의 및 초기시위 단계에서 주도적인 역할을 수행했다. 첫째, 기독교 세력 및 학생그룹과 연합해 독립선언·독립청원·만세시위를 계획했다. 둘째, 기독교측 주모자들에게 운동자금을 제공하는 등 물적 지원을 했다. 셋째, 獨立宣言書를 인쇄하고 『朝鮮獨立新聞』을 발행·배포했다.[1] 넷째, 3월 초순에 집중적으로 발생한 천도교의 조직적 시위는 3.1운동의 전국적 확산의 도화선이었다.[2]

3.1운동과정에서의 이와 같은 천도교의 행보에는 1905년 창건을 전후한 시기부터 형성된 천도교의 특질들이 고스란히 반영되어 있었다. 본

---

*서울대학교 강사

1) 朴賢緒,「三·一運動과 天道敎界」『三·一運動50周年紀念論集』 東亞日報社 1969
2)「3·1운동과 천도교 지방교구의 활동」『新人間』1988년 3월호

고에서는 천도교가 3.1운동의 도화선 역할을 수행할 수 있었던 배경을 다음과 같은 3가지 과정으로 나누어 분석하고자 한다.

첫째, 인적·물적 기반의 형성과정을 살피고자 한다. 3.1운동 당시 천도교인은 이북지역을 중심으로 광범하고 격렬한 시위를 전개했다. 둘째, 의례와 교화를 통한 조직화 과정을 살피고자 한다. 3.1운동 당시 조직적인 천도교인 동원이 가능했던 것은 의례와 교화를 통해 구축된 공동체적 유대에 기인한 것이었다. 셋째, 운동화 과정, 즉 정치세력화 과정을 살피고자 한다. 천도교 지도자들이 러시아혁명, 해외에서의 독립선언, 윌슨의 민족자결주의라는 外風을 놓치지 않고 '독립선언'의 기회로 활용한 것은 1900년대부터 부단히 전개해 온 정치투쟁의 산물이었다. 이러한 과정을 거치면서 형성된 천도교의 특질들은 3.1운동과정과 이후 천도교의 행보에도 결정적인 영향을 끼쳤다. 그러므로 3.1운동은 민족운동의 분수령인 동시에 천도교의 운명에 있어서도 분수령이자 전환점이었다.

그런데, 천도교를 다루는 경우, 종교라는 특성상 정치활동에서는 근본적인 한계를 가질 수 밖에 없다는 선입관이 늘 전제되어 있다. 하지만 천도교가 창건된 1900년대는 宗敎라는 개념이 우리 사회에서 여러 가지 방식으로 이해되면서 서서히 시민권을 획득하고 있던 시기였다. 그 중에는 종교가 민중을 문명개화의 길로 유도하여 國民의 자격을 갖추도록 만드는 적극적인 교화수단이라고 파악하면서 종교단체를 결성하고, 교화를 통해 정치적으로 각성된 민중들을 정치세력화의 조직기반으로 활용하고자 하는 흐름도 있었다[3]. 그들에게 '정치의 개량은 종교의 개량에서 비롯하는 것으로 종교는 정치의 母'[4]였다. 천도교 역시 이러한 흐

---

3) 張錫萬은 이러한 관점에서의 종교에 대한 이해를 인민교화적 종교개념으로 분류한다(張錫萬, 「開港期 韓國社會의 "宗敎"槪念 形成에 관한 硏究」 서울대 박사논문 54~58쪽).
4) 「종교와 정치와의 관계」 『皇城新聞』 1909년 11월 20일 자 ; 이러한 인식의

름 속에서 탄생했다. 즉 천도교의 창건세력에게 있어 천도교는 정치세
력화를 위한 계몽과 훈련의 장이었던 것이다. 천도교의 종교적 의례에
조차 이러한 강렬한 정치지향성이 반영되어 있었다.

Ⅱ. 인적·물적 기반의 형성

3.1운동 당시 천도교인이 시위를 전개한 지역을 道別로 분류하면 <표
1>과 같다.

<표1> 3·1운동 당시 천도교인의 시위운동 지역

道 名	郡　　　　　　　　名
京畿道	利川 江華 水原 平澤 仁川 廣州 楊州 加平 始興 富川
黃海道	遂安 谷山 長淵 安岳 殷栗 黃州 兼二浦 新溪 載寧 松禾 平山 金川 沙里院 延白 信川 海州 瓮津
平安南道	平壤 成川 陽德 孟山 德川 寧遠 安州 平原 順川 江西 龍岡 鎭南浦 中和 江東
平安北道	義州 龍川 鐵山 宣川 定州 寧邊 泰川 雲山 龜城 朔州 昌城 碧潼 楚山 渭原 江界
咸鏡南道	咸興 元山 定平 永興 洪原 北靑 利原 端川 豊山 甲山 三水
咸鏡北道	吉州 鏡城 富寧 城津
江原道	平康 鐵原 金化 華川 陽口 淮陽 通川 春川 橫城 洪川 原州 旌善 三陟

편린은 손병희가 1903년에 발표한 「三戰論」의 "...治隆於上 敎美於
下..."(정치는 위에서 빛나고 교화는 아래에서 아름다워서)라는 구절에도
등장한다(李敦化, 『天道敎創建史』 1933 83쪽).

慶尙北道	金泉 慶州
慶尙南道	彦陽 釜山 馬山 晉州 固城 咸安
忠淸北道	淸州 永同 鎭川 槐山 陰城 忠州 堤川
忠淸南道	大田 論山 扶餘 靑陽 洪城 禮山 瑞山 牙山 公州
全羅南道	長興 莞島 珍島
全羅北道	全州 任實 南原 淳昌 井邑 益山 咸悅

자료 : 李炳憲 編著, 『三・一運動秘史』, 國史編纂委員會, 「韓國獨立運動史』2

3.1운동에서 천도교의 활약이 가장 두드러진 지역은 황해도・평안남
북도・함경도 등 이북지역이다. 이 지역은 천도교인과 기독교인이 조직
적으로 시위에 참여하면서 3.1운동의 초기단계에 선도적 역할을 수행한
곳이기도 하다. 천도교와 기독교에 의한 조직적 시위양상은 평북의 경
우, 3월에서 4월에 걸쳐 일어난 136회의 시위 중 천도교와 기독교가 관
련되지 않은 시위는 龍川郡 下外面과 光陽面에서 일어난 시위뿐이라고[5]
일제는 기록하고 있다.

이북지역에서의 시위는 3월 1일부터 2주일간 집중되는 양상을 보였
다. 특히, 3월 1일에 서울과 동시에 독립선언식과 만세시위가 일어난 6
개 지역 중 원주를 제외한 평양, 진남포, 안주, 의주, 선천 등이 모두 평
안도에 속하는 지역이었다.[6] 이 중 평안북도 宣川에서의 시위에 관해
천도교측의 기록은 다음과 같이 전한다.

　　선천의 경우 3월 1일 오전 9시 천도교구에서는 韓賢泰・李君五・桂淵
　集 등이 모여 서울서 金商悅이 독립선언서를 가지고 온다는 것을 알고 기
　다리던 중에 오후 1시에 선언서가 도착하자 곧 자전거로 시내에 배포하였
　는데 야소교에서는 신성학교(信聖學校) 생도 수백명과 여학생 30여명이

---

5) 朝鮮憲兵司令部編, 「朝鮮騷擾事件一覽表」421~429쪽(國史編纂委員會, 『한민족
　　독립운동사』 3 315쪽에서 재인용)
6) 한국역사연구회・역사문제연구소 엮음, 『3.1민족해방운동연구』 역사비평사
　　1989 265쪽

선언서를 배포하고 태극기를 자전거 앞에 달고 시내를 돌면서 만세부르 기를 동원하였다. 이날 오후 2시 천도교인과 야소교인 수천명과 일반시민 수천명이 합쳐서 만세를 부르는 한편 군청 앞에서 독립연설을 하다가 해 산을 당하였는데 30여명이 검거되었다.[7]

즉, 선천의 천도교 지도자들은 중앙교단의 지시로 3월 1일의 시위를 준비했으며, 서울과 마찬가지로 선천의 기독교 세력과의 연대하에 준비 되고 진행되었다. 그리고 비폭력평화시위를 전개했다. 선천의 경우가 3.1운동 초기 이북지역에서 발생한 시위의 전형을 보여 주었다.

이북지역에서 천도교인을 비롯하여 지역민들이 3.1운동에서 보여준 헌신성은 자신들의 삶의 조건을 개선하려는 정치적 의지에서 비롯된 것 이었다. 이북지역은 조선 500년간의 역사 속에서 늘 주변부 취급을 받 았다. 경제력 상승으로 절대적 수치에서 三南을 능가하는 액수의 조세 를 납부하던 조선후기에조차 그들은 정치권력으로부터 배제당했고 멸시 받았다. 주변자로서 그들의 응축된 분노와 원한이 1811년 홍경래의 난 이라는 폭력투쟁에서 하나의 계기가 되기도 했다.[8]

동학이 이북지역에 본격적인 포교를 전개한 1900년대 초 이북지역은 상업과 광공업이 다른 지역에 비해 상대적으로 발달하여 신흥지주, 상 인 및 자작농의 비율이 비교적 높은 지역이었다.[9] 그리고 "그들에게는 족보가 없으며 양반과 상놈이 없으며 지배자와 피지배자가 없었습니 다."[10]라는 1920년대 천도교 사상가 李敦化의 회고담에서 엿볼 수 있듯 이 신분제에 의한 제약이 비교적 약했던 곳이었다. 그러므로 이북지방

---

7) 『新人間』 1988년 3월호 45쪽
8) 吳洙彰, 「朝鮮後期 平安道民에 대한 人事政策과 道民의 政治的 動向」 1996 서 울대 박사논문 참조
9) 金正仁, 「1910~25년간 天道敎 勢力의 동향과 民族運動」 『韓國史論』 32 1994 137쪽
10) 李敦化, 「나의 半生」 『天道敎會月報』 1931년 9월호 21쪽

에는 자신들을 소외시킨 채 성립된 기존의 질서보다는 자신들을 주축으로 한 새로운 정치·경제·사회질서의 수립을 전망하는 가치체계·이념을 쉽게 받아 들일 수 있는 토양이 이미 마련되어 있었다.

이러한 토양에 기독교와 함께 동학이 뿌리를 내렸다. 삼남을 근거지로 했던 동학이 이북지역으로 그 인적·물적 기반의 전환을 이룬 것은 1900년대에 들어와서이다. 1894년 농민전쟁으로 인해 동학은 더이상의 비합법적인 활동조차 불가능할 정도로 조직이 치명적인 손실을 당했다. 동학 지도자들은 새로운 돌파구로서 이북지역을 주목했다. 동학 제3대 교주 孫秉熙는 元山을 거점으로 직접 안경장사와 쌀장사를 하거나 국경에서 淸과 무역을 하면서 11) 교단재정을 마련하는 동시에 새로운 시대의 도래를 갈망하는 이북지역의 에네르기에 주목하게 되었다.

그런데 이북지역은 삼남지역과는 달랐고 시대적 상황에도 차이가 있기 때문에 이북지방민의 반정부적 에네르기를 동학의 조직적 에네르기로 전화하기 위해서는 이전의 東學과는 다른 새로은 '東學'이념이 요구되었다. 일본에 망명해 일본이라는 프리즘을 통해 서구문명을 접하고 있던 손병희는 1903년 文明開化와 富國强兵의 策으로 道戰·財戰·言戰을 채용할 것을 주장하는 「三戰論」12)과 富國安民의 治國平天下策을 제시한 「明理傳」13)을 발표함으로써 동학도 정신적·물질적인 측면에서 서구열강의 근대화노선을 추구할 것이라는 정치노선을 천명했다.

이러한 근대화 노선은 1890년대부터 외래종교인 기독교가 평안도를

---

11) 『天道教會史草稿』(韓國學文獻研究所 編, 『東學思想資料集』1, 473~474쪽에 수록)

12) 여기서 道戰이란 백성들을 도덕으로 교화하여 보국안민의 계책을 마련하기 위한 싸움을 말하며 財戰이란 農工商業의 발전을 도모하여 침략을 막고 국가를 부강케 하기 위한 싸움을 말하며 마지막으로 言戰이란 智略있는 인재들을 양성하여 외교적 담판을 제대로 수행하기 위한 싸움을 말한다(李敦化, 『天道教創建史』 82~86쪽).

13) 李敦化, 『天道教創建史』 87~94쪽

비롯한 이북지역에 널리 보급되면서 전파된 기독교적 文化를 통해 文明開化의 힘을 직접 체험할 기회를 갖을 수 있었던 이북민에게는 낯선 것이 아니었을 뿐 아니라 이미 대세를 형성하고 있었다. 1904년 동학교도들이 일으킨 民會運動에서도 정부를 향해 삼남의 동학교도들처럼 토지의 평균분작을 요구하는 것이 아니라 "타국의 문명개화를 본받아 韓·日·淸 삼국이 동양을 평화하여 국가를 공고케"[14] 할 것을 요구하였다.

동학 주류의 이와같은 현실인식과 방향설정은 이북지역의 현실과 부합하면서 교세확장으로 외화되었다. 東學이 황해도를 필두로 해서 이북지역에 전래된 것은 1870년대지만 교세가 급증한 시기는 1900~1905년 간이다. 1903년 무렵에는 이북지역 중에서도 평안도가 동학의 확고부동한 메카로 부상했다[15]. 특히 동학은 기독교가 도시를 중심으로 확산되어 갔던 것에 비해 民亂이 한창인 농촌을 중심으로 확산되어갔다. 3.1운동 당시 평안도에서 철도 연변 및 도심지의 시위는 대체로 기독교인에 의해 주도되었으나 농촌·산간의 시위는 주로 천도교인에 의해서 주도되었다[16]고 하는 후대의 기록이 이러한 사실을 방증해 준다.

농촌을 중심으로 한 동학의 확산은 첫째 기독교가 외국인 선교사들의 언어상·생활상의 장애로 인해 아직까지는 농촌에 접근할 수 없었고, 둘째 동학은 여전히 비합법조직이므로 정부의 감시와 탄압을 피해야 했고, 셋째 동학이 주로 농촌의 유지 및 지식인들에 의해 포교되었다는 제반사정에 기인한 것이었다. 왜 이 지역 농촌 지식인들이 동학을 수용하고 포교하는데 적극적이었는지는 당시 평안도 지역 大接主로 활약하던 나용환의 다음과 같은 회고가 잘 보여주고 있다.

　　"내가 東學에 들게 된 動機는 간단히 말하면 「不平」이라고 할 밖에 없

---

14) 『大韓每日申報』 1904년 9월 14일
15) 조규태, 「舊韓末 平安道地方의 東學」 『東亞研究』 21 76쪽
16) 國史編纂委員會, 『한민족독립운동사』 3 310쪽

지요. 나는 그전 漢文字나 읽어 가지고 소위 科擧 보신다고 서울出入을 가끔 하였습니다. 그러나 科擧는커녕 進士 한 장을 못하였습니다. 아무리 文筆이 能한 者라도 下鄕 더구나 平安道 놈이라면 어림도 없었습니다. 여기서 크게 불평이 생겼습니다. .. 科擧는 단념하고 不平은 그대로 있고 방향은 定치 못하였으니 나에게 煩悶苦痛이 있지 않겠습니가. 사방으로 處世의 道를 求하는 中인데....東經大全을 보니까 그 중에는 無窮造化의 설이 있고 또한 布德天下廣濟蒼生의 구가 있습니다. 당장에 "야 이것은 실로 유교보다 크구나!"하고 일대 흥미를 가지고 동경대전을 연구하였습니다...."[17]

이처럼 나용환이 정치적 차별에 대한 불만을 대체하기 위해 동학에 입도했듯이, 이북지역민들에게 동학은 하나의 정치적 대안으로 수용되고 있었다. 이북지역 동학교도들의 정치적 억압에 대한 불만은 1904년 民會運動을 통해 폭발적으로 분출되었다. 이 민회운동은 서구식 문명개화를 극명하게 상징하는 黑衣斷髮로 외모를 통일한 동학교도들이 각 지역에 모여 정부를 향해 개혁을 요구하는 평화적 시위를 전개하는 전술을 구사했다. 1904년 11월 11일 일본측 조사보고에 의하면 이 시위운동에는 평북 12개 군에서 2만명, 평남 18개 군에서 5만명, 함남 7개군에서 1만명, 황해도 13개 군에서 6천명 등의 동학교도들이 참가했는데, 이들이 전체 총 참가인원의 3/4에 달했다고 한다.[18]

1904년의 민회운동을 거치면서 이북지역은 확고부동한 동학의 인적·물적 기반으로 부상하였으며 1905년 12월 천도교의 창건 이후는 물론 해방 당시까지도 이러한 추세는 지속되었다. 1914년 7월에 천도교의 지방조직이 35개 대교구와 191개의 전교실로 개편될 때 대교구는 평남에 평양·강동·성천·안주·중화·덕천 등 6개, 평북에 의주·초산·삭

---

17) 羅龍煥,「내가 入道하든 그때」『新人間』1929년 4월호 24쪽
18) 이영호,「갑오농민전쟁 이후 동학농민의 동향과 민족운동」『역사와현실』3 1990 195쪽

주·정주·선천·영변·구성·강계 등 8개, 함남에 함흥·영흥·북청 등 3개, 함북에 鏡城 1개, 황해에 서흥·안악 등 2개가 각각 설치되었다.[19] 35개의 대교구 중 20개가 이북지역에 설치되었던 것이다.

천도교의 교세는 國亡이후 더욱 이북지역에 편중되는 양상을 보였다. 1911년에 불과 2달 사이에 12,581戶가 천도교에 입교하면서 新布德을 치하하는 포상이 실시되었는데 포상받은 46개 군단위 교구 중에서 31개가 이북지역에 위치하고 있었다.[20] 천도교인의 80%이상이 이북지역에 편중되는 이와같은 현상은 일제 식민지기 내내 지속되었다. 朝鮮 總督府 警務局 조사에 의하면 1930년 11월 현재 천도교인의 총수는 103,544명인데 이 중 평북에 44,707명, 평남에 15,065명, 황해에 3,893명, 함남에 25,716명, 함북에 1,392명 이 거주하고 있었다.[21]

그런데, 1910년대에는 비록 이북지역이 수적으로는 대세를 점하고 있었지만 아직까지 이북지역 출신 지도자들이 교단의 실권을 장악하지는 못하고 있었다. 평안남도 대접주 羅龍煥 정도가 중앙교단에서 활발히 활동할 뿐 중앙교단은 여전히 1900년대 동학시절부터 실권을 갖고 있던 湖西·湖南 인사들에 의해 장악되어 있었다. 이처럼 인적·물적 기반을 제공하면서도 교권을 장악하지 못했던 불일치는 1920년대에 들어와 함경남도 함흥 출신 崔麟이 3.1운동의 주모자라는 후광을 업고 천도교 제1의 지도자로 부상하고 1910년대 천도교에서 실시한 師範敎育과 일본유

---

19) 이외 경성·수원·이천(경기), 서산(충남), 청주(충북), 장성·순천·강진(전남), 전주·익산(전북), 진주(경남), 대구(경북), 춘천·평강·횡성(강원) 등지에 대교구가 설치되었다(『天道敎會月報』 1914년 7월호).

20) 『天道敎會月報』에 실린 포상교구명은 다음과 같다.
1등:南陽·瑞興·中和·義州·北青·伊川·豊川/2등:振威·驪州·坡州·江華·洪州·連山·利川·長興·順天·南原·金堤·益山·淳昌·瓮津·文化·遂安·載寧·鳳山·平壤·元殷山·龍岡·泰川·郭山·龍川·碧潼·渭原·博川·德原·錦城·平康·金化/3등:谷山·寧邊·雲山·龜城·昌城·定州·嘉山·洪原(『天道敎會月報』1911년 3월호)

21) 村山智順, 『朝鮮の類似宗敎』 1930 64쪽

학을 통해 육성된 이북 출신 청년 지도자들이 대거 중앙교단에 진출하는 등 세대교체가 일어나면서 비로소 해소되었다. 그 이후 천도교의 교권은 지금까지 남북한 공히 이북지역 출신, 주로 天道敎 新派 계열에 의해 주도되고 있다.

천도교가 이처럼 이북지역의 농촌과 농민을 기반으로 유지되었던 점은 천도교의 운신의 폭을 부분적으로 규정했다. 이북지역 천도교 교인들에게 일본 제국주의는 자신들을 배제시키고 멸시했던 조선정부라는 걸림돌을 제거해 준 善人인 동시에 자신들의 국가권력을 향한 정치투쟁을 저지시킨 惡人이기도 했으므로 일제에 대해서는 정세에 따라 혹은 사안에 따라 때론 저항하고 때론 협력하는 이중적 태도가 공존하고 있었다.

그러므로 1910년대 천도교의 중앙간부직을 장악한 이남지역 출신 지도자들이 천도교가 좀 더 적극적인 방식으로 일제를 상대로 정치투쟁을 벌일 것을 요구했을 때, 손병희가 이를 묵살하고 일관되게 시대의 변이를 관망하면서 때를 기다린 것 역시 이러한 사정을 고려한 조치였을 것이다.

Ⅲ. 의례와 교화를 통한 조직화

천도교는 3.1운동 초기에 獨立宣言書과 『朝鮮獨立新聞』을 제작·배포하고 조직적으로 시위를 전개함으로써 시위의 전국적 확산에 기여했다. 즉 3.1운동 당시 천도교 지도부가 일시에 모든 교인을 총동원하지는 않았으나 中央總部-大敎區-敎區·傳敎室의 행정망과 布敎者와 被布敎者의 인연을 매개로 운영되던 淵源制를 통해 서울과 각 지방의 시위소식은 궁벽산촌의 천도교인에게까지도 빠르게 전파되었고 그 소식은 곧 조직적인 시위로 이어졌다. 천도교인이 주도하는 시위는 주로 3월 중순 이전에 집중적으로 발생했다.

한편 천도교는 이와 같은 중앙집권적인 조직체계, 즉 전국적인 물적·인적 소통망을 활용해 각종 선언서, 신문, 삐라 등의 인쇄와 배포에 주력했다. 먼저, 3월 1일 전국에 뿌려진 독립선언서 2만 1천 매[22]와 『朝鮮獨立新聞』는 천도교가 경영하던 普成社에서 인쇄되었다. 천도교가 지방의 대교구에 비치한 등사기도 독립선언서를 재인쇄하거나[23] 아니면 독자적인 신문, 삐라 등을 제작하는데 효과적으로 활용되었다.[24]

천도교가 3.1운동의 확산의 계기들을 제공할 수 있었던 것은 천도교인들이 개별적으로 시위에 참여하기 보다는 淵源의 일원으로서, 해당 교구나 전교실 소속의 교인의 일원으로서 집단적이고 조직적으로 시위를 모의하고 참여했기 때문이었다. 3.1운동을 통해서 그 위력을 유감없이 발휘했던 천도교인의 공동체적인 유대는 의례를 정비하고 敎化하는 과정을 통해 육성된 것이었다.

천도교의 조직과 운영체계는 관료제에 입각한 專制君主政體와 흡사했

---

22) 보성사에서 인쇄한 독립선언서의 배포 총책임은 33인의 서명자 중 한 명인 吳世昌이 맡았고 역시 33인 중 한명인 李鍾一은 오세창의 지시대로 '청색의 종이조각'을 갖고 오는 이에게 독립선언서를 건네 주었다고 한다. 천도교에서는 李景燮(황해도), 金洪烈(평안도), 印宗益(충청도, 전라도), 安商悳(강원도, 함경도) 등이 각 지역으로의 배포를 책임맡았다.

23) 천도교 평양대교구의 경우는 중앙총부로부터 독립선언서를 1500매를 받아 다시 수천장을 더 인쇄하여 그 중 기독교에 1500장(혹은 7500장이라고도 함)을 보냈다고 한다(『新人間』 458, 1988년 3월호 28쪽). 한편 천도교와 기독교가 연합시위를 전개할 경우 "천도교인은 독립선언서를 인쇄하고 야소교인은 태극기를 만들었다"(晉州, 橫城) 혹은 "야소교인은 태극기를 나눠주고 천도교인은 독립선언서를 배포했다"(南原, 安岳, 黃州, 沙里院)고 하는 기록들도 여러 지역에서 발견되고 있다.

24) 3.1운동에서는 간단한 구호를 적은 전단, 시위계획, 투쟁방침을 알리는 격문, 전통적인 연락망인 사발통문, 일본인을 위협하는 경고문·협박문에서부터 각지의 투쟁속보를 알려주는 신문에 이르기까지 다양한 매체가 시위를 선동했다. 일제당국도 "오늘날 소요에 관해 민심을 자극한 것은 선동적 문서의 배부"라는 점을 인정했다(한국역사연구회·역사문제연구소 엮음, 『3.1민족해방운동연구』 236쪽).

다. 먼저, 성문법에 준하는 「天道教大憲」25)이 1906년 2월 반포되었다26). 총 36장과 總則附備考로 구성되어 있는 「天道教大憲」에는 大道主와 연원 및 중앙총부·교구의 지위와 역할 및 해당 職員의 직무, 선출방식, 임기, 직무, 출장경비 등이 상세히 명시되어 있다. 둘째, 정부에 해당되는 중앙총부를 서울에, 지방행정조직에 해당하는 교구를 지방에 설치하였다. 그리고 면 단위로 운영이 가능한 경우는 傳教室를 두기도 했다. 교인의 분포도를 감안하여 설치된 교구와 전교실은 교인수에서 압도적인 이북지역에 편중되었다. 셋째, 사법권에 해당하는 징벌과 심사절차를 마련했다. 2주일간 譴責부터 교인자격 박탈까지 이르는 징벌의 범위를 제시하고 구체적으로 징벌사례가 제기되었을 경우 審査를 받을 수 있는 절차를 兩造와 單造로 나누어 마련해 놓았다. 다섯째, 의사결집기구로서 議會를 마련했다. 司會·觀會·部會·總會·教區會 등 각 기관별로 의사결집기구를 정식화하여 운영하였다. 물론 이것은 입헌국가의 의회처럼 각 기관 혹은 각 교구에서 선거를 통해 선출한 대의원들이 천도교의 운영전반에 대한 결정권을 갖게 되는 적극적인 의미의 대의제는 아니었다.

이러한 천도교 조직의 정점에 바로 大道主 손병희가 있었다. 「天道教大憲」 제1장은 大道主에 관한 것인데 "대도주는 天의 靈感으로 繼承함(1조)", "道의 全體를 統理함(2조)", "教를 人界에 宣布함(3조)"라고 명시되어 있다. 물론 하늘의 靈感으로 계승된 이는 손병희를 지칭하는 것이었다. 즉, 왕권신수설에 입각한 절대군주, 또는 일본의 天皇을 연상시키는 대도주의 지위에 카리스마 손병희가 있었던 것이다. 그는 1907년에 반포된 교리서 『大宗正義』에 "海月神師의 宗嫡으로 吾教大幢을 세계에 建하니 其智이 天明이요 其仁이 天德이요 其勇이 天剛"27)라며 자신의

---

25) 이 글에서 인용한 天道教大憲은 『韓末天道教資料集』2(崔起榮·朴孟洙 編, 1997)에 실린 것이다.

26) 趙基周 編著, 『天道教宗令集』 13쪽

인품이 하늘=우주로부터 부여받은 것으로 선전하면서 자신의 카리스마를 구축해 갔다.

그 결과, 손병희의 카리스마는 3.1운동 당시 천도교인들이 교주 손병희가 체포되었다는 소식을 듣고 혹은 "이 운동이 성공만 하면 교주 손병희가 자동적으로 대통령에 취임하게 된다. 그때는 우리 교도가 누구보다 먼저 중요관직에 보직될 것이다"라는 천도교 간부들의 선동에 자극받아 만세를 불렀다는 시위참여 동기에서도 드러나듯이[28] 전체 교인에게 절대적인 권위를 갖게 되었다. 뿐만 아니라, 大道主의 자리를 金演局, 그리고 朴寅浩에게 이양했음에도 불구하고, 여전히 천도교는 곧 손병희라는 세인들의 인식에는 아무런 변화가 일어나지 않을만큼 사회적으로도 확고부동했다.

손병희를 정점으로 하는 이와 같은 피라미드형의 천도교 조직을 경계하지 않을 수 없었던 조선총독부는 기관지인『每日申報』의「警告天道教徒」라는 사설을 통해 천도교의 교주는 王者이고 中央總部는 政府형태를 모방한 遊民俱樂部라고 힐난했다.[29]

그런데, 오히려 천도교단이 '정부'와 유사한 체제라는 사실이 민중들에게 천도교가 국망의 상실감을 대체하는 또다른 대안이나 희망으로 받아들여졌을 가능성도 있다. 이를 증명이라도 하듯이 1910년에 한해동안 총 27,760戶가 천도교에 입교한 것에 비해 1911년에는 4월까지만 26,091戶가 입교하여 전년도의 입교자 수를 능가했으며 5월에는 무려 한달만에 14,107戶가 입교하는 등 천도교 교세가 국망을 기점으로 급증했다[30]. 이러한 교세신장율은 차츰 둔화되기는 했지만 교세는 1910년대 내내 꾸준히 신장되었다.

---

27) 이 글에서 인용한「大宗正義」는『韓末天道教資料集』2(崔起榮·朴孟洙 編, 1997)에 실린 것이다.
28) 한국역사연구회·역사문제연구소 엮음,『3.1민족해방운동연구』280~281쪽
29)『每日申報』1911년 10월 11일
30)『天道教會月報』1911년도 매월호 참조

한편, 천도교는 교인들은 개인단위가 아닌 가족단위로 관리하고 통치했다. 1910년 9월 1일 자로 반포한 家政規則에 따르면 가장은 家君이니 家率들은 그에게 복종해야 하며 개인자격의 입교를 용납하지 않을 것이니 가족단위로 입교하고 또 포교할 것을 강조했다[31]. 또한 손병희는 가정 내에서 시일식을 거행할 때에도 淸水器를 받들고 주문을 외우고 교리를 해석하는 일을 가장이 주관할 것을 명했다.[32] 이처럼 천도교의 정점에 있는 손병희의 권위는 가족의 정점에 배치된 家長의 권위로 전환되어 교인들에게 각인되었다. 동시에 교주와 교인간의 관계는 가족관계의 연장선상이며 교인간의 관계 역시 피로 맺은 관계에 다름아니라고 선전되었다.

이러한 말단조직으로서의 가족은 각 교구나 전교실 단위로 다시 조직화되었다. 각 교구나 전교실의 敎堂建設은 1910년대에 들어 본격화되었다. 교인들의 성금과 토지기부를 통해 교당을 마련하는 사례들이 천도교 기관지인 『天道敎月報』의 매호를 장식하면서 교당건축은 일종의 붐처럼 이어졌다.[33] 천도교인이 사는 마을이면 弓乙旗를 높이 단 천도교구나 전교실을 볼 수 있게 된 것은 바로 이시기에 등장한 새로운 풍경으로 교당은 천도교인에게는 자신의 정체성을 확인하는 상징물이기도 했다. 천도교인이 많이 분포하는 평안도의 경우, 가족단위를 넘어서서 동네 전체가 천도교 일색으로 일종의 마을공동체를 형성하고 살아가는 모습을 농촌에서 찾아보는 것은 어렵지 않았다.

천도교의 각종 기념일은 이러한 천도교인의 공동체적 결속력을 강화시키는 역할을 담당했다. 초기 천도교의 기념일로는 최제우와 최시형의 忌日을 기념하는 天日(4월 5일)과 地日(3월 10일)이 있었다. 음력이었던

---

31) 趙基周 編著, 『天道敎宗令集』125~126쪽
32) 趙基周 編著, 『天道敎宗令集』32쪽
33) 『天道敎會月報』1915년 1월호의 경우, 楊平, 長淵에, 春川, 松禾, 谷山 등지에서 교인들이 교구실을 마련한 미담들을 자세히 싣고 있다.

기념일들을 양력으로 변경하는 과정34)을 거쳐 1909년에 확정된 천도교의 기념일로는 天日(최제우의 득도일, 4월 5일), 地日(최시형의 승통일, 8월 24일), 人日(12월 24일, 손병희의 승통일), 敎日(12월 1일, 천도교 공포일), 제1대 기도일(3월 10일, 최제우의 授命日), 제2대 기도일(6월 2일, 최시형의 授命日) 등이 있다.35)

천도교에는 기념일에 축제를 열어 교인간의 유대를 강화하는 동시에 세상을 향해 勢를 과시했다. 서울 중앙총부의 경우, 경향각지에서 올라온 수천명의 교인들이 기념식을 거행한 뒤 종로를 행진하며 "천도교 만세"를 외치고 천도교의 별장에 해당되는 동대문 밖 常春園에서 원유회를 개최했다. 만국기가 날리는 가운데 朝鮮舊軍樂隊가 음악을 연주하고 明月館, 長春館에서 준비한 음식을 들며 기생들의 노래와 춤을 즐기는 이 축제는 늘 장안의 화제였다.36) 지방에서도 기념일이면 교구별로 마치 설날을 맞이한 듯 집집마다 음식을 장만해 교당에서 잔치를 벌이곤 했다. 무단통치하이지만 조선총독부 당국이 수천명 혹은 수백명 단위의 종교기념일 축제에 대해 불법이라는 덫을 씌워 저지할 수는 없었다.

그런데, 천도교의 공동체적 유대를 유지하기 위해서는 교인들의 탈선을 방지하는 제도적 규제장치도 필요했다. 「天道敎大憲」의 징벌항목에는 이러한 탈선의 구체적 내용이 실려 있다. 그에 따르면, 교리와 종령을 위반하는 경우 외에도 亂酒·行淫·濫侈·賭技·悖言·暴行의 乖習 있는 자37), 淫祀를 숭배하고 巫卜風水 賽神 등 汗俗을 따르는 자, 윤리상 乖擧가 있는 자, 국민의무를 지키지 않는 자 , 자산이 풍요한데도 그 子弟를 방기하여 학문을 가르치지 않는 자도 징벌을 받았다. 천도교가

---

34) 1909년 2월 23일 자로 음력인 기념일을 양력으로 변경하여 거행한다는 종령을 공포했다(趙基周 編著,『天道敎宗令集』100~101쪽).

35) 趙基周 編著,『天道敎宗令集』109~110쪽

36)『天道敎會月報』1913년 4월호, 1914년 4월호

37) 1906년 6월 19일에도 酒·侈·色을 戒한다는 종령을 공포했다(趙基周 編著,『天道敎宗令集』33쪽).

요구하는 교인의 이미지는 도덕적으로도, 윤리적으로도 결함이 없는 사회인이자 의무를 다하는 국민이었다.

국민으로서의 의무를 강조하는 것은 「天道敎大憲」 반포 이후에도 宗令을 통해서 꾸준히 교인들에게 숙지되었다. 『三戰論』에서 동학의 國敎로의 승격을 꿈꾸고 정부에 개혁을 요구하며 '準備時代'임을 선언한 천도교의 교인으로 행세하기 위해서는 국민으로서의 의무도 준수해야 했던 것이다. 「天道敎大憲」 반포 직후인 1906년 2월 22일 자 종령에서도 국가의 법률과 인도의 규칙을 信守할 것을 명령했다.[38] 1906년 10월 5일 자 警告를 통해서도 국민의무를 다할 것을 교인들에게 거듭 명령했다.[39] 1907년에도 輔國安民을 강조하는 종령을 공포했다.[40] 1909년에 와서도 종령을 공포해 교인들의 의무규정으로 국가에 대한 법률복종을 강조했다.[41] 그러나 國亡 이후인 1911년 「天道敎大憲」이 개정되면서 국민의 의무와 관련된 규정은 당연히 삭제되었다.

천도교는 이처럼 제도적인 틀을 정비하는 동시에 교인 각자에게 천도교가 요구하는 삶을 살도록 강제하기 위해 가족을 단위로 한 일상적인 의례들을 마련해갔다. 먼저, 아침에 일어나서 해야 할 교인의 의무는 아침밥을 짓기 전에 식구 수대로 한사람에 한 숟가락씩 생쌀로 떠서 성미그릇에 넣는 일이다. 誠米制라고 부르는 이 제도는 1906년 교당건축비를 마련하기 위한 임시방편으로 마련되었지만,[42] 다음 해에는 천도교의 재정을 충당하는 상시적인 제도로 정착했다.[43] 이렇게 모아진 쌀, 혹은 잡곡은 환전되어 천도교의 운영경비로 쓰였다. 통상적으로는 1/2을 중앙총부에서, 1/2을 해당교구에서 경비로 소비했다.

---

38) 趙基周 編著, 『天道敎宗令集』 18쪽
39) 趙基周 編著, 『天道敎宗令集』 43쪽
40) 趙基周 編著, 『天道敎宗令集』 69쪽
41) 趙基周 編著, 『天道敎宗令集』 107쪽
42) 趙基周 編著, 『天道敎宗令集』 13쪽
43) 吳知泳, 1939 『東學史』 203~204쪽

그리고 밤9시가 되면 교인들은 가장을 중심으로 淸水를 앞에 놓고 기도(心告)를 한 뒤 '至氣今至 願爲大降 侍天主 造化定 永世不忘 萬事知'의 21자 주문을 105회 묵송하고 다시 기도하고 청수를 나누어 마시는 의례를 행해야 했다. 그리고 일요일이면 가족들이 모두 정갈한 옷차림으로 교당에서의 侍日式에 참여하여 기도하고 주문외고 天德頌을 불렀다.

그런데, 당시 1주일 단위의 생활에 아직 익숙치 못한 교인들은 시일식이 열리는 일요일을 챙기는 일에도 익숙치 않았다. 천도교 측에서는 일요일을 계몽하기 위해 매년 『天道敎會月報』에 음력과 양력 일자를 표시한 일요일표를 게재했다.[44] 천도교의 이러한 일상의례는 主日을 연상케 하는 기독교 의례와 동학 창도 이래의 淸水·심고·주문 등의 전통적인 의례를 절충한 것이었다.

그런데, 일상적인 의례에 대한 致誠을 강조하면서 천도교는 靈跡이 치성에 대한 보답이라고 선전하는 이중적인 태도를 취했다. 일찍이 1907년부터 가내에 질병의 있는 경우 성심기도로 약없이 스스로 효력을 볼 것을 강조[45]했던 천도교는 1910년대 들어와 『天道敎會月報』에 각지에서 경험한 영적 혹은 靈符의 영험함을 널리 소개하고 선전했다. 평안북도 삭주군 외남면 당동 최지성의 집에서는 시일기도 중에 성미그릇 뚜껑 안에서 별안간 흰 거품이 흰종이처럼 덮히길래 손으로 벗겨내니 종이같이 일어났다든가, 교인들이 모여앉아 주문을 읽었더니 병이 나았다든가, 영부로써 먼 눈을 밝게 했다든가 하는 사례[46]들이 매달 게재되었다. 이러한 사실들은 천도교가 민간신앙적 요소를 완전히 배제하지 않고 조직력 강화를 위하여 역이용한 사례로 볼 수 있다.

천도교 지도자들 역시 다분히 미신적인 이러한 실천행위는 敎化를

---

44) 『天道敎會月報』 1916년 11월호
45) 趙基周 編著, 『天道敎宗令集』 75쪽
46) 『天道敎會月報』 1915년 10월호, 1916년 2월호

통해 새로운 근대적 인간상을 교인들에게 심어 줌으로써 극복되어야 함을 잘 알고 있었다. 교리서의 발간과 시일식에서의 훈화를 통한 교화만으로 근대인을 창조한다는 것은 요원한 일이었다. 교화를 위해서는 기간투자가 요구되었다. 먼저 교인들에게 문자를 가르치고 교리를 설명해 줄 師範을 양성해야 했다. 1909년 천도교 중앙총부에서는 사범강습소를 설치하고 교구에서 선발된 25세 이상의 청년들에게 敎書·內外國地誌·內外國歷史·算術·法學通論·經濟學· 物理學·生理學·作文·體操 등을 교습했다.[47] 그렇게 양성된 교원들에 기반해 천도교는 1911년에 각 교구 및 전교실에 교리강습소를 설치하였다. 교리강습소는 교리와 글자[48]만 가르치는 것이 아니라 보통학교에 준하는 수준의 교육을 실시함으로써 교육기반시설이 극히 부족했던 1910년대에는 200여개나 활발히 운영될 수 있었고 해당지역 천도교 지도자들의 양성소 기능을 하기도 했다.

둘째, 교화를 위해 언론매체를 적극적으로 활용했다. 그 기초사업이 인쇄소 경영이었다. 천도교는 1906년부터 "인민의 지식을 牖明하며 국가의 문화를 補益하기 위하여"[49] 손병희가 일본에서 구입한 인쇄기와 활자들을 바탕으로 普文館을 경영하였다. 普成學校 안에 위치한 普成社를 천도교가 운영한 것은 1911년부터였다. 보성사는 1919년 2월 27일 1시간에 3천매를 인쇄하는 기계 5대를 사용해 독립선언서를 인쇄하고 3월 1일 아침『朝鮮獨立新聞』을 인쇄하는 등 중대한 사명을 수행했지만 6월 28일 방화로 추정되는 화재로 소실되고 말았다.[50]

한편, 천도교는 敎人敎化와 國民啓蒙을 위해 신문과 잡지를 꾸준히

---

47) 趙基周 編著,『天道敎宗令集』100쪽
48) 천도교에서는 교화를 위한 절대적 수단인 문자의 해독능력을 높이기 위해 한글을 보급하고자 했다. 특히 여성들에게 우리나라 글이라 배우기 쉽고 알기 쉬운 언문을 배울 것을 권장했다(趙基周 編著, 天道敎宗令集 123~124쪽).
49) 趙基周 編著,『天道敎宗令集』19쪽
50)『新人間』1988년 3월호 76쪽

발간했으며 천도교 지도자들도 언론계에서 활발히 활동했다. 기관지로
는 우선 1906년 6월 17일 吳世昌을 사장으로『萬歲報』가 창간되었다[51].
인민들을 문명으로 인도한다는 포부를 밝힌 『萬歲報』는 천도교 기관지
이기도 했지만 문명개화를 선전하는 계몽지이기도 했다. 또한 천도교는
정치단체인 大韓協會의『大韓協會會報』와 기관지였던『大韓民報』의 재
정과 경영에 깊숙이 관여했다.『大韓民報』의 경우 천도교 지도자인 吳
世昌이 사장으로, 張孝根이 발행겸 편집인으로, 李鍾麟이 논설기사로 활
약하기도 했다.

1910년 8월 25일에 창간된『天道敎會月報』는 천도교의 기관지였지만
창간호에 교리 이외에도 義務敎育에 대하여(李鍾麟), 大韓地理師生(李光
鍾), 地文學(李敎鴻), 物理學(李敎鴻), 東史槪論(元泳義), 經濟學의 槪要
(鄭廣朝) 등 일반교양을 위한 글들이 다수 게재되었듯이, 계몽잡지의 성
격도 다분했다. 초기에는 순한문식 혹은 국한문 혼용체의 글이 다수였
지만 천도교 교인이 급등하면서 일반교인의 교화와 계몽을 위해 諺文部
가 별도의 난으로 증설되었다. 天道敎會月報社에 근무했던 李敎鴻은 「
本報의 過去와 未來」라는 회고문에서 천도교가 後天支配의 주인공이면
『天道敎會月報』역시 天의 지배자가 될 것이라며 발간의 취지가 교리의
전파보다는 "현세적 천국을 실현코자 지도하는" 사회적 실천에 있음을
강조했다.[52]

발매금지·압수·발행정지 등 당국의 간섭과 탄압에도 불구하고『天
道敎會月報』는 1910년대 내내 꾸준히 발간되었다. 천도교에서 의도한
교인교화는 이러한 지속성을 통해 결실을 거둘 수 있었다. 중앙총부에
서 제작되어 천도교의 조직망을 통해 보급되는『天道敎會月報』는 산간
벽지의 천도교인들이 교주 손병희를, 다른 지방에 살고 있는 천도교인
을, 그리고 '문명의 이기'와 접할 수 있는 교화와 만남의 장의 역할을

---

51) 崔起榮,「舊韓末 ≪萬歲報≫에 관한 一考察」『韓國史硏究』61·62 1988
52) 『天道敎會月報』1918년 12월호

수행했다. 동시에 천도교 지도자들의 기획과 편집으로 제작되는 『天道
敎會月報』은 출판의 자유마저 박탈당한 1910년대의 암울한 현실에서 교
인들에게 제공되는 유일한 지적 자산이었으므로 그들의 세계관·사회인
식·민족의식을 획일화시키기도 했다.

1910년대를 거치면서 천도교는 교인간의 결속력을 바탕으로 언제라도
총동원이 가능한 조직으로 성장했다. 손병희를 정점으로 하는 피라미드
형의 위계적인 조직체계와 운영방식은 사실상 조선총독부의 그것들과
크게 다르지 않았다. 그럼에도 불구하고 我와 非我의 경계가 너무나 분
명한 무단통치하에서는 非我인 강자에 대항하기 위해서는 약자인 我가
분열을 자초할 수는 없는 일이었다. 그러나, 3.1운동 과정에서 일제의
억압에 저항했던 천도교인들은 3.1운동이 끝나자 곧바로 천도교의 전제
적 운영방식에 대한 개혁을 요구했다. 1921년 吳知泳 尹益善, 崔東曦 등
을 중심으로 衆議制로의 개혁이 추진되었으나 손병희를 비롯한 기성 지
도자들의 완강한 반대로 결국 좌절되었고 이들 혁신세력은 1922년 천도
교연합회를 창설하면서 교단에서 이탈하고 말았다.

Ⅳ. 정치세력화와 정치투쟁

3.1운동 당시 독립선언서에 서명한 천도교 지도자는 모두 15명이었다.
그들은 천도교 핵심 지도자들로 각 기관이나 연원의 대표로서 서명에
참여했다[53]. 천도교 지도자들은 왜 '독립선언'과 만세시위를 전개했고

---

53) 孫秉熙는 천도교 기관의 총대표로, 權秉悳은 天道敎中央총부 대표로, 崔麟은
   普成學校 대표로, 李鍾一은 天道敎月報社 대표로 참여했다. 그리고 중앙교단
   의 道師인 權東鎭, 吳世昌, 梁漢默과 연원대표인 林禮煥, 洪基兆, 羅龍煥, 羅
   仁協도 서명했다. 그리고 일찍부터 천도교가 독립운등을 주도해야 한다고
   주장하던 地方道師 金完圭, 朴準承와 長老인 李鍾勳, 洪秉箕 등도 서명에 참
   여했다(金正仁, 「1910~25년간 天道敎 勢力의 동향과 民族運動」 146쪽)

무엇을 획득하고자 했던 것일까. 최린은 재판과정에서 그 동기와 목표를 이렇게 토로했다.

나는 조선이 병합될 동시에 있어서는 일로전쟁의 당연한 결과로서 부득이한 일이라고 생각하였다. 그것은 당시 조선정치는 대단한 악정이어서 도저히 조선의 안정과 행복을 유지할 수 없는 상태였으므로 병합에는 불찬성이었지만 하는 수 없는 걸로 생각하고 있었는데 병합 후 10년간의 정책을 보면 일본정치가는 선정을 표방하면서 동화주의를 부르짖고 있으나 실제는 이와 틀린다. 그 예로서 경제상으로는 利日本害朝鮮主義요 정치상으로 보면 貴日本賤朝鮮主義이고 나라를 팔고 부를 취한 자에게는 조선귀족이라는 특별한 대우를 주는 동시 인간으로써 그들만큼 비열한 자가 없음에도 불구하고 이들을 조선인민의 모범으로 함으로써 선량한 인민의 감정을 해하고 있는 것이다. 그리고 지방인민에게 압제를 가하여 일본의 순사나 헌병을 범보다도 무서운 것으로 생각케 함으로써 동화보다도 위협으로 조선을 다스리자는 목적이므로 나는 이때 조선을 일본으로부터 분리하여 조선인에게 독립을 주어 동양평화를 실현코자 하는 것이다. 그것은 첫째 조선민족의 생존권 확장, 둘째 일본정부의 이때까지의 조선에 대한 정책의 잘못을 회오케 하고 셋째 세계평화를 부르짖는 열국의 동정을 얻기 위함인 바 현재의 일본정부의 정책을 배척하기 위하여 이 운동을 일으키게 된 것이다. 그리고 나의 진정은 일본과 일본인을 배척함은 아니다. 장래 동양전체의 행복을 유지 증진하는 데는 일본과 제휴하지 않으면 안되겠다고 생각하고 있는 것이다.[54]

손병희, 권동진, 오세창 등 최린과 함께 3.1운동을 처음부터 모의했던 천도교 지도자들이 생각했던 동기와 목적 역시 대동소이하다. 그들은 1910년의 국망은 한국정부의 악정에서 비롯된 당연한 결과이지만 그후 식민지권력으로 들어선 조선총독부조차 언론·출판·집회·결사의 자유를 억압하면서 친일귀족을 통치의 파트너로 대우하는 것은 조선인의 정

---

54)「三·一운동 재판 기록」『如菴文集』下, 253~254쪽

서에 배치된다고 보았다. 이러한 반일정서에 기반해 3.1운동을 모의하고 주도함으로써 천도교 지도자들은 정치적 차별 대우를 철폐하여 參政의 발판을 마련하고자 했던 것이다.

1917년 러시아 혁명, 1차세계대전 후 제기된 윌슨의 민족자결주의, 해외에서 진행된 독립선언의 움직임이라는 外風과 함께 고종의 죽음이라는 대사건이 발생하자 정치적 발언기회를 엿보고 있던 천도교 지도자들은 곧바로 집단행동을 감행했다. 천도교 지도자들이 천도교 조직을 총동원하여 3.1운동에 뛰어드는 정치적 모험을 감행할 수 있었던 저력은 동학시절부터의 정치투쟁과 정치결사체적인 조직운영의 경험에 기인한 것이었다.

1894년 동학농민전쟁에서 농촌의 저항적 지식인과 농민들을 주축으로 대정부투쟁을 벌인 경험을 갖고 있는 동학은 조직이 궤멸되는 위기에까지 몰렸지만 쉽사리 정치투쟁을 포기하지 않았다. 오히려 인적·물적 기반을 정치적 소외지역인 이북지역으로 이전하고 서구식 문명개화론을 수용하고 독립협회식의 民會運動을 도모함으로써 정치투쟁의 기운은 고조되고 투쟁방식은 더욱 세련화되었다.[55]

일본으로 망명한 孫秉熙, 權東鎭, 吳世昌 등 천도교 지도자들과 정치적 망명객들이 함께 실천에 옮긴 반정부투쟁의 방식은 다음과 같다. 첫째, 조선정부에 개혁을 호소하는 건의서를 제출했다. 일종의 上疏인 바, 議政大臣 尹容善과 法部大臣 李允用에게 時局에서 善處할 일과 秕政을 革新할 일들을 지적하고 개선을 요구했다. 의정대신에게는 특히 開明의 속도는 國敎의 優劣에 있으며 외국에 대항하기 위해 민심을 결집시키기 위해서라도 道, 즉 종교가 필요하다고 역설했다.[56] 외무대신에게 보낸 상소에서는 民力으로 외적의 침입을 막기 위해 民會를 설립할 것을 제안했다.[57]

---

55) 崔起榮,「韓末 東學의 天道敎로의 개편에 관한 검토」『韓國學報』76 1994
56) 李敦化,『天道敎創建史』36~42쪽

둘째, 러일전쟁이 발발하자 일본 육군성에 군자금으로 萬圓을 損助함으로써 승전할 것으로 예측되는 일본이라는 외세를 활용하고자 했다.[58] 1894년 농민전쟁에서 타도의 대상이었던 일본이 이 시점에 오면 동학의 정치세력화를 위한 협력의 대상으로 그 위상이 반전되었던 것이다.

당시 일본에는 손병희, 권동진, 오세창, 양한묵 등의 천도교 지도자들을 비롯하여 朴泳孝, 李珍鎬, 趙義聞 등 정권투쟁에서 밀리거나 政變이나 쿠데타 등과 연관되어 피신한 반정부적 성향의 망명객들이 상호 교유와 일본 정계, 혹은 군부와의 결탁을 통한 반정부투쟁을 모색하고 있었다.[59] 뿐만 아니라 梁啓超, 孫文, 魯迅 등 중국의 개혁적 지식인들도 정부의 탄압을 피해 망명해 있었다[60]. 일본정부는 청정부와 조선정부으로부터 逆賊으로 낙인된 그들을 적극적으로 포용해 보호하고 있었다. 일본으로 건너간 이들 망명객은 일본식의 근대적 사유와 삶의 방식에 익숙해지면서 정치적 재기를 꿈꾸고 있었다.[61]

셋째, 독립협회식의 民會運動을 도입해 1904년 民會인 進步會를 조직하고 정부개혁을 요구하는 직접행동을 취했다. 서울 중심의 민회운동이 지방으로 확산되는 계기가 되기도 한 진보회의 민회운동은 동학교도들이 각 지방의 지회별로 요구조건을 쓴 깃발을 휘날리며 시위를 전개하는 방식을 취했다. 그러나 黑衣斷髮한 동학교도들이 연인원 10만명 이

---

57) 天道教教史編纂委員會, 1981 『天道教百年略史』上, 343~344쪽
58) 李敦化, 『天道教創建史』 43쪽
59) 康成銀, 「20世紀初頭における天道教上層部の活動とその性格」 『朝鮮史研究會論文集』 24 1987 157쪽
60) 조너선 D. 스펜스, 『천안문』 이산 1999
61) 정치적 망명객으로서의 중국 정객과 지식인들의 일본에서의 행적은 비교적 소상히 밝혀진 바 있으나, 한국인 망명객들이 구체적으로 어떠한 방식의 반정부활동을 전개했는지에 대해서는 알려진 바가 거의 없다. 뿐만 아니라 한국인 망명객과 중국인 망명객 간의 상호교류에 대해서는 전혀 알려진 바가 없다. 그러나, 1900년대 국내 지성계 및 언론계에 미친 梁啓超의 영향력을 고려할 때, 상호간 교류가 어떤 식으로든 진행되었을 가능성도 있다.

상 동원된 민회운동은 평북 泰川의 경우 수백명의 사망자를 내는 등 정부의 일관된 탄압으로 실패하고 말았다. 궁지에 몰린 진보회가 1904년 12월 당시 대표적 친일단체인 一進會에 흡수통합됨으로써 진보회의 지회들 역시 일진회 지회로 그 간판을 바꾸어 달았다.

전통적인 上疏, 근대적인 대중시위, 외세의 활용 등 여러 방식을 활용한 반정부투쟁은 정부의 강경한 탄압과 일본의 비협조 등으로 인해 실패하고 말았다. 동학 지도자들과 일본 망명객들을 곤경으로부터 구제해 준 것은 1905년 11월에 체결된 을사보호조약이었다. 국가의 운명은 風前燈火와도 같은 처지로 전락했지만 동학은 기사회생의 기회를 만난 셈이었다. 손병희는 1905년 12월 1일 신문광고를 통해 천도교의 창건을 공식 선언했다62). 그리고 손병희를 비롯한 천도교 지도자들은 1906년 1월 교인들의 열렬한 환영을 받으며 당당하게 귀국했다. 을사보호조약은 손병희를 비롯한 망명객에게 귀국을 보장하는 일종의 사면조치이기도 했던 것이다.

손병희가 귀국할 무렵 중앙정계는 친일정권 및 정권획득의 기회를 노리는 정치세력으로 一進會와 反一進會派인 憲政研究會63) 相爭하고 있었다. 보호국 체제하에서 정권투쟁에 참여하겠다는 권력의지를 포기하지 않는 한, 손병희에게는 일진회의 친일성이 크게 문제될 것은 없었다. 다만, 자신이 일진회 내에서 진보회의 지분에 상응하는 권력을 장악할 수 있겠느냐하는 것이 문제일 뿐이었다.

손병희는 일단 일진회 간부들을 회유했다. 귀국하자마자 일진회에

---

62) 『帝國新聞』 1905년 12월 1일

63) 헌정연구회는 李儁, 尹孝定 등 반일진회적인 독립협회 관계자, 연동교회 신자들을 주축으로 하는 國民敎育會, 반일진회단체인 共進會 등이 反一進會의 기치하에 결성한 정치단체였다. 정치지향적인 전직관료 출신들이 많은 까닭에 헌정연구회를 정계진출과 관직획득의 포석으로 이해하는 경우가 다수였다고 한다(崔起榮 「憲政研究會의 설립과 立憲君主論」 『韓國近代啓蒙運動研究』 1997 一潮閣).

1,000원을 기부하고[64] 이용구와 송병준을 천도교의 고위관직에 임명했다. 하지만 한 때는 동학의 2인자로 망명한 손병희를 대신해 동학조직을 관리했던 이용구는 손병희에 협조하지 않았다. 뿐만 아니라 손병희를 보좌하는 권동진, 오세창, 양한묵 등의 천도교 지도자들도 이용구, 송병준과 협력하기를 꺼렸다. 양한묵의 경우는 일관되게 반일진회 단체인 共進會와 그 후신인 憲政硏究會에 참여하는 등 일진회에 대한 자세가 강경했다. 吳知泳은 이러한 형국을 다음과 같이 진술했다.

> 天道敎 中央總部 안에는 內地로부터 先生과 같이 나온 吳世昌, 權東鎭, 梁漢默 등 一派와 一進會 骨子인 李容九, 宋秉畯 一派와 非開化派인 金演局 一派가 한 곳에 섞여 있어 外面으로는 비록 번번한 듯하나 그 內幕에 있어서는 雍齒格으로 仇讐와 같이 되어 있었든 터이다. 吳越이 同舟하고 氷炭이 相合되었나니 그것이 어찌 長久할 수 있으랴. 權吳一派는 李宋派를 가리켜 一進會員이라고 지목하고 金派를 가리켜 딴派라고 睨視하며 李宋派는 曰호매 우리 一進會가 아니면 너의 文明派나 頑固黨이 어찌 能히 出頭하였겠느냐 하는 것이며 金派는 曰호대 저것들은 다 一進會 떨기들이라고 하는 것이었다.[65]

손병희는 일진회에서의 헤게모니 장악을 위한 제반노력을 반년만에 포기하고 1906년 9월부터 일진회세력을 도려내기 시작했다. 우선 9월 5일 자 종령을 통해 교인들에게 敎政分離의 원칙을 내세우며 "欲入民會者는 其姓名與情由를 通知于 中央總部"[66]라며 사실상 일진회로부터 천도교인들이 탈퇴할 것을 종용하고 천도교 지도자이자 일진회 간부였던 64명을 출교시켰다. 그리고 反日進會의 계보를 잇는 大韓自强會[67]를 통

---

64) 李寅燮, 1911『元韓國一進會歷史』1906년 2월 2일

65) 吳知泳,『東學史』199쪽

66) 趙基周 編著,『天道敎宗令集』39쪽

67) 1906년 4월에 결성된 대한자강회는 헌정연구회를 모체로 基督敎靑年會와 皇城新聞 인사들이 결합한 정치단체였다. 대한자강회는 중앙에서의 정치투쟁

한 정권투쟁을 모색했다. 그러나, 대한자강회에서 일정한 지분을 확보하는 일은 결코 쉽지 않았다. 출교라는 극단의 조치로 천도교와 일진회의 관계단절을 선언했지만 동학=일진회라는 사회적 인식이 일반화되어 있었으므로 천도교가 親一進會 勢力이라는 오명을 씻는데는 시간이 필요했던 것이다.

1909년 11월 대한자강회를 모체로 大韓協會가 결성될 때, 천도교는 비로소 일정지분을 갖고 참여함으로써 정치활동을 재개할 수 있었다. 대한협회는 천도교를 비롯하여 西北學會, 新民會 등 주로 이북지역에 기반을 둔 단체들을 중심으로 설립되었다. 일진회가 1908년 지회활동을 포기하고 중앙정계에서만 활동하는 것과는 달리 대한협회는 이남지역으로까지 활동영역을 넓히면서 87개 지회에 7395명의 회원을 거느린 대단체로 성장했다. 일진회가 대표적인 친일단체로 지목되는 것에 비해 다양한 인자들로 구성된 대한협회의 경우 日人들에게는 종종 排日派의 집합체로 인식되기도 했다.[68]

천도교의 대한협회에서의 역할은 다음과 같다. 첫째, 오세창(부회장), 권동진, 장효근, 이종일, 이종린 등 천도교 지도자들이 대한협회의 간부 혹은 실무진으로 활약했다. 둘째, 매월 50석을 지원하고 회관 건축비로 백미 500석을 기부하는 등 재정의 일익을 담당했다. 셋째, 대한협회의 기관지인 『大韓民報』의 실질적 경영을 책임졌다.[69]

의 대중적 기반을 확보하기 위해 일진회처럼 지방에 지회를 설치했다. 그리하여 약 33개의 지회에 2,000여명 이상의 회원을 확보하는 성과를 올렸다(柳永烈「大韓自强會의 愛國啓蒙思想과 運動」『大韓帝國期의 民族運動』 1997 一潮閣).

68) 釋尾春芿, 『朝鮮併合史』 1926 429쪽
69) 천도교의 대한협회의 대중적 기반인 지회에서의 활동은 아직 규명되지 않고 있다. 교인들이 민회에 관여함으로써 곤궁에 빠졌던 경험, 즉 일진회 소동을 겪은 천도교가 대한협회의 지회에 대해서는 어떤 입장을 취했는지가 밝혀져야 천도교가 당시 상층 중심의 정치투쟁을 도모했는지 아니면 全機關的 정치운동을 다시 도모했는지가 해명될 수 있을 것이다.

그런데, 一進會가 제안한 이완용 내각 타도를 위한 연합운동에 대해 대한협회 내 권동진, 오세창 등 천도교 지도자들이 적극동조함으로써 일진회에 비해 상대적으로는 배일적인 요소가 다분하다는 世評이 있던 대한협회 내에서 천도교 세력은 친일적이라는 평가를 받게 되었다.

이처럼, 보호국체제하에서의 2대 정치세력으로 불리우던 일진회와 대한협회의 궤적에서 드러나 천도교의 지위와 역할 등을 고찰해 볼 때, 그들의 정권획득을 위한 노력이 집요했음을 알 수 있다. 천도교의 정치투쟁의 범위는 분명했다. 보호국이라는 체제를 인정한 하에서 정권을 획득하여 서구의 문명국을 모범으로 한 정치개혁을 단행하는 것이었다.

분명한 것은 손병희가 1906년 『準備時代』70)에서 强國·富國·文明國·自由國을 도모하기 위해서 힘을 길러야 한다고 역설할 때도, 그러한 국가를 만들기 위한 정치개혁의 주체는 천도교여야 한다는 것이었다. 당시 많은 학회나 정치단체들이 한결같이 愛國·啓蒙·文明·開化·自强 등을 외쳤지만 천도교와 마찬가지로 그것은 각자 자신들이 개혁의 주체가 되어야 한다는 점을 전제한 것이었다. 동시에 각 지역을 근간으로 결성된 學會나 정치단체들은 현실적으로 거의 實權이 없는 정부를 대신해 지방단위에서 정치권력을 창출하려는 의도하에 地方自治制의 실현을 지속적으로 모색했다. 천도교 역시 이북지역에 근간한 정치세력으로서 지방자치의 실현에 관심을 보였다. 손병희는 『準備時代』에서 상당한 지면을 할애해 구체적인 방안으로서 鄕自治를 제안하기도 했다.

이처럼 천도교는 보호국체제하의 정국에서 때로는 직접 자신이 나서거나 때로는 정치단체에 참여하면서 지속적으로 정권획득을 도모했다. 그러나 천도교의 꿈은 國亡으로 인해 좌절되었다. "동양의 문명 선도

---

70) 여기에서 인용하는 『準備時代』는 崔起榮·朴孟洙 編, 『韓末天道敎資料集』2 1997년에 실린 것이다.

자"[71]로 여겼던 일본으로부터 일종의 배신을 당한 것이다. 모든 정치
단체는 해산되었지만 천도교는 종교조직으로서 간신히 명맥을 유지할
수 있게 되었다. 이제 천도교는 종교활동은 물론 정치활동의 경험을 再
造해야 했다.

갈 곳을 잃은 지식인들이 속속 천도교로 모여 들었다. 崔麟도 1910년
10월에 손병희를 찾아왔다. 그는 천도교에 입교하게 된 이유를 다음과
같이 말했다.

> "천도교로 말하면 나는 그 교리가 어떠한지 또한 그 조직이 어떠한지
> 를 자세히 알지를 못하였다. 그러나 나는 천도교에 대하여 특수한 흥미를
> 가지고 있었다. 왜냐하면 천도교는 조선의 피와 조선의 뼈와 조선의 혼으
> 로서 탄생한 조선산(産)이라는 것과 동학 이래 혁명정신이 충족하다는 것
> 과 「보국안민」, 「포덕천하」, 「광제창생」이란 정치적 이념이 원대하는 것 등
> 이었다".[72]

즉 최린을 천도교로 끌어들인 동인은 천도교의 종교성보다는 정치이
념과 정치투쟁의 경험이었다.

1910년대 천도교의 정치활동의 최대걸림돌은 조선총독부 당국이었다.
조선총독부는 종교단체라는 명목으로 인해 해산시키지는 못했지만 천도
교의 정치적 성향을 잘 알고 있는 까닭에 寺內총독이 손병희를 직접 불
러 협박하고 순수한 종교로의 체질개선을 강요하는 등 천도교에 직접
적인 압력을 행사하였다. 또한 식민행정상으로는 천도교를 종교로 분류
하지 않고 警務局에서 관할하는 類似宗教로 분류하였다. 그리고 민중들
을 향해서는 손병희를 '催眠術客', '一大怪物', '誇大妄想에 罹한 精神病
者'인 사이비 교주로 비방[73]하면서 천도교의 사이비성을 강조했다.

71) 吳世昌, 「對照的의 觀念」 『大韓協會會報』 51쪽
72) 崔麟, 「自敍傳」 『如菴文集』 上 175~176쪽
73) 『每日申報』 1913년 1월 9일

조선총독부의 압박 속에서 천도교의 입지는 제한되었다. 손병희가 마치 왕이라도 되는 것처럼 화려한 옷차림으로 자동차를 타고 시내를 활보하는 무언의 시위에서부터 普成學校·同德女學校 및 인쇄소를 경영하면서 일제의 식민지 근대화 프로젝트에 상응하는 천도교의 근대화 프로그램을 추진하는 것까지가 천도교가 1910년대 합법공간에서 할 수 있었던 실천들이었다.[74]

그런데, 천도교 내에는 천도교가 비합법적인 공간에서의 정치투쟁, 즉 독립을 위한 적극적인 투쟁에 나설 것을 종용하는 부류들도 있었다. 1914년 天道救國團이라는 비밀결사를 결성하고 봉기를 준비하고자 했던 李鍾一이 그 대표적인 예이다. 그는 3.1운동 당시에도 獨立宣言書와 『朝鮮獨立新聞』의 인쇄와 배포를 담당하면서 『朝鮮獨立新聞』을 통해 독자적으로 손병희를 대통령으로 하는 假政府의 선포하는 등 독자행동을 취했다.[75]

3.1운동의 모의와 실행단계에서 보여준 천도교의 적극성과 주도면밀한 처신은 사실상 한말부터의 정치투쟁의 경험과 무관한 것이 아니었다. 모의하고, 선언하고 시위하는 방식은 천도교 지도자들에게는 경험적으로 익숙한 것이었다. 독립선언서에 서명한 15명의 천도교 지도자 모두가 동학농민전쟁, 갑진개화운동, 그리고 대한협회 및 그 지회활동, 혹은 유학생회 지도자로서 활약했던 인물들이었다.[76] 3.1운동이 천도교인 혹은 이북지역민의 정치세력화를 도모할 수 있는 또 한번의 기회를 제공할 것이라고 믿었기에 천도교 지도자들은 조직의 운명을 걸고 서명에 참가할 수 있었던 것이었다. 사실 정치공간에서 한국인들을 완전히 축

74) 義菴孫秉熙先生紀念事業會, 1967. 『義菴孫秉熙先生傳記』 9,10장 참조
75) 고정휴, 1998 「3·1운동과 天道敎團의 臨時政府 수립 구상」 『韓國史學報』 3·4 합본호
76) 이와는 대조적으로 기독교 측 서명인사 중 李昇薰을 제외한 나머지 15명은 정치활동의 경험이 거의 없는 인물들이었다(吳在植 編著, 『民族代表三十三人傳』 1959 참조).

출하고 무단통치를 자행하던 일제에 대한 불만은 그 억압의 강도만큼이나 강렬한 것이었다. 극소수 친일파를 제외한 대한제국기 정치세력 대부분이 3.1운동에 관여했다는 것이 이러한 사실을 입증한다.

V. 맺음말

3.1운동 발발의 최대원인이 일제의 무단통치에 있음은 자명한 사실이다. 그러므로, 3.1운동을 통해 분출된 민중의 반일민족의식은 정치세력들로 하여금 민족문제를 자각하고 전면화하는 계기가 되었다. 3.1운동 이후 정치세력의 이합집산에는 민족문제가 반드시 개입되었다.

천도교 역시 마찬가지였다. 國과 國, 國과 民, 鄕과 民의 관계를 화두로 정치투쟁을 전개하던 천도교도 역시 3.1운동을 통해 민족을 재발견했다. 수사학적으로 구사되는 민족이 아니라 勢로서의 민족을 재발견함으로써 1910년대 천도교 내 잠복되어 있던 여러 흐름의 정치이념들은 민족문제를 놓고 서서히 그 차이를 드러내기 시작했다. 정치적 소외지인 이북지역의 천도교인과 정치지향적인 천도교 지도자들이 1900년대부터 전개한 정치투쟁의 제1막은 그들이 주도한 3.1운동에 의해 종결되었다. 그리고 민족문제를 둘러싼 천도교 내 각 흐름들 간의 갈등과 충돌은 1922년의 제1차 신구파 분화와 1925년의 제2차 신구파 분화라는 교단의 균열로 외화되었다. 정치투쟁에서의 이념과 지향의 차이가 종교세력 분화의 결정적 계기로 작용했던 것이다.

이처럼 동학 지도자들이 1905년의 시점에서 정치적 곤경을 탈출하기위해 천도교를 창건한 이래 천도교의 행보를 규정하는 최대변수는 당대주요정치사안들이었다. 이러한 노골적인 정치지향성은 천도교가 성장하는데 일익을 담당했으나 동시에 천도교가 위축되는 계기들을 제공하기도 했다. 3.1운동에서는 이러한 이중적인 면모가 동시에 발현되었다. 일제의 탄압으로 천도교의 교세가 일시적으로 위축되었지만, 3.1운동에서 보여준 헌신성 덕분에 천도교는 자신들의 정치적 위상을 높이고 교세를 확장할 수 있었다.

대한독립선언서의 사상적 구조

김 기 승*

─────────────< 목 차 >─────────────

Ⅰ. 서론 : 연구사적 검토
Ⅱ. 관련자료 검토
  1. 조소앙의 기록
  2. 정원택의 기록
  3. 조소앙과 정원택 기록의 비교
  4. 박용만의 자료
Ⅲ. 내용 분석
  1. 체제
  2. 제1문단 : 독립선언, 1행~6행

  3. 제2문단 : 일본의 죄악에 대한 응징,
     7행~11행
  4. 제3문단 : 독립의 역사적 의미, 17행~
     28행
  5. 제4문단 : 독립운동 방법, 28행~35행
Ⅳ. 사상적 구조
  1. 논지와 정서
  2. 사상적 구조
  3. 독립운동 방법론
Ⅴ. 결론

Ⅰ. 서 론 : 연구사적 검토

　1919년 전후 한민족은 제1차세계대전 종결 후 형성된 국제정세를 이용하여 독립을 달성하기 위해 국내외 각지에서 다양한 활동을 전개했다. 그러한 노력은 민족의 제계층과 국내외의 동포가 참여한 거족적인 3.1운동으로 표출되었다. 3.1운동은 독립운동의 이념과 방략 면에서 획기적 의의를 지니는 사건이었다. 즉 이념적으로는 1910년대 독립운동

──────────────
* 순천향대학교 국제문화학과 교수

진영에 일부 잔존했던 복벽주의를 청산하고 공화주의 이념을 정착시켰다. 또 방략 면에서 독립선언서 발표와 대중적 시위운동이라는 방법을 통해 독립운동의 민중적 토대를 마련하는 단초를 형성했다.

1919년 3.1운동 시기의 '독립선언서 발표' 행위는 독립운동 세력의 결집과 대중적 기반 확보를 위한 주된 운동 방법으로 사용되었다. 선언서라는 문서 형식은 발표 주체의 의사를 내외에 천명하고 나아가 주체의 행동에 대한 내외의 지지를 이끌어내는 데 주안점을 두고 작성된다. 따라서 3.1운동시 발표된 각종 독립선언서는 발표 주체의 독립운동을 집약적으로 표현하는 문서로 간주된다. 이러한 이유로 독립선언서에 대한 연구는 일찍부터 진행되어 왔으며, 여러 독립선언서에 대한 본격적인 비교·분석 작업이 이루어지기도 했다.[1]

대한독립선언서는 3.1운동 시기 중국 길림 지역에서 발표된 독립선언서이다. 이 선언서는 다른 선언서보다 빠른 시기인 1918년 즉 무오년에 발표되었다고 알려져서 '무오독립선언서'라고 불려져 왔다.[2] 그러나 1980년대 후반 독립기념관 소장본이 영인·공개되면서 선언서에 대한 연구가 활발하게 진행되면서 발표시기에 관한 논쟁이 야기되었다.

특히 송우혜는 대한독립선언서 원문에 발표일이 '1919년 2월'로 되어 있는 바, 이는 음력으로 환산하더라도 1918년인 무오년이 될 수 없다는 점을 밝히면서 '무오독립선언서'라는 명칭의 오류를 지적했다.[3] 이에 대

---

1) 대한독립선언서 및 기타 여러 독립선언서를 종합적으로 비교·분석한 연구로는 조동걸, 「3.1운동의 이념과 사상 - 독립선언서와 선언자의 비교분석 -」, 『한국민족주의의 성립과 독립운동사연구』(지식산업사, 1989), 393~417쪽 ; 김소진, 「1910년대의 독립선언서연구」(박사학위논문, 숙명여대 사학과, 1995)가 있다.

2) 채근식, 『무장독립운동비사』, 대한민국 공보처, 1949, 78쪽.

3) 송우혜, 「'대한독립선언서'(세칭 '무오독립선선언서')의 실체 - 발표시기의 규명과 내용분석-」, 『역사비평』 계간 창간호(1988.여름), 144~178쪽. ; 「최초의 독립선언서는 어느 것인가 -세칭 '무오독립선언서'설을 사실 왜곡」, 『역사산책』(1991. 3), 26~31쪽 ;

해 조항래는 '무오독립선언서'라는 명칭의 정당성을 주장했다가 점차 '대한독립선언서'라는 명칭을 사용했다. 그는 송우혜의 주장을 반박하는 일련의 연구를 계속했다.4) 양인 사이에 벌어진 논쟁은 대한독립선언서의 발표시기에 관한 문제였는데, 논쟁의 초점은 '1919년 2월'을 양력 또는 음력으로 보느냐에 모아졌다. 송우혜는 음력설을, 조항래는 양력설을 주장했다.

대한독립선언서의 발표시기에 관한 논쟁은 그것의 역사적 의의에 대한 평가와 관련되어 있다. 음력설을 주장하는 송우혜는 대한독립선언서가 1919년 3월 중순 중국 길림에서 발표되었고, 국내에서 발표된 3.1독립선언서의 영향을 받고 작성되었다고 주장했다. 이에 대해 양력설을 주장하는 조항래는 발표 시기를 2월 8일보다 빠른 2월 초순으로 해석하여 대한독립선언서가 동경 유학생의 2.8독립선언과 국내의 3.1독립선언의 선구적 역할을 했다고 주장했다. 김동환은 '무오독립선언서'라는 주장을 펼치면서 선언서와 대종교와의 관계를 강조했다.5) 김소진은 최근 3.1운동 시기 발표된 여러 독립선언서를 비교·분석했는데, 대한독립선언서에 대해서는 조항래의 연구를 기본적으로 계승하고 있다.

첨예하게 대립되고 있는 발표 시기 문제는 유보하면서 대한독립선언서에 대한 구체적 연구가 시도되기도 했다. 박영석은 「대한독립선언서 연구」에서 서명자 39인에 대해 구체적으로 분석하여 대부분이 대종교인

---

4) 조항래, 「무오독립선언의 민족독립운동사적 의의」(기념강연초), 『삼균주의연구논집』10(1988) ; 「무오대한독립선언서의 발표경위와 그 의의에 관한 검토」, 『윤병석교수화갑기념 한국근대사논총』(1990. 12), 547~572쪽[『무오대한독립선언서선포 제 72주년기념식 및 학술심포지움』(삼균학회, 1991. 1.)에 재수록] ; 「항일독립운동사에서의 대한독립선언의 위상」, 『박성수교수화갑기념논총, 한국독립운동사의 인식』(1991. 12.), 293~306쪽[『삼균주의연구논집』12(1992. 2)에 재수록] ; 「대한독립선언서 발표시기의 경위」, 『수촌박영석교수화갑기념논총, 한민족독립운동사논총』(1992. 6), [『삼균주의연구논집』13(1993. 2)에 재수록].
5) 김동환, 「무오독립선언의 역사적 의의」, 『국학연구』제 2집(1988. 10), 155~183쪽.

임을 규명했다.[6] 조동걸은 3.1운동 시기 여러 독립선언서를 비교했는데, 선언서 주체는 물론 내용에 대한 비교분석 작업을 수행했다. 그는 대한독립선언서가 다른 선언서와는 판이한 독특한 논리를 전개하고 있음을 지적했다.[7]

기존의 연구 결과 다음과 같은 점들은 대체로 사실로 확립되었다. 대한독립선언서는 1919년 중국 길림 지역에서 해외 독립운동 지사 39인의 명의로 발표되었다. 그러나 독립선언의 실질적 주체는 대한독립의군부이며, 선언서 작성자는 趙素昻이다. 이 선언서도 다른 선언서와 마찬가지로, 제1차세계대전 이후 형성된 국제정세를 이용한다는 의식이 나타나며 민주주의와 인도주의 사상을 바탕에 깔고 있다. 그러나 일본에 대해서는 다른 선언서보다 적대적이며, 독립운동 방법론에 있어서도 '독립군의 총궐기'와 '혈전독립'을 주장하는 등 전투적 입장을 견지하고 있다. 또 다른 선언서와는 달리 평등주의 사상이 강하게 투영되어 있는데, 이 점에서 1930년대 조소앙이 체계화한 삼균주의가 배태되어 있다고 보았다.

그러나 대한독립선언서에 대한 기존의 연구는 문제의식과 접근 방법에 문제점이 있다고 생각된다. 필자는 기존 연구의 문제점과 본고의 과제를 다음의 세 가지로 정리했다.

첫째, 선언서 발표 시기의 선후 문제에만 집착하여 선언서의 의의를 규정하려는 형식 논리에 빠져 있다는 점이다. 대한독립선언서가 가장 빨리 발표되었다고 보는 견해는 그것이 다른 독립선언서에도 영향을 미쳤다고 보고 그 의의를 높게 평가한다. 반면 대한독립선언서가 국내의 3.1독립선언 이후라고 보는 견해는 3.1선언의 영향을 받은 후 특정 지역

---

6) 박영석, 「대한독립선언서 연구」, 『汕耘史學』 3(1989), 5~40쪽.
7) 조동걸은 대한독립선언서의 논리가 다른 선언서와 크게 다르기 때문에, 3.1운동과는 별개로 볼 수도 있다고 하였다. 조동걸, 「3.1운동의 이념과 사상」, 『한국민족주의의 성립과 독립운동사연구』(지식산업사, 1989), 393~417쪽.

에서 나타난 운동으로 그 의의를 낮게 평가한다. 두 견해는 공통적으로
대한독립선언서와 2.8 및 3.1독립선언서 사이의 직접적인 관련성을 암묵
적으로 전제하고 있다. 그러나 선언서 작성 과정에서의 상호 영향 관계
에 대한 실질적 연구는 부족한 상태이다. 그리고 대한독립선언서 발표
시기에 대한 논의는 작성 당사자인 조소앙과 정원택의 상충되는 기록에
의거하고 있다. 두 사람의 기록에 대한 엄밀한 검토가 선행되어야 한다.

둘째, 대한독립선언서 발표 주체에 대한 문제이다. 대한독립선언서는
해외 독립운동 지사 39인의 명의로 발표되었으나, 그들이 한 곳에 모여
회합했거나 개개인의 동의를 다 구하지는 않았을 것으로 본다. 따라서
선언의 실질적 주체는 대한독립의군부라는 단체라는 점에는 의견의 일
치를 보이고 있다. 그럼에도 불구하고 주체 분석에 있어서는 서명자 39
인에 대한 분석만이 이루어져 대종교 계통의 인물이 다수라는 사실만
강조되었다. 대한독립의군부의 독립운동단체로서의 성격 규명 작업은
전혀 이루어지지 않았다. 대한독립선언서가 대한독립의군부가 추진한
독립운동의 일환으로 추진되었다면, 선언서의 성격은 대한독립의군부의
독립운동방법론과 관련 속에서 파악될 때 보다 분명하게 드러날 것이
다.

셋째, 대한독립선언서 작성자가 조소앙이라는 점에 대해서는 연구자
들 사이에 의견의 일치를 보이고 있다.[8] 따라서 선언서 내용 분석 작업
에서는 조소앙이 작성하여 1917년 7월에 발표했던 「대동단결의 선언」과
의 관련성이 언급되고 있는데, 이에 관한 선행 연구는 매우 의미있는
성과였다. 그러나 선언서를 1930년대 이후 조소앙이 체계화한 삼균주의
와의 관계에 중점을 두어 파악하는 태도는 재고할 여지가 있다. 대한독
립선언서에 대한 이해는 그것을 작성한 당시의 조소앙의 사상 체계 속
에서 파악될 때 보다 분명해 질 것이다.

---

8) 김동환은 김교헌일 가능성도 있다고 추정한다. 김동환, 앞의 논문, 164쪽.

조소앙은 1910년 국망을 전후하여 철학과 종교 연구에 몰두한 끝에,[9] 1914년 육성교를 제창하고, 1915년 이후에는 육성교의 교리를 정리하여 발표했다.[10] 대한독립선언서에는 1930년대 삼균주의가 '배태'되었을 뿐이고, 1910년대 육성교의 관념은 핵심적 사상으로 뚜렷하게 각인되어 있다. 대한독립선언서의 내용, 특히 사상적 구조 분석에 있어서는 바로 이 점을 고려해야 한다. 조소앙 사상의 발전과정에서 볼 때, 대한독립선언서는 1910년대 육성교라는 '종교적 사유'의 단계에서 1930년대 삼균주의라는 '이념적 사고'의 단계로 넘어가는 과도적 단계의 산물로 이해된다.

본고의 목적은 대한독립선언서의 사상적 구조에 대한 규명이다. 그러나 대한독립선언서에 대한 연구에서는 관련 자료의 신뢰도 문제, 선언서의 문맥에 대한 해석 등 가장 기본적인 사항에서부터 논의의 여지가 많다. 따라서 먼저 관련 자료에 대한 검토를 하고자 한다. 다음으로 선언서 내용을 면밀히 살펴본다. 끝으로 이러한 작업을 토대로 선언서의 사상적 구조를 1910년대 조소앙의 사상과의 관련 속에서 규명하고, 선언서가 지향한 독립운동론의 특성을 파악하고자 한다.

Ⅱ. 관련 자료 검토

대한독립선언서는 단기 4252년 2월, 즉 서기 1919년 2월 김교헌 등 39인의 명의로 중국 길림에서 발표되었다.[11] 이 선언서는 1919년 당시

---

9) 김기승, 「조소앙의 사상적 변천과정 - 청년기 수학과정을 중심으로」, 『한국사학보』 제3.4합집(1998. 3.), 197~198쪽.

10) 서굉일은 본고 작성 중인 1999년 2월 삼균학회에서 조소앙의 육성교에 대해 발표했으며, 필자는 이 발표의 토론을 맡았다. 육성교 관련 자료 소개와 육성교 체계에 대한 그의 연구는 본고를 완성하는 데 많은 시사점을 던져 주었다. 서굉일, 「조소앙의 육성교와 21세기 문명」, 『삼균주의연구논집』 제19집(1999.2), 11~54쪽.

조선총독부 琿春 파견원, 간도의 일본 경찰관, 그리고 상해의 일본영사
관이 습득했다는 기록이 있으며, 일본어 번역문이 강덕상이 편찬한『현
대사자료 26』에 수록되어 있다.[12] 그리고 서명자 중 1인인 박용만에 의
해 1919년 영문으로 번역되어 미주 하와이에 소개되었다[13] 여기서 우리
는 이 선언서가 1919년 3.1운동 전후 시기 중국 및 미주 지역에 유포되
었다는 사실을 인정할 수 있다.

필자가 주된 검토 대상으로 삼은 자료는 조소앙, 정원택, 박용만 자
료 3가지로 한정하고자 한다. 대한독립선언서 관련 기록이라고 하더라
도 내용이 추상적이거나 전해들은 형식의 자료는 제외했다.[14] 조소앙과
정원택이 남긴 기록은 사건 발생 후 20년 이상 지난 '회고'의 형식이다.
그러나 두 사람은 모두 대한독립선언서 작성 관련자이다. 박용만은 대
한독립선언서에 서명한 사람에 불과하지만, 그것을 1919년 4월 영문으
로 번역하여 실제로 활용한 인사였다. 따라서 그의 자료는 선언서의 실
제 활용자의 기록이고 1919년 당시의 자료라는 점에서 의미있는 검토의
대상이다.[15] 또 3개의 자료가 보완적이기도 하고 상충되기도 하지만, 이

---

11) 「대한독립선언서」, 독립기념관 소장 문서번호 복631. 이 독립기념관 소장본
　　은 재일교포 사학자 강덕상이 보관하고 있던 마이크로필름을 복제한 것이
　　다.
12) 姜德相,『現代史資料 26 : 三一運動篇(2)』, 東京, みすゞ書房, 1967, 47~49쪽.
13) 본고 제2장 제4절 박용만의 자료 내용 참조.
14) 『東菴張孝根日記』와『默菴李鍾一先生備忘錄』에 대한독립선언서에 관련된 언
　　급이 있는데, 이 두 자료에는 공통적으로 1918년 11월 여준 · 김규식 등 39
　　인 혹은 중광단원 39명이 '무오독립선언서'를 만주에서 발표했거나 하겠다
　　고 '하더라'라는 傳聞의 형식으로 기록되어 있다. 즉 국내 3.1운동 관련자들
　　이 중국 지역 독립선언에 관해 전해들은 형태로 기록되어 있다.
15) 대한독립선언서 발표 시기를 둘러싼 논쟁에서는 이외에도 수많은 자료들이
　　인용되고 있다. 그러나 필자가 사용하지 않은 자료는 신중한 검토를 요하는
　　자료가 대부분이다. 조소앙의 기록이라고 하더라도 발표 시기에 대한 직접
　　적 진술로 보기 어려운 것도 있다. 또 대한독립선언서 '작성' 또는 배포에
　　직접 관계하지 않은 제3자에 의한 傳聞 형식의 자료도 있다. 1919년 10월 7
　　일자『독립신문』에 실린 나나생의 「길림에서」란 보도가 이러한 예에 속한

는 '해석' 또는 '기억'의 차이로 이해된다. 어느 것이라도 허위라거나 날조되었으므로 무시되어도 좋을 자료는 없다고 본다. 비판적 해석을 통해 사실을 추출해 낼 수 있는 사료로 생각된다.

1. 조소앙의 기록

먼저 대한독립선언서와 관련하여 조소앙이 남긴 자료를 검토하여 보기로 한다. 아래에 인용한 3개의 자료는 편의상 순서에 따라 <소앙-1>, <소앙-2>, <소앙-3>으로 부르기로 한다.16)

> <소앙-1> 조용히 吉林省城에서 독서하였다. 1919년 1월에 이르러 여준, 김좌진, 박남파, 손일민 등 여러 동지들과 더불어 대한독립의군부를 창립하였다. 여준은 정령이 되었고, 나는 부령의 임무를 맡아 '대한독립선언서'를 손수 기초하였다. 국내 대표가 가져온 독립선언서의 초고를 살펴보고 서로 호응하기로 약속하였다. 바로 그날 남하하여 상해로 와서 임시의정원과 임시정부를 조직하였다.17)

———————

다. 그 기사에는 "3월 중순 ○○○○○ 제씨의 발의로 독립선언을 위하야 성립된 만주독립단이 有한대 지금은 구체적 단체는 소멸하고 代에 군정사가 성립되었으며…"라는 기록이 있다. 이 문장을 시제와 주어 및 동사만으로 단순화한다면 '3월 중순 만주독립단이 유한대 지금은 소멸하고 代에 군정사가 성립되었다'라고 할 수 있다. 문장 구조 상 3월 중순이 독립선언을 수식하는 것이 아니다. 3월 중순이 만주독립단의 '성립'을 수식한다고 보면, 그것은 다른 기록과 모순된다. 왜냐하면 정원택의 기록에 의하면 만주독립단, 즉 대한독립의군부는 2월말 결성되었기 때문이다. 따라서 이 신문기사는 1919년 당시의 기록이지만, 대한독립선언서 발표 시기에 관한 자료로 활용하는 데는 신중을 기하여야 한다.

16) 이 외에도 1948년 7월 1일자 『삼천리』지에 「회고」라는 제목으로 게재된 글이 있는데, 이는 소앙의 구술을 기자가 정리한 것이라고 한다. 따라서 조소앙 자신의 회고로 보기는 어렵다. 또한 「대동단결선언」 발표 시기와 '육성교' 발표 시기를 혼동하여 뒤바꿔 기술하는 오류도 발견된다.

17) 조소앙, 「자전」(1943. 4.), 『소앙선생문집』 하, 157쪽.

<소앙-2> 1919년 2월 나는 길림성성에서 대한독립의군부를 건립하였다. 여준, 조소앙, 김좌진, 박찬익, 황상규 등을 추대하여 主持하도록 하였으며 아울러 선언을 발표하였다. 그런데 국내에서 밀파한 나모(나경석을 말함 : 필자)가 길림에 와서 국내에서 기초한 독립선언서를 손수 전하였으니, 곧 손병희 선생 등이 서명한 것이다. 이에 대해서는 세상에 많이 알려져 있다. 그런데 지금 길림에서 발표한 독립선언서를 들어 특별히 세상에 공개하여 참고에 도움이 되고자 한다. 서명자는 무릇 39인이니 대부분은 凋落하였다. 그 중 10인이 현재 한국독립당원에 속해 있다.[18]

<소앙-3> 나는 당시(3.1운동시) 길림에 있어서 김좌진, 박남파, 황상규 등 동지와 대한독립의군부를 조직해 가지고 대한독립선언서를 발표하는 등 독립운동에 몰두하고 있었는데, 연락원으로 나경석씨가 국내 독립선언서의 초고를 가지고 와서 국내의 정세를 알게 되었다. 상해로부터 대표를 파견하라는 전보를 받고 내가 대표로 상해로 와서 보니 참으로 감격할 풍정이었다.[19]

위의 세 자료는 모두 1940년대 이후의 자료이다. <소앙-1>은 1943년 4월 22일 조소앙이 한국독립당 중앙집행위원장에 선출되었을 때, 간략한 자서전을 집필하면서 서술한 것이다. <소앙-2>는 1943년말이나 1944년초 중국 잡지에 「대한독립선언서」를 白話文으로 소개하면서 설명한 글이다. <소앙-3>은 1946년 2월 『자유신문』에 「3.1운동과 나」라는 제목으로 발표한 글이다. 이렇듯 조소앙이 남긴 자료는 사건 발생 후 24년 이상이 지난 뒤, 과거를 회상하면서 남긴 기록이다. 따라서 특정 사건 발생 시기에 대한 자료들간의 불일치가 나타난다. 대한독립의군부 건립 시기에 대해 <소앙-1>에서는 1919년 1월, <소앙-2>에서는 1919년 2월이라고 하고 있다. 또 길림에서 상해로 간 경위에 대해, <소앙-1>에서는

---

18) 조항래, 「무오대한독립선언서의 발표경위와 그 의의에 관한 검토」, 『무오대한독립선언서 선포 제 72주년 기념식 및 학술심포지움』, 1991. 1.30.,삼균학회, 19쪽에서 재인용.
19) 조소앙, 「3.1운동과 나」(1946. 2.), 『소앙선생문집』하, 67~68쪽.

'국내대표가 가져온 독립선언서를 보고 호응하기로 약속한 바로 그날'
이라고 했는데, <소앙-3>에서는 '상해에서 온 전보를 받고' 간 것으로
되어 있다. <소앙-1>과 <소앙-2>는 1945년 8.15 해방 이전의 것으로 년
월을 명시하는 구체적 서술 방식을 취하고 있는데 비해, 해방 후의 자
료인 <소앙-3>은 시기 문제가 추상적으로 처리되어 있다.

위의 자료들을 종합하여 조소앙이 '기억'하고 있는 대한독립선언서
발표 경위를 정리하면 다음과 같다. 그는 1919년 3.1선언 이전인 1월이
나 2월경 길림에서 대한독립의군부를 조직했고, 그와 함께 대한독립선
언서를 손수 기초하여 발표했다. 그 후 국내에서 밀파한 나경석을 만나
국내의 3.1독립선언서를 보고 이에 호응하여 상해로 가서 임시정부 조
직에 참여했다는 것이다. 그의 회고의 요점은 그가 국내의 3.1선언보다
앞서서 그것과 무관하게 독자적으로 독립선언서를 발표했으며, 나중에
3.1운동 소식을 듣고 이에 호응하여 상해 임시정부 조직에 참여했다는
것이다.

2. 정원택의 기록

정원택의 기록도 조소앙의 진술과 기본적으로는 일치한다. 정원택은
(1890~1971) 충청도 연풍 출생의 독립운동가였으며 대종교도였다. 그는
1911년 중국으로 건너가 독립운동을 하다가 3.1운동 후 국내에 잠입하
여 활동하다가 체포되었다. 그는 중국, 싱가포르 등지에서의 활동을 기
록하여 『志山外遊日誌』를 남겼다.[20] 이 일기에서 대한독립선언서 관련
부분을 일자별로 발췌·요약하면 다음과 같다. 일기는 음력을 사용하고

---

20) 鄭元澤 著, 洪淳鈺 編, 『志山外遊日誌』(탐구당,1983), 1~6쪽. ; 장지연 외, 김
　　영호 옮김, 『항일운동가의 일기』(서문당, 1975) 269~325쪽에는 1919년 3.1운
　　동을 전후한 부분만을 수록하였다. 『지산외유일지』의 일자를 명기하고 인용
　　하는 경우에는 쪽수 표기는 생략한다.

필요한 경우에 양력을 병기했는데, 여기서는 음력을 기준으로 하고 괄호 안에 양력을 적기로 한다.

> 1919년 1월 27일(양력 2월 27일) : 시당 선생댁에 회집하여 대한독립의군부를 조직하는데, 시당 여준씨가 총재로 추대되고, 총무 겸 외무에 박찬익이요, 재무에는 황상규요, 군무에는 김좌진이요, 서무에는 정원택이요, 선전 겸 연락에는 정운해 등이 피선되었다.
>
> 1919년 1월 28일(양력 2월 28일) : 의군부 부서를 정하고, 시무에 착수하여, 긴급회의를 개최하고 진행 방침을 결정하니, … 상해 대표 파견은 나의 천거로 素昻이 선정되고, … 선언서는 趙素昻이 기초를, 내가 인쇄·발송을 맡고 … .
>
> 1919년 1월 29일(양력 3월 1일) : 오후에 상해 來電를 접하니, 한성이 이미 動하였다고, 또 상해 서신을 접하니 임시정부 수립 예비로 각계 지사들이 운집하였다고 하였다.
>
> 1919년 2월 1일(양력 3월 2일) : 소앙과 상의하여 선언서를 기초할 새, 素昻의 계씨 조용주가 본국으로부터 돌아와 서로 도와 기초하였다.
>
> 1919년 2월 2일(양력 3월 3일) : 경성에서 온 신문을 보니 '양력 3월 1일(음력 정월 29일)에 … 경향 각처가 一到하여 鄕谷僻地에 어느 곳을 막론하고 민중운동이 일어나지 않은 곳이 없었다'고 한다.
>
> 1919년 2월 10일(양력 3월 11일) : 선언서 4,000부를 석판으로 인쇄하여서·북간도와 아령·구미 각국 및 북경·상해와 국내·일본에 우편으로 발송하였다.
>
> 1919년 2월 17일(양력 3월 18일) : 素昻을 길림 대표로 상해에 파견하였는데, 상해 임시정부 수립에 찬조금으로 2천원을 寄送하였다.

정원택의 기록은 대한독립선언서가 작성되는 과정을 조소앙의 기록보다 훨씬 더 구체적으로 묘사하고 있다. 게다가 일어난 사건들을 날짜별로 정리한 일기 형식의 기록으로서 자료적 가치가 높다고 할 수 있다. 그러나 정원택의 일기 또한 조소앙의 기록과 마찬가지로 '회고'적 성격을 띠고 있음에 유의할 필요가 있다. 「지산외유일기」 해제를 쓴 김용국은 일기의 작성 경위를 다음과 같이 설명했다.

  이 일기는 그(정원택 : 필자)가 外遊 중에 작은 종이 쪽지에 순한문
  으로 적어, 선배 李遇烈의 왕래편을 통하여 수시 집으로 보냈던 것을
  晩年에 다시 국한문으로 정리·합편한 것이라 하니, 이 일기에 대한 그
  의 관심과 노력이 얼마나 컸음을 알 수 있는 일이다.[21]

  김용국에 의하면 『지산외유일지』는 정원택이 만년, 즉 1960년대에 과
거 자신이 해외에서 써보내 집안에 보관해 두었던 순한문의 메모를 국
한문으로 정리하여 편집한 것이라고 했다. 따라서 편집 과정에서 내용
의 첨삭이 있었느냐의 여부에 따라 이 일기의 사료적 가치는 달라지게
된다. 필자는 정원택이 1960년대 일기를 편집하는 과정에서 내용 첨삭
이 가해졌을 가능성이 있다고 본다. 그 근거는 세 가지이다.
  첫째, 『지산외유일지』에는 날짜의 착오가 발견되고 있다. 『일지』는 음
력을 위주로 하면서 해가 바뀌는 경우 음력과 함께 양력을 부기했다.
그런데 1919년 음력 정월을 전후한 시기 음력과 양력을 병기한 날이 3
회 있는데, 1회만 정확하며 2회는 잘못된 것이다. 즉 음력으로 1918년
12월 29일은 양력으로 1919년 1월 30일인데 2월 2일로, 1919년 정월 1
일은 1919년 2월 1일인데 2월 3일로 잘못 기록했다. 올바르게 기록한
날은 음력 1919년 1월 29일, 즉 양력 3월 1일이다.[22] 역사적 기념일로
정해진 날은 정확하지만, 그렇지 않은 경우에는 양력 환산이 2~3일 차
이가 나고 있다. 또한 실제 사건 발생 날짜를 틀리게 기록한 경우도 있
다. 정원택은 조소앙이 대한민국 임시헌장 초고 작성 작업을 목격했다
고 했는데, 그 시기를 음력 3월 12일 즉, 양력 4월 12일 밤으로 기술하
고 있다. 그러나 임시정부의 국호, 연호, 임시헌장 등은 4월 10일과 11

21) 장지연 외 지음, 김영호 옮김, 『항일운동가의 일기』, 서문당, 1975, 271쪽.
22) 양력과 음력의 환산은 대한역법연구소 편제, 『신남산민세력』(남산당, 1980)에
  의함.

일 이틀간에 걸친 임시의정원회의에서 통과되었으며, 그 결과 4월 13일 대한민국임시정부가 수립되었다.[23] 조소앙의 임시헌장 초고 작성 작업은 4월 9일이나 10일 밤 이전에 이루졌던 것이다. 정원택은 조소앙의 임시헌장 초고 작성 일시를 실제와 이틀 정도 차이나게 기록하고 있다. 이 점에서 『지산외유일지』는 날짜의 정확성에 관한 한 의문의 여지가 있다고 본다.

둘째, 조소앙이 1919년 당시에는 사용하지 않았던 '素昻'이라는 호를 사용하고 있다. 조소앙이 素昻이라는 호를 사용하기 시작한 것은 1922년 이후의 일이다. 1917년 「대동단결의 선언」과 1919년의 「대한독립선언서」에서는 모두 본명 鏞殷을 사용했다. 1910년대에는 소앙이라는 호를 사용하더라도 蘇卬, 嘯卬 등의 글자를 사용했다. 1919년 전후에 素昻이라는 호를 사용한 기록은 발견되지 않는다. 素昻이라는 호는 1922년 이후 사용하기 시작하다가 1930년대 이후 확정적으로 사용했다.[24] 따라서 조소앙에 관한 기록은 소앙이라는 호가 보편적으로 사용된 1930년대 이후에 기록되었거나 첨삭이 이루어졌을 가능성이 높다고 하겠다.

셋째, 정원택의 3.1선언에 관한 기술에서 후대의 지식과 판단에 의해 첨가된 흔적이 발견된다. 『지산외유일지』에서 국내 3.1선언에 관한 기술은 3월 1일과 3일 이틀간의 기록밖에 없다. 그 후의 국내 소식, 특히 해외 독립운동지사들을 분노하게 했던 일제의 잔혹행위 등 학살 소식이 전해졌을 텐데도 그에 대해서는 언급이 없다. 또 3월 1일 오후 2시 이후에 국내에서 발생한 사건인데 길림에서 당일 오후에 알게 되었다는 것은 납득하기 어려운 부분이다.[25] 3월 3일에는 길림에서 '경성에서 온

---

23) 국사편찬위원회 편, 『한국독립운동사자료』 2, 386~388쪽 ; 洪淳鈺, 「대한민국임시정부의 성립과정」, 윤병석·신용하·안병직 편, 『한국근대사론』 2(지식산업사, 1977), 259~260쪽.
24) 「年譜」, 『소앙선생문집』하, 481쪽. ; 김기승, 「조소앙의 사상적 변천과정 - 청년기 수학과정을 중심으로」, 『한국사학보』 제 3·4집(1998. 3), 170쪽.
25) 국내에서 밀파된 현순이 미리 약속한 대로 3월 1일 상해에서 국내외 요로에

신문'을 보고 국내 3.1운동 상황을 알게 되었다고 했다.[26] 국내의 3.1운동 상황이 중국에 알려지기까지에는 시일이 걸렸던 것으로 알려지고 있다. 상해의 경우, 실제의 3.1운동 관련 보도가 나간 것은 3월 5일 이후부터였다고 한다.[27] 그리고 중국에서 가장 일찍부터 3.1운동을 준비했던 신한청년당의 여운형도 중국 봉천에서 국내 3.1운동 소식을 전해들은 것이 3월 15일이었다.[28] 또한 정원택이 국내 3월 1일과 3일의 정황으로 묘사한 내용을 살펴보면, 그것은 3월 초순의 정황이라고 보기 어려운 내용이다. 즉 상해에 임정수립을 위해 지사들이 '雲集'하였다는 것, '향곡·벽지에 어느 곳을 막론하고 민중운동이 일어나지 않은 곳이 없었다'는 상황은 3.1독립선언이 국내외에 널리 알려진 3월 중순 이후에 발생한 현상이었다. 따라서 정원택의 국내 3.1운동에 관한 기술은 1960년대 일기를 편집할 때, 당시 자신이 알고 있는 국내 3.1운동에 관한 지식을 재정리하여 해당되는 날짜에 삽입했을 가능성이 높다.

3. 조소앙과 정원택 기록의 비교

정원택의 『지산외유일지』는 대한독립선언서의 발표 경위에 대한 가장 자세한 기록이다. 비록 일기 정리 작업이 후대의 기억에 의존하고 있는

3.1선언 소식을 알린 전보를 수신했을 가능성을 추정할 수 있는데, 정원택이 그렇게 중요한 전보를 받을 만한 위치에 있었던 인물인지 의문시된다. 설사 그렇다고 하더라도 그것은 실제 3.1운동 소식은 아니었다.

26) 길림에서 3월 3일 3.1운동을 보도한 국내 신문을 받아 보았다고 한다면, 3월 1일자로 천도교 보성사에서 발행하여 독립선언서와 함께 살포한 지하신문 『조선독립신문』일 가능성이 높다. 그런데 이 신문의 기사는 3.1운동 '예측' 기사로서 독립선언서 발표 사실을 언급하면서 전국민의 호응을 촉구한 내용의 기사였다. 그런데 정원택은 3.1운동이 전국적으로 일어났다는 '사실' 기사로 기록했다.

27) 김윤식, 『이광수와 그의 시대』(한길사, 1986), 641쪽.

28) 「여운형조서」(1), 『한국공산주의운동사(자료 1)』(아세아문제연구소, 1979), 275쪽.

측면이 있지만, 관련 당사자의 기록이다. 특히 대한독립선언서에 관한 정원택과 조소앙의 기억은 상호 보완적인 측면이 있다.

첫째, 대한독립의군부 결성 시기가 3.1선언 이전이라는 점에 일치했다. <소앙-1>은 1919년 1월, <소앙-2>는 2월, 『지산외유일지』는 1919년 2월 27일 모두 3월 이전으로 기억하고 있다. 그런데 대한독립의군부 결성 작업은 1919년 1월 21일(음력 1918년 12월 20일) 정원택이 상해의 신규식으로부터 지시를 받고 1월 26일 조소앙을 방문하면서 시작하는 것으로 되어 있다. 대한독립의군부는 1919년 1월부터 시작되어 2월에 결성되었다는 사실은 분명하다고 하겠다.

둘째, 대한독립의군부의 조직 구성원에 대해서도 서로 일치하고 있다. 조소앙은 자신과 여준, 김좌진, 박남파, 손일민, 황상규 등을 꼽고 있으며, 정원택은 그들 중 손일민에 대해서는 언급하지 않고 대신 자신과 정운해, 성낙신, 김문삼 등을 추가로 언급했다. 시당 여준을 총재 또는 정령이라 하면서 최고책임자로 지목하고 있는 것도 일치한다. 그러나 조소앙의 지위에 대해서 소앙 자신은 부령, 즉 제 2인자 지위에 있었다고 했는데, 정원택은 소앙의 직위에 대해서는 언급하지 않고 있다. 또 정원택에 대해 조소앙은 전혀 언급이 없는데 비해, 정원택 자신은 서무 책임을 맡았다고 하였다. 그리고 조소앙은 자신이 상해에 대표 자격으로 갔다고 하였는데, 무엇을 대표했는지에 대해서는 언급하지 않았다. 이에 대해 『지산외유일지』에서는 조소앙이 독립의군부의 대한독립선언서를 기초했고, '길림 대표'로 상해에 갔다고 기술했다. 대한독립의군부 조직에 대해 두 사람의 기록은 상충되지 않고 있다.

셋째, 대한독립선언서의 기초자가 조소앙이라는 점에 대해서는 일치하고 있다. 조소앙은 자신이 '手草'했다고 함으로써 자신의 독자적 작업이었다는 점을 시사했다. 이에 대해 정원택은 선언서 작성 책임은 조소앙이 맡았으나, 실제 작업은 조소앙과 조용주, 자신 등 3인의 협의하에 이루어졌다는 투로 기술했다. 그리고 선언서 말미에 '육탄혈전으로 맹세

코 독립을 완성한다'는 문구는 조용주에 의해 첨가된 것이라고 해방 후에는 증언했다.[29] 이러한 기록에서 우리는 대한독립선언서의 작자는 조소앙이라고 할 수 있으며, 조소앙의 작업 과정에 아우 조용주가 조언했을 가능성이 있었음을 추정할 수 있다.

조소앙과 정원택의 기록은 상호 보완적인 측면이 존재하지만, 서로 모순되는 내용도 포함하고 있다. 그것은 바로 대한독립선언서 작성 및 발표 시기에 관한 진술이다. 조소앙은 시기를 명확하게 기록하지는 않았지만, 대한독립의군부의 결성과 대한독립선언서의 발표를 국내의 3.1선언 이전으로 기억하고 있다. 그리고 3.1선언 소식은 뒤늦게 국내 대표로 파견된 나경석을 통해 알게 되고, 그 즉시 상해로 갔다고 했다. 이에 비해 정원택은 3.1선언에 대해 3월 1일과 3일 전보 또는 신문을 통해 알게 되었다고 했다. 그리고 선언서 작성 일자는 3월 2일이라고 함으로써 3.1국내 선언 소식을 듣고 독립선언서를 작성했다는 가능성을 암시했다. 그리고 선언서 인쇄 및 배포 일시를 3월 11일로 기록했다. 그러나 앞서 살펴보았듯이 3.1선언 소식 관련 기사는 후대에 첨가된 것으로 추정된다. 국내의 3.1선언에 대해 알게 된 계기에 대한 설명은 조소앙의 기억이 보다 신빙성이 있다고 생각된다. 왜냐하면 나경석은 경성의학전문학교 학생대표로 국내 3.1운동 계획 단계부터 참여한 인물이었다. 따라서 나경석에 의해 국내 3.1선언 소식과 함께 계획을 듣고 상해로 가게 되었다는 조소앙의 진술이 보다 설득력이 있다고 생각된다. 어쨌든 조소앙과 정원택은 대한독립선언서 작성 시기를 3.1선언 이전과 이후로 서로 다르게 기억하고 있다.

---

29) 김용국, 「지산외유일기 해제」, 장지연 외, 김영호 옮김, 앞의 책, 271쪽.

4. 박용만의 자료

대한독립선언서는 서명자 중 1인인 박용만에 의해 1919년 영문으로 번역되어 미주 하와이에 소개되었다. 박용만의 비서 이원순은 *Pacific Commercial Advertiser* 지에 게재되었던 3.1운동 관련 문서를 편집하여 *True Facts of the Korean Uprising and the Text of the Declafation of Independence, etc* 라는 책자를 1919년 4월 25일 발행했다.[30] 이 책자 제5장에 박용만이 번역한 대한독립선언서가 영문으로 소개되었다. 박용만은 이 선언서가 Natinal Assembly의 명령에 의해 공식문서로 작성되었으며, Korean National Independence League 대표자들의 서명을 받았다고 소개했다. 그런데 이원순은 이 선언서가 미주 지역 대한인국민회(Korean National Association)의 선언서[31]와는 '확연하게 다르다(differs decidely)' 점을 강조했다. 선언서 끝의 발표 일자는 'The 4252nd year of Korea, 2nd Moon (Feb. 1919)'로 되어 있다.[32] 여기서 '2nd Moon'은 음력이라는 의미가 아니라 '2월'의 영문번역어이다. 3.1독립선언서의 발표 시기도 '3rd Moon'이라고 표기했다.

박용만은 1919년 3월 3일 Korean National Independence League(대조선독립단) 하와이지부를 조직했는데, 대한독립선언서 선언 주체를 바로 이 대조선독립단이라고 했다. 대조선독립단 하와이지부 결성은 대한독립선

---

30) 발행처는 호놀룰루의 KOREAN NATIONAL INDEPENDENCE LEAGUE라는 단체로 되어 있다. 독립유공자공훈록편찬위원회, 『독립유공자공훈록』 제11권, 1994, 331~423쪽. 이 책에는 「자료 소개」와 한글 번역본이 수록되어 있는데, 그 집필자와 번역자가 누락되었다. 확인 결과 자료 소개와 번역은 홍선표에 의해 이루어졌다.

31) 대한인국민회 중앙회 명의로 1919년 3월 15일 발표된 선언서는 안창호가 작성한 것이다. 김소진, 『1910년대의 독립선언서연구』(박사학위논문, 숙명여대 사학과, 1995), 288쪽 참조.

32) 대한독립선언서 번역은 직역이 아니라 의역되어 있다. 따라서 국한문 혼용체의 원본과 일부 차이가 있으나, 내용은 기본적으로 동일하다.

언서와 밀접히 관련된 것이었다.[33] 대조선독립단 약장 제 1조에는 "본 조직톄는 됴션 내디와 원동 각 단톄로 조직된 대됴션 독립단의 한부분으로 일홈을 대됴션독립단 하와이 지부라홈"이라고 규정했다.[34] 즉 박용만은 다른 지역의 대조선독립단 조직과 기맥을 통하면서 '하와이 지부' 결성을 추진했다. 그리고 약장 제5조에 '원동 본부에 대ᄒᆞ야는 일톄 의무를 지휘대로 시행홈'이라고 하여 대조선독립단 본부가 원동에 있다고 했다. 선언서가 동일하다는 점, 그리고 본부 위치가 '원동'이라는 점에서 선언서 발표 주체인 대조선독립단을 대한독립의군부와 관련하여 생각할 수 있다.

대조선독립단 하와이 지부 결성일인 3월 3일은, 미주 지역에서 국내의 3.1선언 소식을 듣기 훨씬 전의 일이다.[35] 따라서 박용만은 3.1독립선언 소식을 듣기 전, 늦어도 3월 3일 이전에 이미 대한독립의군부와 기맥을 통했다고 볼 수 있다. 박용만이 번역하여 영문으로 미주에 소개한 대한독립선언서는 3.1선언 이전부터 추진된 운동의 일환으로 이루어졌음을 입증하는 사료라고 하겠다. 그렇다고 해서 대한독립선언서를 수령한 뒤인 3월 3일에 대한독립단 하와이 지부를 결성했다고는 단정할 수는 없다. 박용만의 대한독립선언서 수령 일자를 현재로서는 확인할 수 없기 때문이다.

대한독립선언서는 1919년 2월부로 발표되었으며, 발표 주관 단체를 중국 길림에서는 대한독립의군부로 했고, 미주 지역에서는 Korean National

---

33) 박용만이 조직한 대조선독립단 하와이 지부 약장과 강령은 『미주한인 민족운동자료』(국가보훈처, 1998), 609~620쪽에 수록되어 있다. 이에 대해서는 홍선표, 「해제」, 『미주한인 민족운동사료』, 15~16쪽 참조.

34) 이 약장은 1919년 4월 1일부터 효력을 발생하는 것으로 규정되어 있고, 약장은 태평양시사사에서 5월 1일자로 발행되었다. 그리고 3월 1일을 '경절'로 지킬 것을 규정하였다. 이 점에서 이 약장은 국내의 3.1선언을 알고 난 후 제정되었음을 알 수 있다.

35) 미주 지역에 국내의 3.1운동 소식이 알려지게 된 것은 상해에서 보낸 현순의 전보가 미주에 도착한 3월 9일 이후의 일이다.

Independence League(대조선독립단)이라 했다. 정원택의 기록에 의하면, 대한독립의군부의 조직은 2월 27일, 대한독립선언서를 발표하기로 합의한 날은 2월 28일, 대한독립선언서 초고 작성은 3월 2일, 대조선독립단 하와이지부 결성일은 3월 3일, 선언서의 인쇄 및 우편 발송은 3월 11로 되어 있다. 현재로서는 대한독립선언서 발표 행사에 관한 기록이 없다. 따라서 선언서 발표일시를 어느 것으로 기준했느냐는 것 또한 확정짓기 어렵다. 무엇을 기준으로 했느냐에 따라 해석이 다를 수 있기 때문이다.36) 조소앙은 대한독립의군부 결성부터 선언서 발표 시기에 대해 1919년 1월 혹은 2월로 기억하고 있는데, 발표 시기가 1월이나 2월이었다는 것을 확증하는 기록으로 보기는 어렵다. 다만 그가 대한독립선언서를 작성 및 발표한 후에 3.1운동 소식을 들었다는 점은 분명하게 진술하고 있다. 이렇게 보면 대한독립선언서 작성에서부터 대외적으로 공표되기까지의 시기를 비교적 구체적으로 기록한 자료들을 보면, 그 시기가 2월 27일부터 3월 11일까지 걸쳐 있다. 본고에서 검토한 자료에서는 선언서 발표 시기가 2월 초순임을 확증할만한 기록이 나타나지 않았다.37)

---

36) 발표일 선정 기준 문제는 대한독립선언서 표기일인 1919년 2월을 음력으로 보느냐 양력으로 보느냐는 문제와도 관련된다. 즉 2월의 시점은 선언서 기초일인 3월 2일 혹은 인쇄 및 발송일인 3월 11일로 비정하면 '음력'이 되어야 하며, 대한독립의군부 성립일 및 선언서 발표 결정일인 2월 27일이나 28일로 비정하면 '양력'이 되는 것이다.

37) 조소앙이 3.1운동을 전후하여 일본에 가서 2.8선언에 영향을 주었다는 기록이 있으나, 이는 장덕수가 일본경찰에서 허위 진술한 것으로 생각된다. [김회곤, 앞의 논문, 165쪽 참조.] 조소앙 자신 또한 3.1운동 당시를 회고할 때, 대한독립선언서 발표 사실은 항상 언급하지만, 동경에 간 일이 있다고 언급한 적은 없다.

Ⅲ. 내용 분석

필자는 발표 시점의 불확정성에도 불구하고 조소앙이 대한독립선언서를 기초한 시점이 3.1운동 소식을 듣기 전인가 아니면 들은 후인가를 확정할 수 있다고 본다. 조소앙 자신은 대한독립선언서를 기초한 뒤, 3.1운동 소식을 들었음을 분명하게 회고하고 있다. 그리고 정원택은 3월 2일 기초했다고 기록했다. 필자는 설사 3월 2일 기초했다고 해도 조소앙이 국내의 3.1운동 사실을 모르는 상태에서, 따라서 당연히 3.1독립선언서를 참고함이 없이 작성했다고 하는 점을 밝히고자 한다. 대한독립선언서의 사상적 구조는 3.1독립선언서와 어떻게 다른가를 살펴봄으로써 양자는 문서 작성과정에서 연관성이 없음을 입증하려는 시도이다. 이러한 시도는 발표 시기의 선후 문제에 집착하여 3.1선언서와 대한독립선언서와의 영향 관계를 당연시했던 기존 연구의 문제점을 극복하기 위한 것이다. 즉 대한독립선언서는 국내의 3.1선언 및 동경의 2.8선언과 광의의 3.1운동으로서는 밀접히 관련된다. 그러나 3.1선언과 2.8선언은 선언서 내용과 활동 등 여러 면에서 상호 영향관계가 깊지만, 이 두 선언서는 대한독립선언서와는 체제·논지와 정서·독립운동 방법론·사상적 토대 등 구조적 측면에서 직접적 영향 관계가 없다.

1. 체제

대한독립선언서는 모필로 쓴 것을 석판으로 인쇄한 것인데, '대한독립선언서'라고 題한 부분, 본문, 발표일자, 서명자 4부분으로 구성되어 있다. 본문은 35행인데, 띄어쓰기와 마침표를 제외하고 글자 수는 1,723자이다. 발표일자는 '檀君紀元 四千二百五十二年 二月 日'로 되어 있는데, 서력으로는 1919년 2월이다. 서명자는 '가나다順'이라고 명기한 후

‘金教獻, 金奎植, 金東三, 金躍淵, 金佐鎭, 金學萬, 鄭在寬, 趙鏞殷, 呂準, 柳東說, 李光, 李大爲, 李東寧, 李東輝, 李範允, 李奉雨, 李相龍, 李世永, 李承晩, 李始榮, 李鍾倬, 李沰, 文昌範, 朴性泰, 朴容萬, 朴殷植, 朴贊翊, 孫一民, 申檉, 申采浩, 安定根, 安昌浩, 任滮, 尹世復, 曹煜, 崔炳學, 韓興, 許爀, 黃尙奎’ 등 39명의 명단이 적혀 있다. 가나다순이라는 점에 의문이 제기되기도 하지만, 우리말 고어체의 경우, 鄭·趙는 ‘뎡’·‘됴’로, 呂·柳·李는 ‘려’·‘류’·‘리’로 사용되었으므로 임방과 윤세복의 경우를 제외하고는 순서에 맞게 표기되었다고 볼 수 있다.

대한독립선언서 체제는 2.8선언서나 3.1선언서와 다르다. 2.8선언서와 3.1선언서는 독립선언의 이념을 서술한 본문 끝에 ‘결의문’ 또는 ‘공약 3장’을 첨부하여 여기에서 실천 방침을 서술하는 체제이다. 이에 비해, 대한독립선언서는 본문 이외 별도로 첨부된 부분이 없다. 실천방침도 본문 속에 포함시켰다. 체제상으로 2.8과 3.1선언 사이에는 상동성이 있지만, 대한독립선언서와는 차이가 있다.

대한독립선언서 본문은 내용상으로 볼 때, 첫째 내외에 독립을 선언한 부분, 둘째 일본의 죄악을 懲辦하는 부분, 셋째 독립의 역사적 의미를 규정한 부분, 넷째 독립운동 방침 또는 방법에 대해 언급한 부분 등 크게 4부분으로 나누어 살펴 볼 수 있다.

2. 제1문단 : 독립선언, 1행~6행

我 大韓同族男妹와 曁我遍球 友邦同胞아. 我 大韓은 完全한 自主獨立과 神聖한 平等福利로 我 子孫黎民에 世世相傳키 위하여, 玆에 異族專制의 虐壓을 解脫하고 大韓民主의 自立을 宣布하노라.

我 大韓은 無始 以來로 我 大韓의 韓이오. 異族의 韓이 안이라 半萬年史의 內治外交는 韓王韓帝의 固有權이오. 百萬方里의 高山麗水는 韓男韓女의 共有産이오, 氣骨文言이 歐亞에 拔粹한 我 民族은 能히 自國을 擁護하며 萬邦을 和協하야 世界에 共進할 天民이라, 韓 一部의 權이라도 異族

에 讓할 義가 無하고 韓 一尺의 土라도 異族이 占할 權이 無하며, 韓 一
個의 民이라도 異族이 干涉할 條件이 無하니, 我韓은 完全한 韓人의 韓이
라.

선언문 첫행에서는 민족과 우방의 동포에게 '대한의 자주독립'과 '대
한민주의 자립'을 선포한다고 했다. 그리고 대한은 유사 이래 주권·영
토·국민 등 국가의 3요소를 모두 갖춘 완전한 자주독립국임을 강조했
다. 동시에 한민족은 우방 동포 및 세계 만방과 함께 인류문화를 발전
시킬 '천민'임을 강조했다. 그리고 민주주의적 자주독립국가 건설 지향
이 확인되는데, 이는 다른 독립선언어서에서도 공통적으로 확인되는 바
이다. 이 문단에는 선언서의 주목할만한 고유한 특징이 나타나 있다. 즉
세계 만방에 대해 무차별적으로 독립을 선언하는 것이 아니라는 점이
다. 세계 만방 중 '우방' 국가를 지목했으며, 우방 국가의 국민을 '동포'
로 파악하고 있는 것이다. 타민족을 '동포'로 파악하는 의식, 그리고 세
계 국가 중 '우방' 국가를 구별하는 의식, 이것은 2.8 및 3.1선언서에서
는 발견되지 않는 본 선언서만이 갖는 고유한 특징 중의 하나이다.

3. 제2문단 : 일본의 죄악에 대한 응징, 7행~11행

噫라 日本의 武孽이여. 壬辰 以來로 半島에 積惡은 萬世에 可掩치 못할
지며 甲午 以後의 大陸에 作罪는 萬國에 能容치 못할 지라. 彼가 嗜戰의
惡習은 曰 自保 曰 自衛에 口를 藉하더니 終乃 反天逆人인 保護合倂을 逞
하고 彼가 渝盟의 悖習은 曰 領土 曰 門戶 曰 機會의 名을 假하다가 畢竟
沒義無法한 密款脅約을 勒結하고 彼의 妖妄한 政策은 敢히 宗敎를 逼迫
하야 神化의 傳達을 沮戲하얏고 學人을 制限하야 文化의 流通을 防遏하
얏고, 人權을 剝奪하며 經濟를 籠絡하며 軍警의 武斷과 移民의 暗計로 滅
韓植日의 奸凶을 실행한지라. 積極 消極으로 韓族을 磨滅함이 幾何뇨. 十
年 武孽의 作亂이 此에 極함으로 天이 彼의 穢德을 厭하사 我에 好機를
賜하실새 天을 順하며 人을 應하야 大韓獨立을 宣布하는 同時에 彼의 合

倂하던 罪惡을 宣布懲辦하노니,

一. 日本의 合邦動機는 彼 所謂 汎日本의 主義를 亞洲에 肆行함이니, 此는 東洋의 敵이오.

二. 日本의 合邦手段은 詐欺强迫과 不法無道와 武力暴行이 極備하얏스니 此는 國際法規의 惡魔이며,

三. 日本의 合邦結果는 軍警의 蠻權과 經濟의 壓迫으로 種族을 磨滅하며 宗教를 强迫하며 教育을 制限하야 世界文化를 沮障하얏스니 此는 人類의 敵이라.

所以로 天意人道와 正義法理에 照하야 萬國立證으로 合邦無效를 宣播하며 彼의 罪惡을 懲膺하며 我의 權利를 回復하노라.

噫라 日本의 武孽이여. 小懲大戒가 爾의 福이니 島는 島로 復하고, 半島는 半島로 復하고, 大陸은 大陸으로 復할지어다. 各其 原狀을 回復함은 亞洲의 幸인 同時에 爾도 幸이어니와, 頑迷不悟하면 全部 禍根이 爾에 在하니, 復舊自新의 利益을 反復曉諭하노라.

이 문단 전반부에서 일본의 '무얼'은 임진왜란부터 '한일합병'까지 한민족에게 온갖 '죄악'을 저지른 '민족의 적'임을 선언했다. 중반부에서는 '한일합병'의 죄악을 세가지 측면에서 지적했는데, '동기' 면에서 범일본주의를 내세웠으므로 '동양의 적'이며, '수단' 면에서 무도한 폭력을 행사했으므로 '국제법의 적'이며, '결과' 면에서 세계문화 발전을 저해했으므로 '인류의 적'임을 선언했다. 후반부에서는 일본으로 하여금 '섬으로 돌아갈 것'을 권유하면서, 그렇지 않을 경우 화가 미칠 것이라고 경고했다.[38]

이처럼 <제2문단>에서는 일본이 한민족 뿐만 아니라 동양과 세계 인류에게도 '죄악'을 범한 '적'임을 선언했다. '천의 인도'와 '정의 법리'의

---

38) 기존의 연구에서는 대한독립선언서에 일본으로 하여금 스스로 깨달을 것을 촉구하는 문구가 있다는 것을 근거로 일제의 선의에 호소했다고 해석하는 경우도 있다. 그러나 일본이 깨닫지 못하고 섬으로 돌아가지 않을 경우 화가 미칠 것이라고 한 점을 볼 때, 그것은 일본에 대한 '호소'가 아니라 '징벌'과 '경고'의 의미로 해석하는 것이 자연스럽다.

이름으로 일본의 죄악을 심판한다는 의식이다. 이러한 의식은 일본은 보편주의적 '인도와 정의'를 모르며 인류 문화를 파괴하는 야만족 즉 '무얼'이라고 천시하는 한민족의 전통적 문화적 자존의식을 바탕으로 깔고 있다. 2.8선언서나 3.1선언서는 '시대의 대세'에 의해 일본이 군국주의적 태도를 버리고, 정의와 인도에 입각하여 한민족의 정당한 의사를 수용해 줄 것으로 기대하는 태도이다. 그러나 이 선언서는 일본이 적임을 분명하게 선언하고 적국 일본이 저지른 죄악을 응징한다는 논지이다. 일본에 대한 철저한 적대 의식, 일본의 죄악에 대해 응징한다는 사고, 이것이 다른 독립선언서와 구별되는 주요한 특징이다.

그리고 응징의 근거로 내세우는 개념 또한 독특하다. 즉 '天意', 즉 '하늘의 뜻'이라는 특징적 표현이 등장한다. 그리고 종교에 대해 언급할 때, '神化' 즉 '신의 교화'라는 독특한 개념을 사용한다. '천의'와 '신화'라는 신조어는 조소앙의 육성교에서 특징적으로 발견되는 용어이다.

4. 제3문단 : 독립의 역사적 의미, 17~28행

試看하라 民庶의 魔賊이든 專制와 强權은 餘焰이 已盡하고 人類에 賦與한 平等과 平和는 白日이 當空하야 公義의 審判과 自由의 普遍은 實노 曠劫의 厄을 一洗코져하는 天意의 實現함이오. 弱國殘族을 救濟하는 大地의 福音이라.

大하도다. 時의 義여. 此時를 遭遇한 吾人이 無道한 强權束縛을 解脫하고 光明한 平和獨立을 回復함은 天意를 對揚하며 人心을 順應코져함이며 地球에 立足한 權利로 世界를 改造하야 大同建設을 協贊하는 所以일새 玆에 二千萬大衆의 赤衷을 代表하야 敢히 皇皇一神께 昭告하오며 世界萬邦에 誕誥하오니 우리 獨立은 天人合應의 純粹한 動機로 民族自保의 正當한 權利를 行使함이오. 決코 眼前 利害에 偶然한 衝動이 안이며 恩怨에 囿한 感情으로 非文明인 報復手段에 自足함이 안이라 實로 恒久一貫한 國民의 至誠 激發하야 彼 異流로 感悟自新케 함이며 우리 結實은 野鄙한 政軌를 超越하야 眞正한 道義를 實現함이라.

　　咨嗟다. 我 大衆아. 公義로 獨立한 者는 公義로 進行할지라. 一切 方便으로 軍國專制를 劃除하야 民族平等을 全球에 普施할지니, 此는 我 獨立의 第一義오. 武力兼倂을 根絶하야 平均天下의 公道로 進行할지니, 此는 我 獨立의 本領이오. 密盟私戰을 嚴禁하고 大同平和를 宣傳할지니, 此는 我 復國의 使命이오. 同權同富로 一切 同胞에 施하야 男女貧富를 齊하며 等賢等壽로 智愚老幼에 均하야 四海人類를 度할지니, 此는 我 獨立의 旗幟오. 進하야 國際 不義를 監督하고 宇宙의 眞善美를 體現할지니, 此는 我 韓民族이 應時復活의 究竟義니라.

　　<제3문단>은 독립의 역사적 의미를 다룬 부분인데, 인류사의 발전 전망을 언급한 전반부와 그러한 역사적 변화 속에서 한민족의 독립이 지향하는 바가 무엇이어야 하는가를 서술한 후반부 두 부분으로 구성된다.

　　전반부에서는 인류의 역사가 '전제와 강권'의 시대에서 '평등과 평화'의 시대로, 그리고 '공의와 자유'가 실현된 세계로 나아간다고 했다. 그러한 변화는 '천의의 실현'이며, 인류에게 '복음'인 바, 이에 한민족의 독립은 '천인합응'의 대동세계 건설임을 천명했다. 후반부에서는 독립의 의미를 다섯 가지로 나누어 구체적으로 설명했는데, 이를 도시하면 아래와 같다.

　　　1. 독립의 제 1의 : 군국전제 ⇒ 민족평등
　　　2. 독립의 본령　 : 무력겸병 ⇒ 평균천하
　　　3. 복국의 사명　 : 밀맹사전 ⇒ 대동평화
　　　4. 독립의 기치　 : 남녀빈부, 지우노유 ⇒ 동권동부, 등현등수
　　　5. 부활의 구경의 : 국제불의 ⇒ 우주의 진선미

　　대한독립선언서는 '독립'의 의미 규명에 많은 부분을 할애한다. 선언서 작자는 동양의 전통적 대동사상과 동서양의 평등사상에 지대한 관심을 갖고, 국제적 감각과 철학적 사고를 갖춘 인물임에 틀림없다. 한민족

의 독립이 갖는 '역사적'·'철학적' 의미에 대한 깊이있는 탐색, 즉 '사
상적 폭과 깊이' 이것이 다른 독립선언서와 차별화되는 특징적 요소이
다. 역시 <제3문단>에서도 한민족의 독립의 의미를 '皇皇一神'이라는 신
에게 고한다는 독특한 형식이 반복된다. 2.8 및 3.1선언서와는 달리 이
선언서는 종교적·철학적 특성이 뚜렷하며, 전통적 동양 사상과 서양
근대 사상이 조화를 이루고 결합되어 있다.

5. 제4문단 : 독립운동 방법, 28행~35행

咨 我 同心同德인 二千萬 兄弟姉妹아. 我 檀君大皇祖게서 上帝에 左右
하사 우리의 機運을 命하시며 世界와 時代가 우리의 福利를 助하는도다.
正義는 無敵의 劍이니 此로써 逆天의 魔와 盜國의 賊을 一手屠決하라. 此
로써 四千年 祖宗의 榮輝를 顯揚할지며, 此로써 二千萬 赤子의 運命을 開
拓할지니. 起하라 獨立軍아. 齊하라 獨立軍아. 天地로 網한 一死는 人의
可逃치 못할바인즉, 犬豕에 等한 一生을 誰가 苟圖하리오. 殺身成仁하면
二千萬 同胞와 同心同體로 復活하리니 一身을 何惜이며, 傾家復國하면 三
千里 沃土가 自家의 所有이니 一家를 犧牲하라. 咨 我同心同德인 二千萬
兄弟姉妹아. 國民 本領을 自覺한 獨立인 줄을 記憶할지며, 東洋平和를 保
障하고 人類平等을 實施키 위한 自立인줄을 銘心할지며, 皇天의 明命을
祗奉하야 一切 邪網에서 解脫하는 建國인줄을 確信하야 肉彈血戰으로 獨
立을 完成할지어다.

<제4문단>에서는 먼저 '상제'와 '단군대황조'의 명령으로 '세계와 시
대'가 한민족의 독립을 돕는다고 했다. 그러면서 일본을 정의의 칼로 베
어버리라고 지시한다. 구체적으로 독립군이 일어나 단결하여 희생적 자
세로 투쟁할 것을 촉구한다. 그리고 독립군의 희생은 '이천만 동포와 동
심동체로 부활하는' 숭고한 희생임을 역설한다. 마지막으로 다시금 '독
립'과 '자립'의 의미가 무엇인가를 언급하면서, '건국'을 위해 '육탄혈전
으로 독립을 완성하라'는 '황천의 명명'을 받들라는 명령 형식으로 끝을

맺고 있다. <제4문단>의 처음과 끝부분은 '신의 명령'과 관련하여 서술되고 있다.

<제4문단>에서 강조한 '독립군의 궐기'와 '육탄혈전' 부분은 이 선언서가 2.8선언서 및 3.1선언서와 구별되는 두드러진 특징이라는 점은 기존의 연구에서 누누이 지적된 바다. 일제에 대한 독립군의 투쟁을 고취한 점에서 '독립전쟁론'적 태도로 해석된다. 그런데 이 부분과 앞 문단에서의 일본의 '복구자신', '감오자신'을 촉구하는 것과 모순되는 것으로 이해하는 경우도 있다.

그러나 <제4문단>은 선언서에는 반드시 포함되어야 할 실천적 행동에 대해 언급하는 부분이므로, 구체적 행동을 적시하는 내용과 논조가 되는 것이 자연스러운 문장의 흐름이다. 그리고 앞서 보았듯이 <제2문단>은 일본을 절대 적으로 설정하고 그에 대해 응징한다는 내용이 핵심이다. '복구자신'하지 않을 경우 화가 미칠 것이라고 경고하는 논조이다. 따라서 힘에서 열세이고 가진 것은 대의명분과 일신 밖에 없는 한민족이 절대 적인 일본을 응징하기 위해서는 대의를 위해 몸을 던지는 자기희생적 '육탄혈전'일 수밖에 없는 것은 필연적 귀결이다. 그리고 <제4문단>의 '단군대황조'·'상제'·'황천의 명령' 개념은 앞부분의 '천의인도'·'천인합응'·'반천역인'의 개념과 상통하는 것으로 조소앙이 구상했던 육성교로 일관되게 설명될 수 있는 관념들이다.

그런데 정원택은 <제4문단>의 '육탄혈전' 표현은 동생 조용주가 첨부한 것이라고 했다. 조용주는 1910년대 형 조소앙을 보좌하면서 독립운동을 하였는데, 사상가로서보다는 행동가형에 가까운 편이었다. 사상적으로 볼 때, 그는 조소앙의 영향을 많이 받았던 것으로 보인다. 정원택의 증언대로 조용주의 '젊고 패기있는' 의견이 받아들여져서 '육탄혈전으로 독립을 완성하자'라는 표현이 삽입되었을 가능성은 충분히 상정할 수 있다. 그러나 그의 조언 또는 그 문장의 삽입은 조소앙의 논지를 보완하거나 명확히 하는 것이었지, 논지의 수정이나 논조의 변화를 수반하는 것이었을 가능성은 희박하다.

1910년대 조소앙의 사상에서 살신성인의 '희생'은 가장 중요한 개념이었다. 그리고 그에게 '혈전' 개념은 낯선 것이 아니었다. 그는 1917년 7월 「대동단결의 선언」에서 1910년대 국내 상황을 언급하는 가운데, 민족 자체가 말살될 위기에 처해 있다고 하면서 "名義의 亡에 淚를 灑한 者 事實의 亡에 血이 湧하리로다."라고 하여 '혈전'을 암시했다.[39] 이는 박은식이 근현대사를 1910년까지는 통한의 눈물의 역사인 '痛史'로, 1910년 이후는 독립운동을 위한 피의 투쟁사인 '血史'로 인식한 것과 맥을 같이 한다. '혈전'이라는 용어, 1910년대 독립운동 지사들에게 낯선 용어라고 볼 수 없다.

IV. 사상적 구조

1. 논지와 정서

대한독립선언서의 사상에 대한 구조적 인식은 선언서의 기본 논지 파악부터 시작할 수 있다. 기본 논지는 作者意識, 즉 선언서 작성 당시 작자의 정서 상태와 관련하여 파악할 때 분명하게 이해된다.

대한독립선언서는 이천만 동포와 우방 동포에 대하여 '한일합병' 무효와 대한 민족의 독립을 선언한 문서이다. 어느 한 민족이나 국가의 독립이란 그에 대한 이민족의 간섭과 지배를 받지 않고 다른 국가들과 동등한 자격과 지위를 갖는 국가로 인정받으면서 국제사회의 일원이 된다는 것을 의미한다. 식민지배를 받고 있는 경우, 독립이란 개념에는 기본적으로 독립의 주체와 상대방이 있고, 그 양자와 관련을 맺는 제3의

---

39) 「대동단결의 선언」, 독립기념과 소장, 도5-38. 3쪽.

국제사회와의 관계를 함축한다. 대한독립선언서는 한국과 일본, 그리고 국제사회라는 3자 사이의 관계를 독특하게 설정한다. 즉 일본에 의한 한국의 식민 지배의 부당성과 한국 독립의 정당성을 제3의 국제사회에 호소하고 국제사회의 정의로운 판결을 기대하는 논조가 아니다. 조소앙은 천의와 인도를 실현하느냐의 여부를 기준으로 국제사회를 '우방'과 '적국'으로 나누면서 한국과 국제사회를 일체화하여 파악한다. 즉 한국은 천의인도를 실현하는 '천민'으로서 국제사회를 대신하여 '반천역인'의 죄악을 저지른 일본을 응징한다는 논지이다. 그것은 한국의 독립을 제3자인 국제사회에서 인정받으려는 자세가 아니라, 한민족이 국제사회를 대신하여 인류의 적 일본을 응징함으로써 독립을 '완성'할 수 있다는 신념에 입각한 논리 전개 방식이다. 우리는 조소앙이 독립을 '완성'하자고 표현한 것에 유의해야 한다.

일본에 대한 응징은 한국의 독립을 새롭게 인정받는다는 의미가 아니었다. 그것은 한국의 독립을 확인하여 '완성'한다는 의미였다. 이러한 논리는 '한일합방'의 원천 무효 주장으로부터 나오는 필연적 귀결이다. 1910년대 조소앙은 한민족은 '한일합방' 이후에도 독립된 주권을 유지하고 있다고 파악했다. 따라서 대한독립선언서의 독립선언은 한민족은 유사이래 완전한 독립국이라는 주체적 역사인식에서부터 출발한다. 이 점을 조소앙은 <제1문단>에서 '아 대한은 무시 이래로 아 대한의 한이오, 이족의 한이 아니며', '한 일부의 권이라도 이민족에게 讓할 義가 無한 것'이라고 표현하였다. 이 말의 보다 구체적 의미를 우리는 1917년 7월 조소앙이 기초한 「대동단결의 선언」에서 찾을 수 있다.[40]

我韓은 無始 以來로 韓人의 韓이오. 非韓人의 韓이 아니라. 韓人間의

---

[40] 「대동단결의 선언」, 독립기념관 소장, 도5-38. 이 문서는 1917년 7월 신규식, 박은식, 신채호, 조소앙 등 14명의 명의로 임시정부 수립을 위한 독립운동자의 대동단결을 촉구한 문서로서, 조소앙이 기초하였다.

> 主權 授受난 歷史上 不文法의 國憲이오. 非韓人에게 主權 讓與난 根本的
> 無效오. 韓國民性의 絕對 不許하난 바이라.

조소앙은 주권의 수수는 한민족 사이에서만 이루어진다는 것이 '역사
상 불문법의 국헌'이라고 보았으며, 이민족에게 주권을 양도하는 것은
'근본적 무효'라고 규정했다. 이러한 견지에서 대한독립선언서 <제2문단
>에서 '합방무효'를 선언했다. 그렇다면 1910년 8월 29일의 사건을 어떻
게 이해할 수 있는가? 이에 대해 조소앙은 「대동단결의 선언」에서 다음
과 같이 주장했다.

> 庚戌年 隆熙 皇帝의 主權 抛棄난 즉 我國民同志에 대한 默示的 禪位니,
> 我同志난 當然히 三寶를 繼承하야 統治할 特權이 잇고, 또 大統을 相續할
> 義務가 有하도다.

이처럼 그는 경술국치를 일본에 대한 주권의 양도가 아니라 융희 황
제의 '주권 포기'로 간주했고, 그것은 국민에게 주권을 선양한 것으로
해석했다. 따라서 그는 '帝權 消滅의 時가 즉 民權 發生의 時오.'라고
함으로써, 1910년 8월 29일부로 군주 주권의 시대가 끝나고 국민주권주
의 시대가 시작된 것으로 보았다. 그런데 국내에 있는 동포는 일본의
압제하에 주권을 행사하지 못하므로, '재외 동지' 즉 해외 독립운동자가
주권을 '상속하엿고, 상속하난 중이오, 상속할 터이다.'라고 했다. 조소
앙은 바로 이러한 논지에 입각하여 1917년 「대동단결의 선언」에서 해외
독립운동자가 상속한 주권을 실질적으로 행사할 수 있는 '무상법인' 기
구로서의 임시정부 수립을 촉구했다.[41]

---

41) 여기서 조소앙은 임시정부를 해외 동포들의 세금으로 유지한다는 구상을 하
   였다. 「대동단결의 선언」에 대해서는 조동걸, 「임시정부 수립을 위한 1917년
   의 <대동단결선언>」, 『한국학논총』 제9집(국민대 한국학연구소, 1987) [『한
   국민족주의의 성립과 독립운동사연구』(지식산업사, 1989), 314~338쪽에 재

민족 전체를 포괄하는 이천만 동포와 그들을 대신하여 민족의 정당한 주권을 행사하는 '해외동지'를 구별하는 의식, 그리고 1910년 이후 국민 주권의 행사 주체를 해외독립운동자로 파악하는 의식, 이러한 의식은 대한독립선언서에서도 그대로 유지되고 있다. <제4문단>에서 조소앙은 '이천만 형제자매'에게는 '정의의 검'으로 魔賊 일본을 '一手都決'하며, '肉彈血戰'하라고 하는 항일투쟁의 정신 자세를 주로 요구했다. 그리고 독립군에게는 일신의 죽음을 아끼지 말고 一家를 희생하라고 요구했다. 독립군의 희생은 단순한 희생이 아니라 이천만 동포와 일심동체로 부활하는 의미가 있다고 했다. 그러면서 독립군으로 하여금 '起하라', '齊하라'고 하면서, 독립군의 총궐기를 촉구했다. 그리고 독립군의 총궐기에 의한 독립전쟁의 선언은 빼앗긴 주권을 되찾는 것이 아니라 해외에서의 주권 행사를 모국의 영토에까지 확대함으로써 독립을 '완성'한다는 논법이다.

대한독립선언서는 독립군의 총궐기를 지향했기에, 서명자 선정시 국내 인사를 제외하고 39명 전원을 '해외독립운동자'로 국한했다. 1910년 8월 29일 이후 황제의 주권은 국민에게 선양된 것이며, 국내의 동포는 일제의 압박을 받고 있으므로 해외독립운동가들이 주권을 계승하여 대신 행사하여야 하며 또 할 수 있다는 의식, 이러한 논리라면 해외독립운동가들의 대표성만 인정된다면, 그것은 전민족적 의사 표시로 간주된다. 제4장에서 살펴보겠지만, 대한독립의군부의 독립운동 계획에 의하면, 대한독립선언서는 주로 해외를 겨냥했으며, 국내 배포는 크게 고려되지 않았다.

대한독립선언서에서는 국내 동포의 궐기 가능성이나 기대가 발견되지 않는다. 더구나 국내 3.1선언 소식을 듣고 감격하거나 또는 독립이 조만간 성취될 것이라는 낙관적 전망은 전혀 발견되지 않는다. 오히려 이

수록] 참조.

선언서가 갖고 있는 기본적 정서는 비장감이나 장엄함이다. 조소앙은 <제3문단>에서 독립의 의미에 대해 지리하리만큼 장황하게 설명하고 있다. 독립을 '자립'·'부활'·'복국'·'건국'으로 표현하기도 하며, 독립의 의미를 '제일의'·'본령'·'기치'로 세분하여 파악하고, '복국의 사명'과 '부활의 구경의'가 무엇인지를 탐구하기도 한다. 독립의 의미에 대한 깊은 천착과 장황환 설명, 이는 독립이란 그만큼 지난한 과제임을 철저히 인식하고 있기 때문이다. 이어 <제4문단>에서는 독립군으로 하여금 일신의 죽음을 아까워하지 말고, 일가를 희생하는 '살신성인'의 자세를 가지라고 촉구한다. 조소앙은 독립이란 지난한 과제는 자신을 희생하는 비장한 결단을 통해, 몸을 내던지는 피흘림을 통해 비로소 '완성'될 수 있다고 인식한다.

대한독립선언서는 2.8선언서나 3.1선언서처럼 낙관적 전망을 부추기면서 대중을 선동하거나 고무하는 논조가 아니다. 오히려 대한독립선언서의 정서적 바탕은 독립군은 살신성인의 희생적 자세를 견지하지 못하고 있으며, 이천만 동포들은 독립의 숭고한 의미를 모르고 항일투쟁정신도 결여하고 있다고 질책한다는 느낌이 강하다. 독립군과 대중들에게 반성을 촉구하고 계몽하는 논조이다. 신이나 하늘의 명령과 뜻을 대신 전달한다는 선각자로서의 책임의식과 사명감이 강하게 투영되어 있다. 여기에는 해외독립운동가 및 국내 동포에 대한 조소앙의 실망의 정서가 그대로 배어 있는 것으로 생각된다. 조소앙이 대한독립선언서를 기초했던 시기는 1917년 7월 「대동단결 선언」을 통한 독립운동자의 통일운동과 정부수립운동이 실패한 후 실망한 나머지 은거생활을 하던 때였다. 은거 당시 그는 '국내 동포들이 침묵을 지키고 있고, 해외 독립운동가들은 분열되어 있는' 데 대해 크게 실망하고 있던 상태였다.[42] 그가 대한독립의군부 조직에 참여하고 대한독립선언서를 작성한 때는 은거 생활 직

---

42) 조소앙, 「3.1운동과 나」, 『소앙선생문집』하, 67쪽 ; 「자전」, 『소앙선생문집』하, 157쪽.

후였다. 그러기에 선언서에는 그 때의 실망과 초조의 정서가 짙게 깔리게 된 것으로 보인다.

조소앙은 국내의 3.1운동 소식을 듣고 난 후에야 비로소 민족의 단결력과 저력에 대한 자신의 회의가 잘못임을 깨달았다. 그는 3.1운동 경험 이후 민족관을 바꾸었다.

> 나는 저윽히 우리 민족의 단결성의 결여를 개탄하고 실망하였다. 그러나 이것은 나의 무計이며 오산이었다. 그 기운이 濃熱하고 그 시기를 포착하면 우리 민족보다 더 단결이 강한 민족도 다시 없는 것을 나는 3.1운동에서 발견하고 교훈받았다. 10년 동안 … 조성되어 온 혁명의 불꽃은 … 폭발하여 우리의 발랄한 민족정신과 위대한 단결력을 여실히 顯示한 것이다.[43]

3.1운동 그것은 조소앙에게 민족의 역량에 대한 인식을 바꾸는 계기가 되었다. 3.1운동에서 조소앙은 한민족의 역량이 현실을 살아가는 대중 속에 있음을 발견한 것이다. 그는 1910년 이후의 암흑시대에는 신과 종교에서 탈출구를 모색했다. 그러나 1919년 3.1운동은 그로 하여금 구체적 현실 속에 존재하는 민족의 삶에서 해결책을 모색하도록 하는 계기가 되었다. 이는 그의 사고가 신과 종교로부터 인간의 삶과 현실적 이념의 세계로 하강하는 것을 뜻한다.

2. 사상적 구조

구한말 근대 지성들은 종교는 민족과 국가의 단합을 도모하는 데 중요한 요소라고 보았다. 이로 인해 국망 직전 기독교가 급속히 확산되었던 한편, 대동교와 같은 유교개혁운동이 일어났고, 대종교와 같은 민족

---

43) 조소앙, 「3.1운동과 나」, 『소앙선생문집』하, 67쪽.

종교가 창립되기도 했다. 1910년대에도 이러한 인식은 계속되었다. 일제의 폭압적 무단통치가 빚어낸 암흑적 분위기는 오히려 종교 발전의 토양이 된 측면도 있다. 3.1운동이 종교계 지도자에 의해 촉발되었던 것도 이러한 배경에서 가능한 것이었다.

조소앙의 생애에 있어 1910년대는 종교와 철학에 대한 탐구와 그 결실로서 육성교를 구상하는 시기였다. 1910년 그는 국망이라는 민족의 비극적 운명 앞에서 '심신이 파열되고', '우울증'에 시달렸다. 이러한 정신적 위기를 그는 기독교 입교를 통해 극복했다. 그러나 그는 기독교라는 특정 종교에 기울지 않고 인생과 우주에 대한 근원적 문제에 대해 탐색했다. 일본 유학 시기 그의 종교와 철학 문제에 대한 독서는 유교·불교·도교·기독교·천문학·서양철학 등 폭넓게 이루어졌다. 더 나아가 그는 자기 나름의 교리를 만들어 갔다.[44]

조소앙의 종교적 탐색은 1914년 1월 '육성교' 창립으로 그 결실을 맺었고, 1915년 2월 「학지광에 寄함」을 발표함으로써 그 모습을 세상에 드러냈다.[45] 육성교란 단군·석가모니·공자·소크라테스·예수·마호메트를 聖父인 상제 또는 일신의 六聖子로 보고, 육성자의 가르침을 믿는 종교를 말한다. 그 교리는 「일신교령」에 체계적으로 정리되어 있다. 육성교는 동서양 여러 종교를 통합하려는 동서 통합과 화해의 사상에 바탕을 두고 있다.[46]

대한독립선언서는 2.8선언서나 3.1선언서보다 종교적·철학적 성격이 두드러지게 나타난다. 이 점에서 대한독립선언서와 대종교와의 관련성을 강조하는 기존의 연구는 선언서의 종교성에 주목했다는 점에서 의미 있는 성과였다. 그러나 그러한 지적은 서명자 39인의 종교적 성향 분석

---

44) 김기승, 「조소앙의 사상적 변천과정 - 청년기 수학과정을 중심으로」, 『한국사학보』 제 3·4호(1998. 3), 197~198쪽 ; 조소앙, 「동유략초」, 『소앙선생문집』 하, 246~477쪽.
45) 조소앙, 「학지광에 기함」, 『학지광』(1915.2), 『소앙선생문집』하, 240~245쪽.
46) 서굉일, 앞의 논문, 25~26쪽.

이라는 외면적 분석에만 의존한 바가 크다. 대한독립선언서의 내용 자체와 그것을 작성한 조소앙의 사상 면에서 살펴 볼 때, 선언서가 갖고 있는 종교성을 대종교에만 국한하여 파악하기는 어렵다. 거기에는 대종교는 물론 기독교·불교·유교 등 각종 사상의 다양한 요소가 포함되어 있다. '복음'·'부활'·'죄악'·'천의' 등은 기독교, '해탈'·'邪網' 등은 불교, '천인합응'·'살신성인'·'평균천하'·'대동' 등은 유교의 영향을 말해주는 관념들이다. 또 동양의 전통적인 天命 사상이 보이는가 하면 서구의 근대적 민주주의와 평등주의 사상이 보이기도 한다. 선언서의 종교적·사상적 특징은 여러 종교와 사상의 混在性에 있다. 이것은 1910년대 조소앙이 통합종교로 구상한 육성교적 사고의 반영이다.

대한독립선언서에 '단군대황조'가 언급된 점에서 대종교와의 관련성은 깊다고 보겠다. 그러나 대종교만으로 설명하기 어려운 요소도 있다. 이민족을 동포로 간주하는 사해동포 관념이 그것이다. 대한독립선언서 한민족만을 대상으로 하지 않고 '우방 동포'도 대상으로 삼고 있다. 또 선언서에는 한민족이 국제 사회 및 인류 전체와 함께 하는 '天民'이라는 인식을 보이고 있다. 선언서에 나타난 사해동포사상과 국제사회와의 강한 연대의식 이것은 동서양의 제종교를 통합하려는 육성교적 사고와 일맥 상통하는 것으로 생각된다.

대한독립선언서에는 독립의 의미 부여가 '천'·'황천'·'상제'·'황황일신'이라는 신적 존재에 의거하고 있다. 그 최고신의 뜻은 '天意'·'皇天의 明命'으로 표현되었고, 그 뜻이 국제사회에 적용될 경우에는 천하의 '公義'로, 역사적 발전 방향의 뜻으로 사용될 경우에는 '時義'로, 인간이 지켜야 할 덕목으로 나타날 때는 '정의'와 '인도'로 개념화되고 있다. 이러한 맥락에서 '천인합응'은 최고의 긍정적 가치로 파악되어 '진선미'·'복음'·'부활' 등과 상통하는데 비해, '反天逆人'은 최악의 부정적 가치로 파악하여 '죄악'·'응징'·'禍' 등과 관련되는 것으로 인식된다.

선언서에 나타난 이러한 특징적 사고는 1915년 육성교에 대한 조소
앙의 설명에서 그대로 나타난다. 육성교에서는 세계 여러 민족이 성자
로 숭배하고 있는 6명의 성인을 '一神'의 아들로 본다. 따라서 세계 인
류를 모두 '靈父 하나님'의 자손으로 보고, '普天下의 동포를 愛하야 무
朝마다 기도하라'고 가르친다. 그는 자신이 살던 시대를 '黨派 猜忌와
腐敗 墮落'이 극심한 '大魔障, 大地獄'으로 보았다. 그리고 이를 타파하
기 위한 방법은 '天意에 符合한 宗敎'밖에 없다고 보았다. 그는 말하기
를 '嗚呼 동포 생령들아. 反天意의 행동은 멸망의 도요, 順天意의 행동
은 부활의 門이며 永生의 道ㅣ라.'했다. 육성교는 물론 대한독립선언서
의 핵심 개념은 동일하게 '天意'이다. 육성교에서는 궁극적 존재로서의
'一', '천', '하나님'을 상정하고, 기존의 6성을 그의 아들로 파악했다. 이
를 통해 그는 종교의 범세계적 통합을 구상했던 것이다.[47] 대한독립선
언서에 나타난 사해동포 사상은 사해 인류를 모두 일신의 자손, 즉 동
포로 간주하는 육성교적 사고에 근거하고 있는 것이다.

조소앙은 「일신교령」에서 육성교의 교리를 보다 구체화했다.[48] 여기
서 '一神은 爲人父母'이며, '六聖一體'라 했다. 그는 우주의 본체를 '膳',
즉 '진선미'라고 하면서, 신인합일의 경지를 '일체 독립, 일체 자유, 일
체 평등, 일체 귀일, 일체 행복'으로 보았다. 그리고 그러한 경지에 도달

47) 조소앙, 「학지광에 기함」, 『소앙선생문집』하, 244~245쪽. ; 조소앙의 종교
   통합 노력은 '대동종교'라는 형태로도 나타났다. 그는 「대동종교신창립」이라
   는 미발표 초고에서 '一神'과 '六聖'과의 관계를 보다 체계화하면서, 육성의
   대상을 바꾸었다. 우선 '옥황천조신부 상제'와 '신사 진선 교제'를 종으로 하
   고, 상제 좌우에 '단군 교황'과 '석가 교황'을 배치하였으며, 그 아래에 '노자
   교제', '공자 교제', '기독 교제', '수운 교제'를 배치하였다. 종래의 육성 중,
   마호메트와 소크라테스가 빠지고 그 대신에 노자와 수운 최제우가 추가되었
   다. 이 '대동종교의 창립'은 종래의 육성교보다 더 체계적이라고 하는 점, 천
   도교에 대한 지대한 관심을 기울였다는 점에서 육성교 창립 이후, 1919년 3.1
   운동 이후일 것으로 추측된다. 조소앙, 「대동종교신창립」, 『한국독립운동사자
   료집-(조소앙편 1)-』(한국정신문화연구원, 1995), 781~788쪽.
48) 조소앙, 「일신교령」, 『소앙선생문집』상, 342~345쪽.

하기 위한 방법, 즉 '成膳之道난 一曰 犧牲이오, 二曰 犧牲'이라고 했
다.[49] 천의와 인도가 실현된 천인합응이라는 최고의 경계를 일체가 '독
립, 자유, 평등, 귀일, 행복'한 상태로 파악하고 있다. 그리고 그것을 실
현하는 방법은 오직 '희생'뿐이라고 보고 있는 것이다. 대한독립선언서
의 <제4문단>에서는 독립의 실천 방침으로서 '살신성인'과 '육탄혈전'과
같은 자기 '희생'을 촉구했다. 독립운동의 방법으로 제시한 희생적 결단
의 촉구, 이것도 육성교의 실천론에 의거하고 있다.

대한독립선언서에는 대종교는 물론 기독교·불교·유교 등 다양한 종
교적 요소가 나타나고 있다. 그리고 그러한 다양한 종교적 요소가 상호
모순되지 않고 독립운동이라는 대의를 위해 조화롭게 통합된 모습으로
나타나고 있다. 이러한 특징을 기존의 특정 종교와 관련시켜 파악하기
는 어렵다고 생각된다. 오히려 대한독립선언서 작성 당시 작성자 조소
앙의 사상적 구조 속에서 이해하는 것이 타당할 것이다. 이 경우 조소
앙이 1910년대 동서양의 종교를 통합하여 구상한 육성교와 직접적으로
연결된다. 대한독립선언서에서 독립의 의미부여 방식과 독립운동 방법
론의 제시는 육성교적 사고의 특성을 여실히 반영한다.

3. 독립운동 방법론

대한독립선언서는 대한 민족의 독립선언으로, 일본을 응징해야 할 적
으로 설정한다. 따라서 일본에 대한 응징 이유에 대해 많은 지면을 할
애한다. 끝부분에서는 그러한 응징을 위해 독립군의 총궐기와 한민족
전체의 '육탄혈전'을 촉구한다. 이것이 평화적 대중시위의 방법으로 일
본과 국제사회로부터 한국의 독립을 인정받기를 기대했던 3.1선언서와
다른 점이다. 그리고 조건 없는 혈전을 선언하여 일본이 한민족의 정당

---

49) 조소앙은 예수의 일관한 '道'가 '犧牲'이라고 보았다. 조소앙, 「예수의 일관
지도」, 『소앙선생문집』하, 238~239쪽.

한 요구를 거절할 경우 제2의 방법으로 혈전을 선언한 2.8선언서와도 구별된다.

대한독립선언서는 일본에 대한 독립군의 혈전을 선포함으로써 독립전쟁 노선을 지향한다. 1919년을 전후한 시기는 제1차세계대전이 종결되고 국제 평화 분위기가 조성되는 상황이었다. 그럼에도 불구하고 독립의 방법으로 평화적 방법이 아닌 무장혈전을 선택했다. 이에 한민 항일 독립전쟁이 국제 평화의 분위기를 깨는 것이라는 반론이 제기될 수도 있는 문제였다.

조소앙이 선언서 <제3문단>에서 '時義'에 대해 언급한다. 그러나 제1차세계대전 종결 후 형성된 일시적인 국제정세를 이용하겠다는 의미가 아니다. 그것은 국제정세보다도 더 근원적인 원리, 천의와 인도를 실현하는 역사 발전의 올바른 방향을 의미하는 것이었다. 그것은 3.1선언서에서 말하는 시대의 '大勢'와는 다른 개념이다. '大勢'가 세력의 有·不利를 따지는 사고라면, '時義'란 是非를 가리는 가치판단적 사고이다. 선언서는 인간과 세계의 현실을 서로 대립적인 가치들의 충돌과 대립으로 파악한다. 즉 정의와 불의, 신과 악마, 선과 악, 인도와 불법, 문화와 무얼, 재앙과 복음 등이 존재하는 현실로 파악함으로써 이원적 세계관을 나타내고 있다. 이러한 양극적 대립이 결국에는 불의·악마·악·불법 등에 대한 정의·신·선·인도의 승리로 귀결된다는 것이다. 조소앙은 한국과 일본의 피아 관계는 물론 국제사회도 이러한 세계관에 기초하여 파악한다.

조소앙은 한국과 국제사회를 정의·신·선·인도의 편에, 일본을 그에 대립하는 불의·악마·악·불법의 편에 위치 지운다. 따라서 일본은 한국의 적일 뿐만 아니라 '동양의 적'이며, '국제법규의 악마'이며, '인류의 적'이 된다. 그리고 수많은 죄악을 범한 무얼 일본은 '황황일신'·'황천'·'상제' 등 신의 이름으로 응징되어야 한다. 그 응징의 구체적 방법은 신의 명령을 받들기 위해 '일신'과 '일가'를 희생하여 '이천만형제

자매와 동심동체로 부활'할 것을 확신하는 한국 독립군의 혈전이다. 국제사회에 한국의 독립을 인정 또는 허용해 줄 것을 요청하는 형식이 아니라 한국이 천의와 인도를 실현하여 세계 인류문화를 발전시킬 자격을 갖춘 '天民' 즉 국제사회의 정당한 일원으로서 '반천역인'의 죄악을 저지른 일본을 응징한다는 방식이다. 국제법규의 악마이며, 인류문화의 적 일본에 대한 선전포고는 곧 국제사회의 일원으로 천의와 인도를 실현한다는 인류의 보편적 목적을 실천할 의지와 자격이 있다는 의사표시로 해석되는 것이다.

대한독립선언서의 논리를 따르면, 독립전쟁노선은 국제 평화를 해치는 것이 아니라 오히려 국제 평화를 실현하기 위한 적극적인 방법이다. 왜냐하면 인류 평화란 전쟁과 갈등의 단순한 종식으로 실현되는 것이 아니기 때문이다. 인류 평화는 천의와 인도가 실현될 때 비로소 가능하며, 천의와 인도의 실현은 반천역인의 죄악을 응징하는 데서 시작한다. 선언서의 논지는 평화와 정의를 위한 투쟁은 신의 명령을 받드는 '聖戰'으로 정당화된다.

대한독립선언서가 지니고 있는 두드러진 종교성, 그것은 선언서의 작자 조소앙의 육성교 사상과 관련된다. 그리고 그러한 종교적 사고는 독립운동방법론에도 그대로 투영되었다. 즉 한국과 일본 관계를 선과 악, 신과 악마, 정의와 불의 등 대립적 관계로 설정했다. 따라서 일본은 타협 대상이 아니라 수많은 죄악을 범한 응징 대상으로 설정되며, 일본에 대한 독립군의 혈전은 신의 명령에 따라 악마를 처단하는 '성전'으로서의 의미가 부여되는 것이다.

대한독립선언서가 지향하는 독립운동 방법론을 보다 구체적으로 이해하기 위해 그것이 실제로 어떻게 활용되었는가를 살펴보자. 그것에 관한 것은 『지산외유일지』에 두 가지 기록이 있다. 하나는 1919년 3월 일 대한독립선언서를 초고를 작성했다는 기록이며, 또 하나는 3월 11일(음력 2월 10일) 대한독립선언서 4,000부를 인쇄하여 내외 각지에 발송했다는 기록이다. 조소앙이 대한독립선언서를 작성한 후, 대한독립의군부의 간부회의에서 선언서를 검토하여 공식적인 선언문으로 확정했는 지의 여부, 그리고 공식적이든 비공식적이든 어떤 형태든 선언서 공표 행사와 절차를 거쳤는 지의 여부에 대해서는 전혀 언급이 없다. 선언서 발표를 위한 회합이라든가 군중대회를 개최했다는 기록도 없다.

정원택은 대한독립선언서에 관한 한, 그것을 작성하여 각지에 배포했다는 것 외에 달리 특별한 기억을 갖고 있지 않았다. 그리하여 그의 일지에 대한독립선언서에 대해 두 번밖에 언급하지 않았다. 이것은 대한독립의군부가 대한독립선언서 발표 행사 자체에 중점을 둔 특별한 성격의 독립운동 방법, 예를 들면 전체 독립운동가 대표대회나 대중적 시위운동을 고려하지 않고 있었음을 시사한다. 실제로 『지산외유일지』에 의하면 대한독립의군부에서 추구한 독립운동의 중심은 다른 곳에 두어지고 있었으며, 선언서 작성은 그 일부였다.

대한독립의군부는 조직한 다음날인 양력 2월 28일 "1. 상해에 길림 대표 파견, 2. 마필과 무기 구입, 3. 근지 각처와 구미에 선언서 발송, 4. 서북간도와 아령에 연락, 5. 자금 모집을 위한 국내 밀사 파견" 등 5가지 진행방침을 정하였다. 이러한 방침은 대한독립의군부가 대한독립선언서를 각지에 발송하면서 각지의 독립운동세력과 긴밀한 연락을 취하는 한편, 자체 독립군의 무장력 강화도 동시에 도모할 계획이었음을 보여 준다. 계획 단계부터 선언서 작성과 독립군의 무장이 서로 긴밀히 연관되고 있는 점은, 대한독립선언서가 독립군의 총궐기를 통한 '혈전독립'을 선포하고 있는 것과 일맥 상통하는 것이다. 이러한 맥락에서 대한독립선언서를 발표한 조직의 명칭을 군사적 무장단체로서의 특성이 나타나는 대한독립의군부로 명명했다고 볼 수 있다.

그러나 대한독립의군부가 무장독립노선을 취했다고 하여 외교독립노선을 방기한 것은 결코 아니다. 대한독립의군부의 활동 방침에서 주목할 점은 상해에 대표를 파견하는 계획이 있다는 점이다. 이는 대한독립의군부의 결성이 상해에 추진되고 있던 운동과의 관련을 맺으면서 추진되고 있음을 시사한다. 실제로 『지산외유일지』에 의하면 대한독립의군부는 정원택이 상해의 신규식으로부터 지시를 받고 조소앙과 함께 일을 추진하기 시작했으며, 여준을 중심으로 길림 지역의 독립운동 지사들을 규합하여 조직한 것으로 되어 있다. 상해를 중심으로 전개되고 있던 운동은 신한청년당의 활동이었을 것으로 생각된다. 신한청년당은 1918년 후반 여운형 등 동제사 소장층이 중심이 되어 결성한 조직이었다. 따라서 동제사 지도자 신규식은 신한청년당의 후원자였다고 볼 수 있다. 게다가 여운형은 신한청년당 결성 직후 각지에 연락을 취하는 가운데, 심영구를 통하여 길림 지역에서 활동하고 있던 자신의 당숙 여준에게도 연락을 취했다는 기록이 있다. 이 점에서 대한독립의군부의 조직과 활동은 신한청년당의 활동과 밀접한 연관성을 띠고 있다고 볼 수 있다.50)

대한독립의군부의 활동은 신한청년당의 활동과 관련이 있다. 따라서 대한독립의군부도 제1차세계대전 종전 이후 형성된 기회를 포착하여 국제사회에 한국 독립의 여론을 환기시키기 위한 일련의 활동을 전개했다. 음력 3월 15일 '76자로 된 장문의 전보를 파리평화회의에 보내어 한국독립원조를 소청하였다.'는 사실은 그것의 분명한 증거이다. 또 「대한독립선언서」의 작성과 배포도 선언서 내용에서 알 수 있듯이 한국 독립의 정당성을 내외에 알리기 위한 것이었다.

대한독립의군부 활동의 주요한 특징은 독립 외교의 방법과 병행하여 무장독립운동도 추진하고 있다는 점에 있다. 오히려 실제 활동의 중점은 무장독립운동에 놓여 있었다. 『지산외유일지』에 의하면, 대한독립의군부는 노령에서 혹은 중국 인사를 통해 무기와 말을 구입하여 무장을

---

50) 신용하, 「3.1독립운동 발발의 경위 - 초기 조직화단계의 기본과정 -」, 윤병석·신용하·안병직 편, 『한국근대사론』2(지식산업사, 1977), 48~56쪽 ; 김희곤, 「신한청년당의 결성과 활동」, 『한국민족운동사연구』1(1986. 8), 166쪽 참조.

강화하고, 김좌진 등이 중심이 되어 동지들의 기마 훈련을 계속했다는 것이다. 특히 조소앙은 3.1운동 이후 상해로 갔다가 상해의 상황에 실망하여 정원택과 함께 새로운 운동방법을 모색했다. 그들은 신규식의 후원 하에 9명의 애국 청년들을 조직하고, 중국인 기술자 1명을 초빙하여 폭탄 제조 연습과 권법 훈련을 실시했다. 말하자면 그들은 애국심과 희생정신이 투철한 열혈 청년들에 의한 의열투쟁의 방법을 고려하고 있었던 것이다. 그런데 그들은 이러한 의열투쟁 방법을 대한독립의군부 결성 당시 길림에서 계획했던 바라고 했다.[51] 소수 정예의 열렬한 애국 청년들이 총기와 폭탄을 갖고 항일투쟁을 한다면, 그것은 바로 살신성인의 희생정신을 바탕으로 한 '의열투쟁'을 의미할 것이다. 이 점에서 「대한독립선언서」에서 말하는 자기희생적 '육탄혈전'은 의열투쟁을 의미한다고 하겠다.

대한독립선언서는 4,000부가 인쇄되어 내외 각지에 배포되었다고 했다. 그런데 대한독립의군부의 국내와의 연결 계획을 보면 국내는 주로 군자금 모집 대상 지역으로 설정되어 있다. 따라서 선언서를 인쇄하기도 전에 선언서를 휴대하지 않고 국내 공작책인 정운해가 국내로 잠입한 것으로 되어 있다.[52] 게다가 인쇄된 선언서의 배포는 비밀을 유지하여 인편으로 배포되거나, 불특정 다중을 위해 살포된 것이 아니었다. 오직 내외 각지에 우편으로 발송한 것으로 되어 있다. 그렇다면 우편을 통한 국내 발송은 상상하기 어렵다. 이러한 사실은 대한독립선언서가 국내에 있는 다수의 동포들이 주요 고려 대상이 아니었다는 점을 시사한다고 볼 수 있다. 다수의 선언서를 우편으로 발송 가능한 지역, 즉 해외의 독립운동자들을 염두에 두고 있는 것으로 볼 수 있는 것이다. 이는 선언서 내용 자체가 해외 독립운동자 중심이고, 서명자 명단에 수록

---

51) 정원택, 앞의 책, 음력 2월 11일·20일·30일, 3월 2일·18일, 4월 2일조 참조.
52) 정원택, 앞의 책, 음력 2월 8일조.

된 인사도 모두 해외독립운동자라는 점과도 일맥상통한다.

이처럼 대한독립선언서는 대한독립의군부라는 무장독립운동 단체의 독립운동의 일환으로서 작성·배포된 것이다. 대한독립선언서는 독립운동 방법론에 있어서 무장독립 노선, 특히 의열투쟁을 촉구하는 것으로 끝맺고 있다. 대한독립선언서가 독립운동 대표자 회의나 대중적 집회와 관련되었다는 자료는 아직까지 발견되지 않고 있다. 그것이 작성되어 해외 독립운동가들에게 우편으로 발송되었으며, 이 선언서가 미주 하와이의 박용만에게 전달되었다는 기록이 있다. 현재로서는 대한독립선언서와 국내와의 직접적 연관성을 찾기는 어렵다. 오히려 대한독립선언서는 독립운동 방법에 있어서 국내 3.1독립 선언과 커다란 차이가 나타난다. 3.1 독립선언 이후 해외에서 전개된 3.1운동 대부분은 국내에서와 같이 대중적 만세시위운동의 형태로 전개되었던 것과 좋은 대조를 보이고 있다.

V. 결 론

대한독립선언서는 1919년 2월부로 중국 길림에서 해외독립운동자 39인의 명의로 발표되었다. 그러나 실질적인 발표 주체는 대한독립의군부라는 독립군 단체였다. 대한독립의군부의 활동은 상해의 신한청년당과 일정한 관련을 맺고 이루어졌다. 또 대한독립선언서 발표는 민족구성원은 물론, 파리강화회의 등 국제사회에 한국의 독립을 확인하기 위한 것이었다. 이 점에서 대한독립선언서는 포괄적 의미의 3.1운동을 형성하는 갈래 중의 하나라고 볼 수 있다.

그러나 대한독립선언서는 국내의 3.1선언서나 동경의 2.8선언서와는 '독립선언'의 의미부터 달랐다. 우선 2.8선언은 '독립 期成하기를 선언' 즉 독립하기로 다짐한다는 의미이고, 3.1선언은 이를 발전시켜 '독립국임을 선언', 지금부터 독립국임을 선언한다는 뜻이었다. 이에 비해 대한독립선언서는 주권을 이민족에게 양보한 적이 없다고 하면서 당시를 다만 주권의 행사가 완전하지 못한 상태로 파악했다. 따라서 '완전한 자주독립'을 후손에게 물려주기 위해 '대한민주의 자립'을 선언하고 '독립을 완성'할 것을 촉구한다는 논지였다. 말하자면 현재의 불완전 독립을 완전한 독립 상태로 만들자는 주장이었다. 또한 대한독립선언서는 3.1선언서나 2.8선언서와는 체제, 기본 논지와 정서, 사상적 구조, 독립운동 방법론 등에 있어서 본질적 차이가 있었다.

대한독립선언서가 2.8선언서나 3.1선언서와 차이가 있다는 사실은 두 선언서로부터 영향을 받았거나 아니면 그 반대로 영향을 주었을 가능성을 부정하는 것이다. 대한독립선언서는 다른 선언서와는 별개로 독립적으로 작성되었다고 볼 수밖에 없다. 대한독립선언서는 작성자의 사상적·정서적 특성이 뚜렷하게 나타난다는 점도 이러한 추정을 보강해 준다. 작성자 조소앙 또한 대한독립선언서를 발표한 뒤에야 국내에서 파견된 나경석을 통해 3.1선언서를 보았다고 기억했다. 정원택의 『지산외유일지』에 의한다고 하더라도 조소앙이 선언서를 작성한 3월 2일에는 국내의 3.1선언 소식조차 듣기 어려운 상황이었다.[53] 조소앙이 대한독립선언서를 작성할 때, 다른 독립선언서를 참고했다는 증거는 없다. 또 그의 선언서 기초 작업에 조용주와 정원택이 참여했으나 그들의 역할은 보조적이었다. 이는 독립선언서에 조소앙의 고유한 용어가 사용되고, 그가 창안한 육성교적 사고의 특성이 나타나고, 시대 상황에 대한 그의 독특한 논리가 배어 있다는 점에서 알 수 있다. 따라서 대한독립선언서를 조소앙의 사상적 변화 속에서 파악할 필요가 있다.

---

53) 조소앙이 3.1운동을 전후하여 일본에 가서 2.8선언에 영향을 주었다는 기록이 있으나, 이는 장덕수가 일본경찰에서 허위 진술한 것으로 생각된다. [김희곤, 앞의 논문, 165쪽 참조.] 조소앙 자신 또한 3.1운동 당시를 회고할 때, 대한독립선언서 발표 사실은 항상 언급하지만, 동경에 간 일이 있다고 언급한 적은 없다.

1910년 국망이라는 민족적 위기의 상황에서 조소앙은 종교와 철학에 대한 본격적 탐구를 통해 탈출구를 모색했다. 그의 종교적 탐색은 1914 년에는 동서양의 제종교를 통합한 육성교 제창으로 결실을 맺었다. 소 앙에게 있어 1910년대 전반은 종교적 탐색의 시기였다. 그는 1917년에 는 독립운동 세력의 대동단결과 임시정부 수립운동을 전개하지만, 참담 한 실패를 경험했다. 실망과 초조함 속에서 은거 생활을 하던 그는 1919년 2월 대한독립의군부를 결성하고 대한독립선언서를 발표했다. 1910년대 후반은 소앙에게 있어 독립운동 실천 시기였다. 그가 작성한 「대동단결의 선언」과 「대한독립선언서」는 그가 추구했던 독립운동의 이 념과 노선을 분명하게 보여주는 자료이다. 이 자료에서 우리는 1910년 대 전반의 종교적·철학적 탐색의 결실인 육성교적 사고가 독립운동의 실천에 반영되고 있는 현상을 확인할 수 있다.

조소앙의 종교적·철학적 사고가 독립운동이라는 실천에 투영되면서 독립운동의 실천적 이념이 배태되어 갔다. 그리하여 대한독립선언서에 는 1930년대에 정립된 삼균주의 이념의 기본적 특성이 맹아의 형태로 나타나 있다. 첫째, 단군 숭배·주체적 한국사 인식·일본에 대한 저항 성 등 강렬한 민족주의적 사고가 사해동포사상·국제적 연대의식 등 국 제적 보편주의와 정합적 관계를 형성하고 있다. 둘째, 독립의 이념을 철 학적·우주론적 수준에서 탐색하고 있다. 셋째, 독립의 기본이념으로 '민족평등', '평균천하'를 제시하여 평등주의가 핵심적 이념으로 등장했 다. 아울러 남녀·빈부·지우·노유 등 4개 수준의 차별을 없애기 위한 '동권동부, 등현등수'를 주장함으로써 정치·경제·교육·수명 등 평등 실현의 구체적 목표가 설정되었다. 넷째, 독립을 '복국', '건국' 등으로 세분함으로써 독립운동 방략에 대한 단계론적 사고의 맹아가 나타났다.

이렇듯 대한독립선언서 발표 시기는 조소앙 자신이 회고했듯이, '삼균 주의의 배태기'라고 볼 수 있다. 그러나 그것은 초월적인 신을 정점으로 한 종교적 사고로서의 육성교라는 모체의 태내에 있는 것이었다. 현실 속

160

에 뿌리를 둔 독립운동의 실천적 지도이념인 삼균주의로 발전하기 위해
서는 종교적 외피를 벗어나야만 했다. 그 계기는 국내의 3.1운동이었다.
조소앙에 있어 국내의 3.1운동은 민족의 역량에 대한 실망의 정서를 희망
으로 바꾸는 계기가 되었을 뿐만아니라 그의 사고가 초월적 존재로부터
현실을 살아가는 대중에게로 하강하도록 하는 계기가 되었던 것으로 생
각된다.54) 대중적 역량의 조직화 그것이 조소앙의 다음 과제로 대두하고
그 과제의 해결책으로 삼균주의가 모색되는 것이다. 이 점에서 대한독립
선언서는 조소앙의 사상이 '종교적 사고'에서 이념적 사고로 넘어가는 과
도기의 산물로 볼 수 있다.

1910년대 조소앙의 사상과 행동은 자신만의 고유한 특수성이 있는
한편, 중국에 망명한 독립운동 지사의 그것을 일정하게 대변하고 있다.
대한독립선언서 또한 그가 집필했지만, 대한독립의군부라는 단체는 물
론 해외 망명 지사들의 입장을 고려하면서 작성된 것이다. 따라서 그것
은 국외 망명 독립운동 지사들의 사고와 행동의 일반적 특성을 반영하
고 있다. 첫째, 해외에서 활동하는 독립군은 국내 동포의 위임을 받아
주권을 행사하고 있다는 강한 책임감과 자긍심이 표현되어 있다. 둘째,
일본은 민족, 동아시아, 국제사회, 인류의 차원에서 타협할 수 없는 절
대 적임을 분명하게 하였다. 셋째, 항일 독립전쟁은 '천의 인도'와 '대동
평화'를 실현하기 위한 신성하고도 정의로운 전쟁이라는 의미가 부여되
었다. 넷째, 민족의 독립이란 자기를 희생하는 비장한 결단에 의해서만
성취될 수 있음을 강조하였다. 이러한 요소들은 일신의 안위를 돌보지

---

54) 조소앙은 3.1운동 이후에는 대한독립선언서보다 국내의 3.1선언서의 대표성
을 받아들였다. 3.1운동 이후 3.1운동에 관한 그의 글에서는 국내의 3.1선언
서를 중심으로 언급하였고, 대한독립선언서에 대해서는 언급하지 않았다. 그
가 대한독립선언서 발표 사실을 환기하고 다시 공표할 필요가 있다고 생각
한 것은 1940년대에 들어서서였다. 이 시기는 조소앙이 3.1운동의 한계를 인
식하고, 대한민국 임시정부에서 대일선전포고를 한 이후였다. 그는 1940년대
대일 독립전쟁 수행할 때, 대일 '성전'을 선포한 대한독립선언서의 가치를
새롭게 평가하였던 것이다.

않고 고국을 떠나 독립운동에 투신한 지사들의 정서와 사고에서 공통적으로 발견된다고 할 수 있다. 반면 국내의 민족 지도자들에게는 어울리지 않는 요소가 많다. 따라서 대한독립선언서는 전체 민족지도자가 아닌 해외에 망명한 독립운동지도자 39인의 명의로 발표되었던 것이다. 비록 39인의 동의를 받았다고는 할 수 없지만, 망명 독립운동 지도자로서의 사고와 정서를 비교적 충실히 반영하고 있다고 생각된다. 요컨대 대한독립선언서는 1919년 3.1운동 시기 해외 독립운동 세력 특히 무장독립군의 입장을 대변하였다는 점에서 의의가 크다고 하겠다.

일제강점기 조세제도 연구
— 1910년대의 조세구조를 중심으로 —

김생기* · 오문석**

─────────────── <목 차> ───────────────

I. 머리말   IV. 1910년대 세제에 대한 평가
II. 세제 도입을 위한 기반조성   V. 맺음말
III. 세제의 도입과정

I. 머리말

일본 제국주의는 우리나라를 지배함에 있어서 일반적인 제국주의의 식민지 지배원칙을 그대로 따랐다. 즉, 1910년에서 1918년까지의 시기에 일제는 식민지인 우리나라 자본의 본원적 축적을 완수한다. 이 시기에 일제는 식민지에서의 자본 축적을 위해 租稅制度를 도입하였는데, 이는 식민지 지배권력의 재정상의 필요에 의한 것이었다. 다시 말해, 원래 식민지에 있어서의 제국주의적 요구는 식민지 초과이윤의 획득에 있는데, 조세제도의 도입은 이를 위한 기초 조성작업이 되는 것이다.

역사적으로 계급사회가 발생한 이래 지배계급은 자기이익을 확보하고 또 그것을 보전하기 위해 국가권력을 창출해 냈고, 계급모순을 완화시키기 위한 물적 기초로서 재정을 요구하게 되었다. 따라서 재정의 기본

─────────────────────────

* 성결대학교 교양학부 교수
** 성결대학교 경영행정학부 교수

목적은 일정한 사회의 재생산조건을 유지·발전시키기 위한 것이고, 이 때의 재원은 그 사회의 잉여생산물로서 생산관계적 특질을 직접적으로 반영하는 것이다.

즉, 일정한 사회구성체 내에서의 생산관계적 특질이 재정구조를 통해서도 극명하게 드러난다는 이러한 인식을 바탕으로 본 연구에서는 일제가 우리나라를 강점한 이후, 넓게는 통감부 설치이후 소위 '土地調査事業'이 완료되는 1918년까지의 조세구조가 지배권력의 자본축적을 지향하는 과도기 단계의 그것이었음을 밝혀보고자 한다. 그런데 이러한 연구는 그 당시의 생산관계의 변화와 함께 일제가 우리나라에서 수탈해간 물량을 구체적인 수치로 밝혀낼 때에 그 의미가 명확해진다고 할 수 있으나, 일제의 고의적인 통계 은폐 및 관계자료의 망실로 인하여 그러한 접근자체가 거의 불가능하기 때문에 본 연구에서는 당시의 조세제도, 특히 地稅·酒稅·煙草稅를 구체적으로 검토함으로써 거기에 반영된 일제강점기의 우리나라의 생산관계와 일제의 수탈정책을 조명하고자 한다.

Ⅱ. 세제 도입을 위한 기반조성

1. 토지조사사업

일제의 '토지조사사업'은 자본의 본원적 축적기의 주요내용을 이루는 정책이다. 그것은 근대적 토지소유제도를 확립하는 것으로서 자본축적을 위한 租稅制度의 도입에 있어서는 결정적으로 중요한 전제가 되기 때문이다. '토지조사사업'이 갖는 자본축적을 위한 稅制 도입의 기초로서의 의미는 토지에 대한 배타적 독점권의 실현으로 조세의 납세의무자를 본원적으로 규정한다는 데에 있다.

1911년부터 1918년까지 계속된 '토지조사사업'의 결과는 다음과 같이 정리할 수 있다. 즉, '토지조사사업'에 의한 자본의 소유관계 확립은 식민지 "米單作經營" 체제하에서 제국주의 자본의 토지투자를 위한 기초 조건이었으며 地稅가 자본축적의 수단이 되는 조세로 전환하는 데 결정적인 영향을 준 정책이었다.

'倂合'이전에 이미 재정기구를 장악한 일제는 1908년부터 面 단위로 총 結數와 結價를 파악하기 시작하여 '사업'의 실질적인 첫발을 내디디었다. 즉, 일제는 1908년 7월16일에 '地稅徵收臺帳調製規定'(度支部令 제19호)이라는 것을 제정하여 다양한 장부를 정리·통일하고 地稅 징수의 기초 대장을 토지소재의 각 면 단위로 만들어[1] 실질적인 物稅로서의 토지를 파악하기 시작하였다. 이것은 거주하고 있는 면 단위로 납세자를 파악하는 人稅의 범주와는 그 개념을 달리하는 것이다.

일제는 1909년 7월과 1910년 6월 두 차례에 걸쳐서 면 단위로 납세자별 결수와 결가를 조사하여 里·洞長이 '結數連名簿'를 작성하였다. 이 작성과정은 종래의 量案·文記를 기초로 하여 신고에 의해 기록하는 과도적 작업이었지만, 地稅의 납세의무자 뿐만 아니라 토지 그 자체를 파악하기 시작하였다는 면에서 자본축적을 위한 物稅化 과정의 출발이라는 큰 의미를 갖는다. 그후 이 '결수연명부'는 '사업'의 진행과 더불어 작성되는 '토지대장'에 의해 토지수익, 즉 地價에 기초한 지세의 징수가 이루어질 때까지 과세대장의 역할을 하였다.

이와 병행하여 1908년 6월에는 度支部 훈령 제166호로 '隱結發見者賞與內規'를 제정하여 '은결을 밀고하는 자'에 대하여 "結稅金額의 1/4"을 상여금으로 교부함으로써 課稅對象地를 확대하려고 하였다. 그리하여

---

1) "地稅徵收臺帳은 … 各 面別로 이를 調製한다"(같은 규정 제1조). 이하 인용되는 제법령은 『韓國官報』 및 『朝鮮總督府官報』의 날짜 기준이며 개별 각주는 생략한다.

이 무렵에는 '결수연명부'의 작성 및 일제의 징수기구 장악과 더불어서 地稅 징수액이 급증하였는데, 과세결수도 1905년에 96만1천여 結로 증가하였고 驛屯土로 국유지에 귀속된 4만여 結을 포함하여 약 6만8천여 結이 증가하였다.[2]

'결수연명부'의 작성과정은 탁지부에서 각 재무감독국장에게 '通牒'의 형식으로 하달되었다. 1회 작성 때에는 신고자를 납세의무자로 하였으나, 사실상의 납세의무자인 소작인의 이동이 많았기 때문에 2회 때에는 확실한 징수를 위해 지주를 신고자로 하여 '지주납세의 원칙'을 수립해 가기 시작하였으며, 1911년도의 地稅 부과는 2회 작성때 이루어진 '결수연명부'에 의해 징수하였다.[3]

1911년 11월 10일에는 부령 제143호로 '結數連名簿規則'을 공포하여 일정한 양식에 토지의 所在, 地目(전·답·택지·잡종지), 면적, 결수, 결가 및 地稅額, 소유자의 주소 혹은 氏名이나 명칭 등을 등록하도록 하였다. 그러나 전술하였듯이 '결수연명부'는 里·洞長에게 신고하여 작성된 일시적 課稅簿였으며 본격적인 '사업'의 전 단계에 불과했다.

토지소유권의 조사 및 확정의 구체적 시작은 1912년 8월 13일에 制令 제2호로 '土地調査令'을 제정함으로써 비롯되었다. 이 '토지조사령'은 '병합' 수일전인 1910년 8월 24일에 법률 제7호로 제정된 '土地調査法'을 개정한 것이었다. '토지조사령'은 제4조에 "토지소유자는 조선총독이 정한 기간 내에 그 주소, 씨명, 또는 명칭 및 소유지의 소재, 지목, 등급, 地籍, 결수를 臨時土地調査局長[4]에게 신고[5]해야 하는 신고주의에

---

2) 『明治大正財政史』제10권, p.294. 단 이 책에는 1905년도 과세결수가 96만결로 기록되어 있으나 이는 오기인 것 같다.

3) 그러나 원칙적으로 지주를 납세의무자로 확정했던 것은 이보다 빠른 1908년 6월 25일에 법률 제10호로 제정된 '地稅에 관한 件'이라는 법률이었다. 그리고 이 법률 제2조에서는 종래의 23등급이었던 결가제를 13등급으로 조정하고 이를 新貨로 환산하여 유통부문의 식민지화와 보조를 같이 하였다.

4) '사업'의 주무관청을 규정하기 위해 1910년 3월 10일에 칙령 제23호로 '臨時

기초하고 있다. 단, 국유지는 보관관청에서 임시토지조사국장에게 통지하도록 규정하였다. 또 조사과정에서는 제6조의 규정대로 "조사 및 측량지역내의 지주로서 2인 이상의 總代"를 말단기구로 이용하였다.

이상의 과정은 토지소유권 조사, 토지가격 조사, 地形·地貌의 조사 등 세 가지로 구별되는 '사업'의 소유권 확정과정이었다. 토지물건에 대한 일제의 전면적인 지배의 완료와 배타적인 소유관계의 확립은 일제가 "장래 토지에 관한 행정 및 재정상의 기초를 정하는 것으로써 그 성과의 成否는 永永토록 朝鮮施政上 영향을 미치는"6) 일이라고 자인할 정도로 중대한 문제였다.

2. 등기제도의 도입

자본주의의 침투와 자본축적을 위한 여러 제도의 확립에는 私的 소유권의 확보를 위한 조치가 있어야 하고 이는 조세제도의 도입에서 납세의무자를 분명히 한다는 데에 중요한 의미를 지닌다. 우리의 경우 근세조선말 봉건사회에서 등기제도와 유사한 것이 없었던 것은 아나나 일

土地調査局官制'가 제정되었지만 '병합'과 함께 폐지되었고 새로 칙령 제361호에 의해 '朝鮮總督府臨時土地調査局官制'가 제정되어 '사업'을 전담하도록 하였다.

5) 토지조사신고구역은 조선총독부 『관보』에 '臨時土地調査局' 고시로 게재되었다. '사업'기간에 토지소유자 및 기타 토지 관계사항에 변동이 있을 때에는 '土地調査令施行規則' 제5조에 의거하여 '임시토지조사국'에 신고 혹은 통지해야 하고, 1913년 9월 29일에는 통첩 제302호로 '土地所有者移動申告書'를 제출하도록 규정하였다.

6) 임시토지조사국 직원에 대한 훈시, 1916년 7월 13일. '사업'의 완료로 1918년 11월 4일 칙령 제375호에 의해 조선총독부임시토지조사국관제 및 道地方土지조사위원회는 폐지되었다.

반적으로 조약 문서로서 文記가 통용되어 왔다. 여기에 토지조사사업 이후 등기제도의 도입에 대한 요구가 제기된 것이다.

곧, '사업'과정에서 확정된 토지소유권은 제3자에게 배타적 권리를 보호받을 수 있는 법률적 공인제도, 즉 등기제도를 요구하게 된다. 일제는 통감부설치 이후 1906년 10월 30일 칙령 제65호로 '土地家屋證明規則'을 공포하여 "토지·건물의 매매·증여·교환·전당에 관한 계약은 府·郡廳에 구비된 증명대장에 등록"하여 증명하는 방식을 도입하였다. 조선시대에는 부동산의 매매·증여·교환·전당 등 권리의 설정 및 이전은 당사자 사이에 사적으로 작성한 문서, 즉 매도증서나 수표, 즉 전당권설정증서를 인수[7]함으로써 이루어졌었다. 일제는 이러한 불확실성을 배제하고 일본자본의 토지점유에 대한 법적인 보장을 위해서 같은 규칙에서 "토지나 건물의 매매·증여·교환·전당시, 계약서에 統首 혹은 동장의 인증을 거친 후 군수나 府尹의 증명을 얻을 수 있도록" 하였다.[8] 즉 외국인의 토지소유가 居留地 및 그 부근 1리 안에서만 제한적으로 허용되긴 하였지만, 이 규칙에 의해서 조선 내륙지방까지라도 統監府理事廳에 속한 일본인 이사관의 사증 혹은 증명으로 토지소유를 허가해 줌으로써 종래의 법적 제한을 무용화시킨 것이다.

1906년 12월 26일에는 '土地家屋典當執行規則'(칙령 제8호)을 공포하여 일인 고리대금업자 및 상인들의 전당을 통한 토지침탈을 합법화시켰다. 그리고 1908년에는 칙령 제47호로 '土地家屋所有權證明規則'을 제정하여 기왕의 '토지가옥증명규칙'을 보완하였다.

이상의 과정을 거쳐 일제는 먼저 일본인을 위한 소유권증명의 법적

---

7) "不動産登記制度" I, 『朝鮮彙報』, 大正 5年 9月号, p.139.
8) 그 증명을 받은 계약서는 완전한 증거가 되었고 해당 관청의 직접 집행력을 갖는 것이었다. 또 군수 및 부윤은 토지건물대장을 구비하여 증명을 할 때, 직접 그 요령을 기재해야 하고, 토지건물대장의 열람 신청에 응해야 했다. 그리고 당사자의 일방이 외국인일 경우 일본인 이사관의 사증을 받도록 하였다.

보호를 도모하였지만 등기제도는 '사업'에 의한 배타적인 사적소유권 수립과 궤를 같이 하는 것이기 때문에 '사업' 이전의 과정은 임시방편에 불과하였다. 즉, 이 규칙들에 의해서는 제3자에 대항할 수가 없었고 증명을 받은 계약서는 증거 및 해당 관청의 직접적 집행력을 갖는 것을 규정하는데 그쳤기 때문에 그 효력에도 한계가 있었다.

그리고 일제는 '병합'과 더불어 본격적인 등기대장을 정비하기 위해서 1912년에 制令 제15호로 '朝鮮不動産證明令'을 공포하고 토지·건물의 증명 및 저당에 관한 종전의 여러 법령을 폐지하였다. 이 증명령은 "부동산의 소유권 및 저당권의 득실, 변경에 관한 증명에 대하여 詳密"한 규정을 두었지만 부윤·군수를 증명관리자로 하며 증명할 수 있는 권리는 소유권과 저당권 두 종류에 국한하였다. 따라서 기존의 증명규칙들과 다를 바 없었지만, 증명할 수 있는 사항을 모든 소유권 및 저당권의 설정·보존·이전·변경·처분의 제한 혹은 소멸로 범위를 확대하고 사무처리의 능률상 실질조사주의 대신에 형식주의를 채택하였다. 그리고 제3자에 대항력이 없던 구 증명규칙에 의한 증명에까지도 제3자에게 대항할 수 있는 효력을 인정하였다. 등기를 하지 않으면 제3자에게 대항할 수 없음을 규정한 최초의 등기관계 법령으로서 1912년 3월 18일 법령 제9호로 '朝鮮不動産登記令'[9]이 증명령 보다 먼저 제정되었으나, 아직 토지조사를 행하지 않았기 때문에 등기령의 실시를 부득불 연기하고, 대신 증명령의 제정으로 임시 보완조치를 취한 것이다.

그러나 토지조사가 점차 확대됨에 따라서 토지대장도 역시 부분적으로 완성을 보게 되어 1914년 5월 1일부터 경성부외 11부·17시가지 전체에 처음으로 등기령을 시행하였고,[10] 이후 점차 그 시행지를 확대하

---

9) 일제는 1912년 여러 법령의 정리·통일을 행하여 민사에 관해서는 일본의 민법·상법 등을 인용하여 '朝鮮民事令을' 공포하고, 부동산물권의 득실·변경의 등기를 위한 수속에 대해서는 일본의 등기법을 인용하여 '조선부동산등기령'을 공포하였다.

10) 1914년 5월 1일, 제령 제16호, '토지조사령에 의한 조사, 혹은 재결을 마친

여 1918년 '사업'의 완료와 더불어 전국에 걸쳐 시행하게 되었다.

등기령의 시행으로 비로소 종래 증명령에 의한 소유권 및 저당권에 관한 사항 뿐만 아니라 부동산에 관한 모든 물권에 대한 소유권을 등기에 의해 확정하게 됨으로써 자본축적을 위한 소유관계의 법적 확인에 대해서는 종지부를 찍었다. 그리하여 조선시대의 多重的 소유형태와 공동체적 소유형태는 근거를 상실하게 되었으며, 생산수단 및 기타의 노동조건들이 개인의 지배에 속하는 사유제도가 제도적으로 성립하게 되었다.

이처럼 부동산소유권에 대한 법적 확인과정인 등기제도의 완성은 토지에 대한 투자 및 거래를 용이하게 하여 식민지 米單作經營 체제하에서 적극적인 토지투자의 길을 연 것이었으며 또한 일제의 우리나라에 대한 수탈의 기초를 완성한 것이었다.

Ⅲ. 세제의 도입과정

1. 기존 조세의 정비

일제는 '병합' 전에 이미 '한일신협약서'를 구실삼아 식민지 지배체제를 확립하기 위한 세제개편을 실시한다. 이것을 연도별로 보면 1905년 '收入印紙規定'(탁지부령 제17호), 1907년 典當鋪稅와 布陣稅, 1906년 '租稅徵收規則'(측령 제60호), '水産稅規則'(측령 제69호), '鑛業法'(법률 3호), '砂鑛採取法'(법률 4호), 1909년 '家屋稅法'(법률 2호), '酒稅法'(법률 3호), '煙草稅法'(법률 4호) 등이다. 그 결과 '병합' 직전 우리나라의 조세체계는 10여개의 세목을 갖게 되는데 이는 1910년 '병합'이후 일제에

토지의 등기 혹은 증명에 관한 건'.

의해 1918년까지 다음과 같이 개편된다.

1.1 地 稅

'地稅'는 일제하에서도 가장 중요한 조세수입의 원천이었다. 일제초기 地稅는 1911년부터 1913년에 이르는 과세관습의 정리, 1914년의 '地稅令' 및 '市街地稅令'의 제정, 1918년의 토지대장의 정리 및 과세방법의 전면적인 개혁과 세율의 수차례에 걸친 인상이라는 3단계를 거쳐 정비된다.

일제는 종래의 소위 隱結을 찾아내고 과세대상지를 확장하고자 地稅의 과세방법을 정리하고 새로운 과세대장을 완비하는데 주력하였다. 종래 量案이라 부르는 地稅의 과세대장은 20년마다 개조하기로 되어 있었으나 이행되지 않고 있었으며, 매년 地稅 징수기에 관리가 직접 과세표준인 결수와 납세의무자 등을 조사하였다. 그리하여 1911년에는 '결수연명부규칙'을 제정하고 각 府郡面에 새로이 地稅의 과세대장으로 결수연명부를 작성하게 하여 과세객체 및 납세주체를 명확히 파악하게 함으로써 과세지 면적을 확대 정리하였다.

그후 1914년 3월에 地稅의 부과징수 및 면세에 관한 '地稅令'과 '市街地稅令'을 새로이 제정 공포하였다. 이 市街地稅의 신설은 종래 地稅부과가 면제되던 중요 시가지에 대하여도 과세함으로서 地稅 수입이 증대를 도입하려는 목적을 갖고 있었다.

결수연명부로 법정과세대장을 설비한 후 토지조사사업이 강행되어 감에 따라 시가지에 있어서는 1914년부터, 시가지이외의 지역에 대하여는 토지조사사업이 완료된 1918년부터 전국에 걸쳐 작성 비치된 토지대장 또는 지세대장에 등록된 지가에 의하여 地稅와 市街地稅를 부과하고 結數稅制를 전면 폐지하였다.

오랜 기간동안 답습되어 온 결수세제 대신 등장된 地價課稅制는 과세표준인 지가를 시가지에 있어서는 시가로 하고 시가지 이외의 지역에 있어서는 수익을 기초로 하는 것이 그 내용이었다. 또한 地稅를 많이 징수하기 위하여 재래의 과세행정상 문제점을 정비하고 과세방법을 대폭 변경함과 동시에 또 다른 한편으로는 地稅 및 市街地稅의 세율을 여러 차례 개정 인상함으로써 토지와 관련된 조세수입의 증대를 수 없이 꾀하였다. 이 시기의 세율변천 경과를 살펴보면 다음 <표 1>과 같다.

<표 1> 세율의 변천

세목 \ 연도	1914년 이전	1914년	1918년	1922년
지 세	13등급 결당최고 8圓 최저 20錢	7등급 결당최고 11圓 최저 2圓 (40% 인하)	지가의 3/1,000 지가과세제	지가 17/1,000 (37%인상)
시가지세	-	지가의 1/1,000 지가과세제 채택	종전과 같음	지가의 9.5/1,000 (35.7% 인상)

이상과 같은 地稅의 징수증대를 위한 여러 조치로 과세대상지 면적은 토지조사사업 종료 후 424만9천여 町步가 되어 토지조사사업 이전의 286만7천여 정보에 비하여 무려 46%나 증가되었고, 地稅의 징수실적은 1911년의 664만 8천圓에서 1919년에는 1,117만 8천원으로 거의 두 배의 증가를 보였다.

이러한 사실은 일제가 식민지통치에 필요한 경비를 확보하기 위하여 우리나라 농민에게 얼마나 가혹하게 조세부담을 강요하였던가를 여실히 보여주고 있는 것이다.

1.2 戶稅 및 家屋稅

조선말기에 호당 금 2兩을 부과하던 '戶稅'는 1907년(융희원년)에 세액을 每戶 30錢으로 개정한 바 있었으나 일제가 우리나라를 강점한 후 과세대상 호수를 확충하여 1910년말에는 이미 과세호수가 224만 2,303호, 세액이 67만2,691원에 달하였다. 그 후에도 戶稅의 징수가 꾸준히 증가하여 1911년의 69만9천원에서 1918년에는 82만2천원으로 늘어났다. 또한 '家屋稅'도 1911년에 13만9천원이던 것이 1917년에는 24만4천원으로 7년사이에 약 76%가 증가되었다.

그러나 戶稅와 家屋稅는 본래 인두세적인 성격을 가지고 있었기 때문에 그 징수의 증대에 제약이 많았고 설혹 세율을 높인다 할지라도 징수의 증대에는 한계가 있었다. 그러므로 재원조달에 대한 그 기여도가 낮을 수 밖에 없음으로 三─獨立運動이 발발한 1919년에는 지방세로 이양해 버렸다.

1.3 鑛 稅

'鑛稅'는 1915년 12월에 '鑛業法' 및 '砂鑛採取法'(1906년, 광무 10년 제정)을 폐지하고 새로이 '朝鮮鑛業令'을 공포함에 따라 제정되었다. 이때 鑛區稅는 광구 1,000평 또는 河床연장 1정보마다 1년에 60전으로 세율을 인상하고 鑛業稅와 砂金採取稅는 모두 鑛稅로 하여 광물의 가격에 따라 일률적으로 과세하도록 하였다.

그러나 일제는 그들의 공업화에 절실한 필요성때문에 1918년에는 조선광업령을 다시 개정하여 금광, 은광, 연광, 철광, 사금에 대하여는 鑛産稅의 부과를 면제하였다.

1.4 기타 雜稅

조선말기의 여러 雜稅는 '병합' 이후까지 정비되지 않은 채 남아 있었다. 잡세는 그 세액이 근소한데 비하여 상대적으로 징세사무가 번잡하여 일제의 조세수입증대정책에 부적합하였으므로 1911년 9월에 일제는 그 정리방침을 결정하여 대부분의 稅種을 통합시키거나 폐지하였다. 즉 水稅, 竹田稅, 盧稅, 盧田稅, 火田稅, 紫山稅, 草坪稅 등은 이를 모두 조세외 수입인 驛屯土수입으로 정리 통합하고 漁區稅, 漁基稅, 藿巖稅, 毛簾稅 등은 漁業稅로 통합·단일화하였다. 또한 1912년에는 水鐵稅 및 水鐵店稅를 폐지하였으며 전당포 取締에 관한 여러 令의 실시에 따라 典當鋪稅도 폐지하였다.

한편 1913년 3월에는 '朝鮮陸接國境關稅令'의 공포로 1914년도부터 육접국경통과화물에 대하여 關稅를 부과하게 되자 沿江稅(평안북도 義州로부터 鴨綠江岸 상류에 걸쳐 화물수출입에 대하여 부과하던 내국세)와 貨物稅(함경북도 육접국경에 있어서 생우, 축류 및 피류의 수출에 대하여 부과하던 내국세)를 폐지하였다.

이렇게 하여 '병합' 직후에는 조선말엽 이래 계속 잔존해 오던 여러 雜種稅는 모두 정비되었으며 그 중에서 남게된 잡세로는 '병합'직전 조선말기에 이미 그 근거법령을 마련하였던 漁業稅, 船稅, 鹽稅와 人蔘稅의 4종에 불과하였다. 그 중에서도 漁業稅는 1912년에 새로운 '漁業稅令'의 공포로 종래에는 免許 漁業稅로서 과세표준인 採捕物가격에 균일세율을 적용하던 것을 포획물가격의 증가에 따라 세율을 누진하도록 개정함으로써 세수의 증대를 꾀하였다.

그밖에 船稅, 鹽稅 및 人蔘稅는 종전 조선말기의 법령에 의해 '병합' 이후에도 계속 잡세로서 징수가 강행되었다. 그러나 이 네 가지의 잡세도 조세수입증대를 위한 국세로서는 부적당한 것이었기 때문에 1920년에 모두 폐지하고, 船稅와 漁業稅는 지방재원으로 이양하였다. 이에 따라 1920년에 이르러서는 우리나라 고래의 여러 잡세가 모두 자취를 감추게 되었다. 또한 조세 전반에 걸쳐 보더라도 1919년에는 국세였던 戶稅와 家屋稅를 지방세에 이양하였기 때문에 종래 우리나라가 전통적으

로 세원을 삼아왔던 조세는 모두 없어지게 되었고 단지 地稅와 鑛稅만
이 존재하게 되었던 것이다.

2. 새로운 조세의 제정

2.1 酒 稅

1909년에 최초로 제정된 '酒稅法'은 그후 1916년 7월에 새로운 '酒稅
令'의 제정으로 대폭 그 내용도 달리하게 되었다. 새로운 주세령에 의하
여 종래에는 酒稅가 부과되지 않던 輸入酒에도 보세지역에서 반출하는
자에게 酒稅를 부과하도록 하였으며 또한 종래에는 자가소비용, 판매용
을 불문하고 모두 제조장 면허를 얻고 세금을 납부하도록 하였던 것이
나 이러한 규정이 비현실적임을 알고 자가소비용 주류제조는 免許稅를
두어 이를 용인하고, 이에 대하여 별도의 세율로서 酒稅를 징수하고, 朝
鮮酒 이외의 외국제 자가소비용 주류제조는 이를 금지시켰다.

2.2 煙草稅

1909년 조선말기 酒稅와 함께 최초의 간접세로 신설된 '煙草稅'는
1914년 3월에 새로운 '煙草稅令'이 제정되면서 폐지되었다. 1914년의 새
로운 연초세령은 종래의 연초경작자와 연초판매자에 대한 耕作稅 및 販
賣稅의 과세방법을 개정하는 한편 연초제조자에 대하여는 製造稅를, 제
조연초에 대하여는 消費稅를 각각 새로이 부과하도록 하였다. 즉 耕作
稅는 종래 植付株數에 따라서 900本 이하와 이상의 두 종류로 분류하였
던 것을 여기에 20,000본 이상의 경우를 추가하여 세 종류로 분류하였
고 販賣稅는 종래 도매와 소매로 구분하여 오던 것을 소매는 다시 300
원 이상과 300원 이하의 두 종류로 구분하였던 것이다.

새로이 신설된 製造稅는 연초제조자의 공장 평수에 따라 부과하도록

하였으며 消費稅는 그 세율을 제조연초 소비정가의 100분의 10으로 하고 제조장 또는 보세지역에서 제조연초를 반출할 때 반출자로부터 징수하도록 하였던 것이다.

1918년에는 연초세령을 다시 개정하여 엽연초에도 그 가격에 따라 消費稅를 부과하여 엽연초를 貯藏場, 제조장 또는 보세구역에서 반출할 때마다 징수하게 하였고, 자가용 연초에 대하여는 30평을 한도로 하여 그 경작을 인정하고 消費稅를 부과하지 않도록 하되 양도는 금지시켰다. 그런데 이 煙草稅는 1912년 '朝鮮煙草專賣令'이 공포되면서 폐지되었다. 다만 자가용연초는 허가된 면적범위 내에서만 경작이 가능하도록 하고 耕作稅를 납부하게 하였다. 그 耕作稅는 매년 80전이었다.

2.3 朝鮮銀行券發行稅

'朝鮮銀行券發行稅'는 1911년에 제정된 조선은행법에 의하여 신설되었다. 당시 은행권의 발행은 金貨, 地金銀 또는 일본은행 태환권으로 正貨지불준비를 하도록 하고 공채 기타 확실한 증권 또는 상업어음의 보증준비에 의한 제한내발행은 그 한도액을 일단 3천만원으로 규정하였다. 그러나 경우에 따라서는 제한외발행을 할 수 있었던 것으로써 이 제한외 발행고에 대하여서는 최저 연 5%의 세율을 적용하여 매월분의 銀行券發行稅를 익월 10일까지 납부하도록 하였다.

2.4 登錄稅

'登錄稅'의 혁명은 1911년 '會社令'의 공포로 회사가 등기할 때에 한하여 부과하는 會社登錄稅로서 시작되었다. 그러나 1912년 3월에는 부동산거래에도 登錄稅를 부과할 것을 목적으로 '朝鮮登錄稅令'이 공포되자, 이에 따라 부동산에 관한 등기 또는 증명을 받을 때에는 부동산이나 채권의 가격을 표준으로 하여 登錄稅를 납부하도록 하였으며 그 밖

에도 依用民法 또는 상법규정의 각 사항을 등기하는 경우에도 과세하도
록 하였다.

그후 1914년, 1915년에 계속 登錄稅의 과세대상을 확대하였고, 1916년
에는 대폭적인 개정으로 세율을 인상하는 등의 조치가 행하여졌다. 그
리고 1918년, 1919년에 등록세령을 개정하여 과세대상을 확대하였는데
특히 1919년에는 공장재단 및 광업재단에 관한 등기사항도 登錄稅 과세
대상으로 추가하였다.

비록 登錄稅에 한정되는 것이 아니라 조세 전반에 걸친 공통된 현상
이기는 하지만 일제강점하에서 창설된 새로운 세목의 과세대상과 세율
들이 이같이 단기간 내에 확대 또는 인상된 것은 일제가 세수증대를 위
하여 얼마나 가혹한 과세정책을 실시하였는가를 대변하여 주고 있는 것
이다.

2.5 法人所得稅

'法人所得稅'는 1916년 8월부터 일제가 그들의 소득세법 중 법인에
관한 규정을 우리나라에 依用 시행함으로서 신설된 것이었다.

2.6 砂糖消費稅 및 印紙稅

1919년에는 戶稅와 家屋稅를 지방세로 이양하는 데에 따른 재정상의
부족을 보전하기 위하여 '砂糖消費稅'와 '印紙稅'가 창설되었다. 1919년
4월부터 실행된 砂糖消費稅는 일제가 酒稅와 煙草稅 다음으로 우리나라
에 도입한 세 번째의 간접세이었으며, 砂糖消費稅와 함께 새로이 창설
된 印紙稅는 정액세와 비례세의 두 종이 있었는데 정액세에 해당하는
것은 증서, 장부의 명칭, 내용에 따라 세액을 1전, 2전, 3전 및 25전으로
하는 4종으로 구분하고 있었고, 기타 일반증서는 기재금액 1만분의 5의
비례세로 하고 있었다.

砂糖消費稅와 印紙稅는 신설 초년도인 1919년부터 각각 75만원, 911만9천원이라는 거액의 조세징수효과가 있었고 그 후에도 조세수입 증대에 크게 기여하였다.

2.7 取引所稅 및 戰時利得稅

일제는 1921년 '取引所稅令'을 제정하여 또 하나의 새로운 세목을 신설하였다. 이 取引所稅는 증권거래소에 대하여 과세하는 取引所稅와 去來員에 대한 과세인 取引稅로 구분되어 있었다.

取引所稅는 매매수수료인 수입금액을 과세표준으로 하여 10/100의 세율을 적용하고, 取引稅는 거래소에서 정기거래된 매매약정대금에 만분의 5의 세율을 적용하였다.

取引所稅는 성질상 당연히 거래소를 납세의무자로 하고, 取引稅는 거래소의 거래원을 납세의무자로 하였다. 따라서 전자는 수익세인 직접세로 영업세적 성질을 가진 것이었고, 후자는 행위세인 재산이전세에 상당하는 것으로 위탁자를 위한 거래일 때는 간접세, 거래원 자신을 위한 거래일 때는 직접세의 성질을 가지는 것이었다.

이상의 설명에서 본 세목의 정비 이외에도 식민지통치초기에 일제는 제1차 세계대전 후의 재정수요에 응한 부담의 형평을 도모한다는 명분 아래 일본과 같이 우리나라에 있어서도 '戰時利得稅'를 제정하여 1918년부터 1919년까지 잠시 시행한 바 있었다.

Ⅳ. 1910년대 세제에 대한 평가

일제식민지통치가 1910년대, 즉 자본의 본원적 축적기에 우리나라에 도입한 조세제도를 살펴보면 그것이 지니는 식민지적 성격이 두드러짐을 알 수 있다. 아래에서는 이를 확인하기 위해 일제가 도입한 세제 중 특히 地稅, 酒稅, 煙草稅에 대하여 집중적으로 살펴본다.

1. 地 稅

1.1 地稅의 경제적 성격

1910년부터 1918년까지의 기간에 地稅는 과세대상지의 증가, 세수의 절대적 증가에도 불구하고 조세에서 차지하는 상대적 비중은 매년 감소하였다. 즉 1910년에 64%이던 것이 은결의 색출 등에 따른 과세지의 증가에도 불구하고 1913년에는 45%로 감소하였다가, 1914년에는 지세령의 제정으로 地稅 수입이 증가하여 그 비중이 55%까지 일시 상승하였지만 1918년에는 33%로 다시 그 비중이 격감하였다. 이러한 현상은 조세수입이 간접소비세에 의해 보충되었음을 뜻한다.

地稅는 자본주의 초기단계, 즉 자급자족 경제가 잔존해 있는 단계에서의 주된 收入源의 수익세의 일종이며 자본축적을 위한 조세 형태 중에서는 가장 초기적인 형태라고 할 수 있다. 따라서 地稅의 비중이 점차 감소한다는 것은 자본축적에 의한 소비경제가 지배적으로 발전해 감에 따라 대중과세를 부과할 수 있는 여지가 상대적으로 여타의 부문에서 발생하여 조세부담이 다른 형태로 전환해 가고 있음을 의미한다. 이것은 곧 자본축적을 위한 생산관계가 발전해 가는 과정 속에서 地稅가 갖는 경제적 의미가 무엇인지를 말해 준다.

1918년의 지세령 개정 이후, 토지면적·수확고·지가 등을 과세표준으로 하게 된 地稅는 가옥의 외형이나 임대가격 등에 의한 家屋稅 및 영업용 점포·매상고 등에 의한 營業稅와 같이 과세물건의 외형표준과 단순비례세율에 따른 과세종목이었다.

그러므로 이러한 외형표준에 의한 단순비례과세의 초기적 조세징수

형태는 경제규모가 확대됨에 따라서 그 탄력성을 상실하게 되어 부과세율을 높이거나 다른 稅種을 계속 개발해 내지 않는 한 세수는 상대적으로 감소해 갈 수밖에 없다. 그리고 재산규모나 지역별로도 커다란 격차를 나타내어 조세부담에 있어서 계급적 불균형을 초래하게 된다. 결국 자본이 경제영역을 지배하게 되고, 자본축적에 의한 소비경제가 일반화됨에 따라서, 地稅 등의 수익세적 조세형태는 자본주의 발전과정에 적응한 형태인 소득세로 전환하고, 그 발전에 적응하지 못한 부문은 중소영업체나 농업부문에 과세하는 營業稅나 地稅 등으로 잔존하게 된다.

그러나 일제강점기 우리나라의 경우에 있어서는 이러한 일반성에 수정을 요한다. 즉 식민지 米單作經營 하에서 적어도 20년대까지는 상대적으로 높은 토지수익율에 의한 자본의 토지투자 경향성으로 말미암아 地稅는 수익세적 성격에 머무르지 않고 소득세적 성격으로 발전하였다. 그럼에도 불구하고 일제는 단순 비례과세의 조세징수체제, 즉 100정보 이상의 대지주나 3단보 미만의 소유자나 동일한 세율을 적용하는 체제를 지속하였다. 이러한 地稅가 갖는 비탄력성과 고정된 비례과세체제는 하층지주(자작농)에게 상대적으로 세금이 중과되어 농민분해의 한 원인으로 작용하였음은 말할 나위가 없는데, 이것은 토지투자자본에 대한 조세제도상의 특혜였으며 식민지 초과이윤 취득의 보장을 위한 일제 식민지 정책의 하나였다.

1.2 세원의 철저한 파악

일제는 '사업'의 진행과 더불어 '土地調査令', '朝鮮民事令', '不動産證明令', '不動産登記令' 등을 공포하여, 토지에 대한 소유권을 확정하고 地稅부과의 源泉地를 확실하게 파악하여 "재정상의 기초를 확립"함으로써 자본축적을 위한 조세징수의 기초를 마련하였다. 그리하여 전국적으로 토지의 소재, 지목, 지번, 지적, 지가 혹은 임대차가격, 소유자의소재·성격 등을 샅샅이 조사·명기하여 토지대장과 지적도를 작성하였다.

'병합' 전에 세정을 일반행정과 분리하여 재무감독국에 의해 재정기구를 장악했던 일제는 '병합' 후 그 방침을 바꾸었다. 즉 '병합'으로 세정과 행정을 분리할 필요성이 없어짐에 따라서 재무감독국관제를 폐지하고 재무사무를 일반행정사무와 같이 지방관의 관할 하에 두어 道長官 감독으로 부윤·군수가 이를 집행하도록 하였다.11) 이 사실은 지방촌락공동체의 매개 없이 조세징수가 가능할 만큼 일제의 지방파악능력이 이미 형성되었음을 의미한다.

조세 및 기타 세입의 대부분은 이미 일제의 지배하에 파악된 각 面 단위에서 징수하도록 하였으며, 1911년 11월 7일 制令 제14호로 제정된 '國稅徵收令' 제5조에는 "국세를 징수하는 비용은 면의 부담으로 하여 국고에 납부한 세금의 2/100에 상당하는 금액을 그 면에 교부"하도록 규정하였다.

국세징수령의 공포 이전까지는 조선인 이외에는 국제징수 법규를 적용하지 못했으나 이의 공포는 "내·외국인을 불문하고 일률적으로 이 제령으로 지배함을 의미"한다. 국세징수령의 공포는 '結數延名簿規則'의 제정과 더불어서 식민지 재무행정상 일대 전환점이 되었다고 할 수 있다.

일제의 총독부권력은 지방말단기구까지 장악함과 동시에 하급징세기구인 면장 및 面吏員의 선임에도 신중을 기하기 위해 '面徵稅事務監督規定'을 두어 면징세사무의 감독을 강화하였다.12) 그리고 각 道長官이 "徵收報告書集計書"13)와 "徵收狀態報告書"14)를 일정 양식에 의거해 보

---

11) 1911년의 '結數延名簿規則'에는 토지에 관계되는 사항의 이동을 부윤이나 군수에게 신고하도록 규정하였지만, 이 이전에는 이러한 지방관이 아닌 里洞長에게 신고하도록 되어 있었다.

12) 通牒 第60号, '面徵稅事務監督ニ開ヌル件', 1912年 3月 1日.

13) 通牒 第226号, 1913年 7月 11日.

14) 通牒 第28号, 1914年 1月 26日.

고하는 체계를 갖추어 朝鮮全土에 대한 총독부 권력의 지배를 뒷받침하였다.

한편 '병합' 이전부터 결수연명부를 정비해 오던 일제는 1912년 全道·各面의 과세지견취도를 완성함으로써 이것을 결수연명부의 기재사항과 대조하여 토지의 소재를 명확히 하고 隱漏地를 색출하여 조세수탈의 한 전기를 마련하였다. 과세지견취도의 작성은 토지의 소재 및 은결에 대한 징수를 가능하게 한 사건이다.

地稅令이 공포되는 1914년까지 대체적인 토지물건의 파악이 마무리되어 과세대상지가 1~2만結씩 증가하였다. 결수의 증가를 모두 은결의 파악이라고 볼 수는 없지만, 그 대강의 추세는 읽을 수 있는 것이다. 참고로 1910년도의 은결 파악결수는 12,489결이었다.[15]

종래의 과세대장이었던 量案은 사실상 징세효과가 없었고 매년 징세시기에 作扶를 작성하여 징수를 해왔으나 작부종사원의 농간이 많이 개재되었다. 그러나 결수연명부의 정리와 더불어서 1913년 8월 15일에 부령 제82호로 "地稅는 결수연명부에 토지소유자로 등록한 자에게 이를 징수"하도록 규정하여 과세대장의 체계를 갖추게 되었다. 地稅를 토지소유자에게 징수할 것을 법률로 규정한 것은 1908년의 "地稅에 關한件"이었는데, 관습이나 계약에 의한 경우를 예외로 인정함으로써 사실상 이전의 징수방식에서 크게 벗어난 것은 아니었다. 일제는 '병합'이 되면서 "地主納稅의 권유를 종용"[16]하기 시작하여 그 결과 지주납세가 점차 증가하였고, 그들이 "1912년에는 소작인에게 납부하는 일이 거의 없게 되었다"[17]고 자찬할 만큼 그 성과는 컸던 것으로 보인다. 즉 1911년 9월 현재, 지주의 총수가 321만4,326명으로 그중 소작인 납세의 경우

---

15) 『朝鮮總督府總計年報』, 明治 43年版, p.11.
16) 通牒 第254号, '地主納稅勸誘件', 1911年 9月 1日.
  『朝鮮彙報』, 1915年 9月 号(第1号), p.98.
17) 『朝鮮總督府施政年報』, 明治 44年版, pp.103-104.

가 82만652명이었다. 그러나 1912년3월에는 지주납세가 317만2,477명, 소작인납세가 6만2,913명으로 소작인납세는 격감하였다.

지주납세의 원칙은 자본축적 이전의 공동체질서가 해체되고 자본축적에 의한 소유관계의 형성을 그 배경으로 하며, 稅源의 확실한 파악과 아울러 납세의무를 私的인 지주에게 지우는 것이다. 따라서 일제강점기의 일반적 현상인 소작농에게의 조세·공과부담의 轉嫁는 경제적 강제에 의한 것으로 파악해야 한다. 소작농에 대한 이러한 여러 부담의 전가는, 소유관계의 자본축적에 따른 생산관계의 발전에 따라서 제국주의 금융 자본의 식민지 농업에 대한 투자 및 지배의 효과를 높이기 위해 지주를 이용하여 식민지를 지배하기 위한 방식으로 이해된다.

1914년 3월 16일에는 制令 제1호로 地稅令을 제정하여 1908년에 조정된 地稅率을 7등급으로 인상·개정하였다. 즉 종래의 結價는 최고 8원에서 최저 20전이었으나, 이 지세령 제3조에는 최고 11원, 최저 2원의 7등급으로 개정하여 실질적으로 地稅를 增收하였다. 또 제6조에서는 납세의무자를 토지대장 혹은 결수연명부에 등록된 토지소유자나 토지의 질권자·전당권자·지상권자로서 규정하여, 종래의 "지주납세의 권유" 정도에서 나아가 '法的인 確認'을 하게 되었다. 지세령의 시행은 地稅의 수취체제를 정비했다는 점에서 "획기적"인[18] 일이었다.

---

18) 『明治大正財政史』, 第18卷, p.323.
　　地稅令 공포 이후에는 拒納현상에 대한 반발로 일제는 납세관념의 함양을 강조하기에 부심하였다(1915年 3月 17日 各道財務部長二對ヌル訓示; 1915年 11月 1日 通牒 第299号 納稅觀念ノ普及二關ヌル施政ノ件 참조). 또 세금의 철저한 징수를 위해 납세조합·저축조합 등의 조직을 독려하였다(『朝鮮總督府施政年報』, 大正 4年版, p120 ; 1915年 3月 17日 各道財務部長二對ヌル訓示 참조).

<표 2> 累年結數 比較

연도	1905	1906	1907	1908	1909	1910
結數	961,494	996,397	999,331	1,017,861	989,564	1,016,307
증감	-	34,903	2,934	18,530	-28,297	26,743

연도	1911	1912	1913	1914	1915	1916	1917
結數	1,027,736	1,038,974	1,049,663	1,075,324	1,073,135	1,072,376	1,072,645
증감	11,429	11,238	10,689	25,661	-2,189	-759	269

자료: 『朝鮮總督府統計年報』, 明治 44年, p.267., 大正 1年, p.4., 大正 6年, p.954.

1.3 地稅의 物稅化

1914년의 地稅令은 여전히 자본축적 이전의 세수형태로서 結數(제2조) 및 結價(제3조)에 의존하는 과도기의 법령이었다. 그러나 1914년 4월 21일 부령 제42호로 제정된 地稅令施行規則의 附則에 따라 기존의 결수연명부규칙을 폐지하고, 4월 25일 부령 제45호로 새로 土地臺帳規則을 제정함으로써 地稅 징수는 그 내용에 있어서 질적인 전환을 가져왔다. 즉 토지대장규칙에는 결수연명부에 등록되어 있지 않던 地價를 등록하도록 하여 이전의 結價制를 폐지하고, 토지수익을 기초로 산출한 지가를 새로운 과세표준으로 설정한 것이다. 여기에서 지가는 그 개념 자체가 상품경제를 전제로 하지 않을 수 없다는 점에 유념할 필요가 있다. 그래서 地稅의 부과징수를 '사업'이 완료될 때까지 종전대로 결가에 의해 시행하더라도, 사업이 점차 진행됨에 따라서 토지대장이 작성된 郡 및 道의 경우는 이전의 결수연명부를 폐지하고 토지대장에 의하여 地稅 징수에 관한 사무를 집행하도록 하였다. 그리하여 1915년에 1道 37郡, 1916년에 1道 73郡, 1917년에 77郡이 토지대장 작성을 완료하여 1917년 현재 모든 군 및 도의 85%인 2道 187郡이 토지대장을 갖추었다.[19] 다만 地稅의 과세표준은 全道·各郡에서 토지대장의 작성을 끝마

---

19) 『朝鮮總督府施政年報』, 大正 4年版, p.120.

칠 때까지는 토지대장을 이미 갖추게 된 군 및 도에 있어서도 다른 군 및 도와의 과세균형을 위해서, 토지대장에 등록된 지가에 의하지 않고 이전대로 과세지의 결가에 기초하도록 하였다.[20)

1918년 6월, '사업'이 완료됨에 따라 토지대장이 정비되고 여기에 등록된 지가를 표준으로 全道에 걸쳐 동일한 세율에 의하여 地稅를 과세하게 되었다. 즉 1918년도 地稅분부터 자본축적을 위한 재정의 물적 기반으로는 부적당한 이전의 결수·결가에 의한 과세를 폐지하고, 전격적으로 토지대장에 등록된 지가를 기준으로 과세하여 토지대장과 결수연명부를 혼용하는 과도적 稅制였던 地稅令을 개정하였다.

즉, 1918년 6월 18일 제령 제9호로 地稅令을 개정하여 제3조에 "地稅는 토지대장 또는 地稅臺帳에 등록된 지가의 13/1,000을 1년에 세액으로"규정하고, 6조에 의거 결가를 등록한 결수연명부는 폐지함으로써 명실상부하게 자본축적을 위한 地稅의 내용을 갖추게 되었다.

요컨대 지세령의 개정은, "재정의 기초를 공고히 하고" 은결을 완벽하게 파악함으로써 "부담의 균형을 도모함과 동시에" 토지투자를 위한 기초요건을 조성하여 "토지의 이용을 촉진"하게 된 법적 완성이라고 볼 수 있다. 그리하여 地稅 수탈에 있어서 자본축적 이전의 人稅的 요소를 완전히 제거하고, 개정 지세령 제3조의 규정대로 토지로 인한 수익 및 기타사항을 심사하여, "지방의 상황에 따라" 정해진 지가를 기준으로 부과하는 收益稅로서의 物稅化를 이루었다.

이상의 내용을 종합해 볼 때 '사업'에 의한 토지소유권, 지가, 지형·地貌의 조사와 그 정비작업은 무엇보다도 일제의 "식민지개발의 거대한 기초공작"이었다. 그리고 사적 소유권의 법제적 확인을 위한 등기제도의 성립 및 지가를 기준으로 하는 지세부과표준의 일률성, 지적도의 완비는 제국주의 자본, 특히 토지투자자본의 이윤추구를 위한 기반 조성

---

20) 『朝鮮總督府施政年報』, 大正 6年版, p.23.

이었음을 알 수 있다.

1.4 地價算定의 帝國主義性

1914년에 토지대장규칙이 제정되어 비로소 토지대장에 지가를 등록하고 '사업'이 완료되는 1918년부터는 지가를 표준으로 地稅가 징수되었다. 여기에서 地稅 징수의 기초인 지가산정과 그 세율의 결정에 분명하게 관철된 제국주의적 성격을 설명할 필요가 있다.

먼저 우리나라에서 수탈된 地稅가 전 수확량에서 어느 정도가 되는가를 일본지역의 것과 비교해 보면 다음과 같다.[21]

$$\text{우리나라:地稅} = \frac{租收益 - 耕作費 \cdot 修繕費 \cdot 維持費(租收益의 55\%) - 地稅}{평균이자율} \quad \frac{13}{1,000}$$

$$\text{일본지역:地租} = \frac{租收益 - 種肥料費(租收益의 15\%) - 地租}{평균이자율} \times \frac{3}{100}$$

편의상 A = 租收穫量, B = 地價라고 하면, 일본지역의 地租改定 당시는 B = 8.5A

0.04B = 0.34A가 된다.(일본지역의 경우에는 村入費 1/100이 가산된다.)

즉 地租改定 당시 일본지역의 地稅 부담은 租收穫量의 34%라는 엄청난 고율이었다. 물론 이러한 地租 수탈은, 토지수익을 地租의 형태를 통하여 "식산업정책에 필요한 자본흡수"[22]에 목적을 둔 일본자본주의 자체가 갖는 본래의 요구였다.

그러나 식민지였던 우리나라에서는 그와는 다르게 진행되었다. 즉 이미 제국주의화된 일본자본주의는 구조적으로 식량 및 식민지 초과이윤

---

21) 朝鮮總督府, 『朝鮮土地調査殊ニ地價設定ニ關ヌル說明書』, 일제의 것은 田村貞雄, 『地租改定と資本主義論爭』, 吉川弘文館, 1981.
22) 堀和生, "日帝下朝鮮における植民地農業政策", 『한국근대경제사연구』, 사계절, 1983, p.347.에 번역 수록.

을 추구하는 개별자본에 대한 재정정책적 보장이 요구되었고 실제로 이러한 요구는 그대로 관철되었다. 1918년의 이자율을 6%라 할 때 우리나라의 地稅 부담은 다음과 같다.

$$B = 6.61A$$
$$13/1,000 \cdot B = 0.08A$$

1918년의 우리나라 地稅 부담은 租收益(수확물)의 8%로, 地租改定 당시 일본지역의 地稅 부담과 비교할 때 1/4도 채 안되는 것이었다.

이것은 구체적으로 순수익 기준 설정의 현격한 차이에서 오는 결과이다. 즉 일본지역의 경우에는 租收益에서 租肥料費로 15%만을 제한 나머지부분을 순수익으로 계상하였지만, 우리나라에서는 이와 달리 수선비 및 유지비 5%와 소작료 50%를 법으로 인정한 경작비로 간주하였기 때문에 순수익 자체가 일본지역보다 훨씬 낮아지게 되어 있었다. 이렇게 처음부터 낮게 책정된 지가에 대해서 우리나라의 경우는 일본지역(지가의 3/100)의 반도 안 되는 13/1,000을 곱한 액수를 地稅로 부과한 것이다.

이러한 투자수익에 대한 보호는 제국주의 자본의 토지투자에의 길을 유인하였고, 토지투자 자본에 대한 식민지 초과이윤을 보장하여 자본축적을 위한 식민지의 재정정책으로서 채택된 것으로 볼 수 있다.

田畓의 지가설정에 있어서는 1911년 이후 3년간 수확시기 3개월 간의 도별 평균 도매곡가를 곱한 후 경작비·수선비·유지비로 수확가격의 15/100 및 공과 기타 토지의 부담액으로서 지가의 3/100상당을 공제한 잔액을 환원율 9分으로 환원한 액을 지가로 결정하였다. 이때 穀價는 교통의 편리성, 기타 경제관계에 의해 곡가가 현저하게 낮은 지방에 대해서는 도별 평균곡가의 20% 내외를 감하였다. 적용곡가를 감한 지방에 대해서는 환원율을 1~3分 증가하여 지가의 "균형"을 맞추었다.[23]

여기서 문제가 되는 것은 개량농법에 의한 경작지에 대해서도 재래 농법에 의해 경작하는 것으로 간주하여 수확고를 결정하는 세제상의 특혜이다. 그리고 특수작물의 지배, 혹은 水租의 제정, 경지정리, 기타 농사의 개량을 위해 요하는 거액의 경비부담에 대해서 보통경비로 인정하는 것 이외의 경비는 이것을 수확고에서 공제하였다. 또 수확고 인정의 안전을 기하기 위해 10%를 감하여 표준 수확고를 결정하고, 그 외 경작의 난이, 교통의 편리성 등 토지의 지위에 따라서 다시 10~30%를 저감하였다.

이러한 세제상의 특혜는 일본 제국주의가 가고 있는 식민지에 대한 요구가 식량공급지로서의 개발에 있다고 하는 제국주의적 식민지성을 적나라하게 표출한 것 이외의 다른 것이 아니었다.

2. 酒 稅

일제가 우리나라에서 자본축적을 위한 작업을 진행시키면서 총독부의 수탈기반을 확보하기 위해 地稅 이외에 새로운 稅源으로 개발한 것이 간접소비세로서의 酒稅와 煙草稅이었다. 이것은 상품경제의 발전과 더불어 상품소비세가 자본축적을 위한 세제구성 가운데에서 점차적으로 중요한 위치를 점해갈 수밖에 없다는 당연한 결과 때문이라고 하겠다.

酒稅는 煙草稅와 더불어 일제가 우리나라에 도입한 최초의 간접세로서 1919년 2월 13일 법률 제3호의 공포로 酒稅法이 제정됨으로써 시행되었다. 酒稅法 제2조에서는 주류를 酒淸含有度와 제조방법에 의해 釀成酒(청주, 약주, 탁주, 白酒, 過夏酒), 蒸溜酒(소주), 混成酒 등 3 종으로 구분하고, 세율은 造石數에 따라 과세하였다. 그리고 제7조에서는 납기를 두 번으로 나누어 5월과 7월에 각각 1/2씩 납부하도록 규정하였다.

---

23) 鈴木穆, "地稅令改定要旨", 『朝鮮彙報』, 大正 7年 8月号.

이 최초의 간접세는 초기에는 상품유통을 매개로 소비자에게 부과하는 소비세 본래의 대중과세적 성격보다는 수익세적 성격에 가까운 직접적인 과세의 형태를 갖는 것이었다. 즉 "自家用的인 유치한 상태에 있어서 아직 산업적 발달의 수준에"[24] 이르지 못하여 그 稅源의 파악 자체가 불가능했던 종래의 酒造業에 대하여 "주류의 개량, 생산자의 감소, 제조장의 집약"[25]이라는 차원에서 기업정리 및 稅源을 파악하는 것을 그 주목적으로 하였다고 볼 수 있다.

이를 위해서 이 법 제3조에서 자가용・판매용을 불문하고 주류제조자는 각 제조장마다 정부의 면허를 받도록 규정하고, 제5조에서는 매년 11월말까지 다음 해에 제조할 주류 및 조석수를 정하여 제조장을 관할하는 재무서에 신고하도록 하였다. 이를 통해 무면허제조자의 단속을 강화하고 주조업 자체의 발전과 더불어서 과세물건의 조사를 치밀하게 진행시켰기 때문에 과세대상 제조장수는 매년 급증하여 주세 징수액이 징수 첫 해인 1909년에 비해 1918년에는 무려 12배가 증가하였다.

총독부는 1914년부터 '朝鮮財政獨立計劃'[26]의 추진을 위해 地稅를 추가 징수하고 煙草消費稅를 신설하여 당해 연도에는 "더 이상의 추가 징수가 곤란"할 정도였기 때문에, 2년 후인 1916년 7월 25일에 제령 제2호로 酒稅令을 제정하였다.

酒稅法에서는 주류를 단순하게 양성주・증류주・혼성주로 3분하고 같은 종류의 주류에 대해서는 품질, 제조의 精粗・優劣을 불문하고 제조자의 신고 石數에 기초하여 동일세율로 과세하는 초기성을 드러내었지만, 酒稅令은 酒稅의 특징을 위해 製法이나 純酒淸의 함유량 등에 따라

---

24) 『朝鮮總督府施政年報』, 明治 42年版, p.80.
25) 『明治大正財政史』, 第18卷, p.447.
26) '財政獨立計劃'이란 일제강점 초기에 '사업'을 포함한 생산관계의 강제적 재편과 철도・도로・항만 등 산업기초시설의 설비에 필요한 세출을 우리나라 내의 名目上 세입으로는 충당할 수 없었기 때문에 일본지역으로부터 보충금을 도입하여 사용하였는데 이를 점차 소멸・폐지한다는 안이었다.

서 세율을 세분하였다.

酒稅令의 제정으로 말미암아 비로소 酒稅는 재원으로서의 의미가 확실해 졌다고 할 수 있다. 즉 稅收 금액을 비교해 볼 때, 酒稅令의 제정에 의한 추가 징수로 1916년에는 전년도인 1915년에 비해 무려 3배나 징수되었다. 그리고 무엇보다도 家內手工業的 규모의 주조업을 파괴하고 상품시장의 전면적 지배를 위한 법적 조치가 취해졌다는 점을 주목해야 한다. 즉 朝鮮酒[27]이외의 주류에 대해서는 자가용주의 제조를 전면 금지시킴으로써 우리나라 내에서의 주조업에 있어서 일본자본의 축적을 위한 법적인 기초를 마련한 것이었다.[28]

그나마 朝鮮酒의 경우, 自家用酒에 대해서도 탁주·약주는 2石 이하, 소주는 1石 이하로 1년 製造石數를 제한하였다. 이 제한석수를 초과하여 주류를 제조할 경우에는 초과 석수에 대해서는 영업용 세율의 酒稅를 부과할 뿐 아니라, 酒稅의 5배에 상당하는 벌금이나 과료에 처하는 강한 수탈성을 갖고 있었다. 또 자가용주의 부과세율은 영업용주의 세율 보다도 훨씬 높아서 일제가 영업용주를 위한 소비시장과 稅源의 창출에 얼마나 노력했는가를 알 수 있다.

이와 더불어서 일본자본의 상대적 우위성에 기초하여 영업용 주조업에 대한 1주조연도[29]당 조석수의 최저한도를 설정함으로써 우리나라 사람들이 경영하는 소규모 주조업의 존립을 어렵게 하는 등 철저한 제국주의성이 '酒稅令'에 관철되고 있었다.

그리고 일본인 자본가들을 위한 세제 특혜조치도 아울러 규정되었는데, 즉 酒淸을 공업용으로 공급하거나 酒類를 우리나라 밖으로 수출할 때에는 酒稅를 면제하거나 또는 酒稅에 상당하는 금액을 교부하도록 하

---

27) 朝鮮酒란 酒稅令 제1조의 규정에 의한 "朝鮮 재래의 방법에 따라 製造하는 탁주·약주·소주"를 가리킨다.
28) 우리나라 사람이 소유한 주조업체는 전체의 5%도 못되었다.
29) 酒稅令 제4조에는 9월1일부터 다음 해 8월31일까지로 규정되어 있다.

였다.

3. 煙草稅

煙草稅도 酒稅와 같이 1909년 2월 13일에 법률 제4호로 '煙草法'이 제정됨으로써 비롯된 최초의 간접세이다. 물론 煙草稅도 역시 초기에는 酒稅의 경우와 마찬가지로 본래의 消費稅的 성격보다도 자가용적 소규모 연초업에 대한 단속의 목적과 연초소비시장의 확립을 노리는 연초업 자본가들의 이해를 반영하여 생산관계의 재편을 목적으로 하는 것이었다. 일제는 煙草法 제1조에 주조업의 경우와 같이, 연초경작자와 연초판매업자는 "정부의 면허"를 받도록 규정하여 구체적인 稅源의 파악을 하기 시작하였다. 그리고 자가용·판매용을 불문하고 같은 법 제2조에서는 煙草稅를 煙草耕作稅와 煙草販賣稅의 두 종으로 나누었으나 경작자에게 직접 과세하는 煙草耕作稅가 煙草稅 수입의 70~80%를 차지하기 때문에 그것의 소비세적 성격보다 재정수입과 세원확보를 위한 수익세적 성격이 강했다. 이것은 실질적인 소비세라고 할 수 있는 煙草販賣稅가 20~30%의 비중밖에 점하지 못하였다는 점에서도 알 수 있다. 그리고 세수 증대의 규모도 연초업의 확대에 따른 완만한 자연증가에 그쳤다.

1914년 '朝鮮財政獨立計劃'의 수립과 함께 일차적으로 제정된 것이 '地稅令'과 '煙草稅令'이었다. 1914년 3월 16일에 제령 제5호로 제정된 '煙草稅令'의 특징은 무엇보다도 세수 증대를 위한 세율의 인상과 稅種의 세분이었다.

즉, '煙草稅法'에서는 '植付根數' 900本을 기준으로 耕作稅를 둘로 구분하였지만, 煙草稅令 제2조에서는 새로 2만본 이상의 耕作稅를 추가하여 세율을 세분하였다. 그리고 販賣稅도 도매와 소매 두 종이었었지만,

소매를 예상 판매액 300원 미만의 소매와 예상 판매액 300원 이상의 소매로 구분하였다. 또 '煙草稅令'에서는 새로 煙草製造稅와 煙草消費稅를 신설하였다. 製造稅는 공장평수에 따라 과세하였으며, 消費稅는 제조연초 소매정가의 10/100을 제조장 혹은 보세지역으로부터 인수할 때 거래인에게 납부하도록 하였다.

그러나 製造稅는 연초제조업의 규모가 자본금 기준으로 전 산업의 20%에 육박할 정도로 큰 비중을 차지하였지만, 이들 연초업 자본가들에 대한 부과는 명목적이었을 뿐 실질적인 稅收의 의미는 미미한 정도였다.

'煙草稅令'의 실시는 연초소비액의 급증에 따른 연초시장의 발전으로 비교적 용이하게 진행되었다. '煙草稅法' 시행기와는 달리 이 시기에는 신설된 煙草製造稅 및 消費稅의 징수에 의해 1914년의 징수액이 1913년에 비해 1.9배 증가하였다. 뿐만 아니라 주조업과 같이 제조장의 장소와 제조액에 하한을 두어 영세규모 연초업의 단속을 통한 연초시장의 확립이라는 구조적인 변화를 가져왔다. 당시의 연초업은 기계化를 추진하였고 '煙草稅令'의 실시를 통한 영세규모의 정리는 일본인 연초업자본가[30]의 이해와 대응하고 있었다.

또한 연초제조업의 원료는 대부분 우리나라 사람의 경작에 의해 공급되고 있었기 때문에 연초경작지에 대한 徵稅는 타격이 적지 않았다.

'煙草稅令'은 1918년 6월 29일 제령 제14호에 의해 개정되어 增徵을 목적으로 다시 세목을 세분하였다. 즉 販賣稅를 1년 예상 판매액 5,000원 미만의 도매와 년 예상 판매액 5,000원 이상의 도매로 구분하였다. 그리고 收益稅目 성격으로 실질적인 稅收의 의미가 약화된 耕作稅를 폐지하고 대신 消費稅를 대폭 150% 인상하여 제조연초 소매 가격의 25/100로 인상하였다. 또 이전에는 과세하지 않던 엽연초에 대하여도 가

---

30) 연초업도 대부분 일인소유였다.

격의 25/100에 해당하는 消費稅를 부과해 稅源의 범위를 한층 넓혀서 煙草稅의 소비세적 성격을 명실상부하게 갖추었다.

그러나 일제의 재정수탈은 자가용연초경작의 경우에까지 미쳐서 자가용경작의 경우에도 면허를 받도록 하고 매년 80錢의 耕作稅를 납부하도록 규정하였다. 그리하여 시행 첫 해에 46만원을 징수하여 煙草稅 총수입의 16.7%나 되는 큰 비중을 점하였다.

또 일본인 수출업자들을 위한 세제상의 특혜가 명시되어 "輸出 혹은 移出하는 煙草에는…… 消費稅를 免除"하도록 하여 식민지가 갖는 민족 모순의 첨예성을 드러내었다.

消費稅 중심의 세율 인상 및 稅種의 細分은 稅收의 기초인 연초소비시장이 이미 형성되어 있음을 전제하는 것은 물론이다. 각각의 稅種마다 기준 月이 다르므로 合計가 반드시 해당 연도의 그것을 나타내는 것은 아닐지라도 매년의 추세는 일정하게 확인할 수 있다. 즉 '煙草稅令'이 제정·시행된 1914년 이후로는 煙草消費稅가 煙草稅 총수입의 54.3%(1914년), 56.2%(1915년), 57.4%(1916년), 62%(1917년), 81%(1918년)로서 그 비중이 매년 증가하여, 1918년에는 절대적인 비중을 차지하게 되었다. 그리하여 연초시장의 확대와 소비세 중심의 稅收 증대에 의해 특히 '煙草稅令'이 제정된 1914년 이후부터 煙草稅收는 급증하였으며, '煙草稅法' 제정 당시인 1909년에 비해 1918년에는 무려 13.5배가 증대되었다. 이러한 증가의 배경에는 영세한 연초업체를 단속하면서 강제적으로 형성된 연초소비시장의 확립을 전제로 하고 있음은 말할 것도 없다.

V. 맺음말

본고에서는 일제강점기 자본축적 과정에서 제정·시행된 租稅制度를 살펴보았다. 곧 본 연구는 이제까지 일제의 식민지화 첫 단계로 재정기 구가 장악된 이후에 식민지화 두 번째 단계로서 우리나라의 자본축적 이전 생산관계가 자본축적을 위한 생산관계로 개편되는 과정 속에서 우 리나라의 조세구조도 그에 따라 자본축적을 위한 수탈기구로 변모해 갔 음을 구체적으로 논증하였다. 아울러 이렇게 하여 성립된 조세구조가 자본축적을 위한 재정구조 형성의 근간이 되었음을 밝혔다.

자본축적 이전의 사회에서는 잉여생산물에 대한 租稅 수취가 신분적 예속을 근거로 하는 것이지만, 자본축적을 위한 사회에서의 租稅는 이 러한 자본축적 이전의 지배와 다중적 소유관계를 부정하고 배타적인 소 유권을 기초로 한다는 질적인 차이를 갖고 있다. 그리고 자본축적 이전 사회에서는 토지생산물이 모든 잉여생산물의 대부분을 차지하기 때문에 그 토지생산물이 재정의 대부분을 차지하는 단순한 재정구조를 형성하 고 있음에 반해서, 자본축적 사회로 전환해 감에 따라 잉여물의 생산, 즉 稅源의 존재양태 역시 다양해짐으로써 稅制도 점차로 복잡성을 지니 게 된다.

더구나 식민지에서는 조세정책의 궁극적 담당자가 제국주의자 자신이 었기 때문에 잉여생산물의 소유를 보호하기 위해서 뿐만 아니라 식민지 자원을 원활하게 전가하는 조세제도를 창출하게 되었으며, 이에 따라서 우리나라 稅制는 더욱 교묘해지고 복잡해져 갔다고 할 수 있다. 間接消 費稅나 法人所得稅의 출현은 이러한 상황 속에서 출현한 것이었다.

구체적으로 일제의 '土地調査事業'의 진행과 더불어 등기제도가 성립 해 감에 따라서 식민지 투자, 특히 토지투자를 통한 식민지 초과이윤의 보장을 위한 기초 조건이 마련되었고 이러한 바탕 위에서 자본축적 이전 시대 세입의 중추였던 地稅의 성격이 자본축적을 위한 物稅로 전환되어 收益稅的 성격에서 점차적으로 가장 선진적인 所得稅的 稅源의 성격으로 발전해 갔다.

우리나라 사람들이 소유한 기업, 즉 토착자본가의 영세적 기업을 제도적으로 말살시키고 일본 제국주의 자본의 식민지투자 및 초과이윤의 획득을 위하여 강제적으로 편성된 시장구조를 통하여 間接消費稅가 매년 증가해 갔던 1910년대의 조세구조는 식민지사회가 자본축적 사회로 발전해 가던 과도기에 조응하는 형태였음을 알 수 있다.

참 고 문 헌

堀和生, “日帝下朝鮮における植民地農業政策(번역문)』, 『한국근대경제사연구』, 사계절, 1983.

鈴木穆, “地稅令改定要旨”, 『朝鮮彙報』, 大正 7年 8月号.

田村貞雄, 『地租改定と資本主義論爭』, 吉川弘文館, 1981.

朝鮮總督府, 『朝鮮土地調査殊ニ地價設定ニ關ヌル說明書』.

朝鮮總督府, 通牒 第28号, 1914年 1月 26日.

朝鮮總督府, 通牒 第60号, ‘面徵稅事務監督ニ開ヌル件’, 1912年 3月 1日.

朝鮮總督府, 通牒 第226号, 1913年 7月 11日.

朝鮮總督府, 通牒 第254号, ‘地主納稅勸誘件’, 1911年 9月 1日.

朝鮮總督府, 通牒 第299号 ‘納稅觀念ノ普及ニ關ヌル施政ノ件’, 1915年 11月 1日.

『明治大正財政史』, 第18卷.

『朝鮮總督府施政年報』, 大正 4年版.

『朝鮮總督府施政年報』, 大正 6年版.

『朝鮮總督府施政年報』, 明治 42年版.

『朝鮮總督府施政年報』, 明治 44年版.

『朝鮮總督府總計年報』, 明治 43年版.

『朝鮮彙報』, 1915年 9月号(第1号).

1920~30年代 初 古下 宋鎭禹의 思想과 活動

沈 在 昱*

―――――――――<목 차>―――――――――

Ⅰ. 머리말
Ⅱ. 思想과 그 形成背景
 1. 生涯
 2. 實力養成論으로의 歸着
 3 民族認識과 政勢認識
Ⅲ. 實力養成運動의 展開와 그 性格
 1. 朝鮮人産業大會의 參與

2. 敎育振興運動의 展開
3. 古下 實力養成運動의 特徵
Ⅳ. 自治運動의 展開와 그 性格
 1. 硏政會 運動의 展開
 2. 新幹會에의 參與
 3. 古下 政治運動의 特徵
Ⅴ. 맺음말

Ⅰ. 머리말

日帝植民統治下에서 생성·발전하여 解放政局에서 최고도로 표출되는 左右의 대립은, 이후부터 현재까지의 '민족의 분열과 대립'의 기원을 이루었다는 점에서 한국현대사에서 그 중요성을 지닌다고 할 것이다. 특히 해방정국에서의 좌우의 대립은 1950년 '한국전쟁'을 통해 그 정점을 이루었고, 이후 현재에 이르기까지 50여년 동안 하나의 민족이 서로 다른 체제하에서 대립·대결을 지속시키는 비극을 잉태하였다. 그렇기에 일제하와 해방정국에서의 좌·우파의 활동 및 사상에 대한 연구는 분단의 원인 및 과정을 이해하는 과정이라 할 것이다.

―――――――――

* 동국대학교 사학과 박사과정

그러나, 현재 이에 대한 연구들의 경향은 주로 좌파 세력에 대한 연구에 치우쳐 있고 좌우갈등에서 그 한 축을 담당했던 우파 세력에 대한 연구는 상대적으로 미흡하다고 할 것이다. 특히 <韓國民主黨>으로 결집을 이루어 내는 국내 우파세력의 정치운동과 이에 참여한 인사들에 대한 개별적인 연구는 더욱 그러하다.[1] 여기서 살펴 볼 古下 宋鎭禹(1890~1945)에 대한 연구 역시 이와 같은 경향을 보이고 있다.[2]

古下 宋鎭禹는 일본 유학 이후 식민지하에서 3·1운동에 참여하고 '東亞日報 그룹'을 배경으로 1920~30년대 민족주의 우파운동을 주도적으로 전개하다가 '親日的 性向'을 보이게 된다. 그리고 해방정국에서는 <國民大會準備會>와 <韓國民主黨>으로 대표되는 국내 우파세력의 결집을 이끌어 내어 국내 우파의 정치활동을 선도하면서 좌파와의 대결을 주도하다가, '정치테러 제1호'로 암살을 당하여 그 격동의 삶을 마감하

---

1) <韓國民主黨>(이하 <韓民黨>으로 略稱)에 대한 연구는 沈之淵의 연구(『韓國民主黨研究』 Ⅰ·Ⅱ, 1982·1984)를 통해 집중적으로 이루어졌으나, 그 구성원의 개별적인 연구는 미흡하다고 할 것이다.

2) 현재 古下에 대한 연구들은 주로 東亞日報社에서 편찬된 전기류가 주류를 이루고 있으며,(古下先生傳記編纂委 編, 『古下宋鎭禹先生傳』, 東亞日報社, 1965. :『獨立에의 執念-古下 宋鎭禹 傳記』, 東亞日報社, 1990.), 최근에 古下에 대한 학문적 접근이 이루어지고 있다.(金學俊, 『古下宋鎭禹評傳』, 東亞日報社, 1990. ; 이시형, 『보수·우익 지도자들의 건국사상 : 이승만·김구·송진우를 중심으로』, 경희대 정치학과 박사학위논문, 1995. ; 윤덕영, 「古下 宋鎭禹의 生涯와 그의 政治·經濟 思想」, 정신문화연구원 현대사연구소 학술심포지엄 발표요지, 1998. ; 김기주, 「고하 송진우의 민족교육사상과 교육활동」, 『전남사학』 11, 1997.) 그리고 해방 이후의 정치활동에 주로 초점을 맞춘 연구들(沈之淵, 「古下 宋鎭禹」, 『한국현대인물사론』 1, 1987. : 「宋鎭禹와 韓民黨」, 『月刊朝鮮』, 1985년 9월. ; 박태균, 『현대사를 베고 쓰러진 거인들』, 지성사, 1994.)과 부분적으로 古下의 '親日性向'에 대해서만 부정적인 시각에서 다룬 연구들과 (姜東鎭, 『日帝의 韓國侵略政策史』, 한길사, 1980. ; 朴贊勝, 『韓國近代政治思想史』, 한길사, 1992. ; 崔民之, 『韓國民族言論史論』, 일월서각, 1978. 등) 이외에 그와 관계된 인사들의 긍정적 측면에만 초점을 맞춘 회고담(金俊淵, 「政界回顧 1年 : 解放과 政治運動의 出發」, 『東亞日報』, 1946년 8월 15일. 등)들이 있다.

게 된다.

특히 이러한 古下의 정치활동에 대해 보다 객관적인 접근을 하기 위해서는 1920년대 민족주의 우파의 운동론 속에서 그를 고찰하여야 한다. 주지하다시피 1920년대의 민족운동이 사회주의 사조의 유입으로 민족주의와 사회주의로 분화를 일으키고, 여기에 민족주의 세력은 '文化政治'라는 일제 식민정책하에서 '自治論'을 주장하는 '타협적'인 민족주의 우파와 이에 반발하여 사회주의자들과 '민족협동전선운동'을 전개, <新幹會>를 결성하는 '비타협적'인 민족주의 좌파로의 분화를 일으키고 있다. 그리고 이러한 분화과정 속에서 古下는 仁村 金性洙와 더불어 이른바 '東亞日報 그룹'을 이끌며 1920년대 민족주의 우파운동의 중심선상에서 주도적인 역할을 행하고 있기 때문이다. 특히 이 시기 민족운동의 분화는 이후 해방정국에서의 민족분열의 근원을 이루고 있고, 해방정국에서의 古下의 정치활동이 1920년대의 그것과 유사하게 진행되기 때문에 그 중요성을 지닌다고 할 것이다. 그렇기에 古下 宋鎭禹에 대해 고찰하는 작업은 일제하 국내 민족주의 운동의 분화과정과 민족주의 우파의 운동론을 살피는 것임과 동시에 해방정국에서 좌우대립의 한 축을 이루는 우파세력 및 그 정치활동에 대한 연구로서 그 의의와 중요성을 지닌다고 할 것이다.

따라서 본고에서는 1920년대 古下 宋鎭禹의 사상과 활동에 대해 분석함으로서 해방정국 우파 세력과 그 정치운동론의 근거를 살펴보고자 한다.3)

---

3) 그러나 古下의 사상과 활동을 고찰하는데 있어서 仁村 金性洙를 '창설자'로서 古下를 '공로자'로서 높이 평가하는 <東亞日報社>를 중심으로 발간된 그의 전기류를 기초로 하여 살펴 볼 수 밖에 없는 자료상의 한계성을 지니고 있다. 현재 동아일보사를 중심으로 편찬된 古下의 전기는 두편(古下先生傳記編纂委編, 『古下宋鎭禹先生傳』, 東亞日報社, 1965. : 『獨立에의 執念-古下 宋鎭禹 傳記』, 東亞日報社, 1990.)인데 후자(이하 『獨立을 향한 執念』으로 줄임)의 경우 전자(이하 『古下宋鎭禹先生傳』으로 줄임)과 커다란 차이는 보이질 않고 있다. (본고에서는 두편을 동시에 인용한다.)

Ⅱ. 思想과 그 形成背景

1. 生涯

古下 宋鎭禹는 1890년 6월 24일 全羅南道 潭陽郡 古之面 巽谷里에서 父親 新平 宋氏의 壎과 母親 梁氏의 8남매 중 다섯째 4남으로 태어났다.[4] 유년시절에는 주로 漢學을 공부하였는데, 이대 인격 및 사상형성에 영향을 준 사람은 그의 스승인 奇參衍[5]이었다. 그는 주로 한학과 성리학을 가르쳤으나, 義兵運動을 벌이던 그가 어린 古下에게 민족의식과 구국의식을 불어 넣었을 것은 어렵지 않게 짐작할 수 있다.[6]

이후 古下는 그의 부친 壎의 사상적 영향을 받게 된다. 古下의 부친은 당시 愛國啓蒙運動의 自强論에 영향을 받아, <潭陽學校>라는 신식학교를 설립하였고[7] 이는 古下에게도 영향을 미쳐 그는 이웃 昌平의 <英

---

4) 『古下宋鎭禹先生傳』, p.12. : 『獨立을 향한 執念』, p.29.
5) 奇參衍(?~1908)은 蘆沙 奇正鎭의 친족으로 乙未事變 때 湖南倡義盟所를 조직해 일본군과 싸우다가 실패하여 당시 古下의 집에 6년간 피신해 있었고 이때 어린 宋鎭禹에게 '古下'라는 號를 지어 주었다. 1902년 起兵하다 실패하고 1907년 長城에서 擧兵하였다가 체포되어 1908년 2월 光州에서 처형당했다.(幸州奇氏大宗中 編, 「湖南義兵將列傳」, 『독립운동사』 1, 독립운동사편찬위원회, 1970.)
6) 古下의 傳記에서도 "… 스승 奇參衍의 민족관·국가관에서 출발했던 것 …"이라 하는 점에서 그의 영향을 짐작할 수 있다.(『古下宋鎭禹先生傳』, p.18. : 『獨立을 향한 執念』, p.45.)
7) 『古下宋鎭禹先生傳』, pp.25~26. : 『獨立을 향한 執念』, pp.48~49.
  당시 愛國啓蒙運動의 영향으로 전국에서 대중적 교육운동이 활발히 진행되어, 1906년부터 1910년까지 1,316개의 사립학교가 전국적으로 설립되었고 이를 포함한 전국의 학교 수는 1910년 5월 15일 현재 2,398개교였다.(金英宇, 「韓末의 私立學校에 關한 硏究-私立學校의 年度別 設置 狀況」 Ⅱ-1, 『논문집』 23, 사회과학편, 공주사대 교육연구소, 1985, pp.93~105.)

學塾>에 입교하여 '新學問'에 접하였다. 이 영학숙 시절은 비록 3개월이라는 짧은 기간이었지만 평생의 동지인 仁村 金性洙를 만났다는 점에서 중요한 위치를 점한다.[8] 이후 1908년 11월 古下는 仁村과 일본으로 유학을 떠나, 東京에서 碧初 洪命憙의 소개로 <正則英語學校>, <錦城中學校> 등을 거쳐 1910년 <早稻田大學>에 입학하였다. 그러던 중 庚戌國恥의 충격으로 학업을 중단하고 귀국을 하지만 부친으로부터 '機會論'[9]적인 설득과 충고를 받아들여 1911년 봄에 다시 일본으로 건너가 <明治大學> 法科에 진학하였다.

1915년 明治大學을 졸업한 古下는 1916년 金性洙가 인수한 <中央學校>의 학감으로 취임함으로서 교육계 투신이 이루어지며 여기서 그는 학생들에게 일종의 '民族不滅論'을 전개하여 민족의식을 고취시키면서[10] 3·1운동에 깊숙이 간여하여 '48人 事件'으로 1년 반에 걸친 구금생활을 겪었다. 이후 金性洙의 권유에 따라 1921년 <東亞일보社>의 社長으로 취임함으로서 社長·顧問 또는 主筆로서 30여년을 『東亞日報』와 관계를 맺으며 본격적인 언론활동과 민족주의 운동에 뛰어들게 된다.[11]

---

8) 『古下宋鎭禹先生傳』, p.28. : 『獨立을 향한 執念』, pp.50~53.
   이 <英學塾>은 1906년에 仁村의 丈人인 高鼎柱가 아들인 高光駿과 사위인 仁村을 위해 별도로 세운 학교이다. 같은해 高鼎柱는 이미 <昌興義塾>이라는 신학교를 개설한 바 있다.(仁村紀念會, 『仁村 金性洙傳』, 1976, pp.56~57.)

9) 이 시기의 '機會論'의 내용을 新民會의 '國權回復運動戰略'을 통해 살펴보면 "① 국외 독립군 기지설립을 통한 무력 양성, ② 교육을 통한 국내 실력양성, ③ 日本과 열강과의 전쟁이라는 '기회' 포착, ④ ①과 ②를 바탕으로 자력으로 국권 회복을 도모"하는 것으로(愼鏞廈, 「韓末 愛國啓蒙思想과 運動」, 『韓國近代社會思想史硏究』, 일지사, 1987, pp.351~354.) 이는 1920년대 나타나는 기회론과는 방법론상에서 다른 내용을 보여주고 있다. 즉, 3·1운동 이후에는 '독립군의 진공'과 '국내 독립역량의 봉기'와 같은 자력에 의한 독립쟁취의 내용은 나타나질 않고 있는 것이 그것이다.

10) 『古下宋鎭禹先生傳』, pp.63~65. : 『獨立을 향한 執念』, pp.98~100.

11) 古下의 활동은 철저하게 동아일보사를 기반으로 하여 전개되는데, 古下는 1921년 9월 5일 <동아일보사>의 3代 社長, 株式會社로 변모한 <동아일보사>에는 初代 社長으로 취임하며, 이후 두차례 단 11개월을 제외한 24년이라는

이 『동아일보』를 중심으로 古下는 '民立大學設立運動', '브 나로드 運動', '이충무공 遺跡保存運動' 등의 民族運動에 참여 및 전개하였다.

그러나 동시에 '동아일보 그룹'을 이끌며 崔麟 등과 더불어 '自治運動'을 전개함으로서 사회주의 계열 및 민족주의 좌파와 대립하게 되고 일제에 '타협적인 성향'을 보이기 시작하며, 『동아일보』의 4차 정간처분이 해제된 1937년 6월 이후 '汚辱의 親日言論像'을 보이게 된다.12) 이후 1939년 11월 하순부터 폐간 압력이 총독부로부터 내려오고, 결국 1940년 8월 10일 『동아일보』가 폐간되자 古下는 <東本社>를 설립하여 "사옥을 유지하면서, 사의 명맥을 유지"하면서 해방을 맞게 된다.13)

해방 직전 古下는 총독부로부터 '治安協助'에 대한 요청을 받았으나 거부함으로서 해방정국의 주도권을 呂運亨의 <建國準備委員會>에 넘겨주게 된다.14) 美軍의 진주가 확실해진 8월말 이후 <國民大會準備會>를

기간 동안 社長·主筆·取締役 등으로 『동아일보』와 밀접한 관계를 유지하고 있다.

<宋鎭禹의 東亞日報社 在職關係>

職責	其　　　　　　　　間
社長	1921년 9월~24년 4월, 1927년 10월~36년 11월, 1943년 1월~45년 12월(<東本社>)
淸算委員長	1940년 8월~43년 1월
顧問	1924년 10월~25년 4월, 1937년 6월~40년 8월
取締役	1921년 9월~24년 4월, 1925년 10월~36년 11월, 1940년 8월~45년 12월(淸算委員長)
主筆	1925년 4월~27년 10월

(東亞日報社 編, 『東亞日報社史』 1, 1975 참조.)

12) 崔民之, 앞의 책, pp.225~320.
　　이는 물론 당시 식민지하라는 한반도의 강제적인 상황에 기인한다지만 지울 수 없는 오점을 남긴 것이라 할 것이다.
13) 『東亞日報社史』 1, p.394.
14) 古下측에서는 總督府의 治安維持 협조요청을 古下가 거절하였다고 주장하고 있으나(『古下宋鎭禹先生傳』, pp.296~299. : 『獨立을 향한 執念』, pp.444~447.

결성하여 重慶臨時政府 지지를 표명하고, 또 <韓國民主黨> 창당에 참여
하여 首席總務를 맡아 본격적인 정치활동을 전개하였고 좌익과의 대결
노선을 견지하였다.

　그러나 古下의 노선은 '信託統治問題'에 있어서 '訓政論'을 주장하여
즉각 독립을 주장하는 金九 노선과 대립하게 되고[15], 1945년 12월 30일
급변하는 해방정국의 '政治 테러'의 제물로 암살당함으로서 격동의 삶
을 마감하게 된다.

2. 實力養成論으로의 歸着

　古下의 사상을 한마디로 정의한다면 구한말의 자강론에 영향을 받은
實力養成論이라고 할 수 있다. 그리고 이러한 실력양성론이 형성되는
과정에 있어 古下는 스승이었던 奇參衍과 부친 壎의 영향을 순차적으로
받고 있다. 즉, 어린 古下는 奇參衍에 의해서는 의병운동의 무장투쟁론
에, 그리고 부친에 의해서는 애국계몽운동의 자강론의 영향을 받고 있
다. 이 두가지의 서로 상충되면서도 國權回復이라는 동일목적을 가지고
있는 사상[16] 사이에서 갈등 양상을 보이던 古下는 奇參衍의 죽음과

　; 金俊淵, 『獨立路線』, p.4.), 여타의 글들에서는 總督府側이 古下와 접촉한
　일이 없다는 상반된 주장을 하고 있는데(崔夏永, 「政務摠監, 韓人課長을 呼
　出하다」, 『月刊中央』, 1968년 8월, p.128. ; 森田芳夫, 『朝鮮終戰の記錄』, 巖南
　堂書店, 1964, p.72. ; 李東華, 「8.15를 前後한 呂運亨의 政治 活動」, 『解放前
　後史의 認識』 1, 한길사, 1979, p.344. ; 宋南憲, 『解放三年史』 1, 까치, 1985,
　p.6.) 후자의 주장이 타당성을 지니는 것으로 보인다.

15) '<還國志士後援會> 기금문제'와 '韓民黨 간부들의 親日派 문제' 등을 통해
　金九와의 관계가 소원해지기 시작했고(『古下宋鎭禹先生傳』, pp.330~333. :
　『獨立을 향한 執念』, pp.474~477.) '託治問題'를 계기로 직접적인 대립하게
　된다.

16) 이 시기 의병운동과 애국계몽운동은 그 사상적 기원을 각각 衛正斥邪思想과
　開化思想에 두고 있어 사상적 장벽을 지니지만 국권회복운동이라는 점에서
　공통점을 지닌다.(金昌洙, 「舊韓末·日帝下의 文化運動」, 『韓國民族運動史硏

1910년 庚戌國恥가 상징하는 의병운동-무장투쟁-의 좌절이라는 계기를
통해, 애국계몽운동의 자강론으로 사상의 귀착을 이루게 된다. 그리고
여기에는 그의 부친의 영향을 많이 받고 있다.

古下의 부친 壎은 1906년 <潭陽學校>를 설립하고 있는데, 이는 190
5~10년 사이에 완전한 국권회복을 목적으로 의병운동과 함께 전개된
애국계몽운동의 '자강론'에 영향을 받은 것이다. 애국계몽운동은 민족의
'힘과 실력'이 일제의 그것에 비해 현저히 부족하다는 객관적 인식 하
에 ① 신교육, ② 언론계몽, ③ 실업구국, ④ 국채보상, ⑤ 신문화, ⑥
국학운동, ⑦ 민족종교, ⑧ 해외독립군기지창설운동 등의 '자강론'을 통
해 '民力養成運動' 및 '民族獨立力量養成運動'을 전개하였는데[17], 부친
의 潭陽學校 설립은 바로 이 '신교육' 운동과 일치하는 것이다. 그리고
이에 영향을 받아 古下 역시 '신학문'을 배우기 위해 이웃의 <英學塾>
에 입교하게 되는 것이다.

그리고 이 英學塾 시절에 古下는 신문의 사설을 특히 탐독하였는데
이 역시 부친의 영향을 받은 것으로[18] 이 시기에 그가 주로 읽은 것은
『皇城新聞』과 『大韓每日申報』였다. 주지하다시피 이 『황성신문』과 『대
한매일신보』는 구한말의 애국계몽사상을 고취시키는 대표적인 신문이었
다. 이 시기의 『황성신문』은 당시를 '생존경쟁의 시대'라 규정하고, 여
기에서 살아남기 위해서는

… 迨此今日하야 汲汲發奮而急務者는 亶不在振教育殖産業之第一主旨乎

究』, 범우사, 1995, p.102.)

17) 이 '자강론'은 기본적으로 '機會論'을 그 기반으로 하고 있으며, 이러한 '자
강론'의 형성에는 '優勝劣敗論', '進化論' 등 帝國主義의 이론적 기초를 이루
는 '社會進化論'의 영향이 두드러진 것으로 여겨진다.(愼鏞廈, 위의 글. ; 李
光麟, 「舊韓末 進化論의 受容과 그 影響」, 『韓國開化思想硏究』, 일조각,
1979.)

18) 『古下宋鎭禹先生傳』, p.27. : 『獨立을 향한 執念』, p.50.

아 …19)

라 하여 '교육과 식산'만이 국권을 회복할 수 있는 길이라고 규정하고 있었다.20) 그리고 『대한매일신보』는 국민의 지식계발과 세계견문을 취재 보도할 것을 천명하고 있었으며21) 특히

　　… 삼천리 강토와 이천만 인구로 자주독립을 하지 못할 걱정이 없는데 … 우리의 살 길은 자주구국하고 실력을 길러나는데 있을 것 …22)

이라 하여 자주자립의 의지만 강하다면 자력으로 자주독립을 성취할 수 있되 그 길은 실력을 양성하는 문제라고 역설하고 있다. 그리고 이러한 자주정신의 함양은 '교육계몽'을 통해 이루어 내는 것이 최상의 방법이라고 주장하고 있었다.23) 이렇듯 古下가 탐독한 당시의 두 신문들이 국권회복을 위해 자강론을 주장하고 있던 점에 비추어, 그가 일본 유학 이전에 구한말의 애국계몽운동의 자강론에 상당한 영향을 받고 있었음을 유추할 수 있다.

이러한 구한말의 자강론이 古下의 사상으로 자리매김하는 것은 1911년 재차 도일한 이후 『學之光』에 발표한 그의 글을 통해서 확인할 수 있다. 이 시기를 기점으로 古下의 사고와 활동은 전환을 보이고 있는데

---

19)『皇城新聞』光武 10년 2월 27일.

20) 그러나 自强을 강조한 나머지 의병운동에 대해서는 비판적인 태도를 취하여 당시에 비판을 받기도 하였다.(李光麟,「皇城新聞 研究」,『東方學志』53, 연세대, 1986.)

21) "… 本社에서 思를 勞하고 慮를 費하여 今에 諸事가 완비함에 永達母替할 基礎를 확정하여 大韓有志人士의 문명지식을 계발하고 暨環球有國에 見聞을 公同하기 위하여 重刊 發行하는 바 …"(『大韓每日申報』國漢文版, 1905년 8월 11일.)

22)『大韓每日申報』國漢文版, 1907년 5월 23일.

23) 김영애,「大韓每日申報의 抗日自主意識 研究-論說의 分析을 中心으로」, pp.155~158.

206

이전과는 달리 정치적 내지는 조직적인 모습을 나타내고 있다. 즉 古下
는 <明治大學>에 입학하고 이후 申翼熙・張德秀・玄相允・趙素昻・曹晩
植 등과 교우를 넓혀 가며 1912년 10월에 <朝鮮留學生聯合親睦會>[24]를
조직한 것 등이 그것이다. 동시에 朝鮮留學生聯合親睦會의 機關誌的 성
격을 지닌『학지광』에 발표한 그의 글「思想改革論」은 '실력양성론'이
古下의 사상으로 귀착되는 것을 보여주고 있다. 古下는 이글에서

> 사상은 생활의 표준이니 … 관습의 권위를 타파하며 儒德의 노예를 해
> 방하여 眞生命의 영지를 전개하며 신활동의 源泉을 계발코자 할진대 제
> 일 요긴하고 급절한 문제는 思想界 革命이라 하노니 …[25]

라 하여 '사상의 개혁'을 주장하고 있다. 그리고 그 방법으로서 먼저
'孔敎打破와 國粹發揮'를 주장하여 '孔敎' 즉 儒敎는 '慕古思想의 원천,
專制思想의 단서, 排他思想의 표현'이기에 진리 고조와 사상의 자유라는
문명의 이상에 어긋나고, '민족정신의 파괴하고 武勇思想이 쇄침'했기
때문에 유교를 타파해야한다고 주장하고 있다. 두번째로 '家族制의 打破
와 個人自立'에서는 봉건적 대가족 제도가 사회발전에 장애물이 되며,
문벌과 계통 중시라는 인재등용의 어려움을 초래하기에 타파되어어야 하
고 개인의 자립을 통한 사회의 발전을 말하고 있다.

세번째로 '强制戀愛의 打破와 自由戀愛의 鼓吹'에서 조혼의 폐해와
계급결혼이라는 문제점을 갖는 '强制戀愛'는 타파의 대상으로, 빈부 초

---

24) 日本의 한인유학생회는 <大朝鮮人日本留學生親睦會>를 필두로 여러 단체들
  이 존재하고 있었는데(韓時俊,「國權回復運動期 日本留學生의 民族運動」,
  『한국독립운동사연구』2, 1988, pp.33~50.), 道別 유학생친목회의 성격을 가
  진 <朝鮮留學生聯合親睦會>는 金炳魯를 간사장, 古下를 총무로 하여 全羅
  (湖南茶話會)・慶尙(洛東親睦會)・咸鏡(鐵北親睦會)・黃海(海西親睦會)・畿湖(
  三漢俱樂部)・江原(嶺友俱樂部)의 7개 단체로 이루어졌다.(와세다대학 한국
  유학생 편,『와세다의 한국인』, 한국문학사, 1983, pp.50~53.)
25)『學之光』제5호, 1915년 5월.(태학사, 영인본, 1983.)

월, 계급 무시 등의 장점을 지닌 자유연애는 고취의 대상으로 파악하고 있다.[26] 네번째로 '虛榮敎育의 打破와 實利敎育의 主張'에서는 노동을 천시하는 풍조와 생산을 도모하지 않아 사리에 어긋나는 영화를 갈망하게 만드는 허영교육은 타파되어야 하고, 실리에 입각한 교육에 힘써 재능과 직분을 다해 노력해야 한다고 주장하고 있다.

마지막으로 '常識實業의 打破와 科學敎育의 喚興'에서는 단순히 상식과 습관에 근거하여 제품을 만드는 것은 산업발달의 저해, 사회신용의 타락, 외국화물의 도입 등을 초래하여 생활의 위기를 일으키기에 소극적으로는 토산품을 보호하여 자위의 길을 도모하고 적극적으로는 과학의 발전을 이루는 생활 유지의 방편이 되는 과학실업을 역설하고 있다.

결론적으로 이 5개 분야의 '사상개혁'을 통해 古下는

> … 민족은 자립의 道를 不求하며 士林은 孔敎를 의뢰하며 청년은 노년을 의뢰하며 여자는 男丁을 의뢰하며 實業은 상식을 의뢰하며 교육은 過去를 의뢰하며 국내는 해외를 의뢰하고 …

와 같이 당시 사회에 만연해 있는 '依賴心'을 타파하고 '自立力'을 확립해야 한다고 주장하고 있다.

결국 이 글에서 古下가 주장하는 사상개혁의 궁극적인 목적은 '자립력'의 확립이고, 그 방편으로서 '因襲打破'를 말하는 것이다. 이는 당시 유행하던 사회진화론의 영향을 받은 것이라 할 수 있으며, '자립력'의 확립을 주장하는 것은 앞서 살펴 본 애국계몽운동의 '자강론'에 영향을 받아 '실력양성론'이 그의 사상적 기반을 형성하였다는 것을 나타낸다

---

26) 자유연애에 대한 주장은 「男女交際에 關한 意見」(『靑年』창간호, 1921년 3월)라는 글에서도 보이는데, 이는 古下가 早婚-'강제연애'-을 통해 맞은 부인과 금슬이 좋지 않아 형의 아들을 양자로 들인 점 등에서 기인된 개인적인 경험의 발로라고도 할 수 있다.(『古下宋鎭禹先生傳』, pp.23~24. : 『獨立을 향한 執念』, pp.46~47.)

고 할 것이다. 이를 통해 볼 때 이 시기에 古下는 앞서의 사상적 갈등
에서 탈피하여 '실력양성론'으로 귀착하고 있음을 단적으로 파악할 수
있다.

이러한 古下의 실력양성론으로의 귀착은 1920년대 이후에 발표된 글
에서 계속적으로 확인할 수 있다. 즉

> ① … 왜 오늘날 우리가 弱者가 되었는가 하면 … 다못 힘이 없으니
> 까 弱者가 된 것이라고 할 것이다. …
> ② … 朝鮮人의 경제적 생활의 萎縮 原因 … 우리의 노력 부족도 또
> 한 一原因이 되는 것을 간과하여서는 아니될 것이다. …[27]

등에서와 같이 계속적으로 '자립력'의 확립을 우선적으로 주장하고
있는 점에서, 실력양성론이 古下의 사상으로 확립되었고 이를 바탕으로
1920年代 實力養成運動에 참여하는 것이라 파악할 수 있다.

3. 民族認識과 政勢認識

이상에서 살펴 본 古下의 실력양성론의 형성을 바탕으로 전개될 민
족운동에 근거를 이룰 古下의 민족인식은 어떠한 형태를 띠고 있는가.

이에 대해서는 古下의 전기에서 보이는 단편적인 글을 통해 유추해
볼 수 밖에 없다. 1916년 仁村의 권유로 古下는 <中央學校>의 학감으로
취임하고, 여기서 학생들에게 일종의 '民族不滅論'을 주장하였다. 즉 그
는 "민족이란 鑛脈이나 물줄기와 같은 체계를 갖는다"고 전제한 후에

> … 물줄기나 빛은 경우에 따라서 … 가려지기도 하고 빛이 흐려지기도

---

27) 宋鎭禹, ① 「무엇보다도 '힘'-最近의 感」, 『開闢』, 1924년 4월. : ② 「三個의
當面한 急務」, 『朝鮮之光』, 1928년 1월.

한다. … 본질이 변하는 것은 아니다. … 지금 우리는 암흑 속에 살고 있다. 그러나 이는 물이 땅속을 흐르고 일식을 한 것과 꼭 같다. … 우리 민족도 이 물처럼 지금도 흐르고 있다. … 오늘은 암흑 시대이지만 이 일식이 거치고 찬란한 광명이 비칠 날이 있다.… 민족이 영원히 멸망하는 법은 없다. … 민족은 절대로 죽지 않는다. …28)

라고 주장하고 있다.

이 글은 매우 단편적인 내용에 불과하지만 古下의 민족인식을 직접적으로 알 수 있기에 중요성을 지니고 있다. 즉 古下에게 있어서 '민족'이란, 때에 이르러서는 반드시 '소생'할 수 있는 개념의 것이다. 그렇기에 아무리 '땅속'과 '암흑'이라는 일제의 탄압을 당한다 하더라도 언젠가는 반드시 '찬란한 광명' 즉 '독립'을 맞이할 수 있다는 것이다. 이와 같은 古下의 민족인식은 1920년대 후반에 이르기까지 계속적으로 유지되고 있는데, 그것은 아래와 같은 그의 주장을 통해서 찾아 볼 수 있다.

… 언제든지 조선인의 조선이라는 개념은 없어져 본 일이 없었으며, 또한 실체적으로 상상할 수도 없었던 것은 엄숙한 사실이다. … 29)

바로 이러한 민족인식을 지니고 있었기에, 古下는 독립으로의 직접적인 방책으로 보이는 무력투쟁으로 나아가는 것보다는, 간접적인 방편이라 할 수 있는 국내에서의 실력양성운동을 전개할 수 있었던 것이다. 이러한 그의 민족에 대한 인식은 앞서의 자강론에 영향을 받은 점진적인 실력양성운동의 전개와 함께 국제정세인식을 바탕으로 '기회론'적 사고를 갖게 되는 기초를 이루게 된다.

이러한 古下의 민족인식 및 정세인식을 가장 총체적으로 반영하고 있는 것은 앞서 잠시 살펴 본 1925년『동아일보』에 20회에 걸쳐 연재한

---

28)『古下宋鎭禹先生傳』, pp.63~64. :『獨立을 향한 執念』, pp.99~100.
29) 宋鎭禹,「世界大勢와 朝鮮의 將來」,『東亞日報』1925년 8월 25일.

「世界大勢와 朝鮮의 將來」라는 글이다. 이 글은 古下가 '汎太平洋會議'에 참가하고 나서 회의에서 얻은 政局政勢 인식을 근거로 쓴 것으로서 먼저 한국의 역사를 개괄하고 있다.

여기서 그는

> … 이리하여 동학당을 중심으로 한 민중적 반란이 起하였었다. 그러나 이 또한 쇄국·양이의 두사상에서 그 운동의 잉태가 生가 결과 한갓 일청 전쟁의 대사단을 야기하였을 뿐이오, 민중 자체에 대하여는 하등의 수확 의 없었던 것이 사실 …

라 하여 '민중적 반란'인 東學運動을 낮게 평가하고 있으며 이로 인해 '청일전쟁' 즉 일제의 한반도 침략의 가속화를 가져왔다고 인식하고 있다. 그러나 이렇듯 '민중적 반란'인 동학운동을 낮게 평가하는 것에 반해서

> … 사천년래의 신기축을 전개하여 일대변혁을 시하려 하였던 것이 거금 삼십년전의 갑신정변이었다. 그러나 이것도 또한 극소수의 각성으로서 … 물론 조선의 혁신운동은 그 기원을 갑신정란에서 구하는 것이 정당한 경로일 것이다. … 갑신정란의 사상적 … 현대문명을 긍정하여서 민족적 복리를 기도하는 점에 … 그 개국존민의 대이상에 지하여는 … 조선사회 가 갑신의 혁신운동을 필두로 하여 십년만큼 사회적 대변동을 야기케 하 는 것 …

이라고 하여 '극소수의 각성'인 甲申政變에 대해서는 비록 그 한계성을 지적하고는 있지만 그 역사적 의의를 매우 높이 평가하고 있다.[30] 이러

---

30) '갑신정변'을 중요시하는 그의 사고는 이후에 쓴 글에서도 "… 물론 갑신정 변의 개혁운동이 특수계급에 국한되었고 … 조선사회에 중대한 파동과 영향 을 일으킨 것만은 확실한 사실이다. 이 사조가 … 혹은 독립운동이 되고, 혹 은 헌정운동이 되고, 혹은 사회개혁운동이 되고, 혹은 신교육 보급운동이 되

한 그의 인식은 민족운동의 주체세력 내지는 지도세력을 전민족으로 파악하기 보다는 일부 지도자 즉 '엘리트 계급'을 중심으로 하고 있음을 유추할 수 있다.

한편으로 그는 3·1운동이 民族運動史에서 차지하고 있는 비중을 매우 높이 평가하면서,

　… 일반적으로 보급된 신식교육은 신문명의 긍정과 각성을 비상하게 촉진 … 이 곧 3·1운동의 기원이다. … 3·1운동을 신기축으로 하여 민중적으로 새기운을 탔고 새 빛을 보았다. 그 표증으로, 첫째는 교육적 각성이요 둘째는 경제적 의식 … 3·1운동 이후로 아무리 僻鄕窮村의 농노취온이라 할지라도 자제교육에 대한 갈앙추구의 열이 여하히 항진하였으며, 또한 재래의 역사적 감정으로만 훈련되었던 민족운동은, 그 내용을 일변하여 경제적 의식 곧 생활의 토대 위에서 그 근저를 발견하게 된 것은 확실히 일대 진보인 것을 단언 …

이라 하여 3·1운동의 기원을 '신식교육' 및 '신문화'의 전파로 파악하였으며, 이를 통해 민족 내부의 저력이 교육의 보급과 경제력 신장을 통해 의식이 각성되었으므로, 교육을 더욱 보급시켜 나가고 산업을 더 발전시키면 韓國社會에는 커다란 변화가 일어날 것으로 파악하였다.

그리고 국제정세에 대해서 古下는

　… 자본주의의 모범인 미국과 사회주의의 대표적인 赤露가 태평양을 隔하여 兩兩相對하여 勃興되는 것은 과연 不遠한 장래에 무엇을 암시하고 있는가. 협조할까. 충돌할까. … 미·露 衝突의 途程에 있어서 日·美 충돌이 전제가 될 것은 예상키 不難하다. … (중국문제를 둘러싸고) … 이로부터 삼·사년을 경과하면 赤露의 내부적 실력이 充溢하여 외부적 활

───────────

어서 일진일퇴의 형세를 일으키게 된 것 …"이라고 밝히고 있는데서 찾아볼 수 있다.(宋鎭禹, 「世界大勢와 朝鮮의 將來」, 『동광』 제3권6호, 1931년 6월)

동이 활발할 때에, 미국 해군의 확장계획이 완성될 때에 … 세계대세의
추이와 동양정국의 위기로 보아서 사, 오년을 不過하여 태평양을 중심으
로 한 세계적 풍운이 야기될 것을 논단 …

이라 하여 머지 않은 장래에 美·日 간의 충돌이라는 '세계적 풍운'
과 이로 인한 일본의 패망을 통한 독립이라는, 즉 '기회'가 올 것으로
파악하고 있다. 그러나 이러한 기회를 맞이하는 데에 있어

… 惑은 日·美의 충돌이 生할 時에는 미국의 협력하에서 … 日露·日
中의 충돌을 예기하여 露·中 양국의 협조하에서 민족의 자유를 촉망하
나 이것은 결코 조선민족의 전통적 정신에 배치될 뿐 아니라 …

라고 하여 열강에 종속하여 독립을 의지하려는 태도는 거부하고 있다.
즉 古下는 美·日의 충돌이라는 독립을 위한 '기회'를 "사상적 수련과
민족적 단결"의 준비를 이루어 맞이할 것을 주장하여, "외세의 파동보
다, 타력의 원조"와 같은 美國이나 蘇聯 혹은 中國이라는 열강에 의지
한 독립이 아닌 '민족적 단결'을 통한 "중심세력의 확립과 자체세력의
해결을 절규 역설"이라 하여 자주적인 獨立을 주장하고 있다.
  이상에서 살펴 본 바와 같이 古下의 사상은 1910년대 애국계몽사상
의 '자강론'에 영향을 받은 '실력양성론'과 이를 근저로 하는 '기회론'이
라 할 수 있으며, 이를 바탕으로 民立大學設立運動과 같은 1920년대 민
족주의 진영의 실력양성운동에 참여하며 『동아일보』를 기반으로 '民族
性 維持'와 같은 민족운동을 전개한다고 할 수 있다.

Ⅲ. 實力養成運動의 展開와 그 性格

1. 朝鮮人産業大會의 參與

3·1운동에 참여하여 옥고를 치룬 이후 古下는 1921년 9월 동아일보사의 사장으로 취임하면서 본격적인 민족운동을 전개하기 시작한다. 이 시기에 古下가 처음으로 전개한 민족운동은 <朝鮮人産業大會>라는 단체에 참여하는 것을 통해서 나타난다. 1921년 6월 총독부측은 '조선총독의 자문에 응하여 조선산업에 관한 중요 사항을 조사 결의하는 것', 즉 한국산업정책의 수립을 목적으로 <産業調査委員會>을 설립할 것임을 훈령으로 고시하였다.[31] 이러한 총독부의 의도는 당시 국내 부르조아층에게 '조선의 산업정책을 근본적으로 확립하는 대규모의 기획'으로 인식되어 종래의 日帝 경제정책을 비판하는 가운데 나름대로의 대안을 제시하는 기회로 파악되었다.[32]

이 調査會의 설립에 맞추어 한국인들의 요구를 반영하기 위해 조직된 단체가 바로 <朝鮮人産業大會>였다.[33] 1921년 7월 30일 발기 총회를 가지고 창립된 産業大會는 朴泳孝를 위원장으로, 28인의 위원과 12인의 지방 위원으로 구성되었고, 여기에 古下는 仁村, 雪山 張德秀와 더불어 위원 중의 1인으로 참여하고 있다.[34] 그러나 이 産業大會에서의 古下의

---

31) 『동아일보』, 1921년 6월 6일.(이하 '調査會'로 줄임)

32) 오미일, 「1920년대초 조선인부르조아층의 산업정책론」, 『成大史林』 12·13합집, 1997.

33) 「朝鮮人産業大會 創立過程」, 『동아일보』, 1921년 8월 1일.(이하 '産業大會'로 줄임)

　　이러한 産業大會 외에도 <全鮮實業家大會>, <維民會> 등이 <위원회>의 설치에 즈음하여 각기 총독부측에 산업정책을 제안하고 있다.(박찬승, 앞의 책, pp.191~196. ; 오미일, 앞의 글, pp.334~343.)

역할이나 활동에 대한 기록은 나타나 있지 않기에, 아래에 인용한 이 産業大會의 결의문과 강령, 그리고 당시『동아일보』의 사설 등을 통해 유추해 볼 수밖에 없다.

결의문

산업의 발달 여부는 사회의 홍망성쇠를 결정하는 기초문제라. 이제 오 인은 조선인의 생존권을 확충하며 그 발달을 확보하기 위하야 左記 강령 을 결의하는 동시에 집행위원으로 하여금 此 강령을 일반 사회에 선포케 하며 조선총독부에 건의케 함.

강령

一. 조선인 본위의 산업정책을 확립하되 소수 유산계급의 이익을 목적 하지 말고 일반 다수 민중의 행복을 목표로 할 것

一. 농업을 토대로 하야 상공업의 발달을 기하되 보호정책을 채용하야 경쟁의 참화를 除却할 것[35]

이 결의문과 강령을 통해 볼 때 産業大會에 참여한 인사들이 총독부 에 건의하고자 했던 것은 '조선인 본위의 산업정책'과 총독부측의 '조선 인산업 보호정책'이었음을 알 수 있다. 그리고 '조선인산업 보호정책'에 대한 내용으로 제기하고 있는 것이 총독부로부터의 '보조금' 지급이다. 이는 <全鮮實業家大會>에서 부업·가공공업·섬유공업의 장려를 주장한 점과 <維民會>에서 조선인공업에 대한 보조금의 지급을 주장하고 있는 것과 같은 맥락으로, 특히 産業大會측은 기계공업의 발달을 위해 보조 금 지급을 주장하고 있어 공업부문에 역점을 두고 있음을 파악할 수 있 다.[36]

---

34) 위와 같음.
   古下의 전기들(『古下宋鎭禹先生傳』,『獨立을 향한 執念』)에서는 이에 대해 언급이 되어 있지 않다.
35)「産業大會決議案」,『동아일보』1921년 9월 14일.
36) 오미일, 앞의 글, pp.340~342.

이러한 産業大會의 결의안과 더불어『동아일보』역시 사설들을 통해 調査會와 産業大會의 활동에 지대한 관심과 기대를 걸고 있다. 즉, <위원회> 설립이 알려진 시기에 즈음해서

> … 今次의 산업조사위원회에 對하야도 특별한 기대가 有치 아니하며 … 산업이 아니면 인생의 외적 생활을 유지치 못함으로써 … 특히 경제회 及 일반 실업가에게 一言을 寄하노니 …현대의 산업은 … 반다시 정치로 사회로 보호장려를 要하나니 … 총독부에서 설치하는 조사회도 조선산업 문제에 대하여 일종의 기회가 안인 것이 아니니 …37)

라 하여 調査會에 대해 우려의 모습을 나타내면서도 현대의 산업, 즉 조선의 산업은 정치·사회적으로 반드시 보호·장려를 받아야 진보·발전한다고 하여 '조선인실업가'의 각성과 調査會에 동조할 것을 주장함으로서 調査會와 産業大會의 활동에 기대와 관심을 표명하고 있다.38) 특히 調査會가 열리기 직전인 9월 초부터 5회에 걸쳐 연속으로 게재한 사설에서 농업·수산업·광업 부문에 있어서의 권고안을 調査會에 '희망'이라는 표현으로 건의를 하고 있는 것은 이러한 기대와 관심을 잘 반영하는 것이라 할 수 있다.39)

그러나 이러한 기대와 희망에도 불구하고, 1921년 9월 15일부터 20일 사이에 열린 調査會에서는 「朝鮮産業에 關한 一般方針」을 채택하였다.

---

37) 「産業調査會의 設置-文化政治의 表徵乎」, 『동아일보』 1921년 6월 10일.
38) 『동아일보』, 「朝鮮人産業大會開催에 對하야」, 1921년 7월 1일. : 「産業大會의 發起總會를 보고-經濟問題는 모든 問題의 根本」, 8월 2일. : 「産業大會總會開催에 對하야-嚴正한 民論의 表明을 希望」, 9월 11일. : 「産業調査團體 永續의 必要-朝鮮人産業大會에 對한 所感」, 9월 14일. : 「朝鮮人本位産業政策의 意義」, 9월 20일.
39) 『동아일보』, 「小作人을 爲하야-産業調査會에 希望」, 1921년 9월 2일. : 「朝鮮人水産業者를 爲하야-産業調査委員會에 希望」, 9월 8일. : 「朝鮮人鑛業家를 爲하야-産業調査會에 希望」·「朝鮮人의 生存權-産業調査會에 對한 希望」, 9월 9~10일.

216

이 '일반방침'은

> 조선의 산업상 계획은 제국산업정책의 방침에 순응할 事를 기할지며
> … 조선의 산업은 始政 이래로 진보의 跡이 현저하나 … 초창의 초기에
> 속하야 其基礎가 尙且薄弱하야 前途發展의 요건에 缺한 바 … 산업 제반
> 의 조직 及 교통·통신의 기관을 정비하야 資力의 충실 及 금융의 소통을
> 圖하야 <u>日鮮人 及 日鮮의 관계연락을 일층 밀접케 하는 방법을 講</u>하야 …
> 또 제국의 양식 충당에 공헌키 위하야 産米의 개량증식을 圖할 사 …40)

라 하여 한국에서의 산업정책의 기본방침은 '日鮮의 관계연락'을 우선
시 하는, 즉 일제의 산업정책에 순응하는 것이 되어야 한다는 것과 식
민지 한국을 식량공급지로서의 파악하는 식민지 산업정책을 다시 한번
분명히 한 것이었다. 이에 대해『동아일보』에서는

> … 조선인에 대하여 요망하는 연락은 … 其實은 불평등의 연락이며 노
> 예의 밀접한 관계라 할지니 … 조선의 산업상 계획을 일본산업방책에 순
> 응케 하라는 … 일본의 식량을 충실키 위하야 産米의 개량증식을 圖하라
> 는 소이는 무엇인고 … 조선의 산업계발은 조선인의 경제적 발달을 위주
> 하는 것이 아니라 … 일본의 양식지로 … 원료지르 …41)

라 하여 調査會의 결정을 '조선인의 생활을 일본인의 그것에 예속'시키
는 것이라 하여 맹렬히 비난하고 있다. 바로 이와 같은『동아일보』의
입장 및 주장은 調査會의 설립기에 주식회사로 변모하는 <동아일보사>
에 8,615원의 자본금을 납입하고 <주식회사 동아일보>의 초대, <동아일
보사>의 3대 사장으로 취임하여42) 본격적으로『동아일보』를 이끌고 관

---

40)「産業調査會 決議案」,『동아일보』1921년 9월 22일.

41)「産業調査會의 決議案-朝鮮人本位의 反對로 日本人本位의 政策」,『동아일
　　보』1921년 9월 23일.

42)『古下宋鎭禹先生傳』, pp.162~164. :『獨立을 향한 執念』, pp.209~211.

계하는 古下의 입장이 충분히 반영된 것이라 할 수 있다.

이상에서 살펴 본 바와 같이 古下가 당시 국내 부르조아층을 중심으로 벌어진 <朝鮮人産業大會>라는 경제운동에 참여하였다는 점은 이 産業大會가 주장한 '조선인본위의 경제정책'과 '보조금의 지급'의 내용에 그 역시 동조한 것으로 파악할 수 있다. 비록 이에 대해서는 『동아일보』의 사설들의 내용 검토를 통해 유추해 볼 수 밖에 없지만, 이는 古下의 '경제적 실력양성론'의 한 성격을 나타낸 것이라고 할 수 있다.

2. 敎育振興運動의 展開

그러나 무엇보다도 古下의 실력양성운동을 가장 직접적으로 파악할 수 있는 것은 그가 『동아일보』의 3대 사장으로 취임한 이후 당시 민족주의 계열 주도하에 진행된 '民立大學設立運動'에 참여한 것으로 나타난다. 또한 이후의 일이지만 1930년대에 『동아일보』를 바탕으로 전개한 '李忠武公遺跡保存運動'과 '브 나로드 운동' 등과 같은 민족성 유지의 차원에서 전개한 민족운동 역시 이러한 古下의 실력양성운동을 나타낸 것이라 할 수 있다.

민립대학설립운동은 1920년대 민족주의 계열이 '교육의 진흥'을 통한 실력양성의 한 방향으로 전개한 것이다. 이는 당시 민족주의 진영이 '民族의 獨立을 장래에 期하기 위해서는 오직 敎育으로서 實力을 培養한다'고 교육의 필요성을 역설하는 배경하에서[43] 총독부가 '時勢의 進步와 民衆의 向學心이 향상되어'라 하여 한국인의 교육열 고조와 교육적 욕구를 충족시킨다는 명분 아래 '文化政治'의 일환으로 1922년 2월 개

---

43) 이러한 '교육의 진흥'에 대한 분위기는 아래의 글에서도 잘 나타나고 있다.
"… '밥을 주시오 不然이면 死를 주시오' 함보다 또는 '自由를 주시오 不然이면 死를 주시오' 함보다 '敎育을 주시오 不然이면 死를 주시오'라고 주장하노라 …"(『東亞日報』 1922년 4월 13일.)

정 공포한 「朝鮮敎育令」의 시행을 계기로 나타나고 있다.[44]

당시 한국 내에서는 '교육의 진흥' 및 '산업의 진흥'과 같은 실력양성
론적 운동의 기운이 팽배하였고, 이러한 '교육의 필요성'을 역설·주장
하는 분위기에 있어 古下 역시 예외는 아니었다. 그는 이미 『開闢』에
기고한 글에서

> … 조선 장래의 흥망성쇠의 운명 여하를 판단하는데 오직 교육에 달려
> 있음을 절규 …[45]

라 하여 교육진흥의 필요와 당위성을 주장하고 있으며, 또한 개정된 「
조선교육령」이 공포되는 시기에 즈음하여서는 『동아일보』에 아래와 같
은 「民立大學의 必要를 提唱하노라」라는 社說을 게재하여 민립대학의
설립을 주장함으로서 민립대학설립운동이 본격적으로 진행되기 이전에
그 열기를 불어 넣고 있다. 이 글에서 古下는

> … 정치적 자유와 경제적 독립은 곤란하듯 필요하듯 하되 學의 독립이
> 오히려 곤란하고 필요한 것 … 특히 민립대학을 제창하는 所以는 … 조선
> 에 있어서는 사실을 사실대로 진리를 진리대로 연구하여서 실로 인생생
> 활의 大路를 조명하는 봉화를 擧하랴 하면 不可不 민립대학에 이를 구할
> 수 밖에 없도다. … 특히 富豪는 그 재산을 이 일에 投하여서 민족부흥에
> 대공헌과 대공적을 기함이 如何할까. …[46]

라 하여 교육의 필요성과 중요성이 정치적 경제적 독립보다도 중요한

---

44) 이 「朝鮮敎育令」의 핵심적 내용은 한국에서의 大學敎育과 師範敎育의 실시
   를 들 수 있으며 이를 바탕으로 '民立大學設立運動'이 전개되기 시작한다.
   (盧榮澤,「民立大學 設立運動 研究」,『國史館論叢』11, 1990, pp.65~66.)
45) 宋鎭禹,「朝鮮의 將來와 敎育」,『開闢』1921년 11월.
46) 宋鎭禹,「民立大學의 必要를 提唱하노라·富豪의 一考를 促함」,『東亞日報』
   1922년 2월 3일.

것으로 파악하여, 민립대학의 설립을 주장하고 있다. 그는 '事實과 眞理'
를 올바로 연구하기 위해서는 官立이 아닌 民立大學의 설립을 주장하고
있는데, 이는 일제 '官制敎育의 産室'이라 할 수 있는 官立大學이 설립
될 경우 한국의 고등교육이 교육적·사상적 측면에서 종속이 가속화될
것을 우려하는 동시에 민립대학을 통해서만이 당시 한국사회에서의 '眞
理와 事實'-민족의 독립-의 연구 및 성취가 가능하다는 것을 우회적으로
주장한 것이다.

특히 여기서 중요한 사실은 '富豪'들의 재정적 지원을 호소하고 있다
는 점이다. 이후 운동이 진행될 때에 자금조달에 있어서 부호나 유지들
의 기부에 의지하고 있는 점으로 미루어 이러한 古下나 '동아일보 그
룹'의 주장이 이 운동에 상당한 영향력을 행사했음을 알 수 있다. 동시
에 이러한 운동방법은 애국계몽운동기의 국채보상운동과 같은 성격을
지닌 것으로, 실력양성운동이 애국계몽운동에 그 사상적 연원을 가지고
있는 것을 증명하는 것이라 할 것이다.[47]

이러한 古下를 위시한 '동아일보 그룹'의 민립대학설립운동에 대한
적극적인 지지와 호응은, 1922년 11월 16일 사설에서 '民立大學期成會'
의 발기와 설립기금모금에 참여할 것을 또다시 주장하고 있는 것과
1923년 3월 28일字에 이 운동을 일종의 '文藝復興運動'으로, 민중운동의
지침이 될 것이고 '최초 최대의 민중운동'이라 한 사설 등을 통해 확인
할 수 있다.[48]

이와 같은 지지를 바탕으로 1922년 11월 민립대학설립운동은 '民立大

---

47) 그러나 이러한 運動論은 운동의 참가 및 추진세력이 명확히 지정되지 않는
   문제점을 내재하여, 이후 운동의 실패의 한 원인으로 인식되고 있다.(李明花,
   「民立大學 設立運動의 背景과 性格」,『한국독립운동사연구』5, 1991, p.34.)
48) 『東亞日報』, 1923년 3월 28일, 「民立大學發起總會-民衆文化運動의 先驅」(이
   외에도 「民立大學의 期成總會」(1923년 2월 23일), 「民立大學에 대한 吾人의
   理想」(3월 29일), 「民立大學의 成敗」(6월 4일), 「民大期成運動의 發展」(7월 28
   일) 등을 통해 民立大學設立運動을 지지하고 있다.)

220

學期成準備會'이 조직되면서 본격적으로 진행되고, 1923년 3월 29일 '朝鮮民立大學期成會發起委員會'를 개최함으로서 본격적인 궤도에 오르기 시작한다.49) 중앙부와 지방부로 구성된 조직은 성격상 지방부가 모금활동을 담당하고 중앙부는 각 지방부의 활동을 지원하기 위한 선전활동을 하는 것이 중요임무였다. 古下는 李商在·李昇熏 등과 더불어 중앙부집행위원으로 참여하며, 仁村은 회금보관인으로 활동하고 있다.50)

그러나 이처럼 수많은 인사들의 참여와 전국적인 호응에도 불구하고 민립대학설립운동의 열기는 급속히 냉각되었고, 1924년 5월에 경성제국대학이 개교한 이후, 아무런 결실도 맺지 못한 채 끝나 버리고 말았다.51) 이와 동시에 민족주의 진영의 실력양성운동의 다른 한 축으로 진행되고 있던 '物産獎勵運動' 역시 1923년 여름 이후 급격히 쇠퇴를 맞이하여 1920년대 초반 진행된 민족주의자들의 실력양성운동은 좌절을 맞게 된다.

3. 古下 實力養成運動의 特徵

1920년대 초반 민립대학설립운동과 물산장려운동을 두 축으로 진행된 민족주의 진영의 실력양성운동에 있어 古下와 仁村은 전자의 경우에는

49) 이 회의에서는 中央部執行委員 30人, 監査委員 7人, 會金保管委員 7人을 선출하고, 中央部와 地方部의 조직을 취하고 있다. 또 4월 2일 제1회 중앙집행위원회를 열어 李商在를 위원장으로, 李昇薰·韓龍雲 등 8명을 상무위원으로 선출하여 民立大學設立運動을 실질적으로 주도하게 했다.(『東亞日報』 1923년 4월 1·3일.)
50) 『東亞日報』 1923년 4월 1일.
51) 民立大學設立運動의 실패 원인으로 먼저 지도자와 간부들의 실천력 부족, 둘째로는 운동의 주체와 추진과정에 대한 불신, 셋째로는 조선인의 경제적 빈곤과 總督府側의 방해 등을 들 수 있다. 특히 "… 國債報償義捐金도 간 곳을 모르고 … 중앙본부에 금전을 보낸 것은 모두 空捐이 되었고 …"라는 사설을 통해 볼 때 두 번째 요인에 대한 불신이 대단했음을 알 수 있다.(『東亞日報』 1924년 1월 1일.)

직접적으로 참여하고 있지만 후자의 경우에 있어서는 『東亞日報』의 사설들과 기사들을 통해 운동을 우회적으로 지지하는 관망적인 자세만을 보이고 있다.[52] 이는 이 두 운동이 거의 같은 시기에 진행되고 있었고 이 두 운동에 참여한 인물들이 상호 유사했던 점과[53] 古下가 계속적으로 『동아일보』의 사설과 기타의 잡지에 게재한 글을 통해 실력양성론적 입장을 견지해오고 있던 점으로 미루어 보아 사회적인 영향력을 갖고 있는 『동아일보』 사장으로서의 古下가 물산장려운동에 참여하지 않은 점은 의문이 아닐 수 없다. 특히 물산장려운동이 전개되기 이전인 1921년 7월 産業大會의 위원으로 참여하여 다른 위원들과 함께 '朝鮮人 本位의 産業政策'을 주장하였고, 『동아일보』 사장으로 취임한 직후에 총독부가 이러한 입장을 받아들이지 않자 사설을 통하여 맹렬히 비난하는 등의 古下의 태도는 이러한 의문을 증폭시킨다.

이에 대해서는 古下가 교육진흥운동에 치중하였기 때문에, 혹은 앞서 살펴 본 産業大會의 좌절이라는 경제운동의 한계를 인식하였기 때문이라는 여러 가지 측면에서 파악이 가능하다. 그러나 다음과 같은 측면으로도 해석이 가능하리라 생각한다.

즉, 産業大會의 요구안이 좌절된 직후인 1922년 仁村의 <京城紡織>은 총독부에 보조금 지원을 요청하고 있다. 이는 産業大會의 요구안과 일치하는 것이었고, 이러한 요청이 받아들여져 그해 12월에 총독부는 공

---

52) 古下의 물산장려회 활동에 대해 『古下宋鎭禹先生傳』(1965)에서는 언급이 없으나, 『인촌 김성수전』(인촌기념회, 1976, p.246.)에서는 1923년 1월 20일 창립총회의 '구성원'으로, 이후에 다시 쓰여진 古下의 전기인 『獨立을 향한 執念』(1990, p.225)에서는 古下가 '책임위원'으로 활약하였다고 기록하고 있다. 그러나 『朝鮮物産奬勵會會報』(1-10, 1930.10)에 나타난 이사진에서는 古下를 확인할 수 없다.

53) 物産奬勵會의 이사로서 民立大學設立運動에 발기인 및 중앙부 조직에 관여한 인사로는 고용환·김윤수·설태희·유성준·이갑성 등을 포함한 15인으로 이사진의 반수를 이루고 있다.(『産業界』 창간호, 1923년 12월, pp.55~56 및 『東亞日報』 1923년 4월 1일 참조)

식적으로 보조금 지원의사를 밝힌다. 그리고 1923년 4월 경에 京城紡織
에 당기순이익의 1,088%의 비율에 해당하는 16,042원의 보조금을 지급
받는다.54) 이로부터 1935년에 이르기까지 京城紡織은 11차례에 거쳐
254,779원에 이르는 막대한 액수의 보조금을 지급 받게 된다.55) 이렇듯
京城紡織이 보조금을 요청하고 총독부로부터 보조금을 지원 받는 1922
년에서 23년 초까지의 기간은 국내에서 '조선물산 사용'에 대한 분위기
가 강조되며 <朝鮮物産奬勵會>가 발기하는 등 물산장려운동이 본격적
인 궤도에 오르기 시작하는 시기였음을 알 수 있다.

바로 이러한 시기에 경성방직의 보조금 수령은, '민족기업의 육성'이
라는 물산장려운동의 취지를 정면으로 위배한 것이라 할 수 있고, 한편
으로 총독부측은 보조금의 지원을 통해 물산장려운동과 같은 민족운동

---

54) 『東亞日報』1922년 6월 11일.; 12월 31일. 및 權泰憶, 『韓國近代綿業史硏究』,
  일조각, 1989, p.266.
55) <京城紡織>이 총독부로부터 지급받는 보조금의 액수와 이것을 <京城紡織>
  의 당기순이익에 대한 비율로 나타내면 다음과 같다.

<경성방직에 지급된 총독부 보조금>

期(期間)	當期純利益	補助金額數(*)
5期(1923.4~24.2)	1,474	16,042 (1,088)
6期(1924.3~25.2)	25,280	19,250 (76)
7期(1925.3~26.2)	64,214	28,000 (43.6)
8期(1926.3~27.2)	169	27,000 (15,982)
9期(1927.3~28.2)	2,470	29,653 (120)
10期(1928.3~29.2)	7,878	29,115 (370)
11期(1929.3~30.2)	12,891	27,753 (215)
12期(1930.3~31.2)	17,597	24,883 (141)
13期(1931.3~32.2)	27,218	20,150 (74)
15期(1933.3~34.2)	40,908	16,987 (42)
16期(1934.3~35.2)	47,212	15,946 (33.8)

① *는 每期 당기순이익에 대한 총독부 보조금 비율. ② 14期(1932.3~33.2)는 보조
금이 지급되지 않았음.(『경방60년사』, 1980, p.523 참조)

에 분열을 획책하려 했다고 할 수 있다. 물론 '보조금의 지급'은 이미 仁村이나 古下가 産業大會의 요구안을 통해 주장하고 있는 것이다. 그러나 보조금을 요청하고 그것을 지급 받는 상황에서 京城紡織과 <동아일보사>의 社主인 仁村과 <동아일보사> 사장으로서의 古下의 물산장려운동에의 직접적인 참여와 운영은 어느 정도 제약을 받지 않을 수 없었다고 유추할 수 있다. 이와 같은 이유에서 서로 '一身兩面的 關係'[56]를 지니고 있던 仁村과 古下가 물산장려운동에 적극적으로 참여하지 않고 다만 『東亞日報』의 지면을 통해 운동을 지지하는 우회적인 지원을 한 것으로 이해할 수 있을 것이다.[57] 이러한 古下의 일제에 대한 타협적인 측면은 이후 나타나는 자치운동과 더불어 이 시기 그의 실력양성운동의 한 특성을 드러낸 것이라 할 수 있다.

Ⅳ. 自治運動의 展開와 그 性格

1. 硏政會 運動의 展開

이 시기의 自治運動은 주로 崔麟을 중심으로 한 天道敎 新派와 古下를 위시한 '동아일보 그룹'에 의해 주도되고 있다. 이 자치운동에 대해서는 기존의 연구에서 충분히 논의되고 있으며[58] 자치운동 전개의 주된

---

56) 白菱, 「東亞日報社長 宋鎭禹氏 面影」, 『彗星』, 1931년 3월, p.111.

57) 이에 대해 윤덕영은 古下가 이미 '朝鮮人産業大會'의 경험을 통해 경제적 실력양성운동의 한계를 알고 있었기에 물산장려운동의 참여와 같은 경제운동보다는 정치단체의 결성과 준비에 보다 주의를 기울였기 때문이라고 말하고 있다.(윤덕영, 「고하 송진우의 생애와 그의 정치·경제사상」, 정신문화연구원 현대사연구소 학술심포지엄 발표요지, 1998.)

58) 姜東鎭, 앞의 책. ; 韓培浩의 「3·1運動 直後의 朝鮮植民地 政策」, 『日帝의 韓國植民統治』, 정음사, 1985. ; 朴贊勝, 앞의 책.

배경으로 3·1운동 이후 실력양성운동의 좌절로 인한 민족자본가 上層
과 민족주의 우파의 동요 심화, 둘째 齋藤 總督을 비롯한 總督府側의
자치론 검토 등을 들고 있다.59)

이러한 배경 하에서 古下가 직접적으로 자치운동을 벌이는 것은 바
로 2차에 걸친 <研政會>의 설립논의를 통해서이다. 研政會라는 것은
1924년 1월 중순에 천도교의 崔麟, 東亞日報의 金性洙·宋鎭禹·崔元淳,
天道敎의 李鍾麟, 변호사 朴勝彬, 기독교계의 李昇薰, 대구의 徐相日, 평
양의 曺晩植, 그리고 申錫雨, 安在鴻 등 16,7명이 회합하여 '合法的 政治
運動'을 위한 정치결사의 조직문제에 대한 협의를 가진 것을 말하는 것
으로 이를 1차 연정회 운동이라 할 수 있다. 이후 연정회라는 단어는
1920~30년대 초 사이에 민족주의 우파에 의해 진행된 자치운동을 지칭
하는 단어로 사용되고 있다.

이 1차 研政會 설립 논의가 사회적으로 알려지고 문제를 야기하게
되는 것은 李光洙의 「民族的 經綸」이 1924년 1월 2일부터 5회에 걸쳐
『東亞日報』를 통해 발표된 직후부터이다. 여기서 이광수는

> … 무슨 방법으로나 조선 내에서 전민족적 정치운동을 하도록 新生面
> 을 타개할 필요가 있다. 조선 내에서 許하는 범위 내에서 일대 政治的 結
> 社를 조직하여야 … 당면의 민족적 권리와 이익을 옹호하기 위하야 조선
> 인을 정치적으로 훈련하고 단결하야 민족의 政治的 中心勢力을 만들어서
> 장래 久遠한 정치운동의 기초를 成하기 위해 …60)

라 하여 '조선 내에서 許하는 범위에서' 政治的 結社의 조직과 이를 통
한 정치운동을 주장하고 있는데, 이 정치운동이 자치운동일 수 밖에 없

---

59) 박찬승, 앞의 책, pp.306~325 참조.
60) 李光洙, 「民族的 經綸」, 『東亞日報』 1924년 1월 2일~6일.
　　이 글은 여러 연구들에서 당시 <研政會>라는 民族主義 右派의 自治運動論
　　에 대한 관측기구로서 발표된 것으로 파악되고 있다.

음을 어렵지 않게 알 수 있다.

이 「民族的 經綸」에 대한 반응은 국내에서는 『東亞日報』의 불매운동 등으로 나타나고 국외에서는 上海臨時政府가 『獨立新聞』을 통해 『東亞 日報』에 대한 엄중한 경고 및 비판을 가하고 있다. 이러한 국내외적인 비판을 무마하기 위해 『東亞日報』는 사설을 통해

> … 민립대학기성운동과 물산장려운동을 통일적으로 완성하기 위해서는 '民族的 團結'이 필요하고 이의 한 방법으로서 政治的 結社를 주장한 것 …61)

이라고 해명하고 있으나, 『東亞日報』 내부에서도 기자들의 반발이 일어 나고 급기야는 古下의 사장직 사퇴 등 이사진의 개편을 가져오기에 이 른다.62)

그러나 이와 같은 硏政會 논의에 대해 古下는 이후 『三千里』에 기고 한 글에서

> … '京鄉 各處의 有志들이' 한번 모인 일이 있기는 했으나, 자치문제를 논의한 일도 없고 더구나 硏政會라는 명명도 해 본 일이 없다. …63)

고 하여 硏政會의 논의 자체를 부정하고 있다.

하지만 이러한 古下의 硏政會 부정은 아래의 사실들을 통해 볼 때 그 신빙성을 재고케 한다. 먼저 1922년 7월 『東亞日報』에 실린 「政治와

---

61) 「'政治的 結社와 運動'에 對하야」, 『東亞日報』 1924년 1월 29일.
62) 古下의 전기를 비롯한 東亞日報側에서는 이를 '朴春琴脅迫事件'의 여파로 설명하고 있으나(『東亞日報社史』 1, pp.244~245), 崔民之는 '自治運動'에 대한 記者들과 民衆들의 反撥을 그 原因으로 파악하고 있다.(崔民之, 앞의 책, pp.134~141.)
63) 宋鎭禹, 「海外同胞와 飜譯」, 『三千里』 1930년 5월.

中心勢力」과 「民族的 自覺을 促하노라」 등의 사설에서[64] 古下를 비롯한
'東亞日報 그룹'이 "中心勢力이 없으면 革命도 政治運動도 없다"고 하여
우회적으로 研政會와 같은 '政治的 中心勢力'의 결성을 주장하고 있었
던 점을 들 수 있다. 그리고 1923년 11월에 실린 「中心勢力作成의 必要-
生存權保障을 爲하여」라는 사설에서

　　… 생존권에 대한 보장이 있다 하면 민족의 總文化를 지배하는 정치상
　에 有力한 발언권이 있어야 할 것 … 조선 민족의 생존권을 위하여 中心
　勢力이 될만한 團體가 출현하기를 절규한다. …

고 하여 직접적으로 '中心勢力의 團體' 결성을 주장하고 있는데 여기서
말하는 '中心勢力의 團體'가 研政會를 의미하고 있음을 파악할 수 있다.
특히 古下 자신도 1차 研政會 논의가 좌절된 이후인 1924년 4월 『開闢』
에 게재한 글에서

　　… 우리가 무슨 主義니 사상이니 하여 如何히 선전하며 如何히 고취한
　다 할지라도 단결력이 없어서는 貧僧의 空念佛에 불과 … 3·1운동을 통
　일 계속할만한 中心의 團結力이 부족하였든 것이 不誣할 사실 … 모든 主
　義가 사상의 실현에 토대가 되고 근저가 될만한 '힘', 곧 團結力을 준비하
　지 아니하면 아니될 것 …[65]

고 하여 3·1운동의 실패 원인을 '中心的 團結力'의 부족으로 파악하고
"강자가 되기 위해서는 團結을 통한 힘"의 육성을 주장하고 있는 점에
서 그가 '中心的 勢力의 結集' 즉 研政會의 조직을 꾀했던 점을 알 수
있으며 이 역시 그의 研政會 설립 논의에 대한 부정을 재고하게 한다.

---

64) 『東亞日報』 1922년 7월 6일, 「政治와 中心勢力」. : 7월 25일, 「民族的 自覺을
　　促하노라-朝鮮人은 團結하라」.
65) 宋鎭禹, 「무엇보다도 '힘'-最近의 感」, 『開闢』, 1924년 4월.

이러한 1차 硏政會 설립운동 좌절 이후 민족주의 우파는 1926년 말 또다시 이와 유사한 자치운동 단체의 조직을 준비한다. 이 조직 논의에 서도 역시 崔麟·宋鎭禹·金性洙·李鍾麟 등이 중심을 이루고 이외에 朴熙道·金俊淵·趙炳玉·崔元淳·李光洙·崔南善 등이 참여하고 있다. 그런데 이 시기의 硏政會 논의는 1차의 논의와는 달리 총독부와 밀접한 관계를 유지하면서 진행되고 있으나, 이러한 총독부측과의 접촉이 2차 硏政會 논의에 참가한 구성원 전체의 의사였던 것으로 파악되지는 않는 다. 그것은 총독부와의 접촉 사실과 이들의 자치운동에 반발한 安在鴻 과 金俊淵 등이 이러한 사실을 사회주의 계열인 <民興會>의 明濟世에 게 누설하여 2차 硏政會 모임을 방해하게 한 사실에서 드러난다.

결국 이들의 방해로 2차 硏政會 논의는 또다시 실패로 돌아가게 되 는데, 이를 계기로 민족주의 계열은 민족주의 우파와 좌파 계열로 분열 하게 된다고 할 수 있다. 즉, 古下나 崔麟을 중심으로 한 민족주의 우파 세력은 계속적으로 자치운동을 전개하게 되고, 이에 반발한 민족주의 좌파 계열은 사회주의 세력과 연합하여 <新幹會>라는 '民族協同戰線運 動'을 전개하게 되는 한 원인을 제공한다고 할 것이다.

이상의 2차 硏政會 논의에 있어서 古下는 崔麟과 더불어 『京城日報』 사장을 지내고 齋藤總督의 정치참모라 할 수 있는 阿部充家와 계속적인 접촉을 보이고 있는데, 이는 阿部充家가 총독인 齋藤에게 보낸 편지를 통해 파악할 수 있다. 1925년 당시 古下는 하와이에서 벌어진 '太平洋問 題會議'(Institute of Pacific Relations)에 참가하였다가 李承晩·徐載弼 등 을 만나고 귀국한 이후였다. 이때 古下는 阿部充家에게

　　… 李承晩이 공산주의나 암살 폭동 등에는 찬성하지 않지만, 자치운동 에는 반대하지 않았다 …

는 내용을 전하고 阿部充家는 이를 齋藤에게 보고하고 있다.66) 또한 阿

部充家는 齋藤에게 보내는 또 다른 서한에서는

> … 安在鴻과의 대화에서 右傾的 政黨의 출현을 감지 … 宋鎭禹의 귀국
> 선물의 한가닥이 벌써 싹트기 시작하누나 생각 …[67]

이라는 내용을 齋藤에게 보고하고 있다. 이상의 서한의 내용을 통해 볼
때 당시 古下는 귀국 이후 阿部에게 '右傾的 政黨', 즉 2차 硏政會의 조
직을 논의할 것임을 시사하는 등 총독부측과 밀접한 관계를 가졌음을
알 수 있다.

그러나 이러한 古下의 2차 硏政會 논의 참여에 대하여 일부 연구에
서는 古下가 蘇聯의 國際農民本部에서 3·1운동 7주기를 맞아 '朝鮮農
民에게 보내온 메시지'를 『동아일보』에 게재한 사건으로 인해 구속되던
시기라 직접적인 활동은 보이질 않고 있다는 점과 당시 총독부 警務局
長이 1925년 11월 18일자로 齋藤에게 보낸 서한에서

> … 阿部充家가 … 宋鎭禹도 끌어들였으면 하는 생각중인데 아직은 구
> 체적으로 진전이 없는 듯 합니다. …

라고 말하고 있는 내용을 들어 2차 硏政會 논의에서 古下가 중심적인
역할을 수행하였다는 사실을 부정하고 있다.[68]

그러나 2차 硏政會 논의가 진행되던 시기는 1925년 말부터 민족주의
좌파와 사회주의 계열의 반발로 논의가 무산되는 1926년 10월까지의 기
간이고, 古下가 앞서의 사건으로 일제에 의해 불구속 기소되는 것은
1926년 4월 26일이다. 이후 古下가 재판을 받아 징역 6개월의 형을 받

---

66) 『齋藤實文書』, 「齋藤實에게 보낸 阿部書翰」, 1925년 7월 30일.
67) 『齋藤實文書』, 「齋藤實에게 보낸 阿部書翰」, 1925년 10월 7일.
68) 金學俊, 앞의 책, p.202.

아 구속되는 것은 1926년 11월 13일로서, 논의가 한창 진행 중일 때는 불구속 기소의 상태로서 활동에 커다란 장애가 없었을 것이라는 점을 파악할 수 있다.

그리고 古下가 출옥한 후 얼마 뒤인 1927년 말경 『朝鮮及滿洲』의 발행인인 釋尾東邦과 가진 인터뷰에서

　　… 朝鮮에 朝鮮議會를 만들어 예산은 물론이오, 조선의 정치는 조선인
　　으로서 논의할 수 있게 해주면 좋겠다고 생각한다 …[69]

고 말하고 있는 것으로 보아 당시 그가 자치를 원했다는 것을 알 수 있으며, 이로서 그가 硏政會 논의에 대해 깊이 간여하고 있었음을 파악할 수 있다.

이상의 2차에 걸친 硏政會 설립 논의를 통해 볼 때, 2차의 경우 1차와는 달리 총독부와 밀접한 연관 속에서 진행되고 있으며, 2차 시기를 기점으로 古下의 일제에 대한 타협주의 노선이 본격적으로 나타난다고 할 것이다. 즉 古下와 '東亞日報 그룹'은 당시 상황으로는 '獨立이 不可能하므로 獨立의 機會를 對備한 準備가 必要'하다라는 '準備論'적 입장을 견지하고 있었으며 이는 곧 '준비'를 거쳐 '기회'를 엿보자는 '기회론'을 의미하는데, 이러한 입장은 「政治運動에 對하야」라는 사설에 잘 나타나 있다.[70] 여기서 그들은 極東과 太平洋에 장차 상당한 파란이 일어날 것이고 결국 日本은 강자들끼리의 싸움에서 무너질 기회가 올 것이며, '機會를 맞기 위하여' 준비하자는 정세인식을 보여주고 있는 것이다. 이러한 정세인식은 앞서 살펴 본 古下의 「世界大勢와 朝鮮의 將來」와 유사하며, 당시 硏政會 논의에 참여한 民族主義 右派 인사들의 공통

---

69) 東邦生,「東亞日報社長 宋鎭禹君と語る」,『朝鮮及滿洲』, 1928년 2월, pp.33~
　　35.
70)「政治運動에 對하야」,『동아일보』1924년 12월 26~27일.

적인 견해라 할 수 있다. 이는 硏政會에 대한 徐相日의 견해를 통해서
도 확인할 수 있다.

> … 일본의 백년대계로 보아 … 조선인의 자치권 요구를 거부할 수가
> 없는 처지에 있다. … 일본과 조선의 균형은 국제정세에 돌변이 일어나지
> 않는 한 어느 시점에서는 결국 자치권 부여와 자치권 획득의 일치점으로
> 귀착돼야 할 필연성을 지니고 있는 것 … 조선의회의 설립기성에서 자치
> 권 획득이라는 관문을 통과해야만 최후 해방으로 비약될 역사적 과제를
> 맡고 있는 …71)

즉, 당시 민족주의 우파 계열은 일제와의 타협주의 노선을 견지하여
自治를 획득하고 '國際情勢의 變化'를 통해 독립을 획득한다는 기회론
적인 입장을 견지하고 있었음을 파악할 수 있다. 古下 역시 민족주의
우파의 일인으로서 주도적으로 여기에 참가하고 있음을 알 수 있다. 그
리고 이러한 그들의 운동론은 한국의 민심을 조정-분열-하기 위해 자치
론을 검토한 총독부측의 입장과 일치함으로서 硏政會를 통한 自治運動
이 진행되었음을 파악할 수 있다. 이러한 古下의 '機會論'이 단적으로
드러나는 것은 이미 언급한 「世界大勢와 朝鮮의 將來」를 통해서인데 여
기서 나타나는 '中心勢力의 確立'과 '自體勢力의 解決'이라는 것이, 당시
古下가 自治團體 조직에 열중하던 시기였기에, 硏政會를 의미하는 것이
라는 어렵지 않게 알 수 있다.

그런데 당시 古下가 硏政會라는 自治團體를 주장한 이유에 대해 古
下는 일제가 한국에서 물러날 경우 결국 '美·露·中' 중의 하나가 영
향을 미칠 것이고, 열강의 간섭을 피하기 위해서 民族的 團結'을 통한
'中心勢力의 確立'을 통한 '정치조직' 즉 <硏政會>라는 자치단체의 조
직, 즉 민족 자체의 정치력 확보를 의미한 것으로도 파악이 가능하리라

---

71) 徐相日, 「合法運動과 非合法運動에 관한 私見」, 1931년 3월 26일.(姜東鎭, 앞
의 책, p.415 재인용)

생각한다. 이러한 추론은 古下가 자치운동을 진행하면서도, 당시로서는 거금이라 할 수 있는 1만원을 독립군의 군자금으로 네차례에 걸쳐 지급하고 있는 점[72], 崔麟이 '大東方主義'를 제창하며 '轉向'을 선언하고, 1934년 8월 <時中會>를 조직하는 등 계속적인 親日行脚을 벌이고 있는 것과는 달리 古下는 『東亞日報』를 배경으로 '이충무공유적보존운동', '브 나로드운동' 등의 민족정신의 유지를 위한 운동[73]들을 전개하고 있는 점에서 가능하겠지만, 보다 신중한 연구 및 논의가 진행되어야 할 것이다.

2. 新幹會에의 參與

이상의 硏政會 운동이 좌절된 직후인 1928년 1월 9일 古下는 <新幹會>의 京城支會에 入會하고 있다. 그런데 新幹會가 古下 등의 '자치운동'에 반발한 민족주의 좌파 세력과 사회주의 세력의 결성체였다는 점, 그리고 '기회주의를 일체 부인함'을 강령으로 하고 있었기에 그들이 '타협적 인사'로 파악한 古下의 입회가 가능하였던 것은 어느 정도 의외의 일이라 할 수 있다. 한편으로 당시 『동아일보』의 사설들을 통해서 볼 때도 古下의 新幹會 입회는 의외라 할 수 있다.

즉 『동아일보』는 新幹會 설립이 논의 될 때 "新幹會의 목표는 右傾的 민족주의를 배척하고 민족주의 中 左翼戰線을 형성하려는 것"[74]이라 하

---

72) 「光復會會長 李康勳翁 '東亞인연' 70年」, 『東亞日報』 1990년 4월 1일.
   李康勳翁의 증언으로 볼 때, 자금의 출처가 또 하나의 중요한 요소가 된다. 그것은 당시 古下의 자금력으로는 4만원에 달하는 거액을 조달할 능력이 없었기에 결국 金性洙의 자금을 동원했다는 추론이 가능해지며 이는 古下나 仁村의 '자치운동'에 새로운 해석을 제시하는 요소가 되기 때문이다. 그러나 이 증언 내용을 뒷받침할 자료를 발견할 수 없기에 신중을 기울여야 할 것이다.

73) 이러한 古下의 태도는 「억센 朝鮮, 굳건한 氣象」(『新東亞』, 1934년 3월), 「이 江山, 이 民族」(『新東亞』, 1934년 7월) 등의 글들을 통해 확인할 수 있다.

여 비판하고 있으며, 창립될 무렵인 1927년 2월에도 사설을 통해

> … 단체운동이 존속할 여지가 없다 … 당국자의 의사대로 … 필요가
> 있는 때에는 무슨 단체를 인정하여 … 아니한 때에는 금지도 하며 해산도
> 하는 것 … 현하 조선인의 … 표면에 드러나서 단체운동을 하여 보려고
> 하는 것은 매우 어리석은 일 … 무모한 모험 …75)

이라 하여, '결사의 자유'가 없는 당시 한국의 '현처지'에서 '표면'에 드
러난 단체운동, 즉 新幹會는 현상태에서 탄압을 더욱 유발할 뿐이며 머
지 않아 소멸될 것이라 하여 新幹會의 설립과 그 운동에 대해 냉소적
시각을 보이고 있었기 때문이다. 또한 新幹會가 창립된 직후에 쓰여진
사설에서도 "적어도 금일은 준비에 주력할 시기"라고 하여 新幹會의 결
성을 시기상조로 파악하였다는 점에서도 古下를 비롯한 '東亞日報 그룹'
이 新幹會에 대해 비판적인 시각을 갖고 있었음을 유추할 수 있기 때문
이다. 이런 자세를 보였음에도 불구하고 古下가 新幹會에 입회했다는
것은 古下나 新幹會나 일정 부분 입장의 변화가 있었다는 것을 의미한
다. 여기서 주목되는 것이 바로 민족주의 좌파의 정세인식 변화이다.76)

1927년 2월에 창립된 이후 新幹會는 함경북도의 나남지회의 설립을
시작으로 27년 한해만에도 일본의 비롯하여 전국에 104개의 지회가 설
립되는 등 급격한 세력의 팽창을 보이고 있었다.77) 이러한 상황하에서
『朝鮮日報』는 아래의 사설에서

> … 민족주의적 각개의 중요한 기성세력의 계통을 遺漏없이 망라 … 진

---

74) 『東亞日報』, 1927년 2월 18일.
75) 「現下表面의 團體活動」, 『동아일보』 1927년 2월 4일.
76) 이러한 민족주의 좌파의 입장 변화에 대해서는 韓相龜의 연구가 주목된다.
(韓相龜, 「1926~28년 민족주의 세력의 운동론과 新幹會」, 『한국사연구』 86,
1994.)
77) 이균영, 『신간회 연구』, 역사비평사, 1993, pp.234~235 참조.

정한 총역량의 집중을 실현 … 신간회가 … 아직 통합되지 아니한 일부의 기성역량을 餘存없이 집중시키기에 반드시 각별한 노력을 할 필요 … 당로자들이 이미 이러한 노력중에 있다 … 조선인 사회에 아직 정치운동다운 정치운동이 없었고 … 비타협 타협의 別이 엄정하게 나설 수 없다 …78)

라고 하여 1927년 말경에 '민족적 역량의 총집중'이라는 슬로건을 내걸고 新幹會에 참여하지 않은 정치세력, 즉 古下와 같은 '타협적' 인사들의 참여를 제안하고 있다. 당시 『조선일보』의 발행인이 安在鴻이었다는 점에서 이 사설은 新幹會 상층부를 장악하고 있던 민족주의 좌파의 주장이라 할 수 있다. 이렇듯 新幹會 세력이 팽창되는 과정에서 '민족적 역량의 총집중'을 주장한 것은, 普選法 제정과 普選 실시를 통해 개량적 진보가 예상되던 일본 정계가 보수적인 <政友會>의 집권 가능성을 나타내고, 더욱이 齊藤의 후임으로 日本 政界의 保守反動을 대표하는 田中義一의 分身이라 불리며 政友會와 밀접한 관계를 지니는 山梨半造의 총독 임명되는 당시 상황을 '반동적' 정세로 인식하였다는 점이다. 그리고 1927년 11월 이후 3차 朝鮮共産黨 등이 경성지회 대회를 이용하여 新幹會를 직접 장악하고 현실투쟁에 매진하려는 시도가 나타나 사회주의 계열과 갈등을 겪고 있었기에 이의 타개 방법으로서 '민족적 역량의 총집중'을 제창하여 古下의 입회를 제안했다는 것이다.79)

이에 대해 일부 연구에서는 古下의 新幹會 입회에 대해서 민족주의 좌파 계열이 新幹會 결성 이후 지회와 회원의 급증이라는 세력의 팽창을 보이자 이를 바탕으로 古下와 같은 타협적 인사들을 포함함으로서 자치운동의 근거를 없앨 수 있다는 '자신감'에서 '민족적 역량의 총집중'을 제창한 것으로 파악하고 있다.80) 그렇지만 입회한 이후에도 古下

---

78) 「總力量의 集中問題-圓滿無缺한 合同을 促함」, 『조선일보』 1927년 12월 8일.
79) 韓相龜, 앞의 글, 1994, pp.172~179.
80) 박찬승, 앞의 책, pp.340~343.

가 자치운동에의 집념을 버리지 않아, 安在鴻·洪命熹 등이 古下나 수양동우회 계열 인물들의 입회를 新幹會 장악 의도-이른바 '自治黨'의 출현-로 받아들이고 그 대책으로 '1928년 5월 18일'에 '新幹그룹·新幹黨' 결성을 결의했다고[81] 주장하고 있다. 그러나 이러한 주장은 자료 해석의 오류라 할 수 있다. 古下가 新幹會에 입회하는 것은 1928년 1월 초의 일이고, 洪命熹 등이 '新幹黨' 결성을 결의한 것은 앞서의 연구에서 인용하고 있는 자료를 볼 때 1927년인 '昭和 2년 5월 18일'에 申錫雨의 집에서 이루어지기 때문이다.[82]

『조선일보』의 사설을 계기로 古下를 비롯한『동아일보』는 일정 부분 변화를 나타낸다.『동아일보』는 기존의 냉소적인 시각과는 대조적으로 전국에 걸친 新幹會 지회의 설립과 그 활동을 1927년 12월 25일 부터 4면에 「新幹會의 消息」이라는 만들어 보도하고 있다. 또한 아래와 같은 사설들을 통해 변화된 新幹會 인식을 보여주고 있다.

ⓐ … 사회 公衆의 판단하에서 相爭해야 한다. … 민족적 統一戰線이 성취되는 오늘날에 吾人은 이것을 들어서 통일전선에 출두하는 注意 조건으로 지적 … 공연히 드러나지 않은 것을 이유 삼거나 드러나기 전에 派爭的 대상으로 삼는 것은 … 사회적 협동과 常規的 진로를 방해하는 것 … 이 注意만큼은 필요하다 …

ⓑ … 민족적 통일전선의 의의와 가치를 인식하는 이상 우리 사회에 있는 시비론의 목표에 새로운 특색 … 통일전선을 형성함에 해로울 또는 이롭지 아니한 소극적 언행만은 허락하지 못할 처지 …… 남의 잘못을 말하기 전에 통일전선형성을 위하는 남의 잘난 바를 먼저 말하고 … 통일전선형성에 해로운 바를 발견하기에 먼

---

81) 이에 참여한 인사들은 洪命熹·權東鎭·朴東完·朴來泓·崔益煥·安在鴻·李灌鎔·李鈺·申錫雨 등이다.(姜德相 編,『朝鮮-共産主義運動』5, 現代史資料 29, みすず書房, 1972, pp.96~97.)

82) 이에 대해서는 韓相龜 역시 그의 연구에서 '1927년'이라 하고 있다.(韓相龜, 앞의 글, pp.164~165.)

저 노력을 하는 것 보다는 형성에 필요한 재료나 방법을 먼저 발
견하고 먼저 생각하기에 노력하여야 될 것 … 이 적극적 노력이
主가 되어야 하겠다 …83)

이러한 사설들은 『조선일보』의 사설이 나간 직후와 古下의 입회에
맞추어 연속적으로 게재되고 있다는 점, 특히 ⓐ에서 공개적인 토론과
성급한 비판의 자제를 古下-동아일보 그룹-의 新幹會 입회에 대한 일종
의 '조건'으로 내세우고 있으며 ⓑ에서도 남을 비방하는 '소극적 방법'
은 거부하고 '형성'-협동-을 공고히 할 수 있는 노력인 '적극적 방법'을
제시하는 등 어느 정도 '당당한' 모습을 견지하고 있다. 그리고 입회하
는 시기에 즈음해서 『朝鮮之光』에 게재한 글에서 "긴박한 문제는 첫
째 민족적 총역량의 집중문제이다. 지금 新幹會는 곧 이러한 사명을 가
지고 탄생하였고 또 많은 노력을 하는 바"84)라고 하여 古下 자신이 新
幹會에 대해 일정 부분 인정 내지는 긍정적인 평가를 하는 입장의 변화
를 보이고 있다는 점도, 古下의 입회가 시기적으로 민족주의 좌파의 제
안에 대해 일정한 제휴를 거쳐 이루어졌음을 알 수 있게 한다. 따라서
古下의 입회가 '자치운동의 근거를 없앨 수 있다는 자신감'에서 이루어
졌다는 주장은 타당성을 잃고 있다고 할 것이다.
    그러면 古下가 기존의 입장에 변화를 보이며 입회하는 근본적인 이
유는 무엇이며 어떠한 활동을 하였는가. 과연 古下는 자치운동에 대한
의지를 포기한 것인가. 이에 대한 내용을 명확하게 밝히기는 어렵다. 다
만

    … 민족단일당 사상을 혼자서 막아내기는 너무도 벅찬 형편 … 신간회

---

83) 『동아일보』, 「集團과 集團力」, 1927년 12월 25일. : 「反對派에 對하는 態度」,
    12월 29일. 「是非論의 目標-消極에서 積極으로」, 1928년 1월 7일.
84) 宋鎭禹, 「三個의 當面한 急務」, 『朝鮮之光』 1928년 1월호.

236

조직 안에 들어가서 그 회의 방향을 자기들 뜻대로 이끌려 … 곧 좌익에
게 신간회의 헤게모니를 넘겨 주지 않기 위해서는 신간회 조직 안에 들어
가서 그 회의 민족좌파세력과 절충하는 수 밖에 없다고 생각하게 된 것
…85)

이라는 金俊淵의 증언을 통해 볼 때, 古下가 新幹會에 입회하는 이유는
민족운동의 주도권을 사회주의 세력이 장악하는 것을 방지하고 민족주
의 좌파 세력과의 결집을 통해 '민족적 단결'을 도모한 것이라는 추론
해 볼 수 있다. 여기에 또하나 주목해야 할 점은 바로 古下와 齊藤과의
관계이다. 그것은 古下가 新幹會에 대한 입장 변화의 모습을 보이고 경
성지회에 입회하게 된 시기가 공교롭게도 齊藤 총독이 1927년 12월에
제2회 軍縮會議에 全權大使로 임명되어 제네바로 파견되어 山梨가 총독
으로 부임하는 시기와 맞물리기 때문이다. 즉 앞서 살펴 본바와 같이
보수적인 山梨 총독하에서는 전과 같은 자신의 정치활동 전개가 어려울
것으로 판단했기 때문에 新幹會 입회를 통해 민족주의 좌파와의 '단결'
을 추진한 것이라고 파악할 수 있다.

한편으로 新幹會의 입회가 자치운동의 포기를 의미하는 것이라고 보
기는 어렵다. 앞서 살펴 본 ⓑ의 사설을 다시 한번 보자. 여기서 주목되
는 것은 "금일 조선사회의 특수성"이라는 부분과 "시비를 論하되 그것
이 사회적 입장에서 논의되는 것인 이상에는 그 개체의 진화과정에서
논의될 바를 그대로 가져다가 사회적 논의 자료를 삼지 말고"라는 부분
이다. 이는 당시의 한국 사회가 총독부 지배라는 '특수성' 하에 있기에
어느 정도의 '타협성'을 지녀야 한다는 것을 내포하는 것이라 볼 수 있
다. 또한 어느 단체-연정회-가 설립될 때 그 '진행과정'으로 속단하여 비
판하지 말 것을 주장하는 것은, 硏政會가 논의 과정 중에 민족주의 좌
파와 사회주의 계열의 반대로 무산된 것을 의미하며 이에 대해 수긍하

---

85) 김준엽·김창순, 앞의 책, p.56.

지 않는 면을 어느 정도 보이고 있는 것이다. 즉, 연정회 논의 자체에 대한 반성의 모습은 보이질 않으며 오히려 이를 일정 부분 옹호하고 있음을 파악할 수 있다. 이러한 古下와 '동아일보 그룹'의 모습은 齊藤 총독이 재차 부임한 이후 총독부 측이 1930년 3월 「지방제도개선방침」을 발표하자, 그해 여름에 각 지국 주최로 <지방발전간담회>를 개최하고 있는 것에서도 살펴 볼 수 있다. 이는 총독부의 '지방제도개선'을 통한 지방자치의 실시에 앞서 지방사회의 유력자 포섭에 나선 것으로 파악되고 있다.[86] 또한 당시 세간에 해외여행 중이던 仁村이 귀국하는 즉시 막대한 비용을 지원하리라는 소문까지 떠돈 것 등을 통해 볼 때 이 시기에 古下나 '동아일보 그룹'의 자치운동이 일정 정도 진행되고 있었음을 알 수 있다. 따라서 古下가 新幹會에 입회가 자치운동을 완전히 포기한 것은 아니라고 할 것이다.

이상의 내용을 통해 볼 때 古下가 新幹會에 입회하게 것은 '민족통일전선'에 참여라는 사회주의 계열과의 통합이 아닌 민족주의 좌파와의 결합을 통한 '민족세력'의 결집을 이루어내어 이후의 민족운동을 전개한다는 목표를 지녔던 것으로 파악된다. 이는 新幹會가 해소될 무렵에 古下는

㉠ … 전민족의 협동기관이라 하면 외면으로는 물론 좋고 多數人의 結合이니까 힘이 강할 것 같지마는 실상은 아무 힘도 없고 그냥 또 시시부지하고 말기가 쉽습니다. … 막연하게 우리가 같이 단결하여야 되겠다고 … 결국은 아무 실력이 없이 第二 新幹會가 되고 말 것 …

㉡ … 애초에 新幹會가 생겨나기는 … 민족단일당이라는 기치를 들고 나선 것이니까 … 순전한 민족주의단체라고 부른다면 좀 어폐가 있을 것 … XX주의의 이론으로써 해소 … 결성 당초부터 XX주의 편이 많은 지도권을 잡고 있었든 것은 사실 … 일본의 노농당 해

---

86)「最近ノ天道教ト其ノ分裂ヨリ合同ヘノ過程」,『齊藤實文書』10, p.507.

소의 이론을 조선의 신간회 해소에 그대로 이식했다면 그거야 큰
과오 …87)

　라고 하여 자신이 사회주의 계열과의 통합을 부정적으로 인식하고
있으며, 新幹會가 해소에 사회주 이론으로 해소된 것을 '큰 과오'라 주
장하는 것을 통해서 확인할 수 있다. 그리고 당시 『동아일보』 역시 사
설을 통해 "민족주의자들은 반드시 일대 단결운동을 일으키지 안니하면
안될 형세"라고 하여 사회주의 계열을 배제한 민족주의자들의 결집을
주장하고 있으며, "중국내의 민족운동자들이 주의자와 손을 끊고 민족
주의자들끼리 대동단결"이라고 하여 이를 일반적인 추세로 표현하고 있
는 것을 통해서도 확인된다.

3. 古下 自治運動의 特徵

　研政會 수립 논의로 대표되는 古下의 '自治運動'은 앞서 살펴 본 바
와 1920년대 『동아일보』를 바탕으로 1920년대 민족주의 우파의 정치운
동으로 그 중요한 위치를 점하고 있다. 그러나 이러한 자치운동은 운동
방법론상의 다음과 같은 문제점과 한계성을 보인다고 할 것이다.
　먼저 가장 큰 문제점으로는 研政會 운동으로 나타나는 자치운동의
한계성을 古下 역시 지니고 있다는 점이다. 물론 '機會論'을 내세워 독
립에의 의지를 그 기반으로 하고 있다고는 하지만 자치운동 그 자체가
이미 일제의 식민통치를 인정하는 바탕 위에서 진행되었다는 점이다.
따라서 그것이 아무리 식민지하라는 국내의 특수한 상황하에서 '政治的
實力養成論'의 성격을 강하게 지니고 있다고는 하지만 '民族運動線上에
서 離脫'한 것이라 파악할 수 있을 정도로 많은 문제점을 지니고 있다.

---

87) 宋鎭禹, ㉠「大協同機關組織의 必要와 可能 如何?」, 『彗星』, 1931년 3월. :
　　㉡「新幹會解消와 朝鮮運動의 今後展望」, 『彗星』, 1931년 6월.

이는 古下를 위시한 아래와 같은 신채호의 글에서 민족주의 우파 진영의 자치운동을 맹렬히 비난하는 것에서도 확인할 수 있다.

> … 내정독립이나 참정권이나 자치를 운동하는 者 누구냐. … 참정권을 획득한다고 하자. … 자치를 얻는다 하자. 그 何種의 자치임을 물론하고 日本이 그 강도적 침략주의의 초폐인 '帝國'이란 명칭을 존재한 이상에는 그 부속하에 있는 조선 인민이 어찌 구구한 자치의 虛名으로서 민족적 생존을 유지하겠느냐? …88)

신채호의 이러한 주장은 물론 일제의 권력이 미치지 않는 국외에서의 비판이라는 점을 간과할 수는 없지만, 자치운동에 대한 당시의 인식을 적나라하게 보여준 예라고 하지 않을 수 없다. 또한 이 研政會 논의 과정에서 보이는 古下의 '親日性向' 역시 그의 한계성으로 지적할 수 있다. 이는 아래와 같은 글에서

> … 동아일보의 宋鎭禹는 社主 金性洙의 막강한 金力을 배경으로 스스로 정치가를 自任하고 추근추근한 誠勤이라든지 노락이라도 膾를 쳐 먹는 듯한 비위로 기자를 앞세우고 岩佐憲兵隊司令官 집을 방문하여 酒盃도 나누고, 總督府 大官이나 民間有力人士와 交遊에 분주한 속에서 …89)

라 하여 古下를 비난하는 당시의 글과, 앞서 살펴 본 阿部充家가 齋藤實 總督에게 보내는 서한의 내용에서 나타난 것과 같은 총독부측과의 '연관성' 등이 그것이다.

그러나 무엇보다도 '민족운동의 주체'에 대한 인식의 한계성을 그의

---

88) 申采浩,「朝鮮革命宣言」,『나라사랑』3, 1971.
   金元鳳의 <朝鮮民族革命黨>의 강령적인 성격을 지니는 이 글은 實力養成運動까지도 비판하고 있다.
89) 黃泰旭,「朝鮮民間新聞界 總評」,『開闢』1935년 2월.

가장 큰 문제점으로 지적할 수 있다. 즉 그는 硏政會 논의 중과 그 이후에 계속적으로 아래와 같이 '민족의 단결'을 주장하고 있다.

> ① … 우리의 오늘날 요구하는 힘은 단결력이다. 단결력이 없으므로 약자가 된 것이다. …
> ② … 當來할 세계적 變局에 처하여, 어떠한 수련을 可하며 어떠한 준비를 行할 것인가. 두말 할 것도 없이 사상적 수련과 민족적 단결이다. …
> ③ … 우리가 단결력이 약하니 단결을 굳게 함도 필요하다. …
> ④ … 그러고 보면 합리적 운동에는 단결이 필요하고 단결의 완성에는 조직이 필요할 것이다. …90)

그리고 이와 같은 '민족적 단결'을 통해 '중심세력의 확립'을 주장하고 있다. 그러나 그가 주장하는 '전민족의 단결'은 민족주의와 사회주의를 망라한 것이 아닌 사회주의 계열을 배제한 민족주의 진영만의 단결을 의미하고 있다. 물론 古下가 社會主義 진영을 배제한 채 민족주의 진영만의 단결을 명확하고 직접적으로 주장한 글이나 계기는 찾아 보기 어렵다. 또한 古下가 '民族統一戰線體'인 新幹會에 참여하고 있다는 점도 그러하다. 하지만 당시 古下가 사회주의에 사상을 받아들인 청년들을

> … 변변하게 연구도 청년 학생들이, 머리를 필요 이상으로 길게 길러 느리고, 색안경을 쓰고, 굵은 '사꾸라' 몽둥이를 지팡이 대신 짚고, 한길로 활보하며 '사상가'연, '주의자'연 하던 …91)

---

90) 宋鎭禹, ① 「무엇보다도 힘(最近의 感)」, 『開闢』, 1924년 4월. : ② 「世界大勢와 朝鮮의 將來」, 『東亞日報』 1925년 8월 28일~9월 6일. : ③ 「努力前進 更一步」, 『東亞日報』, 1932년 1월 1일. : ④ 「自由權과 生存權」, 『三千里』, 1932년 4월.
91) 『古下송진우선생전』, p.179. : 『독립을 향한 집념』, p.243.

이라 하여 탐탁치 않게 생각하고 있었던 점과, 民族主義 右派 계열이
社會主義 계열을 '民族보다 階級'을 앞세우고 '蘇聯 내지는 코민테른의
이익에 봉사하는 비민족적 비자주적 불온활동'으로 인식하고 있었던
점92)에서 미루어 古下 역시 이와 유사한 입장을 견지하고 있었을 것이
라 추론할 수 있다. 이는 또한 앞서 살펴 본 ㉠,㉡과 같은 新幹會 해소
에 대한 古下의 글에서도 新幹會 창립에 있어 사회주의 계열의 참여를
'矛盾'이라 하여 비판하여 부정적으로 인식하고 있는 점과, 『동아일보』
의 사설에서 사회주의 계열과의 분열을 시대적인 조류로 파악하고 민족
주의자들만의 '대동단결'을 주장하고 있는 점에서도 古下가 주장하는
'民族的 團結'이라는 것은 사회주의 계열의 참여를 배제한 것임을 유추
할 수 있다.

마지막으로 당시 사회문제 특히 농촌의 소작문제나 노동쟁의에 대해
서 특별한 인식을 보여주지 못하고 있다. 특히 사회경제적인 면에 있어
식민지 시기에 古下가 보여준 농촌사회에 대한 인식은 매우 추상적이면
서도 이상적인 내용만을 말하고 있다. 즉 土地調査事業의 종료와 産米
增殖計劃 등으로 日帝의 식민지 수탈이 가속화되고 이에 대한 반발로
농민들의 小作爭議가 활발히 진행되고 있던 1920년代 중반에 古下가 발
표한「農村問題를 걱정하는 이들의 意見」이라는 글에서 그는

… 그네는 무지하여 前後分別이 宣明하지 못한 터인즉 簡易한 國文을
가르치며 쉬운 숫자부터 알게 하여 자기 批判을 가지도록 하였으면 … 經
濟讀本, 自助論(六堂 著)을 보라고 권할까요. …93)

---

92) 金俊燁·金昌順, 앞의 책, pp.18~19.
93) 宋鎭禹,「農村問題를 가지고 걱정하는 이들의 意見」,『朝鮮農民』, 1926년 2
월.

라고 말함으로서, 당시 농촌사회의 문제를 농민들의 '無知'에 원인이 있다고 보고 이의 해결은 敎育을 통한 '自己批判' 능력의 향상을 통해 가능하다는 피상적인 견해만을 밝히고 있다. 또한 1929년에 『朝鮮之光』에 게재한 「小作立法의 必要」라는 글에서도

> … 現下 조선의 소작문제는 … 첫째 제도의 개선이오, 둘째는 地主의 각성이라고 하겠다. …94)

라 하여 당시 사회문제로 대두되고 있던 小作爭議라는 농촌사회의 문제에 대한 나름대로의 근본적인 해결책을 제시하지 못하고 단지, '제도의 개선과 지주의 각성'이라는 극히 추상적인 견해만을 제시하고 있다. 이 역시 당시 민중들이 직접적으로 겪고 있는 사회문제에 대한 古下의 인식의 한계를 나타낸 것이라 하겠다.

이상에서 살펴 본 바와 같이 硏政會 논의를 통해 나타나는 古下 정치운동의 성격 및 특징들은 해방정국에서도 유사하게 나타나며 특히 사회주의 계열을 배제하고 있는 것과 해방정국에서 韓民黨> 창당과 이를 통해 사회주의자들과의 대결노선을 견지하고 있는 것은 일제하와 해방정국에서의 古下의 활동이 연속선상에 놓여 있다는 점에서 그 의의를 지닌다고 할 것이다.

V. 맺음말

이상에서 일제하를 중심으로 살펴 본 민족주의 우파로서의 古下의 정치활동 및 노선은 한마디로 철저한 '現實主義'에 바탕을 둔 실력양성

---

94) 宋鎭禹, 「小作立法의 必要」, 『朝鮮之光』, 1929년 1월.

론과 기회론이라 할 수 있으며 여기서 다음과 같은 점들이 주목된다.

먼저 古下의 민족운동의 의의와 그 한계성이다. 이는 1920년대 초반 朝鮮人産業大會와 民立大學設立運動에 참여하는 古下의 실력양성운동은 식민통치하라는 제한된 환경에서도 진행된 것으로 비록 성공은 하지 못했지만 침체된 민족운동을 어느 정도 유지시킨 일정한 의의를 지니고 있다. 동시에 한계성도 보이고 있다. 즉 민립대학설립운동을 촉구하는데 있어서 주로 '富豪'의 지원을 주장하여 민족운동 주체의 제한적 설정을 하고 있는 점과 농촌사회의 문제점을 "그들의 무지"로만 파악하여 당시 농촌사회의 실상과 민중들의 실제적인 요구를 파악하지 못하고 있는 점이 그것이다.

두번째로 총독부와의 연관성에서 나타나는 지배정권에 대한 밀착성이다. 이는 硏政會를 통한 自治運動을 전개할 때 보이는 古下의 일제에 대한 타협적인 측면을 문제점으로 들 수 있다. 특히 2차 硏政會 논의에 있어서 古下가 당시 총독부측과 일정한 관계를 유지하고 있었던 점, 그리고 『東亞日報』의 자세 등을 통해 볼 때, 古下의 '타협적·친일적 性向'을 유추할 수 있다.

세번째로 古下가 계속적으로 주장하는 '민족적 단결'의 문제이다. 여기서 古下는 사회주의 계열을 배제한 민족주의 진영만의 단결을 주장하는데 이는 사회주의를 비민족적·비자주적 '불온' 활동으로 인식하고 있었던 점과 新幹會에 대한 방관적·비판적 인식 및 태도를 보이다가 新幹會에 참여한 이후, 新幹會 해소를 전후하여 발표된 그의 글들을 통해서 파악된다.

특히 이러한 일제하 정치운동상의 문제점은 古下가 "3국 외상 회의의 결의가 정식으로 알려지기 전부터 우리 민족이 신탁통치를 받는 것을 당연시"[95]했고 이것이 직접적인 암살의 동기라는 韓賢宇의 주장과, 당

---

95) 韓賢宇, 「暗殺前夜」, 『世代』, 1975년 1월, pp.233~242.

시 古下나 한민당이 신탁통치에 대해 "국제 신의를 무시하며, 조선의 생명적 발전을 저해"[96]하는 것이고, "決死的 決議로서 우리가 당당히 가져야 할 民族主權을 찾아야 할 것"이라 하여 반대하고 있는 점과 상치되는 부분에서[97] 발견할 수 있다. 이는 古下를 위시한 한민당 관계자들의 빈번한 하지와의 접촉, 軍政廳 행정기구 내의 韓民黨員 기용 등과 같은 古下와 韓民黨의 美軍政과의 유착에 기인한 것으로 파악할 수 있을 것이며, 이는 1920연대 '기회론'을 바탕으로 研政會 설립을 논의한 자치운동을 통해 총독부측과 일정한 관계를 지녔던 古下의 '前歷'으로 인해 나타난 古下 政治活動의 문제점으로 파악할 수 있다.

이상과 같은 그의 정치노선에서 나타나는 문제점들은 『東亞日報』 社長이라는 사회적 지위에서 오는 한계성과 일제 식민지하라는 당시의 시대적 상황과의 관계 속에서 고찰하여야 하는 시대적·민족적 한계성을 지니고 있다. 그리고 해방 이후 <國民大會準備會>와 <韓國民主黨>으로 대표되는 국내 우파활동을 이끌면서 사회주의 세력과 대립구도를 형성한다는 점, 해방정국에서 美軍政과 긴밀한 협조 관계를 구축하는 점 등은 古下의 일제하 민족운동과 해방 이후의 정치활동이 연속성을 지니는 것이며 이는 식민지 시기와 해방정국에서 나타나는 민족주의 우파운동론의 한 형태로 파악해야 하는 점을 看過할 수 없을 것이다.

---

96) 「全生命 걸고 排擊」, 『東亞日報』, 1945년 12월 28일.
97) 「最後까지 鬪爭하자」, 『東亞日報』, 1945년 12월 29일.

1920年代 韓中 兩國에서 展開된
統一戰線運動의 歷史的 性格 比較
— 新幹會와 中國國民黨를 中心으로 —

李 殷 羽*

─────────── <목 차> ───────────

Ⅰ. 序 言
Ⅱ. 新幹會 統一戰線運動의 成立背
　　景과 民族·共産 兩系列의 視角
　　比較
Ⅲ. 第1次 國共合作의 成立背景과
　　國共 兩派의 視角 比較

Ⅳ. 韓中 兩國 統一戰線運動의 歷史
　　的 性格 比較
Ⅴ. 結 論

Ⅰ. 序 言

　　세계 어느 민족이고 국가적 위기에 처하게 되면, 전민족이 일치단결
하여 그 위기를 극복하려 하는 노력은 어느 나라나 동질성을 띠고 있다
고 하겠다. 그럼에도 불구하고 종종 파벌간의 세력 다툼으로 그러한 민
족적 염원을 그르치게 하는 경우도 왕왕 있어 왔다. 그러한 예는 20세
기초 제국 열강에게 식민지 혹은 반식민지 상황에 처해 있던 한국이나

───────────────

*성결대학교 겸임교수

중국에서도 마찬 가지로 볼 수 있었다. 그러한 계파간의 대립을 일으킨 데에는 여러 가지 원인이 있었는데, 즉 각 당파간의 이데올로기 차이·투쟁방식의 차이·당시 정국의 주도권 장악문제·자금의 확보 문제와 그 운용방식의 문제 등 여러 가지 요인에 의해서 나타났던 것이다. 따라서 이러한 문제를 일소하고 거국적 차원에서의 단결을 유도한다는 것은 그야말로 어려운 문제였다.

그러나 그러한 어려운 문제도 시대적 요구에 따라 일시적이나마 통일전선을 구축하여 공동으로 적에 저항하는 모습을 보이는 시기가 있었다. 대체로 이러한 시기는 서로간에 추구하는 목적이 시대적 환경변화에 따라 일치되는 경우나, 시기적으로 自派의 세력 유지가 어려웠을 때 상대에게 자신의 약점을 감추며 협조한다는 구실로 시간을 끌어 재기를 도모하는 경우였다. 따라서 이러한 협조는 일시적일 수밖에 없었고, 어느 정도 안정되면 다시 자신의 이해관계에 의해 이합집산을 거듭하게 되는 것이었다.

그럼에도 불구하고 이러한 통일전선운동은 독립운동선상에서 아주 중요한 의의를 갖는다. 그것은 이들 통일전선이 이루어졌을 때의 역사적 의의가 그렇지 않았을 때의 역사적 의의보다 후에 전개되는 역사적 상황에 대해 그 미치는 영향이 명현히 다르기 때문이다. 즉 민족의 대단결을 통해 일치된 힘으로 독립운동을 추진할 때의 민족공동체 역량은 그 시기 독립운동의 성패를 떠나 민족사에 하나의 획기적인 선을 그을 수 있는 민족적 자부심을 회복해 주고, 또한 그것이 바탕이 되어 최종적으로 독립을 이루어 낼 수 있는 가능성의 기초를 만들어 주기 때문이다.

따라서 통일전선의 실패 및 그 과정을 추적해 보는 그런 연구 시각보다는,[1] 짧은 기간 동안이더라도 통일전선을 형성했던 시기의 역사적

---

1) 金喜坤 等 編, 『大韓民國臨時政府의 左右合作運動』, 한울아카데미, 1995. 秋憲樹, 「韓國臨政下左右合作에 關한 硏究, 國土統一院, 1974. 노경채, 「국외 민

성격을 조망해 보는 것은 그만큼 상당한 의미를 갖는 것이라고 하겠다. 동시에 이러한 성격을 조명하기 위해서는 한 나라에서만의 성격을 살피기 보다는 같은 운명에 처해 있던 두 나라간의 성격을 비교하여 보면 이러한 통일전선에 의한 對敵鬪爭이 얼마나 중요한 의의를 가지고 있는가를 엿볼 수 있을 것으로 생각된다.

한편 중국국민당은 당시의 중국 정국을 이끌어 가던 큰 세력이었는데 비해, 신간회는 비록 규모가 컸다 할지라도 정국을 주도했다고는 할 수 없기에 단순 비교를 하기에는 약간의 모순은 있다고 생각되나, 국내에서 독립투쟁을 주도하던 단체이고 오랜시간 동안 통일전선을 이룩하고 있었다는 점에서 통일전선의 형성이 갖는 역사적 성격에 대해서는 얼마든지 조망해 볼 수 있다고 본다.

이러한 시각과 방법을 통해 이 논문에서는 한국과 중국에서의 통일전선운동이 이루어지게 된 배경과 그 전개과정을 비교하여,[2] 양국에서 주도권을 형성하고 있던 각 진영의 통일전선운동에 대한 시각에는 어떤

족운동의 노선과 이념의 변화과정 : 1920년대 중국지역을 중심으로」, 한국역사연구회 역사문제연구소 공편, 『3·1민족해방운동연구』, 청년사, 1989., 金榮範, 「1920년대 후반기의 민족유일당운동에 대한 재검토 : 중국 關內지역에서의 경과와 귀추를 중심으로」, 『한국근현대사연구』 제1집, 1994. 등은 그 연구의 깊이와 합리적 논술에도 불구하고 통일전선의 성립과정이나 양자간의 대립 양상 등에 초점을 맞추었기 때문에, 그동안의 노력만큼 통일전선운동이 가지고 있는 역사적 성격이나 의의를 규명해내는 데는 한계가 있었다고 보여진다. 이러한 경향은 이후의 연구에도 영향을 미쳐 통일전선운동에 대한 연구가 한쪽으로 치우치고 있는 상황이므로, 앞으로 이 분야에 대한 재평가가 기대된다. 본 논문은 그러한 일환으로 앞으로 이러한 시각으로의 연구 방향을 유도하는 데 일조했으면 싶다.

2) 중국과 한국에서의 통일전선운동에 대한 규명은 나름대로 이루어지긴 했으나, 양국의 통일전선운동을 비교하며 그 성격과 역사적 의의의 차이점을 논한 논문은 찾아보기 힘들다. 중국의 통일전선문제에 대한 연구로는 다음과 같은 것이 대표적이다.
李雲漢, 『從容共到淸黨』 台北, 1966. 崔書琴, 『孫中山與共産主義』, 香港, 1954. 郭華倫, 『中共史論』, 台北, 1969. 陳功甫, 『中國革命史』, 上海, 1930.

차이가 있으며, 그러한 운동이 갖고 있던 한계성은 어떤 것이었는지를 비교하여, 양국에서 통일전선운동이 가지고 있던 역사적 성격을 비교 고찰해 보고자 한다.

Ⅱ. 新幹會 統一戰線運動의 成立背景과 民族·共産 兩系列의 視角 比較

식민지통치를 받고 있던 한국인들의 對日本鬪爭을 위한 통일전선운동은, 政權奪還과 이데올로기의 정립이라는 國共 兩黨 각자의 命題를 실현시키기 위해 통일전선운동에 노력하던 중국과는 그 사정이 완전히 달랐다. 민족주의진영이건 사회주의진영이건 모두 다 한국인들의 국권회복에 대해 노력했기 때문에, 비록 후에 자기 계파에 대한 이해관계로 말미암아 서로 치열한 투쟁을 벌이기는 하지만, 초기에 있어서는 이념과 방식에서의 차이를 극복하면서 나라의 독립을 추구하는데 온 힘을 다 기울였다고 하겠다.[3]

당시 이러한 한중 양국내의 통일전선운동에 대한 인식의 차이는 완전히 다른 것이었다. 즉 중국내에서의 통일전선운동은 전국민과의 유대가 반드시 필요하지 않았던 반면, 한국에서의 이 운동은 모든 국민과 연계되어야 했기 때문에, 이러한 통일전선운동은 전국민의 死活과도 연계되는 문제였다. 이러한 국민적 정서는 3·1독립운동을 통해 이미 표출되었기 때문에 어느 정도 이해가 가능하다고 할 수 있고, 동시에 이런 정신을 바탕으로 국내외에서의 독립운동 단체가 우후죽순처럼 생겨났으면서도 그 목적의식이 같았던 것도 그 때문이었다. 그러는 가운데 1920년대에 들게 되면서 다채로운 민족운동이 전개되는데, 그 중에서도 많은 지식인과 청년들에게 영향을 주었던 것은 사회주의 사상과 그 사

---

3) 朝鮮史硏究會編『朝鮮の歷史』, 東京, 三省堂, 1995, 285-286쪽.

상을 매개로 하여 만들어진 단체들에 의한 운동이었다.[4]

당시 한국인들에 의해 만들어진 사회주의 정당으로는 1918년 하바로 프스크 李東輝 등이 韓人社會黨을 조직하고 있었고(후에 상해파), 1919년에는 이루크츠크에서 金哲勳 등이 全露高麗共産黨(후에 이루크츠크파)을 결성하고 있었는데, 이들은 한인 사회주의 결성의 선구자들이었다. 이처럼 소련에서 각 조직을 구축하고 있던 이들 양파는 노선 대립이라는 염려 속에서도 자파세력의 확대를 위해 국내에 연락원을 파견하여 조직 설립을 서두르고 있었다. 그 결과 이루크츠크파 계열인 金在鳳·朴憲永 등을 중심으로 한 火曜會(火曜派로 불림)와 上海派 계열의 李英·金思國 등이 중심한 서울청년회, 동경유학생 중심의 金若水·金鍾範 등을 대표로 한 北風會(北風派 =ML派) 등 사회주의 운동단체가 성립하게 되었던 것이다.[5]

이들 각 단체는 내분을 반복하면서도 민중운동을 하는 다른 모든 단체들과 접촉하였다. 그러한 노력을 통해 어느 정도 대중적 기반을 다진 이들 단체들은 1925년 조선공산당과 고려공산청년회를 합법적인 허락을 받지 않은채 조직하였다.[6]

이러한 비합법적인 정당의 설립은 당연히 관헌의 억압을 받게되어, 간부들이 체포당하는 등 많은 수난을 당해야 했다. 그리하여 그들은 네 차례나 해산되고 조직되고 하는 반복을 거치며 존재하려고 애는 썼지만, 결국 3년만에 코민테른으로부터 승인을 취소받기에 이르렀다.[7] 그러는 가운데서도 그들은 자신들이 의도했던 勞農團體를 지도하고 그 조직을 확대하는 기본 정책의 실천 외에, 1926년의 6·10만세운동과 같은

---

4) 徐大肅著, 金進譯, 『朝鮮共産主義運動史 1918-1948』東京, コリア評論社, 1970, 132쪽.
5) 金承學編 『韓國獨立運動史』서울, 愛國同志後援會, 1956, 285-288쪽
6) 朝鮮共産黨 설립문제와 관련해서 그 經過와 背景을 이해하고자 할 경우에는 徐大肅, 앞의 책 5), 56-75쪽을 참조할 것.
7) 徐大肅, 앞의 책, 5), 94-127쪽 참조.

全國型의 독립운동을 통일전선 형식으로 시도하려 하였다. 즉 그들은 純宗의 國葬을 계기로 天道敎徒들과 연합하여 전국적으로 3·1독립운동과 같은 대규모 독립운동을 기획했었던 것이다. 비록 사전에 일경에 발각되어 실패하고는 말았지만,8) 이러한 움직임을 인정한 민족주의 세력은 이들을 받아들여 1920년대 민족독립운동의 결실이라고 할 수 있는 新幹會를 결성하게 되는 것이다.

당시 이들 사회주의 운동단체를 지도해간 활동적인 간부들 가운데는 계속해서 자신들의 목적을 지향하기 위해 일본공산당이나 중국공산당에 가입하여 기회를 보아 다시 조선공산당을 창립하려고 힘을 기울이려는 무리도 있었으나, 실질적인 상황은 그러한 기회를 제공해 주지 않았다. 그러한 시대적 상황을 재빨리 인식한 대부분의 사회주의 진영 인사들은 민족주의자들과의 타협을 통해 자신들의 의도를 계속적으로 추구해나가려 하였다. 이러한 그들의 의도와 이들이 활동했던 3년 동안의 기간 중 대중을 확보하는 정책이나 대중을 활용하는 정책이 나름대로 당시 지식계층 및 청년들에게 깊은 인식을 심어주는 것을 본 민족주의 진영 인사들은, 전국민에 대한 홍보 및 그들과의 연계를 통한 효과적인 독립운동을 추진하기 위해 이들 사회주의 진영 인사들을 포용하려는 인식을 갖게되었다.

이처럼 서로간의 이해관계에서 타협점을 찾게된 양 진영은 많은 우여곡절을 겪은 끝에 마침내 신간회를 발족하게 되었는데, 그 시기는 1927년 2월이었다. 우여곡절이란 한마디로 사회주의 진영들의 활동결과를 인정은 하면서도 그들 자체를 인정하지 않으려는 민족주의 세력 자체의 분열로 인해 의견이 일치되지 않았기 때문이었다.9) 그러나 이러한 상황은 코민테른의 反帝統一戰線 方針의 선언과 중국의 제1차 국공합작

---

8) 金鍾鳴 外, 『朝鮮新民主主義革命史』, 東京, 五月書房, 1953, 54-58 參照.
9) 이러한 民族主義 勢力內의 분열은 李光洙의 「民族改良論」에 대한 평가와 견해의 차이에서 비롯되었다.

이 이루어지면서 반전되어 갔다. 즉 ML파의 安光泉이 「正友會宣言」을
발표하면서 통일전선에 대해 적극적으로 제의를 하자,[10] 민족주의자들
측에서도 이에 동의하는 형세로 돌아갔던 것이다. 그 결과 서울파 사회
주의자들과 물산장려운동계의 민족주의자들의 모임인 民興會가 이에 협
조하게 되면서 신간회가 발족하게 된 것이다.[11] 신간회는 결성과 동시
에 李商在를 회장으로 하고 「民族協同戰線」을 부르짖었다.

당시 신간회를 결성하게 된 민족진영의 의도는 이 회의 강령속에서
잘 볼 수 있는데, 그것은 「政治的·經濟的 覺醒을 促求하고, 團結을 强
固히 하며, 機會主義를 一切 否認한다」는 것이었다. 이에 동조한 노동
자·농민·지식인·종교가 등 각계각층의 사람들이 참여하게 되어 극성
기때는 140개 支會·회원 4만이라고 하는 전국적인 조직위용을 가지게
되기도 하였다. 그리고 이에 동조한 여성운동의 통일전선이랄 수 있는
槿友會가 창립되어 70여개의 支會를 두었는데, 이들 두 단체는 자매관
계가 되어 공동적인 목적하에 독립투쟁을 전개하였다.[12]

이에 대해 사회주의 진영의 통일전선 의도는 달랐다. 당시 M.L파의
지도자 韓偉健이 같은 사회주의 진영내의 통일전선 淸算論者에 대항하
여 주장한 논조를 보면, 이들 사회주의 진영의 통일전선 주창 의도가
어디에 있는지를 잘 엿볼 수 있다. 즉

　　"통일전선의 목적은 공산주의의 대의를 일본의 감시하에서 자치를 얻
　어내려고 하는 민족주의자들의 願望에 종속시키는 것이라고 할지는 몰라
　도, 공산주의의 원리를 왜곡시키려는 억압자들과 타협하려는 것은 아니다.
　오히려 이것은 공산당으로 하여금 정치투쟁을 확대시켜 대중운동을 활성
　화시키고, 노동자와 농민에게 그들의 계급투쟁을 각성시켜주는 기회를 주
　는 것이다. 이 목적을 보다 유효하게 달성시키기 위해서는 많은 노동자·

---

10) 徐大肅, 앞의 책 4), 85-92쪽.
11) 徐大肅, 앞의 책 4), 85-89쪽.
12) 朝鮮史研究會, 앞의 책 3), 285쪽.

농민을 포함하는 통일전선을 형성시킬 필요가 있다."[13]

이러한 의도는 한국의 프로레타리아들에게 궁극적인 승리를 얻기 위해 공산주의 운동에 새로운 전기를 마련해야 한다고 하는 그런 논리였다. 이러한 주장은 노동자·농민들에게 큰 반향을 일으켰고, 이에 응하기 위해 공산당의 조직을 개편하기에 이르기도 했다.

그러나 이러한 양 진영의 내면적 의도가 서로 달라 극한 대결까지 갈 듯이 보였지만, 민족주의 진영 보다는 사회주의 진영내에서 통일전선 노선에 대해 반대하는 간부들이 있어 지도부에서 사퇴하는 바람에 신간회 내에서의 주도권은 민족주의 진영으로 넘어가고 말았다. 결국 공산당이 의도한대로 신간회의 활동은 이루어지지 않았다. 그러나 그들이 기본적으로 견지하는 활동방향과 방법은 어느 정도 받아들여져 전국적인 조직망을 가지고 있었음에도 전국대회를 개최하는 허락을 받지 못해 활동방침 조차도 정하지 못하고 있던 신간회의 활동에 많은 활력을 불어넣어 주었다. 그것은 그들의 군중노선 정책을 실행하여 지방 지회의 조직과 활성화를 지도하고, 이들 지부활동을 서로 연결시켜 전국적인 활동으로 연계시킨다고 하는 전략이었다. 즉 각 지방 지회에서는 그동안의 경험과 연륜으로 축적된 노련한 민족주의자들과 새로운 의욕에 불타고 있던 사회주의들이 서로 협력하여 노동조합·농민조합·청년동맹 등과 제휴하면서 식민지정책에 반대하는 투쟁을 전개해 나갔던 것이다.

이러한 이들의 활동은 각 지역에 큰 영향을 주어 어떤 일에든 행동적인 연대를 형성할 수 있는 공감대를 이루게 되었다. 그러한 과정에서 일어난 대표적인 운동이 광주학생운동이었다. 그들은 광주학생운동이

---

13) 韓偉健, "朝鮮革命의 特質과 勞動階級前衛의 當面問題" 『階級鬪爭』 第1號. 日本內務省警保局文書 第13卷, 第3部, 3, 98-99쪽. 서대숙, 앞의 책 4), 93쪽에서 인용.

시작되자 전국적인 조직망을 이용해 「식민지 노예교육 반대」라는 요구를 주장하며 전국적인 운동으로 발전시키려고 하였다. 그러한 일환으로 민중대회를 개최하려 했으나 일제 당국에 의해 사전에 봉쇄되는 바람에 많은 간부들이 체포됨으로써 실행되지는 못했다. 그러나 이러한 활동의 영향은 대단하여 이후에도 광주학생운동은 전국적으로 확대되어 나가 3·1독립운동이후 최대의 독립투쟁으로 발전해 나갔다.[14]

그러나 이러한 성과에 대한 반대급부로 신간회의 조직은 쉽게 와해되어 갔다. 그 원인은 기회만 있으면 계급을 초월하려는 사회주의자들의 협동전선 책략을 민족주의자들이 이해할 리가 없었고,[15] 일제의 탄압이 심해지는데도 더욱 강렬한 투쟁만을 강조하는 사회주의자들에 대한 무모한 전술, 그리고 이러한 주장에 상대적으로 온건하게 대처하려 했던 金炳魯를 위시한 집행부의 태도에 대한 사회주의 진영의 반발 및 불신감에서 비롯되었다.[16] 그리고 그러한 분열의 결정은, 관헌들의 강압에 거의 활동을 할 수 없게 되어 돌파구를 찾던 사회주의 진영에 대해 실망한 코민테른이 통일전선 전술을 철회하라는 주장이 나오자, 이에 동조하는 형식으로 신간회를 탈퇴하니 마침내 신간회는 1931년에 해산되고 만 것이다.[17]

비록 신간회는 그들이 가지고 있던 역량만큼 그에 걸맞는 활동을 제대로 수행하지는 못했지만, 다양한 인물과 사상을 가진 인물들이 결집

---

14) 朝鮮史硏究會編, 앞의 책 3), 285-286쪽.
15) 解散에 찬동했던 議論에는 다음과 같은 논술들이 있다.
　　權承眞「民族運動과 社會運動」『彗星』I, 제4호, 1931, 7, 52-55쪽. .
　　尹亨植,「朝鮮社會運動의 槪觀」『彗星』I, 제9호, 1931, 12, 56-60쪽.
　　秋汀,「辛未(1931)의 思想運動」『新東亞』I, 제2호, 1931, 12, 40-45쪽.
　　北岳山人(匿名)「現下의 社會運動과 結社」『三千里』III, 제5호, 1931, 5, 18-31쪽.
16) 徐大肅著, 앞의 책 4), 129쪽.
17) 新幹會利原支會,「我等의 運動과 新幹會」,『三千里』III, 第4號, 1931年 4月, 8-13쪽.

하여 이룩한 최초의 통일전선 단체였다는 점에서 민족운동사의 커다란
획을 그었다고 할 수 있을 것이다.

Ⅲ. 第1次 國共合作의 成立背景과 國共 兩派의 視角 比較

　1911년 신해혁명에 성공한 중국은 새로운 중국의 탄생에 대한 희망
과 기대로 들떠 있었다. 그리하여 전통적인 봉건왕조 정책을 버리고 근
대 민주공화정을 수립하여 초대 임시대통령에 손문이 추대되는 등 民初
政局은 그야말로 새로운 시대의 도래를 맞이한 듯 전중국이 술렁이고
있었다. 그러나 수천년을 지속해온 왕권정치에 물들어 있던 중국인들에
게 새로이 나타난 民主共和政制는 매우 낯선 제도였다. 그저 淸朝의 무
능에 대한 불만으로 신해혁명에 참가했던 많은 군인과 정객들조차 민주
공화제가 어떤 것인지 채 감도 잡지 못하는 사이에 시대가 바뀌자, 이
런 시기를 이용해 자신이 권력을 새로 잡거나 자신의 권력기반을 강화
확충하는 데에 이용하려는 분위기가 팽배하게 되었다. 그리하여 소위
민국초기의 정국은 수많은 당파가 새로 성립되게 되었고,[18] 이합집산을
거듭하며 오히려 청조통치 때보다 더욱 혼란된 정국으로 이어져 내려갔
다.[19]

　이러한 상황은 신해혁명을 이끌어 임시대총통이 된 손문에게 있어서
도 그 통치력의 한계를 맛보지 않으면 안되게 되어, 결국 3개월만에 중
도하차 하고, 대신 대표적 군벌세력인 원세개가 총통에 임명되는 시대
적 반동현상을 가져왔다.[20] 이렇게 되자 同盟會가 모태가 된 國民黨은

---

18) 白蕉, 『袁世凱與中華民國』, 上海, 人文月刊出版社, 1936. 參照.
19) Hsi-Sheng Ch'i, Warlord Politics in China, 1916-1928, Leland Stanford Junior
University, 1976.

원세개 정부와 대립되는 경향이 되어 견제를 더욱 많이 받게되는 가운데, 국민당의 세력과 정치적 위치는 더욱 소외되어 갔고, 그 바람에 더이상 정국을 주도해 나갈 능력을 잃고 말았다. 이후 정당이 난립하면서 각 당파간의 투쟁은 도를 넘어섰고, 이들 각정당이 기초가 된 각 지역에서의 군벌 난립은 마치 하나의 중국이 여러개의 나라로 독립되어 가는 듯한 형국으로 치닫게 되었다. 그리하여 이들 각 군벌들은 자신의 세력 기반 확충을 위해 사회경제적으로 약탈과 기만을 일삼게 되었고, 이를 통한 재정 확보를 이용해 군사력을 보강해 감으로서, 더 이상 새로운 중국에 대한 희망을 추구하지 못하고 포기하는 사태로 몰고갔던 것이다.[21]

이러한 시대적 절망감은 지식계층들의 정신적 방황을 가져오게 되었고, 그러한 방황속에서 새로운 정신적 추구를 위해 새로운 思潮들을 막무가내로 받아들이기 시작했다. 그리하여 1910년대 중반이후가 되면 각종 이데올로기가 서방으로부터 마구 받아들여져 정신적 공황사태가 일어나게 되었다. 이에 당혹감을 느낀 참지식계층들은 신문화운동을 일으켜 사회의 정신적 공황을 극복하려 하였으니, 이러한 동향은 이후 중국 사회 전환의 한 획을 긋는 계기로 발전했다.[22]

즉 「5·4운동」으로 대변되는 일부 激進的 지식분자들은 파리강화회의에서 중국이 소외당하자 격분하던 중, 마침 이 시기에 중국의 변화에 우호적 태도를 보인 소련의 「카라한선언」에 고무되어 소련의 혁명방식에 주의를 기울이기 시작하였던 것이다.[23] 당시 소련은 반제국주의·반

---

20) Jerome Che'n, Yuan Shih-K'ai, Stanford University Press, 1961.
21) 張玉法, 『中國現代史』上冊, 臺北, 東華書局, 民國71年, 174-252쪽.
22) 郭沫若「革命與文學」, (『創造月刊』民國15年 4月)
23) H.G.W.Woodhead, ed., The China Year Book, 1924-5(Tjentsin, n, d.) 868-870.에 「카라한 선언」 전문이 실려 있고, 이 선언을 분석하여 소련의 중국에 대한 정책을 분석한 논문에는 Whiding, Soviet Policies in China, 1917-1924(New York, 1954) 236-247쪽이 있다.

군벌 정책을 강조하며 이들을 부추기었기에 이에 동조하는 지식계층들의 급격한 인식변화는 지금까지 추구해오던 손문을 중심한 국민당의 정치혁명적 방식에 일대 도전하는 형상으로 변화해 갔던 것이다.

그러나 이러한 사회적 변화와는 달리 정치적 분란은 더욱 치열해져 점점 동떨어진 방향으로 발전하고 있었으니, 이러한 정치적 상황과 사회적 상황과의 배치된 국면은 이제 새로운 중국으로의 전개를 예고하는 것이었다. 이러한 사회적 동향에 예의 주시하고 있던 손문은 이미 약화된 자신의 세력기반을 새롭게 정비할 필요성에서, 오직 시대적 요구에 부응하는 융통성 있는 의식형태의 변화를 통해 현실 극복에 필요한 새로운 세력과의 연합을 도모하는 쪽으로 의식이 전환되어 갔던 것이다.

이를 이해하기 위해 먼저 1910년대 말 손문 진영의 상황을 살펴보면 다음과 같다. 1918년 5월 손문은 廣東軍政府 元帥職을 사퇴하면서 그가 이끌던 中華革命黨의 존재는 사실상 유명무실하게 되었고, 1922년 6월 陳炯明의 배반으로 「護法之役」이 실패하자 일반 정객들의 동정과 관심을 잃고말았다. 그러한 상황은 당연히 군중들에 대해서도 그동안의 호소력이 없어지게 되었다. 이러한 손문의 정치적 실패는 그로하여금 새로운 방향에서의 정치적 재기를 도모케 하지 않으면 안되었던 것이다. 그러한 재기란 바로 소련의 「10월혁명」이 모델로 비쳐지면서 시작되었다. 당시 소련은 손문의 실패에 동정을 표시하였고, 동시에 원조할 의사를 표하니 군사력도, 물자도 모두 잃은 상태의 손문에게는 유리한 지원자로서 소련이 비추어지게 되었던 것이다. 그 결과 발표된 것이 1923년 1월 손문과 아돌프 요페(Adolph Joffe) 사이에 있은 공동선언이었다.[24] 즉 손문은 지금까지의 前進思想 옹호자라는 자신의 소신을 과감히 포기

---

24) 1917년이후 손문은 비록 정치상에서 밀려나긴 했지만 전국을 통일해야겠다는 신념은 조금도 동요되지 않았고, 사회의 변화를 주시하면서 자신의 이념을 국민들에게 관철시킬 수 있는 「啓發國民」을 위한 저술에 주력하고 있었다. 中國國民党史料編纂委員會編 『國父全集』 第2卷, 臺北, 1965, 70쪽. 「孫文이 1919년 6월 18일 蔡冰若에게 보낸 편지 참조」

하고 소련의 도움을 받아 국민당을 개조하여 국공합작을 통한 혁명대업
으로의 희망을 갖게되었다는 점이다.[25]

사실 이 선언은 상징적인 의의밖에는 없었지만, 이것이 계기가 되어
수개월 후에는 국민당과 소련이 협조관계가 될 수 있도록 하는데 촉진
역할을 할 수 있었다.[26] 그렇다고 손문이 마르크스 레닌주의를 받아들
였다는 의미는 아니고, 다만 손문은 소련의 「10월혁명」에서 많은 교훈
을 받아들여 국민당을 改造하여 聯俄容共을 하게 되는데 이것도 소련의
방식을 참고한 것이지, 그들의 방식대로 그대로 좇아간 것은 아니라고
할 수 있다. 손문은 이미 5·4운동시기에 중국이 정치적·문화적으로
변해가는 모습과 그에 대한 현실적 반응을 보고, 이에 대한 대책을 벌
써 강구하고 있었던 것으로, 그 결과로 나타난 것이 용공정책이었다.[27]
이처럼 자신의 세력 회복을 위해 대안을 강구하던 중 많은 지식인들이
소련쪽으로 향하고 있음을 안 손문은 그들을 혁명진영으로 포용하지 않
으면 안된다는 사실을 알았다.

또 손문 자신이 소련의 혁명방식에 관심을 가지고 그들의 방식을 연
구하는 중에 당시 막 창립된 중국공산당의 속성에 대해서도 잘 알게되
었다. 그것은 그들의 활동을 그대로 방치하다가는 소련의 원조마저도

---

25) 이러한 손문의 정치적 변신에 대해 학자들은 두 개의 견해로써 평가하고 있
  다. 하나는 정치상의 權宜를 기도한 정략적 발상에서 容共을 하게되었다는
  설과, 다른 하나는 손문이 당시 소련이야말로 자신을 이해해주고 지지해주
  는 유일한 지지자로 인식하여 그들의 협조를 급히 원했기 때문이라는 주장
  이다. 이들 두 개의 주장 중 어느 것이 옳고 그르다고 평가하기 이전에 먼
  저 1918년부터 1923년사이에 정치적으로 혹은 이데올로기적으로 변화되고
  있는 당시 중국 사회의 전반적 동향을 손문이 파악한 위에 결정되어졌음을
  이해한 위에 이에 대한 검토가 필요하다고 본다.
26) 사실 이 선언으로 소련이 국민당에 물질적 원조를 해 준다는 것을 명확히
  승낙하는 문구는 없었다. 이 선언문의 원문은 다음 문헌에 있다. Woodhead,
  ed., The China Year Book, 1924-5, 863쪽.
27) 陳福霖, 『孫中山与中國國民黨改造的起源』(張玉法主編 『中國現代史論集』 第
  10輯, 臺北, 聯經出版事業公司, 民國71年), 83쪽.

그들에 의해 방해받아 혁명진영에 막대한 지장을 초래할 것을 알고 사전에 그들의 그런점을 차단하기 위해 용공정책을 추진하게 되었던 것이다,

그러한 또 하나의 원인은 원래 국민당 혁명진영의 당원들이 이데올로기에 대해 배타적이지 않았다는 점이다. 그들 중에는 무정부주의자 혹은 사회주의자들이 이미 상당수 안고 있었던 것이다. 따라서 공산당원들이 국민당에 들어온다 해도 국민당이 지향하는 이상에 대해 그리 손해를 끼칠 것으로 생각하지 않은 점도 있었다.[28]

다른 또 하나의 원인은 혁명과정 중에서 너무 급진적 투쟁정책을 쓰다보니까 국민들의 정서상 많은 흡인력을 가져오지 못했다고 하는 반성적인 측면도 있었다.[29] 그리하여 공산당과의 합작은 이러한 당시 상황을 충족시키는 한편 그동안 국민당 스스로가 가지고 있던 여러 모순을 한꺼번에 해결할 수도 있었다는 계산이 깔려 있었던 것이다.

이에 대해 중국공산당측은 무산자계급 정당의 기초가 되는 노동자·부녀자 들을 중심으로 한 계 층속으로 파고들어가는 전략을 세웠지만, 그러한 책략은 소련이 주도하는 제3국제의 획책아래 이루어진 것이었다. 그러한 책략은 당연히 중국의 상황을 이해하지 못한 상태에서 계획된 것이었기에 노동자계층이 엷은 중국에서 중공이 세력을 확대해 나가는데는 한계가 있었던 것이다. 그 결과 군벌과 제국주의 세력에 저항하는 데는 엄청난 한계를 느껴야 했다. 이에 소련은 모스크바에서 「遠東勞動者大會」를 거행하고 중공과 국민당이 연합해야 한다는 정책을 결정

---

28) 吳學明, 「孫中山與蘇俄」, 앞의 책 27), 88-90쪽.

29) 손문은 大衆들을 혁명진영으로 끌어들이기 위해서 공산당의 혁명기술인 宣傳·組織·群衆에 대한 擴大 戰術 등을 이용하려고 한 측면도 있었다. 그러나 손문의 기본 정책은 政黨政治로써 국가통일을 완성하려고 했기 때문에, 당시 국민당이 가지고 있지 못하던 이런 요소들을 배워 국민당을 改進할 필요를 느끼고 있었다. 吳學明, 「孫中山과 蘇俄」(張玉法主編, 『中國現代史論集』 第10輯, 臺北, 聯經出版事業公私, 民國 71年), 95쪽.

하기에 이르렀다.30) 그리고 이를 관철하기 위해 국민당에 호감을 보이기 시작하였다.

그러나 손문을 비롯한 국민당측에서는 이들의 이런 내면을 간파하고는 양당의 연합은 불허하고 대신 개인자격으로 국민당에 가입하는 것은 허락하였다. 그러자 공산당 내부에서는 국민당과의 연합을 고려해야 한다는 주장이 팽배했고, 이에 당황한 공산국제에서는 마링을 파견하여 국민당 가입을 촉구하는 제안을 통과시키게 되었다. 그 주요 목적은 국민당의 엄호아래 공농운동을 더욱 활발히 추구하여 국민혁명을 성공시키자는 의도에서였다.31)

이러한 양자의 이해관계가 타협점을 이루는 가운데 제1차 연합전선운동은 마침내 이루어져 중국 정국을 새로운 방향으로 전개시키게 되었던 것이다. 그러나 이러한 연합전선의 형성은 1925년 손문의 사망과 더불어 내부투쟁의 악화로 끝나게 되는데, 양당의 기초 세력이 서로 약한 가운데 서로에게 의지하려는 차원에서 이루어졌고, 동시에 반군벌·반제국주의라는 공통 목표를 가지고 있었지만, 국민당은 정치적 승리를, 공산당은 이데올로기적 승리를 추구했다는 점에서 전민족적 합작으로까지는 연계될 수 없었다는 모순을 가지고 있었기에, 협동전선은 곧바로 무너지고 말았던 것이다.

Ⅳ. 韓中 兩國 統一戰線運動의 歷史的 性格 比較

이상에서처럼 초기 통일전선의 형성 배경과 그 경위를 설명할 때, 한국에서의 통일전선 문제는 사회주의자들의 이해관계를 중심으로 분석하

---

30) 李雲漢, 「從容共到淸黨」 台北, 1966, 95-96쪽.
31) 孫福坤, 『共産國際騷亂中國記』 台北, 1954, 14쪽,

였고, 중국의 경우는 국민당의 이해관계를 중심으로 분석하였다.

그 이유는 한국의 경우 사회주의 정당이 비합법적 상황하에서 조직되었기 때문에 자신들의 존속을 위해서라도 민족주의 진영보다는 훨씬 강하게 통일전선 형성에 애착심을 가지며 적극적으로 활동했다고 볼 수 있기 때문이고, 따라서 보다 적극적 자세를 띠고 있는 측의 행동을 통해 그 성격을 파악하는 것이 순리적이라고 생각했기 때문이다.

중국에서의 경우는 국민당이 자신의 실력기반이 거의 소멸된 상황에서 중국공산당을 포용해야 소련의 지원을 받을 수 있었고, 그러한 지원에 기초하여 정국의 주도권을 재탈취할 수 있었기 때문에, 국민당 스스로가 용공정책을 주도해 갔던 것이다. 이러한 점이 양측이 갖고 있는 역사적 성격의 포괄적 범위가 아닌가 생각되는데, 그 구체적 성격을 비교하면 다음과 같다.

먼저 한국에서의 초기 협동전선의 역사적 성격에 대해 논한다면 대체로 3가지 점으로 요약할 수 가 있다. 첫째는, 신간회의 조직이 전국적으로 되어 있어서 이들 지방 조직을 통해 전국민의 時局에 대한 인식을 共有하는 계기를 만들어 주어, 3·1독립운동이후 의기소침해 있던 국내의 독립운동에 새로운 결집의 계기를 불어넣어 주었다는 점이다. 그러한 일환에서 해외에서의 독립운동을 위해 자금지원 등 간접적 대일투쟁이 지속적으로 전개될 수 있는 계기가 되었다고 할 수 있다. 둘째는, 이때의 정치적 참여 기회를 통해 당시까지는 경험하지 못했던 근대적 정치에 경험을 갖게되어, 이후 한국인의 정치의식 구조를 형성하는데 큰 역할을 하였다고 할 수 있다. 셋째는, 민족주의 진영의 독립투쟁 방식과 사회주의 진영의 투쟁방식에 상당한 차이를 느낀 민족주의 진영이 사회주의자들에 대한 경각심을 한층 깊이 갖게되었다는 점이다. 비록 사회주의자들이 자신들의 혁명을 이룩하기 위해 희생을 무릅쓰는 모습을 보여 노동자·농민·부녀·청년·지식계층에 이르는 동조자들을 얻어내기는 했지만, 이에 대해 민족주의 진영은 내부조직의 확대나 군중노선 등에 집착하지 않고 대외적 투쟁에 관심을 두게 되었던 것이다. 따라서 대내적인 공감대 형성을 목적으로 한 사회주의 진영의 투쟁목표와 대외적으로 민족독립의 멧세지를 전하려는 투쟁방식과는 많은 차이를 가져왔고, 이를 보는 민족주의 진영에서는 차츰 사회주의 진영이 추구하는 바에 대한 이해를 점차 명확히 해갈 수 있음으로 해서, 후일 독립운동 단체간 통일전선이 형성되지 못한 하나의 계기가 됐다고도 볼 수 있다.

한편, 중국에서의 초기 통일전선 형성의 역사적 의의도 대체로 3가지로 요약될 수 있다. 첫째는, 국민당 당조직이 하나의 정치집단에서 대중을 기반으로 하는 군중의 당으로 변화해 갔다는 점이다. 이는 중국공산당원들이 국민당에 들어오지 국민당측에서는 공산당의 주된 운동 방식인 대중 중심의 정책수단을 받아들여 그대로 이용함으로써 대중에 뿌리를 둔 정당으로 확대 발전시킬 수 있었다는 점이다. 둘째는, 공산당원을 개인자격으로 받아들이는 형식을 취함으로서 전국당으로서의 포용력을 보여주었고, 동시에 소련으로부터 금전·무기·고문 등을 원조 받게되어 재정적 확충을 통한 黃埔軍官學校의 설립 등에 의해 혁명 무력을 강화시켜 자력으로 전국을 통일시킬 수 있다는 자신감을 가질 수가 있었다. 셋째는, 국민당의 삼민주의에 입각한 혁명노선을 명실공히 대내외적으로 인정받을 수 있게 되어, 장차 공산주의 혁명 노선을 극복할 수 있는 이념적 전기를 가져올 수가 있었다.

이처럼 중국에서의 통일전선 형성은 이후 국민당이 중국의 전반적 형국을 주도해 나가는 중심당이 되게하는 전기가 되었고, 동시에 대내외적으로 인정을 받는 계기가 되었던 것이다. 그러나 이러한 좋은 조건을 가진 국민당이었지만, 손문의 죽음과 그로 인한 국공 양파의 내부 갈등은 결국 중국공산당의 이탈과 함께 자신들의 중국적 사정에 맞는 노선을 찾는 동기를 부여했고, 그에 의한 공산주의적 중국혁명을 이룩하게 되었다. 즉 공산당측이 통일전선의 경험을 더욱 잘 살려낸데 대해 국민당은 그러한 경험을 도외시 하고 연합국측의 재정적 지원에만 의지하며 대중과의 연계를 너무 소홀히 하는 바람에 중국공산당에 대륙을 넘겨주어야 하는 비운을 맞게된 것이니, 1920년대 초기 통일전선은 이후 중국에서 전개되는 역사적 사건의 운명을 좌우한 중요한 출발점이었다고 할 수 있다.

종합적으로 말해서 한국에서의 초기 통일전선 형성은, 사회주의 세력이 공식적으로 인정되지 않은 상태에서 생존 그 자체가 어려웠던 사회주의 진영이 스스로 민족주의 진영에 강력히 통일전선의 성립을 주장하지 않을 수 없었고, 이에 대해 민족주의 진영은 어떤 필요성에서라기보다는 조국의 독립을 위해 민족의 대단결이 중요했고, 또 이러한 협동전선의 형성은 국민들의 주목을 끌 수가 있어 독립투쟁의 저변을 확보할 수 있었기 때문에 이들과 제휴한 것이기에, 경제적·군사적·정치적이해관계에 의한 타협적 성격은 없었다. 따라서 상황의 변화에 의해 협동전선이 분열되더라도 그것은 민족공동체의 분해 내지 해체였고, 그에 따라 분리돼 나온 사회주의 진영은 여전히 자신들의 기반 구축 배경이 변화되지 않았던 관계로 자신들의 노선을 계속 추구해 나갈 수 가 없었다. 이러한 한계성의 돌파구를 찾기 위해 민족진영의 인사들처럼 해외에서 기반 구축 및 활동 근거지를 찾으려 했지만, 민족진영에 맞설 수 있는 세력을 확보하지 못함으로서 중국공산당이나 소련의 사주를 받아야 하는 비자립적 태도를 취하지 않으면 안되었다. 그러한 상황은 결국 한국전쟁의 불씨가 되었고, 결과적으로 민족과 국토의 분단을 가져오는 직접적인 계기가 되었던 것이다. 이처럼 한국에서의 초기 협동전선의 영향은 현대에까지 미치는 것으로, 이 사건이 갖는 역사적 성격이 어디에 있는지를 이해할 수 있을 것이다.

이에 비해 중국의 경우는 국민당 자신의 세력기반이 없어 자신들의 생존 자체가 위협을 받게되자 당시 공산국제의 주체인 소련의 지원을 받기 위해서는 중국공산당을 인정해 주어야 했다. 그러나 이들에 대한 사회전반적인 이해가 아직 충분하지 못한 상태여서 이들을 인정하게 되면 국민당내의 내부적인 분열을 일으켜 오히려 분해될 조짐마저 있었기에, 손문을 위시한 국민당 지도부는 공산주의자들을 개인적 신분으로 받아들이는 합리적 방법을 찾았던 것이다. 그러나 결과적으로 손문의 서거와 동시에 불거지기 시작한 국공 양파의 내부 투쟁은 급기야 협동전선을 붕괴시켰고, 이미 협동전선을 통해 정치적·사상적·군사적으로 상당한 기반을 다지게 된 공산주의 진영이, 이후 실력 그 자체는 엄청난 차이를 보이긴 했지만 끝까지 자신들의 세력을 확충해 갈 수 있는 기반을 이 시기에 닦을 수 있었기 때문에, 어려운 상황에서도 국민당과 대처해 나갈 수 잇었던 것이다.

이러한 상황은 한국에서의 상황과 완전히 다른 것으로, 후에 국민당의 타락과 분열을 틈탄 공산당이 대중적 인기를 모으며 경험으로 얻은 전략전술을 이용해 전세를 역전시키면서 1949년 중국혁명을 성공시키는 계기를 가져다 준 것이다. 이러한 현대 중국의 흐름을 거슬러 올라가면 그 역사적 결과의 출발점이 바로 이 초기 협동전선에서 비롯됐다는 사실을 이해할 수 있다는데서, 이 사건의 역사적 성격이 어디에 있는가를 알 수 있는 것이다.

V. 結論

한국에서의 사회주의자들의 행동은 중국이나 일본 등과 같이 자연스럽게 뿌리를 내릴 수 있는 그런 환경은 아니었다. 즉 나라를 잃은 상태에서 먼저 나라의 독립을 생각해야 했지 사회주의 혁명을 위한 행동이나 사상을 보다 강화시킬 수 있는 그런 여지와 기회는 없었던 것이다. 다시 말해서 사회주의 이데올로기라 할지라도 그것은 사회주의 혁명을 목표로 활동하기 보다는 먼저 나라의 독립을 되찾는 하나의 이념으로서 당대인들은 보았던 것이다. 그렇기 때문에 사회주의자들이 노동자·농민 등 대중을 향해서 온갖 탄압과 감시를 받으면서 자신을 희생하는 모습이 국민들에게 어필이 되었고, 동시에 그런 모습에 충격을 받은 지식인 청년들이 대거 이들에 협조 내지 동조하게 되었던 것이다.

그러나 이러한 특별한 상황이 사회주의자들을 인정하는 그런 것은 아니었고, 다만 독립투쟁을 진행해 나가는데 있어서 하나의 방법으로서 받아들였던 것으로 볼 수 있다. 더구나 한국에 들어와 활동하던 사회주의 진영 단체들은 여러개 분파로 나뉘어져 분파주의가 성행하는 바람에 공동적인 활동이나 사회적 압박에 공동으로 대처하지를 못했다. 특히 이들의 분파적 경향의 원인이 이데올로기에 있었던 것이 아니라, 地緣的 원인에 의해 분파가 생겨났다는 것이 이들로 하여금 애매모호한 행동을 취하게 했던 것이다. 따라서 이들 지도자들이 강력한 이론적 근거를 제대로 제공하지도 못하므로 해서 그들은 제대로 자신들의 운동을 해보지도 못하고 분열되고 말았던 것이다.

그러한 상황은 이들이 제창한 통일전선을 이룩해 나가는 과정이나 혹은 통일전선이 형성된 이후에 자신들이 해야할 역할이나 의무를 충분히 설명하지 못한채 민족주의자들에게 끌려다녀야 하는 상황으로까지 연계되어갔다. 이러한 지도부의 무능과 그에 따른 분파주의는 결국 통일전선에서 민족주의자들과 잠정적으로 협력해야 할 이유를 충분히 피력할 수 없게되어 그들의 추종세력이 어떤 행동을 취해야 할지를 몰라 우왕좌왕하게 했고, 그 결과 발전적이지 못하고 경제적·대외적 이미지·타국에서의 활동 등 면에서 공산국제에게 오히려 피해를 주는 결과만이 나타나자 결국 해체시키는 과정으로 치닫게 되는 것이다.

결국 이러한 상황은 한국에서의 특수한 상황에서 비롯된 것이라 할 수 있지만, 반대로 이러한 상황은 끝까지 민족주의 진영이 독립운동의 주도권을 장악해 나갈 수 있게 되는 하나의 배경이 되었던 것이므로, 한국 현대사의 하나의 아니러니라고 하지 않을 수 없을 것 같다.

이에 대해 중국국민당이 주도한 중국에서의 통일전선은 한국에서의 그것과 상당히 성격이 다름을 알 수 있다. 아직 독립을 유지하고 있었기에 제3국의 간섭이나 방해를 받지 않을 수 있었고, 공산국제의 적극적인 지원에 힘입어 뿌리를 내릴 수 있었던데다, 초기 안정화 과정에서 나타나는 노선 대립이나 지역분파 주의를 그때 그때 강력하게 차단해 감으로서 통일전선을 형성하는데 주체적 의지를 보일 수가 있었던 것이다. 거기에 상대인 국민당 스스로가 소련의 지원 필요성을 느끼고 자발적으로 다가옴에 따라 쉽게 통일전선을 형성함으로써 보다 합법화된 상황에서 자신들의 조직 확대 및 이론적 완성을 도모할 수 있었던 것이다.

비록 이러한 통일전선은 손문의 서거와 함께 3년만에 막을 내리고 말지만 공산당의 세력은 점점 확대되어 갔고 일본의 대륙 침략이라는 위기상황에서 다시금 통일전선을 형성하게 되면서 이미 확립된 중국식 사회주의 노선을 바탕으로 대중에 뿌리를 내려 1949년 공산혁명을 성공적으로 이끌 수 있게 되었던 것이다.

이처럼 초기 통일전선의 성립 배경 및 과정, 그리고 그 역사적 전개는 오늘날 한중 양국 모두에게 민주주의사회와 공산주의사회로 양극화하는 극단적인 결과를 가져오게 한 근본 원인이 되었다는 점에서 그 역사적 성격을 엿볼 수 있을 것이다.

金마리아의 亡命生活과 獨立運動*

박 용 옥**

<목 차>

Ⅰ. 머리말
Ⅱ. 中國으로의 亡命準備와 經過
  1. 亡命 背景: 病保釋과 鬪病
  2. 亡命 推進成功과 그 關聯人들
Ⅲ. 中國 亡命生活과 獨立運動
  1. 亡命生活의 始作과 向學
  2. 國民代表會議 代表로서의 活躍
Ⅳ. 美國으로의 再亡命과 遊學生活
  1. 美國 亡命初의 生活

2. Park大學 入學과 修學
  1) 팍大學과 韓國과의 關係
  2) 김마리아의 팍大學 修學과 關聯人들
  3. 시카고와 뉴욕에서의 修學
Ⅴ. 美國에서의 獨立運動
  1. 김마리아의 獨立論과 獨立思想
  2. 槿花會의 組織과 活動
Ⅵ. 맺음말

Ⅰ. 머리말

金마리아(1892~1944)는 병보석 중인 1921년 7월에 重病軀로 중국에 망명하였고 1923년 6월에 다시 미국으로 유학 망명을 떠나 1932년 8월에 귀국하기까지 11년여의 망명생활을 하였다. 당시 김마리아의 망명은 국내외인들을 놀라게 하였고 이후 신문과 잡지에서 그의 위대한 생애를 소개함으로써 세인의 가슴에서 그를 떠나지 않게 하였다. 그러나 본국

* 이 논문은 1997년도 성신여자대학교 학술연구조성비 지원에 의하여 연구되었음.
**성신여대 사학과 교수

에서 멀리 떨어진 이국에서의 망명생활이므로 그 망명지에서 그가 어떻게 살고 있었으며 또한 어떠한 독립사상을 가지고 독립운동을 하고 있었는가 등이 정확하게 알려지지 않았다. 그러므로 일제하의 신문 잡지 등에 소개된 그의 망명생활 등에 관한 글들[1]에는 적지 않은 오류들이 있었다. 이러한 오류는 해방 후 간행된 수권의 김마리아 전기나 생애사 연구[2] 등에서도 여전하였다. 오류가 시정되지 못한 중요한 이유는 확실한 사실을 알려주는 정확한 1차 자료들이 입수되지 못하여 김마리아 생애에 대한 학술적인 연구가 구체적으로 이루어지지 못하였기 때문이다.

김마리아의 망명생활 11년여는 그의 조국독립사상의 근간을 이루는 '실력양성론'을 스스로 실행 실천하였었던 시기로 그의 생애와 사상을 파악하는 데 대단히 중요하다. 그는 중국 망명시에도 南京 金陵대학에 수학하였고, 조국 독립을 위하여 임시정부를 중심으로 온국민이 단결하여야 한다는 신념하에 國民代表會議 대표로서 적극적 활동을 하였다. 그 결과는 대동 단결의 필요성을 서로 절감한 채로 결렬되고 말았다. 그러나 그는 이를 비방 비판하지 않고 조국 광복의 大路로 가는 한 과정으로 평가하고 독립운동에서 가장 중요한 것은 실력양성이라고 주장하였다.

실력양성을 보다 성취하여 조국독립에 활용하고자 하는 강한 의지를 가지고 그는 다시 미국으로 망명하여 여러 대학에서 수학하였다. 망명 滯美 중 그가 경과한 대학은 팍대학(Park College), 미조리대학교 (University of Missouri), 시카고대학교(University of Chicago) 대학원, 콜

---

1) 이에 관한 글로는, 『東亞日報』(이하 『동아』로 略記함) 1925. 8. 15, 「讀者와 記者: 學生으로 政治運動 罪囚로 變裝出境~金瑪利亞孃朝鮮脫出顚末」; 『第一線』 1932년 9월호, 「金瑪利亞孃」; 『新東亞』 1932년 9월호, 「金마리아 脫出記」; 『第一線』 1933년 3월호, 「死線에 섰던 金瑪利亞孃」; 정일형, 「金마리아論: 多難한 亡命生活公開狀」, 『우라키』 6호, 1933년 1월 등이 있음.

2) 김영삼, 『金마리아傳』(중앙출판사, 1965); 『나라사랑』 제30집 (외솔회, 1978), 김마리아 특집호 등이 있음.

럼비아대학교(Columbia University) 대학원, 뉴욕신학대학(Biblical Sem. in New York) 등이었다. 그가 망명지에서 극심한 생활고와 병고 속에서도 초지 일관하여 실력양성을 위하여 노력하고 또 노력하면서 동시에 조국 독립운동에도 끊임없는 정열을 바쳤던 삶은 진실로 위대하였다. 필자는 김마리아의 대한민국애국부인회 조직과 활동에 나타난 지도력과 애국적 활동상과 그 활동에 나타난 조국독립사상을 이미 논문으로 발표한 바가 있고, 김마리아에 관한 크고 작은 여러 편의 글들을 쓴 바가 있는데 그 때마다 안타까왔던 것은 그의 滯美亡命生活을 정확하게 밝힐 수 없었던 점이다. 이제 귀중한 새로운 자료들을 수집하게 되어 김마리아의 망명 생활의 歷程을 보다 분명하게 밝힐 수 있게 되었다.

자료수집 과정에서 팍대학의 'Fishburn Archives, McAfee Library'[3]에 귀중한 자료가 다수 보존되어 있음을 발견하게 되어 이를 입수함으로써 김마리아의 팍대학 入學經緯와 修學過程과 학교생활 및 그와 중요하게 관련된 인물들에 관한 것은 물론 他大學으로의 입학 및 수학 과정 등도 어느 정도 분명하게 파악할 수 있었다. 시카고대학 대학원은 연구생으 로 있었던 까닭에 자료 보존이 되어 있지 못하였고, 콜럼비아 대학에서 는 그의 입학원서며 수강 과목과 지도 교수등에 관한 자료를 입수하여 그의 사회교육사상의 중요한 일단을 검토할 수 있었다. 뉴욕신학대학은 교명이 몇번 바뀌고 校舍 이동도 있어서인지 김마리아에 관한 자료가 모두 유실되어 있었다.

본 논문은 크게 네 단계로 구성하였다. 첫째는 일제의 끊임없는 경계 속에서 김마리아가 망명을 결심하고 추진하여 성공하게 된 과정과 그의 투철한 항일의지와 그에 관련된 인물들에 관하여 검토하였다. 둘째는 중국망명생활과 조국광복운동, 특히 국민대표회의의 중추적 역할과 그

---

3) 자료 수집에 적극적으로 협조해 주신 팍대학 도서관의 기록보존관리담당 (Assistant Archivist) 캐롤린 엘웨쓰(Carolyn Elwess)씨께 깊이 감사드린다. 이하 이 자료는 「McAfee 문서」로 略記함.

의 성숙된 독립사상을 검토하였다. 셋째는 김마리아의 조국광복 독립사상의 근간을 이루는 실력양성론을 실행하기 위하여 다시 미국으로 망명하여 꽉대학 등 5개 대학에서의 수학과 그의 艱困한 삶의 양태와 이를 극복하는 그의 의지, 그리고 조국 독립운동을 끊임없이 추진, 수행한 그의 위대한 삶과 정신을 검토하였다.

Ⅱ. 中國으로의 亡命準備와 經過

1. 亡命 背景: 病保釋과 鬪病

김마리아는 대한민국애국부인회 회장으로서 同會의 관련인들과 더불어 1919년 11월 28일 일경에게 체포된 후 대구 警部로 송치되어 혹독한 고문이 따르는 취조를 받은 후 동 12월 11일에 대구지방법원 검사국으로 송치되어 고통의 투옥생활을 하였다. 이 후 그는 대구지방법원 尾家 예심판사에 의하여 오랫동안 취조를 받고, 1920년 6월 7~8 양일에 걸쳐 대구지방법원 제1법정에서 제1회 공판을 받았다.

김마리아는 2.8독립선언 운동 준비과정부터 자진 참가하여 적극적인 독립운동을 추진하였다. 그는 3.1운동 이전에 국내 독립운동을 진작시키기 위하여 동 2월 17일, 일본여인으로 변장하고 동지 車敬新등과 동행으로 부산에 입국하였다. 그의 입국 활동목적은 두 가지였다. 하나는 국내 각지의 要路人들을 만나 독립의 適時임을 알려 거족적 독립운동을 전개하게 하는 일이었다. 이 일을 위하여 그는 귀국 즉시 광주 서울 황해도 등지에서 광범위한 활동을 하였다. 둘째 목적은 거족적 독립운동에 전국의 여성들을 참여케 함으로써 여성의 평등한 국민권리를 행사하게 하려는 것이었다. 그는 둘째 목적을 수행하기 위하여 교육받은 지도

층 여성들을 중심으로 여성단체를 조직하여 여성들로 하여금 적극적이
고도 체계적인 독립운동을 수행케 하고자 3월 2일 이화여학교 기숙사에
서 항일여성단체 조직을 준비 추진하였다. 그런데 그의 활동이 일제 사
찰측에 탐지되어 3월 6일에 체포되어, 악명높은 倭城臺에서 머리를 집
중적으로 매맞는 심한 고문을 받아 상악골에 염증이 생겼고, 이 병은
그를 고통케 하는 평생의 고질이 되었다.[4] 그는 피체 5개월만인 8월 5
일에 예심면소로 가출옥되었다.[5]

　출옥후 그는 적극적인 항일여성운동을 목적으로 대한민국애국부인회
를 조직 활동하여 큰 성과를 거두었다.[6] 애국부인회 활동은 내용과 규
모면에서 원체 큰 것이어서 취조 과정에서 회장인 그에게 가해진 고문
은 1차 피체때보다 더 혹심하였다. 그 위에 병약인으로 견디어야 하는
엄동설한의 투옥생활은 그의 건강을 여지없이 악화시켜 수형생활이 어
려운 상태였다. 철창 속의 김마리아의 중병 상황이 얼마나 심각하였는
가는 다음 기사를 통해서 충분히 알 수 있다.

---

4) 김마리아의 둘째형 김미렴은 병보석 가료 중인 김마리아 취재차 대구를 방문
　한 동아일보 기자에게 "마리아는 어려서부터 참 건강하였습니다. 감기 한번
　걸린 일도 없었고 밥 한번 체한 일도 없었습니다. 그리고 재주도 비상하다고
　선생들이 칭찬까지 하였습니다. 그랬던 사람이 작년에 총감부에서 몹씨 고문
　을 당한 후에 이렇게 폐인지경에 이른 것은 참으로 분하고 원통합니다. 우리
　가 잊으려 해도 도무지 잊을 수 없는 것은 일본사람의 목석같은 고문이올시
　다. 그때 말을 들으면 거꾸로 매달고 죽든지 살든지 함부로 쳤다나요! ..."라고
　분통해하였다. (『동아』, 1920. 6. 6,「病床에 누은 김마리아」五)
5) 김마리아와 함께 항일여성단체 조직운동을 하다가 피체된 박인덕이 뒷날 자
　신의 회고록(Induk Pahk, September Monkey, Harper & Brothers, New York,
　1954, p. 69.)에서, 박인덕이 황에스터 김마리아 신줄리아와 함께 네 여인이
　"정확하게 1919년 7월 24일 오전 11시에 그 전율할 서대문감옥의 철문을 나
　왔다"고 술회하고 있다. 자신의 직접 체험이므로 출옥 날자의 착오가 없을 것
　인데 1919년 8월 4일자 경성지방법원 예심계의「豫審終結決定書」는 동 8월 4
　일 면소되고, 출감일이 동 5일이라 하였다.
6) 大韓民國愛國婦人會의 組織과 活動에 관한 연구로는, 朴容玉,「1920年代初 抗
　日婦女團體指導層 形成과 思想」(『歷史學報』69, 1976), 이현희,「김마리아와
　민족독립운동」(『나라사랑』30, 외솔회, 1978) 등이 있다.

(前略) 감옥에 들어간 이후로도 모진 신체가 건강치 못하고 더구나 예심 중에 머리를 몹씨 맞아 정신이 혼미하게 되었던 중 암혹하고 갑갑하고 음습한 감방에 여러달 동안을 고통으로 지낸 까닭에 병은 점점 심하여 지금은 전신을 수습치 못하고 밤낮으로 그 신음하는 소래에 다른 방에 있는 여러 사람들도 잠을 이루지 못하고 오히려 그 고통으로 앓는 소래에 몸이 다 마를 지경이라 하며 길고 길은 삼사월 요사이에도 조금도 음식은 먹지 못하고 몸은 점점 파리하여 도저히 회생할 희망은 없다 하며 면회하러 간 사람을 만날 때도 몸을 가누지 못하고 자리에 넘어져 실신한 사람같이 간신히 입을 열어 몇마디 말을 하는데 "나는 지금 어떠한데 있는지도 모르겠고 또 정신이 있는지 없는지".........7)

김마리아의 병이 이처럼 침중하자 그의 옥바라지를 하던 李慈卿8)이 선교사들과 의논하여 보석 청원을 여러 번 하였으나 실패하였다. 그러자 정신여학교 부교장 띤(千美禮; Lillian Dean Miller)부인이 직접 대구에 와서 대구에서 선교활동을 하는 뿌레아 목사와 함께 대구지방법원 검사국을 방문하고 보석허가 교섭을 하였으나 역시 허가를 받지 못한

---

7) 『동아』 1920. 5. 24, 「철창에 병중한 김마리아」. 이하 引用文은 맞춤법 띄어쓰기를 現代文으로 함.
8) 이자경은 갑신정변시 일본에 망명하여 미국선교사와 성경번역을 한 李昌植의 5남매 중 맏딸이다. 아버지 망명중 5남매는 황해도 장연군 松川里의 삼촌댁에서 살았는데 그곳에서 김마리아 형제들과 솔내학교에 함께 다녀 친형제와 같이 가깝게 지냈다. 또 그녀의 둘째 동생 李惠卿은 정신여학교 1회 졸업생으로 동경여자학원 영문과를 졸업후 정신여학교, 함흥 영생학교, 성진 보신학교 및 원산 마르다 윌슨신학교 등에서 봉직하였고, 대한민국애국부인회의 부회장으로 활약하였다. 이자경은 김마리아와 동급인 정신 4회 졸업생으로 재학시 김마리아와는 1, 2등을 다투었던 재원이었다. 애국부인회 간부들이 대구 감옥에서 복역하자 헌신적으로 그들의 옥중 뒷바라지를 하였다. 1923년 1월 22일 종로경찰서에 투탄한 의열단의 金相玉을 효제동 자택에 숨겨준 죄로 취조 당할 때 형사로부터 따귀를 호되게 맞아 오른쪽 귀고막이 터졌다. 독립운동에 직접 참여하지는 않았으나, 그들을 위한 헌신적 노력을 아끼지 않은 인물이다.

채 귀경하였다. 그 뒤 검사측에서 그의 병상을 자세히 조사 검토한 후 심상치 않음을 알고 5월 20일에 그의 보호자측에 보석을 청원하라는 연락을 하였다. 이에 다시 청원을 하여, 5월 22일 11시에 드디어 김마리아와 백신영의 병보석이 이루어져 출옥하게 되었고 그의 간호를 위하여 서울 세브란스병원의 간호원 金弼淳이 대구로 급행하여 왔다.[9]

당시 김마리아와 같은 거물급 항일독립운동가의 병보석은 한국인의 청원만으로는 거의 불가능한 것이었다. 세계적 여론을 두려워하는 일본인에게 서양선교사는 무시할 수 없는 존재였으므로 선교사등 서양인의 도움이 필요했던 것이다. 김마리아는 한국기독교의 수용과 발전에 절대적 공헌을 한 기독교적 가정 배경을 갖고 있었으며, 그 위에 기독교 학교인 정신여학교의 졸업생이자 교사였었다. 또한 그를 한국기독교 여성계의 지도적 인물로 쓰고자 일본 기독교계의 대학에 유학하게 하였었다. 그러므로 그에 대한 선교사들의 관심이 적지 아니하였으니, 대구의 뿌레아 목사, 세브란스 병원의 간호부장 에스텝양, 정신여학교 루이스 교장과 띤 부교장 그리고 스코필드 박사 등이 김마리아의 병보석을 위하여 큰 활약을 하였다. 특히 정신여학교와 깊은 관련을 갖고 있던 스코필드 박사는 총독부의 정무총감(水野) 경무국장(丸山)등과 개인적으로 상당한 친분을 갖고 있었던 관계로 김마리아의 위급한 소식을 접하자 정무총감의 명함을 받아 가지고 대구로 달려가 김마리아를 비롯한 애국부인회 관련 수감자들을 모두 면회하고 위로한 후 귀경하였다. 귀경 즉시 새로 부임한 총독(齋藤實)을 찾아 수감자의 대우개선 약속을 받아내고, 김마리아의 병보석운동을 하였다고 뒷날 술회하고 있다.[10]

---

9)『동아』1920. 5.26,「金瑪利亞保釋」:『동아』1920. 6. 4,「病床에 누운 김마리아」(三).

10) 중앙여자중고등학교: 三·一선도자찬하회 편,『久遠의 횃불』(1971, 서울: 중앙여자중고등학교), 84쪽 참조. 김영삼,『김마리아전』(1965, 中央文化社), 184쪽에 의하면, "마리아의 큰형부인 남궁혁과 세브란스병원 간호원장 에스텝의 명의로 일금 이백원을 보석금으로 내고 출감하였다"고 기술하고 있는데 이

　김마리아는 원체 중대한 정치범인이므로 일제측이 허가한 병보석이란 치료받을 수 있는 환경을 변경시켜준 것일 뿐이지 그에게 자유를 준 것은 아니었다. 병보석을 위한 보증인은 뿌레아 목사였다.[11] 검사는 뿌레아 목사에게 외부인 특히 한국인들의 면회나 접근을 일체 하지 못한다는 약속 아래 병보석을 허가하였으므로 가까운 친척이나 의사 간호원 외는 아무도 면회를 할 수가 없었다.[12] 병보석 중인 김마리아를 접할 수 있는 사람은 세브란스병원에서 급파된 간호원, 급보를 듣고 황해도 신천에서 달려온 둘째 언니 김미렴, 형제처럼 지내며 애국부인회 수감자들에게 사식 등을 넣어주던 이자경, 정신여학교장 미쓰 루이스, 그리고 가까운 선교사들 정도였다.

　병보석 후 김마리아는 함께 보석된 백신영과 뿌레아 목사의 사저에서 북쪽으로 10여칸을 격한 곳에 있는 수풀 우거진 허술한 집[13]에서 정양 투병 생활을 하였다. 이 곳의 생활은 간수 대신 선교사들이 番을 바꾸어가면서 守直을 하고 있어 김마리아가 보고 싶은 사람의 면회는 거의 허락되지 않았으니 제 2의 감옥생활과 마찬가지였다. 마리아가 이자경에게 자기의 이러한 답답한 심중을 다음과 같이 술회하고 있는 것으로 보아 그 상황을 능히 알 수 있다.

　　형님 나의 병을 얼른 좀 낫게 해주시오 그러면 나는 다시 감옥으로 갈 터이오. 나와서까지 이같은 구속을 받고야 차라리 감옥 안에서 있는 것이 낫지 않겠소.[14]

　김마리아를 고통케 하는 병증세들은 순전히 고문과 열악한 감옥생활

자경은 뿌레아 목사의 보증으로 병보석이 되었다고 말하고 있다.
11) 『동아』 1920. 6. 2, 「病床에 누운 김마리아」 (一).
12) 『동아』 1920. 6. 3, 「病床에 누운 김마리아」 (二).
13) 『동아』 1920, 6, 3, 「病床에 누운 김마리아」 (二).
14) 『동아』 1920, 6, 5, 「病床에 누운 김마리아」 (四).

에서 기인되어 발병된 것들로서, 정신이상증조차 보이는 심한 신경쇠약증, 깜짝깜짝 놀라는 심장병, 귀와 코 그리고 양미간에 고름이 괴는 상악골염증과 매스토이병 등이다. 3.1운동 직후 체포되어 倭城臺의 심한 고문으로 생긴 코와 귀에 고름이 드는 병은 치료되지 못한 채로 다시 2차 검거를 당하였고, 1차때보다 더욱 혹독한 고문을 받아 병세가 악화될 대로 악화되어 도저히 나을 가망이 없었다. 염증의 악화로 인하여 연이은 고열로 음식을 먹지 못하고 혼수상태에 빠지기도 하였다. 당시 이비인후과의 권위자인 서울 漢陽病院의 朴啓陽 의사가 직접 대구로 와서 고름을 약간 뽑아 주기는 했으나,15) 역시 응급적 조치에 지나지 못했다. 대구에서의 치료 정양에는 한계가 있어 서울로 가서 수술을 받고 치료하지 않으면 소생되지 못할 정도로 심각한 상태였다.

병보석 보름만인 6월 7~8 양일에 걸쳐 대구지방법원 제1 소법정에서 대한애국부인회와 대한청년외교단 21명에 대한 제 1회 공판이 개정되었다. 보석후 2주간이나 치료를 받았으나 김마리아는 여전히 혼자 걷지도 앉지도 못하는 폐인의 형상이었다. 법정에 출두한 그의 형상을 당시 『동아일보』(1920. 6. 9)는 다음과 같이 보도하였다.

......제중원 간호부장 되는 서양부인과 또 한 사람의 청년이 김마리아를 떠미어 내가는데 김마리아는 전신에다가 담뇨를 두르고 얼굴에는 보기도 흉한 흰 수건으로 가리었는데 하얗게 세인 아랫턱이 겨우 보이는 것이 마치 죽은 사람같이 참혹하였고 겨우 내놓은 두 손은 뼈대만 남아서 차마 볼 수가 없었다. 죽은 송장같이 축 늘어진 두 피고를 떠미어 내갈 때에 방청석의 부인네들은 모다 훌쩍 훌쩍 우는 소래로 한참동안 그 음산한 법정은 눈물세상이 되고 말았다.

김마리아의 병중함이 얼마나 참혹하고 심각한가를 알 수 있다. 6월

---

15) 『동아』 1920. 6.6, 「병상에 누운 김마리아」 (五).

29일 판결 언도일에 백신영은 인력거에 의지하여 출정하였으나, 김마리아는 출정조차 할 수 없을 정도로 병세가 악화되어 있었다.16) 그러므로 김마리아는 코 귀와 양미간의 고름 제거 수술을 받기 위하여 판결언도 이틀 뒤인 7월 1일 오후 8시 급행열차편으로 상경하여 남대문 밖 세브란스병원에 입원했다. 백신영도 동행하였는데 그는 정신에는 이상이 없어 보통 병실에 입원하였다. 그러나 김마리아는 머리를 집중적으로 맞은 고문 후유증으로 정신이상적 증세가 있어 여러 환자들과 같은 입원실을 쓸 수가 없어 병원 뒷편에 있는 간호원장 에쓰텝양의 私室에서 치료를 받았다.

그가 상경하자 각 신문사는 그의 병중 상태를 앞다투어 보도하고자 병원을 찾았다. 제일 먼저『東亞日報』기자가 방문하여 사진 촬영을 하고자 했다. 사진 촬영시 마그네슘 터지는 소리에 환자가 놀랄 것을 염려하여 간호원장이 제지하였는데도 기자는 막무가내로 찍었다. 옛날 사진 찍을 때 사용하는 마그네슘은 번쩍하는 불빛이 눈이 부시게 강하고 그 불빛이 터질 때 대포소리와 같은 굉음을 낸다. 기자의 사진 촬영에 놀란 김마리아는 한참이나 기절하였었다. 그는 이 후유증으로 상경 즉시 시행하려던 수술을 수삼일간 연기해야만 했을 정도로 건강이 악화되어 있었다.17)

세브란스의 高明宇 의사로부터 정밀한 진찰을 받고, 그의 귀 코 진료를 맡았던 한양병원의 박계양 의사가 세브란스병원으로 와서 7월 8일에야 수술을 받았다.18) 이 수술로 코의 고름은 다행히 감소했으나 양미간 속에 고인 고름은 여전하여 7월 26일에는 아주 위독한 상태가 되어 친

---

16) 『每日申報』(이하『매일』로 略記) 1920. 6. 30,「大韓愛國婦人會와 大韓青年外交團의 判決言渡-金瑪利亞는 三年」.
17) 『朝鮮日報(이하『조선』으로 略記 』1920. 7. 3,「愛國婦人團事件被告人 金瑪利亞 病氣沈重」,『매일』1920. 7. 3,「世富蘭楒病院에 入院한 金瑪利亞의 病狀」.
18) 『조선』1920. 7. 9,「昨八日 이른 아침 手術을 받은 金瑪利亞」.

척의 면회조차 사절되었다. 불원간 코 속에 박은 심지를 떼어버리고, 드디어 박계양 의사의 집도로 양미간의 고름을 제거하는 2차 수술을 받고 진심 전력을 다한 치료의 덕분으로 생명의 위급함은 면했다. 그러나 입원 수술 치료 등 5개월 반이 지나도록 그의 깜짝깜짝 놀라는 증세와 심한 두통은 가시지 아니하고 음식도 거의 먹지를 못하였다. 또한 몸의 왼쪽 절반을 모두 못쓰고 몹씨 아파 견디지 못해 하며, 거름도 거의 걷지 못하는 형편이었다.

이처럼 거의 폐인에 가까운 상태에 있었던 12월 16일 대구복심법원의 제1심 공소공판일이 되었다. 김마리아의 건강 상태로 보아 누구도 그가 법정에 출두할 수 있으리라고는 생각치 못하였다. 이 재판은 김마리아 자신은 물론 동지들의 운명이 걸려 있는 중요한 것이었다. 회장인 그가 어떻게든 출정 발언하여 사실을 밝히고 유리하고 합당한 재판의 결과를 끌어내야 했다. 그는 "내가 아무리 죽게 된다 할지라도 내가 법정에 나아가지 못하여 만일 나의 동지로 하여금 불이익한 영향을 미치게 한다면 안되겠다"[19] 생각 때문에 주위의 만류를 뿌리치고 출정하기로 결심하였다.

지도자로서의 철저한 책임의식은 그를 더 이상 병석에 누워 있게 할 수 없었다. 12월 15일 아침, 그는 병석에서 일어나 급행열차로 대구로 갔다. 동 16~17 양일에 걸친 공판시에 그는 두명의 간호인에게 의지하여 출정하는 형편의 건강이었으므로 재판이 끝난 다음날 곧바로 다시 급행열차로 상경하여 병석에 누웠다.[20] 12월 27일 판결언도일에는 건강이 나빠 출정치 못하였는데, 이날의 판결에 대하여 대부분의 동지들은 승복하였으나 김마리아 백신영 송세호 3명은 불복하고 고등법원 형사부에 상고를 제기하였다. 이들은 1921년 1월 31일 동 형사부에서 사실진

---

19)『조선』1920. 12. 16,「十五日急行列車로 金瑪利亞가 大邱로 往」.
20)『조선』1920. 12. 18,「秘密結社愛國婦人會 金瑪利亞事件公判」.『매일』1920. 12. 19,「檢事는 控訴棄却을 求刑」.

술을 하였고, 동 2월 12일 상고공판에서는 原判決을 취소하고 사건을 경성복심법원에 반환한다는 판결언도를 하였다.[21]

그리하여 동 4월 8일 경성지방법원의 공소재판을 거쳐[22], 다시 5월 9일 고등법원의 공판을 받고[23], 5월 13일에 여전히 징역 3년의 판결을 받았다[24]. 김마리아는 이 판결에 다시 불복 상고하였으며, 6월 20일의 최종판결 언도일에는 병으로 출정하지 못했다.[25]

이러한 재판과정에서 김마리아의 건강이 호전되기는 어려웠다. 코와 귀에 고인 고름을 수술을 받기 위하여 그는 한양병원으로 옮겨 입원하여 박계양 의사의 수술 가료를 받았으나 건강은 여전히 위중하였다. 당시 그는 여러 번의 수술 등으로 기운이 쇠진하여 수술을 받는 도중 수술 중지를 하고, 건강이 회복되기를 기다려 다시 재수술을 받아야 할만큼 건강이 악화되어 있었다. 건강회복의 지표는 식사인데, 그는 아직도 밥과 같은 것은 먹기 어려워 한끼에 한탕기 정도의 죽을 겨우 먹었고, 또 심한 불면증에다가 자다 말고 깜짝깜짝 놀라는 증세 등이 여전히 낫지 않았다. 입원 상태로 병이 호전될 가망이 희박하고 또한 그가 이 병원에 오랫동안 있기 어려운 사정도 있어 조용한 私家에서 의약을 쓰며 치료하는 계획을 세웠다.

---

21) 반환 이유는 대구복심법원 判決錄에 의하면 이 사건을 비밀히 출판한 것으로 인증하여 출판법 위반으로 판결을 하였으나 이 판결록 가운데 중요한 조항인 "관헌의 허가를 얻지 아니하였다는"의 문구가 없어 판결의 이유가 불명함으로 전판결을 취소하게 된 것으로, 판결록의 불비한 문제가 있어 擬律의 錯誤가 있기 때문이라는 것이다.(『조선』 1921. 2. 14, 「愛國婦人團의 上告判決」)
22) 『조선』 1921. 3. 30, 「金瑪利亞의 공판은 사월팔일」.
23) 『조선』 1921. 5. 13, 「金瑪利亞의 言渡는 今日」.
24) 『매일』 1921. 5. 14, 「金瑪利亞는 懲役參年」.
25) 『조선』 1921. 6. 20, 「金瑪利亞의 판결언도는」.

2. 亡命 推進成功과 그 關聯人들

김마리아는 재판 결과를 끝까지 불복하였던 고로, 1920년 6월 7일에 시작된 재판이 1921년 6월 20일 고등법원의 최종 판결 언도가 나기까지 무려 일년여나 걸리었다. 1920년 5월 22일 병보석후 행동은 자유롭지 못했으나 그 후 일년 일개월 동안 당시대 최고의 의료진과 의료시설에서 치료를 받았던 관계로, 최종 판결언도를 받았을 때의 그의 건강은 병보석 당시에 비하면 상당히 쾌차된 상태였다. 그러나 만일 쾌차되어 가는 상태가 사찰 당국에 알려지면 그는 또다시 감옥으로 가야하고 그럴 경우 그는 형기가 끝나기 전에 옥중 병사할 수도 있는 것이었다.

그가 퇴원하고 성북동 한적한 농가에서 잠시 생활했던 것은 아마도 공권 감시로부터 자취를 감추고 망명을 준비하기 위함이었다고 생각된다. 김마리아에게 있어 건강회복은 죽음의 감옥행을 의미하는 것이며, 만일 그럴 경우 항일독립운동계의 큰 손실인 것이다. 그러므로 주위에서 그의 망명을 권유하였고 김마리아는 착잡한 심정을 가다듬어 마침내 망명을 결심하고 이를 용기있게 단행하였던 것이다.

망명 당시의 김마리아의 심정과 망명의 경과를 검토하기 위하여 그가 미국 팍대학에 입학한 해인 1924년의 12월 1일부로 한국 형님에게 보낸 다음의 편지를 보자.

> …만 삼개년 전에 세브란스병원에 입원해서 치료할 때, 웬만하면 형님께 와서 정양하라고 몇번이나 편지를 주지 않았습니까. 저도 형님들과 손을 쥐고 따뜻한 사랑을 받고자 했건만 근본적 치료를 받음에는 그것이 상책이 될 것 같지 못하여 곰곰히 생각하다 못해 멀리 떠나기로 결심을 했습니다. 형님들께는 물론 가장 끝까지 해주던 친구들과 친절히 간호해 주던 간호부들에게도 있는 포부를 발언하지 못하고 목적을 달성할 방법으로 연구하기 꽤 마음을 썩히다가 결국 6월 29일 오후 4시에 퇴원했습니다. 담임의사와 간호부에게는 어느 해변으로 정양할 뜻을 보였지요. 그때

에 보신 간호부들은 아직 기억할 수가 있을는지 알지 못하거니와 저는 퇴원하던 그 순간에 쓰리고 아프던 감회를 지금도 오히려 잊지 못합니다. 나를 재생시켜 준 세브란스병원을 떠날 때 진력 치료해 주신 의원 여러분께나 동정으로 간호하여 주신 간호원 여러분께 내 향로를 말하지 못하고 떠나던 고통이야말로 줄기줄기의 눈물이 되었습니다. 얼른 양산으로 얼굴을 가리고 인력거에 몸을 실었습니다. 그러나 그날밤 1시에 萬籟가 고요하기를 기다려 정들고 사랑하는 한양을 서름의 눈물로 언제 볼는지 모르는 이별을 지었습니다. 건강하지 못한 몸으로 모험적 여행을 했기 때문에 중로에서 자주 병이 나서 근 일삭만에야 상해령을 밟았습니다.26)

눈물과 회한과 감회가 절절한 위의 편지 내용은 김마리아 망명에 대하여 몇가지 중요한 사실을 제시하고 있다. 첫째 국내에서의 치료 정양은 더 이상의 상책이 못된다고 생각하여 망명을 결심했다. 둘째 자신에게 그토록 친절하고 헌신적으로 치료해 준 의사 간호원은 물론 형님들에게조차 말하지 아니하고 망명의 길을 택했다. 셋째 6월 29일 오후 4시 퇴원하고 병원을 떠날 때 얼른 얼굴을 양산으로 가리고 인력거에 탔다. 넷째는 한양을 떠난 것이 그날 밤(6월 30일) 1시였다. 다섯째 중도에 자주 병이 나서 상해에는 한달만에 도착했다.

김마리아는 자신의 망명 결정과 추진 및 상해 당도까지의 경과를 궁금해할 형님께 편지를 통해 알리고 있다. 그럼에도 이 편지는, ① 망명 결심을 자신이 먼저 하였는가 또는 타인의 권고로 결심하게 되었는가, 그리고 망명 비용은 어떻게 마련되었는가. ② 그를 중국까지 인도한 사람은 누구인가. ③ 6월 29일 오후 4시로부터 그 새벽 1시까지의 8~9시간을 어디에 은신해 있었는가. ④ 인천까지는 어떻게 갔으며 인천은 언제 떠나 언제 중국땅에 오르게 되었는가와 같은 구체적인 내용들은 거의 설명하지 않고 있다. 그러나 인력거에 몸을 싣고 얼른 양산으로 얼굴을 가렸고 새벽 1시 되기를 기다려 한양을 떠났다 등에서 그의 망명

---

26) 『동아』 1925. 3. 2, 「사랑하는 고국 형님들께」.

은 누군가의 도움으로 사전에 치밀하게 준비되었음을 알 수 있다.

일제의 삼엄한 경계 속에서 혼자서는 몸을 가눌 수조차 없는 중환자인 김마리아에게 망명을 결심 추진케 한 제3 인물들에 관한 검토는 항일독립운동계의 저력을 검증하는 것이므로 중요하다고 생각한다. 김영삼 저 『김마리아전』(198~201쪽)에 의하면 김마리아의 망명은 맥큔(George Shannon McCune: 尹山溫, ?~1941)의 권고와 재정적 지원으로 이루어진 것이라고 했다. 즉 맥큔은 김마리아 수감시부터 병보석운동을 서두르고 병보석 후는 그의 병실을 자주 드나들며 물심양면으로 원조와 위로를 아끼지 않던 어느날 병실을 찾아 다른 사람을 모두 물리고 언니 함라가 있는 데서, 김마리아에게 중국 교통길을 잘 아는 믿을 만한 청년이 있으니 그의 힘을 빌려 중국으로 망명을 하라고 간곡히 권고하여 처음에는 수감된 동지들을 생각하여 응하지 않다가 드디어 망명을 결심하게 되었으며, 망명 비용 4천원을 맥큔이 담당하였다고 기술하고 있다. 이 내용은 저자(김영삼)가 『김마리아전』 저술 당시 김마리아의 형님 고모 및 고모부 등 관련인들을 만나 그들의 전언과 증언 등을 토대로 서술한 것으로 생각된다.

김마리아의 망명 결심과 추진에 깊이 관련된 인물로 선교사인 맥큔과 상해 임시정부의 활동 요원인 尹應念을 들 수 있는데 이들과 김마리아와의 관계를 검토하면 망명 추진의 배경을 보다 상세하게 밝힐 수가 있다.

먼저 맥큔은 어떤 인물이며 김마리아와의 관계는 어떠하였는가. 김마리아의 재미 망명 유학시절 맥큔은 김마리아에게는 아버지와 같은 후견인이었다. 그러한 관계가 언제부터 이루어진 것인지는 확실치 않으나 아마도 그의 2차 투옥 시절부터였을 것으로 생각된다. 1924~27년 김마리아가 미국 팍대학에 유학할 시절 그는 김마리아의 신원을 보증하는 추천서를 비롯하여 물심양면으로 철저히 후원하고 있었음을 이번 연구를 통하여 새로 발견하게 되었다. 이로 미루어 볼 때 맥큔은 충분히 마리아의 망명 권유 후원자일 수 있다고 생각된다. 특히 맥큔은 1921년 9월, 남 다코타(S. Dakota)에 있는 휴론(Huron) 대학의 학장으로서 부임[27]하게 되어 있었기 때문에 곧 한국을 떠날 몸이므로 망명 권고를 안심하고 더 과감하게 추진했을 가능성도 있다.

앞의 편지에 의하면 자신의 망명 사실을 의사와 간호원은 물론 형님들에게도 일절 언급치 않고 떠났던 것을 가슴 아프게 생각한다는 술회를 하고 있다. 이것은 철저한 비밀 속에서 망명이 준비 추진되었음을 의미하는 것이므로 맥큔이 함라 형님이 있는 데서 마리아에게 망명을 권유하였다고 믿기는 어렵다.

김마리아의 망명 상황을 보다 정확하게 알 수 있는 자료로 1932년 6월에 정일형이 쓴 「金마리아論; 多難한 亡命生活公開狀」을 들 수 있다. 이 글은 유학생 정일형이 망명생활 당사자인 김마리아를 직접 만나 들은 것을 토대로 작성한 것이므로 사실성이 비교적 정확한 김마리아 생애에 관한 1차적 자료이다. 정일형은 1927년 연희전문을 졸업한 후, 김마리아의 뉴욕 유학시절 (1928~32년)과 거의 일치하는 시기에 미국 뉴저지의 드류(Drew)대학에 유학하였다. 그의 눈에 김마리아는 드물게 보는 한민족 구원의 표상이자 한국유학생계의 대표적 등불로서 보였던 것이다. 바로 이 글에 김마리아의 망명 준비기로부터 망명을 결정 단행하기까지의 다음과 같은 중요한 내용이 있어 주목된다.

　　…城北洞 어느 농가에서 치료하기는 다음해(주; 1921년) 봄이었으나 經過가 不順하여 病勢는 나날이 逆轉해가며 肺病의 症勢까지 合勢되어 重態에 떨어져 臨床醫師가 땀사발이나 흘리던 그 時節의 일입니다. 바로 이때외다. 外四寸이라는 戚分을 내세우며 漢陽病院을 비상히 出入하는 少壯紳士 한 분 — 그는 ㅇㅇ 政府에서 特派한 尹응념氏로 사람의 눈을 피해가

27) 「George S. McCune Resigns as President of Huron College - To Become President of Union Christian College」, The Park Alumniad, Vol. 16, No. 6, Kansas City, Missouri, March, 1927. p. 1.

며 患者를 찾아들어 밤이 깊도록 무엇인지 勸諭도 해보며 說服도 꾀한지 몇 달만에야 그들의 鳩首會議는 마침내 成立을 보게 되었습니다.[28]

이 글에 의하면 김마리아를 권고 설복시켜 망명을 성사시킨 첫 번째 인물이 임시정부 특파원 尹應念이라고 밝혔을 뿐, 맥큔에 관한 언급은 한마디도 없다. 즉 김마리아가 병원을 떠나 성북동 농가에서 정양 치료를 하다가 병세가 악화되어 다시 한양병원에 입원했던 때에 윤응념이 외사촌이라면서 병원에 나타난 후 자주 찾아와서 간곡히 권유와 설복을 하여 몇 달만에 겨우 망명 결심을 하게 되었다는 것이다. 위의 글에 의하면 김마리아의 망명 결심이 하루 이틀간에 쉽게 결정된 것이 아니라, 임정 특파원 윤응념이 상당한 기간 동안 끈질기게 권유하므로써 이루어진 것이다. 그렇다면 생면부지인 윤응념을 어떻게 믿고 김마리아가 망명을 결정 수행했을 것인가. 이를 검토하기 위하여 먼저 윤응념이 어떤 인물인가를 살펴보아야 한다. 윤응념은 맥큔과 상당히 깊은 인연을 가진 사람이었다. 윤응념은 19세때인 1917년에 미국인 의사의 알선으로 선천의 신성중학교 예과에 입학하여 2개년간 수학 후 미국 유학을 가고자 영어를 공부하려 중국 芝罘로 건너가 영어와 중국어를 공부하고 있을 때 3. 1운동이 일어났다. 그 신성중학교 교장이 바로 맥큔이며, 맥큔은 평소 재목이 될 만한 학생은 일단 중국의 기독교계 학교로 보내 영어를 먼저 공부하게 한 후 미국으로 유학을 보냈었다. 연세대학교 총장이었던 백낙준 박사도 신성중학교 출신으로 교장 맥큔의 권유에 따라 중국에 가서 영어를 공부한 후 맥큔의 추천으로 곽대학에 입학하였던 것이다.

평소 일제 통치에 대한 저항심이 강하였고 애국심이 투철하였던 윤응념은 1920년 5월에 상해임시정부로 가서 교통부 참사가 되어 적극적인 독립운동에 투신, 상해로부터 국내를 왕래, 주로 인천에 거점을 두고

---

28) 『우라키(The Rocky)』 6, January, 1933, 8~10쪽.

과감한 독립활동을 하였다. 그는 동 9월에 『독립신문』과 『신한공론』을
가지고 국내에 들어와 배부하며 활동하였고, 1921년 4월에는 중국인으
로 변장을 하고 국내에 들어왔는데, 당시 25세의 윤응념은 임시정부 경
무국장 都寅權의 처자 등과 김마리아를 상해로 망명시켜야 하는 중차대
한 임무를 띠고 있었다. 김마리아의 망명 내막과 경과를 뒤쫓던 일제
사찰이 1923년 5월에 인천을 근거지로 군자금을 모집하는 윤응념 및 그
관련인을 체포 취조하는 과정에서 이른바 仁川事件의 주동자가 윤응념
이며, 그 윤응념이 김마리아를 상해로 망명시켰음을 처음으로 밝혀냈던
것이다.29) 윤응념이 일제 사찰의 엄중한 감시하에 있는 김마리아에게
접근하기는 결코 쉽지 않았을 것이다. 즉 누군가의 도움이 있어야 했을
것인데 그 도움을 옛 교장 맥큔에게 의지하였던 것으로 생각된다. 다만
지금까지 발견된 자료들에서는 맥큔의 도움에 관한 언급이 김영삼의
『김마리아전』에서만 언급되어 있어 그 사실에 대한 확증을 뒷받침하기
에 아쉬움이 있다. 그러나 전후 정황으로 볼 때 맥큔의 관련이 전혀 없
었다고 생각되지는 않는다. 그런데 정일형의 「김마리아론」에서 맥큔을
전혀 언급하지 않고 있는 점에 대하여서는 자못 의아심을 갖지 않을 수
없다. 이에 대하여 합당성이 있는 추측으로는, 1921년 미국으로 귀환하
였던 맥큔이 1928년 이후 다시 한국의 선교사로 재파견되어 숭실합성대
학(Union Christian College) 교장으로 취임 활동하고 있었기 때문에 그에
게 혹 누가 될까를 염려하여 언급을 삼갔던 것이 아닌가라는 점이다.

---

29) 『매일』 1923. 5. 20, 「仁川群島에 出沒하든 海上 强盜團 一網檢擧」;『동아』
1923. 5. 20, 「인천을 중심으로 한 중대사건의 진상」;『조선』 1923. 5. 20, 「
仁川重大事件의 顚末」 참조. 윤응념의 체포 취조시 김마리아를 중국 상해로
인도한 사실이 밝혀졌으나, 행형과정에서 군자금 모집과 불법 홍삼 제조 판
매 관계등만의 죄목으로 13년 선고를 받고 서대문형무소에서 복역하였다.
감옥에서 극심한 위장병과 폐병으로 인하여 1925년 5월 14일 형집행정지를
받고 세브란스병원과 자신의 집에서 치료하던 중 감쪽같이 吉林으로 遠走한
후 경찰 당국에 "나는 벌써 長春에 와있다"는 서신을 보내어 경찰을 당황시
켰다.(『조선』 1927. 1. 25, 「籌備團長 尹應念」).

이상의 정황으로 볼 때 김마리아 망명에 직접 관련을 갖는 인물은 윤응념이었다. 윤응념이 김마리아를 망명케 하는 데는 상당한 배후가 있었을 것이다. 그 배후가 바로 상해임시정부인 것이다.30) 윤응념이 이른바 인천사건으로 피체되어 취조심문 받은 내용을 일제 사찰측이 발표한 바에 의하면, 윤응념이 도인권의 처자를 상해로 데려오는 임무를 띄고 상해를 출발하려 할 때 金秉玉이 김마리아도 밀항해오도록 해달라고 부탁했다는 내용이 있다.31) 이 사실은 김병옥이 개인적으로 부탁하였다기보다는 임시정부측의 의지를 김병옥이 윤응념에게 전달한 것이라고 생각된다. 항일독립운동에 대한 여성계로부터의 적극적인 지원이 그 어느 때보다도 절실했던 임시정부로서는 여성계의 대표적 지도자인 김마리아를 또다시 적의 감옥에 들어가 처참하게 죽게 할 수는 없었던 것이다. 『독립신문』의 다음 기사들은 임시정부측의 그러한 의지를 충분히 이해하게 한다.

> 女史와 面會한 이의 談에 의하면 女史의 身體는 衰弱의 極에 達하여 참아 보지 못하겠으며 따라 精神도 전혀 昏昧狀態에 있어 到底히 살 길이 없다 하며 그 말을 傳하는 자마다 눈물로써 하지 않음이 없다.32)

> 大韓의 女子는 獨立運動의 모든 부문에 빠짐이 없었다.... 점점 자기에의 실력과 지위를 자각하게 되어 '우리는 남자의 부속물이 아니오 독립한 인격이다' 함을 사실로 증명하게 되었다. ... 애국부인회는 아마 大韓婦人이 조직한 最初요 最大한 정치적 결사일 것이다.... 하란사 김경희같은 人物은 죽었고, 金마리아 黃愛施德같은 이는 적의 포로가 되었다. 이것은 대

---

30) 『獨立新聞(이하 『독립』으로 略記)』(1920. 6. 1.)에는 「愛國婦人會首領 金마리아여사 敵의 惡刑으로 重病을 得하여 大邱病院에 入院治療中, 頭部의 膿이 腦에 及하여 살길이 없다」라는 제목으로 김마리아의 중병 상황과 살 길이 어렵다는 긴박한 내용을 보도하고 있다.
31) 『매일』 1923. 5. 20, 「金瑪利亞 密航의 參謀長은」.
32) 『독립』 1920. 6. 1, 「愛國婦人會首領 金마리아女史 敵의 惡刑으로」.

한부인계의 큰 손실이지마는 ...33)

위의 기사에는 한국여성계의 최대의 지도자를 적의 손에서 죽게 할수 없다는 임시정부측의 의지가 배어 있다. 그리고 김마리아의 망명 계획의 추진 진원지는 상해의 대한민국임시정부였던 것이 분명하다.

다음으로 김마리아는 편지에서 망명을 결심하기까지 몇 달이 걸렸다고 하였는데 그 몇 달간의 행적을 검토하여 그의 망명 추진 과정을 좀더 자세히 살피고자 한다. 김마리아는 병원의 입원 치료는 더 이상 효험이 없어 조용한 私家에서 안정적인 정양 치료를 해야 한다며 동서문밖 성북리 295 번지 朴弘燮의 집(농가) 아랫방을 자신이 직접 찾아가서 한달에 1원씩 두달 계약으로 빌렸다. 그의 편지에 의하면 "웬만하면 형님께 와서 정양하라고 몇번이나 편지를 주었다"고 한 것으로 보아 사가 치료의 필요성을 형님에게는 알리었던 것으로 생각된다. 그러나 형의 권고를 뿌리치고 아직 중병인인 그가 직접 방을 구하러 다닌 것은 자신의 망명계획을 추진하기 위해서였다고 해석할 수 있다.

집주인 박홍섭의 말에 의하면 그가 김마리아인 줄은 전혀 몰랐으며34), 방을 구한 때가 음력 2월 그믐께라고 말하였다. 이를 양력으로 환산하면 4월 중순경이 된다. 김마리아의 망명 사실이 세상에 알려진 후 『每日申報』기자가 김마리아의 행적을 추적하기 위한 취재차 성북리에 들려 그 주인으로부터 다음과 같은 중요한 사실을 알아내어 1921년 8월 8일부로 다음 기사를 보도하였다.,

그리하여 한달 동안을 있는 중 항상 문안에 병 고치러 간다고 들락날락하여 실로 있기는 한 보름밖에 아니 되었습니다. 삼월 그믐께 이르러서

---

33) 『독립』 1920. 2. 17, 「婦人과 獨立運動」.
34) 김마리아는 '金槿圃'라는 변성명으로 방을 얻었다. (『동아』 1925. 8. 15, 「學生으로 政治運動」). '槿圃'는 '무궁화 밭'이란 의미이다. 나는 무궁화 밭, 즉 대한인임을 나타낸 것이니 그의 조국애의 깊음을 알 수가 있다.

내가 몸에 병이 있어서 매우 몹씨 앓을 때인데 그의 형님이라는 이가 나
왔다가 주인이 저같이 병으로 신음을 하는 바 만일 무슨 일이 있으면 까
딱하면 탓을 듣기가 쉽다 하고 밥지어 먹던 세간과 모든 것을 다 가지고
남대문 밖 병원으로 간다고 하더니 그 후는 일절 소식이 없었는데 지금으
로부터 한달 보름 가량 전에 이부자리만 가지고 나와서 하루밤을 자고 그
이튿날 병원에서 왔다 하는 인력거를 타고 간 후로 이제 소식이 없고 그
리고 침구는 지금껏 찾아가지 아니하였으나 모기장은 십팔구세된 아해가
가져갔다.

집주인의 말을 검토하면 김마리아가 성북리에 정양한 사실은 관계
사찰측에 보고하지 않은 채 隱居한 것이나 마찬가지였다. 병원의 장기
입원 환자이므로 병원에 계속 있는 것처럼 해놓고 성북리에 숨어지냈던
것으로 해석되며, 이때가 망명을 준비한 시기였을 것으로 생각된다. 김
마리아의 망명의 일로 윤응념이 국내에 잠입한 때와 김마리아가 성북리
에 방을 얻은 때가 거의 일치하는 4월이었는데, 이것을 우연으로만 보
기는 어렵다고 생각된다.[35) 윤응념과 일을 계획 추진하는 과정에서 병
세도 악화되었고 또한 성북리 농가보다는 병원쪽이 보다 안전하여 세브
란스병원에 재입원한 것이다. 성북동 농가 주인이 한달 보름 가량 전에

---

35) 『동아』 1925. 8. 15의 위의 자료에 의하면, "그 이듬해(주; 1921년) 봄 4월에
한양병원에서 退院하여 시외 城北洞 어느 노파의 집에 金槿圃라는 변명을
가지고 있으면서 탈주의 계획을 세워가지고 세브란스병원에 또다시 입원을
하였더랍니다"라고 하였다. 즉 성북동행에서 이미 탈주를 계획 추진하였던
것이다. 그런데 정일형의 「김마리아론」(『우라키』 6호, 1933, 1.)에서는 "성북
동 어느 농가에서 치료하기는 다음 해 봄이었으나 경과가 불순하여 병세는
나날이 역전해가며 폐병의 증세까지 합세되어 중태에 떨어져 임상 의사가
땀사발이나 흘리던 시절의 일입니다. 바로 이 때외다. 외사촌이라는 척분을
내세우며 한양병원을 비상히 출입하는 소장 신사 한 분 - 그는 xx정부에서
특파한 윤응념씨로..."라고 서술하여 성북동에서 다시 한양병원으로 재입원
하고, 그때 윤응념을 만나 망명을 계획 추진하였다는 것이다. 한양병원에서
윤응념을 만난 것은 성북동으로 가기 전이고 성북동으로부터 재입원한 병원
은 세브란스병원인 것이다.

김마리아가 와서 하룻밤을 지내고 병원 인력거를 타고 갔다는 그 '한달 보름 가량 전'은 양력 6월 25일 전후쯤이 된다. 옛부터 한국농촌 사람들의 수의 개념은 그렇게 정확하지 않은 어림일 경우가 많다. 그렇다면 그의 어림잡은 기억으로는 4~5일의 착오는 있을 수 있는 것이며, 아울러 김마리아의 편지에 기술된 퇴원 날자인 6월 29일과 거의 맞아든다. 즉 오후 4시에 병원을 나온 김마리아는 그 밤새벽 1시까지 성북동 박홍섭의 아랫방에 머물렀다가 깊은 밤 되기를 기다려 윤응넘이 직접 준비한 인력거로 성북리를 떠나 인천으로 향하였는데, 이때 도중에서 중국인 요리점에 들려 중국의복으로 변장하고[36] 자등차(택시)로 밤공기를 가르며 달려 제물포 어느 중국교회 대강당으로 자취를 감추었는데 이 날이 바로 토요일이었으며, 일주일간 留해가며 신병을 조섭하여 인천을 떠났다는 것이다.[37]

그런데 병원을 퇴원한 날과 서울을 떠나는 날과 인천을 떠나 황해를 건너 중국 위해위에 도착하기까지의 과정에 있어 자료들간에 차이가 있어 정확한 날자 등을 밝히는 데 적지 않은 혼란이 있다. 이를 밝히기 위하여 관련 자료들을 다음에 소개하고자 한다

(1) 1923년 소위 인천사건으로 체포된 윤응넘의 취조 심문에서 밝혀진 1923년 5월 20일자의 『每日申報』 『東亞日報』 『朝鮮日報』의 보도에 나타난 날자들이다. 이들 신문의 기사들은 경기도경찰국 발표에 의거한 보도였기 때문에 그 내용은 거의 대동소이하다. 이에 의하면 윤응넘이 1921년 4월에 중국인 변장으로 잠입 입국하여 都寅權 처에게 도항준비를 연락하고, 동 7월 9일 세브란스의 김마리아를 퇴원시켜 인천으로 데려갔고, 7월 21일에 군청관리라고 속이고 범선으로 이날 저녁에 인천에서 가까운 草峙島에 상륙하였다[38]가 인천으로부터 출항하는 중국 선박에 편승하여 위

---

36) 『동아』 1925. 8. 15, 「學生으로 政治運動 罪囚로 變裝出境: 金瑪理亞孃 朝鮮 脫走顚末」 참조.
37) 정일형, 「김마리아론」, 『우라키』 6호, 1993. 1, 38쪽.
38) 『동아』 1925. 8. 15, 「學生으로 政治運動」의 기사에 의하면, "김마리아가 탄

해위로 갔다.

(2) 1924년 12월에 김마리아가 고국의 형님들께 보낸 편지에 언급된 날자이다. 이에 의하면, 6월 29일 오후 4시에 퇴원하여 얼른 양산으로 얼굴을 가리고 인력거에 올라탔다. 그러나 그날밤 1시에 한양 이별을 지었다. 중로에서 자주 병이 나서 근 일삭만에 상해에 도착하였다.

(3) 정일형의 「金마리아論」에는 김마리아의 인천 도착, 인천 탈출로부터 중국 위해위 도착까지의 경과 및 날자들이 다음과 같이 비교적 상세하게 서술되었다.

"요란한 엔진을 통제하는 택시의 끼어 소리가 적요한 장안의 밤공기를 흔든지도 몇시간이 못되어 그들은 제물포(인천) 어느 중국교회 대강당으로 자최가 잠기며 … 이날이 바로 토요일 아침 … 한주일 유해가며 신병을 조섭하든 그 일행이 乘夜脫國의 프로그램을 진행하는 날도 필시는 오고야 말았습니다. 인천부두에는 중국마님으로 변장한 이삼인의 부인네와 수인의 남성들이 일엽편주에 몸을 싣고 황해의 창광한 물결을 헤쳐가며 수평선 저 넘어로 외로운 그림자가 살아져버렸습니다. 사흘이 지난 어느날 석양녘에 우연히 中人의 큰 상선 한척을 만나 水疾과 病苦로 중태에 빠진 젊은 새조선의 일꾼을 옮겨 싣고 … 한주일 후 그들은 중국땅 위해위에 投錨하자 응급수당을 가하는 일편 어느 미순학교를 하나 빌어 병실과 호텔로 겸용하게 되니 이것이 異域寒窓에 병객의 몸으로 망명생활을 시작하는 제일막이었다고 하면 한낫 기적으로나 생각할뿐이외다."

(1)은 김마리아 망명을 계획 추진하여 성공시킨 윤응념이 인천사건으로 피체되어 취조받는 중 답변이므로 상당히 정확성이 있을 것이다. 그

배가 席島라는 서해안의 작은 섬에 이르렀을 때 일기가 불순하여 사흘 동안 그곳에서 묵었는데 그 섬의 동편으로 바라보이는 곳이 그가 자라난 松禾란 고향이어서 김마리아는 사흘 내내 뱃머리에 힘없이 서서 그 고향을 바라보면서 노래를 하였다"고 했다. 석도는 송화군이 은율군이 바라보이는 황해도 북쪽 경계선 가까운 곳에 있는 섬이다. 그의 고향은 장연군이므로 장연군이 속한 황해도, 더 크게는 나의 조국 대한의 땅을 바라보고 쓰린 가슴으로 애국가를 불렀을 것이다.

러나 그는 김마리아의 망명만이 아니라 그 이외의 다수한 애국적 광복
활동을 다수 수행하였으므로 수행 날짜들의 혼돈을 가져올 수도 있다.
(2)는 김마리아 자신의 경험을 직접 술회한 것이므로 퇴원 탈출의 그
극적인 날짜를 잊을 수 없었을 것이다. (3)은 김마리아를 만나고 그를
숭앙한 총명한 유학 청년이 본인의 술회를 바탕으로 서술한 것이고 또
한 다른 자료에서는 보기 어려운 중요한 내용들까지 언급되고 있는 점
으로 볼 때 이 또한 믿을 수 있는 사실이다. 즉 서울에서 인천까지 택
시로 갔다는 점, 인천을 떠난 지 사흘 지난 석양에 옮겨탄 중국상선을
우연히 만났다는 점, 일주일이 걸려 위해위에 당도하여 어느 미순학교
의 한 층을 빌려서 망명생활의 첫발을 내딛었다는 것 등은 그의 망명행
적을 이해 연구하는데 있어 매우 중요한 사실들이다.

(1)과 (2)는 서로 다르기는 하나 날자와 시간대까지를 언급하고 있다.
그러나 (3)은 인천에 도착한 날의 요일과 중국상선을 만나기까지와 황
해를 완전히 도항하여 중국 위해위에 당도하기까지 걸린 날자수는 밝혔
으나, 구체적인 월일은 밝히지를 않았다. (1)과 (2)의 퇴원 일자가 각기
7월 9일과 6월 29일로 10일간의 차이를 보이는데 이는 역시 6월 29일이
맞다고 생각된다. (3)의 인천 도착일인 "토요일"은 7월 9일을 전후하여
서는 7월 8일과 15일이다. 또한 김마리아의 퇴원 날자인 6월 29일 이후
의 첫 토요일은 7월 1일이다. 그런데『每日申報』1921년 8월 8일의 관
련 기사 중 "김마리아가 한달포 전에 세브란스병원을 나와... "라고 기
술하고 있는 것에 의하면 (2)의 6월 29일론이 더 타당하다. 그리고 金朋
濬 부인 盧哉英에게 있어서는 중국으로의 탈국 항하로 위해위에 도착하
였다는 것은 일생에서 잊을 수 없는 감격의 날이다. 노재영은 소금배를
갈아탄 지 보름만인 음력 6월 17일에 위해위에 도착했음을 다음과 같이
술회하고 있다.

　　…배를 타고 이틀을 가니까 큰 소금배가 나타나 갈아타고 보름을 가서

위해위에 도착했습니다. 음력으로 6월 17일에 도착했습니다.[39)]

　　김마리아와 동행한 金朋濬의 부인 노재영은 딸 둘에 아들 하나를 거느리고 아들 둘을 거느린 都寅權의 부인과 함께 중국 마님으로 변장하고 항해하였다. 도착일인 음력 6월 17일은 양력으로 환산하면 7월 21일이다. 7월 21일은 윤응념이 피체된 후 심문 취조에서 인천을 떠난 날이라고 답한 날짜이다. 윤응념은 심문 과정에서 수없는 활동 날자들을 응답해야 했으므로 착오가 있었던 것이다. 김마리아가 망명을 하고자 긴박하게 병원을 퇴원한 날짜를 잊을 수 없는 것처럼 노재영도 험난한 바닷길을 헤쳐 위해위에 도착한 날은 결코 잊을 수 없었을 것이다. 또 김마리아가 6월 30일, 인천 도착 후 몸 조섭 등으로 일주일을 보냈고, 바다에서 또 2주여를 보냈다면 대체로 7월 21일쯤이 위해위 도착일이 된다. 김마리아는 도항 중 병고와 심한 배멀미로 거의 혼수상태에 빠진 일이 여러번으로 그때마다 준비해간 캄풀 주사로 고통을 달랬다고 한다.[40)] 이처럼 사경을 헤매던 그로서는 황해를 경과한 날자를 정확히 기억하지 못했을 것이다.

---

39) 김영삼, 앞의 책, 240쪽.

40) 김마리아의 중병 상태는 아주 심하였다. 당시 김마리아가 아픔의 고통으로 몸부림치던 모양을 본 노재영의 6살 된 딸 金孝淑이 1979년에 증언한 것을 보면, "어떤 여인(김마리아)이 머리를 풀어 헤치고 두 팔을 벌리고 물을 향해 뛰어들려고 하면 붙들어 잡고 주사를 주곤 했습니다. 어머니(노재영) 보고 저 사람이 누구냐고 물으니 이모라고 해요. 어린 마음에 우리 이모는 왜 저런가 하고 마음에 차지 않았습니다"(김영삼, 『김마리아』, 240쪽.)라고 증언한 것을 보면 그가 거의 실신 상태였음을 알 수 있으며 그런 몸으로 망명의 길을 결심 수행하였다는 것은 오직 그의 정신력에 의한 것이었음을 알수 있다.

Ⅲ. 中國亡命生活과 獨立運動

1. 亡命生活의 始作과 向學

풍랑과 병고와 배멀미에 시달린 중환자 김마리아가 뱃머리에서 威海 衛의 땅 언덕을 멀리 바라보고 저기가 자유의 땅이라고 생각하자 그는 "이제야 살았습니다" 하며 날아 뛸 듯이 기뻐했다.[41] 1921년 7월 21일, 위해위에 도착한 김마리아는 비로소 중국 망명의 첫 생활이 시작되었 다. 그러나 건강치 못한 몸으로 모험적인 脫國과 험란한 파도와의 2주 에 걸친 싸움은 그를 탈진케 하여 그의 최후의 망명 목적지인 상해에 당도할 수 있기까지는 한달이 걸렸다. 위해위 도착 후 이들 일행은 윤 웅념의 주선으로 어느 미순학교의 교실을 빌려 병실 겸 호텔로 썼다. 김마리아는 도항 강행으로 더 악화된 신병을 당분간 조섭해야 했으므로 일행들이 먼저 상해로 출발하고 그는 혼자 떨어져야 했다. 윤웅념도 자 신의 임무를 성공적으로 마쳤으므로 다시 芝罘로 돌아갔다. 그리고 2주 일 후 상해로부터 고모부 徐炳浩가 임시정부측을 대표하여 출영하러 왔 다. 위해위에서 다소 몸을 회복한 김마리아는 북경으로 갔고 북경에서 상해까지는 배로 갔다. 김마리아를 만난 서병호는 곧 상해 임시정부 당 국에 김마리아의 상황 안부와 상해행을 보고하는 엽서를 띄웠다.

김마리아의 망명 성공은 김마리아 개인의 개가일 뿐만 아니라, 이것 은 삼천리 강토를 강탈하고 한민족을 압박하던 일본제국의 오만성과 잔 학성을 여지없이 부숴버린 한민족 전체의 쾌거였으며, 또한 임시정부가 한국민의 정부임을 보여 준 것이었다. 엽서를 보낼 때의 김마리아의 그 흔쾌했을 심정과 엽서를 받은 임시정부의 환호가 어떠했을 것인가는 설

---

41) 『동아』 1925. 8. 15, 「學生으로 政治運動; 金瑪理亞朝鮮脫走顚末」.

명을 하지 않아도 능히 알 수 있는 바이다. 김마리아가 망명길을 떠난
지 한달 만에 상해에 도착하자 그의 동지 친구가 곧 서울 연건동에 사
는 김마리아의 이종 사촌 張應奎[42] 兄 앞으로 "上海 法界 應奎로부터"
라는 명의로 김마리아의 안착과 근황을 알리는 다음의 엽서를 보냈다.

　　氣體候一向萬康 區區 祝願이외다 / 生無事 또 此地로 來着이엇사오니 /
　　爲行이외다 前者 北京에 잇슬때는 / 苦生이압더니 이곳 온 후난 매우 좃
　　슴내다 / 意外에 金瑪利亞를 北京에서 맛나서 / 갓치 이곳 왓스니 감사하
　　외다 / 姑不備上 / 上海 法界 應奎로부터 / 張應奎 兄[43]

　　상해행을 하던 마리아는 북경에서도 건강이 여의치 않아 상당한 고
생을 하였는데, 마침 어떤 동지의 여자를 만나 그의 간호를 받는 행운
을 만났다. 북경부터 김마리아를 돌보았던 그 동지가 상해 도착 후 서
울 연건동 235번지에 사는 김마리아 이종사촌 장응규 앞으로 위의 엽서
를 보낸 것이다. 이종사촌에게 보낸 이 엽서는 실은 일제 당국에 보낸
것과 마찬가지였다. 상해로의 망명을 성공하고 이 엽서를 보낼 때의 그
쾌거함이 어떠했을 것인가는 짐작하고도 남음이 있다. 일제 당국이 그
의 망명을 안 것은 그의 망명이 성공하여 위해위에 도착하고도 여러 날
이 지난 후였다. 그들은 놀라고 당황하여 부랴부랴 7월 28일부로 김마
리아 체포령을 내리고 그의 행방을 찾았다.[44] 김마리아의 망명 성공은
일제 강점자들에게 여지없는 참패감을 안겨준 것이었다
　　상해에 도착해서는 蒲石路 14호의 고모부댁에 머물면서 두 고모부와

───────────────

42) 張應奎는 김마리아와 가까이 지냈던 이종 사촌이다. 당시 그는 1920년 겨울
　　에 정치범(주; 독립운동 관련)으로 입옥되어 미결수로 옥중에 있는 중이었
　　다. 김마리아가 망명 직전에 조카에게 성북동에 있는 모기장을 가져가라고
　　한 것으로 보면 이종사촌네와는 항상 연락이 있었던 것으로 생각된다.(『매
　　일』 1921. 8. 8, 「上海에서 書信이 到着」)
43) 『매일』 1921. 8. 8, 「上海에서 書信이 到着」.
44) 『매일』 1921. 8. 6, 「金瑪利亞脫走說에 對하여」.

두 고모들의 극진한 돌봄을 받았다. 비상악골증으로 인한 심한 두통으로 단발까지 하고 치료를 받았다. 치료중 심장병까지 덮쳐 고모들과 고모부들의 주선과 동포들의 후의로 포석로의 어떤 병원에 삼사개월동안 입원하여 치료를 받았다.45) 마리아는 그때의 상황들을 고국 형님에게 보낸 편지에서 다음과 같이 술회하고 있다.

赤身으로 상해에 떨어진 나는 두분 戚叔과 고모들의 유력한 주선과 동포들의 후의로 유명한 의사에게 치료도 받고 고모들의 있는 정성 없는 힘을 다해서 치병해 주신 성의로 대양을 건널 만한 건강을 얻었습니다.

그는 그 해 늦가을이 되어서야 다소 원기를 회복하여 겨우 퇴원할 수 있었다. 그러나 여전히 사회활동과 같은 일을 수행할 만한 건강은 아니었다. 상해애국부인회에서의 김마리아에 대한 환영회가 1921년 11월 25일에서야 개최되었던 것46)을 보더라도 그간의 그의 신병의 위중함이 어떠하였는가를 알 수 있다. 일경에 의한 세 번의 피체와 두 번의 참담한 수형생활과 거기서 얻은 육체적 정신적 병의 치료와 극복, 그리고 위험한 망명의 성공 등 험난하고도 너무나 극적인 삶들은 인간의 힘만으로는 극복하기 어려운 것이었다. 그는 어려움이 닥칠 때마다 어려서부터 다져진 기독교 신앙의 힘에 의지하였다.

그는 몸이 회복되면서 항일독립운동 일선에 바로 뛰어들지 않고, 실력을 쌓기 위한 학업을 먼저 택하였다. 그가 신념하는 광복운동의 최후 목적은 대한의 모든 여성들을 교육시켜 남자와 동등한 국가구성원이 되

---

45) 임시정부를 유형무형으로 도와주던 독일계의 의사 띄콜벗이 두달동안 자진하여 치료를 맡았으나, 차도가 없자 손을 들고, 다시 중국인 劉의사가 진료를 하였는데 그는 마리아에게 당신 병은 정신적 안정으로만 고칠 수 있는 것이니 경련 진통이 올 때마다 정신력으로 참고 견디어보라고 권고하였다고 한다.(김영삼, 『김마리아전』, 215~7쪽)

46) 『독립』 1921. 11. 19, 「金瑪利亞 歡迎會」.

게 하는 것이었다. 그러므로 김마리아에게 있어 여성 지도자로서의 실력 양성은 절실하고도 필수적인 것이었다. 건강이 회복되자 그는 곧 남경의 성경사범학교(The Bible Teachers Training School)[47]에 입하하여 중국어를 공부하였다. 남경사범학교는 미국선교사가 설립한 기독교계 사립대학인 金陵大學을 뜻한다. 『騎驢隨筆』의 「金瑪利亞」에 의하면, 그는 "우리 동포를 구함은 정치에만 있는 것이 아니라 역시 그것이 교육에도 있다고 말하고 미주에 유학하고자 드디어 먼저 남경의 금릉대학에 갔다"[48]고 하였다. 뒤에서 보다 상세히 논하겠으나 김마리아는 국권회복의 근본 기틀은 교육을 통해 民力을 키우는 데 있음을 강력히 주장하였다. 아울러 실력양성론은 그의 독립운동 방략의 주된 방향이자 이념이었다.

그러나 인재가 필요한 임시정부에서는 김마리아의 정치적 참여를 절실히 요구하였다. 그리하여 1922년 2월 18일에 개최된 第10回 臨時議政院會議 第2日째 회의에서 출석 의원 13명이 신임 의원자격심사안을 올렸다. 이날 의장으로부터 新到議員資格審査委員에 대한 보고 선언이 있자 심사위원 李裕弼이 新到議員의 자격이 적합하다고 보고하고 趙琬九의 동의로 가결되었다. 이 때 새로 임명된 의원은 황해도 의원에 金瑪利亞와 金九, 경기도 의원에 黃中顯, 충청도 의원에 閔忠植, 하와이 의원에 張鵬 등이었다.[49] 김마리아는 황해도의 대의원에 선출되었으나, 그 뒤 의정원 의원으로서의 실제적 활동은 거의 하지 않고, 주로 南京에서

---

47) 김마리아의 곽대학 입학 당시 대학 당국이 그의 한국, 일본, 중국에서의 학업 관련 상황을 각각 조회하였는데, 橫濱의 미국선교사(Ruth Brittain)가 김마리아의 南京 성경사범학교의 입학과 학업 상황 등을 알아서 보고하는 편지의 마지막 부분이 남아 있는데 여기서 "I received the foregoing letter in reply to some enquiries I made concerning Miss Maria Kim who has been studying Chinese in the Bible Teachers Training School, Namking."이라고 쓰고 있다.

48) "瑪利亞曰 救我同胞 不但在政治 亦在其敎育 欲遊學美洲 遂先經南京之金陵大學"(『騎驢隨筆』 272쪽).

49) 『독립』 1922. 3. 1, 「第10回臨時議政院會議 第2日」.

학업에 열중하였다. 그가 황해도 대의원으로서의 막중한 임무를 부여받고도 임정의 정치 참여에 소극적이었던 이유는, 첫째 건강때문이었을 것이고, 둘째 교육을 통한 국권회복운동에 대한 그의 강한 신념때문이었다고 생각하며, 셋째는 삼분오열하고 있는 독립운동계의 현상을 목격하고 정치적 현실로부터 일단 거리를 두어보자는 생각에서였다고 생각된다.

2. 國民代表會議 代表로서의 活躍

국내에서 활동하던 항일여성 비밀단체들은 우리나라 최초의 민주주의 정부인 대한민국임시정부를 생명을 걸고 지원하였었다. 그런데 막상 상해에 와보니 북경의 朴容萬派를 비롯한 反臨時政府的 세력이 만만치 않았고 정부내도 상당한 분열이 일고 있음을 보았다. 이러한 정치적 현실은 그에게는 적지 않은 충격이었다. 국내외에서 다수 동포들이 목숨을 걸고 항일투쟁하면서 임시정부를 지원한 목적이 어디에 있었는가에 대한 회의조차 갖게 되었던 듯했다. 이에 대하여는 후술할 국민대표자대회에서의 그의 발언에 잘 나타난다.

김마리아가 상해로 망명한 당시의 독립운동계는, 박용만을 중심으로 하는 북경파는 상해임시정부에 반대하였고, 상해임시정부측 특히 안창호측에서는 임시정부의 권위를 인정하면서 개혁을 해보자고 주장하고 있었다. 팽팽히 맞서던 양측의 의견은 양측 대표자들이 서로 왕래 조정하는 가운데 1922년 5월 10일에 국민대표회주비위원회를 결성하였다. 이 위원회는 국내외 국민대표를 한자리에 모아 국민의 의사를 합의하는 기구와 그 정치 방략을 통일적으로 수행하려는 것이었다. 추진과정에서 경비 문제로 국민대표회의 실현이 부진하다가, 드디어 1923년 1월 31일 개회되어 5개월간 회의를 계속하였다. 그러나 개조파와 창조파간의 뜨거운 논쟁은 아무런 합의안을 끌어내지 못한 채 분열의 골만 깊어진 채로 헤어졌다.

국민대표회의에 자못 큰 기대를 가졌던 김마리아는 대한민국애국부인회의 대표자격으로 이 회의에 적극적으로 참여하였다. 그는 항일투쟁경력이나 능력으로 볼 때 항일독립운동계에서는 실로 둘째갈 수 없는 巨物 指導者이었으므로 국민대표회의 개막식에서 안창호 강석훈 신숙 등의 지도급 국민 대표들과 어깨를 겨루며 수백명 국민대표자들 앞에서 熱河와 같은 開幕演說을 하였다.[50] 안타깝게도 그 연설 내용을 오늘날 찾아볼 수 없으나 대한의 여자로서 수백의 국민대표자를 앞에 놓고 뜨거운 개회연설을 하였다는 것은 한국의 차별적 여성 위상을 변환시키는 역사적인 장면인 것이다. 국민대표회의 제 16일째인 동 2월 2일에 김마리아는 대회로부터 대한민국애국부인회의 대표자격을 인정받았고,[51] 회의 제 29일째인 2월 23일에 각 독립운동단체의 상황보고시에 그도 대한민국애국부인회중앙본부의 상황을 당당하게 보고하였다.[52] 회의는 거듭될수록 첨예하게 대립될 뿐 의견의 합치는 점점 멀어지고 있었다. 임시정부 지지자였던 김마리아의 고모 김순애와 고모부 서병호조차도 창조를 주장하는 혼돈의 상태였다. 그러나 김마리아는 이들과는 전혀 의견을 달리하고, 끝까지 안창호 주장의 개조론을 주장하였다. 동 3월 5일부터 시작된 시국문제 토론회가 상당 기간 계속되었는데, 김마리아는 회의 제 36일째인 동 3월 8일에 시국문제에 대한 자신의 의견을 다음과 같이 발표하였는데 이 의견에는 김마리아의 항일독립사상과 이념 그리고 구체적인 독립 활동 방향이 분명하게 제시되고 있다.

(前略) 國內의 일반 인민은 상해에서 정부 수립되었다는 말을 듣고 소수인의 조직이거나 人物의 善不善을 불문하고 다 기뻐하여 금전도 아끼

---

50) 『독립』 1923. 2. 7, 「國民代表會議開幕式」.
51) 『독립』 1923. 3. 1, 「國民代表會議 第 16日」.
52) 『독립』 1923. 3. 7, 「國民代表會 第29日」.

지 않고 적의 악형도 무서워하지 않았다. 설역 외지에서 정부를 반대하던
자라도 國內에 入하야 金錢을 모집할 時는 다 政府名을 파는 것 보아도
國內 同胞는 정부를 믿는 증거이다. 정부를 안팔면 밥도 못얻어먹는다. 敵
은 가끔 政府 沒落을 선전하여도 人民은 안믿는다. 少數로 됨은 革命時에
不可免의 事요 인물은 변경할 수도 있다. 수만의 流血로 성립되어 다수
인민이 복종하고 5년의 歷史를 가진 정부를 만일 말살하면 少數는 만족할
지 모르나 大多數는 슬퍼하고 外人은 의혹하겠다. 잘못된 것 있으면 改造
하자.53)

대한민국임시정부는 수만의 유혈로 성립되었고 다수의 국민이 믿고
따르는 정부이므로 잘못된 것은 개조하여 이 정부를 중심으로 통일된
독립운동을 해야 한다는 것이 그의 기본적 주장이었다. 그는 이미 5년
의 역사를 가진 정부를 없애면 대다수 국민이 슬퍼하고 外人, 즉 국제
사회에서도 의혹을 받는다는 것이다. 만일 정부의 인물이 잘못되었으면
인물을 바꾸면 된다는 이른바 개조를 강력히 주장하였다. 그는 항일독
립운동의 역사적 정통성은 상해의 임시정부에 있어야 함을 주장한 것이
었다. 그는 대다수 국민의 의사는 정부 개조에 있다고 신념하고 있었다.
국민대표회의는 5개월의 난상토론 끝에 대표자들이 결국 6월에 각기
자신의 활동지로 떠남으로써 결렬되고 말았다. 그러나 김마리아는 국민
대표회의의 결렬에 대하여 懷疑하거나 비판하지 않았다. 어느쪽 주장이
든 그것은 모두가 나라와 민족을 위한 노력이요 활동이라고 평가하였으
므로 그는 자신이 할 수 있는 최선을 바친 것이다. 김마리아의 독립론
은 국민 개개인이 자신이 처한 자리에서 나라의 장래를 위하여 최선을
다하는 것이라고 생각하므로 국민대표회의가 결렬되었다 하더라도 결코
낙심하지 아니하고 더욱 분발할 것을 주장하였다. 그러므로 그는 3. 1운
동도 결코 실패로 보지 아니하고 그것의 민족사적 의의를 주장하였고
국민대표회의 결렬도 민족 독립의 희망적인 한 교정으로 보았던 것이

---

53)『독립』1923. 4. 4,「會議 第 36日」.

다. 그는 상해로부터 미주로 재망명한 후 교포들의 뜨거운 환영을 받으며 미주 서부지역의 여러 곳에서 국내외의 항일독립운동의 경과와 장래에 관한 연설들을 하였는데, 다음은 미국 망명 직후 따뉴바(Danuba) 교포들에게 행한 연설 가운데 국민대표회의에 관한 그의 견해를 피력한 것이다.

이번 국민대표회의로 말씀하면 그 근본 목적이 광복사업의 적극적 진행이었건만 필경 인심이 분열되어서 와해되고 무슨 장래 방침이나 어떤 통일적 행동에 대한 의결을 짓지 못했으니까 얼른 생각하면 민족 전도를 비관하기도 쉽게 되었습니다. 그러나 여러분께서는 낙심하시지는 마십시오. 우리가 통절히 깨달은 것 한 가지가 있고 가장 굳게 결심한 것 한 가지가 있습니다. 그것은 곧 '단합하기를 공부할 것'이외다. 여러 대표는 이 결심을 품고 헤어졌으니까 민족 단결도 멀지 아니 될 일이올시다. 모든 일을 개괄해 말씀하면 우리 민족의 일반적 각오가 '인재와 경제력'이 충실해야겠다 하는 것입니다. 만일 우리가 합병 당시에 이 각성이 있었던들 합병이 안되었거나 3.1 운동에 독립을 회복했거나 했을 것이외다.[54]

국민대표회의 결렬을 통해서 모든 대표들이 '단합하기 공부'를 배운 것은 오히려 큰 소득이라는 것이며, 독립을 위해서는 '인재와 경제력'이 있어야 함을 강조했다. 아울러 그의 이와 같은 독립론은 자기를 필요로 하는 곳에서는 최선을 다하여 일하고, 독립을 위하여 무엇보다도 먼저 실력을 양성해야 한다는 그의 신념을 다시 확인하게 하는 것이다. 김마리아의 南京 유학과 미국으로의 제 2 망명 유학은 그의 독립론의 실천화였던 것이다. 당시 南京에는 우리 유학생들이 약 240여명 있었는데 그 중 여학생이 약 40여명이나 되었다. 여자유학생들은 국민대표회의가 준비되고 있던 1923년 1월에 대한여자청년회를 조직하고 김마리아를 회

---

54) 『新韓民報(이하 『신한』으로 略記)』 1923. 8. 16, 「단합하기 공부하자」: 김마리아의 연설 중 표어.

장으로 선출하고,[55] 김마리아를 중심으로 활기찬 여성운동과 항일운동
을 추진하였던 것이다.

「인재론과 경제력」을 독립운동의 주요 방략으로 삼았던 김마리아는
국민대표회의가 결렬된 직후인 1923년 6월 21일 중국여권을 가지고[56]
미국유학을 위한 제2의 망명의 길을 떠나고자 상허에서 월손호[57]를 타
고 미국으로 출발하였다.

Ⅳ. 美國으로의 再亡命과 遊學生活

1. 美國 亡命初의 生活

김마리아는 南京 金陵대학에 입학 수학하는 과정에서 미국유학을 준
비했던 듯하다. 한국 파견 선교사로서 김마리아를 후원했던 맥큔은
1921년 미국으로 돌아가 미국 휴론대학장에 취임한 후, 김마리아와 연
락을 취하였었던 듯하다. 1921년 10월 28일자『독립신문』에 맥큔(尹山
溫)이 한국인의 미국유학을 알선한다는 기사가 있는데 이로 보아 아마
도 김마리아가 맥큔의 추천으로 미국유학을 위한 재망명을 하게 된 것
이라 생각되며, 출발에 앞서 샌프란시스코의 국민회본부와 애국동지인
鄭愛卿[58] 등과도 긴밀한 연락이 되었던 것이다.[59] 김마리아는 일제통치

---

55)『조선』1923. 1. 14,「大韓女子靑年會組織」.
56)『조선』1928. 1. 4,「一時 所聞 높던 女性의 最近消息」.
57)『우라키』6, 10쪽.
58) 정애경은 상해로 망명, 대한애국부인회와 임시정부 산하 赤十字社의 常議員
    으로 활약하였고(『독립』1921. 12. 6,「赤十字總會再開」), 홍사단 여자단원으
    로 입단 활약하다가 미국으로 가서 아이오아주의 더뷰크대학교(U. of
    Dubuque)에 유학 교육학을 공부하였다(『우라키』1, 1925, 156쪽,「留美學生統
    計表」). 그의 성품은 남에게 은혜를 베풀지언정 남의 신세를 지지 않는다고

자측에게는 정치범이므로 그들 통치하에 있는 조국이나 일본으로 다시 가서 공부할 수 없으므로 자유와 문화 수준이 있는 안전한 나라 미국을 택한 것이다.

그는 하와이를 거쳐 1923년 7월 12일, '푸래스댄스 피어쓰' 선편으로 샌프란시스코에 도착하였다.[60] 당시 상해서부터 그와 함께 동행한 사람은 임시시정부 의정원 의장 孫貞道의 딸인 孫眞實[61]과 피취박사의 아들 피취목사였다. 그가 탄 배가 샌프란시스코에 도착하자 미주 국민회 총회장 崔振夏와 항일운동의 동지 정애경이 부두로 나와 환영해 주었으며[62], 상륙해서는 손진실과 함께 『신한민보』편집인인 白一圭의 사택에 짐을 풀었다.[63] 백일규의 부인 白洛姬는 정신여학교 3회 졸업생 金洛姬로 김마리아의 1년 선배이며 샌프란시스코 대한여자애국단의 재무직으로 활동하고 있었다. 이국에서의 동창간의 만남은 남다른 감회가 있는

한다. 김마리아와는 至親한 사이였다.(『우라키』 6, 1933, 494쪽, 「鄭애경女史의 報恩」).

59) 『신한』 1923년 7월 26일, 「자기의 책임한 것을 무엇을 감사하다 하랴」 참조. 김마리아에 관한 여러 논저에서 김마리아의 미국 망명과 유학에 관한 내용을 잘못 서술한 부분들이 적지 않다. 예를 들면, 김영삼의 『김마리아』(185~186쪽)에서 "건강이 회복되어 활기있게 운동을 전개하려는 때에 미국에 있는 함라 형의 남편인 **남궁혁**으로부터 미국으로 오라는 **큼직한 봉투**를 받고 생각 끝에 결정하였으며, 하와이를 거쳐 곧바로 **로스엔젤레스**에 가서 **남궁혁의 주선으로 조용한 호텔**에서 여장을 풀고 **안창호와 그의 부인 안혜련이 제일 먼저 달려왔다**"고 서술하였다. 또한 이현희의 「김마리아와 민족독립운동」(『나라사랑』 30, 51쪽)에서는 "1923년 봄 **서병호를 따라**, 샌프란시스코에 도착하여 **독립지사들을 찾아보고** 독립운동의 근황을 설명한 뒤, 다음해 **미네소타주**에 있는 파아크빌시에 위치한 파아크대학 문학부 **社會學과**에 입학하여 **문학서사학위를** 취득, 이어 **시카고주립여자대학 대학원**을 마치고 역시 **문학석사의 학위를 수령**하였다" 고 서술한 것 등이 그 예이다. 이상 문장의 '굵은 체' 내용은 모두가 잘못된 내용이다.

60) 『신한』 1923. 7. 19, 「六명남녀동포도미」.

61) 음악 공부차 유학하였으며 1923년 7월 30일에 시카고로 발정함. (『신한』 1923. 8. 2.)

62) 『신한』 1923. 8. 2, 「사크라멘토 50여명 남녀동포의 환영회」.

63) 『신한』 1923. 7. 19, 「김마리아선생의 三一운동과 감옥생활」.

것인데, 당시 미주에는 정신여학교 졸업생들이 적지 아니 활동하고 있었다. 호놀룰루에 잠시 정박했을 때도 하와이 애국부인회 회장인 黃惠受64)가 정신의 동창으로 하와이 이민교포들과 더불어 부두 환영회를 열었고, 김마리아는 배에서 내려 그들을 위해 30분 동안 연설을 하고 배에 올랐다. 또한 로스앤젤레스에 살며 대한여자애국단을 비롯하여 많은 광복운동을 하였던 안창호의 부인 안혜련(헬렌)도 정신여학교 설립 초창기에 재학하였던 정신인이었다.

김마리아가 미국에 도착하자 광복운동을 지원하기 위하여 3.1운동 이후 꾸준히 활동해 온 대한여자애국단65) 단원들로부터 특히 열화와 같은 환영을 받았음은 물론, 그 밖의 조국광복을 염원하며 열심히 삶을 일구어 오던 모든 교포들도 큰 존경심을 가지고 대환영을 하였다.

샌프란시스코의 대한여자애국단과 국민회에서는 그의 도착 후 곧바로 대대적인 환영회를 열고자 준비했으며, 사크라멘트와 다뉴바 등지의 교포들도 다투어 환영 청첩을 하였다. 그러나 워낙 건강치 못한 몸으로 긴 배여행을 하였기 때문에 그는 다시 건강이 나빠져 얼마간 몸져누어 앓고서야 일어날 수 있었다. 그리하여 7월 22일에는 샌프란시스코 대한애국부인단이 개최하는 환영회에 참석하였고66), 동 23일에는 수삼차에 걸쳐 청첩을 해온 사크라멘토(Sacramento)에 국민회총회장 최진하 동행으로 출왕하여 25일 저녁에 환영회에 참석하였다.67) 그리고 그 이튿날

---

64) 黃惠受는 정신여학교 3회(1909) 졸업생으로 졸업후 곧바로 부산의 草梁私立女學校(1908년 秋, 새로 건립, 1909년 5월 현재 학생수가 70여명; 『皇城新聞』 1909. 5. 9.) 교사로 부임하였다(『大韓每日申報』 1909. 5. 13.)가 하와이로 이민하였으며, 하와이에서 애국부인회를 조직하여 대한민국애국부인회의 지부 활동을 하여 군자금 2천원의 거금을 모금 김마리아에게 송금한 바가 있다.
65) 대한여자애국단은 3.1운동 직후 캘리포니아 지역의 애국적 한인 여성들을 결집하여 조국의 광복을 지원하였던 대규모의 항일여성단체이다. 이들의 광복운동은 1948년 광복되기까지 계속되었다. 朴容玉, 『한국여성독립운동사연구』(1996, 지식산업사), 87~148쪽 참조.
66) 『신한』 1923. 7. 26, 「자기의 책임한 것을 무엇을 감사하다 하라」.

다시 샌프란시스코로 회환하였다가 28일에 다뉴바로 출발하였다.[68] 8월
5일은 북미 대한애국부인단 창립 5주년 기념일이므로 샌프란시스코에서
는 8월 4일에 당지 한인 교회와 대한애국부인단이 저녁 7시부터 김마리
아 환영회 겸 기념식을 성대히 준비 거행하였다.[69] 김마리아는 자기를
통해 항일독립운동의 상황과 조국의 장래를 위한 소식을 갈망하는 교포
사회를 위하여 최선을 다해 설명하고 독립을 위한 미주 교포의 할 일들
을 설명하였다. 김마리아의 미주 來到는 교포 사회의 광복운동에 대한
새로운 활력과 각오를 불러 일으키게 하였다.

샌프란시스코를 중심으로 활동을 마친 김마리아는 한인들이 가장 많
이 거주하는 로스앤젤레스로 갔으며 여기서 팍대학에 입학하기까지 약
1년간 거주하였다. 도미 후의 무리한 활동으로 그의 건강은 다시 악화
되어 로스앤젤레스에 도착한 후 오랫동안 병석에 누워야 했다. 국민회
총회장 최진하가 남가주 동포들의 정황을 돌보고 애국금 수합을 하고자
8월 24일 샌프란시스코를 출발하여 25일에 로스앤젤스에 도착하여 동
지방회장 등을 만나고, 동 26일 저녁에 김마리아 숙소에 들렸다. 그때,
그는 병석에 있은 지 이미 여러 날이 된 채 누워 있었다.[70]

미국에 도착한 김마리아는 생활을 꾸릴 돈이 없는데다가 자주 병석
에 누워야 했으므로 이민 교포들이 하는 육체노동과 같은 것은 감당할
수가 없었다. 한평생을 학교에서 공부하고 가르치는 직업을 가졌던 여
성들의 경우 집안 살림과 같은 것도 아주 서툴렀던 것이다. 정신 7회
졸업 후 일본 橫濱여자신학교에서 공부하다가 2.8독립선언 후 김마리아
와 함께 국내로 밀입국 활약을 하였고, 다시 만주와 상해에서 독립운동
을 하였던 車敬新은 김마리아의 권유로 1924년 1월에 미국으로 건너와

67) 『신한』 1923. 8. 2, 「사그라맨토五十여명남녀동포의환영회」.
68) 『신한』 1923. 8. 2, 「김마리아선생의 따뉴바행」.
69) 『신한』 1923. 8. 16, 「대한부인애국단의 제五주기념일 당하여」; 「따뉴바부인
애국단제五주년기념식과」.
70) 『신한』 1923. 9. 6, 「김마리아녀사의 신병차도」; 9. 27, 「남가주동포 심방」.

서로 만나게 되었다. 차경신의 전기『호박꽃 나라사랑』에 차경신이 항상 배가 고파 음식을 실컷 먹기 위하여 무슨 직업을 가질 것인가를 김마리아와 함께 의논한 끝에 어느 집의 쿡으로 취업을 했다가 크게 실패한 일화가 있다.[71] 이 일화를 통하여 당시의 김마리아의 생활도 어느 정도 추측할 수 있을 것으로 생각된다.

김마리아의 팍대학 입학원서에, '당신이 제일 많이 일했던 직업'을 묻는 항목이 있다. 이에 대한 그의 답은 '필사원(Clerical)과 가사 돌보기(Housework)'였다. 그리고 현직업은 '도서관 사서(Book keeping)'라고 했다. 입학원서 등에 쓴 그의 영문 필체는 너무도 정연하고 아름답다. 나는 手書한 외국외교문서들을 많이 보았는데, 그 어느 외교문서의 필기체도 김마리아의 글씨처럼 아름답고 맵씨있는 것을 보지 못했다. 그 아름다운 글씨체 때문에 필사원의 일을 하고 또한 꼼꼼하고 차분한 성품 때문에 사서일을 했던 것으로 생각된다. 그러나 이러한 직업이 항직이 아니어서인지 여자들이 가장 일반적으로 하는 가사일도 하였던 것이다. 『우라키』6호의「김마리아론」에 의하면 그의 고생되었던 삶을 다음과 같이 서술하고 있다.

> 勞動市場에 헤매며 雜役을 해야 糊口의 길을 얻은 몸이니「하우스웍」「쿡」「웨로테스」「널스」「쳄블맷」「페들리」「세일스껄」等 온갖 험한 일인들 사양하였으며 人種差別이 甚한 이 땅에서도 中國百姓[72]으로 行勢하던 꼴이니 남의 輕蔑과 賤待인들 오작 하였겠습니까.

미국 유학을 목적으로 온 것이지마는 아직 학교가 완전히 정해진 것도 아닌 위에, 7월에 미국에 당도하였기 때문에 신학기 9월에 맞추어 입학하기는 여러 여건으로 보아 어려웠다. 그 명년 9월에 입학하기까지

---

71) 차경수,『호박꽃 나라사랑』(기독교문사, 1988), 115~6쪽.
72) 미국입국을 위하여 그는 상해에서 중국여권을 받았기 때문이다.

입학준비와 더불어 자신의 생계를 위해 일을 해야 했던 것이다. 이 일 년간 그가 가장 위안을 받았던 것은 역시 신앙생활이었다. 그는 로스앤젤레스의 대표적 한인교회인 한인연합장로교회에 다녔다. 상해에서 차경신이 온 후로는 일요일에 함께 교회를 다니고 예배를 마친 후에는 공원에 앉아서 서로 위로하며 앞날을 걱정했었다.[73]

2. Park大學 入學과 修學

1) 팍大學과 韓國과의 關係

김마리아는 미국에서 만 9년여간의 망명생활 중 수학한 5개 대학 중 첫 대학이 팍대학이었다. 팍대학은 로스앤젤레스에서 상당히 멀리 떨어진 미국의 중부 미조리(Missouri)주의 캔사스(Kansas)시에 접한 팍빌(Parkville)에 있는 학교이다. 필자는 그간 김마리아에 관한 몇 글을 쓸 때마다 왜 그가 한국인들이 많이 살고 있는 로스앤젤레스를 비롯한 캘리포니아주에 있는 대학들에 입학하지 아니하고 하필이면 그 먼 지역의 학교에 입학을 하였는가를 자못 궁금해하였다. 이 논문을 준비하는 과정에서 그 의문을 풀 수가 있었다.

이 의문의 해답을 구하기 위해서는 먼저 팍대학과 한국의 관계에 관한 것을 먼저 검토할 필요가 있다. 팍대학은 한국에 대한 기독교 선교 및 한국독립운동 지원 등과 밀접한 관련을 갖는다. 팍대학은 독실한 북장로교 신자들인 존 맥카피(Dr. John A. McAfee)와 콜로넬 팍(Colonel George S. Park)이 1875년에 공동으로 설립한 대학이다. 그들은 이 대학을 통하여 장로교 정신을 구현할 수 있는 自力 능력을 갖는 인재를 키웠고 미국 북장로교선교부의 해외 선교사업을 적극 지원하였다. 팍대학

---

73) 차경수, 『호박꽃 나라사랑』(기독교문사, 1988), 116쪽.

의 기본교육 방침은 가난하나 유망한 학생들에게는 취학의 기회를 가질
수 있도록 하루에 세시간 정도씩의 교내 노동을 하게 하여 숙식비와 학
비를 스스로 충당하게 하는 자력학생제를 장려 실시함이었다. 김마리아
가 팍대학에 다니면서 한국에 있는 자신의 친구 '순'에게 보낸 편지에
서 팍대학의 이런 교육정책을 다음과 같이 소개하고 있어 더욱 실감을
준다.

> 내가 지금 다니고 있는 이 팍대학은 미주 중앙이다. 북장로교회의 경영
> 인 남녀공학하는 학교이며 생도는 500여명이니 과히 큰 학교는 아니다.
> 내용은 충실하고 자랑할 만하다. 半工別 학교니 매일 세시간씩 일하여 숙
> 식을 얻는다. 너 나 할 것 없이 다 일하니 노동도 신성해 보인다. 유쾌한
> 생활이다. 나는 돈 없음도 이유일지 모르거니와 우리 나라에는 이런 학교
> 가 절대 필요함을 알고 실제로 체험코자 들어왔다.[74]

이 편지에 보이듯이 半工別 학업은 이 학교의 자랑할 만한 교육 방
침이었던 것이다. 우리나라 초기 북장로교 선교부에서 설립 운영하는
기독교 중등학교의 교장 베어드(Baird)는 이미 1900년에 팍대학의 운영
원칙인 半工別 自助學生制度를 받아들여 한국 환경에 알맞도록 운영하
였던 것이다. 즉 자조학생들은 인쇄, 학교농장 경작, 새끼 꼬기와 미투
리 삼기, 정원작업과 도로 수축, 교실청소, 선교사들의 비서역, 지도제작
제본, 제모작업, 악보 식물도본 천문도 그리기, 초등학교와 야학교 및
맹아학교 수업하기 등의 일을 하여 스스로 학비와 숙식비를 충당하게
하였던 것이다. 이 사업을 위하여 미국장로교 선교부에서는 1901년도
팍대학 졸업생인 맥큔(George S. McCune) 부부를 1905년에 교육선교사
로 한국에 파견하였다.[75] 맥큔은 학생시절 각종 학생활동의 지도자로서
활약하였던 능력 있는 팍대학의 우수한 졸업생이었다. 그는 졸업 후 팍

---

74) 『조선』 1925. 5. 22, 「김마리아가 고국의 친구에게 보낸 편지」.
75) 白樂濬, 『韓國改新教史; 1832~1910』, 延世大學校出版部, 1979, 334~5쪽.

대학에서 라틴어를 가르쳤고 1902~5년에는 사립중등학교인 한 아카데미(the Academy)의 교장으로 봉직하였었고 또 코우대학(Coe College)[76]에서 교육학 교수를 했었다. 또한 피츠버그(University of Pittsburgh)대학에서 문학석사를 받았고 코우대학에서 신학박사 학위를 받았다. 1904년에는 팍대학 설립자의 딸이며 팍대학 졸업생인 핼렌 맥카피(Hellen McAfee McCune)와 결혼을 하였다. 맥카피도 졸업 후 교사 생활을 하였고 또한 코우대학의 여자학생처장(Dean of Women)을 지낸 여성 교육자였다.[77] 이들 부부는 한국에 부임하자 평양에서 4년간 한국말을 배우면서 베어드교장을 도와 시내 여러 선교계학교 중 통합할 것은 통합하고 재조직할 것은 재조직하여 여러 학교의 운영을 원활하게 하였다. 그리고 1909년에 宣川의 북장로교선교부가 경영하는 信聖學校 교장에 취임하였다. 맥큔은 같은 팍대학 출신 선교사인 샤록스(A. M. Sharrocks)와 함께 팍대학의 半工교육방침을 본따서 이 학교에 공작부와 농장 등을 실시하여 기숙사를 건축하고 여러 면으로 실질적인 신속한 학교 발전을 이루어 나아갔다.[78]

이와 같이 우리나라 초창기 기독교교육의 발전에서 팍대학은 적지 않은 영향을 끼쳤던 것이다. 한국이 일제침탈로 인한 박해가 심해지고, 독립을 찾으려는 일제에 대한 한민족의 저항이 커지자 맥큔은 한국인들의 저항운동을 음으로 양으로 도와 주었다. 105인 사건과 3. 1운동에서는 독립운동자들을 적극적으로 지원하였다. 1919년 3. 1운동에서 죄없이 박해당하는 것을 본 수많은 저명한 미국인들이 필라델피아에 모여 韓友會(또는 韓國獨立後援會, The League of Friends of Korea)를 조직하여 한국 독립을 지원한 바가 있었다. 팍대학은 이 한우회의 지역대학조직으로서의 지부를 설립하고 활동하였던 것이다. 이에 관하여 1919~1920의 팍

---

76) 1851년에 설립된 미국 Iowa州의 Cedar Rapids市에 있는 대학.
77) Oct. 22, 1926, *Park Stylus*, Dr. McCune, Park 1901, Has Enviable Record.
78) 白樂濬, 앞의 책, 416쪽.

대학 대학연감(*College Yearbook*)인 *NARVA*에는 한우회의 조직 동기와 배경 등을 다음과 같이 설명하고 있어 역시 팍대학의 한국 독립 지원 상황을 알게 한다.

　　일본인들이 한반도에 첫발을 내딛은 이후, 특히 한국인들이 자유를 위하여 소극적인 투쟁을 전개해온 마지막 해 이후로 한국에는 지난 몇 년 동안 놀라운 정치적 상황이 전개되어 왔다. 이러한 상황에 대응하여 작년 (주; 1919년)에 저명한 많은 미국인들이 펜실베이니아의 필라델피아에 모여서 한 조직을 형성하고 이름을 한우회라고 하였다. 이처럼 최초의 한우회가 조직된 이후 이 운동은 미국내 곳곳으로 전파되어 수많은 한우회 지부가 설립되었다.

　　이 한우회의 목적은 원동지역에서 일어나고 있는 진정한 상황을 미국인들에게 알리고, 압박받고 있는 한국인들의 자유를 위한 투쟁을 동정하고 격려하며, 오늘날 한국인이 겪고 있는 (일제의) 잔인한 취급이 다시 발생하지 않도록 도덕적 영향력을 행사하고, 한국의 기독교인들이 종교적 자유를 획득하도록 하는 것이다.

　　한국인과 진정으로 마음을 같이 하는 한 구룹의 사람들이 헐벗(H. B. Hulbert)교수가 한국의 상황에 대해 행한 교회 설교에 자극을 받아 집회를 갖고 한우회의 대학 지부(팍대학)를 결성했다. 윌슨(M. H. Wilson)교수의 지도와 상담 아래 이 운동은 크게 발전하고 있다. 팍대학 지부의 임원진은 회장 프랭크 밀러(Frank Miller)이고, 부회장은 다아스트 뉴하우스(Darst Newhouse), 프레드 레오날드(Fred Leonard)이고, 서기는 클라크 포스터 (Clarke L. Foster), 재무는 자아비스 모리스(Jarvis S. Foster)로 구성되었다.[79]

한우회 지부가 미국내에 몇개나 조직 활동되었는지 분명히 알 수는 없으나 1919년 11월 10일에 팍대학에서 약 10여분 거리에 있는 캔사스 (Kansas)시에 한우회지부가 조직되던 날 한국 학생단에서 제일장로교회

---

79) *NARVA*, 1919~1920 College Yearbook, p. 153.

안에 만찬회를 베풀고 내외국 빈객을 초대하였고 서재필과 김규식이 참
여하여 연설을 하였다.[80] 한우회 꽉대학 지부의 경우 지역대학 지부 활
동 중 가장 활발하여 그네들의 한국에 대한 후원정신이 특히 돋보였다.
그들은 후원을 실질적으로 실현시킬 목적으로 정치적 방략을 택하였다.
그리하여 한국 문제는 미국의 대통령을 비롯한 정치인들의 의지 없이는
성취되기 어렵다는 생각에서 그들은 다음과 같은 「한국동정 결의안」을
작성하여 미국대통령과 상원의원외교위원장과 미조리 선출 상원의원과
미조리 구역(區域)대의원들에게 발송하였던 것이다.

    決議案
(1) 우리는 韓國情形에 對하여 아무 強硬한 反抗이 없이 더 默見치 못하
    겠노라(그리함은 美洲人民의 명예를 害함이라)
(2) 政府의 最大 義務는 世界何處에서든지 그 公民을 保護함인즉 遠東에
    在한 美國公民들의 權利를 絶對로 保護할 일
(3) 政府는 如何한 方法으로던지 日本의 軍力反對派를 勸獎할 일
(4) 韓國人民의 政治上 獨立思想은 美國人의 同情과 援助를 얻을 만한 絶
    對的 價値가 有한즉 그를 援助할 일

以上의 決意는 다음 理由에 基因함이라.

(1) 日本人은 韓國人을 壓迫만 하고 人道上으로 待遇할 能力이 全乏하여
    韓人은 絶對로 日人을 排斥함으로
(2) 日人은 韓國內의 耶蘇教宣教事業을 妨害하려 하여 數多의 教會를 毁
    破함으로
(3) 日本은 韓人의 教育시킬 誠意가 없으므로
(4) 韓國內 諸般 法律事件은 韓人이 了解치 못할 日語로 裁判되므로
(5) 日本은 韓國內의 娼妓와 阿片을 無數히 輸入하여 人民의 道德을 破壞
    하므로

---

80) 『독립』 1920. 2. 3, 「韓國獨立後援會支部設立」.

310

　(6) 韓國人들은 自國의 天權인 獨立을 위하여 平和的 示威運動을 行함에
　　對하여 銃으로 쏘고 불로 태우고 칼로 저미고 槍으로 찌르고 몽둥이로
　　때려 5만명 이상의 무죄한 한인을 殺戮하므로[81]

　　곽대학 지부 결의안의 기본 취지는 미국인민이 한국의 비참한 정형
을 모르는 채 외면하는 것은 미국인으로서의 명예상 있을 수 없다는 것
이며, 한국인의 독립 사상은 미국인의 동정과 원조를 충분히 받을 만한
절대적 가치가 있기 때문이라는 것으로 이는 곽대학 관련인들의 한국선
교를 통하여 한국인의 가능성을 충분히 알고 있기 때문이었다. 그리고
이같은 결의를 하지 않을 수 없는 구체적 이유는 일인이 한국인에 대한
인도적 대우가 全無하고 선교사업을 방해하고 교육을 외면하고 재판에
서 日語만 씀으로써 한국인이 당하는 억울함을 도외시한다는 것이다.
그리고 창기와 아편 수입으로 한국도덕을 고의적으로 파괴하며 자유와
독립을 위한 평화적 시위자들에게 무기와 구타로 무고한 한국인 5만명
을 살육했기 때문이라는 것이다. 곽대학 결의문에 나타난 한국지원의
구체적 이유들은 한국측에서 이미 국제사회를 향하여 절규 호소하였던
각종 호소문의 내용들을 충분히 이해하고 이 사업을 전개한 것이라고
생각된다. 한국의 참혹한 상황들이 미국의회에까지 상정되어 한국이 처
한 고통에 대한 막연한 동정은 보내고 있었으나, 한우회 곽대학 지회와
같이 한국 실정을 분명하게 이해하고 동정 후원을 적극적으로 한 예는
찾아보기 어려웠다. 이들은 한국의 독립과 자유가 파괴되고 짓밟히는
것이 마치 인류의 자유와 평화가 破毁된다는 기독교적 정신에 입각하여
이와 같은 운동을 전개한 것이다. 곽대학이 이처럼 적극적으로 한국 독
립을 지원해 주었던 사실을 이 논문을 통하여 처음으로 이만큼이라도
밝힐 수 있었던 것은 큰 수확이라 하겠다.

---

81) 『독립』 1920. 5. 29, 「美洲곽大學의 韓國同情決意」.

2) 김마리아의 팍大學 修學과 關聯人들

팍대학의 기독교적 정신과 교육방침, 그리고 한국 독립에 대한 적극적 지원 등은 김마리아의 수학 포부에 가장 합당한 대학이었다. 가난으로 배움의 기회를 갖지 못하는 한국청소년과 청년들에게 팍대학의 半工的 교육 방법을 적용하면 상당한 성과를 거둘 수 있다고 믿은 김마리아는 특히 이 학교를 첫 입학 대학으로 택하였던 것이다. 팍대학에 관한 여러 가지 정보는 팍대학 출신이며 김마리아에게는 아버지와 같은 후원자인 맥큔으로부터였다.

로스앤젤레스 산 호킨(San Joaquin) 장로교회 소속의 한인목사 한성권(S. K. Hahn)이 1924년 5월 29일자로 김마리아 입학 추천서를 팍대학에 보낸 것으로[82] 보아 그의 입학 준비는 적어도 1924년 5월 이전부터 시작되었다. 그리고 8월부터는 적극적인 입학 준비를 하였다. 그는 팍대학 학장 호올리(F. W. Hawley) 앞으로, 팍대학에 입학하려는 동기와 입학 수학하겠다는 자신의 열망과 졸업 후의 자신의 계획된 진로 등을 밝힌 친필 편지를 입학원서와 함께 동 8월 10일자로 보냈다.

팍대학의 입학원서는 20여 항목의 문답서식으로, 학생이 자신의 신상을 직접 답하여 쓰게 되어 있다. 김마리아가 작성한 입학원서에 의하면 로스앤젤레스의 그의 주소지는 '106 N. Figueroa St.'이며 그의 키와 몸무게는 5피트 1인치에 112파운드이고 건강은 양호하다고 기록했다. 팍대학 입학 목적에 대해서는 '기독교인으로서의 자세를 준비하기 위해서'라고 기록했다. 자신의 보호자를 '맥큔박사'라 쓰고 또한 '팍대학을 어떻게 알게 되었는가'에 대한 질문에도 '맥큔'을 통해서 알았다고 기록하였다.[83] 그가 입학원서와 함께 학장에게 보낸 다음 편지를 보면 김마리

---

82) Fishburn Archives, McAfee Library. Park College, Parkville, Missouri.에 포함된 문서.

83) 『McAfee 문서』 중 「Application」, 「Park College General Information Card」.

아가 왜 팍대학에 입학하려 했는가는 물론, 바람직한 기독교 교육자로서의 그의 포부를 분명하게 나타내고 있음을 발견하게 된다. 그 이해를 돕기 위하여 그의 편지 내용 전문을 번역 소개하려고 한다.

존경하는 호올리 박사님께,

저는 기독교교육을 받기 열망하는 한국 소녀입니다. 그래서 팍대학에 입학하고자 입학원서를 씁니다. 맥큔박사와 또 다른 사람들을 통하여 팍대학은 집이 가난하여 학교에 갈 수 없으나 일을 해서 학교를 마치려고 하는 수많은 젊은이들을 위하여 훌륭한 사업을 하고 있음을 들었습니다

저는 저의 고국에서 팍대학을 졸업한 몇 선교사를 알아왔는데, 저는 언제나 그들을 존경하며, 그들이 다닌 학교에 저도 다니기를 희망해왔습니다. 저는 남의 경제적 도움 없이 혼자 힘으로 공부하는 학생입니다. 그리고 저의 이러한 경제적 결핍을 이유로 해서 학장님께서 제 입학 허가를 거절하시지는 않을 것으로 믿습니다. 저는 한국에서 고등학교를 졸업한 뒤 일본에서 5년동안 공부했습니다. 학장님께서 허락하신다면 이번 가을에 귀교에 입학하기를 희망합니다.

저는 장로교인이며 기도교사업과 같은 것에 관심을 가지고 있습니다. 그러므로 제 계획과 목적은 기독교적 영향으로 학생의 생활과 인격을 형성하고, 기독교적 지도력을 기르는 팍대학과 같은 학교에서 저자신을 훈련하고 자질을 갖추는 것입니다. 그러한 품성과 지도력은 세계 도처에서 요구되고 있고, 특히 제 조국에서는 더욱 요구되고 있습니다.

제게 이러한 기회가 있겠지요?

지극히 신실한 김마리아 올림.

이 편지의 중요 요점은 기도교적 지도력을 길러 조국의 젊은이들을 올곧게 가르치는 데 이바지하겠다는 것이다. 아름다운 영문 필체와 유려하고도 유창한 문장력 그리고 자신의 포부와 삶의 목표에 대한 분명한 표현 등은 학장의 마음을 충분히 움직였을 것으로 생각한다. 특히 김마리아에게 있어서는 아버지와 같은 보호자이며, 팍대학으로서는 훌륭한 졸업생이자 팍대학 설립자의 사위인 맥큔이 팍대학 학장에게 김마

리아를 추천 소개하는 편지를 1924년 8월 27일부로 보냈다. 그 편지에
서 맥퀸은 김마리아를 "한국에서 그녀보다 더 훌륭하다고 알려진 사람
은 없습니다", "그는 일본에서 5년간 지냈는데 그의 성적은 85점 이하
가 없이 거의 90점 이상입니다", "우리 모두가 이르기를 그는 우리가
아직껏 알았던 최고의 기독교인입니다. 극렬한 박해 속에서도 그는 박
해자를 위해 하나님께 간구했습니다", "저는 이처럼 훌륭한 젊은 여인
을 더 이상 알지 못합니다"[84] 등의 최상의 표현으로 칭찬하고 있다. 맥
퀸이 김마리아를 이처럼 칭찬하는 것은 의례적인 것이 결코 아니다. 미
국에서의 추천서는 추천인이 피추천자에 대해 전적으로 책임을 지는 것
이므로 형식적이고 의례적인 언어로 추천을 할 수 없는 것으로 알고 있
다. 더욱이 맥퀸은 팍대학이 자랑하는 훌륭한 동문이자 설립자의 사위
이며, 또한 휴론대학의 학장이라는 막중한 사회적 지위를 가진 이였다.
맥퀸은 진정으로 김마리아를 완벽한 최고의 여성으로 생각하고 자신있
게 추천한 것이다.

　　김마리아는 팍대학 입학 희망시 1학년(Freshman)으로의 입학이 아닌
3학년으로의 입학을 희망하고 있었다. 그는 정신여학교를 졸업한 뒤 3
년 가까이 교사 봉직을 하였고, 그 뒤 다시 일본 東京女子學院 5년을
졸업했으며, 중국 망명시에도 南京 金陵대학에 1년이나 다녔으므로 대
학 3년생(Junior)으로의 입학 학력이 충분했다. 그러나 입학 당시 이러한
학력을 뒷받침할 만 한 학력 서류를 전혀 갖추고 있지 못하여 3학년으
로의 자격 인정이 문제가 되었다. 그가 다녔던 대학에서 팍대학이 과하
는 1, 2학년의 과목들을 제대로 이수하였는가, 그리고 이수 성적이 양호
한가 등으로 3학년 입학을 허락할 수 있는 것이기 때문이었다. 김마리
아는 해당 학년 결정이 해결되지 않은 상태로 팍대학 입학이 이미 허락
되어 9월 7일에 대학에 도착했다. 김마리아의 학년 인정문제는 팍대학

---

84) 『McAfee 문서』, 「Dr. Hawley에게 보낸 1924. 8. 27자 McCune의 편지」.

의 샌더(Saunder)교수가 담당하고 있어서 샌더교수는 맥큔에게 학력 인정의 어려움을 맥큔에게 알렸던 것이다. 이에 맥큔은 9월 24일자로 이 문제들을 해결할 수 있는 현실적 방법 등을 예시하면서 서류는 구할 수 있는 대로 속히 마련하여 보내겠다는 다음과 같은 편지를 보냈다.

존경하는 샌더교수께

미쓰 킴이 도착하였다는 소식이 든 귀하의 편지를 받고 기뻤습니다. 귀하께서 그에게 많은 관심을 갖게 되리라 확신하며 그가 꽉대학의 동문이 되는 것을 우리 모두가 자랑스럽게 여기게 될 것임을 본인은 믿습니다. 그의 이력에 관한 문서를 조금이라도 발견할 수 있으면 다음에 보내드리겠습니다. 그는 일찍이 저 동양사회에서 볼 수 있는 가장 극심한 사탄(Satan)의 대상이었지만 그런 가운데서도 그는 맑고 순수하고 경이적으로 강한 성품을 갖게 되었습니다.

본인은 머지않아 그의 모든 성적을 입수할 수 있을 것인데 만일 일본 동경의 지진에서 그 성적표들이 모두 파훼되지 않았다면 귀하에게 보내드리도록 하겠습니다. 그가 아무 조건없이 3학년에 완벽하게 쉽게 입학이 허가될 것으로 믿습니다. 그리고 어학 필수과목을 제외하고는 모든 면에서 학점이 충분하다는 것을 귀하가 알게 될 것이라고 본인은 믿습니다. 동부의 대학이나 북중부 협회의 최우수 대학에서도 동양학생들에게는 고대어나 근대어의 필수과목 대신에 중국어나 일본어를 대신 제출하는 것이 허용되어 있습니다.

미스킴은 일본에서 지금은 여자대학이 된 여학교를 마쳤습니다. 그는 우리 대학에서 보면 3학년을 마친 것과 같은 과정을 했습니다. 그는 외국어로 학업을 했고 그의 외국어 실력은 유창하여 일본인이 아닌 한국학생인데도 대단위 학급에서 일등으로 졸업을 했습니다. 그는 또 서울에서 우리(장로교) 여학교 과정을 마쳤는데 이 과정은 충분히 인가된 고등학교 과정입니다. 또한 그는 추가로 2년의 사범과정을 했습니다. 우리는 미국에서 사범과정을 인정하지 않는 것처럼 그 사범과정(2년의)을 인정하지 않았습니다. 그리고 엄밀하게 미국대학과는 똑같지 않지만 이 2년 과정은 고등학교의 윗급의 사범학교의 2년 사범과정과 매우 흡사한 것이라고 본인은 생각합니다.

훌륭한 교사요 영감있는 강사인 미쓰 킴은 이 세대의 한국여인 중에서
가장 위대한 지도자로 생각합니다. 제가 지금까지 말씀드린 것으로 궁금
증이 충분히 풀렸기를 바랍니다. 그러나 마리아의 성적을 입수하는 것이
가능하다면 입수하도록 노력하겠습니다. 본인은 위에서 말씀드린 것처럼
마리아의 지위와 인격에 관하여 저는 기꺼이 100% 보증하는 바입니다.

휴론대학 학장 맥큔 올림85)

맥큔의 편지 내용은 샌더교수에게 김마리아는 그의 학력으로 보아
충분히 미국대학의 3학년에 입학하는 데 아무 하자가 없으므로 아무 조
건없이 3학년에 입학할 수 있게 해달라는 것이다. 당시 김마리아는 다
른 대학생들보다 열살이 많은 당 33세인 장년의 여인이었다. 그는 33세
의 어떤 여인도 경험해 보지 못한 다양하고 풍부한 인생을 살았던 관계
로 그의 훌륭한 인품은 물론 실력면에서도 아주 우수하여 동경의 일본
여자학원에서는 일본인들을 제치고 일등으로 졸업하였고 영어도 아주
잘하였다. 그러므로 맥큔은 이런 점을 하나하나 들어 샌더교수를 이해
시키려 노력했다. 그리고 곽대학은 1학년에서 외국어 5개 과목(Greek,
Latin, French, German, Spanish) 중 2개 과목을 필수로 과하고 있는데, 이
에 대한 해결 방법으로서 미국의 동부와 중북부의 일류대학들에서도
동양인들에게는 일어와 중국어로 외국어 이수를 대체해 준다는 아주 중
요한 교과 운용 정보까지 주었다. 필수 외국어를 서양어 아닌 동양어로
서 대체 인정하게 하는 것은 서양 우월관이 아직 팽배했던 미국에서 동
양인의 정체성을 인정하는 것이며 세계주의적 학문을 수용하려는 태도
라는 점에서 주목된다. 그리고 맥큔은 편지의 말미에서 자신은 "마리아
의 지위와 인격을 100% 보증한다"고 썼다. 미국 대학의 학장으로서 추
천인의 인격을 이처럼 완벽하게 보증하는 것은 참으로 드문 일이다.

---

85) 위의 문서, 샌더교수에게 보낸 맥큔의 서신.

맥큔의 편지를 받은 팍대학에서는 10월 8일부로 샌더교수가 맥큔에게 김마리아를 특수학생(special college student)으로 입학시키고 그의 학습상황을 보아서 다음 학기부터 3학년을 인정하겠으며, 외국어 필수과목은 만족한 경우에 조정하겠다고 답변하였다.[86]

그리고 맥큔은 김마리아의 한국 일본 중국에서의 학력과 성적표를 갖추기 위하여 북장로교의 관련 선교사들에게 연락을 취하여 관계 서류들을 준비하였던 것으로 생각된다. 『McAfee 문서』 중에는 서울 정신여학교 교장(Miss Margo Lee Lewis)이 쓴 김마리아에 관한 서한과 일본여자학원에서 1925년 10월 26일부로 보낸 김마리아의 본과 5년 졸업성적표[87]와 橫濱의 선교사 브리타인 양(Miss Brittain)[88]이 김마리아의 중국 南京 金陵대학 수학 사실을 조회하여 팍대학에 보낸 편지 등이 갖추어져 있다. 이러한 서류가 갖추어졌고 또 김마리아의 학업 수행이 양호하여 그는 약속대로 정식 3학년이 되었다. 그리고 외국어 필수 과목도 일어와 중

---

86) 『McAfee문서』, 1924. 10. 8, WFS:MO, Dean이 Dr. McCune에게 보낸 편지. 이 같은 결정을 알려준 팍대학 편지에 대하여 맥큔은 10월 10일부로, "We are so proud of the standards of our beloved Alma Mater. I am especially glad to know that you are holding up its standards high."라고 회답을 하였다.

87) 일본 동경의 사립 여자학원이 뒤에 여자대학이 되었으나, 김마리아 수학 당시는 고등학교에 해당했던 거이라 생각된다. '本科 5年卒業成績'의 英譯을 'High School Record'라고 하였다. 그는 12과목을 이수 하였는데, 그 성적은 "講讀(日語) 75, 作文 文法 87, 習字 88, 漢文 93, 數學 100, 歷史 100, 物理 94, 家事 91, 圖畵 88, 裁縫 90, 地文 92, 英語 Excellent(지진으로 기록 상실)"이다. 수학 물리와 역사 한문의 성적이 아주 뛰어난 것으로 보아 그의 두뇌의 우수함과 학업의 착실성을 알 수 있다.

88) Miss Brittain에 관하여서는 팍대학의 Fishburn Archives측에서도 누구인지를 알지 못하겠노라고 하였다. 김마리아 관련 미국인들이 모두 미국의 북장로교 계통이며, 또한 미국 북장로교 선교부에서는 한국 일본 중국을 서로 연결되는 遠東 지역 선교구로 보기 때문에 이 3 지역간의 선교 연락이 긴밀하였다. 그러므로 1896~1930년대 북장로교 한국선교사인 Noble 부인의 일기를 검토한 결과 그들이 1896년 7월 29일에 일본 橫濱의 선교사 Miss Brittain의 집에서 머물렀던 내용이 발견되었다. Miss Brittain이 김마리아의 南京 학업관계를 알아서 팍대학에 전한 것이다.

국어로 대치되었다.

이러한 과정을 거쳐 그는 1924~25년도 2개 학기에 걸친 수강 과목 총 17과목에 총 72학점을 취득하였다. 그러나 그 중 성경, 영어, 생물, 화학, 가정, 수학, 체육, 철학, 및 2개 외국어(일어 중국어) 등은 이전 학교에서의 이수 학점을 인정받은 것이고, 실제로 수강한 강의는 교육학, 종교교육학, 심리학, 사회학이었다. 1925~26학년도에는 영어, 교육학, 종교교육학, 경제학을 2개 학기에 수학하였고, 철학과 심리학을 각 1학점씩 수학하였다. 성적도 전학기에 비하여 월등히 높아졌다. 종교교육 심리학 경제학 등은 90~94점의 고득점을 하였다. 1926~27년도에는 사서교육, 공중 앞에서 말하기(public speach), 회계교육, 철학, 일어 등을 수강하여 우수한 성적을 받았다.

그는 3학년 편입학으로 인한 이수 과목의 부족 때문이었던지 미조리대학교(University of Missouri)에서 1926년 여름 계절학기 수강을 하였다. 수강신청은 일반사회학, 고등학교경제교육(Educ-High School Economy), 고등학교정신교육(Educ-School Hygiene), 사회범죄학(Soc-Criminology)의 4개 과목이었다. 그러나 너무 과중한 이수였던지 사회범죄학은 완성하지 못하여 성적 취득을 못하였다. 김마리아가 미조리대학교에서 수학하였다는 사실은 이번 『McAfee 문서』를 통하여 처음 알게 된 사실이다.

김마리아의 이수 과목에는 일관된 공통성을 발견하게 된다. 그가 입학원서를 제출할 때 밝힌 고국에 돌아가 자질 높은 교육자로서의 사명을 다하겠다는 처음 포부를 성취하려는 노력이 일관되게 나타나 있다. 그는 교육 계열과 관계되는 과목을 많이 이수하였고 한국사회를 인식할 수 있도록 사회학 심리학 등의 과목을 이수하였다. 그 결과 그는 1927년 파대학 졸업식에서 평생교사자격증(Candidate for the Life Certificate in Education)을 획득하였다.

그의 학교 생활은 처음에는 눈코 뜰 새 없는 분주한 가운데서도 비교적 잘 적응하면서 보람있는 나날들을 보냈다. 고국의 친구에게 보낸

한 편지에서 매일 3시간씩의 일을 하나 학과목 이수는 다른 학교와 마찬가지이므로 "꽤 분주하다. 그러나 생도들이 일분도 놀지 않고 부지런히 공부하므로 성적들은 모두 좋은 모양이다"고 한 말 중에는 나이 든 외국 학생으로서 일과 학과를 겸비하기가 힘겨움을 간접으로 표현한 것으로 느껴진다. 그의 바쁘고 허둥대는 일과는 아침부터 시작된다. 편지에서 그는 바쁜 일과들을 다음과 같이 쓰고 있다.

나는 식당 없는 기숙사에 살기 때문에 삼시 음식 얻어먹으러 다니는 것이 큰 일이다. 거리는 보통으로 가면 십오분 반다름질하면 십분 줄다름질하면 오분이 걸린다. 조반은 여섯시반에 먹는데 여섯시 십분에야 일어나게 되니 항상 줄달음질할 시간도 겨우 얻는 모양. 그것도 머리를 깎았기 때문이다. 실깃실깃하는 나무층계를 오십여층 줄다름쳐서 뛰어 오르려면 숨도 잘 쉴 수 없고 웃을 여가도 없단다. 그래서 식당에를 들어가면 숨이 턱에 닿아 헐덕헐덕 한단다. 전에는 오분 십분은 시간으로 계산치 않았더니 여기 와서는 반분도 회계하게 된다. .... 학과만 필하면 공장에 들어가 남자는 남자의 하는 일 여자는 여자의 하는 일. 원망과 시비가 없이 하여가니 참으로 본받을 만하다. 일하는 시간에는 일군같으나 쎘고 나서면 신사숙녀들이다. 일하지 않고 공부하도록 주선하면 되기는 하겠지만 내 손으로 벌어서 내가 공부하는 것을 나는 더 귀히 생각하는 까닭이다…

이 편지가 1925년 5월 22일자 『조선일보』에 소개되었으니 팍대학 입학 제 2학기째의 그의 삶의 모습들이라 생각된다. 그는 힘들지만 자신의 손으로 벌어서 공부해보겠다는 강한 의지를 보이고 있으며 이같은 생활을 보람있게 생각하였다. 그러나 그의 건강과 벅찬 학업 과정으로 볼 때 半工 학생[89] 생활을 계속적으로 감당하기가 어려웠던 것이다. 외부 장학금

---

89) 팍대학의 半工 학생(student self-help) 제도는 의무적인 것이 아니며, 그 교육적 목적은 기독교적 지도력의 훈련에 있는 것이다. 매일 3시간 일하여 일년 간 받는 값은 현금으로 200불인데, 여기에는 학비, 방값, 식사대, 연료대, 전기값, 세탁료, 도서관비, 실험비, 학생 오락 활동 티켓비(특강, 연주회, 각종

과 같은 경제적 지원을 받지 않고는 학업을 성취하기가 어려운 형편이었다. 그러므로 그는 1925년 1월 26일자로 장학보조금 신청서를 외부의 장학기관인 학생장학보조부 부장(Director Student Aid Department) 앞으로 신청하였고, 4월 24일자로 시카고대학의 장로교 학생담당 목사인 데오도르 칼리슬(Theodore M. Carlisle)의 소개를 통하여 150불 대여를 위한 로타리 貸付(Rotary Loan) 신청을 하였다.[90]

김마리아는 학자금 대부 신청을 하였던 즈음하여 자신에게 관심을 가지고 음으로 양으로 지원하여주는 분들에게도 자신의 형편과 근황들을 알리는 편지를 보냈던 것으로 생각된다. 친구 순에게 보낸 그의 편지가 『조선일보』에 공개된 같은 날인 1925년 5월 22일자로 스코필드(Dr. Frank W. Schofield)박사가 팍대학 학장에게 김마리아에 관한 편지를 보냈다. 편지의 내용은 그가 일본 경찰의 고문으로 건강이 나빠 매일 세네시간씩 일하는 半工 생활이 너무 무리이므로 자신이 그의 생활비로 매달 30불씩을 보내겠다는 것이며, 여름방학이나 공휴일같은 때에 일할 수 있게 해달라고 부탁하는 내용이었다.[91]

1924년 9월 팍대학 3학년 특별 학생으로 입학한 김마리아는 자신의 끊임없는 노력과 그를 인정하고 후원하는 여러 사람의 보살핌 가운데 연령 건강 경제적인 여러 어려움을 극복하고 마침내 1927년 5월에 평생 교사자격증과 함께 영광된 문학사 졸업장을 받게 되었다.

3. 시카고와 뉴욕에서의 修學

김마리아의 팍대학 성적표를 보면 그는 4학년(Senior, 1926~27학년도)

연회, 운동 및 학교 출판물인 *The Stylus* 구독비 포함) 등이 포함된다.(1924년도 Park 대학 카타로그인 *Park College*, pp. 20 -21)

90) 1925년 5월 20일부로 Henry Marcotte, Director Student Aid Department가 President Hawley에게 보낸 편지.

91) 『McAfee 문서』, Dr. Hawley에게 보낸 Frank W. Schofield의 편지.

1학기에서 이수해야 할 학점이 모두 끝나 있다. 1926년 12월까지 모든 학점을 이수하고 졸업만 1927년 5월에 한 것이다. 김마리아는 곽대학 졸업 후 대학원에 진학하여 보다 전문적인 연구 수업을 하려 하였다. 그리하여 그는 먼저 시카고대학교 대학원에서 사회학과 교육학을 더 공부하고자 시카고로 갔다.[92] 그가 어떤 인연으로 시카고대학에 가게 되었는지에 관하여는 자료가 없어 확실히 알 수가 없다. 그러나, 그 대학에는 김마리아에 대하여 깊은 관심을 가지고 로타리 貸付를 신청케 해준 바 있는 장로교 학생담당 목사인 데오도르 칼리슬이 있었고, 상해에서 함께 渡美한 손진실이 뜌북대학 음악과를 졸업하고 더 연구하기 위하여 시카고로 갔고,[93] 이화여학교 교사로 3. 1 운동때 함께 옥고를 치루었던 박인덕도 시카고로 유학가 있었다.[94] 그 밖에 꽤 많은 한인 학생들이 유학하고 있었다. 그러나 시카고대학에서 그는 정규학생이 아닌 대학원 과정에 준하는 연구학생으로서 1년간 수학하였을 뿐이고, 콜럼비아대학에 입학하고자 1927년 말경[95]에 뉴욕으로 갔다.

김마리아는 1928년부터 고국으로 귀국하는 1932년까지 뉴욕에 살면서 콜롬비아대학교 사범대학대학원과 뉴욕신학대학(Biblical Se-minary in N.Y.)에서 수학하면서 다시 槿花會를 조직하여 광복운동을 전개하였다. 뉴욕에서의 그의 修學 과정과 생활등을 검토하고자 콜롬비아대학과 신학대학에 자료를 의뢰하였으나 만족한 연구를 행할 만큼의 자료 입수를 하지 못하였다. 특히 신학교의 경우 김마리아의 자료철이 완전히 없어져 그가 그 신학교를 다니고 졸업하였다는 그 이상의 것을 알 수가 없었다. 뉴욕신학대학은 학교 체제며 학교명 등이 바뀌는 등의 변환이 있

---

92) 『신한』 1927. 1. 13, 「김마리아여사는 사회학을 더 연구」.
93) 『신한』 1927. 6. 2, 「손진실양의 음악과 졸업」.
94) 『신한』 1926. 9. 9, 「김부인 인덕씨 쉬카고로」.
95) 뉴욕에서 김마리아가 대한애국부인회의 옛 동지들을 만나 이들을 규합하여 여성 독립운동단체인 근화회를 조직한 것이 1928년 1월 1일이다. 그러므로 이 이전에 시카고를 떠나 뉴욕에 온 것으로 해석할 수 있다.

었는데 그러한 과정에서 분실된 것이 아닌가 생각된다. 콜롬비아대학교의 경우도 팍대학처럼 풍족한 자료가 갖추어져 있는 것은 아니지만 그의 입학원서와 수강과목들과 지도교수 상황 등을 알 수 있었기에 이와 같은 자료를 토대로 그의 콜롬비아대학교 대학원의 修學 및 삶을 검토하고자 한다.

먼저 김마리아의 입학원서를 통하여 당시의 그의 상황과 그의 관심적 학문 분야를 검토코자 한다.

콜롬비아대학교 대학원 입학원서의 前面 기재란은 9개 항목으로 되어 있다. 제 1항목 이름난에, 'Kim, Maria Chinsang'이라고 기록하였다. 'Chinsang'은 서양식 이름의 중간 이름(middle name)에 해당하는 것인데, 팍대학 입학 초기에는 전혀 쓰이지 않던 것이 졸업식 식순서지의 평생교사자격증 획득 졸업생 명단에서 처음으로 발견되었다. 그가 미국 생활 중 공식명으로 어떻게 'Chinsang'을 사용하게 되었는지 자못 궁금하다. 망명 이전에 '槿圃'라는 변성명을 가진 바는 있었는데 서양식 중간 이름으로 그 '근포'를 쓰지 아니하고 '진상'을 쓴 것은 전혀 알려지지 않았던 새로운 사실로서, 혹여 그의 아주 어린 시절, 즉 세례 받기 이전의 이름이거나 아니면 한국인으로서의 정체성이라는 입장에서 새로 작명한 것이 아닐까 추측된다. 그의 가족인 삼촌 고모 그리고 자매들 중 세례명을 가지고 평상 이름으로 사용한 이는 김마리아 한 사람뿐인 것으로 보면 그의 아주 어린 시절 한국식 이름이 없었을 리가 없었을 것으로 생각된다. 제 2항은 출생연도이며, 제 3항은 집주소(home address)로 '한국, 평양'이라고 기재하였다. 그의 출생지(黃海道長淵郡大救面松川里)에는 연고인이 아무도 없고, 그의 언니(美艶)가 평양에 살고 있었기 때문에 이렇게 기재한 것이다. 제 5항의 몇 년도에 입학하기를 희망하는가의 문항에 대하여서는 '1928~1929년'이라고 기재하였다. 그리고 희망대로 그는 1928년 9월에 입학하였고, 1929년 6월에 (교육)행정학(administration)을 주전공으로 하여 석사논문은 쓰지 않는 석사학위를 취득하였던 것이다.

김마리아는 팍대학 시절부터 교육학과 사회학 등에 관심을 가지고 상당히 일관성 있게 과목을 선택 수강하였다. 1928~29년에 콜롬비아대학교 사범대학 대학원에서의 수강 과목도 이같은 일관성에서 크게 벗어나지 않음을 다음 수강 과목에서 확인할 수 있다.

1928년 가을학기 이수 과목	1929년 봄학기 이수 과목
미국교육(American Education)	미국교육(American Education)
고등학교교장론(The High School Principal)	교육철학(Philosophyof Education)
소도시학교론(Village School)	공립학교정신위생(Mental Hygiene in the public school)
유럽교육(European Education)	농촌교육(Rural Education)
사회심리학(Social Psychology)	정신위생학(Hygiene)
미국교육(American Education)	교수법(Technique of Teaching)
	이중언어교육문제(Problems of Bilingual Instruction)

팍대학에서의 이수 과목에는 없었던 수준 높은 다양한 교육학 계열의 과목들을 이수함으로써 학교 경영 관리자로서의 소양을 탄탄하게 쌓아갔던 것이다. 이상과 같은 그의 학과목 이수를 위하여 수강 인증을 해 준 교수는 레스터 윌슨 (Dr. Lestor M. Wilson)교수와 마벨 카아니(Dr. Mabel Carney)[96]교수였다. 윌슨교수로부터는 '이중언어교육문제'를 배웠다. 또한 카아니교수는 당시 미국의 사범대학을 선구적으로 개척한 세 명 교수의 한사람으로 아주 유명한 교육학계의 여교수였다. 그의 전공 분야는 미국 흑인에 관계되는 농촌교육과 인종문제, 특히 미국흑인에 대한 사회보장과 흑인 교육지도자의 훈련 양성 등에 권위적이었다. 윌슨교수는 팍대학 - 시카고대학교 - 콜럼비아대학교의 학력을 거친 것

---

96) 윌슨 교수는 1906년에 Park대학을 졸업하고, 1909년에 Chicago대학에서 석사를, 1920년에 Columbia대학에서 철학박사학위를 획득하였고, 카아니교수는 Columbia 대학에서 학사 석사 및 박사학위를 획득하였다.

이 김마리아의 학력 과정과 같으므로 그에게 특별히 친근감을 가질 수 있었을 것이다. 또한 카아니교수는 미국사회에서 가장 박해되고 소외된 흑인의 사회적 지위를 향상시키기 위한 교육문제를 연구하는 교수였던 만큼 김마리아는 그의 강의에 남다른 관심을 가졌을 것이 분명하다. 그는 이들 교수로부터 일제의 차별과 학대 속에 방치되다시피 한 한국의 현실을 타개하기 위한 보다 구체적인 방안을 배우기를 열망했을 것이다.

1929년 콜럼비아대학교 사범대학대학원에서 교육학전공으로 석사학위를 받은 김마리아는 연이어 다시 뉴욕신학대학(Biblical Semi-nary in N.Y.)에 입학하여 종교교육학을 수학하였다. 그가 고국으로 돌아간 뒤에 일할 수 있는 곳은 결국 기독교계 학교일 것이다. 그런 면에서 그에게 있어 종교교육학은 절대적으로 필요한 과목이라고 생각된다. 『McAfee문서』에 의하면 곽대학의 호올리학장이 1930년 10월 23일부로 'Mrs. Donald Dey' 앞으로 보낸 편지와 1931년 1월 7일부로 발행한 김마리아의 정신여학교로부터 곽대학에 이르는 성적표들이 일건 문서로 되어 있다. 이 성적표들은 신학교 입학에서 요구했던 것이 아닌가 한다. 그리고 편지 내용은 다이여사가 곽대학 학장 앞으로 김마리아의 인적사항을 문의한 편지에 대한 학장의 회답이다. 학장은 그 편지에서 최근 그와의 소식이 끊겨 그가 현재 어디서 무엇을 하고 있는지 또 무엇을 계획하고 있는지 알 수 없으나, 그가 이 학교에 있을 때의 상황으로는 최고의 추천을 할 수 있는 인물이며 또한 현재도 틀림없이 그처럼 훌륭할 것으로 믿는다고 답하였다.

『우라키』 6호의 「金마리아論」에 의하면 "뉴욕神學校 宗敎敎育科에서 3년이나 연구한 결과 다시 榮譽의 宗敎敎育學士位까지 授與케 되었다"고 했다. 그가 이처럼 끊임없이 배움으로 자신을 단련하였던 주된 이유는 조국에 돌아가 인재양성을 하기 위해서였다. 그러나 또 하나의 절박한 이유는 학업을 필하면 미국에 유할 수 없는 미국 이민국 조례 때문이다. 1921~40년의 도미유학생수는 289명인데 그 중 교회계의 후원으로 유학한 사람이 많고 그들의 취학성적도 좋아 박사학위 취득자가 15%, 대학졸업자 65%에 달하였다. 그런데 이들 유학생에게는 영주권이 허락되지 않아 학업을 필하거나 중단하면 귀국해야 하는 이민국 조례가 있고 또 이민국의 조사가 심하여 미국에 취학치 않은 채 유하기는 매우 어려웠다.[97] 특히 중국여권으로 망명 체미하고 있는 김마리아의 형편으로는 더욱 어려웠던 것이다.

미국에서의 그의 생활은 고달팠다. 1927년 가을에 중외일보 기자 李晶燮이 미국에 갔을 때 시카고대학교에 다니는 김마리아를 만났다. 그때 그는 동 대학 도서관에서 일하면서 고학으로 공부하고 있었는데 이러한 그를 감탄해하지 않는 이가 없었다고 했다. 그러나 그의 기색은 좋지 않았다고 하였다. 여전히 건강이 부진했음을 말하는 것이었다. 그런데도 그의 눈빛은 애교스러움이 여유있고 침착했다고 하여 그의 품위있는 기품을 전하였다.[98] 김마리아의 미국생활의 근황을 소개한 『조선일보』 1928년 1월 4일자 기사에 의하면 낮에는 研鑽에 전념하고 밤에는 잔약한 몸을 돌보지 않고 남의 집 고용살이를 살아서 생활비용을 충당한다고 하였다. 그리고 그처럼 용장하고도 비장한 고학생활을 정성스럽게 수행하는 김마리아의 태도를 미국사람들도 모두 경탄해한다고 했다. 10년 가까운 미국 생활을 통하여 살아가는 방법을 터득했겠으나 역시 여자 혼자의 힘으로 학업과 생활을 영위한다는 것은 쉬운 일이 아니었다. 특히 고문 후유증이 평생 동안 그를 병으로 고통케 했었으므로 더 어려움을 겪었다. 뉴욕에서도 복부를 절개하여 수술 받는 위중함에 처했었다. 수술후 정신을 잃은 채 병실 한구석에 홀로 누어 있다가 의식이 깨어난 아침, 그처럼 의지가 강했던 마리아도 '인세의 무상감과 적막함을 느끼지 않을 수 없었다'고 했다. 또한 평범한 미국인들의 동양인에

---

97) 이원순, 『재미한인 오십년사』, 30~31쪽.
98) 『騎驢隨筆』, 272~3쪽.

대한 인종적 차별, 가난한 중년 유학생의 경제적 현실과 고학력의 지적
수준간의 괴리, 그리고 중년이 넘도록 결혼도 하지 않은 채 돌아가고
싶어도 돌아가지 못하는 조국에 대한 그리움 등은 때로 감당하기 어려
운 갈등이 되기도 하였던 것이다. 김마리아는 재미유학생의 잡지『우라
키』6호에 「北美苦學生活百鏡集」의 필자 6명 중의 한사람으로 「한달의
널스生活」이란 제목으로 힘들었던 고학 생활들의 일단을 다음과 같이
서술했다.

    10年이나 두고 苦學한 나는 별별 험한 일 궂은 일 한차례씩은 다 치러
  보았습니다. 남의 집 종살이부터 女給의 身世며 店員 行商 등으로 양키
  天下에서 갖은 경멸과 천대를 받으며 때로는 우리나라 讀者는 상상도 못
  할 「컴패니언」이라는 늙은 할멈의 배종관인 말하면 專屬 下人의 苦役으
  로 땀사발을 흘리는 곤경에 헤매기도 한두번이 아니었습니다. 학교 다니
  면서 남의 일해주며 宿食을 얻던 「스쿨걸」의 고생도 英語 모르던 그 時節
  에 남다른 바가 있었으며 그보다도 같은 조선사람들이 白人집 종사리할
  때 일어나던 「뗄리켓」한 心的 苦悶이란 나만이 알 수 있는 永遠한 비밀일
  까 합니다.

  위의 김마리아의 글은 미국 망명 9년여간의 몹시도 고달펐던 삶을
있는 그대로 기술한 것이다. 그리고 이어서 직업소개소 알선으로 롱 아
일랜드의 두 아이가 있는 어느 가정에서 두달 계약으로 널스 생활을 하
여 학비를 버는데 새벽부터 밤중까지 힘겹게 일하는 것이 도저히 육체
적으로 감당할 수가 없어 '에라 집어치워라, 이 일을 한달만 더 하고 나
면 내 건강은 다시 깨어지고 말 것이 아니냐' 라는 생각에 한달 월급만
받고 그만두었는데 돈은 없어도 오히려 원기와 용기가 용솟음쳤다고 하
였다. 조국 독립을 목적으로 원대한 포부를 가지고 가난한 유학생활을
하는 그에게 생계와 학비를 위한 최하층의 직업생활들은 견디기 어려운
갈등이었던 것이다.

Ⅴ. 美國에서의 獨立運動

1. 김마리아의 獨立論과 獨立思想

항일 애국의 化身 김마리아는 수차의 피체와 투옥, 사경을 헤매던 옥중 투병과 병보석, 험난한 중국 망명 추진과 미국 망명의 艱難한 생활 등을 하는 과정에서 凡人이면 이미 포기하고 좌절했을 곤경들에서 항상 不死鳥처럼 다시 일어났다. 그의 꺾일 줄 모르는 그 맹렬한 의지는 어디에서 나온 것일까. 그것은 조국독립을 이루고 누구나 평등하게 살 수 있는 독립국가를 건설해야 한다는 뚜렷한 사명감 때문이었다. 임시정부의 政體를 앞으로 건설할 한국인의 이상적인 독립국가로 신념한 그는 대한민국애국부인회의 조직 활동을 거의 전적으로 임시정부에 대한 적극 지원과 독립전쟁 수행에서의 여성의 역할을 준비하는 데 진력하였었다. 그리고 국내외 항일운동은 오직 임시정부를 중심으로 하여 일치 단결된 활동을 해야 한다고 신념하였었다. 그리하여 그는 국내외 한국 여성은 모두 애국부인회가 중심이 되어 임시정부를 지원하여 완전 자주 독립을 이루어야 한다고 믿고 활동하였다. 그러나 독립운동계의 현실이 그렇지 않음을 상해에 망명하여 직접 보고 알게 되었다. 특히 1923년 2~6월에 걸친 국민대표회의에 참석 활약하면서 더욱 분명하게 알게 되었으며, 조국독립을 위하여 필요한 것은 '실력 양성과 독립의지의 통일'이라고 신념하게 되었다. 실력 양성은 인재의 양성과 확고한 경제력을 의미하는 것이었으며 독립운동은 독립운동가만이 하는 것이 아니라 각자가 자기가 처한 곳에서 자신이 맡은 바 일을 충성스럽게 하는 것이라고 믿었다. 이것은 김마리아의 항일독립사상의 진일보이며, 이와 같은 항일독립사상을 성취하기 위하여서는 미주 교포의 노력과 뒷받침이 있어야 한다고 믿었던 것이다.

김마리아의 이와 같은 항일독립사상은 그가 미국으로 再亡命한 후 캘포니아주 지역 교포 사회의 환영 청첩 연설에 분명하게 나타났다. 그가 미국 샌프란시스코 도착 후 샌프란시스코 애국부인단에서 첫 번째의 환영 연설을 하였다. 그때 그는 자기의 일을 충실히 하는 것이 독립운동이므로 어느 누구도 감사하다는 말을 할 필요도, 들을 필요도 없으며 그저 독립을 찾을 때까지 쉬지 말고 더 일해 달라고 요청해야 한다는 다음의 연설을 하여 참석인들을 감동시켰다.

> ... 저는 부형모매께서 우리 독립운동을 위하여 일 많이 하신 줄 압니다. 금전으로나 능력으로나 여게 형편에 따라 외교사업에 힘 많이 쓰신 줄 압니다. 그러나 일 많이 하셨다고 치하는 않으려 합니다. 여러분께서 우리의 독립운동을 위하여 일 많이 하셨다야 다 자기의 일한 것이오 누구를 위하여 함이 아니라고 합니다. 우리 국민의 일분자 되는 책임을 한 것입니다. 그러면 자기의 일 자기가 하고 국민의 책임을 국민이 한 것을 무엇을 고맙다고 하며 감사하다고 하겠습니까. 만일 이것은 뉘가 고맙다고 하며 뉘게 고맙다는 말을 들으리라 하면 참으로 부끄러운 일이라 합니다. 그래서 제가 무슨 일을 좀 하여 보았다고 여러분이 제에게 고맙다고 하면 저는 부끄러워 이 자리에 감히 섰을 수 없습니다. 제가 원동에 있을 때에 우리 국가를 위하여 일 많이 하신 선생님들을 뵈일 때에 고맙다고 아니하고 어서 일을 더 많이 해 줍시사 하였습니다. 우리 독립 찾을 때까지 쉬이지 맙시오 하여 주십시오 하고 여쭈은 일이 있었습니다. 또한 오늘 여러분에게도 감사하다고 않고 어서 일을 더 많이 하여 주십시오 합니다. 과거에 쓰시던 그 열성을 그대로 한결같이 써주십시오 합니다. 광복사업을 성취하도록 힘쓰시기 바랍니다.[99]

김마리아는 이어서 자신이 독립운동을 하는 과정에서 믿었던 동지이자 동기동창인 吳玄洲와 吳玄觀이 일제의 회유에 넘어가 조직과 동지를

---

99) 『신한』 1923. 7. 26, 「자기의 책임한 것을 무엇을 감사하다 하랴」.

배반함으로써 당한 쓰라린 경험을 토로하면서 자신이 가장 어려웠던 것은 함께 의논할 동지가 없어 몹시 외로웠던 일이었다고 했다. "이 자유천지인 미주에 계신 여러 오마님이나 형님들은 다 제의 선생님이 되시어 제의 앞길을 지도하여 주시기를 바랍니다."고 부탁하였다. 그리고 마지막으로 그는 "실력 양성하라"고 외쳤다. 김마리아는 미주의 교포를 조국 독립의 희망으로 보았던 것이므로 이 땅에서 이들과 더불어 보다 희망찬 새로운 독립운동을 전개할 수 있기를 희망하였던 것이다.

7월 25일 저녁에는 사크라멘토 남녀 50여 동포들이 베푸는 환영회에서 독립을 바라는 교포들에게 새로운 용기를 주는 다음과 같은 연설을 하였다.

> 1919년 3월에 우리 나라 독립운동을 시작할 때에 해외에 있는 곧 미주에 있는 동포들의 힘을 믿은 이도 없지 아니하였었으며 곧 독립을 얻으리라 하는 이도 없지 아니하였습니다. 그러나 저는 생각하기를 이번에 독립은 못된다고 할지라도 이번 운동이 우리 나라 독립의 한 기회는 되리라고 생각하였습니다. 그리하여 원수 왜놈한테 악행을 당할사록 더욱 활동할 마음이 생기었습니다. 내지 동포들의 독립의 열심은 아직도 냉하지 아니하고 늘 계속한다고 나는 봅니다. 현금 내지의 정형을 살펴보면 상업가는 상업에 학생은 학업에 각각 근무하는 일이 이전에 비하여 배나 승하외다. 이것으로 우리의 실력을 준비하여 이 앞에 오는 독립을 기대하는 것이외다. 이제 여러분에게 부탁하는 말씀은 일하시는 분은 부지런히 일하여 금전을 많이 저축하시고 자녀가 있는 분은 공부를 시켜 주시고 공부하는 학생은 부지런히 공부하여 우리의 장래를 위하여 준비하는 것이 필요하다고 생각합니다.[100]

3. 1운동을 통해 독립 성취는 못했으나 이 운동은 우리 나라 독립의 한 기회가 되었다는 긍정적 생각을 피력하였으며 독립운동이란 각기 맡

---

100) 『신한』 1923. 8. 2, 「사크라멘토 50여명 남녀동포의 환영회」.

은 바 일을 열심히 하면서 꾸준히 실력 양성을 해가야 하는 것이 가장
중요하다는 것이었다. 동 8월 5일 다뉴바의 대한여자애국단 주최의 환
영 연설에서도 3.1운동의 가치를 높이 평가하였다. 그는 3.1운동의 결과
재내 동포들은 10년 교육이 하지 못한 지식 계발이 되었고 일제의 회유
정치에 승평을 이야기하던 농촌 부호들도 3. 1운동을 겪고 나서야 비로
소 원수의 동족 학대가 얼마나 포독하였는가를 알고 망국의 한을 아프
게 깨달았다고 하였다. 그리고 광복사업의 적극적 진행이었던 국민대표
회의도 마침내 분열 와해된 채 독립운동의 장래 방침이나 통일적 행동
에 대한 어떤 의결을 짓지 못하여 민족 전도를 비관할 수도 있으나 우
리는 이를 통하여 통절히 깨닫고 굳게 결심한 것 하나가 있게 되었는데
그것이 곧 "단결하기를 공부할 것"이며, 모든 대표들도 이 결심을 품고
헤어졌으므로 민족 단결이 머지 않을 것이라고 했다. 그는 이처럼 성취
되지 못한 광복운동 하나하나에는 모두 독립 성취의 길로 매진하는 역
사적 의미가 있음을 강조한 것이다. 이제 독립운동의 절대 요건은 "인
재와 경제력"이 충실해야 하는 것뿐이며, 만일 합병 당시에 이에 대한
각성이 있었으면 합병이 안되었을 것이며 3. 1운동에서 독립을 회복했
을 것이라고 하면서,

　　그러나 이제야 각성이 생겼으니까 요다음 기회까지 기다릴 수밖에 없
습니다. 오늘 독립한다면 법리상이오 경제력이 아니오, 명의상이오 실제
적이 못될 염려가 없지 않습니다. 언젠가 들으니까 미주에는 일개 대단체
안에서 전체 한인이 일치 행동을 하더니 1919년부터는 분열이 되어서 당
파가 갈렸다 합데다. 남은 무엇이라고 전하던지 나는 이것 역시 독립운동
을 위해서 그리 된 것이라고 인정하고 원망하지 않습니다. 오늘은 대동단
결의 절대 필요를 철저하게 깨달았으니까 사사 혐의를 버리고 서로 양보
하고 자기를 희생해가면서 단합하고 연후에 대내의 혁명 대신에 대외혁
명에만 전 세력을 경주하기를 바라고 우리는 낙심을 멀리 하고 더욱 분발
할 것이올시다. 여러분께서는 원동을 향하여 독립이 언제나 돌아오나 하

고 바라시지마는 원동에서는 미주를 향하여 독립은 미주로부터 오려니 하고 고대합니다. 이곳은 자유요 문명했고 황금도 있으니까 활동도 구체적으로 할 수 있으리라고 생각하는 까닭이올시다. 여러분 부디 단결하지 않으면 원동에서는 더욱 분열될 것이고 여러분부터 활동을 정지하시면 원동에서는 더욱 해이될 것이올시다. 여러분께서 각기 지도자 되신 책임을 다 하셔서 모범을 뵈이시기를 바랍니다.101)

라는 말로 연설을 마치었다. 그의 독립 사상은 철저한 '민족단결과 실력양성'을 토대로 하는 독립론이었다. 그에게는 현실적으로 성취되지 못한 독립활동조차도 독립을 지향하기 위하여 독립의 실력을 쌓는 값진 경험으로 평가되었던 고로 그의 독립 활동은 어떤 경우도 중단되거나 포기될 수 없는 것이었다. 그러므로 그는 어떤 역경에서도 지칠 줄 모르는 영원한 독립운동가로 살고 활동하였던 것이다.

2. 槿花會의 組織과 活動

3.1운동과 대한민국애국부인회에서 김마리아와 함께 활동했던 동지들 중 뒷날 미국으로 유학간 이들이 많았다. 3. 1운동 초에 한국여성대표로 미국 와싱턴에 파견된 신마실라, 함께 투옥생활을 했던 박인덕 황에스터, 상해에서 활동하던 정애경 등이다. 신마실라는 뉴욕의 한 백화점의 한 모퉁이에서 각 회사로부터 거저 얻은 샘풀들을 놓고 선전하여 판 수입으로 겨우 생활을 유지하고 있었다. 황에스터도 미국 유학차 1925년 8월 서울을 떠나 미국으로 간 후 시카고에서 가정부 일등으로 학비와 생활비 등을 벌다가 너무 힘들어 신마실라의 도움을 받고자 뉴욕으로 갔다가 향수 장사 등을 하였다.102) 박인덕도 1926년 8월에 미국 유학차 한국을 출발하여 동 9월 15일에 죠지아(Georgia) 웨슬리안(Wesleyan)대학

101) 『신한』 1923. 8. 16, 「단합하기 공부하지」.
102) 『새벽에 외치다』, 136~149, 참조.

에 입학하여 2년간 공부를 하고 있었다.[103] 지난날 이들은 대한 여자계의 독립운동지도자들이었으나, 이제는 직접적인 독립활동과는 인연이 멀어져 있는 상태였다.

김마리아가 곽대학 졸업 후 1927년 시카고대학 대학원 연구생으로 2학기간 사회학을 연구하고 이 해 말쯤 뉴욕으로 갔다. 콜롬비아대학 대학원에서 교육학을 공부하기 위하여서였다. 그런데 그는 뜻밖에도 이곳에서 황에스터 등 옛 동지들을 만나게 되었으며, 뉴욕 유학생계에서의 독립운동지도자로서의 명망도 높았다. 황에스터도 뉴욕에서 뜻밖에 피로써 맺어진 동지 김마리아를 만난 것을 "대서특필할 사건"이라고 했다.[104] 옛 동지를 만난 김마리아는 조국 광복을 위하여 뉴욕에서 대한 여성지도자의 힘을 다시 결집하여 국가와 동족을 위하는 애국적 사업을 할 때라고 생각하고 1928년 1월 1일에 槿花會[105]를 조직하였다.

근화회 조직 목적은, (1) 민족적 정신을 고취하며 대동단결을 도모하고 (2) 교육과 실업을 장려하며 (3) 본국 사정을 널리 외국 사람에게 소개하여 (4) 건국대업에 원조함이었다. 근화회 조직의 목적에는 김마리아의 독립사상인 '단결론'과 '실력배양론'이 바탕이 되어 있으며 그 위에 국제사회의 지원을 더하고 있다.

그리고 그 목적을 달성하기 위하여 실업부, 교육부, 사교부의 세 부서를 두어 광복사업을 체계적으로 추진키로 도모하였다. 각부서의 사업 내용은 다음과 같다.

   (1) 실업부: 지방에서는 상업 기반을 설치하며 해내 해외에 널리 있는 같은
       목적을 가진 각부녀단체와 연락하여 여자계의 실업을 장려함.
   (2) 교육부: 토론 강연회를 소집하고 인재를 양성하며 교육기관을 설치하여

---

103) Induk Pahk, *September Monkey*, p. 110~123.
104) 『새벽에 외치다』, 148쪽.
105) 근화회의 조직과 활동은 『신한민보』 1928. 4. 5, 「이역풍토에 무궁화의 가지가지 봄비친 듯 뉴욕부인들이 근화회를 조직하여」에 의거하였다.

여자교육 발전에 주력함.
(3) 사교부: 본회원간에 친목을 도모하고 우리 동포간에 대동단결의 기운을
도우며 외국 사람에게 우리 사정을 소개함.

임원진은 회장 김마리아, 총무 황에스터, 서기 이선행, 재무 남궁쪼애
안, 실업부 황에스터 안헬린 윤원길, 교육부 김마리아 김애희 주영순,
사교부 김인덕 림메리 류동지 등으로 피선 구성되었다. 이선행은 김마
리아의 정신여학교 후배 동창으로 곽대학에도 함께 다닌 바가 있으며,
김인덕은 박인덕인 것이다.
근화회 발회식은 2월 12일 하오 8시에 뉴욕한인교회당에서 거행하였
다. 식장에 태극기와 근화회기를 걸고 벽상에는 대한의 상징이요 정신
인 무궁화 송이로 장식을 하여 전체적 분위기가 장엄하였다. 회장의 주
석하에 참석자 일동이 애국가로 개회를 하였으니 그 감회는 다 표현할
수가 없었을 것이다. 회장은 간단한 개회사를 한 후 연하여 본회의 취
지를 다음과 같이 설명하였다.

오늘 저녁 우리가 모인 취지는 정월 일일에 조직된 근화회가 이러하다
하는 것을 여러분께 말씀하려 함에 지나지 못합니다. 얼마 전에 본국에
있는 제의 어린 조카가 자기 아버지께 동전 한푼을 얻어가지고 그것으로
노비를 하여 생전에 보지도 못한 미국에 있는 이 이모를 보러 온다고 했
답니다. 그 때에 그 애보다 지식이 좀 든 형들은 그 애의 철없음을 웃었
다고 하는 소식을 들었습니다. 마찬가지로 사천년 혹은 반만년의 교육을
받으신 여러분들이 겨우 대문 밖에도 다른 사람이 있다고 하는 것을 알게
된 지도 30년이 될까말까 하는 지식적으로 어린 누이들이 하는 것을 보실
때 웃으실 만한 것도 많을 것은 우리도 아는 바입니다. 경험이 없고 배운
바가 적기 때문에 우리의 생각하는 것이던지 또는 원만한 효과를 얻을 수
있게 조직적으로 일을 할 줄은 모르되 나라를 사랑하는 붉은 정성, 사회
를 위해 무엇을 해보겠다는 간절한 뜻만은 여러분에게 양보할 마음이 없
습니다. 수효가 적은 여자로서 더욱이 오늘과 내일의 일정한 주소가 없는

미국 안에 있는 우리로서 단체적 생활 혹은 단체적으로 무슨 일을 함에
어려운 점을 보지 못하는 바가 아니나 그렇다고 아무것도 안하는 것은 너
무나 무책임하고 또한 이와 같이 자유로운 땅에서 서로 마주앉아 우리의
사정을 걱정이라도 하는 것이 우리의 할 일이 아닐까 해서 이 근화회를
조직했소이다.

본회의 목적 중 민족적 정신을 고취하며 한데 대하여 민족적 정신하면
시대에 뒤떨어진 민족주의를 주장하는가 하며 혹은 생각하실 이도 계실
지 모르나 우리의 의미하는 바는 그것이 아닙니다. 우리는 경우가 경우이
기 때문에 애국심은 누구나 다 많습니다. 그러나 일에 열중할 때는 국가
의 요소 중에 가장 긴요한 민족을 사랑하는 마음이 둔한해지고 무엇을 표
방하는지 알지 못하게 될 때가 많이 있습니다. 그래서 민족을 사랑하는
마음을 더욱 길러 볼 수가 있으면 하는 것이 우리의 본의입니다. 어린 아
해가 날 때에 어떠한 좋은 본성과 부모의 훌륭한 성격을 유전했다 할지라
도 그 주위 환경과 교육의 영향이 그 인재 양성에 어떠한 관계가 있음은
누구나 아는 바와 같이 그 나이 어린 아이가 이 뉴욕 사회환경에 낳았으
니 이 아이를 잘 길러 주시고 쓸 만한 아이로 만드는 데는 여러분에게 적
지 않은 책임이 있는 것으로 생각합니다.

우리는 무슨 큰 사업을 하지 못한다 할지라도 우리의 마음만은 크게로
는 국가와 사회로 또한 가까이 있어서는 특별히 뉴욕 사회에 적은 봉사라
도 할 수 있었으면 하는 것이 우리 일반회원의 원인 동시에 근화회의 이
상인즉 어떠한 단체에서든지 우리의 적은 힘이라도 소용된다고 생각하시
는 때는 주저하지 않고 불러주시면 우리의 힘미치는 것이면 단체로나 개
인으로나 즐겁게 응하려고 합니다.

경험이 적고 배운 바가 적은 여자들이지마는 위국 충정심과 사회를
위하여 일해보겠다는 뜻은 남자들에게 뒤지지 않음을 천명하였는데 이
는 여성이 국가와 사회의 평등한 구성원이 되도록 여성의 실력을 양성
해야 한다는 그의 평소의 신념을 조직 운동을 통해 성취시키려는 것이
었다. 그러므로 근화회는 특히 민족을 사랑하는 마음을 더욱 북돋아 육
성함을 근화회 조직 활동의 본의로 한다는 것이었다.

전통적인 남녀의 차별적 의식은 평등과 자유의 나라라는 미국에서조차 남자들이 중심이 되는 조직이나 활동에 여성을 잘 포함시키려 하지 않았다. 1928년 2월만 해도 뉴욕 한인사회 유지들이 『3.1신보』 발간을 계획 추진하였고 또 동지회도 조직하였으나106) 여성들은 포함되지 못했다. 근화회는 뉴욕 한인사회에 있는 소수 여성으로서 이렇게 조직 활동하리라는 것은 꿈에도 생각치 못한 것이었다.

그러므로 발기회에 참석한 남성계의 대표 홍득수107)와 임호는 축사를 통하여 근화회는 뉴욕사회의 영광이라고 찬사를 했으며 특히 임호는, "무궁화송이가 바다 밖에 나와 오늘 이 의회 식상에 걸렸고 부인들이 이와 같은 단체를 여기서 조직할 줄은 꿈도 꾸지 못했다"고 감격해하였다. 그리고 이미 여자들이 책임심이 강하고 근면성과 분투심의 굳셈이 남자에 지나침을 실제로 증명하였다고 했다. 특히 회장의 굳은 사상과 많은 사회 경험을 일반인에게 다시 회상 확인케 하였다고 했으며, 따라서 근화회는 결코 오늘 생긴 회가 아니고 그 정신은 적어도 1919년 이래로 계승 발전된 것이기 때문에 앞으로 반드시 많은 성공이 있을 것이라고 했다.

만주 동삼성에서 1927년 겨울 이래 중국관헌들이 재만동포에 대하여 구축령을 내리고 학대하는 포악 행위를 한다는 경악스러운 소식에 접한 뉴욕 교포 사회에서는 동지회 뉴욕지부, 뉴욕교민단, 국민회 뉴욕지방회 및 근화회가 연합하여 뉴욕재만동포옹호회를 조직하여 갖가지 동포 옹호 사업을 추진하였다. 김마리아는 근화회 회장으로서 이에 참여 활동하였다.108)

근화회는 조국광복을 위하여 여성들이 마땅히 평등한 활동을 하여야

---

106) 『신한』 1928. 2. 2, 「3. 1신보」발간계획; 「뉴욕에 동지회 조직」.
107) 뉴욕 유지 인사로 뉴욕 한인감리교회의 설립과 발전에 공로가 컸으며(『재미한인 오십년사』, 62쪽), 『3. 1신보』 발간 계획 추진 인사 중의 한 사람이었음.
108) 『신한』 1928. 2. 23, 「뉴욕재만동포옹호회」.

한다는 큰 포부로 출발되었다. 그러나 뉴욕은 동포의 왕래는 많으나 이들의 대부분이 노동과 학교 등을 위하여 잠시 머물기 때문에 상주자가 적다.109) 근화회의 임원들도 임시 머물렀다가 공부하기 위하여 타지로 떠나는 등 지속적으로 뉴욕에 정착하여 생활하지 아니하므로 활발하고 다양한 활동을 계속적으로 추진하지는 못했다. 『在美韓人五十年史』는 근화회 조직 활동의 의미를 "근화회는 미국 동방에 있던 한국여자 유학생들이 조국 광복 운동 후원을 목적하고 조직하였던 것이다. 그들의 경제적 실력이 미약하여 기대한 사업을 실천할 수 없었고 다만 여학생간의 연락과 친목을 노력하는데 불과하였으나 고학하던 여학생들의 처지에서 조국 광복운동을 후원하려고 애쓰던 정신의 자취를 이에 기록하여 두는 것이다"(231쪽)라고 평가하고 있다. 고학하는 여학생들의 처지에서 미국 심장부 뉴욕 하늘 아래서 태극기와 무궁화를 휘날리며 일심으로 희망찬 근화회의 거보를 내딛을 수 있었던 것은 김마리아의 독립 의지와 지도력이 있었기 때문에 가능했던 것이다.

VI. 맺음말

이상에서 김마리아의 망명 추진 계획과 성공, 그리고 12년에 걸친 망명생활의 歷程 및 그 과정에서 계속된 조국 독립운동과 독립사상을 검토하였다.

김마리아의 망명 추진을 가능하게 한 배경은 병보석과 장기간에 걸친 입원 투병이었다. 대한민국애국부인회 활동으로 인하여 피체된 김마리아는 심한 고문과 열악한 감옥 생활로 인하여 폐인이 되다싶이 한 중병인으로 회생력이 없다고 생각되자 국내 및 국제 여론을 의식하여 일

---

109) 『재미한인 오십년사』, 62쪽.

제측이 1921년 5월 22일에 서양선교사들의 보증 아래 병보석을 허가하
였다. 그는 독립운동계의 거물 지도자였던 만큼 치병 회생 후 다시 수
감생활을 하게 함은 항일독립운동계의 인재 손실이요 더 나아가 독립을
열망하는 민족정신의 크나큰 沮喪인 것이다. 그러므로 그의 회생의 기
미가 보이자 상해임시정부에서 尹應念으로 하여금 망명을 추진케 하였
고, 아직 중병의 상태를 벗어나지 못한 김마리아는 망명을 결심 결행함
으로써 중국 망명에 성공하였다. 그의 망명 성공은 두 가지의 역사적
의미를 지닌다. 첫째는 일제침략자들에게 패배감을 안겨주었고 한국인
에게는 자존심을 세워주었다는 점이다. 둘째는 김마리아로 하여금 민족
의 실력 양성이라는 토대 위에서 완전 자주독립을 이루어야 한다는 독
립운동 이론을 몸소 실천화할 수 있는 場을 갖게 함으로써 본격적인 항
일지도자로서의 활동을 하였다는 점이다.

그는 임시정부 의정원의 황해도 대의원으로 임명되었음에도 불구하고
독립운동 지도자로서의 역량을 더 키우기 위하여 남경 금릉대학에 수학
하였고, 남경 여자유학생들을 결집하여 대한여자청년회를 조직 활동하
였다. 그는 조국의 독립에 여성들이 남자와 동등한 자격으로 반드시 참
여하여야 한다는 신념을 가지고 있었다. 자유와 평등 위에 세워지는 민
주 독립국가가 그의 이상이었던 때문이다. 그는 이 이상을 실현하기 위
하여 결혼도 하지 아니하고 한평생을 조국독립운동에 헌신하였던 것이
다. 그는 망명 후에 국외 항일운동 노선이 일치하지 않은 채 갑론을박
하는 심각한 비협화의 상태임을 알고 이를 통일화함에 조금이라도 역할
을 하고자 노력하였다. 항일독립운동자간의 갈등을 해소하고 통일화된
독립운동을 목적으로 소집 개최된 국민대표회의에서 김마리아가 특히
활발하게 활약하였던 것도 여기에 이유가 있었던 것이다. 그러나 민족
대표자들은 개조파와 창조파로 분립하여 갈등은 더 심화되었다. 그는 5
년의 역사를 가진 임시정부를 소멸시키면 민주 독립을 바라는 국내 동
포를 실망시킬 것이므로 임시정부의 잘못된 것은 개조하여 민주정부의

한 깃발 아래서 항일운동을 하여야 한다고 강력히 주장하였으나 결국 의견의 합치를 보지 못하였다. 그러나 그는 결렬된 국민대표회의에 대하여 실망하지 않았다. 그 결렬을 독립 지향의 한 과정으로 인식하였으며 아울러 그는 민족 역량의 배양이 곧 독립의 길임을 더욱 깊이 깨닫게 되었다. 그가 국민대표회의 결렬 직후인 1923년 6월 21일에 미국유학을 위한 제2의 망명길에 오른 것은 이러한 그의 신념을 성취시키려는 의지에서였다.

김마리아는 미국으로 유학 망명을 한 후 9년여 동안 곽대학, 미조리대학교, 시카고대학교대학원, 콜롬비아대학교대학원, 뉴욕신학교 등 5개 대학에서 중단 없이 계속적으로 수학하였다. 곽대학의 입학과 수학에서는 한국선교사였던 맥큔박사와 스코필드박사등의 물심양면의 도움이 컸으며, 곽대학의 자조학습제도를 배워 귀국 후 조국 발전에 이바지하려는 의지로 1924~6년에 걸쳐 수학하였으며 1926년 1개 학기간 미조리대학교에서 교환 위탁 학생으로서 수학하였다. 시카고대학에서는 1927년에 연구생으로 사회학을 수학하였고, 1928~9년에 뉴욕 콜롬비아대학교 사범대학 대학원에서 소외계층에 대한 교육연구로 저명한 레스터 윌슨 교수와 마벨 카니아 교수의 지도 아래 교육학을 전공하여 석사학위를 받았다. 그리고 이어서 뉴욕신학대학교에 입학하여 종교교육학을 공부하였다. 곽대학 시절을 제외하고는 고학으로 수학하였으므로 그의 경제상태는 늘 열악하였다. 그는 학비와 생활비를 벌기 위하여 방학이면 가정부나 유모로서 남의 집에 고용되어 일하였다. 민족적 의지가 강하고 지적 수준이 높은 김마리아로서는 이러한 賤役이 정신적으로나 육체적으로 감당하기 어려운 갈등이었다. 특히 고문의 후유증은 한평생을 병고와 동행해야 하므로 삶을 위한 어쩔 수 없는 육체적 노동은 감당하기가 어려웠다.

그럼에도 그는 포기하지 아니하고 조국독립운동을 추진하였다. 그의 독립사상은 "인재양성과 경제력 진흥"이었다. 그는 미주의 교포들에게 끊임없이 이를 주장하였다. 자녀들은 교육을 시키고 어른들은 열심히 일하여 경제력을 쌓아야 한다는 것이었다. 그는 이러한 정신 아래 1928년 1월 1일 뉴욕에서 옛동지들과 더불어 근화회를 조직하고 동 2월 12일에 발회식을 거행하였다. 조직의 목적은 그가 주장하였던 인재육성과 경제력의 진흥과 대동 단결이었다. 미국 여자유학생들로 조직 활동된 항일 여성단체로는 처음의 것이었다. 여건상 근우회의 활동이 활발하지는 못했으나 그의 항일운동 정신과 의지가 강하게 나타났고 유학생계와 미주 교포 사회에서 여자유학생들의 평등적 독립의지를 확인케 하였다는 점에서도 자못 의미를 지닌다.

그가 외롭고 고난에 찬 항일독립운동을 그토록 집요하게 행할 수 있었던 것은 기독교정신이 바탕이 되었기 때문이라 생각되며 이에 대한 연구가 계속되어야 한다고 생각한다. 김마리아는 1932년 8월 20일에 귀국함으로써 망명생활의 긴 旅路가 끝났다. 귀국 후 그는 기독교교육만이 허락되어 원산의 마르다 윌슨여자신학교에서 성경을 가르치며 주로 교회운동만을 하다가, 고문 후유증으로 인한 지병의 악화로 1944년 3월 13일 새벽에 향년 53세로 永眠하였다.

끝으로 김마리아의 망명생활과 독립운동을 통하여 그의 항일독립운동사에서의 위상을 요약한다면 그는 남녀평등의 독립운동과 실력 양성을 독립운동의 주된 이념으로 하고 직접 독립투쟁에 참가하였던 이론과 행동을 겸비한 가장 주목되는 한국근대사의 인물이다. 그에 관련된 보다 광범위한 자료 수집이 이루어져야 하며 동시에 보다 다각적인 연구가 계속되어야 할 것이다.

일제시기 직업소개소의 운영과 노동력 동원 실태[*]

홍 순 권[**]

─────────────＜목 차＞─────────────

Ⅰ. 머리말
Ⅱ. 일제시기 직업소개소의 설치와
  운영
  1. 일제하의 사회사업과 인사상
    담소의 설치
  2. 직업소개소제로의 전환
  3. 공설 직업소개소의 기능
    강화와 국영화

Ⅲ. 직업소개소를 통한 노동력의 수급과
  동원
  1. 직업소개 사업의 시기별 추이
  2. 1931년 이후 직업소개소의 성적
  3. 직업소개소 수급 노동자의 사회계층
    적 성격
Ⅳ. 맺음말

Ⅰ. 머리말

직업소개소는 문자 그대로 사람을 구하는 구인자와 직업을 구하는 구직자의 신청을 받아 이들을 서로 매개하여 사람과 직업을 알선해 주는, 즉 실업구제를 목적으로 하는 일종의 사회사업기관이다. 자본의 흐름과 마찬가지로 노동의 흐름도 시장의 원리에 입각하고 있는 현대 자본주의 사회에서, 이러한 직업소개 사업에 정부나 관이 구체적으로 개

───────────────

* 이 논문은 1998학년도 동아대학교 학술연구조성비(공모과제)에 의하여 연구
  되었음.
**동아대학교 사학과 교수

입하거나 강제력을 발동하여 노동력의 수급과 흐름을 임의로 조정한다
는 것은 상상하기 힘든 일이다. 그러나 일제시기의 직업소개소는 오늘
날의 그것과 사뭇 다른 모습을 띠었다. 그것은 일종의 사회사업기관의
외관을 띠면서도, 동시에 조선총독부의 식민지 노동력 수탈의 일선기관
으로서의 역할을 수행했던 것이다.

이러한 점과 관련하여 1930-40년대 전시체제하 일제의 조선인 노동력
동원과 수탈에 관한 많은 연구들에서 전시체제하의 노동력 동원 기구의
하나로서 직업소개소의 역할과 활동의 중요성이 지적되었다.[1] 물론 전
시체제하에서 직업소개소가 일제의 노동력 수탈을 위한 보조기관으로
전락한 것은 명백한 사실로 재론의 여지가 없다. 또 일제시기 조선총독
부의 노동정책의 일환으로서 직업소개소의 기능과 역할을 주목하는 것
도 나름대로 의미가 있다. 그러나 직업소개소는 외관상 사회정책의 일
환으로 설치된 일종의 사회사업기관이었다는 점에서, 그것이 처음 설치
된 배경과 그것이 지니는 사회정책적인 의미, 그리고 그 본래의 기능과
성격이 어떠한 이유에서 어떠한 과정을 거쳐 변질되었는지에 대한 해명
이 먼저 필요하다. 지금까지의 연구에서는 이 점들에 대해서 충분한 검
토가 이루어지지 못한 실정이다.

이 글은 일제의 조선 식민지 지배정책과의 관련 속에서 일제시기 직
업소개소의 기능과 성격을 파악하고 그 변화 과정을 추적함으로써 일
제 식민지배의 역사적 성격에 대한 이해를 넓히는 데 목적이 있다. 이

---

1) 이 점에 관해서는 다음의 연구들이 참고된다.
　　허수열, 「조선인 노동력의 강제동원의 실태」, 『일제의 한국 식민통치』(차기벽
　　편), 정음사, 1985
　　廣瀬貞三, 「'官斡旋と土建勞動者 - '道外斡旋'お中心に」, 『朝鮮史硏究會論文
　　集』29, 1991
　　김민영, 『일제의 조선인 노동력 수탈연구』, 한울아카데미, 1995
　　이상의, 「1930년대 日帝의 勞動政策과 勞動力 收奪」, 『韓國史硏究』94, 1996
　　곽건홍, 「일제하 조선의 전시 노동정책 연구」(고려대학교 대학원 박사학위
　　논문), 1999.

를 위해 제1장에서는 직업소개소 등장 이후 직업소개 사업에 대한 조선
총독부의 인식의 변천과 직업소개소 운영의 변화 과정을 살펴보고자 한
다. 특히 사설 중심의 직업소개사업을 공설 중심으로 전환하게 되는 계
기와 1940년에 공설직업소개소가 국영화되는 의미를 밝히는 데 그 중점
을 두었다. 제2장에서는 직업소개소의 직업소개성적에 대한 통계 분석
을 통해 각 시기별로 직업소개소를 통한 노동자의 취업이 조선총독부의
노동력 수급정책과 관련하여 어떻게 변화되어 왔는가를 설명하고자 한
다.

Ⅱ. 일제시기 직업소개소의 설치와 운영

1. 일제하의 사회사업과 인사상담소의 설치

일제시기 조선총독부가 식민지 통치정책의 일환으로 사회사업에 주목
하게 된 것은 식민지 정책에 대한 조선인의 불만을 미연에 막기 위한
것이었다. 특히 1920년대 들어서 토지조사사업 과정에서 농민층이 분해
하여 농촌과잉 인구가 도시로 방출되면서 일제는 이러한 사회정책의 필
요성을 더욱 강조하게 되었다.

일제시기 조선총독부에 의해 시행된 사회사업은 표면상으로는 이
른바 '구빈 활동'과 '사회구제'를 그 정책 목표로 설정하였지만, 그 내용
과 성격은 그들의 식민지 정책의 필요에 따라 시기마다 다소의 변화를
보이고 있다. 예컨대 1923년의 사회사업의 내용이 防貧事業, 아동보호사
업, 특수교육사업, 施藥救療事業, 궁민구조사업, 출옥인보호사업, 사회교
화사업 등으로 분류되어 있는 반면,2) 1933년의 경우는 진휼구호사업,
보건진료사업, 아동보호사업, 복리시설, 노동보호사업, 사회교화사업 등

---

2) 朝鮮總督府內務局社會課, 『社會事業要覽』, 1923 참조.

으로 사회사업의 유형도 다소 달라지고 있는 것이다.[3] 이러한 사회사업 정책의 변화에서 보이는 한 가지 중요한 특징은 1920년대 초만 해도 단순히 방빈사업의 일환으로 취급되던 직업소개사업이 점차 노동보호사업의 핵심으로 인식되고, 궁민구조(궁민구제)사업 또한 노동보호사업의 차원에서 추진되었다는 점이다.

애초에 구빈사업 또는 방빈사업의 성격을 띤 사회사업의 일환으로 시작된 직업소개소의 중요성이 인식되기 시작한 것은 대체로 1920년대 중반 이후부터였다. 1920년 이래 조선총독부는 전국 주요 도시에 각종 사회시설의 설치를 권장하였다. 이는 3.1운동 관련하여 조선 민중의 불만을 무마하려는 문화통치의 한 방편이기도 하였다. 또 이 시기 토지조사사업으로 인한 농민층의 몰락과 이들의 도시 집중으로 야기된 실업 문제에 대한 대처해가기 위한 것이었다. 그러나 이 때까지만 해도 직업소개를 전문으로 하는 사회시설의 설치에 대한 필요성은 아직 충분히 인식되지 않았다. 다만, 실업 문제에 대처하기 위한 방빈사업의 일환으로서 직업소개의 필요성이 인정되었기 때문에, 이를 해결하기 위한 방안으로서 총독부는 인사상담소를 설치 운영하였다. 인사상담소는 1920년대 초반 '민중의 생활상의 애로를 해결한다'는 명분으로 조선 주요 도시에 설치되기 시작한 대표적인 사회시설이었다. 1920년 6월 평양인사상담소가 처음 설치된 이후 1920-25년 사이 전국 여러 지역에 인사상담소가 설치되었다.[4]

인사상담소는 '細窮民救助事業'의 한 형태로 세궁민과 관련된 주택, 결혼, 직업 알선 등에 대한 생활 상담이 주요 업무였으며, 그 가운데서도 직업 소개 사업의 비중이 컸기 때문에 상담소내의 별도 사업으로 직업소개 업무를 운영하는 경우가 많았다. 평남과 함경남도에서는 道令을 발하여 거의 전지역에 인사상담소를 설치하였다. 1920년대 초 인사상담

---

3) 朝鮮總督府社會課, 『朝鮮の社會事業』, 1933, 31쪽.
4) 朝鮮總督府社會課, 『朝鮮社會事業要覽』, 1924, 7-12쪽 및 17-25쪽 참조.

소의 활동이 가장 활발했던 곳은 경성, 평양, 부산의 3곳이었다. 이러한 인사상담소의 활동과 관련하여 <평양부인사상담소설치규정>(제4조)를 살펴보면 다음과 같다.5)

제4조 인사상담소는 구역내의 상황을 살펴 크게 아래와 같은 조사와 실행을 하기로 함.

1. 구역내의 일반적 생활상태를 조사하고 이의 개선 향상의 방법을 攻究할 것.
2. 생활 곤란 또는 구호를 요한다고 인정되는 것은 우선 그 원인을 조사하고 그 원인을 제거하거나 혹은 그 구제방법을 공구하여 이의 철저에 노력할 것.
3. 생계. 직업소개 기타 各般의 인사관계에 권하여 상담을 乞함.
4. 諸屆出의 勵行에 주의하고 그 屆出은 무료로하여 작성할 것.
5. 구역내의 권업, 교육, 위생, 풍기 등에 주의하고 특히 연소자에 대해서는 格段의 시찰을 可할 것.

직업소개의 기능은 인사상담의 여러 가지 사업 가운데 하나에 불과하였으나, 실제로 인사상담소를 찾는 상담자들 가운데는 생활이 어려워 직업을 구하려는 사람들이 많았다. 예를 들면 평양인사상담소내 구직자 수는 조선인만 하더라도 설치년도인 1920년에는 320명에 불과하였지만, 21년에는 1,674명, 22년에는 3,172명으로 급격하게 증가하고 있었다.6) 이렇게 구직자들이 늘어나자 평양부를 비롯하여 경성부와 부산부 등의 인사상담소의 주요 기능이 점차 직업소개사업으로 바뀌어가기 시작하였다.

평양부인사상담소를 필두로 京城府人事相談所(1922년 8월), 釜山府人

---

5) 위 책, 9-10쪽.
6) 위 책, 104쪽.

事相談職業紹介所(1923년 8월), 元山府人事相談所(1922년 4월), 咸興面人
事相談所(1922년 4월), 淸津府人事相談所(1923년 4월) 등이 설치되었다.[7]
이처럼 인사상담소를 별도 기관으로 특설한 경우가 아니더라도 당시 각
도 경찰관서의 대부분은 부설기관으로 인사상담소를 두어 인사와 기타
일반에 관련된 사항을 처리케 하였다.[8] 그리하여 1925년 경에는 府直營
의 5개 인사상담소 외에 전국 25개 경찰서에 부설 인사상담소가 설치
운영되었다. 그러나 경찰서 부설로 운영된 인사상담소의 직업소개 실적
은 극히 미미한 것으로 1920년대의 직업소개사업은 주로 부 직영의 인
사상담소와 사설 사회사업기관에 의해 이루어졌다.[9] 이즈음 사설 사회
사업기관으로 직업소개 업무를 담당하였던 기관은 서울의 和光敎園紹介
部(1921년 설치)과 京城救護會職業紹介所(1913년 7월 설립), 대구의 사회
봉사회(1922년 1월 설립), 부산노동공제회(1923년 5월 설립), 조선매일신
문사 부산지사인사상담부, 인천기독청년회직업소개부(1911년 3월 설치)
사설군산직업소개소 등을 꼽을 수 있다. 종교단체나 특수 법인에 의해
운영되었던 이들 사설 직업소개소는 주로 1920년대에 걸쳐 서울 부산

---

7) 『조선사회사업요람』, 1924, 17-25쪽. 이 가운데 함흥면인사상담소는 朝鮮總督
   府, 『朝鮮總督府施政年報』(1922-27도판)에 수록된 5개 공설 기관 안에 들어
   있지 않다. 1927년까지 면에서 임의로 운영하다가 1928년에 이르러 공설로
   공식 인정되었다가 1930년 5월에 부 직영 기관으로 바뀐 것으로 판단된다.
   (이하 朝鮮總督府, 『朝鮮總督府施政年報』는 『시정연보』로 줄임)
8) 『朝鮮の社會事業』, 1933, 96쪽.
9) 朝鮮社會事業協會, 『朝鮮社會事業』5-9호(1927년 9월), 51쪽. 1925년 '公私設別
   職業紹介成績'은 아래와 같다.

   <표> 1925년 공사설별 직업소개성적

구분	구인수	구직자수	취직자수	취직률
공설 府	4,688인	9,541인	3,130인	33%
경찰서	821	821	572	70
사설	1,866	3,217	1,891	59
총계	7,375	13,579	5,593	41

등 주요 도시에 설치되었다.10)

2. 직업소개소제로의 전환

1920년대 들어 조선총독부가 종래의 인사상담소 기능의 일부였던 직업소개의 기능을 독립시켜 공영의 직업소개소를 설치하기 시작한 것은 1928년 경성인사상담소를 직업소개소로 전환하면서부터이다.11) 이러한 정책적 변화가 일어나게 된 직접적인 계기는 직업소개사업이 단순한 실업구제나 방빈사업의 성격을 넘어 노동력의 수급과 밀접한 관계를 지니기 시작한 데 있다. 사실 1920년대 초만 해도 노동력의 수급문제를 해결하기 위해 직업소개소의 필요성이 제기되었던 것은 아니다.12) 이를테면, 1925년경만 해도 조선총독부는 "조선에서는 공업의 발달이 아직 대단히 더디어 공장노동자의 구제는 아직 일본과 같이 초미의 화급을 말하기에는 일러 그에 관한 시설은 거의 들만한 것이 없지만 점차 그에 대한 조사와 시설을 추진할 계획 중에 있다."13)는 정도의 인식을 지니고 있었다.

---

10) 『조선사회사업요람』, 1924, 80-105쪽, 이 가운데 화광교원직업소개부의 설립 연월일은 같은 책, 14쪽에는 1921년 7월 1일로, 朝鮮總督府, 『朝鮮總督府調査月報』12-2호(1940년 2월), 68쪽에는 1921년 12월 1일로 다소 차이가 있다. (이하 朝鮮總督府, 『朝鮮總督府調査月報』는 『조사월보』로 줄임)

11) 京城府, 『京城社會事業便覽』, 1932, 19쪽 및 『시정연보』(1928년도), 206쪽.

12) 이 문제와 관련하여 다음 글이 참고된다.
    "조선에는 그다지 공업이 발달하지 않았기 때문에 큰 문제는 없습니다. 단지 兼二浦라든가 평양 등의 공업도시와 같은 態樣을 가지고 있습니다만, 아직 공업문제·노동문제 등이 일어날 정도에는 달하지 않았습니다. 그렇다고 해서 장래의 조선을 達觀하면, 금일보다 이 방면에 상당 조사나 연구를 게을리해서는 안된다고 생각합니다만, 당장의 문제는 아니며, ----"[矢島杉造, 「朝鮮社會事業の趨勢」, 『朝鮮社會事業講習會講演錄』(帝國地方行政學會, 1923년 6월), 150-151쪽]

13) 『시정연보』(1926), 198쪽.

그러나 1920년대 중엽 이후 농촌인구의 도시 집중 이외도 대내외적으로 사회경제적 여건이 변화하여 사회정책의 일환으로서 직업소개 사업의 중요성에 대한 인식이 점차 높아지기 시작하였다. 여기서 조선총독부가 정책적 측면에서 인사상담소를 공영의 직업소개소로 전환한 한 계기를 살펴보면 대체로 다음 3가지로 정리할 수 있다.

첫째는 일본에서 실시된 직업소개소 정책의 간접적 영향이라고 할수 있다. 1919년 10월 워싱톤에서 개최된 제1회 국제노동회에서 <失業에 관한 조약안>이 채택되자, 일본은 1921년 4월 8일 이 조약에 대응하는 국내입법인 직업소개소법을 제정 공포하고 동년 7월 1일부터 실행하였다. 또 워싱턴회의 조약안의 규정에 따라 직업소개소의 운영은 어느 경우이든 무료를 원칙으로, 국영을 전제로 우선 '市町村經營'을 本體로 하여 국고에서 보조한다는 원칙을 정하였다. 비록 일본처럼 직업소개소법이 제정된 것은 아니지만, 일본의 직업소개소 운영은 조선의 직업소개 사업에도 새로운 자극을 주었다. 그 결과 "경성부인사상담소는 금번 일본 대도시를 모방하여 조직을 확대하여 경성부립직업소개소로 개칭하고 노동숙박소를 신설하게 되었다."14)

둘째 조선총독부의 공영 직업소개소 정책은 조선인 노동자의 일본으로의 도항을 제한하는 이른바 '도항제한 정책'과도 밀접한 관련이 있다. 식민지 시기 동안 일제는 자신들의 정책적 필요에 따라 조선인 노동자의 일본으로의 이주를 적극 권장하기도 하였고, 필요에 따라서는 이를 엄격히 제한하기도 하였다. 즉 일본 자본주의의 경기순환에 따라 조선인의 도항에 대한 '억제와 허용'을 조정하면서 조선인 노동력을 일본 자본주의의 저변에 동원하는 특유의 민족차별적 취업구조를 형성하였던 것이다.15) 특히 1920년대에 들어 불황하의 일본독점자본이 조선인 노동

---

14) 『조선사회사업』6-10(1928년 10월), 47쪽

15) 1931년 말 현재에 日本在住 조선인은 31만 8200여 명에 이른다. 이들 중 일부 학생을 제외한 대부분은 각종의 노동에 종사하는 자인데, 그 다수는 즉

자의 '移入'에 의해 보다 많은 이윤을 획득할 수 있게 되자, 일제는 1922년 12월 조선총독부령 제153호에 의해 도항제한령을 폐지하고 자유도항제를 공포하였다.16) 이후 조선인 노동자의 도항자수는 격증하여 연간 2~3만으로 증가하였다. 그러나 1920년 후반 들어 불황의 여파로 일본에서도 실업노동자가 늘고, 특히 關門과 京阪 등의 지방에서는 조선인 노동자가 무작정 일본으로 도항하여 이들을 처리하는 데 일제는 곤란을 느끼게 되었다. 이는 '노동자의 보호'나 수급조절상으로도 적당한 일이 아니기 때문에 일제는 무작정 渡航者에 대해서는 되도록 '내지행'을 단념케 할 필요가 있었다.17)

이처럼 일본 안에서의 실업문제가 중대한 사회문제로 등장하자 일제는 조선인의 도항을 제한하기 시작하였다. 1925년 10월부터 부산항에서 '도항저지제'를 실시하였으며, 그 해 다시 '과격사상 선전 취체(取締)에 관한 건'을 발표하여 조선인 도항자를 엄격하게 단속하였다. 이어 1928년 7월에는 조선총독부 경무국에서 각도 경찰부에 '도항 허가 기준'의

철도, 전기, 도로, 하천 등의 토목공사의 인부, 탄갱 광부, 下級船夫, 짐나르는 荷揚人夫와 일용 인부 등의 소위 자유노동자의 부류에 속한다.(<『朝鮮の社會事業』, 1933, 92쪽 참조)

16) 김민영, 『일제의 조선인노동력수탈 연구』, 한울, 1995, 35쪽.

17) "조선인 노동자의 일본 도항의 제한은 大正 10년(1921) 이후이다. 당시 일본 재계 불황 때문에 일반에 다수의 실업자를 낳고, 재일 조선인에게도 그 2할인 2만여명이 실업하여 그 위에 다수 조선인 노동자를 내지로 도항하게 하는 것은 점점 실업자를 증가시켜 일본의 노동문제를 격화시킬 뿐만 아니라 조선인 자체의 행복을 초래하는 所以도 아니기 때문에, 마침 일본에서의 절실한 요청도 있어서 조선인 노동자를 보호한다고 하는 견지에서 동년 10월 이래 일정한 조건을 정하여 취직처가 불확실하고, 漫然 일본으로 도항하려는 노동자를 조선측에서 諭止하기로 결정하고, 이를 실시해 온 것이지만, 그 후 내지 도항자는 여전히 감소하지 않고 오히려 증가하고, 게다가 그 증가에 수반하여 이르는 곳마다 각종 범죄 借家粉議 등의 빈발을 보고, 사회적으로도 상상 우려할 만한 상태를 낳았기 때문에 본 도항제한은 더욱 더 그것이 강화를 요구받을 수밖에 없기에 이르렀던 것이다."[「朝鮮人勞動者の內地渡航取締に付で」, 『朝鮮』제280호(조선총독부, 1938. 9월호), 153쪽]

통첩을 공표하였다.[18) 도항 억제는 이후에도 계속되었는데, 참고로 1930
년대 조선인의 도항 억제 상황을 보면 <표 1>과 같다.

<표 1> 조선인 노동자의 일본 도항 출원 및 저지 인원(1933-1937) (단위 : 명)

구분	1933	1934	1935	1936	1937
출원자수(A)	300,053	294,947	200,656	161,477	130,430
저지인원(B)	169,121	188,600	135,528	87,070	71,559
차이(A-B)	130,932	106,347	65,128	74,407	58,871

자료 : 조선총독부 경무국 편, 『日帝植民地統治秘史 - 일제하 조선의 치안 상
     황』, (김봉우 역, 청아출판사, 1989), 266-267쪽.

그러나 일본내의 경제 사정에 의해 취해진 조선인 노동자의 일본으
로의 도항 제한은 불가피하게 식민지 조선에서의 실업문제를 야기하게
끔 되어 있었다. 그리하여 일제는 도항을 하지 못한 노동자에 대해서는
이를 조선내의 공사장에 사역케 할 방침을 세웠다. 즉 1927년 9월부터
본부 직원을 부산부두에 상주시켜, 본부와 각도와 연락을 취하거나 當
業者에게 교섭하여 취업을 알선토록 하였다. 이처럼 조선총독부는 '도항
제한'에 따른 문제를 해결하는 일환으로 귀환 노동자의 직업소개사업을
강화하게 되었으며, 이에 따라 부산부를 비롯한 전국 각지에 직업소개
사업소를 설치하거나 기존의 사업 기능을 강화하였다.

셋째, 앞서 말한 '도항제한정책'에서 비롯된 노동력의 과잉 현상과는
대조적으로 1920년대 중반부터 식민지 정책에 따른 새로운 노동력의 수
요가 증가하였다. 그 가운데 하나는 1926년부터 시작된 부전강댐 공사
에 필요한 노동력 동원이었다. 당시 조선총독부는 함남의 수력전기 공

---

18) 김민영, 앞 책, 35-36쪽.

사에 필요한 예상 인부 6,000 명 가운데 2,500 명을 도일노동자로 채우
려는 계획을 세우고 있었다.[19] 물론 이러한 계획이 본래 의도대로 순조
롭게 이루어지는 않았다.[20] 북부지역의 노동력 부족은 당시로서 매우
심각한 문제이어서 조선총독부로서는 노동력 수급에 대한 대책을 시급
히 마련하지 않으면 안되게 되었고, 그 해결 방안의 하나가 직업소개소
의 활용이었다.[21]

이처럼 조선총독부는 조선인의 내지 도항을 적극 저지하는 한편 이
들을 북부의 토목공사장으로 동원하려 함으로써 도항 저지에 따른 실업
문제와 북부지역의 노동력 부족 문제를 동시에 해결하려고 하였다. 이
에 따라 1927년 2월부터 취직을 위해 여행하는 노동자의 운임을 할인해
주는 한편, 조선내 노동자의 과부족 상황을 조사하여 각 지방청과 연락
을 취하여 노동소개사업에 착수하고, 府面의 사회단체에 대해서는 직업
소개소의 설치를 종용하였다.[22] 요컨대, 1920년대 후반 들어 실업인구의
증가 및 각종 공사의 확대에 따라 "노무의 수급조절"이 강조되면서 전

---

19) 『동아일보』 1926년 8월 16일자 및 姜在彦編, 『朝鮮における日窒コンツエル
ン』, 1985, 279-280쪽.

20) 강재언편, 앞 책, 280쪽. 또 『동아일보』 1928년 7월 18일자 기사는 함남노동
자의 60%가 물가가 비싸고 임금이 적다는 이유로 '撤歸'하였다고 보도하고
있다.

21) "輓近 조선내의 산미증식계획에 수반하는 수리개간공사 또는 철도, 하천, 도
로, 항만 등의 토목공사의 증가에 의해 노동자의 수요가 격증해야 하는 추
세에 있다. 그런데 조선내의 노동자 수급상황은 원활하지 못하여 어떤 지방
의 경우는 노동자의 부족을 호소하여 만주인 노동자의 사역조차 부득이하게
하고 있다. 또 일방 조선인의 일본 도항자와 만주 이주자는 매년 3만내지 6
만 명을 웃돌기 때문에 필연적으로 노동자 수급조절의 필요를 낳고, 소화 2
년 2월 이래부터 취직 때문에 여행하는 노동자에 대해서는 운임의 할인을
실행하고, 또 조선내의 노동 과부족의 상황을 조사하여 일반 직업소개소와
연락을 취하여 그것이 소개되도록 노력하는 일방, 부산에 직원을 주재시켜
漫然 日本渡航勞動者를 저지하여 朝鮮內勞務需要先으로 소개취직시키는 등
일반노동계급의 생활안정에 그 일단의 노력이 치러지고 있다. (大森頑石編,
『鮮滿發達史』(北鮮及東滿篇), 23-24쪽, 1932)

22) 『시정연보』(1927년도), 205쪽.

문적인 직업소개 기관인 직업소개소의 설치 확대의 필요성이 제기되었던 것이다.

1928년부터 조선총독부는 본부예산에 직업보도비를 편성하는 한편, 각 부에 직업소개소의 설치를 장려하고, 보조금을 지급하였다. 또 그 해 말부터는 府·郡·島에 전임직원을 설치하여 노동자의 수급을 관장하게 하고 이를 총독부 사회과가 통괄하게 하였다. 나아가 조선총독부는 공설직업소개소에 대하여 소개소 건축 공사비의 5할, 소개소 경상비에 대하여 2할의 보조금을 지급하여 그 설치를 장려토록 하는 한편, 종전의 인사상담소의 명칭도 직업소개소로 바꾸어 이를 직업소개기관으로 전문화하였다. 이에 따라 직업소개소의 업무도 직업소개를 중심으로 바뀌었다. 즉, '경성부직업소개소 규정 제2조'에 따르면, 직업소개소는 ①고용인 소개, ② 노동 소개, ③ 주택 소개, ④ 부업 소개, ⑤ 노동자 숙박, ⑥ 기타 일반 인사에 관한 상담 등을 취급하는 전문 직업소개기관으로 전환된 것이다.[23)]

<표 2> 1929-1937년 공설직업소개소에 대한 보조금 지급 상황   (단위 : 円)

연도	1929	1930	1932	1933	1934	1935	1936	1937
보조금	10,990	9,420	5,520	6,460	13,162	7,532	7,752	7,752

자료 : 『조사월보』 각년도.

인사상담소가 직업소개소로 전환되면서, 기존의 사설 직업소개소는 점차 축소되고 官이 주도하는 공설 직업소개소제가 점차 정착되어 갔다. 그리하여 1940년 1월 공설 직업소개소가 국영화되기 전까지 1930년대에는 전국 주요 도시에 8-10개소의 공설 직업소개소가 운영되었다. 반면, 1927년 7개소까지 확대되었던 사설 직업소개소는 점차 폐지되어 1930년대 말에는 2개소 만 남게 되었다.[24)] (<표 3> 참조)

---

23) 『京城社會事業便覽』, 1932, 78쪽.

3. 공설 직업소개소의 기능 강화와 국영화

1920년대 중반부터 본격화된 공설 직업소개소를 통한 직업소개사업은 1930년대 들어 더욱 강화되는 현상을 나타내고, 동시에 그 기능과 성격도 크게 바뀌기 시작한다. 이러한 변화의 계기 가운데 하나는 1930년대 들어 실시된 이른바 '궁민구제공사'였다.[25] 이 사업은 본래 1920년대 '산미증식계획'과 관련하여 실시된 불량 수리조합의 개축과 사방공사 등을 비롯하여, 철도 및 항만 건설에 필요한 토목 공사와 기타 수도 사업, 도시 기반 건설공사 등을 총괄하는 것이었다. 조선총독부는 이러한 공사에 필요한 노동력을 '궁민구제'란 미명 아래 도시의 실업자와 농촌

24) 『시정연보』의 각 연도판을 비교 조사해 보면, 각 연도별 공사설 직업소개소 현황은 1922년-1925년 사영 직업소개소 2개, 1926년 사영 직업소개소 7개, 1927년 공설 5개소(경성 인천 부산 평양 청진) 사설7개소, 1928년 공설 9개소(경성 인천 부산 평양 청진 대구 신의주 함흥 선천) 사설 6개소, 1929년 공설 9개소 사설 4개소, 1930년 공설 9개소 사설 3개소, 1931-1932년 공설 8개소(청진은 없어짐) 1933년 공설 9개소(평양 2개소로 증가) 사설 3개소, 1934년 공설 10개소(군산 추가), 사설 3개소, 1935년 공설 11개소(목포 추가), 사설 3개소, 1936 -7년 공설 11개소 사설 1개소, 1938년 공설 10개소(평양 하나로 통합) 사설 1개소, 1939년 국영 9개소(경성 대전 광주 대구 부산 평양 신의주 함흥 청진) 공립 4개소(인천 군산 목포 선천), 사립 2(경성), 1940-41년 국영 13개소(경성 청주 대전 광주 대구 부산 해주 평양 신의주 춘천 함흥 청진) 공립 4개소(인천 군산 목포 선천) 사립 2개소(경성)의 변화를 보이고 있다.
25) 兪萬兼, 「朝鮮社會事業の槪要」, 『社會事業講習會講演錄』(朝鮮社會事業協會, 1934년 6월), 562-563쪽에 의하면, 1931년 6월 현재, 常時 10인 이상의 노동자를 사역하는 공장은 1,199개소의 노동자 65,374인, 광산 213개소의 노동자 30,093인, 합계 1,412개소 작업장의 노동자 95,467인으로 추산된다. 그런데 궁민구제공사라 하면 이러한 상시 고용 노동자를 제외한 도로, 하천, 수도, 下水, 철도, 항만, 개간 등의 토목공사와 砂防工事, 건축공사 등 궁민의 구제를 목적으로 한 사업을 말하며, 여기에 종사하는 소위 자유노동자가 바로 궁민구제공사의 대상인 것이다. 당시의 총독부의 추산으로는 1931년 6월 현재 시공중의 궁민구제공사의 노동인원은 약 6만여 명이 된다.

의 잉여 인력으로 충당하려 했던 것이다. 그리하여 조선총독부는 1931 년부터 3년에 걸쳐 지방비 기타 공공단체의 사업으로서 총공비 예산 57,726,200圓을 배정하고, 1934년에 다시 제2차 궁민구제사업비 13,300,000원, 1935년에 제3차 궁민구제토목사업으로서 8,000,000원을 배정하였다. 이어 1936년에는 지방진흥토목사업으로서 동 6,000,000원을 투입하여 도로, 하천, 어항, 상수도 및 하수도 등의 토목사업을 시행하였다. 또 이와는 별도로 1932년부터 3년간 총공비 5,972,280원(이 가운데 1,055,800원은 지방비와 面費)로써 하천, 一·二等 도로, '金山道路'와 '林道'의 개수와 국고 보조에 의한 三等 도로 및 지방하천의 개수와 어항 수축 등의 토목사업을 '時局應急施設事業'이라는 이름으로 시행하였다.26) 일제는 이러한 사업들을 시행하면서 府·郡·島에서 알선하는 '地元窮民'을 우선적으로 사역토록 하였으며, '質素儉約의 氣風에 힘쓴다'는 미명 아래 노임의 일부를 강제 저축토록 하였다.27)

그러나 이러한 궁민구제사업은 여러 가지 문제점을 지니고 있었다.28)

---

26) 『시정연보』(1937년도), 398쪽.

27) 『朝鮮の社會事業』, 1933, 101쪽 및 부록 '參考統計表'. 참고로 1931년과 1932 년의 궁민구제사업 내역은 아래의 <표>와 같다.

<표> 1931-1932년 궁민구제사업 내역

1931년				1932년(4월 1부터 12월말까지)			
사역연인원	지불임금	저축인원	저축금액	사역연인원	지불임금	저축인원	저축금액
8,340,441人	4,482,503円	743,969人	258,350円	12,037,799人	6,852,425円	645,711人	387,641円

28) 文定昌, 『軍國日本朝鮮强占三十六年史』(下), 栢文堂, 1965, 121-122쪽에서는 이에 대하여 ① 노임이 적다하여 出役하지 아니하려는 지방민들에게 이른바 窮民證을 교부하여 그 출역을 강요하고, ② 오전 7시부터 오후 7시까지 12 시간의 노동을 강요하면서 지불하는 임금은 이당 8-20전이었으며, ③ 그러한 노임중에서 공제하는 10%의 예금은 대부분 그 행방이 불명되었고, ④ 출역 자들로부터 노임지불에 관한 위임장을 강요하여 노임의 지불을 맡은 자가 그 노임을 분급하지 아니하고 도망하는 등, ⑤ 일본인 관리에서 현장 주임에 이르기까지 업자나 인부와 결탁한 온갖 부정.사기.협잡이 감행되었다고 지적하고 있다.

특히, 부산의 경우만 해도 평균 임금이 12시간 노동에 45-50전으로 턱없이 낮아 궁민들조차 이를 피하였고, 공설 직업소개소에서조차 이들 노동자를 알선하거나 모집하는데 적잖은 어려움이 있었던 것이다.[29] 이러한 문제점에도 불구하고 반강제적으로 시행된 '궁민구제공사'에 동원된 일용노동자는 1933년의 최고 324,166명에 달했다.[30]

한편 1930년대 들어 강화된 직업소개소의 역할의 또 다른 하나는 1934년 4월부터 '노동자이동소개사업'이라는 이름 아래 실시된 이른바 '官斡旋' 방식의 노동력 동원사업이었다.[31] 이는 주로 남부지역의 과잉 노동력을 북부지역의 토목공사장으로 동원하는데 그 중점이 있었다. 이에 대하여 당시 조선총독부의 설명은 다음과 같다.

"최근 西北先 지방에서는 철도, 항만, 水電, 공장, 교량 등 대규모의 공사들이 발흥하여 노동자의 수요가 갑자기 증가하고 있지만, 동 지방은 由來 인구 희박하여 勞力의 부족을 告하는 일이 심한 반면, 南鮮 지방은 인

---

29) "부산부의 거대한 토목공사는 궁민구제사업으로 하루에 인부를 사오백명씩 고용하였다. 이 공사의 평균임금은 12시간 노동에 45-50전으로 턱없이 낮았다. 농촌도 아니고 도회지에서는 이 임금으로는 한 사람의 생활비도 부족함으로 가족을 가진 궁민들은 몇 달 동안 이곳에서 죽도록 노동하나 처자를 먹여 살리지 못하였다. 하는 수 없이 위험지대나 임금이 비싸다는 만주로 많이 가 버리고 공사가 한창인 牧島 채로장에는 노동자가 부족하여 공사에 지장이 여간이 아니었다. 이에 청부업자 측에서는 부산직업소개소에 인부모집을 부탁하였다. 그러나 직업소개소에서도 하는 수 없이 경남도 지방과 내 사회사업협회에 노동자 모집을 의뢰하였다. 도에서는 농촌농민들이 놀고 있는 줄 알고 있으나 임금이 너무나 싸서 폭이 맞지 않는다 하여 거절하였다. 취직난 시대에 일군이 부족하다는 것은 한 기문인 동시에 부산 궁민구제사업에 임금이 너무 싼 것이 여실히 폭로되는 것이다."(『동아일보』 1933년 10월 14일자)

30) 앞 주 26) 참조.

31) 이 시기 노동자이동소개사업의 관알선에 대해서는 廣瀨貞三, 「'官斡旋と土建勞動者' - '道外斡旋'お中心に」, 『朝鮮史研究會論文集』29, 1991를 참조. 이 사업을 통해 남부지역에서 북부 공사장으로 이동된 노동자는 1934~35년 2년간 약 9,300명에 달하였다.(같은 논문, 117쪽)

구 조밀하고 경지가 협소할 뿐만 아니라 連年에 걸쳐 旱水害 때문에 생활 궁핍한 지역을 벗어나지 못하는 바 적지 않음을 감안하여 이를 서북선 방면의 제공사에 돌리는 것이 매우 긴요한 일임을 인정하여 작년 봄 이래 關係道와 연락 제휴한 위에 남선 과잉노동자의 이동소개를 실시하여 왔다. 본년에도 약 3,300여명을 滿浦線 철도공사 羅津 매립공사 및 古茂山 세멘트 건설공사 등으로 이동 赴役케하여 조선내의 노동력 수급의 조절에 이바지했을 뿐만 아니라 이에 의해 저들 궁민에게 생업을 주고 다시 삶의 길에 들게 하였으며, 위 사업은 금후 계속 실시할 예정이다."[32]

이처럼 노동자 이동소개사업은 조선총독부 사회과의 총괄 하에 관계도(道)가 중심이 되어 노동자을 모집 동원하는 전국적인 사업으로, 府面에서는 道의 지시에 따라 필요한 노동력을 동원하였다. 다만, 직업소개소가 설치되었던 곳에서는 직업소개소가 그 업무를 대신하였다. 이 점에 대하여 동아일보는 1937년의 노동자 이동소개사업과 관련하여 다음과 같이 설명하고 있다.

"조선 미증유의 대예산(豫算)을 소화함에 요하는 금년도 노동자 총수는 6만5천인에 달하는데 총독부 내무국에서는 그 수급(需給) 원활을 도하기 위하여 제일차로 금년 3월부터 4월까지에 1만2천명을 북조선지방에 수송하고 제2차로 다시 3천명을 수송하기로 되엇든 바 앞으로 치산치수(治山治水)를 비롯하야 중앙선(中央線) 각종 공장 신설 등으로 노동자 수요가 점점 늘어갈 것은 사실이므로 전조선내에 공설(公設) 10개소, 사설(私設) 3개소의 직업소개소(職業紹介所)에 대하야 노동자 알선을 전문하는 노동자소개부(勞動者紹介部)를 설치하야써 적극적으로 알선사무를 담당하기로 하엿다 한다."[33]

이제 직업소개소의 기능은 단순한 실업구제나 직업소개의 차원을 넘

---

32) 朝鮮社會事業協會, 『同胞愛』(14권 8월호), 1936, 56쪽 '昭和10年中 職業紹介取扱成績'.
33) 『동아일보』 1937년 6월 9일자.

어 적극적인 노동력의 수급 조절과 동원이 더 큰 의미를 지니게 되었다. 즉, 본래는 '職'을 구하는 사람과 '人'을 구하는 사람사이에서 상호의 희망조건을 비교 고려하여 適材를 適所에 소개하는 것을 목적으로 출발한 구제사업의 성격을 띤 공기관이었던 직업소개소는 '경제조직의 발달에 따라 점차 그 성질이 변화하여' 그 主旨가 '노무의 수급조절'로 바뀌게 된 것이다.[34)

> "현재의 직업소개사업은 반드시 실업대책의 하나로 인정하기 어렵다. 이는 앞에서도 말했지만 원래 공영의 직업소개소는 노동의 수급조절을 목적으로 노동시장의 조직통제를 계획하며, 임시노동자를 상용화하고, 중간착취기관의 철폐를 목적하였다.(중략) 직업소개기관의 감독 조직 등에 관해서는 여러 의논이 있지만 요체는 실제 노동력의 수급을 장악하는 소개소의 지위를 확립하는 일이 무엇보다 우선이다."[35)

실업구제가 목적이었던 직업소개소는 이를테면, ① 사회문제로서 중대한 실업문제대책으로서의 항구적 시설로서의 기능, ② 이른바 노동의 수요공급의 조절과 숙련노동자의 관리, ③ 학교교육과 협조하여 이루어지는 직업지도 등으로 그 기능이 확대되었다.[36) 또 노동력 수급 조절기관으로서의 직업소개소의 중요성이 제기되자, 비록 실현되지는 않았지만 조선총독부 안에서는 이를 전국적 규모로 확대하려는 시도까지 나오게 되었다.[37)

---

34) 京城府社會課, 『京城社會事業要覽』(1934년 3월), 24-25쪽.
35) 安井誠一郎, 『社會問題と社會事業』, 1932, 220-221쪽.
36) 朝鮮社會事業協會, 『社會事業講習會講演錄』(1934, 6월), 150쪽 '大阪地方職業紹介所事務局長 遊佐敏彦, 「失業問題」'.
37) 이에 관하여 『동아일보』 1935년 10월 11일자는 '직업소개소를 확대강화, 2백개소 증설계획'이라는 題下에 다음과 같이 보도하고 있다.
   "총독부 사회과에서는 실업자들의 보호사업의 하나로 직업소개소(職業紹介所)의 확대강화를 계획중이라 한다.---- (일본에서는 ; 필자) 중앙에 직업소개사무국을 중심으로 대판(大阪), 청삼(靑?), 명고옥(名古屋), 복강(福岡), 강산

1940년대 들어 조선총독부의 직업소개소 운영에 또 하나의 중대한 변화가 일어나는데, 그것은 관련 법규의 제정 및 정비와 직업소개소의 기능 강화에 따라 공설 직업소개소를 전시체제하 노동력 동원을 위한 국가 기관으로 전환하는 것이었다. 이에 따라 조선총독부는 기존의 공설 직업소개소를 국영화하고 국영 직업소개소를 증설 확대하였다. 직업소개소 운영의 변화가 나타나게 된 중요한 계기는 1937년 중일전쟁의 발발 때문이었다. 일제는 1931년 만주사변과 1937년의 중일전쟁을 거치면서 군수공업 등의 발흥에 따른 방대한 노동력 수요를 원활하고 신속히 감당하고 이를 적절히 공급하기 위해 종래의 공설 직업소개소의 결함을 보완할 필요가 생겼기 때문이다. 즉, 토목사업과 전기사업을 축으로 하는 조선북부 '공업화' 정책에 조응하여 남부 농민을 어떻게 충당해 가느냐가 1920년대와 1930년대의 노동력정책의 주요 과제였다고 한다면, 중일전쟁 이후에는 전쟁 발발과 '국방의 충실'(朝鮮內 군사공업의 증강과 광업의 발전)에 수반하는 광공업부문으로 남성노동력을 집중시킬 필요가 있었고 그에 따라 국가권력에 의한 조선인 노동력의 통할과 장악이 요구되었던 것이다.[38]

조선총독부는 1940년 1월 20일 '조선직업소개령' 및 '동시행규칙'를 공포하여 전시정책 목표에 맞게 직업소개소의 노동력 공급 동원 기능을 대폭 확대하고 그에 대한 법적 근거를 마련하였다. 조선직업소개령의 제정은 전시체제하의 노무수급의 조정과 노동력 동원을 그 목적으로 한 것으로 그 요지는 (1) 직업소개사업은 정부에서 이를 관장하기로 한 것,

---

(岡山), 장야(長野) 등 6개소의 직업소개소 지방사무국과 그의 소속된 직업소개소 등 7백여개소가 설치되어 충분한 연락을 취하야 최대 최선의 기능을 발휘하고 잇다. 그러나 조선은 경성부의 빈약한 직업소개소와 13개소외 불과하고 그나마 직업소개법에 의한 조직이 아니기 때문에 활동력 또는 주선력이 빈약하다는 것이다. 그리하야 아즉 구체적 법의 입안은 없으나 어쩨든 전조선 13도에 일본 내지의 직업소개류의 직업소개소를 14-5개소씩 설치하야 적어도 2백개소를 증설치 안흐면 아니되겟다는 것이다."

38) 小林英夫, 『'大東亞共榮圈'의 形成과 崩壞』, 御茶の水書房, 276쪽.

(2) 직업소개사업은 총독부 스스로 이를 행하기로 한 것. (3) 직업소개사
업의 일부는 府·邑·面에서도 이를 행할 수 있도록 한 것, (3) 직업소개
사업의 일부는 국가의 방침에 순응하는 한 私人에게도 허가하여 이를
행할수 있도록 한 것. (5) 노무공급사업을 새로 허가제로 한 것. (6)노무
자의 모집행위에 대해 모두 허가제를 취하도록 한 것. (7) 직업소개소를
통해 사변으로 인하여 생기는 이직자의 취직, 귀환 또는 상이군인 등의
취직 알선에 대해서도 그 원활을 기할수 있도록 한 것 등이었다.[39] 그
리하여 직업소개소의 존재는 "종래와 같은 사회정책적 시설의 면모를
일신하여, 군수노무를 필두로 생산력 확충계획, 산업노무요원 등의 충
족, 사변의 영향으로 인한 轉失業者와 傷痍軍人 등의 취직 알선 등 국
가적 목적 수행상 노무통제기관적인 사명을 띠기에 이르렀다."[40] 이제
직업소개소는 실업구제기관의 의미는 완전히 사라지고 조선인 노동자의
군사적 재편·배치의 중요한 기구로 바뀌었다.[41] 동시에 중일전쟁 이후
일본 국내 군사산업의 비약적 확대로 인하여 일본 국내에서도 불숙련노
동자의 부족 현상이 나타나자, 일제는 1930대 전반까지의 '조선인의 대
일도항저지정책'을 수정하여 다시 조선인노동자의 대일도입책을 추구하
기 시작하였다.[42]

조선총독부는 직업소개령의 공포와 함께 직업소개소의 국영화를 추진
하였다.[43] 첫 해인 1940년에는 '예산 기타의 관계 등으로 해서' 기존의

39) 『조선사회사업』18-2호(1940년 2월), 2-3쪽.
40) 『시정연보』(1939년도), 219쪽.
41) 小林英夫, 앞 책, 279쪽.
42) 이미 부분적으로는 석탄업계에서 1937년말부터 재일조선인의 강제취업이
    전개되었지만, 정책으로서 조선인 노동자를 일본국내로 적극적으로 '이송'하
    는 계획이 수립된 것은 1939년 7월의 내무 후생 양 차관의 依命通牒 '朝鮮
    人勞務者內地移住に關する件'이었다.(小林英夫, 앞 책, 280-281쪽).
43) 직업소개소의 국영화는 일본에서 먼저 추진되었다. 일본은 전쟁에 필요한
    군수 노무의 원활한 확보를 위하여 1938년부터 기존의 府營 직업소개소를
    국영으로 전화시키는 사업을 시도하여 1938 4월 <改正職業紹介法>을 공포

공설 직업소개소 가운데 우선 경성 등 6개소의 직업소개소를 국영화하
였다. 이듬해인 1941년에는 이를 9개소로 신설 확대하고, 다시 1942년에
이르러, 경성, 청주, 대전, 전주, 광주, 대구, 부산, 해주, 평양, 신의주,
춘천, 함흥, 청진 등 전국 13개 도청소재지에 국영직업소개소 13개소를
설치하였다. 이리하여 전국의 직업소개소는 국영 이외의 인천, 군산, 목
포, 선천의 각 부읍에 공립 4개소, 경성에 사립 2개소의 직업소개소를
포함아여 19개소로 확대되었다.[44]

　일본의 노무동원계획에 대응하는 조선내의 근본법규의 제정과 직업소
개기관의 국영화가 일단락 되면서, 종래에는 주로 관내의 직업소개에
머물던 직업소개의 업무가 취직자를 관내외는 물론 서북지방의 이른바
시국산업부문에 '산업전사'로 파견하는 업무를 적극적으로 떠맡게 되었
다. 직업소개소가 본격적으로 노동력을 통제하고 동원하는 국가기관으
로 바뀌었다.[45] 경성직업소개소의 경우는 노동인력의 소개와 동원을 위
한 예비 작업으로 국영화와 동시에 '관내 사업노동사정조사'라 하여 경
성부 관내의 노동력 실태에 대한 광범위한 조사를 시행하였다. 이러한
조사와 정보 수집 활동은 노동력의 효율적 동원을 위한 사전작업으로
국영직업소개소의 중요한 업무중 하나였다.[46] '朝鮮職業紹介令'이 공포
됨에 따라 '직업소개소'의 '직업소개 사업·노동력공급 사업·노동자 모
집' 등의 사무가 인가 또는 허가제로 바뀌었다. 그와 함께 국영 직업소
개소 안에 소년부, 여자부, 청(장)년부 등 3부를 설치하여 전임자를 두
는 등 그 업무도 더욱 전문화되었다.[47] 이제 직업소개소는 단순한 '직

하여 7월 1일부터 종전의 소개소를 국영직업소개소체제로 개편하였다. (京城
　府,『京城職業紹介所所報』(特輯號), 1940년 12월, 3쪽.
44)『시정연보』(1941년도), 182쪽.
45)『경성직업소개소소보』(특집호), 1940년 12월, 4쪽.
46) 위 책 참조.
47)『매일신보』1939년 12월 12일자 및 곽건홍,「일제하 조선의 전시 노동정책
　연구」(고려대학교 박사학위 논문), 1999, 132쪽 참조.

업소개' 기능에서 벗어나 조선 노동자를 북부 지역과 일본 등으로 동원
·배치하는 말단 노동력 동원 기관으로 성격을 전환하여 조선 내 군수공
장, 광산, 각종 공사장, 그리고 일본, 사할린, 남양군도 등으로 노동력을
동원하는 첨병 구실을 하게 되었다.

직업소개소의 국영화와 '직업소개령'의 실시는 한편으로 전시동원체
제의 강화를 의미하였다. 이에 따라 직업소개소는 국가가 관장하고, 국
가의 목적에 따라 조선인을 동원하는 중심기구로 발전하였다. 이는 직
업소개소의 완성이라는 측면도 내포되어 있지만, 더욱 중요한 것은 소
개를 가장한 징용 등 강제동원의 예비적 단계라는 데 있었다. 그것은
결과적으로 사회정책의 파탄과 사회사업으로서 애초에 설정된 직업소개
목적의 상실을 의미하였다. 그 결과 직업소개소의 존재 의의도 사라지
고 말았다.

전시체제하에서 직업소개소를 통한 노동력 동원체제의 정비는 일정한
한계가 있었다. 국영 직업소개소는 전국 13개 주요 도시에 한정되어 설
치된 것이고 실제 농촌지역에서의 노동력의 모집과 동원은 여전히 읍·
면의 행정기관을 통해서 이루어졌기 때문이다. 조선총독부는 1943년 12
월 8일 '생산증강노무강화대책요강'48)을 발표하여 노동력 동원을 강화
하는 새로운 노무대책을 수립하였다. 같은 달 19일에는 조선총독부 기
구를 고쳐 종래의 총무, 사정, 식산, 농림, 철도 및 전매의 6국을 폐지하
고, 광공, 교통, 농상의 3국을 신설하였다.49) 이와 함께 직업소개소를 폐
지하고 그 사무를 府·郡으로 이관할 것을 결정하고, 이후 1944년에는
징용을 실시하기에 이르렀다.50) 이는 전시 동원만을 목적으로 한 국영
직업소개소의 설치가 오히려 행정의 이원화를 초래했을 뿐만 아니라,
노동자를 강제 징용하는 마당에 직업소개소는 더 이상 쓸모 없는 기관

---

48) 朝鮮殖産銀行 調査部編, 『殖銀調査月報』제67호(1943년 12월), 89쪽.
49) 위 책, 90쪽.
50) 위 책, 28쪽.

이 되어 버렸기 때문인 것으로 판단된다.

다른 한편으로, 일제는 또 1941년 6월 28일 조선총독부 노무과 안에 <朝鮮勞務協會>를 설립하여, 직업소개소와의 긴밀한 연관하에 노동력에 대한 통제를 강화하였다. 조선노무협회는 도에 지부를, 부·군·도 또는 직업소개소에는 분회를 두었으며, 이를 각각 道廳, 府·郡·島廳과 직업소개소 안에 설치했다.[51] 이리하여 '직업소개소'의 국영화, '조선노무협회'의 조직, 조선총독부 勞務課와 道 노무과, '경제경찰'의 설치를 바탕으로 하는 노동통제 조직의 정비가 이루어졌다. 여기서 조선총독부 노동행정 기구는 노동통제 사무를 기획·조정하고, 통할하는 역할을 맡았으며, '직업소개소'는 노동력 동원과 배치, '조선노무협회'는 주로 노동자 '鍊成'을 담당하고, 경제경찰에서는 직접적인 노동통제 위반 사항을 적발하고, 생산현장의 노동통제까지도 담당했다.[52]

<표 3> 1939년 직업소개소 설치 현황

직업소개소별	소재지	경영주체	직원수	개설년월일	비고
경성부직업소개소	서울	경성부	17(1)	1922.8.1	
화광교원직업소개소	서울	화광교원재단법인	5(2)	1921.12.1	사립
경성구호회직업소개소	서울	경성구호회	4	1913.7.1	사립
인천부직업소개소	인천	인천부	2	1932.1.9	
군산부직업소개소	군산	군산부	3(1)	1935.8.1	
목포부직업소개소	목포	목포부	2	1936.6.1	
대구부직업소개소	대구	대구부	6(1)	1928.5.1	
부산부직업소개소	부산	부산부	13	1923.8.4	
평양부직업소개소	평양	평양부	9	1922.4.1	

51) 노무협회의 지부에는 지부장을 두고 도지사를 임명했고, 부지부장은 내무부장·경찰부장 등 2명을 두었으며 이사와 감사 약간 명이 있었다. 분회장은 직업소개소장 또는 부윤·군수·도사가 담당했다. 분회의 고문은 경찰서장 - 직업소개소장이 분회장인 분회에는 부윤을 추가-을 임명했다.(곽건홍, 앞 논문, 133-4쪽)

52) 곽건홍, 앞 논문, 137쪽 참조.

신의주부직업소개소	신의주	신의주부	3(1)	1928.12.1
선천읍직업소개소	선천	선천읍	1(1)	1939.3.20
함흥부직업소개소	함흥	함흥부	4	1930.10.1

자료 : 『조선총독부조사월보』 1940년 2월호, 68쪽.

Ⅲ. 직업소개소를 통한 노동력의 수급과 동원

1. 직업소개 사업의 시기별 추이

(1) 1926-1930년

일제시기 직업소개소의 직업소개 활동은 크게 일용소개와 일반소개로 나누어진다. 여기서 일용소개란 일용 임시노동자의 소개사업을 말하고, 일반소개는 일용소개를 제외한 일반 직업의 상용노동자에 대한 소개사업을 말한다. 일반소개의 경우 그 직업상의 분류는 뒤의 <표 5> 등에 나타난 바와 같다. 직업소개소의 활동은 사람을 구하는 구인, 직업을 구하는 구직, 이들을 소개 알선하여 취업시키는 취직 등 3단계의 활동으로 구분될 수 있기 때문에, 각 직종과 관련된 구인수(구인대상자수), 구직자수, 취직자수를 중심으로 그 성격을 분석할 수 있다.

먼저 직업의 성격에 따라 각 연도별로 직업소개소를 비롯한 전국의 직업소개사업의 성적을 정리해 보면 <표 4>와 같다.[53]

<표 4> 전국 직업소개사업의 연도별 성적(1926-1930)   (단위 : 명,%)

구분 \ 년도	1926	1927	1928	1929	1930	비 고
구인수 일용		6,080	9,272	13,768	7,511	

---

53) 『조사월보』(1930년 4월), 75쪽 '公私別—般紹介成績'

	일반		8,224	10,026	11,329	16,326
	계	6,738	14,304	19,299	25,097	23,837
구직자수	일용		8,013	5,815	13,180	8,353
	일반		19,356	17,091	20,973	28,816
	계	13,575	27,365	22,906	34,153	37,169
취직자수	일용		4,362	4,963	11,587	6,652
	일반		5,449	5,101	6,330	9,293
	계	5,593	9,811	10,063	17,917	15,945
취직률	일용		54	85	87	80
(%)	일반		35	30	30	32
	계	41	36	44	52	43

자료 : 『조선사회사업』(각년도)
주 : 취직률은 구직자수에 대한 취직자수의 비율을 말함(이하 같음)

<표 4>에 의하면, 매년 구직자수가 구인수를 초과하고 있다. 이는 노동력의 공급이 수요를 초과함을 의미하는데, 각 연도별로 구인수에 대한 구직자수의 비는 1926년 201.5%, 1927년 191.3%, 1928년 118.7%, 1929년 136.1% 1930녀 155.9%의 수준을 나타낸다. 전체적으로 구인수에서나 구직자수에서 일용소개보다는 일반소개의 비중이 높고, 특히 구직자의 경우는 일반소개가 압도적으로 많다. 다만 구인수에 있어서는 1929년의 경우는 예외적으로 일용소개가 많다. 실제 취직자수에 있어서는 상대적으로 일용소개의 취직률이 훨씬 높아 1926년 54%, 그리고 그 이후는 80%의 취직률을 보이고 있다. 반면, 일반소개의 경우는 매년 30%대의 낮은 취직률을 보이고 있어 당시의 심각한 취업난을 반영하고 있다. 그 만큼 일반소개의 경우 노동력 수급상의 불균형이 컸던 반면, 일용소개의 경우는 비교적 노동력의 수급이 원활했음을 보여준다.

<표 5> 1929-1930년 전국 직업소개사업 직업별 성적   (단위 : 명, %)

		구인수	구직수	취직자수	취직율
광공업	1929	582	1,432	381	27%
	1930	839	2,168	476	23%
토목	1929	375	717	247	34
건축	1930	575	905	385	43
상업	1929	3,240	6,499	1,940	30
	1930	4,732	11,137	2,911	27
농림업	1929	151	172	110	64
	1930	213	236	144	61
통신	1929	94	389	52	13
운수	1930	159	582	4,392	47
호내	1929	5,734	8,873	2,994	36
사용인	1930	8,123	9,381	4,392	47
잡업	1929	1,153	3,391	606	18
	1930	1,685	4,407	881	20
계	1929	11,329	20,973	6,330	30
	1930	16,326	28,816	9,293	32

자료 : 『조사월보』(1931년도 및 1932년도).

또 <표 5>에서와 같이 1929년과 1930년의 직업별 직업소개 상황을 보면, 취급건수는 戶內使用人[54]이 가장 많고, 상업이 그 다음이다. 나머지는 잡업을 제외하고는 전체적 비중이 10% 내외에 불과하다. 특히 광

---

54) 호내사용인은 문자 그대로 일반 가정에서 고용하는 노동 인력을 총칭하는 의미를 지니지만, 이들의 대다수는 이른바 '오모니', '어멈', '식모'로 불리우는 가정부이다. 그리고 이들을 찾는 고용주들이 대부분 일본인이었다는 것은 다음의 신문 기사로도 알 수 있다.

"지난 9월중의 경성부 직업소개소의 소개성적을 보면 구인수(求人數)는 조선인 630인, 일본인 72인에 대하야 구직자(求職者)는 조선인 983인 일본인 148인의 다수에 달한 중 소개로 말미암아 취직된 수효는 조선인 833인 일본인 42인이다. 취직자를 종별로 보면 일본인은 대개 상뎜 뎜원이나 조선인은 최다수가 소위 호내사용인(戶內使用人)이라는 일본집 「오모니」로 들어가는 녀자로 구직자 수효도 조선인 구직자 거의 전부인 510명이오 취직자의 대다수를 차지한 230명에 달하야 이것만은 취직난이 다른 직업에 비교하야 가장 완화되엇다고 할 수 잇다."(『동아일보』 1929년 10월 9일자)

공업의 경우도 두 해 모두 5.1%에 불과한 낮은 비중을 차지하고 있다. 취직률은 농림업이 가장 높으나, 취급건수가 극히 낮기 때문에 큰 의미를 지니지는 못한다. 이 점을 고려하면, 취직률에서도 호내사용인이 각 연도별로 36%, 47%로 전체 평균 취직율 30%, 32%보다 크게 높은 편이다. 이처럼 호내사용인과 상업의 취급건수가 많은 것은 농촌으로부터 도시로의 인구 집중이 크게 증가한 반면, 이들을 수용할 수 있는 공업 및 기타 산업 기반은 매우 취약했던 사실을 반영하는 것이다.

직업소개사업은 직업소개소별로도 큰 차이를 보이고 있는데, 그 한 예로 1930년도의 직업소개소별 직업소개 성적을 살펴보면 <표 6>과 같다.

<표 6> 1930년 직업소개소별 일반소개사업 성적   (단위 : 명,%)

	구인수(%)	구직자수(%)	취직자수(%)	비고
경성부직업소개소	10,027(61.4)	14,448(50.1)	5,417(58.3)	
대구부직업소개소	180(1.1)	1,395(4.8)	90(1.0)	
부산부직업소개소	1,831(11.2)	3,801(13.2)	991(10.7)	
평양부직업소개소	800(4.9)	1,378(4.8)	371(4.0)	
신의주부직업소개소	411(2.5)	1,111(3.9)	385(4.1)	
선천면직업소개소	30(0.2)	53(0.2)	26(0.3)	
함흥부직업소개소	819(5.0)	1,614(5.6)	426(4.6)	
청진부인사상담소	12(0.1)	12(0.0)	1(0.0)	
경찰서내 인사상담소	314(1.9)	404(1.4)	155(1.7)	전국 총12소
화광교원직업소개소	871(5.3)	2,252(7.8)	846(9.1)	
경성구호회직업소개소	9(0.1)	9(0.0)	9(0.0)	
인천기독청년회직업소개소	95(0.6)	191(0.7)	28(0.3)	
부산노동공제회	837(5.1)	2,063(7.2)	463(5.0)	
조선총독부 사회과	90(0.6)	85(0.3)	85(0.9)	
합 계	16,326(100)	28,816(100)	9,293(100)	

자료 : 『조선사회사업』9-4(1931년 4월), 71-72쪽.

<표 6>에서 알 수 있듯이 직업소개소의 일반소개사업은 주로 서울과 부산 등 대도시에 집중되어 있었다. 특히 서울 소재의 경성부직업소개

소 경우만 전국 구직자의 약 50%를 차지하고 있으며, 사설기관인 경성
구호회직업소개소와 화광교원직업소개소의 구직자까지 합하면, 약 58%
의 구직자가 서울 소재 직업소개소로 몰린 셈이 된다. 이는 1920년대
농촌의 과잉 인구가 서울과 부산 등 일부 도시로 집중되고 있던 사실을
나타내며, 전국적으로 이들 과잉 인구를 수용할 수 있는 산업 기반의
형성이 지극히 미약했음을 반영하는 것이라고 할 수 있다.[55] 즉, 이 점
에서 '직업소개사업'그 자체는 도시화 및 공업화의 수준과 밀접한 관련
을 갖는다고 할 수 있다.

<표 7> 일반소개 사업의 민족별 성적(1929-1930)   (단위 : 명,%)

	구인수			구직자수			취직자수			취직률		
	조	일	계	조	일	계	조	일	계	조	일	계

55) 이를 1938년의 상황과 비교하려면 아래 표를 참고할 수 있다.

<표> 1938년 직업소개소별 일반소개 성적   (단위 : 명,%)

구별	구인수(%)	구직자수(%)	취직자수(%)
경성부	21,476(47.4)	18,607(38.4)	11,294(41.8)
화광원	5,924	4,477	3,924
경성구호회	123	123	123
인천부	1,795	1,845	1,166
군산부	1,056	1,775	878
목포부	806	2,945	746
대구부	1,436	2,596	942
부산부	5,578	8,158	2,998
평양부	2,838	3,322	2,259
신의주부	1,644	1,935	1,208
선천읍	422	412	412
함흥부	2,159	2,212	1,061
합계	45,301	48,407	27,014

『조사월보』12-2호(1940년 2월),70-71쪽.

1929	9,318	2,011	11,329	17,430	3,543	20,973	5,472	859	6,330	31	24	30
1930	12,844	3,482	16,326	22,854	5,962	28,816	7,856	1,437	9,293	34	24	32

자료 : <표 5>와 같음.

일반소개사업의 민족별 취급건수는 <표 7>에서도 알 수 있듯이 압도적으로 조선인의 비율이 높다. 취직자수를 기준으로 보면, 이 경우 조선인의 비중은 1929년 86.4%, 1930년 84.5%를 나타낸다.[56] 다만, 직종별로 보면 상업 등에서 일본인 취업 비중이 상대적으로 높지만, 호내사용인 등에서는 조선인의 취업 비중이 높다.[57]

<표 8> 일반소개 사업의 남녀별 성적(1929-1930)   (단위 : 명,%)

	구인수			구직자수			취직자수			취직률(%)		
	남	여	계	남	여	계	남	여	계	남	여	계
1929	5,816	5,513	11,329	13,357	7,616	20,973	3,409	2,921	6,330	31	24	30
1930	8,702	7,624	16,326	20,808	8,008	28,816	5,085	4,208	9,293	34	24	32

자료 : <표 5>와 같음.

다음 남녀별 일반소개의 취급건수를 살펴보자. <표 8>를 보면, 1929년과 1930년 전체 취급건수 가운데 여자가 차지하는 비율은 취직자수를 기준으로 각각 46.1%, 45.3%로 여성 노동자의 취직자수가 남성 노동자의 취직자수에 비해 그 비중이 낮으나, 큰 차이를 보인다고는 말할 수 없다.[58] 이처럼 취직자수에 있어서 여성 노동자의 비중이 높은 것은 전

---

56) 이러한 현상은 일용소개의 경우는 더욱 두드러진다. 예컨대 같은 자료에서 1929년 조선인 취직자수는 11,587명인데 비해 일본인 616명에 불과하여 이를 구분하여 분석하는 것이 거의 의미가 없다. 일용노동은 주로 조선인의 몫이었기 때문에 그렇다.

57) 『조사월보』(각년도)의 직업소개소 성적 및 주 54) 참조.

58) 일반소개와는 달리 식민지 시기 전 시기를 통해 일용노동에서 여성 노동력이 차지하는 비중은 극히 미미하다. 1929년의 경우 소개사업을 통한 취직한

체 직업소개 가운데 가장 큰 비중을 차지하는 호내사용인에 주로 여자
가 고용되기 때문인 것으로 생각된다.

2. 1931년 이후 직업소개소의 성적

<표 9> 직업소개사업의 연도별 성적(1931-1938)   (단위 : 명,%)

연도별	구인수		구직자수		취직자수		취직률	
	일용소개	일반소개	일용소개	일반소개	일용소개	일반소개	일용소개	일반소개
1931	49,553	18,140	53,901	36,002	49,376		11,353	
	91.6	31.5						
1932	186,757	22,129	194,737	43,103	186,314		14,085	
	95.6	32.7						
1933	325,447	27,339	328,478	46,037	324,166		16,938	
	98.7	36.8						
1934	177,668	33,505	180,493	47,751	177,581		19,341	
	98.4	40.5						
1935	22,096	30,364	23,040	41,834	21,689		18,797	
	94.1	44.9						
1936	15,438	33,130	16,628	44,771	15,316		19,170	
	92.1	42.8						
1937	21,433	40,397	22,142	54,430	20,660		24,984	
	93.3	45.9						
1938	110,235	45,301	111,350	48,407	110,175		27,014	
	98.9	55.8						
1939	145,316	47,054	146,664	48,333	145,316		27,768	
	99.1	57.5						
1940	19,410	53,702	19,410	52,141	19,372		27,658	
	99.8	53.0						
1941	12,961	63,191	11,792	62,523	11,792		34,772	
	100	52.4						
1942	9,995	79,119	9,995	88,417	9,995		54,375	
	100	61.5						

자료 : 『조사월보』 및 『조선총독부통계연보』 각년도.

　　먼저, <표 9>에서 1930년대 들어서 직업소개소의 취급건수가 계속해
서 크게 늘어나고 있음을 알 수 있다. 일용소개는 물론 일반소개도 꾸
준히 증가하고 있으며, 특히 1937년 이후 일반소개의 취급건수가 큰 폭

　　일용노동자 11,587명 가운데 여성은 26명에 불과하다.[『조사월보』2-4호(1930
년 4월), 72쪽)

으로 늘어나고 있다.

일용소개는 각 연도별로 차이가 심해 일률적으로 이야기할 수 없으나, 1931-1934년 기간과 1938-1939년 기간에 대규모로 취급되고 있다. 이는 주로 이른바 궁민구제사업을 통한 각종 공사에 노동력 수요가 증가했기 때문이다.[59] 1935년 이후 일시적으로 일용소개가 격감하고 있는데, 『조사월보』10-1호(1939년 1월)에 따르면, 이는 주로 함흥부직업소개소에 있어서의 일용취급건수의 격감에 원인이 있다고 한다.[60] 이는 이 시기 함흥 일대의 대규모 토목공사가 일단락된 데 따른 것으로 추정된다.

여기서 주목되는 것은 일용소개의 경우는 구인수와 구직자수가 거의 일치하며, 아울러 취직율 또한 100%에 가깝거나 100%를 이루고 있다는 점이다. 이는 일용소개가 실제로는 직업소개소의 직접 모집을 통해 이루어진 것임을 강력히 시사하는 대목이다.[61]

---

59) 1938년의 궁민구제공사와 관련해서는 다음 기록이 또한 참고된다.
　　"다음 全鮮職業紹介所에서 톱을 끊은 일용노동자공급사업은 개시한지 날이 얼마되지 않았음에도 불구하고 昭和 12년(1937년)부터 昭和 13년(1938년) 5월말까지의 斡旋人夫數 실로 30,201 명이라는 숫자를 보이고, 하급노동자가 받고 있는 이익은 막대한 금액에 미치어, 소개소에 나타나는 이용자로부터 검토하여도 종전에는 여하튼 소개소의 이용은 자기의 면목을 잃는 것 같은 의혹이 있었지만, 현재는 구직자측에서도 중등 이상의 학교출신자, 각종기술자 등의 이용도 늘고, 따라서 취직 또한 그에 정비례로 향상해 오는 것이 기쁘기 그지없다. 더하여 昭和 13년도에 촉탁 2명, 고원 1명을 증원하여 제대병의 취직 斡旋 사무를 취급하기로 하였다."(平壤府, 『平壤府勢一斑』, 1938, 47쪽)
60) 『조사월보』10-1호(1939년 1월), 25쪽.
61) 이 시기 일용소개 사업이 모집을 통해 이루어졌다는 사실은 1932-1935년 기간 부산부 직업소개소의 일용소개 성적을 통해서도 알수 있다. 이 경우 취직자수는 구인수에 완전히 일치하며, 취직율 또한 97% 이상 거의 100%에 가깝다.

　　<표> 1932-1935년 부산부직업소개소 일용소개 성적　　(단위 : 명,%)

<표 10> 1931-1938년 전국 직업소개사업 직업별 성적   (단위 : 명,%)

연도	구분	공·광업	토목·건축	상업	농림업	수산업	통신·운수	호내사용인	잡업	계
1931	구인수	577	622	4,841	72	-	435	9,818	1,775	18,140
	구직자수	2,237	1,386	12,055	202	-	1,202	13,210	5,710	36,002
	취직자수	316	420	3,010	38	-	307	6,195	1,067	11,353
	취직률	14.1	30.3	25.0	18.8	-	25.5	46.9	18.7	31.5
1932	구인수	1,411	581	5,558	77	-	332	11,990	2,180	22,129
	구직자수	3,157	1,655	12,747	321	-	1,926	17,099	6,196	43,103
	취직자수	1,003	473	3,503	45	-	192	7,629	1,240	14,085
	취직률	31.8	28.5	27.5	14.0	-	10.0	44.6	20.0	32.7
1933	구인수	1,213	595	6,352	104	539	14,795	3,741		27,339
	구직자수	2,931	1,425	13,605	263	-	1,575	18,898	7,340	46,037
	취직자수	657	284	3,818	58	-	259	9,424	2,438	16,938
	취직률	22.4	19.9	28.1	22.1	-	16.4	49.9	33.2	36.8
1934	구인수	4,195	705	7,087	148	-	698	16,864	3,818	33,505
	구직자수	5,515	1,276	13,874	268	-	1,529	19,039	6,254	47,754
	취직자수	1,650	319	4,332	66	-	325	10,357	2,292	19,341
	취직률	30.0	25.0	31.2	24.6	-	21.3	54.4	36.6	40.5
1935	구인수	2,212	506	6,362	186	890	423	16,435	3,380	30,384
	구직자수	4,357	785	11,718	324	930	962	1,236	5,521	41,833
	취직자수	1,237	334	4,222	124	835	256	9,955	1,834	18,797
	취직률	28.4	42.5	36.0	38.3	89.8	26.6	57.8	33.2	44.9
1936	구인수	2,563	768	6,684	140	33	451	17,942	4,549	33,130
	구직자수	4,427	1,146	13,722	219	69	914	17,257	7,017	44,771
	취직자수	1,734	649	4,073	103	25	218	10,198	2,170	19,170
	취직률	39.2	56.6	29.7	47.0	36.2	23.9	59.1	30.9	42.8
1937	구인수	4,499	1,603	6,857	97	20	627	20,896	5,797	40,397
	구직자수	6,418	1,933	15,179	146	41	1,420	20,187	9,106	54,430
	취직자수	2,594	1,167	4,672	60	8	366	12,831	3,286	24,984
	취직률	40.4	60.4	30.8	41.1	19.8	25.8	63.6	36.1	45.9
1938	구인수	5,477	1,457	8,061	87	46	1,333	23,589	5,251	45,301
	구직자수	6,679	1,436	13,290	125	17	1,827	18,016	7,125	48,470
	취직자수	3,239	1,004	5,457	43	12	600	13,527	3,132	27,014
	취직률	47.9	69.9	41.7	34.4	70.6	32.8	75.1	44.7	55.7
1939	구인수	7,504	1,187	7,779	106	101	873	21,738	7,766	47,054
	구직자수	6,908	1,180	12,294	108	4	1,141	18,172	8,525	48,333
	취직자수	3,824	931	4,948	79	1	486	13,417	4,082	27,768

연도별	구인수	구직자수	취직자수	취직률
1932	47,622	48,776	47,622	97.6
1933	116,476	117,323	116,476	99.3
1934	82,543	82,842	82,543	99.6
1935	1,870	1,870	1,870	100

자료 : 『조사월보』(각년도) '직업소개소별성적'

취직률	55.3	78.9	40.2	73.1	25	42.6	73.8	47.9	57.5
1940 구인수	15,622	1,972	7,146	16	28	1,812	19,396	7,710	53,702
구직자수	12,235	1,373	12,056	16	64	1,391	15,835	9,171	52,141
취직자수	7,905	921	4,522	10	25	583	9,751	3,941	27,658
취직률	64.6	67.1	37.5	62.5	39.0	41.9	61.6	43.0	53.0
1941 구인수	26,801	3,065	6,132	42	9	3,020	16,182	7,940	63,191
구직자수	23,274	2,777	9,471	39	18	2,561	12,721	11,662	62,523
취직자수	15,102	2,229	3,955	27	6	1,305	7,729	4,419	34,772
취직률	64.9	80.3	41.8	69.2	33.3	50.9	60.8	37.9	55.6

자료 : 『조사월보』 및 『조선총독부통계연보』 각년도

<표 11> 1942년 직업별 일반소개 성적 (단위 : 명,%)

구분	농업	수산업	광업	공업	상업	교통업	공무·자유업	가사	합계
구인수	244	282	7,754	44,629	5,662	2,232	7,795	10,521	79,119
구직자수	158	278	8,094	48,516	9,093	2,792	10,988	8,453	88,417
취직자수	159	257	6,711	31,107	3,850	1,467	4,709	6,115	54,375
취직률	100.1	92.4	82.9	64.1	42.3	52.5	42.9	72.3	61.5

자료 : 『조선총독부통계연보』(1943),237쪽

다음은 <표 10>과 <표 11>를 통해 일반소개 사업에 대해서 살펴보자. 전 기간에 걸쳐 취급건수에서 가장 큰 비중을 차지하는 직종은 1930년 이전과 마찬가지로 호내사용인이다. 우선 취직자만을 살펴보면, 1939년 까지 매년 전체 취직자의 50% 이상이 호내사용인으로 채워지는 등 호내사용인이 직업소개소의 소개사업에서 차지하는 비중은 절대적이다. 상업의 경우는 전체적으로 20%대를 유지하며 호내사용인 다음으로 취직자가 많다. 그리고 대부분 남자로 구성되어 있는 상업 부문의 취업자는 그 수에 있어서는 계속 4-5,000명대를 유지하고 있다. 그러나, 전체 취업자수가 크게 증가하고 있는 것을 고려하면, 1937년 이후에는 그 비중이 점차 감소하고 있음을 확인할 수 있다. 이러한 현상은 호내사용인의 경우도 마찬가지이다.

상업 부문과 호내사용인의 구인수와 구직자수, 그리고 취직자수가 상대적으로 정체되거나 그 비중이 감소하는 현상과는 반대로, 광공업 부문의 취급건수는 해가 갈수록 상승하고 있다. 특히 구인수에서의 증가가 현저한 데, 1937년 4,499명이던 구인수는 1942년에는 52,383명으로 매년 급격한 증가세를 보이고 있고, 이에 따라 취업자수 또한 거의 상승세를 보이고 있다. 그리하여 1941년에는 구인수 구직자수 취직자수에 있어서 호내사용인의 취급건수를 능가하고 있으며, 취직 면에서도 64.9%에 이르는 높은 취직률을 보이고 있다. 특히 <표 12>에서와 같이 광공업 부문의 남녀 구성비를 보면 남자가 80-90%의 압도적 다수를 차지하고 있기 때문에, 광공업에서의 이러한 노동자 수요의 증가는 또한 남성 노동력 수요의 급속한 증가를 의미하는 것이기도 하다. 즉, 직업소개소를 통한 노동력의 수급이 호내사용인과 상업부문에서 광공업부문으로 급속하게 옮겨가고 있는 것이다.

1930년대 들어서 직업소개의 변화 가운데 또 하나의 중요한 특징은 구직자수의 증가율이 구인수의 증가율에 못 미친다는 점이다. 이러한 현상은 특히 1930년대 후반 들어 더욱 두드러지게 나타난다. 주지하다시피, 이는 전시 경제하 노동력 수요의 급증에 따른 노동력 부족의 현상을 반영하는 것이라고 할 수 있다. 1930년대의 공업화 과정에서 특히 중일전쟁 이후 전시체제하에 군수공업이 급성장함에 따라 공장과 광산 부문에는 수많은 노동력이 필요하게 되었다. 전반기에는 남자 구직자의 경우 대부분 상업 방면에서 그 직업을 구하는 사람들이 많았으나, 직업소개소는 점차 공장·광산 부분에 노동력을 공급하는 활동에 집중하고 있다. 중일전쟁 직후 군수공장 가동이 활발하여지고 이에 필요한 노동력 수급문제가 급박해진 데 따른 결과라고 할 수 있다.

<표 12> 조선인 광공업 부문의 남녀별 수급 상황　　　　　(단위 : 명,%)

	구인수			구직자수(B)			취직자수(A)			취직률(B/A)		
	남	여	계	남	여	계	남	예	계	남	여	계
1931	342	52	394	1,618	129	1,767	195	35	230	11.9	27.1	13.0
1932	1,147	70	1,217	1,864	688	2,552	338	540	898			
1933	722	212	934	2,027	336	2,363	398	122	520	19.6	36.3	22.0
1934	1,499	2,398	3,897	2,622	2,433	5,055	722	819	1,541	27.5	33.7	30.5
1935	1,147	890	2,037	2,772	1,295	4,067	683	480	1,163	24.6	37.0	28.6
1936	1,576	569	2,172	3,140	783	3,923	1,151	436	1,587	36.7	55.7	40.5
1937	2,731	578	3,309	5,011	647	5,658	1,764	475	2,239	35.2	73.4	39.6
1938	3,335	854	4,189	5,260	779	6,039	2,214	620	2,834	42.1	79.6	46.9
1939	3,738	1,349	5,087	5,223	868	6,091	2,646	610	3,256	50.7	70.3	53.5
1940	9,508	2,617	12,125	8,707	1,660	10,367	4,978	1,290	6,268	57.8	77.7	60.5
1941	18,936	5,535	24,471	18,846	3,414	22,260	11,339	3,008	14,347	60.1	88.1	64.5
1942	41,318	6,619	47,236	49,236	5,326	54,562	32,062	4,065	36,127	65.1	76.3	66.2

자료 : 『조사월보』(각년도) 및 『조선총독부통계연보』(각년도).

다시, <표 12>에서 광공업 부문의 수급상황의 특징을 보면, 첫째, 광공업부문의 구인, 구직 모두 계속 증가하고 있다는 사실이다. 둘째는 구인 증가율이 구직 증가율을 크게 앞지르고 있으며, 이에 따라 광공업부문의 취직자수와 취직률이 급속히 증가하고 있다는 것이다. 한 2천 명대에 머물렀던 구인수는 1937-39년의 3년 동안 해마다 1천 명에 가깝게 증가하였고, 특히 1940년 이후에는 그 증가수가 해마다 두 배가 넘거나 조금 못 미치는 정도로 크게 증가하고 있다.

이에 반해 구직자수의 경우는 1936년까지는 구직자수가 구인인수의 두 배 정도를 나타내고 있지만, 1937년 이후에는 구인수의 급격한 증가에 비해 증가 정도가 미치지 못하고 있으며, 1940, 1941년 두 해에는 오히려 구직자수가 구인수에도 미치지 못하고 있다. 특히 여자의 경우는 1938년 이후 해마다 구인수에 크게 못 미치고 있다. 이와는 대조적으로 <표 10>·<표 11>에서와 같이 상업부문의 직업소개는 1937년 이후에는 그 비율이 줄어들고 있지만, 아직도 이 기간 내내 구인자에 비해 구직

자수가 두 배를 나타내 조선인들이 대부분 이를 선호하고 있음을 보여
주고 있다.

이러한 상황에서 취직자수의 증가와 함께 취직률 역시 1931년 10%대
에 불과하였으나, 점차 높아져 60%까지 상승하고 있다. 이처럼 취직률
이 높아진다는 것은 소개 사업이 더욱 계획적이고 정책적인 배경 하에
서 점차 동원적인 성격으로 바뀌어 가고 있음을 반증하는 것이다. 여자
의 경우 그 취직률이 크게 높아진 것은 1930년대 중반 이후 일본의 방
직, 제사 독점 자본이 크게 진출하였던 데도 원인이 있었다고 보여진
다.62)

<표 13> 일반소개 사업의 민족별 성적(1931-1938)   (단위 : 명,%)

	구인수			구직자수			취직자수			취직률		
	조	일	계	조	일	계	조	일	계	조	일	계
1931	14,361	3,779	18,140	29,027	6,975	36,002	9,602	1,751	11,353	33	25	32
	(79.2)	(20.8)	(100)	(80.6)	(19.4)	(100)	(84.6)	(15.4)	(100)			
1932	17,287	4,842	22,129	34,490	8,613	43,103	11,724	2,361	14,085	34	27	33
	(78.1)	(21.9)	(100)	(80.0)	(20.0)	(100)	(83.2)	(16.8)	(100)			
1933	21,563	5,776	27,339	37,537	8,500	46,037	14,279	2,659	16,938	38	31	37
	(78.9)	(21.1)	(100)	(81.5)	(18.5)	(100)	(84.3)	(15.7)	(100)			
1934	27,246	6,299	33,505	39,818	7,936	47,754	16,671	2,670	19,341	42	34	41
	(81.3)	(18.7)	(100)	(83.4)	(16.6)	(100)	(86.2)	(13.8)	(100)			
1935	25,056	5,308	30,364	35,815	6,018	41,833	16,192	2,605	18,797	45	43	45
	(82.5)	(17.5)	(100)	(85.6)	(14.4)	(100)	(86.1)	(13.9)	(100)			
1936	27,007	6,123	33,130	37,743	7,028	44,771	16,780	2,390	19,170	44	34	43
	(81.5)	(18.5)	(100)	(84.3)	(15.7)	(100)	(87.5)	(12.5)	(100)			
1937	32,943	7,454	40,397	47,776	6,654	54,430	22,167	2,817	24,984	46	38	46
	(81.5)	(18.5)	(100)	(87.8)	(12.2)	(100)	(88.7)	(11.3)	(100)			

62) 이 점에 대해서는 강이수, 「1930년대 면방대기업 여성노동자의 상태에 관한
연구 - 노동과정과 노동통제를 중심으로 -」(이화여자대학교 대학원 박사학위
논문), 1992. 김경남, 「1920·30년대 면방대기업의 발전과 노동조건의 변화 -4
대 면방대기업을 중심으로 -」, 『부산사학』, 1994 등을 참조할 수 있다. 특히,
강이수의 위 논문, 80쪽에 의하면 1930-40년대 방직공업 종사자의 여성 비율
은 약 73-76% 수준에 이르는 것으로 추정된다.

1938	37,664	7,637	45,301	42,498	5,905	48,407	23,925	3,089	27,014	56	52	56
	(83.1)	(12.9)	(100)	(87.8)	(12.2)	(100)	(88.6)	(11.4)	(100)			
1939	37,782	9,272	47,054	43,028	5,305	48,333	24,304	3,464	27,768	56	65	57
	(80.3)	(19.7)	(100)	(89.0)	(11.0)	(100)	(87.5)	(12.5)	(100)			
1942	69,953	9,166	79,119	82,984	5,433	88,417	50,289	4,086	54,375	61	75	61
	(88.4)	(11.6)	(100)	(93.9)	(6.1)	(100)	(92.5)	(7.5)	(100)			

자료 : 『조사월보』 및 『조선총독부통계연보』 각년도.
주 : ( )는 민족별 구성비(%).

<표 13>에서 1931년 이후 직업소개 사업(일반소개)의 민족별 성적을 보면, 조선인과 일본인 모두 숫적으로는 증가한다. 그러나, 연 증가율은 조선인이 훨씬 빨라 1931년의 경우 구인수, 구직자수, 취직수에서 조선인의 비중이 각각 79.2%, 80.6%, 84.6%이던 것이 1942년에는 각각 88.4%, 93.9%, 92.5%로 증가하였지만, 일본인의 비중은 조선인의 비중과 반비례하여 오히려 낮아지고 있다. 전시체제하 직업소개소 활동의 중점이 조선인의 노동력 수급 조정과 동원에 맞춰진 데 따른 당연한 결과라고 할 수 있다.

<표 14> 일반소개 사업의 남녀별 성적(1931-1938)   (단위 : 명,%)

	구인수			구직자수			취직자수			취직률		
	남	여	계	남	여	계	남	여	계	남	여	계
1931	8,384	9,756	18,140	24,237	11,765	36,002	5,403	5,950	11,353	22.3	50.6	31.5
	(46.2)	(53.8)	(100)	(67.3)	(32.7)	(100)	(47.6)	(52.4)	(100)			
1932	10,003	12,126	22,129	26,940	16,163	43,103	6,066	8,019	14,085	22.5	49.6	32.7
	(45.2)	(54.8)	(100)	(62.5)	(37.5)	(100)	(43.1)	(56.4)	(100)			
1933	11,607	15,732	27,339	27,030	19,007	46,037	6,838	10,100	16,938	25.3	53.1	36.8
	(42.5)	(57.5)	(100)	(58.7)	(41.3)	(100)	(40.4)	(59.6)	(100)			
1934	14,050	19,455	33,505	27,441	20,313	47,754	8,210	11,131	19,341	29.9	54.8	40.5
	(41.9)	(58.1)	(100)	(57.5)	(42.5)	(100)	(42.4)	(57.6)	(100)			
1935	13,161	17,203	30,364	24,631	17,203	41,834	8,565	10,232	18,797	34.8	59.5	44.9
	(43.3)	(56.7)	(100)	(58.9)	(41.1)	(100)	(45.6)	(54.4)	(100)			
1936	15,664	17,466	33,130	27,948	16,823	44,771	9,507	9,663	19,170	34.0	57.4	42.8
	(47.3)	(52.7)	(100)	(62.4)	(37.6)	(100)	(49.6)	(50.4)	(100)			
1937	18,573	21,824	40,397	34,327	20,103	54,430	11,823	13,161	24,984	34.4	65.5	45.9

	(46.0)	(54.0)	(100)	(63.1)	(36.9)	(100)	(47.3)	(52.7)	(100)			
1938	21,332	23,969	45,301	30,430	17,977	48,407	13,749	13,265	27,014	45.2	73.8	55.8
	(47.1)	(52.9)	(100)	(62.9)	(37.1)	(100)	(50.1)	(49.9)	(100)			
1939	24,574	22,480	47,054	30,524	17,809	48,333	14,657	13,111	27,768	48.0	73.6	57.5
	(52.2)	(47.8)	(100)	(63.2)	(36.8)	(100)	(52.8)	(47.2)	(100)			
1940	32,399	21,303	53,702	36,438	15,703	52,141	16,871	10,787	27,658	46.2	68.7	53.0
	(60.3)	(39.7)	(100)	(69.9)	(30.1)	(100)	(61.0)	(39.0)	(100)			
1941	41,195	21,996	63,191	46,739	15,784	62,523	23,957	10,815	34,772	51.3	68.5	55.6
	(65.2)	(34.8)	(100)	(74.8)	(25.2)	(100)	(68.9)	(31.1)	(100)			
1942	59,336	19,783	79,119	72,305	16,112	88,417	42,557	11,818	54,375	58.9	73.3	61.5
	(75.0)	(25.0)	(100)	(81.8)	(18.2)	(100)	(78.3)	(21.7)	(100)			

자료 : 『조사월보』 및 『조선총독부통계연보』 각년도.
주 : ( )는 남녀 구성비(%)를 나타낸다.

일반소개 취급건수의 남녀 구성은, <표 14>에서와 같이 여자의 경우는 1932년 이후 변화의 폭이 작거나 증감 현상이 뚜렷하지 않는데 비해, 남자의 경우는 매년 큰 폭으로 상승함을 알 수 있다. 특히 구인수에서 남녀구성비는 1930년대 초만 해도 여성이 압도적으로 높았으나, 1938년부터는 매년 큰 폭으로 감소하여 1942년에는 남녀 구성비가 3:1 정도로 역전되고 있다. 중일전쟁 이후 남성 노동력에 대한 수요가 크게 증가하고 있음을 보여주는 현상이다. 이에 따라 1937년 이전만 해도 20-30%대에 머물던 남성 노동자의 취직률이 1938년부터는 40-50%대로 급격히 상승하고 있음을 볼 수 있다. 취업자 구성비 또한 남녀의 역전 현상을 뚜렷하게 확인할 수 있다.

이처럼 전시체제하에서 직업소개소의 노무 공급 기능이 중일전쟁 이후, 특히 직업소개소의 국영화 전후 크게 증대되었다. 중일전쟁이 시작된 1937년부터 1942년까지 직업소개소를 통해 광공업 부문에 동원된 노동인력은 70,482명에 달한다. 국영직업소개소가 폐지되기 직전인 1942년에는 공업부문에 31,107명, 광업부문에 6,711명 합계 37,818명의 신규 노동력이 광공업 부문에 투입되고 있다. 이는 1943년 6월경 조선 공장노동자 전체수 약 39만명과 비교하더라도 적지 않은 수이다.[63]

3. 직업소개소 수급 노동자의 사회계층적 성격

직업소개소를 통해 취업한 노동자의 연령과 교육수준을 이해하는 것은 그들의 노동력의 질을 이해하고 조선총독부의 노동력 동원정책의 성격을 이해하는 관건이기도 하다. 다만 이에 대한 전국 차원의 자료를 확보하기는 어려운 실정이므로 경성부직업소개소와 부산부직업소개소의 단편적 자료를 통해 이 문제에 접근해 보고자 한다.

먼저 경성부와 부산부의 직업소개소에서 취급한 구인대상의 연령 분포를 보면 <표 15>-<표 17>과 같다.

<표 15> 1927년 경성부인사상담소 구직자(일반소개) 연령별 분포　　　　　(단위 : 명,%)

연령별	12세 미만	12세	13세	14세	15세	16세 이상	18세 이상	20세 이상	25세 이상	30세 이상	40세 이상	50세 이상	계
조선인	1	14	70	132	370	1,450	1,511	1,525	586	592	174	16	6,441
%	0.02	0.2	1.1	2.0	5.7	22.5	23.5	23.7	9.1	9.2	2.7	0.2	100
일본인	1	-	4	2	6	38	114	372	274	215	92	28	1,146
%	0.09		0.3	0.2	0.5	3.3	9.9	28.5	23.9	18.8	8.0	2.4	100

자료 : 『조선사회사업』6-3,42쪽

---

63) 朴慶植, 『日本帝國主義의 朝鮮支配』, 1986, 청아출판사, 481쪽 참조. 이 책에 제시된 통계가 반드시 정확하다고 할 수는 없다. 같은 책에서 또 다른 통계는 1943년의 조선 공업노동자를 약 55만명으로 추산하고 있다. 또 직업소개소를 통해 확보된 노동력이 국내 광공업 부문에만 투입되었다고 말할 수 없다. 다만, 중일전쟁 이후 직업소개소를 통한 노동력의 동원이 절대수에 있어서는 물론 상대적으로도 크게 증대되었다는 사실은 이러한 비교를 통해서도 어느 정도 유추 가능할 것이다.

<표 16> 부산부 일반소개 구인대상의 민족별 연령 분포(1928)

	조선인(%)	일본인(%)	합계(%)
20세까지	421명(70. 4)	260명(41. 5)	681명(55. 6)
21-25세	87(14. 5)	127(20. 3)	214(17. 5)
26-30세	69(11. 5)	111(17. 7)	180(14. 7)
31-40세	19(3. 2)	88(14. 1)	107(8. 7)
41세이상	2(0. 2)	40(6. 4)	42(3. 4)
합계	598(100)	626(100)	1,224(100)

자료 : 『부산』4-2호, 22쪽

<표 17> 부산부 일반소개 조선인 구인대상 남녀별 연령분포(1928)

	남(%)	여(%)	합계(%)
20세까지	406명(70.2)	15명(75)	421명(70.4)
21-25세	87(15.1)	-	87(14.5)
26-30세	66(11.4)	3(15)	69(11.5)
31-40세	18(3.1)	1(5)	19(3.2)
41세이상	1(0.2)	1(5)	2(0.3)
합계	578(100)	20(100)	598(100)

자료 : <표 16>과 같음.

<표 15>에서 경성부인사상담소의 조선인과 일본인의 연령 분포를 보면, 조선인의 경우 20세 이하의 구직자가 약 55%를 차지하는데 비해 일본인의 경우는 14%에 불과하여 연령별 취업구조에 있어서 큰 차이를 보이고 있다. 여기서 조선인의 경우 소년노동력이 중심을 이루고 있음을 알 수 있다. 조선인 노동자의 이러한 특징은 <표 16>·<표 17> 1928년 부산부의 경우에서 더욱 두드러지게 나타난다. 즉, 구인 대상자를 조사한 것이기는 하지만 연령별 분포에 있어서는 청소년층이 압도적 다수를 차지하고 있는 것이다. 단, 부산의 경우에는 다른 도시와 달리 부산이 아닌 다른 지역 사람들이 많이 몰려들어 실업문제가 심각하였다. 그런데 이러한 사람들 가운데 부산부 직업소개소를 찾은 조선인 구직자들 가운데 많은 사람들이 20세 이하의 연령층들이었다. 이들은 대부분 남성 노동자이고, 그들이 원하는 직업을 1928년과 1929년의 2년간 구직신

청을 참고해 보면, 주로 상업방면에 가장 많았으며, 그 다음이 광공업, 잡업, 호내사용인, 토목건축업 등의 순서였다.[64]

이러한 노동자의 연령별 고용구조는 1930년대 들어서도 큰 변화를 보이지 않는 것으로 파악된다. 예컨대 1936년 대구부 구직자의 연령분포를 보면 <표 18>과 같다. 여기서 남자 구직자의 경우 20세 이하는 전체의 약 62%, 여자 구직자의 경우는 82%를 차지하고 있어서 연령구조상 다수가 소년층에 해당한다고 할 수 있다.

<표 18> 1936년 대구부 구직자의 연령별 및 교육정도 조사　　(단위 : 명,%)

구분	12-15세 남	12-15세 여	16-20세 남	16-20세 여	21-25세 남	21-25세 여	26-30세 남	26-30세 여	31-40세 남	31-40세 여	41-60세 남	41-60세 여	계 남	계 여
문맹	1 (0.3)	20 (10.4)	17 (2.1)	20 (6.2)	24 (7.1)	12 (32.4)	35 (18.7)	8 (28.6)	35 (28.2)	9 (52.9)	10 (28.6)	4 (66.7)	122 (6.7)	73 (14.6)
약간 문자 이해	43 (13.0)	35 (27.1)	100 (12.4)	28 (12.7)	42 (12.4)	7 (18.9)	32 (17.1)	10 (35.7)	41 (33.1)	4 (23.5)	11 (32.4)	2 (33.3)	259 (6.7)	86 (17.2)
초등중퇴	45 (13.6)	54 (28.1)	75 (9.3)	54 (24.4)	41 (12.1)	4 (10.8)	25 (13.4)	1 (3.6)	11 (8.9)	3 (17.6)	3 (8.8)	- (-)	300 (16.4)	116 (23.2)
초등졸업	243 (73.2)	83 (43.2)	591 (73.9)	112 (50.7)	188 (55.3)	10 (27.0)	53 (28.3)	6 (21.4)	34 (27.4)	1 (5.9)	9 (26.5)	- (-)	1,118 (61.3)	312 (62.3)
중등중퇴	- (-)	- (-)	16 (1.9)	1 (0.5)	25 (7.4)	2 (5.4)	22 (11.7)	- (-)	5 (4.0)	- (-)	- (-)	- (-)	68 (3.7)	3 (6.0)
중등졸업	- (-)	- (-)	8 (1.0)	6 (2.7)	19 (5.6)	2 (5.4)	15 (8.0)	3 (10.7)	8 (6.5)	- (-)	2 (35.3)	- (-)	52 (2.8)	11 (2.2)
고등전문 중퇴	- (-)	- (-)	- (-)	- (-)	- (-)	- (-)	2 (1.1)	- (-)	- (-)	- (-)	- (-)	- (-)	2 (0.1)	- (-)
同上졸업	- (-)	- (-)	- (-)	- (-)	- (-)	- (-)	1 (1.0)	- (-)	- (-)	- (-)	- (-)	- (-)	1 (0.1)	- (-)
同上졸업 이상	- (-)	- (-)	-	-	1 (0.3)	-	2 (1.1)	-	- (-)	- (-)	- (-)	- (-)	3 (0.2)	- (-)
계 (연령비)	332 (18.2)	192 (38.3)	807 (44.2)	221 (44.1)	340 (18.6)	37 (7.4)	187 (10.2)	28 (5.6)	124 (6.8)	17 (3.4)	34 (1.9)	6 (1.2)	1,825 (100)	501 (100)

자료 : 大邱府, 『大邱府社會事業要覽』(1937년 3월), 29-30쪽.

---

64) 釜山府編, 『釜山府勢要覽』(1929년), 139쪽. 釜山府編, 『釜山府勢要覽』(1930년), 144-145쪽. 이외 慶尙南道編, 『慶尙南道社會事業施設槪要』, 1931, 2-4쪽 참조.

조선총독부는 1937년 10월 29, 30일의 이틀에 걸쳐 '전조선 공익직업소개소 주임 사무협의회'를 소집하여 직업소개소의 기능을 더욱 활성화시키기 위한 방책을 논의하고, 총독부 사회과에 소년직업사업에 관한 특별지시를 내렸다. 그것은 소년의 직업소개가 일반 성년자의 직업소개 사업과 근본적으로 다르고 교육관계를 고려하여 그 성능에 적절한 영속적인 직업에 나아가도록 할 필요가 있다는 판단에서였다. 이러한 지시는 곧 직업소개소를 통해 소년을 군수공장으로 동원하려는 계획의 일환이었다.[65]

직업소개소는 바로 이러한 미숙련 소년 노동력을 동원하는데 가장 적절한 창구였다고 보여진다. 즉 직업소개소의 구직 노동자 대다수가 '20세 이하의 보통교육을 경험한 층'이었던 사실은 그들이 이 시기 공장 노동력 수급정책의 중요한 대상이었음을 말해 준다. 이 점은 중일전쟁 이후에도 변함없는 사실로 1938년의 다음 인용문에 잘 나타나 있다.

  "(상략) 종래 초등학교 졸업 아동은 거의가 다 앞을 다투듯이 관청 혹은 은행의 급사를 희망하였다. 그래서 급사의 취직길이 없으면 점원이라든가 직공으로 점차 희망을 바꾸었지만, 아동의 성질 능력 등을 직업 선택의 경우에 전혀 망각하고 있었던 것이다. 그런데 최근 반도(半島) 공업 특히 중공업 방면 혹은 섬유공업, 화학공업 등이 각지에서 발흥하여 다수의 직공을 사용하려하는 까닭에 초등학교 졸업 아동도 그 性能에 응하여 기술견습이라든가 직공견습을 희망하는 자가 증가하고 있는 것이다."[66]

---

65) 『동아일보』, 1937년 10월 28일과 동년 동월 30일자.
66) 須崎照雄, 「戰時體制下の職業紹介」, 『朝鮮』(1938년 8월호), 99쪽

380

<표 19 > 1927년 경성부인사상담소 구직자(일반소개) 교육별 분포   (단위 : 명)

교육정도	고등 전문졸	동 중퇴	중학고보 졸	동 중퇴	補高 졸	동 중퇴	小尋普 졸	동 중퇴	多少 字解	文字 不解	계
조선인	8	15	112	366	204	247	2241	1678	625	945	6,441
%	0.1	0.2	1.7	5.7	3.2	3.8	34.8	26.1	9.7	14.7	100
일본인	19	21	129	149	352	95	253	76	36	6	1,146
%	1.7	1.8	11.3	13.0	31.6	8.3	22.1	6.6	3.1	0.5	100

자료 : 『조선사회사업』6-3,42쪽

1927년 경성부인사상담소에 있어서의 구직자의 교육수준은 소학교(보통학교) 중퇴 이상의 학력자가 조선인의 경우는 전체의 75.6%, 일본인의 경우는 전체의 96.4%를 차지한다. 일본인의 경우 조선인 보다 상대적으로 교육수준이 높은 것이 사실이나, 일반소개에 있어서는 조선인 구직자의 학력도 보통교육 이상인 자가 많다는 점이 주목된다.

<표 20> 부산부 조선인 구직자의 교육정도(1928)   (단위 : 명)

교육 수준	인원수(%)		
	남자(%)	여자(%)	전체(%)
문자를 해독하지 못하는 자	52(4.2)	10(43.5)	62(4.9)
다소 문자를 해독하는 자	65(5.3)	2(8.7)	67(5.3)
한문서당을 다닌 자	76(6.2)	1(4.3)	77(6.1)
보통학교 중도퇴학자	342(27.7)	6(26.1)	348(27.7)
보통학교 졸업자	488(39.6)	4(39.4)	492(39.2)
고등보통 중도퇴학자	179(14.5)	0	179(14.3)
고등보통 졸업자	18(1.5)	0	18(1.4)
전문교육을 받은 자	13(1.1)	0	13(1.0)
합 계	1,233(100)	23(100)	1,256(100)

자료 : 『부산』4-2호, 20쪽

또 1928년 부산부직업소개소의 경우를 보면, 조선인 구직자의 교육정도는 남자의 경우 보통학교 졸업자 이상이 56.7%이며, 보통학교 중도퇴학자까지 포함하면 84.4%에 이르고 있다. 경성부의 경우와 마찬가지로 대부분의 구직자가 보통학교 교육을 경험했거나 그 이상의 교육을 받은 자들로 구성되어 있다.(다만 여성의 경우 구직자의 절대수가 작기 때문에 교육정도는 그다지 중요한 의미를 지니지 않는다.) 이상의 사실은 "이들 구직자의 연령을 보건대, 若少年齒者인 구직자가 많고 그 학업의 상황도 내지인은 고등학교 졸업생이 많고, 조선인에 있어서는 보통학교 졸업생이 많아 총독부는 청소년에 대한 직업교육의 필요성을 느끼고 있었다. 또 실업자는 내지인의 경우는 都市在住실업자가 많고 조선인의 경우는 농민자제의 農村離村의 경향이 있으며, 그리고 매년 晚秋부터 春期의 농한기가 이들 구직자가 가장 많은 시기이다."[67]라고 한 당시의 설명과도 부합된다. 직업소개소에서 취급하는 조선인 노동자의 연령과 학력 분포는 1936년 대구부의 조사에서도 마찬가지로 나타나(<표 18> 참조), 전반적으로 저연령층의 보통교육 이수자가 직업소개소의 주요한 노동력 공급원이었음을 이해할 수 있다.

Ⅳ. 맺음말

지금까지 살펴보았듯이 일제시기 조선총독부의 직업소개소의 기능과 역할은 일제의 식민지 통치정책에 따라 크게 변화하여 왔다. 이제 그 내용을 요약하면 다음과 같다.

일제가 식민지 조선에서 직업소개 사업에 주목하기 시작한 것은 1910년대 식민통치와 토지조사사업의 결과 몰락한 농민들의 이농으로 서울·부산 등 대도시에서 실업 문제 등 각종 도시 문제가 발생한 1920년대부터였다. 이러한 직업소개 사업은 사회사업의 일환인 실업구제와를 목적으로 사설 사회기관에서 먼저 직업소개소를 설치 운영하였으나, 식민지 민중의 불만과 식민통치가 지닌 모순을 미연에 예방한다는 차원에서

---

67) 釜山府, 『釜山府社會施設槪要』(1927년 10월), 2-6쪽.

조선총독부도 이 문제에 관심을 가지고 공영 시설을 설립하였다. 그리하여 조선총독부는 1920년 평양부에 인사상담소를 설치한 것을 시작으로 전국 주요 도시에 府(面) 直營의 인사상담소를 설치 운영하였다. 부직영의 인사상담소가 없는 곳에는 경찰서부설의 인사상담소 설치를 운용토록 하였다. 인사상담소는 생계곤란자에 대한 위생 주택 등의 생활 상담과 직업 소개 활동을 맡았으나, 전문적인 직업소개 기관은 아니었다.

1920년대 중반 들어 부 직영 인사상담소의 직업소개 기능이 점차 강화되면서 조선총독부는 이를 전문화된 직업소개소로 바꾸기 시작하였다. 조선총독부가 인사상담소를 직업소개소로 전환하게 된 계기는 이농인구의 계속된 도시 집중 이외에도, 몇 가지 새로운 상황이 발생했기 때문이다. 그 하나는 일본 경제의 불황에서 비롯된 조선인의 일본 도항 제한 정책이었다. 그 결과 도항저지자의 증가와 귀환자로 인하여 조선 내의 실업 문제가 가중되었다. 또 다른 하나는 1920년대 중반 들어 시작된 북부지역의 수력 전기공사에 많은 노동력을 필요로 하고 있었다.

조선총독부는 이러한 노동력 수급의 문제를 이미 일본에서 실시하고 있던 공설 직업소개소 제도를 통해 해결하고자 하였다. 그리하여 1928년 경성부인사상담소를 경성부 직업소개소로 전환하는 것을 시작으로 부·읍 직영의 인사상담소를 직업소개만을 전담하는 공설 직업소개소로 전환시켰다. 이후 1940년 직업소개소가 국영화되기까지 대체로 서울을 포함한 전국 10개 도시에 부·읍 직영의 공설 직업소개소와 2개의 사설 직업소개소가 운영되었다.

1930년대 들어 직업소개소의 기능은 더욱 강화되었는데, 그것은 이른바 '궁민구제사업'이라는 이름으로 시행된 각종 토목공사와 전시체제하 북부지역의 공업화에 기인한 바 크다. 특히 조선총독부는 북부지역의 군수공업기지 건설에 남부지역 농촌 과잉인구를 동원하였다. 이른바 '관알선'(官斡旋) 방식의 노동력 동원정책의 수행에서 직업소개소가 그 기

능의 일부를 맡았다. 중일전쟁 이후 전시체제가 더욱 강화되면서 전쟁
목적을 위한 노무 수급의 대책은 더욱 절실한 문제가 되었다. 일제는
전시에 필요한 동원체제를 강화할 목적으로 기존의 부·읍 직영의 직업
소개소를 <직업소개령>의 공포와 동시에 국영으로 전환시키고 노동자
의 모집·알선은 물론 직업소개 사업 자체를 국가가 직접 통제하는 방책
을 수립하였다.

이러한 과정을 통해 처음에 사회정책의 일환으로 실업구제를 목적으
로 설치되었던 직업소개소는 그 성격이 완전히 변질되어 노동력의 수급
조정, 더 나아가서는 전시체제하의 노동력 강제 동원 기관으로 전락하
였다. 그러나 국영 직업소개소는 일본과는 달리 도청소재지에 한하여
설치되었기 때문에 전국의 노동력 동원을 통할하기에는 한계가 있었을
것으로 생각된다. 일제의 패망 직전 행정 명령에 의한 조선인 강제 동
원이 징용이라는 이름으로 실시되면서 '직업소개'라는 말 자체가 유명
무실해지고, 그에 따라 직업소개소 자체가 폐지되고 말았다.

일제의 식민지 통치정책이 변하면서, 직업소개소를 통한 취업구조와
그에 따른 노동력의 수급또한 변화하였다. 우리는 이를 직업소개소의
직업소개성적을 통해 확인할 수 있다. 대체로 1920년대와 1930년대 전
반기까지는 직종별로 상업과 호내사용인의 취급건수가 압도적으로 많았
다, 물론 이 기간에도, 특히 1930년대에 들어서 광공업 부문에의 구인수
와 취직인수가 증가하고 있었지만, 그러한 변화가 본격적으로 전개된
것은 중일전쟁 이후이다. 전시체제와 그에 따른 북부지역의 군수공업화
는 대규모의 노동력을 필요로 하였고, 이에 따라 직업소개소를 통한 광
공업 부문의 구인수도 크게 늘어나면서 취직률도 늘어났다. 이에 반해
구직자의 증가는 완만하여 그 증가율이 구인수 증가율에 훨씬 못 미쳐
종전과는 달리 노동력의 공급 부족 현상을 여실히 보여준다. 1941년에
이르러 직업소개소의 직업소개 취급건수에 있어서 광공업 부문이 수위
를 차지하여, 노동력 동원 기관으로서의 국영 직업소개소의 기능과 활

동을 입증하고 있다. 이제 직업소개소는 본래 의미의 직업 소개보다는 전시체제하 '산업전사'로서의 노무자 동원이 그 본질적인 사업이 되고 말았던 것이다.

일제시기의 취업구조하에서 직업소개소를 구직자 또는 구인대상자들을 일반소개에 한해서 볼 때, 그들은 교육수준과 연령에서 보통학교를 중퇴했거나 졸업한 20세 전후의 청소년층이 다수였다. 전시체제하 직업소개소를 통한 노동력 동원에서도 이들이 그 주요 대상이었던 것이다. 이러한 사실은 당시 조선총독부의 노동력 수급 정책의 일반 원칙이 직업소개소의 직업소개에서도 그대로 반영되고 있었음을 보여준다.

태평양전쟁기 조선인 자본가들의 공업관

김 인 호*

─────────── <목 차> ───────────

I. 서 론
II. 1930년대 후반, 조선인의 '공업화
  인식'
 1. 30년대 중반: '토착경제옹호론'
  과 '공업투자촉진론'의 교착
 2. 중일전쟁 이후: 조일공생공영론
  (共生共榮論)' '통제지지론'의 확산
III. 1940년대 조선인의 '공업 인식'과
  제2의 일본화론
 1. 조선인자본가계급의 '제2의 일본
  화 경향'

2. 조선인자본의 전시경제 참여와 침략
  전쟁의 첨병화
IV. 조선인중소자본가의 '동화'와 저항
 1. 총독부의 중소공업육성정책 추진과
  그 의미
 2. 조선인 중소기업의 동화
 3. 1940년대 조선인 중소자본의 양극화
 4. 총독부의 조선인자본가 기만정책
 5. 조선인 중소자본가의 '제한적 저항'
V. 결 론

I. 서 론

 40년대 총독부의 공업정책은 침략전쟁에 조선인자본과 노동력을 동원하여 최고의 생산력 동원을 위한 것이었다. 그 결과 겉으로는 공장 수와 생산액이 증가하고, 조선인 자본도 증대하지만 '조선내 산업 연관'은 더욱 파행화되고 토착경제는 몰락하고 있었다. 아울러 가혹한 배급통제와 사용제한은 증산을 대신한 동원수단으로서 일본본토로 물자동원을

─────────────────────
*고려대학교 한국사학과 강사

강화하려는 것일 뿐이었다. 그 가운데 일부 조선인 자본가는 침략전쟁을 기화로 하여 그 첨병으로 활동하면서 자본을 축적하고 '제2의 일본인'화한 반면, 대부분의 조선인 자본가들은 일제의 기업정비 등으로 인해 전면 몰락하는 상황으로 조선인자본의 양극화 경향은 더욱 강화되었다.

그러한 상황에서 당시 조선인 자본가들의 공업관도 조건과 상황에 따라 변화를 거듭하고 있었다. 그들의 공업관을 검토하면 크게는 일제의 식민정책에 대한 자본가계급의 대응전략과 좁게는 일제의 침략전쟁과 공업정책에 대한 그들의 입장을 보여주고 있다.

이 방면의 선구적인 연구 업적은 宮田節子에 의해서 나왔다.[1] 그는 당시 '내선일체론'의 논리구조를 동화의 논리와 일본인과의 차별에서 탈출하려는 논리 등 두 측면에서 파악하고 친일조선인의 그것은 후자에서 바라볼 수 있지만 '내선(일본과 조선)'간의 실질적 평등이 아니라 일제의 본의는 동화와 동원을 위한 '황민화 정책'의 산물에 불과한 것으로 보았다. 그런데 이 연구는 조선인 자본 혹은 친일 조선인들의 내선일체론을 구조적으로 추적하지 못한 유감이 있다.

한편 40년대 전시체제하 조선인들의 현실인식에 관해 체계적으로 밝힌 것이 바로 변은진의 연구이다.[2] 그렇지만 연구대상이 주로 민중계급이고 자본가 계급 내지 지식인계급의 사상 동향은 소략하다는 아쉬움이 있다.

본 연구의 목적은 태평양 전쟁을 전후하여 조선인 자본가계급의 전쟁경제 인식이 어떻게 변화하고 그러한 변화를 가져온 이유는 무엇인지 밝히는 것이다. 그리고 궁극적으로는 일제의 침략전쟁과 운명을 같이하고자 했던 그들의 '반(反)역사성'을 보이고자 하는 것이다. 물론 자본가

---

1) 宮田節子 『朝鮮民衆と皇民化政策』, 1985, 未來社
2) 변은진, 「일제 전시파시즘기(1937-45) 조선민중의 현실인식과 저항」, 고려대 사학과 박사학위논문. 1999. 2.

계급의 현실인식을 다루는데 그들이 가지고 있었던 파시즘, 천왕제, 침략전쟁. 민족문제 등에 대한 관점 일반을 천착할 필요가 있다. 그러나 본 연구에서는 조선인 자본가와 경제론자의 인식에 국한하고자 한다. 또한 일제의 전시통제경제정책에 반대한 인사도 많았을 것으로 지면을 빌린 경우는 거의 없는 관계로 그들의 '저항적' 측면을 소홀히 할 수밖에 없는 점 유감스럽게 생각한다.

Ⅱ. 1930년대 후반, 조선인의 '공업화 인식'

1. 30년대 중반: '토착경제옹호론'과 '공업투자촉진론'의 교착

30년대 말까지도 조선경제에서 농업이 여전히 중추였다. 물론 일찍부터 조선으로 일본본토의 독점자본이 침투하여 공업을 견인하였지만 어디까지나 부분적이었고 중소상공업도 그다지 발전하지 못했다. 그러나 중일전쟁, 태평양전쟁 등 전쟁이 장기화하면서 총독부는 소비재공업육성정책, 중소기업육성대책 등 조선인자본을 동원한 증산정액이 강행되었다. 이러한 상황에서 조선인의 '경제인식론'도 변화하였다.

우선 1930년대 전반기 조선인들의 경제인식은 1920년대 '물산장려운동' 등에서 보였던 '토착경제옹호론'이 점차 민족성을 탈각하면서 '종속적 자본축적론'으로 전환하고 있었다. 그러나 이러한 종속적 근대화론 또한 전통적인 '조선인공업화론'을 외연적으로 연장하여 종래 토산품장려운동에서 나타나는 민족감성을 방기하지는 못했다. 즉 조선인의 현실 즉 '빈곤'에 의해 심화하는 반일(反日)적 민족 정서를 이용하여 국내시장을 추구하면서도 일본과 협력을 '사실상 시대의 대세요 거역할 수 없는 상황'이라고 함으로써 일본과 협력함으로서 자본축적을 지향한 것이었다.

그러한 '이중 인식'이 확대되면서 독점자본의 침투에 따른 위기감을 떨치지 못하면서도 총독부에게 조선인의 공업 참가에 필요한 지원 시설을 요청하는 등의 움직임이 나타났다. 즉 제1회 전선공업자대회(1934.10)에서는 공업교육기관 확충, 검사기관 정비, <공업조합령> 실시 등을 요청하였고, 동아일보도 '공업조선의 전도, 근대적 산업으로 진로를 개척하라'(33.9.5) '공업을 요구하는 조선'(34.6.17) '공업기업과 자금난, 특수금융기관의 요구'(34.12.4) '대공업 진출과 조선인공 업'(35.5.30) '재벌진출의 재음미'(35.6.11) 등의 논설을 통하여 공업화의 필요성과 조선인자본에 대한 원료확보, 자금융통, 본토자본의 횡포저지 문제를 피력하였다.

특히 30년대 중반부터 조선인의 '산업적극투자론'이 크게 확산되고 있었다. 즉

> 금일회사에 있어서는 사업독점이라는 크나 큰 폐풍이 있으니 북선(北鮮)의 모회사는 자본금 2천만 원으로 40만 주 중 겨우 5만 주를 공모했고 조선제련 같은 회사도 자본금 천 만원의 20만 주 중에서 겨우 2만주만 공모에 부쳤을 뿐이다. 이 얼마나 사업독점에 급급한가. 일부에서는 아무리 다수의 주식을 공모한다고 해도 빈약한 조선에서는 도저히 소요자금을 모집할 수 없을 것이라 했지만. 위 제련회사의 경험에 비추면 2만주 모집에 13만 9천여 주가 응모하여 조선이 아무리 자본이 빈약하기로 기천만원 정도의 회사는 설립 할 수 있슴이 증명되었다.[3]

현실적으로 조선인 자본가의 투자기회가 여의치 않으며 그것은 곧 조선인자본의 투자능력에 대해 불신임을 하기 때문이라는 지적이다. 특히 '최소의 주를 프리미엄을 더해 공모하는 일본 대공업회사의 독점은 조선인 자본의 이윤획득이나 건실한 산업 발전에 기여 할 수 없다'고

---

3) 「공업조선과 자본가」, ≪조선일보≫ 1935년 1월 30일자.

하여 일본자본의 독점에 대한 강한 경계심을 표하고 있다.

당시 총독부는 '일본자본의 조선진출이야 말로 조선의 산업개발과 조선인을 위하여 퍽 다행한 일' 등으로 선전했지만 그것과 조선인 자본의 이해와 내용상 차이가 있었다. 우선 조선인자본에게 불만이 되었던 것은 비록 조선에 일본의 대규모 공장이 들어와도 조선인자본의 투자처 역할을 하지 못한다는 것이었다.

아울러 <조선인공업투자촉진론>은 <조선산업해외진출론>으로 확장되고 있었다. 즉 '조선은 자작자급하는 산업에 교착하고 멀리 간다고 함이 미, 면화 등이 내지(일본본토; 역주)로 갈 뿐이라 이리해서는 조선의 부를 증진 할 수 없다, 그러므로 중국, 구주, 미국까지 수출에 착수해야 한다4)는 것이다.

이를 뒷받침하기 위하여 중소기업을 위한 각종 지원기구의 설립을 요구했는데 일단 기왕의 '조선은행은 만주 방면에 주력했고, 식은(殖産銀行)은 부동산 대출이 주종이요, 기타 보통은행, 금융조합 등이 있으나 이것으로 상공자금을 원활하게 융통할 수 없기에' '금조(金融組合), 보통은행, 기타 금융기관을 확충 또는 증설'할 것을 요구하는 등 중소기업지원 금융을 요구했다. 아울러 '소공업에 대한 공업보조금 증대'나 '국고보호제도'도 요구했다.

이러한 금융지원 시설과 더불어 공업조합 등 조합조직의 적극활용론도 제기되었다. 즉,

　　최근 중소상공업자들이 자기들의 갱생을 절규함에 있어 두 가지의 잘못이 있다. 하나는 너무도 정부를 의뢰하려고 하는 것이고 다른 하나는 자기들의 피폐해진 책임을 너무도 남(例하면 백화점, 산업조합 등)에게 전가시키려고 하는 행동이다(중략).중소상공업자의 실패원인은 그 3할 이상이 상공업자 자신의 무기력에 있지 아니할까? 고로 중소상공업자의 진정

---

4) 「산업조선의 건설책」, 《조선일보》 1937년 1월 4일자.

한 갱생도는 첫째로 자기자신의 고유한 결점을 고치는데 있고 둘째로 산업조합, 공업조합의 기타 방법으로 실시되는 합리적인 통제가 있을 것이라고 믿는 바이다.[5]

그렇지만 아직도 조선인의 '공업화 인식'에서는 종래 1920년대의 물산장려운동에서 나타난 <토착경제옹호론>류의 인식이 남아 있었다. 특히 '중요산업통제법(이하 중통법)'의 적용을 둘러싼 논쟁에서 보듯이 당시 조선인들은 일본자본의 침투로 발생할 불이익에 대해 매우 민감하게 반응하고 있었다. 그것은 '중통법'을 조선에 적용함으로서 초래될 각종 폐단에 대해서 조선인 경제이론가 박용래는 다음과 같이 지적하였다.

조선공업과 內地(일본본토: 필자)의 斯業은 상극관계에 있다. 조선독자의 공업발전은 本土工業생산품의 판매시장의 축소를 의미하야 그 발전에 일대 지장이 되지않을 수 없다.(중략) 생산제한협정을 하여 생산능률에 따라 생산을 제한한다고 하자. 그러면 생산능력이 많은 자는 그 만치 많이 생산능력이 적은 자는 그만치 적게 제한하게 되어 공평한 듯하나 그 미치는 영향을 본다면 생산 능력이 적은 소자본가는 본래 이윤이 적은지라 전 생산능력을 발휘하야도 그 타격은 대자본가에 비해 클 것이다. 판매가격협정을 한다고 하자 원료구입 기계설비 등 생산기술 기타로 보아 생산비가 저렴한 대자본가의 생산품과 생산비가 비교적 높은 소자본가의 생산품을 동일한 가격으로 판매하게 된다면 가격을 높이 매기면 괜찮겠지만 그렇지 않을 때는 소자본가의 채산이 맞지 않을 경우도 생길 것이다. 한편 조선생산판매자측에서 볼지라도 자본적 세력으로나 또는 이에 따라 기술적 방면으로나 아직 유치한 조선 자본가를 자본세력이 우세하고 기술이 고도로 발달된 일본의 자본가와 동일시하야 같은 통제하에 넣는다면 조선측 자본가는 항상 불리할 것이다(밑줄은 필자)[6]

5) 한승인 <중소상공업자의 更生途> ≪신동아≫6-7 1936. 7월 (『식민지자료총서』 6권) 289쪽
6) 朴用來, 「重要産業統制法과 조선에 實施問題」, 『조광』, 1936년 5월호,(상동) 480, 484쪽.

즉 '중통법'을 적용하게 되면 현실적으로 중소기업 중심의 생산능률이 낮은 조선인자본이 일본대자본과의 경쟁에서 불리하게 된다는 것이고, 뿐만 아니라 가격협정이나 생산제한협정 등을 통한 일본자본의 침투로 조선인 중소자본의 전면 몰락이 우려된다는 것이었다.

아울러 이기수도 '30년대 전반기 내지(일본)자본이 식료업이나 방직업으로 투자됨으로써 조선지역자본=중소공업의 성장 여지가 많았으나 戰時에는 내지자본이 특히 자본구성이 고도화하고 기술수준이 상승한 곳으로 집중됨으로써 오히려 지역자본의 조장이 어렵다'는 푸념을 하기도 했다.[7] 조선인대자본가의 경우라도 예외가 아니었다. 즉 조선생명보험회사 사장인 한상룡도 조선에서 '중통법'을 실시하는 것은 아직 시기상조라고 하는 등 '통제우려론'적인 입장을 피력하기도 했다.[8]

그런데 이러한 조선인의 공업인식에는 조선인만의 자본축적기구에 대한 열망도 감춰져 있었다. 즉 일본독점자본의 직접적인 조선진출이나 '중요산업통제법' 적용 등 조선중소공업발달상의 위기감을 느끼면서 조선인들의 자유로운 축적기구를 보존해야한다는 것이었다.

　　최근 수삼년내의 조선의 공업발흥은 놀랠만하다. 그런데 조선공업과 내지의 斯業은 상극관계에 있다. 조선독자의 공업발전은 일본내지공업생산품의 판매시장의 축소를 의미하야 그 발전에 일대 지장이 되지 않을 수 없다.[9]

요컨대 1930년대 중반까지도 조선인의 '공업화인식'에는 <독점자본우

---

7) 李基洙, 「朝鮮中小工業問題の現段階」, 『朝鮮總督府調査月報』, 1942년 8월호, 27쪽.
8) 朝鮮總督府, 『朝鮮産業經濟調査會會議錄』, 1936, 27쪽.
9) 朴用來, 「重要産業統制法과 조선에 實施問題」, ≪조광≫ 1936년 5월호(『식민지시대자료총서』(6), 480쪽).

려론>, <통제경제우려론>이 강하게 작용하고 있으며, 더불어 조선인 독자의 자본축적기구에 대한 희망도 베어 있었다.

2. 중일전쟁 이후: 조일공생공영론(共生共榮論) '통제지지론'의 확산

1930년대 후반에 들면서 기왕의 '토착경제옹호론'이 더 이상 희망일 수 없다는 인식이 팽배해지면서, 조선인의 '공업관'은 일본인과 조선인 자본이 서로 공영하자는 논조로 변화하였다. 특히 중일전쟁을 기점으로 종래와 같은 조선인자치조직의 결성이나 물산장려운동 등 조선인만의 경제권을 옹위하자는 논리가 사라지고 대신, 총독부의 지원으로도 조선인자본의 성장이 가능하며 통제경제나 독점자본은 오히려 조선공업의 발전에 기여한다는 인식으로 전환하고 있었다.

단적으로 일제의 통제와 민족차별에 의한 경영난 및 실업위기에 몰렸음에도 그 원인을 마치 조선인 자본의 경영 미숙이나 무기력에서 찾고 산업조합 등의 공업의 합리적 통제를 통해 해결을 꾀하려는 자세는 바로 그러한 <통제지지론>으로 전환하는 일단인 것이다.[10]

이러한 인식의 내면에는 대공업=일본독점자본과 중소공업=조선자본이라는 등식을 현실로서 인정하고 그들간의 유기적 연결을 통해 공영하자는 입장을 포함하고 있었다. 자본의 국적 상실이라는 중대한 기로에 조선인 자본가들은 서 있었다.

당시 확산되던 "조선에 대한 식민정책의 필연적인 방향"[11]인 내선일

---

10) '중소상공업자의 실패원인은 그 3할 이상이 상공업자 자신의 무기력에 있지 아니할까? 고로 중소상공업자의 진정한 갱생도는 첫째로 자기자신의 고유한 결점을 고치는데 있고 둘째로 산업조합, 공업조합의 기타 방법으로 실시되는 합리적인 통제 있을 것이라고 믿는 바이다' 한승인, 「중소상공업자의 更生途」 ≪신동아≫(6-7) 1936년 7월호(『식민지 자료총서』(6), 289쪽).

11) 최유리, 「일제말기(1938-1945) 내선일체론과 전시동원체제」, 1995, 이화여대

체론은 이러한 조선인자본가의 <통제미화론> <전시경제지지론>과 밀접한 관련이 있었다. 당시 경제이론가 인정식(桐生一雄)의 「내선일체의 필연성」12)이라는 글에서 왜 조선인 자본가 적극적으로 일제의 전시동원구조에 참가하게 되었는가를 다음과 같이 설명한다.

그는 중일전쟁의 확대로 '대동아공존공영을 기조로 하는 우리제국의 원대한 동아사상의 진실한 의의가 종래 내선일체를 기만적인 것으로 보는 사람의 마음을 바꾸게 했으며 이로써 일본인에 뒤떨어지지 않는 진충보국의 실'을 보이게 했으며 '민족전체의 완전한 전향'을 말하게 되었다고 했다. 또한 내선일체야 말로 '모든 가능성이고 필연성 여하를 초월한 하나의 역사적 필연으로 작용하고 관철되고 있다'고 했다. 궁극적으로 내선일체론 및 대륙병참기지론은 조선의 자발적인 의사에서 출발했으며 조선 민중에 큰 도움이 된다는 생각을 가지고 있었다. 이것은 당시 조선인 자본가들에게 조선 민중의 배신감을 잠재우고 적극적으로 침략전쟁에 참가할 수 있도록 하는 합리화의 산물이었다.

실제로 그들 자본가들의 인식 저변에는 조선이 충실하게 일본의 한 부분으로 될 경우 조선민족은 식민지 일등 국민 반열에 오를 수 있다는 환상을 포함하고 있었는데 이는 그가 "조선의 대륙병참기지화가 조선의 공업발전이나 민중 생활에 큰 도움이 된다"고 한 측면에서도 읽을 수 있다. 아울러 '본토의 대자본은 자본구성도가 높고 기술수준이 상승한 곳으로 집중됨으로써 지역자본의 조장이 어렵다'13)는 일부의 '독점자본 경계론'에 대해서도 "조선의 공업경제는 본토자본의 손에 완전히 독점되었으며 이러한 상황에서 조선공업은 오히려 약진하게 된다"14)고 전제하고, 본토공업의 유입은 "종래 조선의 농촌과잉인구를 해결해주고 종

박사학위논문 14쪽.
12) ≪東洋之光≫ 1939년 5월호
13) 李基洙, 「朝鮮中小工業問題의 現段階」, 『朝鮮總督府調査月報』, 1942년 8월호, 27쪽.
14) 印貞植, 「朝鮮社會의 基本的 分析」, ≪三千里≫, 1939년 7월 호, 52쪽.

래 조선인이나 일본인이 경영해 온 중소기업(주로 경공업)의 발전을 장려할 것"[15]이라고 했다. 이러한 인식은 일본 이식자본과 조선인 중소자본간의 연계를 통한 발전에 대한 강렬한 희망과 공업화=조선인의 생활향상이라는 희망을 잔득 담고 있는 것이었다.

> 현재 어느 정도 공업부문에 (지역자본)이 투자되고 있는가 하는 문제는 內地(일본)대공업 자본의 조선진출이 전적으로 조선에서 대공업건설을 담당하고 중소공업은 지역자본에 위임되어진 형세인 이상 중소공업의 발전정도를 좌우하는 것으로 간주 할 수 있다[16].

인정식의 논리를 종합하면, 독점자본 침투로 조선인자본의 축적 기회가 더욱 확대된다는 것이다. 또한 국토계획에 대한 인식에서도 나타나듯이 종래의 영세한 조선인자본의 제한성 그리고 독점자본의 팽창에서 오는 조선인자본의 정체감을 "'공익 우선'의 통제경제, 계획경제 아래서 해소할 수 있다"[17]고 함으로써 종래의 <통제우려론>을 대체한 <통제경제지지론>, <독점자본유용론> 나아가 <조일공생공영론>을 주창하고 있다.

이 같은 인식 전환과 관련하여 종전 <토착경제옹호론>에서 제기된 '민족'개념에 대한 새로운 해석이 가해졌다. 즉 중추원 참의와 총독부 학무국 편수관을 지낸 현영섭(玄永燮)은 종래의 조선인의 민족의식은 '협애한 민족주의적 관념의 포로'이자 '이기적 민족감정으로서 인류평화

---

15) 印貞植(桐生一雄), 「內鮮一體의 필연성」, ≪東洋之光≫, 1939년 5월호; 그 결과 인정식은 "당시 조선인 공업이 주로 전통적인 가내 수공업의 기반 위에 조성된 것이기에 일본 독점자본과는 마찰이 없을 것으로 보았다. 오히려 옛 것(전통 조선인 공업)을 기반으로 새로운 것(이식공업)을 연계함으로서 조선공업의 획기적 발전을 전망할 수 있다"고 했다.(「조선인 기업의 현세」, ≪三千里≫, 1940년 10월호 참조)
16) 李基洙 「朝鮮中小工業問題의 現段階」, 『朝鮮總督府調査月報』 1942년 8월호, 24쪽.
17) 印貞植, 「朝鮮農業과 食糧과 國土計劃」, ≪三千里≫, 1941년 6월 호, 113쪽.

를 파괴하는 파괴적이고 위험한 사상'으로 낙인찍고 이러한 조선이라는
협소한 민족주의에서 벗어나 '전인류적인 정신인 광의의 대동아민족주
의로 민족관을 전환할 것'을 요구하였다.[18]

한편 인정식은 그러한 민족관을 보다 정치하게 조립했다. 즉 조선민
족, 일본민족으로 구분하는 것은 역사적으로 지리적으로 분열된 이후
형성된 '협소한 민족개념'이라 하고, 광의의 민족=대화민족은 역사적으
로 지리적으로 분열되기 이전의 퉁구스적 의미의 자연적 민족개념으로
서 내선일체는 그러한 퉁구스민족의 재현과정이라는 것이다. 그리고 그
것을 재연하기 위한 가장 순수한 정신이 곧 일본정신이라는 것이었
다.[19] 따라서 대동아공영권에서 일본을 맹주로 하고 그 하위에서 조선
이 여타 식민지 보다 우위를 차지하기 위해서는 협의의 조선 중심의 민
족주의에서 벗어나 일본정신을 무장해야 한다는 것이었다. 그럴 때 일
본정신이란 곧 침략전쟁을 확대하려는 정신이며, 침략전쟁에 적극 참가
하는 것이 곧 일본정신의 실현과정이자 퉁구스 민족의 재현과정이라는
것이었다. 이같은 민족관은 조선인자본의 '공업화 인식'이 종래의 <토착
경제옹호론>에서 <침략전쟁동반론>, <일선공생론>으로 급변하는 과정의
산물이었다.

아울러 이러한 인식의 전환은 조선이 충실하게 일본의 한 부분으로
될 경우 조선인이 식민지 가운데 일등(一等) 국민이 될 수 있다는 환상
에 따른 것이었다. 예를 들어 친일지식인 김두정은 "조선은 외지나 식
민지가 아니라 대일본제국의 한 지방으로서 북해도나 구주처럼 될 것이
며 이에 남겨진 모든 현안도 틀림없이 해결될 것이다. 즉 반도 황민의
민력, 민도의 향상과 충실과 결부해서 납세의 의무가 충분히 달성되면
의무교육제도도 실시될 것이며 이러한 황민화 교육의 보급과 병행해서

---

18) 玄永燮, 「內鮮一體에 관한 견해」, 『總動員』, 1940년 1월호.(최원규 편, 앞의
    책 38쪽에서 인용).
19) 印貞植, 「民族問題의 方法論」, ≪三千里≫, 1939년 4월 호, 63-64쪽.

의무징병제가 구체화될 것이다. 이리하여 본토와 조선간에 놓여진 일체의 거리와 장벽이 제거되면 내지연장주의에 기초를 둔 정치문제도 해결될 것"[20]이라 하였다.

이러한 '조일공생론(朝日共生論)'이 확산되고, 1930년대 후반 이후 일본이 침략전쟁을 확대하는 상황이 되자 조선인자본가들은 자연히 침략전쟁에 편승한 해외투자문제에 관심을 기울이면서 종래의 '물산장려론'에서 조선산 제품의 적극적인 '수출론'을 전개하기에 이르렀다.[21] 그리고 조선인과 일본인이 더불어 해외로 진출하자는 입장도 피력되었다. 다음의 인용은 1939년 조선생명보험 사장 한상룡이 중국을 다녀오고 나서 행한 언급이다.

> 이번에 화북을 시찰하고 돌아온 뒤 저는 기쁨과 미래에 대한 기대로 벅찼습니다.(중략) 저의 바램은 화북의 일본인 들과 중국인 들이 한국에 대한 인식을 새롭게 하도록 강력히 밀어주셨으면 하는 것입니다. 제 생각에는 또한 한국인들과 일본인 들이 상당한 자본을 투자하여 화북에서 사업을 하도록 밀어주셨으면 하는 것입니다.[22]

그 결과 산업경제조사회의 '답신안'에서도 "중소공업의 육성과 더불어 대공업과의 조정발달'이라 하여 대공업(독점자본)과 중소기업(조선인자본)간의 유기적 연결"이 강조되었고, 제6회 전선공업자대회(1939.10)에서도 중소기업 육성과 일본공업의 유치, 조선남부의 경공업 증강 그리고 본토기업의 지도 등 일본독점자본과의 적극적인 협조가 강조되었

---

20) 김두정, ≪東洋之光≫, 1939년 5월호.
21) "조선은 自作自給하는 산업에 교착하고 멀리나간다 함이 米, 棉花 등이 內地로 갈 뿐이라 이리해서는 朝鮮의 부를 증진할 수 없다, 그러므로 中國, 歐洲, 美國까지 수출산업에 착수해야 한다"(「산업조선의 건설책」, 『朝鮮日報』, 1937년 1월 4일자)는 것은 단적인 예이다.
22) 韓相龍, 「北支を見て」, 『朝鮮實業』, 1940년 7월호.(에커트 전게서 184쪽에서 인용)

다.23) 특히 일본본토 기업의 유치는 기술수준이나 원자재가 부족한 조선기업이 그 부족을 만회하고 기술축적을 할 수 있는 수단으로 인식되기도 했다.24) 이에 39년 10월 제 6 회 전선공업자 대회에 상정된 안건은 주로 국내 중소공업의 육성과 일본자본의 유치 및 남조선지방의 경공업기지화대책 그리고 일본의 공업화 지도 문제등 엔블럭 내에서 일본과 협조를 통하여 나름의 공업 성장을 추구하려는 의안이 주류를 이루었다. 또한 제6회 대회는 노무동원문제 및 소공업을 위한 소조합 제도의 실시가 적극 요구되지 못했으나 40년 이후는 생산력확충에 따른 노무동원(부산공업구락부) 및 소조합제도 실시(대구공업협회) 등 주로 조선남부 지역의 공업 단체의 요구가 비등하였다. 대신 조선북부 지역의 공업자 들은 제 6회 및 7회 대회에서 공히 일본으로부터의 공업지도, 기술자양성 등의 문제 그리고 공업학교 건설, 기술자 분배 등에 관심이 집중되었다.

둘째, 국토개발계획과 관련하여 제6회 대회에서 각종 부대공업육성(조선공업협회) 조선내공장의 지방분산화(대구공업협회, 해주상의) 등의 제안이 있었으나 7회 대회에서는 포괄적인 측면에서 국토의 종합개발을 위한 국토계획의 실시(조선공업협회)를 요구하고 있다. 특히 일방적인 북선 위주의 공업화에서 조선남부를 포괄하는 전 조선 차원의 공업화 실시에 대한 요구가 강력하게 제기되었다. 예를 들어 부산공업구락부가 물자의 가격 및 배급, 규격 등에 대한 일원적 통제와 노무조정 등을 강력히 요구한 것은 상대적으로 전시통제의 이익을 향유하지 못하던 조선남부지역의 자본가들이 당시 일제가 표방하고 있는 '고도국방국가수립론' '종합국토계발계획' 등을 빙자하여 자신의 축적로를 확대하고자 하는 전술이었다.

요컨대 이러한 조선인 지식인·자본가들의 인식변화는 단순히 관념적

---

23) ≪殖銀調査月報≫, 1939년 11월 호, 138쪽 및 1940년 12월 호 참조.
24) ≪殖銀調査月報≫, 1941년 5월호, 93쪽.

인 친일만을 표방한 것이었다. 적어도 그들은 중일전쟁이 실제로 자본 축적에 실익을 준다는 점을 피부로 인식하고 있었다. 경성방직 사장 김연수(金秊洙)가 느꼈던 '즐거운 비명'을 보면 그것이 단지 관념만은 아니었음을 보여준다.

일본군이 파죽지세로 상해와 남경 등지를 점령하자 그곳의 중국인 경영의 방직공장들이 거의 폐문상태여서 직포난은 날로 격심해 갔다. 이 무렵부터 만주에서 인기를 꿀로 있던 불로초표 광목이 이번에는 화북일대로 그 세력을 뻗쳐 경성방직은 크게 신장하게 되었다. 그것은 중국인들이 적대국가인 일본제품을 기피하는 데서 생긴 현상이다. 이 뜻하지 않은 국제무대에서 각광을 받으면서부터 경성방직은 생산에 박차를 가하여 즐거운 비명을 올리고 있었다. 이대로 전진만 한다면 경성방직은 이제 한국의 경성방직이 아니라 동양의 경성방직이 되는 날도 그리 멀지 않을 것 같았다(밑줄은 인용자)[25]

실제로 조선인대자본은 전시동안 상당한 자본축적을 보였다. 위 경성방직의 당기순이익을 보면 1936년에는 6~7만 원이었지만 1939년에는 636,873원으로 1945년에는 무려 100만 3천여 원으로 증가하였다.[26] 그리고 고정자산(토지, 건물, 시설)은 1934년에는 불과 30만원이었지만 1945년에는 43배에 달하는 1,173만 원에 이르렀다. 또한 자본금도 창립당시 25만 원이었으나 1942년에는 1천만 원, 1945년에는 1,300만 원에 이르렀다.

25) 한국일보사 편, 『財界回顧』(1), 1981, 94쪽.
26) 『京紡 70年史』, 1989, 120쪽.

Ⅲ. 1940년대 조선인의 '공업 인식'과 제2의 일본화론

1. 조선인자본가계급의 '제2의 일본화 경향'

1940년대 일본이 총력전체제를 강화하기 위해서는 경제적 강압만이 아니라 조선인의 자발적인 동원을 위해서라도 이데올로기적 합리화를 병행해야만 했다. 특히 수탈 범위를 만주와 중국, 동남아로 확장하고 물자동원을 강화하기 위해서는 전쟁의 의미를 보다 동양적 정서로 부각할 필요가 있었다.[27] 일본의 침략전쟁은 '성전'이요, "정의의 전쟁이며 조국의 이상"으로 미화되었고,[28] 아울러 가혹한 경제수탈도 또한 구미제국의 원료·상품시장에서 벗어나 대동아자주경제를 구축하는 데 필요한 "수입대체공업화정책"으로 묘사되면서 마치 그들의 전쟁도발이 "반서구제국주의적 자력갱생" "자유주의경제 모순극복"[29]의 수단으로 의미 부여되었다. 그와 더불어 일본의 침략논리도 동아신질서론에서 동아공영권론으로 그리고 대동아공영권론[30]으로 비약하고, 그것과 관련하여 종전 '내선일체론'을 더욱 강화하여 조선을 마치 사국이나 북해도처럼 황

---

27) 「大東亞戰下工業組合の新使命」, 『朝鮮工業組合』, 1943년 1월호, 14쪽.

28) -臨時中樞院會議における總督訓示(41.12.10)-『太平洋戰下の朝鮮』(1), 63쪽. 이러한 동양인의 평화를 위한 전쟁으로 미화하는 것은 이미 1940년 이후 노골적으로 추진되어 오던 전쟁 홍보논리였다. 예를 들어 1940년 9월 16일 臨時道知事會議 總督訓示에서도 '동양인의 평화를 위한 성스러운 전쟁'으로 중일전쟁을 묘사했고 태평양 전쟁도 이와 같은 맥락에서 聖戰으로 규정했다. 『殖銀調査月報』, 1940년 12월 호, 64쪽.

29) 渡邊銕藏, 「統制經濟主義の再檢討」, 『朝鮮及滿洲』, 1935년 10월호, 18쪽.

30) 橋川文三의 경우 이미 1937년부터 일본은 대동아공영권 구축 작업을 시작했다고 본다. 「大東亞共榮圈の理念と實態」, 『岩波講座 日本歷史』(21), 1977, 267쪽.

국의 일부로 만든다는 이른바 '제2의 일본화론'을 선전하기 시작했다.[31]

이러한 상황에서 친일 조선인자본은 이러한 침략논리를 전폭 수용했을 뿐 아니라 일제의 침략미화론 위에 식민지인 이라는 열등의식마저 가미되면서 더욱 광적인 형태의 침략논리를 전개했다. 삼천리사 사장 김동환(金東煥)이 행한 임전보국단 개회사를 보면 그러한 입장이 잘 드러난다.

> 그 동안 우리도 사변(중일전쟁: 필자)이래 5개년 동안을 두고 성전에 참가하여 직접 간접으로 피도 흘리고 돈도 바치고 노력도 보태여 들였지요. 그러나 여러분, 우리 냉정히 생각해봅시다. 황군장병 십일만명이 죽었는데 조선사람은 겨우 세사람이 죽었고 국채소화의 힘도 본토의 어느 일현만 갓지못하고 그밖에 무엇무엇모두다 빈약하였다고 고백하지 않을 수 없습니다(중략)이렇게 국민정신을 통일하고 그런 뒤 노력과 물자와 돈을 바치고 그러고난 뒤 할 일이 있습니다. 그것은 피를 바치는 일이외다. 우리의 생명을 전장에 바처야 하겠습니다. 황군장사의 모양으로 우리도 전장에 나아가 우리나라 일본제국을 방위해야 할 것입니다[32]

즉 일본군인은 11만 명이 죽었는데 조선인은 겨우 세 명만 죽었으니 부끄러워 얼굴을 들 수 없으며, 그러한 수치를 이기기 위해서는 물자뿐 아니라 생명까지도 일본을 위해 던져 달라는 호소였다. 이와 유사한 논리로 이광수는 "일본본토와의 인구비례에 의하면 조선인의 공채소화력이 총 200억 원 중에서 70억 원에 달해야 하는 것이지만 달성액은 8.3%에 불과하여 국가(일본)의 체면을 세울 도리가 없다"고 자탄하며 이에 조선인이 적극적으로 애국운동에 참여해 줄 것을 요구하기도 했다.[33]

---

31) 朝鮮總督府 情報課, 『新しき朝鮮』, 朝鮮行政學會, 1944, 82쪽.
32) 金東煥, 「臨戰報國團結成에 際하여(開會辭를 겸하여)」, 《三千里》, 1941년 11월호, 16-17쪽.
33) 李光洙, 「半島民衆의 愛國運動」, 《光化》 1941년 11월호, 中國 上海 光化社, 8쪽.

또한 자본축적의 조건이 시장 경제보다는 총독부의 통제정책에 규정되면서, 종전 '중통법'이 조선에 적용될 때 보였던 조선인의 <통제우려론>은 급속히 <통제미화론>으로 전환했다. 그것은 당시 화신그룹 사장이었던 박흥식의 언급에서도 나타난다.

> 신경제체제에 있어서 자유주의적 원리를 포기해야 할 것이다. 자유주의 경제는 시장원리를 그 골격으로 하며 경제 활동의 제일의적 요소를 이윤 추구에 두는 것이다. 이에 반하여 전시통제경제란 국가적 개념에 기하여 공익적 사명을 중추로 한 새로운 상업의 윤리를 말하는 의미하는 것이오. 개인주의를 배격하는 동시에 전체주의정신에 귀의하기를 앙망하는 것이다.(중략) 우리 국민으로서도 국가기구의 전면적인 신체제로의 변혁전환의 국가대방침에 순응하여 정부와 공통한 운명을 가지고 재래의 개인적 자유주의의 철저한 부정우에서 국가전체정신에 귀의하지 않으면 안된다.[34]

또한 이광수도 "산업통제를 이루고 기술자는 등록하며, 노동자는 노동수첩을 소지하도록 하는 것으로써 당국은 국민개로제도를 고려하고 있다. 그것은 無爲徒食을 근절하는 동시에 적재적소로 취업을 할 수 있도록 규정하는 것이다. 재산이 있으면서 놀고먹는데 세월을 보내는 것을 허락하지 않는다. 자신이 좋아하는 일만 한다든지 자신이 싫어하는 일은 하지 않으려는 것을 허락하지 않는 것이다"라고 하여 통제의 긍정적 측면을 강조하기도 했다.[35] 이처럼 당시 조선인자본이 적극적으로 통제경제를 옹호하게된 것은 전통적 자본축적 기반인 토착시장이나 민간구매력이 총독부의 통제 정책에 의해 의미를 상실하게 된 결과였다.

물론 이 시기에도 통제정책을 찬성하는 입장만 보인 것이 아니다. 이기수와 같이 일본의 생산력확충정책하의 조선 기업정비는 효과가 미미

---

34) 朴興植,「東亞經濟뿔럭 形成과 新經濟倫理」,《三千里》, 1940년 9월호, 32쪽.
35) 李光洙,「半島民衆の愛國運動」,《光化》, 1941년 11월호, 中國 上海 光化社, 9쪽.

하다고 하는 <통제 반대론>도 제기되었고,[36] 이윤종처럼 당시의 공정가
격제 문제점을 제기한 경우도 있었다.[37] 그렇지만 이러한 입장은 당시
총독부가 일본본토의 기업정비 요구에 일정한 거리를 두고 중소기업육
성을 견지하거나 공정가격의 문제점을 내사하고 있던 단계에서 나온 입
장이라 엄밀한 의미의 <통제 반대론>은 아니었다.

이러한 조선인자본의 <제2의 일본인화> 경향에 발맞추어 조선인 자
본가의 공업인식도 새로운 모습으로 비약했다. 즉 30년대 후반기 조선
인의 '공업화 인식'을 <일선공생론>으로 정의한다면 1940년데에 들면
이제는 침략전쟁에 적극적으로 참가함으로써 일본본토의 운명과 자신의
운명을 일체화하는 이른바 <1차적 공영권론> <'제2의 일본화론> <'침략
전쟁동반론>으로 변한 것이다.

2. 조선인자본의 전시경제 참여와 침략전쟁의 첨병화

1) 1차적 공영권론, 북방권의 수장론

우선 <제1차적 공영권론>은 조선인 자본이 일제의 이데올로기공세에
휘말리는 한편에 40년대 이후 공영권이 확장되어 조선의 비중이 역내
에서 축약되면서 나름의 예속적 자본축적의 특혜를 상실할 우려에 빠진

---

36) 그 이유에 대해서 조선인 경제이론가 이기수는 다음과 같이 언급했다. "상
   업은 비교적 간단한 방침으로 결정될 수 있어도 공업은 여러 연구사항이 남
   아있다. 상업신체제는 결국 상업의 수수료주의화와 배급기구의 계통 정비차
   원에서 대개 이루어졌기 때문에 이론적 논의는 별반없다. 그러나 공업은 산
   업의 배치 계획, 조선에서 발전할 만한 공업분야선정 등이 우선 결정되어야
   한다. 따라서 산업재편문제는 매우 복잡하다(밑줄은 필자)"(李基洙,「朝鮮中
   小工業問題の現段階」,≪總督府調査月報≫, 1942년 8월호, 32쪽)라고 하여 조
   선의 생산력확충에 기업정비가 구체적으로 기여할 수 있을 것인지에 우려를
   표명했다.
37) 李允鐘,「물가문제의 재검토」,≪朝光≫ 1941년 7월호(『植民地資料叢書』(6),
   83쪽).

조선인자본가들은 이젠 스스로 '북방공영권'에서의 역할과 식민지공업화의 당위성을 설파함으로써 상대적으로 '남방권'에 대한 상대적 우위를 획득하려고 한 입장이었다.

그러한 인식은 당시 식은 조사부의 전승범(全承範)이 언급한 내용에서도 나타난다.

> 동남아자원이 풍부하여 일반 기업이 동남아의 개발에 집중하게 될 것이므로 북방자원이 즉 조선의 자원개발은 그 가치가 감소할 것이라고 하는 견해가 있다. 즉 동남아의 우크라이나라고 하는 인도차이나(佛印),타이(泰國),버마(緬甸) 등지의 쌀이 상당히 큰 수출력을 가짐으로서 조선의 산미증식계획의 중요성을 부인한다든가 또는 말레이반도, 인도네시아(蘭印), 필리핀 등 광업자원이 풍부하여 북방의 광업 특히 조선의 광업은 개발가치가 없으며 그 자원에 의하는 조선의 공업은 장래성이 희박한 것같이 보는 견해이다. 이것은 동남아자원의 내용과 성격을 정당하게 인식치 못하며 또 대동아전쟁의 경제적 의의를 이해치 못할 뿐만 아니라 공영권내 북방권의 위치가 어떠한가 또 북방권에 있어 조선의 지위 특히 조선공업의 역할이 어떠한가를 이해치 못하는 극히 천박하고도 위험한 생각이다. 동남아시아권이 공영권에 참가하게 된다는 것은 결코 북방권과 대립한다는 것이 아니고 북방권과 유무상통하여 완전한 자급자족의 동아공영권을 형성하는 것에 중대한 의의가 있다. 즉 북방권은 '제1차적 공영권'으로서 공영권의 중심이 되어 자주적 입장에서 동남아권을 배양할 새로운 책임을 부하하게 된 것에 큰의의가 있다(밑줄은 필자).[38]

이것은 '대동아국토계획'(1942.2) 이후 일본이 조선을 '북방엔블록'의 '중요물자자급지화', '생필품공급지화'하려는 데 대한 조선인자본가의 논리적 대응이었다. 특히 1942년 6월에 고이소 총독이 산업경제시책에서 조선의 시설과 동남아의 자원을 서로 연계할 것을 천명하자 그러한 인

---

38) 全承範,「北方建設과 朝鮮工業」, ≪朝光≫1942년 4월호(『植民地資料叢書』(6), 564쪽).

식은 더욱 고무되었다.

이러한 '공업화 인식'을 토대로 조선을 <제1차적 공영권>으로 비약시
키기 위한 조선인자본가들의 움직임들도 확산되었다. 우선 평양경제구
락부는 1942년 6월부터 새로 편입된 동남아에 적극적으로 진출함으로써
이 지역의 실권을 장악하자는 것과 연합군의 일본본토공습으로 본토수
송이 곤란한 동남아 자원을 조선에 옮겨서 증산하자는 주장이 나오기도
하였다.[39]

또한 제9회 전선공업자대회에서도 각종 물자의 증산과 더불어 북방
엔블록이나 남방엔블록과의 경제적 연계를 강화하자는 의안이 다수 제
기되었다. 제6회 대회에서 본토와의 연계를 통한 중소기업·비군수산업의
증강이 주된 의안이었던 것과 비교하면 제9회 대회에서 제기된 의안은
조선을 '엔블록의 생산력 기지화'하자는 조선인자본가들의 희망이 담겨
진 것이었다. 그리고 '제1차적 공영권론'은 동원체제가 파탄에 접어든
1943년 이후에도 조선인 자본가들이 침략전쟁에 음으로 양으로 참가하
는 명분이 되기도 했다.

이는 고이소 총독이 42년 6월 26일 개최된 도지사회의상에서 산업경
제시책으로 조선의 공업과 남방자원의 연계를 시사한데서 비롯된 것이
다.

> 성전의 완수상 시국산업 그중에서도 군수공업을 부대하는 산업기타 중
> 공업의 한차원 높은 발전을 위해 노력해야 하겠지만 장래 남방각 지역에
> 서 생산되는 과잉자원을 기초로 하여 製産工業의을 조선에서 발흥토록
> 하는 것을 도모해야 한다[40]

이러한 <1차적 공영권론>은 조선인 사이에 급속히 확산되어 제9회

---

39) <經濟治安週報>, 1942년 7월 5일, 부록 1쪽.
40) ≪殖銀調査月報≫ 42년 8월호 19쪽

전선공업자 대회에서는 각종 '자급'정책과 더불어 남·북방 엔블록과 연계를 요망하는 의안이 상당수를 차지하게 되었다. 이는 제6회 대회에서 일본과의 연계가 강조되고 이에 중소공업, 평화산업을 통한 공업발전을 주된 안건으로 삼았던 것과 크게 달라진 것이다. 이러한 <제1차적 공영권론>은 관변잡지, 언론 등을 통해 '조선은 북방권의 組長41)'등 다양하게 확산되면서 40년대 이후 조선자본가들의 침략전쟁 동참의 논리적 귀결로서 각광을 받게 되었다.

2) '침략동반축적론',

또한 40년대 조선인 공업인식은 <침략동반축적론>을 포함하고 있었다. 이러한 인식은 조선공작주식회사 사장 하준석(河俊錫)이 이 회사를 설립할 때 행한 창립연설에서도 나타난다.

지금은 지나사변(중일전쟁: 필자)은 이미 1개년여를 경과하여 제삼기작전에 이행하여 피의 장기항전에 대응하기 위하여 군수자재의 제조확충은 더욱 긴절을 요하는터인데 <u>아조선은 대륙의 일부로서 지리적으로 만주국, 북지(화북: 필자)를 접하여 전시는 물론이요 평시에 있어도 각종 기계류의 많은 수요에 응치안으면 안된다.</u> 이때에있어 전시평시를 불문하고 금후 우리 조선에 약속된 역할은 비상히 중차대한 바가 있다. 오인은 여기에 감한바있어 총후국민으로서 건실한 창의를 다하야 전시체제의 정비를 다하기위하야 (중략) <u>전시중에 있어서는 제국전투능력의 확충강화에 공헌하며 평시에서는 중대업의 진흥발전에 기여코저 하는 바이다</u>(밑줄은 필자)42)

---

41) 東洋經濟新報社 편 ≪朝鮮産業年報≫ 1943년판의 서설 「決戰體制の確立と朝鮮經濟の再編成」에서 일본과 조선 그리고 북방 제 지역의 침략동원상 위치를 각각 隣組나 愛國班조직에 비유하면서' 大東亞共榮圈이라는 하나의 町內에서는 總代라는 위치에 있는데 이러한 총대로서의 내지와 가장 밀접한 관계에 잇는 町內의 모범적인 愛國班 조직이자 또한 그렇지 않으면 안되는 것이 大陸隣組이다. 따라서 조선이야 말로 大陸隣組의 組長이라는 위치에 있는 것이다'(28쪽)고 했다.

이는 조선인 자본이 침략전쟁을 자본축적의 기반으로 삼고 그것을 위하여 적극적으로 생산력확충에 참가하겠다는 의지를 표방한 것이었다.[43] 이러한 차원에서 군수산업의 확충을 겨냥하거나 만주로 진출을 꾀하는 조선인자본이 크게 증가하였다. 예를 들어 민규식의 동방식산주식회사(東方殖産株式會社)[44], 이병철의 삼성상회(三星商會)[45] 경성방직의 남만면업(南滿綿業)[46], 박흥식의 조선비행기공업주식회사(1944.10.26)[47] 등이 그것이었다. 개성지역 사례처럼 중소자본도 자발적으로 합동하여 송도항공기주식회사(松都航空機)를 설립하고 조선비행기주식회사

---

42) ≪三千里≫, 1939년 4월호 44쪽.

43) "대동아 전쟁 완수에 필요한 경제적 수요를 완전하게 충족할 수있도록 함은 재계인의 영광스러운 책무이다. 이를 위하야는 멸사봉공의 신념으로 국책에 순응해서 생산확충에 봉사해야 한다. 이렇게 하자면 전력을 다해서 2배 3배로 능률을 향상해야 한다. 여기서 우리황제의 위대한 정신력을 본받아야 한다"(≪每日新報≫, 1942년 1월 18일자, 4면, '경제인의 결전태세'(7) 漢銀支配人 玉山友彦의 언급).

44) 이 회사는 滿洲에서 주로 殖産産業에 참가했다. ≪三千里≫, 1940년 6월호 70쪽.

45) 三星商會는 일본이 중일전쟁을 감행하면서 엔블록이 확대하자 前三星그룹의 會長이었던 李秉喆이 1938년 3월에 大邱 仁橋洞에 설립한 무역회사였다. 이 회사는 사과, 밤같은 청과물이나 오징어 등의 건어물을 만주나 중국에 수출함으로써 이익을 보고 있었다고 한다. 第一製糖株式會社, 『第一製糖四十年史』, 1993, 111-112쪽.

46) 京紡은 이미 1930년대 중반 華北지방에 공장을 건설할 계획을 세웠고 이후 입장이 바뀌어 滿洲 蘇家屯에 南滿紡績을 세우기로 하여 1939년 12월 16일 京城에서 창립총회(자본금 1000만원)를 가졌다. 1940년 27만여 평에 공장을 착공하고 1942년에 준공하여 1943년부터 조업했다. 이 회사는 紡機 3만 5천추, 織機 1천대 勞動者 2,000명을 보유하고 있었다 京城紡織株式會社, 『京紡70年史』, 1989.12, 107-101쪽 참조.

47) 朴興植, 木村義雄, 朴忠重陽, 張元稷相, 山口重政, 原俊一, 芳賀文三, 小林采男, 韓相龍, 穗積眞六郎, 閔奎植, 金季洙, 頭山淸, 朴春琴, 白川樂承 등 조선인 유력산업가 들이 자본금 5천만원으로 설립한 것이고, 1944년 8월 19일 총독부로부터 정식인가를 받았다. 『日帝侵略下韓國三十六年史』(13), 939쪽.

의 하청공장이 되기도 했다.48)

특히 태평양전쟁이 기정사실로 되는 가운데 개별적 전쟁참가가 아니라 이제는 조선인자본이 집단적으로 전쟁에 참가했다. 이러한 움직임은 '반도의 완전한 병참기지화', '반도의 무장화'49)를 표어로 한 임전보국단(臨戰報國團), 홍아보국단(興亞報國團) 결성으로 나타났다. 이들 조직이 조선인대자본의 경제적 이해를 그대로 대변하는 것은 홍아보국단의 발기인으로 김연수, 박흥식, 고원훈 등 조선인 대자본가가 주도하고 있었다는 점에서도 나타난다.50) 아울러 임전보국단 창립취지문에서도 "반도가 특히 물심 공히 병참기지됨의 진가를 발휘하는 것은 이 기회를 놓지고는 재차 얻지못할 것"51)이라고 하여 조선의 병참기지화라든가 조선인의 전쟁참가는 조선인자본의 자본축적에 천재일우의 기회가 될 수 있다고 한 것에서도 나타난다. 나아가 친일문학가 이광수(李光洙)도 대동아공영권건설에 적극 복무하는 것은 "조선인이 황국신민으로 주인이 되고 지도자가 되는 것이며 동아민족의 도사(導師)가 되는 것"52)이라고 하여 침략전쟁에 적극적으로 협조함으로써 엔블록 여타 식민지에 비해 우위에 서고 '제2의 일본인'으로 거듭나자고 강변하였다.

결국 일본이 패망할 때까지도 일본의 침략전쟁에 적극적으로 기여하는 것에 의해 '제2의 일본인'으로, '대동아의 지도자'로 거듭나야한다는 인식은 큰 변화를 찾아보기 힘들었다. 그것은 1944년 말 평안북도 상공회의소 부회장이었던 金岡東元의 언급을 보면 잘 드러난다.

---

48) ≪殖銀調査月報≫, 1944년 9월호, 80쪽.

49) -임전대책협의회 안내장-, ≪三千里≫, 1941년 11월호, 47쪽.

50) 특히 興亞報國團은 申興雨 등의 '臨戰國策協力會'와 결합하여 임전보국단(1941.10.22)으로 확장되어 경제,사상, 교육, 언론, 문화에 걸친 종합적인 애국운동기구가 되었다. 「治安槪況」(1941), 『大野綠一郎文書』(5), 207쪽.

51) 「臨戰報國團 結成에 際하여」, ≪三千里≫, 1941년 11월호, 16쪽.

52) 李光洙(香山光郎>, 「新時代의 倫理」, ≪新世代≫(1), 1941년 1월호(『植民地時代資料叢書』(4), 777쪽).

　　일측이 지원병제로부터 최근에는 학도지원병제, 다시 징병제에 열렬한
충실을 바치엇으며 군수물자 기타 식량증산에 또 근로보국에 정성을 바
첫다. 그러나 이와가치 충성을 다하는 것은 '대동아십억민족의 지도자'가
된다는데 그 단순한 목표를 둔 것은 아니다. 오직 황국신민으로서 마땅히
할 바를 한다는 그것 뿐으로 거기에는 티끌만한 사심이 잇슬리없다[53]

　이것은 비록 전쟁에서 패망하는 상황에서도 본토와의 연결고리를 완
전히 끊고서는 재생산이 불가능했던 조선인자본의 상황을 대변하는 것
으로 볼 수 있다.

　실제로 1940년 이후 중국에서 남경괴뢰정부가 수립되자 이러한 분위
기를 틈타 상해, 남경 등지로 다수의 조선인기업가가 침투하였다. 당시
중국에 침투한 조선인자본에 대하여 대동아사(삼천리사)의 화중 특파원
박거영은 다음과 같이 묘사하였다.

　　여기 상해에도 우리의 반도동포가 각 부문에 걸쳐서 활약하는 것이 적
지 않다. 가령 거대한 아파트에 사무실을 정하고 수십명의 외국인을 사무
원으로 이용하며 수 백 만원의 융통자본을 가지고 운용하는 회사도 설하
여겨서 실제적으로 국책에 응하여 산업경제 방면에 위대한 업적을 이루
고 있어 진실로 기쁘다(밑줄은 필자)[54]

　즉 중국에 침투한 조선인자본이 본토의 금융자본으로부터 후원을 받
고서 중국침략에 적극 가담하고 있었다는 것이다. 구체적인 실상을 보
기 위해 1943년 경 중국의 남경, 상해, 소주(소주), 무석(무석)에서 활동
한 주요한 조선인자본가를 소개하면 <표 1>과 같다.

---

53) ≪每日新報≫ 1944년 9월 14일자.
54) 朴巨影(大東亞社 中中國 特派員),「蘇州, 無錫, 南京の朝鮮財界人の活動を見
　　て」, ≪三千里≫, 1943년 3월호, 106쪽.

<표-1> 中國 上海, 南京지역의 주요 朝鮮人資本家 (1943년 현재)

성명	출신	회사명	위치	개업연도	사업내용
奉命石	平壤	三河興業(株)	上海	?	알루미늄,식료,직물매매(자본금 70만원),철공업(100만원),지점 10개
林承業	平壤	京華産業(株)	"	1941	中國실업가와 합작, 정미·택시업(1943), 조선·중남중국과 무역
朴東彦	?	永和貿易公司	"	1935	성냥공장(25만원), 석탄광(50만원), 직물(십수만원) 운영.
金亨植	牙山	佛慈藥廠	"	1935	製藥業, 지점 500여개소 중일전쟁후 200여개소 온존.
韋惠林	宣川?	惠新洋行	"	1931	생사, 차를 미국이나 일본본토에 수출.
崔泳澤	?	永華貿易公司	"	1924	印度絹 거래, 벽오지 특산품 무역
李泰鉉	?	大利洋行	"	?	興亞院의 지시로 대동아건설공작에 적극 가담, 정치적 영향력 행사.
辛錫福	?	東興會社	"	1941	본점자본 100만원, 상해는 金貞基(전무)담당.조선인 중심 회사
李東旭	義州	遠東公司	南京	1934	천진에서 무역업, 南京에는 1939년 개업
柳本壽泳	?	福記洋行南京支店德	"	?	자본금 20만원 종업원 100명, 南京미곡조합간사,南京맥주조합장
李致顯	延白	盛泰公司	"	1939	무역업
梁桂俊	義州	榮昌公司	"	1936	제남과 청도에서 大昌公司운영, 1938년 영창공사 개업
金仁湖	泰川	維新當洋行	"	1938	전당포, 인쇄업 운영
林光政	平壤	林工務所	"	1939	平壤工業學校 졸업, 中國에서 日中合作社業추진, 토목건설업 관여
秦繁	?	伊藤運輸公司	"	1938	벽오지 물자운송 영업
張承福	?	三福屋 洋行	"	1939	농산물 관련 사업운영 , 軍國的 觀念이 현격함
金村壬石	定州	三大洋行	"	1939	39년 이주 대농장 경영, 철공장, 정미업으로 사업확장.
山田啓男	宣川	南京괴복공장	"	?	軍指定工場(자본금 15만원).중국인 노동자(100명), 미싱 500여대
安田愼吾	和順	大京公司	蘇州	1937	37년 이주 자본금30만원 중일합작사 토산물,오지 물자무역
朴 贊彬	?	長江精米所	無錫	—0	조선의 정미업자 大山과 제휴, 연산 36만톤, 새기공장 운영

備考: 1) 創氏이전 이름을 기록하는 것이 원칙이나 본명을 알 수 없는 경우 창
      씨명으로 기록함. 2) 大東亞社 中中國 特派員 朴巨影에 의하면 安田愼吾 외
      에도 蘇州에는 金家公司(金守仁), 中支産業社(金井勇), 三河興業支店(江嶋命),
      廣信洋行(林輝三), 興源公司(吉田), 復興公司(國本), 蘇州洋行(遠山), 三和洋行
      (花村) 등이 유력한 조선인 실업가로 소개되었으나 자세한 사정을 알리지 않
      아 생략하였다.
出典: 1)「上海に於ける九千同胞の活躍を見る」및 「南京實業家の群像」,「蘇州,
      無錫, 南京の朝鮮財界人の活動を見て」, ≪三千里≫, 1943년 3월호, 96~109
      쪽. 2) ≪光化≫, 1941년 11월호, 中國 上海 光化社.

우선 중국 남경, 상해지역의 조선인자본가들이 이주한 시기를 보면
주로 1935~6년과 1938~9년경이었다. 그것은 일본이 중국침략을 음모
하거나 중일전쟁 이후 일본이 본격적인 점령정책을 시작한 시간과 일치
하는 것이었다. 둘째, 자본가들의 출신지역은 대부분 평양, 정주, 태천,
선천, 의주 등 조선서부였다. 그것은 <시국대책조사회>에서 북중국과의

경제적 연계가 강조되고, 특히 1940년대 이후 총독부가 조선서부의 공업력과 중국의 원자재를 결합하고자 한 공업정책을 전개한 것과 관련있다고 여겨진다. 셋째 이들의 정치적 역할과 관련하여 이미 심장한 것은 임승업, 이태현55), 장승복, 임광정 등의 움직임이 주목된다. 그들은 회사를 운영하는 자본가로서 중일합작사업을 확대하고 정치적으로도 '대동아공영권수립공작'에 적극적으로 참가하여 중국 재계와 정계에 영향력을 행사하는 등 전형적인 침략전쟁의 '전위대(前衛隊)'로 활동한 인물이었다. 특히 임승업이 경화산업을 운영하는데 총독부 사무관 하라타(原田一郎)의 적극적인 지원이 뒷받침되었다는 사실에서 볼 때 조선인자본의 중국 침투는 단순한 자본가의 자본축적욕에 의해서 진행된 것이 아니라는 것을 확인할 수 있다.56) 또한 유수영(柳本壽泳)도 三菱재벌로부터 금융자본을 융통하여 복기양행 남경지점장으로서 미곡이나 식료품업에 관여하는 등 해당지역으로 일본재벌자본이 침투하는데 첨병역할을 하고 있었다. 또한 김인호(金仁湖)는 불과 5,000원의 자본으로 출발하여 일본재벌자본과 연계하여 전당포와 인쇄업을 운영하여 막대한 자본을 축적했고, 산전계남의 피복공장도 군수지정공장이 되어 노동자 100명을 보유했고 미싱만 500여대에 달하는 등 침략전쟁과 연관된 산업 분야에서

---

55) "실업계와도 일방 연결되면서도 동시에 日中合作이라는 커다란 정치적 무대에서 제공작을 활발히 전개하고 있는 이태현씨를 소개하고자 한다. 그는 1929년 상해에 온 이후 대리양행 등 대회사의 중역으로 있으면서 수십만원을 동원할 수가 있었고 그 보다도 대동아건설공작에서 열혈남아인 그는 현재 ○○○과 興亞院의 지시하에서 공작에 분주하다" 「上海に於ける九千同胞の活躍を見る」, ≪三千里≫, 1943년 3월호, 100쪽.

56) "京華産業은 오십일인의 주주로 된 자본금 10만원의 주식회사로 1941년 8월 1일에 당국의 인가를 얻어 9월 10일에 창립총회에서 완전한 성립을 보게 되었다. 도반상취인조합의 조합원을 모체로 한 조선상공업계에 있어서 대표적 기관으로 조선 및 중남부 중국과 물자무역을 주로 한 準國策會社라 할 수 있다. (중략) 동회의 창립까지는 총독부 하라다 사무관의 힘이 컸음을 특기하지 않을 수 없다"(「현지산업계의 거두」1, ≪光化≫, 1941년 11월호, 中國上海 光化社, 7쪽.

막대한 자본축적을 하였다.

요컨대 조선인자본가의 중국 침투는 거의 일본의 중국침략과 때를 같이하는 것이었고 이들 자본가들은 일본의 국책사업이나 원자재 확보, 운송업에 투신하면서 자본을 축적하고 나아가 정치적으로도 일본이 추진하던 '대동아공영권수립공작'에 적극 가담하여 일본의 침략전쟁을 측면에서 지원하고 있었다.[57]

3) 조선인의 '공업화 인식' 분화

태평양전쟁으로 남방엔블록이 역내로 편입되자 당시 조선인자본가들은 남방엔블록의 편입에 대한 우려와 낙관이 교차하였다. 그것은 당시 '침략전쟁의 첨병화' 과정에서 조선인자본의 축적토대가 분화되고 있음을 반영한 것이었다.

우선 조선인자본가의 일부는 남방엔블록의 편입으로 조선은 본격적인 경제발전과 자급자족이 가능하게 되었다고 보았다. 즉 1941년 12월 20일 반도호텔에서 개최된 미·영타도좌담회에서 당시 배재중학교 교장 申興雨(高靈興雨)는 다음과 같이 말하였다.

> 우리는 안심해도 좋을 것이 있습니다. 그것은 우리 황군은 무적강군이라는 것입니다. 게다가 물질적인 면에 있어서도-우선 우리의 동아시아에서 현재의 영·미의 세력을 구축하는 것은 용이합니다. 따라서 내일에는 홍콩, 싱가폴, 필리핀, 말레이, 인도와 남방동아권을 확실히 우리수중에 넣게 되기 때문에 거기에 건설이 동시에 행하여 집니다. 그리고 이만큼 정당 방위선으로 확보하면 전쟁물자가 생활필수자원이 충분히 자급자족됩니

---

57) 이와 같은 의미에서 조선인으로 중국의 王靖衛 괴뢰정부하에서 지방관리로 활동하면서 일본의 침략전쟁을 측면 지원하는 인물도 있었다. 예를 들어 宋天成은 日本軍 陸軍小將이라는 현역군인 신분으로 중국 安徽省 南陵縣長이 되어 '공영권 수립'에 혁혁한 공적을 쌓았다고 했는데(≪每日新報≫ 1944년 11월 26일자) 이처럼 자본가들만이 아니라 직접적인 정치관료로서 침략전쟁에 참가한 조선인도 상당한 한 것으로 추정된다.

　다.(밑줄은 필자)58)

　이러한 언급은 일본의 승리→남방엔블록의 편입→조선인자본의 축적
→조선경제의 발전이라는 당시 조선인자본가들이 가지고 있었던 대체적
인 인식틀을 대변한 것이었다.

　둘째, 조선인자본가나 경제이론가중에서 일부는 일본의 침략범위가
확장되고 일본이 東南亞戰線에 모든 전력을 집중하는 과정에서 상대적
으로 종래 조선인이 향유하던 식민지 개발이익과 엔블록내에서의 역할
이 위축되리라는 위기감을 가지고 있었다. 이에 예속적 자본축적 기반
을 상실할 우려에 빠진 朝鮮人資本家들은 이제는 스스로 공영권 북방에
서의 역할과 식민지공업화의 당위성을 설파함으로써 상대적으로 엔블록
내 다른 식민지에 대한 우위를 확인하려고 하였다. 전시체제 아래서 그
러한 우려를 직접적으로 들어낼 수 없었던 것으로 보이지만 예를 들어
일본이 '日滿支國土計劃'을 수립하고 조선을 皇國中央計劃의 하부 단위
인 지방 계획으로 격하하자 조선인경제이론가인 印貞植이 조선의 영토,
국민 수 등을 예를 들면서 강한 불만을 내비친 것59)도 그러한 인식이
조선인들 사이에 적지 않게 유포되고 있었다는 것을 반영한다.

　구체적으로 어떤 자본가 집단에서 그러한 인식의 분화현상이 일고
있었는지 구체적으로 알 수 없지만 다음의 제9회 공업자 대회 주요의안
을 정리해보면 대체적으로 윤곽이 드러난다.

---

58) 申興雨, 「영국인의 민족성」, 『東洋之光』, 1942년 2월호.
59) 「조선농업과 식량과 국토계획」, ≪三千里≫ 1941년 6월호, 130쪽 참조.

<표 2> 제9회 공업자대회 주요의안(13개항, 1943.9)

선내자급강화책	대외진출책
조선에 철공양성소 설치 제안(공업협회)	조선의 수출품생산증가 요망 (공업협회)
小型鋼 및 中型鋼의 선내자급 계획(인천공협)	만지방면 조선제품수출수속간편화(인천공협)
적산의 민간이용(부산공업구락부)	남방자원의 유입확보 요망(부산공업구락부)
조선에 공업입지 기본방책 수립요망(대구 공업협회)	북방권의 중공업화진전요망(함흥상의)
공장용 일반전기요금 통제실시촉진(군산상의)	多獅島港준공 축항확장계획요망(신의주상의)
식량증산을 위한 농작시험연구소확충(군산공업구락부)	
무연탄을 통한 화력전력개발(원산상의)	
내지 중소공업의 조선이주(신의주상의)	

자료 : ≪殖銀調查月報≫, 1943년 11월 호, 26-28쪽.

즉 북방권과 기왕에 경제적 연계를 갖고 있던 인천, 함흥, 신의주 상의(商議)는 주로 북방권과의 무역관계나 중공업진전 문제를 논의한 반면, 부산공업구락부는 남방자원에 대한 유입력 확보와 적산의 민간이용 문제를 강조하고 있다. 이것은 남방원료를 주로 이용하고 있는 부산지역과 북방권에 시장을 두고 있는 함흥, 인천 지역에서의 기본적인 경제인식을 수준을 반영한 것으로 본다.

위와 같이 1940년대 조선인자본가나 경제이론가들의 '공업화 인식'이 분화된 것은 단순히 그들의 개인적 소신보다는 중일전쟁 이후 종래 북방엔블록에 자본축적의 토대를 두었던 부류와 새로이 태평양전쟁이후 남방블록에 자본축적의 토대를 두게 된 부류간의 이해관계가 반영된 것으로 추측된다. 그럼에도 불구하고 위의 상이한 인식은 '일본의 침략전쟁→조선인자본의 예속적 축적→조선경제 발전'이라는 당시 친일인사들의 일반적인 인식범주를 뛰어넘을 정도로 적대적인 것은 아니었다. 즉 남방블록의 편입을 우려하던 낙관하던 조선인자본가와 경제이론가들은 "조선이 북방권의 조장"[60]이 되어 북방블록의 경제적 헤게모니를 획득하려는 인식을 공유한 것은 마찬가지였다.

60) 「決戰體制の確立と朝鮮經濟の再編成」, 『朝鮮産業年報』(1943년판), 28쪽.

Ⅳ. 조선인중소자본가의 '동화'와 저항

1. 총독부의 중소공업육성정책 추진과 그 의미

이러한 친일조선인들의 광적인 침략동반논리에는 이들에 대한 총독부의 적극적인 뒷받침이 있었다는 것은 말할 것도 없다. 당시 경성주재 소련영사관 부영사 부인이었던 샤브쉬나는 다음과 같이 회고했다.

> 내선일체와 범 아시아사상, 선언과 약속, 조선인들의 민족감정과 전통을 대하는데 눈에 띄게 드러나는 일본 당국의 신중함-이 모든 것들이 별로 확신이 없는 지식인 집단을 민족주의 진영에서 친일진영으로 변화하는데 영향을 미쳤다.(중략)(일본은)식민정책을 펴나가는데 있어 채찍과 당근을 겸용하였던 것이다. <u>그런데 조선통치기 마지막 2년간 그들은 당근에 더 많은 비중을 두었다</u>(밑줄은 필자)[61]

즉 샤브쉬나는 조선인의 친일논리가 일본의 '당근정책(특혜: 필자)'에 의해 뒷받침되었다는 확신을 보이고 있다. 조선인자본가에게 대한 총독부의 특혜는 여러 갈래로 이뤄지지만 경제적 측면에 국한할 때 1930년대 후반은 '중소기업육성대책'으로 나타났고 1940년대에도 '육성대책' '소비재공업증강정책'이 계속되면서 재정, 자금, 물자방면에서 특혜를 부여하여 이들의 친일화와 자발적 동원을 꾀하는 것으로 나타났다.[62] 그러한 특혜의 구체적 내용을 본 연구에 모두 실지는 못하지만 단편적이나마 조세부담률이나 중의원 선거권 규정만 보아도 그 경향을 알게 된다. 조세부담률(<표 3>)을 보면 1942년도 조선인의 일인당 조세부담률

---

61) 파냐이사악꼬브나 샤브쉬나 『식민지 조선에서』, 한울, 1996, 191-192쪽.
62) 김인호, 『태평양전쟁기 조선공업연구』, 신서원, 1998. 제2부 1장 참조,

은 일본본토의 14.4%지만 일인당 소득세부담률은 10.4%에 불과하다. 즉 조선인 일반에 대한 조세부담률보다 조선인자본가에 대한 소득세 부담 비중이 낮다. 이것은 조선인에 대한 조선인 자본가의 상대적 우대를 말하고 있다.

<표-3> 1942년도 일본본토와 조선의 1인당 직접세 및 소득세 조세부담율 비교

구분/ 지역	조세총액 (천원)	1인당 조세 부담액 (원)	소득세총액 (천원)	1인당 세목별 부담	
				소득세(원)	임시이득세(원)
일본본토	6,633,790	89.156	2,236,191	30.053	19.949
조선	338,331	12.834	82,326	3.122	2.547
비율	5.1%	14.4%	3.7%	10.4%	12.8%

出典: <第84回 帝國議會 說明資料> 近藤釖一 편, 『太平洋戰下ノ朝鮮』(3), 84~5쪽.

아울러 '조선급대만재주동포정치처우조사회'의 답신안(1945.4.1)에 기초하여 귀족원과 중의원에 직접 선거에 의해 조선에서 23명의 의원이 파견되었는데 선거권은 국세액 15원이상을 납부하는 사실상 지주, 자본가층으로 제한하였다.

그렇다면 이시기 일제의 중소공업육성정책은 어떠한 역사적 의미를 가지는가. 30년대 전반에 있었던 우가끼 총독 방식의 '조선공업화론'은 어쩌면 조선식민통치의 불안과 그것의 개량화에 큰 의의를 둔 것이었다.[63] 그런데 적어도 중일전쟁 이후의 일련의 조선공업화론 특히 중소공업육성론은 종래의 의미와 달랐다. 외형적으로나마 조선인 중소자본의 입장을 포함한 공업론이 <산업경제조사회> 혹은 <시국대책조사회> 등의 '답신안'에 반영되었고, 이에 총독부도 생산력 확충이라는 필요성에 의해 이른바 중소기업육성정책을 전개했다.

그것은 이미 일제측과 조선민족개량주의 공업론 즉 중소자본가 간에

---

63) 金仁鎬, 「1930年代 前半期 '朝鮮人工業化'에 관한 硏究」, ≪史叢≫(42), 1993.

그만큼 이해공감의 부분이 확대되었다는 것이다. 이는 정치적으로 '황국신민화'정책의 강화 및 노동농민운동의 봉쇄국면을 통해 더욱 노골화되었고 이제 식민통치안정 차원을 넘어 전쟁수행의 적극적 협력자로써 조선인 중소자본을 동원하려는 침략적 의미가 중요해 지는 것이다. 이때부터 조선인 중소자본가는 종래 부분적 ,선택적 협력자에서 전면 협력 혹은 자발적 협력자로 전환하면서 조선인에 의한 대일 협력기구가 확충되고 가일층 구조화 해갔다.

일본측 입장에서 보면 적어도 30년대는 일본측의 정책을 일방적으로 조선경제에 적용할 수 없었다. 특히 전시 이후 일제는 조선공업화 문제를 단순하게 조선인자본의 '친일화' '동화'의 문제로 그치는 것이 아니라 궁극적인 목적 즉 가장 시급한 현안이 전쟁수행에 필요한 생산력 동원이라는 측면에서 보았을 때 조선의 경우는 현실적으로 중소기업, 평화산업 중심이었다. 따라서 당시 36년까지 30억 원정도의 조선자본 투자에 의한 일본자본에 의한 중화학공업화 만으로 일본이 급속하게 군수산업확충에 필요한 기초소재물자를 공급한다는 것은 역부족이었다. 이럴 때 조선인 중소공업의 재조직은 곧바로 전쟁의 효과적인 수행과 직접 연결되는 것이었다.

고도의 국방국가체제의 확립, 중점주의 강행의 현상은 중소기업을 지금 그대로의 형태로 존속시킬 수 없어서 계중에는 국가적인 것에 합치될 수 없는 것이 있다. 이들을 가능한 한 국가적 목적에 부합하도록 하는 모양으로 전환시키고 또 금후의 일도 생각하여 장래성이 있는 것으로 지속시켜야 하는 것이기에 이에 일응 안정의 방향을 얻으면서 조성진흥의 시설을 강화해야 할 것이다. 또한 업자는 보다 시국의 상황을 알고 새로이 국가대승의 안목을 넓혀 자발적 자율적으로 그것의 조직화를 꾀하고 국가공익 본위에 서서 국가에 협력하고 기술연마를 꾀하며 경영의 합리화를 유념하여 고도능률의 발휘를 꾀하지 않으면 안된다[64].

---

64) 德山新, 「時局下中小工業の問題」, ≪朝鮮≫ 1940년 11월호, 55쪽.

즉 대륙병참기지화문제와 조선중소공업육성문제는 상호 상승 관계라는 것이다. 문제는 중소공업의 성장을 통한 생산력 동원정책이 일본에서 적용되는 전시통제법이 사실상 조선에 그대로 적용되는 상황아래서 전시통제법을 구체적으로 조선현지사정에 맞게 유보하거나 대체할 수 있는 시행령이 요구되었다는 점이다. 따라서 조선에 적용된 ≪중요산업통제법≫을 위시하여 일련의 전시법의 적용 과정을 보면 통제 정책의 이상과 중소공업생산력중심인 조선의 공업구조와의 긴장을 어떤 형태로 완화하여 효과적인 생산력확보를 도모하는가가 식민지공업정책의 중요한 이면을 이루었다.

요컨대 식민지중소공업정책은 이러한 유지육성정책과 맞물리면서 한편으로는 다수의 개인기업을 법인화(조합화) 혹은 '관제화'하고 한편으로는 영세기업을 육성한 위에 이들의 합병하여 회사화 하청화하는 등 기업정비를 단행함으로써 효과적인 전시동원을 획책했던 것이다. 이 위에 대규모의 계열화된 소수 재벌이 파행적으로 자원가공산업에 집중하는 것이었다. 이러한 의미에서 30년대 후반의 조선의 중소공업정책이 주로 중소공업육성 및 조직화 대책이고 그것은 기업을 조합화 법인화하는 것으로 나타나고 있다면 40년대는 중요산업의 확충 위에 기초생산력마저 총동원할 수 있는 구조를 확립하고자 기업정비를 추진하였다.

2. 조선인 중소기업의 동화

조선인 중소기업의 이해를 반영하고 있는 민족개량주의 경제론 측면에서 본다면 종래의 '자립경제건설론'만으로는 현실적응이 어렵다는 결론이었다.

일본 내지와 만주의 중간에 있는 조선은 필연적으로 아세아로 진운 할

것이 자연적인 법칙일 것이다. 이것은 조선자신의 필요가 아니지만 그같
치 필연적으로 움직이는 어떠한 힘으로 말미암아 그럴 것이니 **東亞全局**
의 경륜이라는 것을 보아도 그렇게 되는 바이며 공업의 **按配**가 모든 것의
시설을 조장 할 것으로 보아 그러한 것이다65).

이처럼 30년대 후반 조선인자본의 인식은 '거스를 수 없는 시대적
대세에 대한 적극적 참여론'으로 나타나고 있다. 그런데 이러한 변화
는 자본축적 과정상 조선인 자본이 택할 수 있는 유일한 길이었다
20년대까지 안재홍, 설태희 등 <자립적 민족경제건설론>이 존재하고
있다. 그것은 20년대 자본축적루트가 그야말로 '조선 내'로 국한될
경우였기에 가능 한 것으로 이들의 자본축적론이 '물산장려' 등 민
족주의적인 것과 요행히 등치 될 수 있었다. 그러나 만주, 북중국,
동남아 등 비(非)일본지역에 대한 진출의 길이 열려 축적기반이 확립
될 때는 종래의 <자립적 민족경제론>은 아류제국주의의 길로 들어서
는 것은 자본가로서는 극히 자연스러운 것이었다. 이런 의미에서 '토
산장려'에서 '신시장획득'에 의한 새로운 자본축적의 길로 전환은
종래의 <자립적민족경제건설론>을 일본화론으로 전환하게 하는 것이
었지만 그럼에도 조선시장에 대한 미련이 있을 때는 20년대의 '자립
경제론' '토산품장려론'을 재탕하여 그들의 자본축적욕을 확인시켜
주고 있었다.

그럴 때 과연 20년대 안재홍, 설태희 등의 <민족경제건설론>이
과연 진정한 의미로써 '자립적'인가 하는 문제를 되짚게 한다. 자본
가의 인식분석은 자본축적과 밀접한 의의를 확보할 때 가능 한 것이
다. 자본의 선택은 결국 자본가의 선택인데 자본가의 선택은 시장과
축적의 문제였다.

---

65) 남계생 「조선공업계의 현재급 장래 —5공업중심시대의 도래는 시기문제?」
　　(≪중앙≫2-7 1934.7월호) 34-35쪽.(지수걸　61쪽 재인용).

비약한다면 40년대 이후의 중소기업은 외연적으로 엄청난 팽창을 하면서도 그 시장이 국내시장이 아니라 군수확충 즉 침략전쟁에 기생한다는 점에서 비록 '중소기업'이라고 하더라도 '자립성'과는 거리가 멀 수밖에 없었다. 무척 자연스러운 이행이었다. 이럴 때 민족해방운동상의 전략은 어떤 방향에서 진행되어야 하는가? 새로운 의미에서 자본가상을 수립해야 한다. 즉 자립경제론 자체가 더이상 중소공업에게도 의미가 없는 시기이기 때문이다.

이러한 상황에서 조선인 중소자본가들의 공업인식도 크게 변하고 있었다. 예를 들어 1941년 2월에 총독부 상공과, 경성부 권업계, 경성상의, 경기도 경찰부, 재단법인 조선경제연구소의 후원아래 국민총력 경성제국대학연맹 소속의 스즈키다케오 교수가 서울에 있는 개인영업체에 대해 기업정비에 관한 설문조사를 실시했는데 그 결과를 보면 다음과 같다.[66]

먼저 영업전망에 관한 설문결과를 보면, <표 4>에서 개인영업체자 중 앞으로 '영업상황이 낙관적일 것'(비교적 낙관 및 낙관 포함)이라고 응답한 인원은 789명으로 응답자의 75.4% 그리고 개인상업자도 75.3%에 달했다. 한편 민족별로 보면 공업은 조선인응답자 중에서 73%, 일본인응답자 중에서 79%, 그리고 상업은 조선인응답자 중에서 73.6%, 일본인응답자 중에서 75%가 각각 '낙관적'이라는 응답을 하였다. 즉 당시 조선인 자본가들은 총독부의 중소기업육성정책에 대한 기대를 보이고 있었다는 것이다.

---

66) 京城商工會議所,「商工經營懇談會速記錄」,『經濟月報』, 1942년 7월호, 부록 1쪽.

<표 4> 개인 중소상공업자에 대한 설문조사 결과(영업전망 관련 응답)

응답 / 구분	공업						상업					
	일본인		조선인		계		일본인		조선인		계	
낙 관	43	4.1	89	8.5%	132	12.6%	86	5.0	233	13.5	319	18.5
비교적 낙관	270	25.8	387	37.0	657	62.8	346	20.2	628	36.6	974	56.8
비교적 비관	76	7.3	140	3.3	216	10.6	105	6.1	263	15.5	368	21.6
비 관	7	0.6	135	13.4	142	14.0	7	0.4	46	2.7	53	3.1
계	396	37.6	651	62.2	1,047	-	544	31.7	1,170	68.3	1,714	-

出典: 總督府 警務局 經濟警察課, <經濟治安週報>, 1942년 6월 8일자, 5면.

전시 경제에 재미를 본 일부 중소자본가는 적극적으로 국책에 기여하려는 모습을 보이는가 하면, 살아남기 위해서도 자발적인 물자 공출을 담당해야 했다. 당시 중소공업자들의 현실인식과 투항성을 보여주는 좋은 사례가 경남지역 인쇄공업조합의 기업정비 사례에서 찾을 수 있다. 당시 경남인쇄공업조합의 상무이사로 있던 야다(八田彌市郎)가 분석한 당시 조선과 본토의 인쇄정비상황을 보면 먼저 朝鮮에서는 인쇄업에 대한 정비요강이 상공국에서 입안되지도 않았는데 이미 스스로 기업정비를 단행하였다. 반면 일본 본토의 인쇄업자들이 정부의 기업정비대책에 순응하는 척하면서도 요강이 시달되어 정비가 불가피할 때까지 정비하지 않고 버티는 것과는 전혀 다른 행태였다. 게다가 조선인인쇄업자들은 기업정비 이후, '시국에 보답한 대가'로 주어지는 총독부의 특별지원금도 '성전수행'을 명분으로 사양하는 충성심을 보이기도 했다.67) 부산에서는 총독부의 기업정비기본요강이 공포되기 전인 1943년 7월에 이미 업자의 40%를 자치적으로 정비해버렸다.68) 즉 조선인자본이 '친일화'할 경우 식민지인(植民地人)이라는 열등의식이 가미되면서 일본인보다도 그 논리나 행위가 더한층 광적으로 돌변한다는 사실을 보여준다.

이러한 분위기 속에서 일부 영세 자영업자들 조차도 당시의 통제경

---

67) 朝鮮工業組合聯合會, 『朝鮮工業組合』, 1944년 9월호 참조.
68) ≪殖銀調査月報≫, 1943년 9월호, 98쪽.

제는 '일본인 자유경제시대보다 일본인 상인과 경쟁하기가 수월해져서 오히려 통제경제는 반도 상인이 갱생하는 길이라고 생각'할 정도였다.[69]

이러한 직접적인 친일 만 아니라 국채 구입 등 간접적인 형태도 확대되었다. 총독부 재무국장 미즈타(水田直昌)에 의하면 1937년 7월 이후 1941년 11월간 약 3년 4개월 동안 1,200~300만원 정도에 불과하던 헌금액이 1941년 태평양전쟁 이후 1942년 7월까지 약 8개 월동안 3,500만원에 달하였다. 또한 비행기는 같은 기간 약 344대가 육군에 헌납되었다.[70] 아울러 <표 5>에서 조선인의 국채구입비율은 1940년 12%에서 44년에는 26%로 상승한다.

<표 5> 민족별 국채구입액 비교(단위 : 천원 %)

연도\구분	민족별	국채구입액	구입비중
1940	일본인	10,480	88
	조선인	1,407	12
1941	일본인	12,756	81
	조선인	2,901	19
1942	일본인	29,540	79
	조선인	7,862	21
1943	일본인	34,788	77
	조선인	10,078	23
1944	일본인	3,706	74
(4-10월)	조선인	1,287	26

出典: <第86回 帝國議會 答辯資料>, 近藤釗一 編, 『太平洋戰下ノ朝鮮』(5), 111-2쪽.

3. 1940년대 조선인 중소자본의 양극화

40년대의 총독부는 시종일관 조선의 자급을 언급하며 그것을 위하여 중소기업의 육성를 표방하였다. 그 결과 상당수의 조선인자본을 '하청화'하거나 '친일화'하는데 성공하기도 하였다. 그러나 기업정비의 실상

---

69) <경제치안주보>, 1942년 11월 14일자.
70) ≪朝鮮産業年報≫, 1943년 판, 162쪽.

에서도 밝혀졌듯이 40년대 조선공업화의 귀결로 한쪽에는 자본축적의 가능성과 정치적 입지를 제공받는 친일적 대자본가가 양산되는 반면, 한쪽으로는 영세한 중소기업이 대자본에 희생되는 등 조선인자본의 양극화는 심화되었다. 특히 1944년 이후 본격적으로 기업정비가 실시되자 일정한 규모의 하청공장이나 조선인 대자본을 제외하고 저변의 영세소상인, 중소자본은 대거 몰락하여 양극화는 심화되었다.

예를 들어 현 현대그룹 명예회장 정주영의 아도 자동차 수리공장의 경우 43년초의 기업정비(기업합동)를 당했는데 명목은 합동이었으나 사실상 일진공작소에 흡수되는 참담한 처지였던 반면[71] 김성곤의 삼공비누회사는 군수용 세수비누 및 물비누 등을 생산하였는데 배급통제 하에서도 너무나 많은 수요자가 몰리는 바람에 들어오는 돈을 정리할 수 없어 부엌에도 돈을 흩어 놓아야 했으며 돈을 세느라 부인이 며칠동안 일어서지 못했고 돈 냄새를 없애기 위하여 크레졸에 뿌릴 정도로 호황이었다고 한다.[72] 8.15까지 영업에는 아무런 문제가 없었다는 평가도 잊지 않았다.

그 과정에서 많은 조선인들이 일제의 패망을 예견하는 바의 민족주의적 저항을 확대시켜가고 있었고 그 수는 44년 이후 더욱 많아졌다.[73]

그러나 일부 중규모 자본가도 총독부와의 결탁을 통하여 부를 축적하는 경우 일본의 침략전쟁을 비호하고, 일제의 대동아공영권 수립음모에 충실한 동반자가 되고자 했다. 그것은 다음의 인용에서 나타난다.

자신이 교육을 받았다고 으시대고 외국인과의 이야기하기를 좋아하는 큰 포목점 주인은 연맹(국민총력조선연맹: 필자) 프로그램에 대해서 대략 다음과 같이 말하였다. 일본이 중국과의 전쟁에서 이기는 것이 좋다. 그것

---

71) 정주영, 『이 땅에 태어나서』, 솔, 1998
72) 성곡교육문화재단, 『성곡 김성곤 전기』, 1995. 87-8쪽.
73) 변은진, 앞의 학위논문, 154-162쪽 참조

은 우리모두에게 이롭다. 일본이 전쟁에 이기게 하려면 우리가 더 열심히
일하고 일본에 적의를 품지 말아야 한다(중략)이 부유한 상인의 말은 진
심으로 하는 것 같았다.[74]

또한 어떤 자영업자의 경우 자유경쟁시대보다 통제의 강화로 인해
일본인 상인과 경쟁하기 용이해져서 오히려 통제경제는 반도 상인이 갱
생하는 길이라고 생각한 사람도 있었다.[75]

4. 총독부의 조선인자본가 기만정책

전시 이후 조선인 공장공업의 팽창은 분명한 사실이나 일본이 전시
동원체제를 강화하는 과정에서 증식된 것이었고 가내공업, 개인영업체
등 토착경제를 대대적으로 몰락시킨 위에 이룩된 것이었다. 따라서 '조
선인자본가의 능동성'이 존재한다면 그것은 결국 그들이 침략전쟁에 동
참하는 속에서 비롯된 것이었다. 또한 조선인공업의 성장조차도 단기간
에 조선인자본을 동원하기 위한 거품적 성격이 강한 양적인 팽창이었
지, 장기적 관점에서의 '내실 있는 발전'은 아니었다. 아울러 민족차별
을 철폐한다는 논리도 생산력의 자발적 동원의욕을 고취하자는 것이었
지 조선인을 일본인과 동등하게 대우한다는 것도 아니었다.

---

74) 파냐이사악꼬브나 샤브쉬나, 김명호 역, 『식민지 조선에서』, 한울, 1996,
106-107쪽.
75) -경남 울산의 경제요시찰인 송원수의 말 중에서- <경제치안주보>(80).
1942년 3월 17일자(변은진 앞의 박사학위논문, 248쪽에서 재인용).

<표-6> 전매국 직원수의 추이

연도	구분	국장		사무관		기사		기수			판매소장		
		일인	조선인	일인	조선인	일인	조선인	일인	조선인	비율	일인	조선인	비율
1937	정원	1	0	9	0	22	0	186	58	31	235	101	43
	현원	1	0	9	0	21	0	173	56	32	223	65	29
1941	정원	1	0	10	0	25	0	287	99	34	235	101	43
	현원	1	0	10	0	24	0	268	92	34	197	81	41

出典: <제79회 帝國議會說明資料>(1941.12), 『大野綠一郎 關係 文書』(3), 210쪽.

따라서 그러한 기만성을 구체적으로 살펴볼 필요가 있다. 우선 당시 전매국 직원의 동향을 보면 <표 6>과 같다. 즉 하부 판매소장이나 기술자로서 조선인의 법적 정원은 크게 확장되었고 현원충용율도 기수와 판매소장에서 증가하였다. 따라서 겉으로만 보면 내선일체의 실천적 모습이 나타난 것으로 착각할 수 있다. 그러나 현원충용율은 일본인보다는 여전히 훨씬 낮은 수치였다. 그나마도 국장, 사무관, 기사 등 비교적 고위직에는 조선인이 전적으로 배제되었다. 또한 조선인 기수의 정원은 1937년 31%에서 1941년 34%로 3%증가했으나 현원충용률은 2% 증가하는데 머물렀다. 즉 조선인기수는 5년간 36명이 신규로 채용된 반면, 일본인은 95명이 새로 증가하였다. 판매소장도 조선인정원은 5년간 동결되고 현원만 약간 상승하였다. 즉 조선인에 대한 임용차별은 법적으로는 어느 정도 해소되는 듯했지만 실질적으로는 전혀 나아진 것이 없었다.

둘째, 그러한 기만은 국토계획위원회규정(國土計劃委員會規程)(1940. 9. 29.)에 의거해 설립된 위원회의 구성에서도 나타났다. 즉 이 위원회에는 조선인 경제인이 한명도 참여하지 못했고 간사회에도 전혀 조선인이 포함되지 않았다. 당시 조선인의 동원력을 향상시키는데 기여할 만한 국민총력연맹이나 임전보국단, 홍아보국단 등에는 빠짐없이 참가했던 이들이 반대로 국토개발위원회에서는 완전히 제외된 것이었다.[76] 즉 조선인자본의 동원이 필요한 부문에만 참가를 한정하고 국토

개발 등 군이 도움이 필요 없는 곳에는 조선인자본의 종속적 이해마저
도 부정했다는 것이다. 그 밖에도 조선인자본가들의 자치조직이나 '민족
성'이 강한 조선인의 조직은 완전히 제거되었다. 예를 들어 1939년 4월
일본인측 상공회의소와 대립해온 30년 전통의 조선인상인단체인 함흥상
업회를 해산하여 상공회의소에 흡수시킨 것이나 1943년 6월에 총독부가
전통적인 조선인만의 단체를 해산하도록 초치한 것을 들 수 있다.[77]

세째, 이러한 기만은 총독부에 의해 종래부터 조장된 기업이라 하더
라도 상황이 전환하여 필요가 없어지면 도태를 서슴지 않고 감행한 것
에서도 나타났다. 예를 들어 전북의 착강유 공업은 "종래 국책산업이라
하여 당국의 종용이 있어 자본가 13명이 생산을 해왔는데" 1940년 이후
중점산업이 집중 육성되면서 필요성이 줄자 총독부는 ≪기업허가령≫으
로 일거에 이들 업자를 도태시킨 것이었다.[78]

네째, 총독부는 근본적으로 조선인을 자신의 동반자로서 인식하고 있
지 않았는 점이다. 즉 총독부가 어느 정도로 조선인을 믿지 못했던가는
'임전보국단지도방침'에서도 나타났다. 즉 본 방침은 "순수한 조선인 단
체로서 합법적인 민족운동 등에 역이용될 것에 주의하고 불평, 감정을
토로하거나 혹은 당국의 시정에 기대어 진정, 청원 등의 정치운동에 빠
지지 않도록 경계"[79]하려는 목적에서 비롯된 것이다. 그나마도 1942년
10월에는 임전보국단이 민족운동조직으로 변질될 수 있다고 하여 아예
총력운동기구에 흡수·해버렸다.[80]

---

76) ≪殖銀調査月報≫, 1940년 12월 호, 75쪽.
77) ≪殖銀調査月報≫, 1939년 5월 호, 188쪽 및 1943년 8월호, 94쪽.
78) <經濟治安日報>, 1942년 1월 16일자, 6면.
79) <治安槪況> (1941?) 『大野綠一郎文書』(5) 207-8쪽.
80) 실제로 潘俊浩, 彬間龍一, 吳亨善 등은 1941년 1월에서 42년 1월까지 임전보
국단을 "조선독립을 목적으로 하는 합법을 가장한 민족주의단체"라고 규정
하고 함께 임전보국단체에 가입하여 독립을 위해노력"할 것을 결의한 치안
사건도 있었다 평양지법, 지검비 제60호 「공판청구서」, 1943.2.5 및 『선내검
사국정보』 1943 492-495(변은진 244쪽에서 재인용).

당시 조선인자본의 입장은 침략전쟁에 동반하여 군수산업, 국책산업 등에 참가하고 예속적 위치에서 자본축적을 꾀함으로서 침략세력인 본토와 운명을 같이 하려는 것이었다. 그러나 총독부의 친일화 정책은 경제적인 측면에서 보면 매우 기만적인 것이었고 민족차별도 철폐한 것은 아니었다. 겉으로 드러난 공장수의 증가에도 불구하고 생산재 영역의 발전이나 공업화 기획능력을 향상하게 하는 모임에는 완전히 배제되었다. 이처럼 친일화를 뒷받침할 실질적 특혜가 부재하면서 매우 미미하고 그 내용도 주로 경제주의적인 것이었지만 일부 중소자본가에 의한 '저항'이 나타났다.

5. 조선인 중소자본가의 '제한적인 저항'[81]

그렇지만 상대적으로 몰락위기에 처한 조선인 영세업자들은 1940년 이후 부분적이지만 저항을 보였다. 그들의 입장은 기본적으로 일본과 동화 불가능이라는 관점에 있지만 실질적으로는 내선일체론 등을 자신의 차별을 철폐하는 명분과 형식적 근거를 얻으려고 하는 경향이 강했다.[82] 경제적인 측면에서 보면 이들 중소자본가의 저항은 일본의 군수산업화와 '침략전쟁의 동반자 육성논리'에 대한 저항이 아니라 자본축적을 둘러싸고 일어난 일본인업자와 상권경쟁에서 출발한 것으로 매우

---

81) 故 박현채 교수가 "民族資本이란 민족의 생존기반인 민족경제의 자기 재생산기반을 갖는 자본으로서 재생산과정상 두가지의 조건인 소재 및 가치보전을 해야 한다"는 지적(「한국자본주의와 민족자본」, 『한국의 사회경제사』(한길역사강좌 5), 1987, 133-134쪽)을 염두에 둘 때, 이장에서 제시되는 사례들은 파시즘체제하에서 조선인자본의 민족적 성격을 보여주는 사례일 수도 있다. 그러나 과연 이러한 움직임이 민족경제의 지평을 확장하는 차원인가 아니면 일제의 침략전쟁에 적극 복무하며 '대동아공영권'의 新주체로서 거듭나기 위한 조선인들의 노력의 산물인가를 고려할 때 사실상 후자에 가깝다고 본다. 그러한 입장에서 '제한적인 저항'이라고 부른다.

82) 변은진, 앞의 학위논문, 243쪽.

'경제주의'적이었다.

당시 일본인 개인경영의 상황을 보면 1905년경 일본인 개인투자는 1,978만원으로 추계되고 있으며 1931년까지는 총투자자본 21억 2,879만원 중에서 1억 4,500만원(6.8%)정도였다.[83] 한편 1941년 총투자 자본 72억 244십만원 중에서 개인투자는 9억 7,310만원(13.5%)으로 증가하였다. 이 중에서 개인공업 투자는 1억원정도였다.[84] 따라서 1930년대 이후 팽창한 일본인중소기업과 1940년을 전후하여 증가한 조선인중소기업간의 경쟁은 피할 수 없었다.

이러한 경쟁은 기득 일본인업자에 대한 조선인업자의 저항의 형태로 진화했고 1940년대에는 일부 지방에서 일본인이 점유한 상권을 직접적으로 위협하기도 했다. 예를 들어 <경제치안주보>에 기록된 사례를 보면 다음과 같다.

[일본인 상권에 대한 위협] 沙里院 商工會議所 議員 鈴木德平외 업자 17명은 1942년 5월 21일 회동하여 최근 朝鮮人業者의 경제적 진출이 두드러지는 데 비해, 日本人業者는 위축되는 경향에 袖手傍觀할 수는 없다고 하여 이에 鍋牛角上에서 다투는 것을 청산하고 일치단결하여 新활동분야를 개척하는 것이 필요하다고 하였다[85]

그러한 저항은 점차 단순한 상권경쟁에서 통제주도권을 장악하려는 것으로 진화하였다. 예를 들어 1941년말 이후 임의조합의 상업조합으로 재편이 본격화되면서 경남의 세염상업조합이나 평양의 식료잡화점조합은 일본인을 조합에서 배제하여 조선인만의 독자적인 조합을 설립하거나 조선인만의 독점상권을 확보하려는 등의 대응을 보여주고 있다. 대표적인 사례를 보면 다음과 같다.

---

83) ≪殖銀調査月報≫ 1940년 6월 호, 14쪽.
84) 김한주, 「農政史」,(『朝鮮近代社會經濟史』, 부록), 이성과현실, 1989, 456쪽.
85) - 황해도사례 - <經濟治安週報>, 1942년 6월 15일자, 10면.

[조선인 독자 조직 설립] 경남세염상업조합의 설립에서 일부 조선인 조합원은 민족적 편견을 가지고 일본인업자를 제외하고 자신들만의 조합을 결성하려 모의하고 동조합 창립 발기인 선정시 의장의 지명 및 전형방법에 대해 강경하게 반대하고 만족할 만한 투표를 주장하여 무기명 투표한 결과 절대 다수를 차지하는 조선인 측이 모두 우위를 점한 반면, 오랫동안 조합장으로서 조합의 건전한 발전을 도모해왔던 日本人 山下福치(?)는 4위로 열세였다. 이에 조합 운영상 명백함이 없고 전도를 우려하여 참석자중 일본인은 그 획거한 조치에 분격하여 모두 退場하였다. 이에 그들은 조선인만으로 조직을 결성하기로 하고 散會하였다[86].

[조선인 독점 상권 확대] 東平壤은 인구는 平壤의 인구의 1/3인 10만을 헤아리는데 이중 일본인 식료, 잡화상은 2호 뿐이고 완전히 조선인이 독점하였다. 최근 朝鮮人業者 중에서 수명이 단체의 힘으로 물자의 획득을 꾀하면서 東平壤 상우회를 조직하려 하는데 경제적 지위 강화책으로 이용될 우려가 있다[87]

그것에 대한 총독부의 대응은 전자는 "부산경찰서가 이들 조직을 불순조직이라 하여 관계자들을 소환하여 경고하고 해산을 종용"하는 것으로, 후자는 "동평양상우회를 저지하는 것"으로 나타났다. 이처럼 총독부가 '중소공업육성대책'을 추진하는 상황임에도 조선인자본가들의 독자적인 조직의 설립은 철저히 저지하고 있었다. 그것은 1940년대 이후 조선내 일본인자본의 성장이 한계에 봉착했음을 반영한 것이었다. 실제로 경남 울산(蔚山)의 사례를 보면 중일전쟁시기의 일본인 호수는 총 570호 2,224인이었으나 1942년 7월까지 경영부진으로 본토로 귀환하거나 울산 이외의 지역으로 이주한 일본인은 65호 326인이었다.[88]

---

86) <經濟治安週報>, 1942년 8월 24일자, 1면.
87) <經濟治安週報>, 1942년 3월 28일자, 6-7면.
88) <經濟治安週報>, 1942년 10월 31일, 6면.

이러한 상황에서 일본인업자들은 일본인중소기업의 육성책을 총독부에 요구하기도 했으며 아예 노골적으로 민족차별을 요구하기도 하였다. 예를 들어 1942년 1월 8일 충북의 일본인자본가들은 일본인중소기업의 육성책으로 "1) 관청의 물자배급계는 일본인을 전임자로 할 것. 2) 경제단체지도자에 일본인을 임명할 것. 3) 군인유가족인 업자는 배급특혜를 가할 것. 4) 일본인업자에게 배급상 특수사정을 고려할 것. 5) 경제경찰을 일본인으로 임명할 것. 6) 실적에만 구애되지말고 국책협력자에 배급을 증가할 것. 7) 일본인의 각종 기부부담 완화 대신 조선인에게 강제징수할 것" 등을 요구했다.[89] 즉 그것은 조선인과의 차별에 의한 상대적 특혜를 요구하는 것이었다. 아울러 1942년 12월 대구에서는 "일본인의 항상적 우선권과 일본인의 일정한 토지보유와 토착방법" 등의 방안이 제시되었다.[90] 이에 총독부는 내선일체라는 명분을 희석시키면서도 일본인업자에 대한 노골적 특혜를 주지 않을 수 없었다.

그것은 부산지역의 설탕배급에서도 나타난다. 즉 1942년 경 부산지역에 할당된 설탕은 매월 275,000근이었고 그 중에서 가공용은 118,000근으로 총량의 43%에 해당하였다. 그러나 1942년 8월 부산부가 설탕의 사용등록제를 실행하면서 "조선인의 천박한 배급수령 태도"를 문제삼아 일본인은 전원 매월 1인당 1근씩 배급받는 '상용자'로 지정하면서도 조선인은 상용자외 준상용자, 비상용자 등 3단계로 분류하여 차별 배급하였다. 그나마 조선인중 '상용자'는 전체 조선인 42,064호 중에서 불과 580호(1.37%)였다. 그런데 월 0.5근을 할당받는 '준상용자'는 2,908호(6.1%)였고 나머지 38,575호(92.53%)는 '비상용자'로 월 0.2근을 할당받았다.[91]

아울러 1940년대 조선양조(매수금 10만원), 삼성상회(자본금 3만원)

---

89) <經濟治安日報>, 1942년 1월 13일자, 3면.
90) <經濟治安週報>, 1942년 12월 7일자, 6면.
91) <經濟治安週報>, 1942년 9월 14일자, 7면.

430

등 비교적 중규모의 기업을 경영했던 전 삼성그룹 회장 이병철의 회고
를 보면 "(태평양전쟁 이후) 소위 성전수행에 공헌한다는 일본 군인, 관
료 그리고 그 연고자들은 온갖 구실을 달고서 특배형태의 부정배급을
공공연히 자행한 반면, 한국인 경영자나 상인들은 걸핏하면 공정가격을
어겼다는 이유로 경제범으로 적발되어 구속되는 일도 적지 않았다"고
하여 태평양 전쟁 이후에도 조선인 경영에 대한 노골적인 차별이 계속
되었음을 증언하고 있다.[92]

　나아가 상공업자의 저항은 단순히 일본인 중소기업만이 아니라
일본 독점자본의 진출을 반대하는 운동을 전개하기도 했다. 그 이
유는 다음의 인용에서 알 수 있다.

　　증산능력과 기술의 저열에 고민하는 부내 중소공업의 기술 전문화를
　위해 일본 중소공업을 적극적으로 이주할 것이라고 당국은 말하지만 부
　내 기존공장에 있어 기술의 전문화는 제2 문제이며 자재부족,자금 및 노
　동력 부족에 대해 이를 어떻게 해결할 것인가가 공장 유지상 기본문제이
　다. 또한 이주공장이 대공장이 아니고 각별히 본토에서 대공장에 의해 자
　연도태가 불가피한 中小工業이기 때문에 기술 및 경영지도를 기대할 수
　가 없다고 여겨진다. 따라서 기존공장의 참상을 도외시한 이주라고 한다
　면 반드시 경쟁대립을 보게 되고 따라서 각 방면에 많은 자재와 노동력
　및 자금을 빼앗아 결과적으로 기존 공장의 피폐에 가중할 것이다(밑줄은
　필자)[93]

　즉 당시 중소기업의 경영난은 기술문제가 아니라 원자재, 노동력 문
제이므로 본토에서 도태중인 기업이 이주할 경우 자칫 조선에서 자재난
을 가중시키고 격렬한 경쟁을 초래하여 중소기업을 피폐하게 할 것이라
는 우려였다. 이러한 여론에 따라 1941년 9월에 본토기업의 이주계획이

92) 李秉喆,『湖巖自傳』, 中央日報社, 1986, 38쪽.
93) ≪殖銀調査月報≫, 1941년 4월 호, 71쪽.

보류되기도 했다.94) 또한 중소기업의 저항은 경영원인을 일제의 독점자
본 혹은 대자본 옹호정책에 두고 시위나 진정서 제출과 같은 적극적인
반백화점 반산업조합운동을 벌이는 경우도 있었다.

> (반백화점운동) 최근 중소상공업자들이 자기들의 갱생을 절규함에 있어
> 두 가지의 잘못이 있다. 하나는 너무도 정부를 의뢰하려고 하는 것이고
> 다른 하나는 자기들의 피폐해진 책임을 너무도 남(例하면 백화점,산업조
> 합 등)에게 전가시키려고 하는 행동이다. 그리하야 얼핏하면 위정자에게
> 진정서를 드리는 것과 시위를 행하는 것으로 상투수단을 삼게되고 혹은
> 反백화점, 反산업조합운동으로 만사를 해결 할듯이 태도를 취하는 일이
> 많이 있다.95).

한편 통제경제에 대한 저항은 집단적 탄원이나 소송형태로 발전하였
다. 예를 들어 경성 야시장의 직물상 78명은 전쟁후 실적주의 배급통제
가 강화되자 상품을 입수할 수 없게 되고 이에 실업상태에 빠지자 1941
년 봄부터 ‘상품배급획득운동’을 벌이게 되었고, 그래도 효과가 없자 주
무당국에 집단 탄원을 올리기도 했다.96) 도한 배급부족으로 몸이 피로
해서 훌륭한 황국신민이 도리 수 없다고 하거나 공산주의와 다를바 없
다는 등 불평불만이 확대되고 잇었다.

또한 상공업자의 ‘저항’은 국책수행에 대한 무관심으로도 나타났다.
그것은 먼저 공채구입력의 하락에서 나타난다.

---

94) ≪殖銀調査月報≫, 1941년 11월 호, 26쪽.
95) 한승인 「중소상공업자의 更生途」(≪신동아≫ 1936년 7월호)『식민지시대자료
   총서』(6). 289쪽.
96) 『정보주간전망』(27), 1941.9.13(변은진 앞의 학위논문 87쪽에서 재인용).

<표-7> 경영 형태별 국채 구입 상황

구분	1941.4			1941.9			1941.4-41.11		
	총액	조선인액	비율	총액	조선인액	비율	총액	조선인액	비율
개인	80,305	30,335	37.8	58,470	6,830	11.7	1,855,555	458,735	2.47
법인	610,100	30,420	5.0	971,050	55,330	5.7	1,805,735	341,660	1.89

備考: 법인은 금융업 이외의 회사를 대상으로 한 조사액임.
出典: 1) 警務局 經濟警察課, <經濟治安日報>, 1942년 2월 3일, 2~3면   2) <經濟治安週報>, 1942년 4월7일,6면.

예를 들어 <표 7>에서 조선인이 국채를 구입한 내용을 보면 먼저, 조선인법인의 국채구입액은 1941년 4월 당시 법인의 총구입액에서 5.0%였으나 8월에는 5.7%로 증가하였고 반면, 조선인 개인경영의 구입 액은 37.8%에서 11.7%로 줄었다. 그런데 4월 통계에서 조선인 개인경영의 국채구입율이 높은 것은 당시 조선인개인업체가 수적으로 많았다는 것을 반영한다. 또한 조선인법인 구입액이 5%대에 불과하다는 것은 당시 조선의 법인이 주로 일본인계였다는 것을 보여준다. 그리고 4~11월간의 집계를 보면 조선인 개인경영의 국채구입액은 전체개인경영의 구입액의 2.47%에 불과했고 법인 또한 1.89%에 불과하다. 여기서 주목되는 것은 조선인개인경영의 국채구입율이 급속히 감소한 점이다. 그것은 두가지 측면에서 이해된다. 그것은 첫째로 1940년 이후 개인기업에 대한 정비대책이 추진되면서 이들의 반감이 국채구입 상황에 반영되었다는 측면이고 둘째는 침략전쟁이나 전시경제와는 무관한 영역에서 개인영업체가 잔존함으로서 영세한 개인영업체가 굳이 국채구입에 적극적으로 나설 필요가 없었다는 측면이다.

또 하나의 사례를 들면 "최근 평양부내 소재 중소상공업 법인에 대해 그 구입 및 보유 상황을 보면 7사의 공채인수 총액은 31,000원 정도인데 그 중 64%가 이미 전매되었고 겨우 34%만 보유하는 상황"[97]이었다. 아울러 조선인 중소자본의 저항은 저축운동에 대한 회피로도 나타났다.

---

97) <經濟治安週報>, 1942년 10월 19일자, 6면.

청진(淸津)에 소재하는 한 상업은행은 1941년 6월말까지 조선인의 예금액이 1,132,820원이었지만 "조선인의 저축보국에 대한 비협력, 과세지연, 대동아전에 의한 북방지역의 위기감" 등의 원인으로 1942년 6월말에는 958,450원으로 하락한 것으로 나타난다.[98]

요컨대 1940년대 '중소기업육성대책'은 조선인 자본과의 경쟁관계로 인해 경영난에 처한 일본인중소자본을 보호하려는 의미가 강한 것이었다. 따라서 많은 중소기업이 침략전쟁의 동반자로 전환하였다고 하더라도 일부에서는 조선인자본만의 독자적인 상권의 확보 등의 움직임이 나타났고 또한 한때 위축된 민족주의운동이 1940년대 이후 점차 재연되는 것도 그러한 내선일체론의 형해화를 목격한 조선인의 대응이기도 했다.[99]

<표 8 > 사상 범죄 종류별 건수

구분	공산	적노	적농	외첩	민족	기타	총계	민족범죄 비율
1936	28	6	20	8	101	4	167	60
1937	21	3	12	11	73	14	134	54
1938	35	2	10	15	69	14	145	48
1939	15	-	13	3	36	7	74	49
1940	22	4	10	11	61	3	111	55
1941.6	8	-	4	15	71	4	102	69

출전: 「治安槪況」(1941년 말?), 『大野綠一郎文書』(5), 167쪽.

특히 주목해야 할 것은 이러한 자본가들의 투항성이 곧바로 전시기 이후의 민족주의운동의 쇠퇴와 결부되는 것은 아니라는 점이다. 이는 당시 조선자본가들이 해방이후 조선내에서 거대한 부르조아 정치집단을 구성하며 실체로서 존재하여 정치경제적으로 상당한 세력을 형성하고

---

98) <經濟治安週報>, 1942년 10월 23일자, 7면.
99) 「治安槪況」(1944) 近藤釰一 編, 『太平洋戰下終末期朝鮮ノ治政』(2), 67~68쪽.

있는 것은 사실을 차치하더라도 40년대 사상범 피체상황에서 민족주의 계열로 분류된 인사가 가장 많이 나타나고 있는 것에서도 나타난다(표 8).

시기별로 보면 36년에서 39년까지는 공산주의 내지 적농,적노운동관련범죄가 확장되고 잇는 반면 39년을 고비로 하여 민족주의관련범죄 수가 다시 확대된다. 나아가 1944년 12월에 제출된 제86회 제국의회 설명자료에서도 당시 조선의 사상동향은 "대부분 민족주의 운동사건으로서 공산주의 운동사건은 일부에 불과하다고 하고, 전국의 추이에 따라 사안이 현저히 연쇄달발적으로 보인다"100)고 파악 40년대 민족주의 운동의 현실을 반영하고 있다.

V. 결 론

일본의 전시경제는 자재부족, 시장상실 등 자본의 재생산 위기에서 출발한 것이었다. 이럴 때 통제는 합병, 자본집중을 통하여 일부 대기업이 거대독점체로 전환하고 군부에게는 침략전쟁에 요구되는 고도 생산력을 보장하는 것이었다. 그런데 이러한 침략과 통제를 이데올로기로 포장할 때는 이른바 대체 공업력 확보를 위한 정책, 반서구제국주의적 자력갱생, 자유주의경제의 모순 극복이라는 수사가 사용되었다. 따라서 자본의 모순을 서구자본주의와 대동아민족 간의 모순, 자유주의 대 통제경제의 모순으로 전환하여 식민지 민족의 자발적 동원과 식민지 지배의 강화를 획책하려는 것이었다.

이에 조선인자본가의 공업인식은 1930년대 전반기 민족자립경제론, 토착경제옹호론, 독점자본우려론 통제경제 우려론 등에서 점차 후반기

---

100) <제86회 제국의회 설명자료>(1944.12), 『일제하 지배정책자료집』(3), 214쪽.

에 들면 전체적으로 <일선공존공영론>이라는 개량주의적 공업인식이 확산되고 그것을 위하여 <조선인자본해외진출론>, <주식투자확대론>, <통제경제참가론>, <독점자본환영론>이 고개를 들었다.. 그리고 자본축적이 시장경제 토대보다는 정책적 동기에 종속되면서 종래의 중소자본이나 토착경제옹호론자들의 <통제경제우려론>은 쇠퇴하고 급속히 <통제경제미화론>으로 변화했다. 이는 중소공업육성정책과 같은 '특혜'가 뒷받침된 것이었다.

특히 식민지 파시즘체제가 강화되고 파행적 공업화가 강화되는 40년대 조선인의 공업인식은 일제의 내선일체론, '황국신민화'정책에다 식민지 인간이라는 열등의식과 결합하면서 한층 광적인 것으로 되었다. 이에 침략전쟁에 편승하여 '아류제국주의'적 자본축적을 꾀하려는 <침략전쟁편승론>이 확대되고 엔블록이 확장되어 조선의 비중이 북방엔블록으로 제약되자 스스로 북방엔블록에서의 역할과 식민지 공업화의 당위성을 설파함으로써 남방엔블록에 대한 우위를 획득하려 하였다. 본연구는 그러한 조선인 '공업론'을 <제1차적 공영권론><전쟁경제편승론>'으로 정리하였다. 특히 일제가 승승장구하던 시점에는 <동남아(남방)진출론>, <제2의 일본화론>, 그리고 <북방권의 수장론>으로 공업인식상의 타락은 더욱 심화되었다.

대체적으로 일본의 침략전쟁에 편승태세를 완료한 대자본가는 물론이고 중소기업가마저도 일제의 '중소기업육성대책'에 기만을 당하면서 친일적 공업인식을 확대시켜가고 있었다. 즉 총독부의 중소공업육성정책은 식민지 대중이나 현지 중소 자본가들을 적극적으로 포섭하여 전쟁에 필요한 자원을 동원하고 식민 통치의 안위를 꾀하려는 것이었다. 이에 내적으로는 중소기업을 회사, 조합 등으로 육성하거나 중소기업지원금융, 세제혜택 등을 주는 것이었다. 이때 조선인중소자본의 공업론은 그야말로 <침략전쟁편승론>으로 전환하고 있었다. 이에 침략전쟁의 확대와 함께 많은 조선인 자본가들이 상해, 남경, 소주 등지에서 일제 공작

조직과 협력하여 자본축적을 꾀하고 있었다.

그리고 그들의 이해관계가 너무나 일제의 침략논리와 깊숙이 연계된 결과, 일제의 패망이 예견되는 시점에도 그들과의 경제적 정치적 동맹을 해체할 수 없었다. 경성방직, 중앙상공에서 공장장을 역임했던 최승만도 이미 8.15이전 몇 개월 전부터 일제가 패망하리라는 예측을 거의 확실히 가지고 있었다고 회고하였다.[101] 결국 패망이 예견되는 시점에도 총독부의 친일화 책동에 걸려든 조선인 대자본은 이제 충실한 침략전쟁의 동반자로서 예속적 성장을 모색하고 있었다.

반대로 조선인 소유 영업체의 거의 절반에 가까운 조선인 영업체가 1944년의 기업정비로 몰락하거나 일본인중소공업에 흡수되는 참담한 현상이 있었다. 그만큼 40년대는 '침략편승조선인중소자본'의 성장과 '비군수계열 조선인자본' 몰락이라는 중소공업의 양극화가 확연한 시기였다. 어떤 기업이 살아남는가의 기준은 바로 일제의 침략전쟁에 기여정도에 달려있었던 것이다.

또한 일제가 내선일체라 하여 민족차별을 철폐한다는 논리도 생산력의 자발적 동원의욕을 고취하자는 것이었지 조선인을 일본인과 동등하게 대우한다는 것도 아니었다. 겉으로 드러난 공장수의 증가에도 불구하고 예를 들어 조선국토계획위원회(1940. 9. 24)에는 조선인은 한명도 참가할 수 없었다. 즉 산업화의 근간을 이루는 생산재 영역이나 공업화 기획능력, 기술력을 향상하는 기구에서는 조선인이 완전히 제외되었다는 것이다.

한편 주목할 것은 일부 친일 조선인의 '공업론'은 대외적인 조건의 변화와 자본축적 기반의 차이로 인해 분화되고 있었다. 즉 대자본을 비롯한 친일적 중소자본은 철저히 독점자본과의 연결하면서 군수산업을 중심으로 이윤을 확대하고 나아가 중국 등지의 점령지로 침투하여 대동

---

101) 최승만, 『나의 회고록』, 1985. 동아일보출판사.

아공영권 수립 공작에 기여하고 있었다. 또한 중일전쟁 이후 북방엔블록에 침투하고 있었던 조선인 자본의 이해가 남방엔블록의 편입으로 인해 '남방 경계론'적인 경향을 띠기도 했지만 그다지 적대적인 것은 아니었던 것으로 추측된다.

요컨대 일제의 공업정책으로 인해 40년대 이후 조선 내에서 공장이 증대했다. 그러나 대부분 독자적인 조선내 축적 기반이 없이 침략전쟁에 기여하거나 총독부가 지정하는 국책을 대행함으로서 성장을 보장받는 것이었다. 이에 조선인 대기업의 경우 조선인의 대부분이 초근목피하는 극한 상황에도 무려 수십 배의 이익을 올렸고, 침략 지역의 확대와 더불어 만주, 남경, 상해, 소주로 기업을 확장하거나 항공기산업에 참가하는 등 사실상 '일본인 자본화'하였다.

그런데 중소기업이나 개인 기업은 전쟁 아래서 일정한 이익을 올리면서도 총독부의 일방적인 지원을 받는 일본인 중소기업과 경쟁도 필요했다. 그리고 전쟁이 장기화되면서 그나마 '중소기업육성대책'도 기만적인 것일 수밖에 없었다. 따라서 육성과 정리의 기로에 있는 조선인 중소기업은 처음부터 특혜를 받는 잔존 업자와 몰락한 전폐업자로 분화되면서 그 대응은 저항과 친일이라는 복잡한 양상을 표출하였다. 그것은 한편으로 생산력확충 과정에서 총독부의 '육성대책'을 기대한 것이었고 반면, 자본축적 조건을 둘러싸고는 일본인과 경쟁 관계에 의한 것이었다. 여기서 총독부가 일본인업자를 노골적으로 우대하면서 내선일체 논리를 더욱 허구적인 것으로 만들 그러나 '저항'은 극히 '경제주의'적인 것이어서 엄밀한 의미의 '저항'은 아니었다.

요컨대 40년대 조선인자본가의 행위와 사고는 총독부의 내선일체, '황국신민화' 정책으로부터 자유로울 수 없었다. 그래도 일부 자본가에게선 내선일체를 자신의 자본축적과 민족주의 의식의 성장에 이용하고자 하는 나름의 '민족주의적' 논리구조를 확보해가고 있었고, 나아가 식민지 극복을 식민지자본주의를 안고 넘어섬으로써 조선민족의 독립과 경제적 성장을 전망하는 이도 있었다. 그러한 의미에서 조선인자본이 당시 전혀 '능동성'이 없다고는 할 수 없다. 특히 침략전쟁에 적극적으로 일본에 협조함으로써 자본을 축적하고자 한 것은 당시 잔존한 조선인 공업 자본가의 대체적인 의식 일반으로 파악할 수 있다. 그러나 그것에 역사적 의미를 부여할 경우 그것은 역사적 의의를 가진 '능동성'이기 보다는 민족의 동질성을 해체하고 조선인자본가의 제2의 일본인화 과정상의 능동성에 불과하다는 평가는 변할 수 없는 것이다.

1946년 11월 북한의 인민위원회 선거 연구

조 성 훈*

─────────<목 차>─────────

Ⅰ. 머리말   Ⅳ. 선거 결과
Ⅱ. 실시 배경   1. 선거결과 분석
Ⅲ. 실시 과정   2. 선거영향
  1. 선거준비 과정   Ⅴ. 맺음말
  2. 선전활동

Ⅰ. 머리말

북한에서 1946년 11월 3일 도·시·군 인민위원회 선거는 기존의 북조선 임시인민위원회를 합법화시켰고, 그들의 입법기관인 인민회의의 창설에까지 이르게 하였다. 또한 이 선거는 1947년의 면·리(동) 인민위원회 선거, 1948년 8월 최고 인민회의 대의원선거 등의 북한 선거의 전형이 되었을 뿐만 아니라, 1950년 전쟁 초기에 북한이 남한을 점령하였을 때에도 선거의 모델이 되었으므로, 그 해명은 북한정권의 성격이나 실상을 이해하는데 중요하다고 생각한다.

이에 대한 기존 연구 성과는 북한의 소비에트화 과정, 인민위원회, 북조선노동당(이하, 북로당으로 줄임)의 연구 속에서 선거결과를 위주로 부분적으로 언급한 경우가 대부분이다.[1] 이들의 연구는 1946년 선거를

───────────────

*단국대학교 강사

이미 소련군정의 원조 하에 북로당이 정치정세를 통제하게 된 상황에서 그들 정권의 정당성과 합법성을 획득하기 위한 형식적인 절차로 평가하고 있다. 이 외에 법학분야에서 북한 선거법의 변천과정에 대한 연구가 있을 따름이다.[2]

따라서 본 연구는 기존연구 성과를 바탕으로 선거과정의 구체적인 실태를 파악하여 북한정권의 성격을 이해하고자 한다. 이를 위해서 북로당이나 인민위원회의 보고서와 소련군 신문이었던 『조선신문』 등의 당시 신문과 『근로자』, 『인민』 등 잡지와 미군의 정보보고서 등을 이용하였다.

II. 실시배경

1945년 11월 경 북한에서는 이듬해 3월까지 미소 양국군이 한반도에서 철군할 것이라는 소문이 있어서 그 이전에 선거를 예정하고 있었다고 한다.[3] 그러나 미소군의 철군이 이루어진 것이 아니었기 때문에 선거는 실시되지 않았다. 북한에서 선거를 실시하기로 한 것은 1946년 7월말 모스크바에서 김일성과 박헌영이 스탈린과의 면담에서 구체화되었

---

1) 조영암, 『북한일기』, 삼팔사, 1950, 92-93면; 김남식, 「북한의 공산화과정과 계급노선」, 공산권연구실편, 『북한공산화과정연구』, 고려대 아세아문제연구소, 1972, 110-111면; 정해구, 『북조선임시인민위원회·북조선인민위원회 연구』, 국사편찬위원회, 『국사관논총』 54, 1994; 류길재, 「북한의 국가건설과 인민위원회 역할」, 고려대 정치학박사학위논문, 1995; 이주철, 「북조선로동당과 인민위원회재편」, 한국정신문화연구원 현대사연구소, 『한국현대사연구소』 1-2, 1998; 안드레이 란코프(김광린역), 『북한현대정치사』, 오름, 1995, 84-85면; 박명림, 『한국전쟁의 발발과 기원』 2, 나남출판, 1996, 268-279면.

2) 장명봉, 「북한의 선거법과 새로운 선거법 고찰」, 민족통일연구원, 『통일연구논총』 6-2, 1997.

3) "Intelligence Summary Northern Korea for period 1 December-15 December" 1945.12.17, 한림대 아시아문화연구소, 『주한미군북한정보요약』 1, 1989, 27면.

다. 남한과 경쟁하고 있던 이들은 미군정이 '과도입법의원' 선거방침을
공표한 것에 영향을 받았을 것으로 보인다. 그 후 이 해 9월 초 북로당
이 창립되고 나서 동 당 정치위원회와 조직위원회의 첫 회의에서 당 창
립대회의 결산과 인민위원회 선거실시를 논의하였다. 이어서 9월 5일
북조선 임시인민위원회 제2차 확대위원회에서 도·시·군·면·리인민
위원회의 구성과 선거실시에 관한 결정서가 채택되었다.[4]

북한당국은 이 선거를 통해서 다음과 같은 의도가 있었다. 첫째, 소
군정과 김일성은 1946년 2월 8일 북조선임시인민위원회를 설치한 후 일
제잔재의 척결과 토지개혁(1946.3), 노동법령(1946.6), 남녀평등법(1946.7)
등의 여러 개혁조치를 토대로 인민위원회의 선거를 통해서 인민의 손을
빌어 인민위원회의 임시적 성격을 합법화하여 독립국가 건설의 기초를
마련하려고 하였다.[5]

둘째, 그들은 이 선거로 "인민위원회를 더욱 민주주의화하여 공고하
게 할 의도"가 있었다.[6] 이는 인민위원회 내의 봉건적 식민지적 나아가
서 그들의 적대세력을 반민주적 존재로 규정하여 제거하려는 것이었다.
김일성은 임시인민위원회의 우선적 과업으로 친일파와 반민주주의적 분
자의 숙청을 강조해 왔다. 그는 많은 지방들에 있어서 인민위원회들이
아직도 미약하며 많은 비민주주의적 분자들이 인민위원회 내에 있다고
지적하였다. 그는 "함남도 갑산군에서는 인민위원회 위원장이 토지개혁

---

4) 중앙일보 특별취재반, 『비록, 조선민주주의 인민공화국』 하, 1993, 256면; 전
   현수, 「'쉬띄코프일기'가 말하는 북한정권의 성립과정」, 『역사비평』 30, 1995
   가을, 146면; 류길재, 앞의 논문, 265면.
5) 「김일성동지의 '인민위원회 위원선거 실시에 대한 보고'에 대한 결정서」
   1946.9.25, 『북한관계사료집』 29, 1면; 「쓰딸린대원수에게 드리는 멧세지」,
   『조선신문』 1946.10.20; 「력사적 민주선거일을 앞두고 조선인민에게 고함」
   1946.11.1, 『조국의 통일독립과 민주화를 위하여』(이하 『조국의 통일독립』으로
   줄임), 평양: 국립인민출판사, 1949, 163면, 168-169면.
6) 「면·군·시·도인민위원회 선거에 대한 임시 인민위원회 제2차확대위원회의
   결정서」 1946.9.5, 대륙연구소편, 『북한법령집』 1, 1990, 134면.

을 반대하고 「제비를 뽑아서 토지를 분배하자」고 하면서 토지개혁법령
의 실시를 파탄시키려고 시도한 일이 있다. 평북도 후창군 인민위원회
위원장은 과거 일제 통치시기에 관선 평북도 평의원이었으며 부위원장
은 악질 면장이었던 자였다....아직도 인민위원회내에는 은폐된 분자들과
탐관 모리배들이 앉아 있는 곳이 적지 않다"고 비판하면서 인민위원회
내에서 이색분자들을 축출하고 열성분자들로 교체하는 사업에 즉시 착
수할 것을 지시하였다.[7] 이러한 맥락에서 인민위원회 선거는 그들이 원
하는 후보를 통해서 인민위원회를 재편할 기회가 되었다.

그들이 이상과 같은 목적을 획득하는 데에 어려움이 있었다면, 선거
가 쉽사리 실시되지 않았을 것이다. 1946년 3월에 김일성은 "조선의 인
구가 3천만이라 일컬어지지만 그의 절대다수가 무산계급에 속한다고 해
서 그들의 전부가 공산당을 절대 찬성하고 지지하느냐 하는 것은 우리
는 의심치 않을 수 없다. 과거 일본제국주의의 탄압과 맹렬함과 공산당
자체의 오류를 범한 소치로 대중은 아직도 공산당을 전적으로 지지할
경지에는 도달치 못한 것이 사실이다. 대중교육이 부족하고 공산당의
역사가 짧기 때문에 대중 전부가 공산당을 따르는 것은 아니다. 대중은
아직도 적지 않은 수가 민족파를 지지하고 있는 것이 사실일 것이다....
우리들은 민족파의 세력을 무시할 수 없다"고 평가했다.[8]

그러나 선거에서 소군정이나 김일성 등은 토지개혁, 남녀평등법 등의
개혁을 통하여 자신들의 지지세력을 확보하는 데에 자신감이 있었다.
그들은 특히 토지개혁의 실시로 북로당이나 그 영향하에 있는 농민 여
성 청년 등 사회단체들에 대한 군중의 신망이 대단히 높아졌다고 평가

---

7) 「목전 조선정치형세와 북조선림시인민위원회의 조직문제에 관한 보고」
   1946.2.8, 『조국의 통일독립』, 8면; 김일성, 「토지개혁의 총결과 금후 과업」
   1946.4.10, 『북한연구 자료집』 1, 68면.
8) 조선공산당 청진시위원회, 「김일성장군 술; 민족 대동단결에 대하야」 1946.
   3.15, 『북한관계사료집』 25, 11면.

하였다.9) 이러한 여건을 토대로 소련군정이나 김일성 등은 노동당을 비롯한 여러 세력을 민주주의민족전선(이하, 민전으로 줄임)으로 결집시켰다. 김일성은 "민주주의 새조선을 건설하기 위하여 '한 집안 사람'이 되어야 하며 민전 주위에 전체 북조선인민, 전조선인민들을 단결시키는 것이 임시정부를 하루바삐 세우기 위한 유일한 방책이며 완전독립과 민주주의에로 발전을 위한 기본방책"이라고 주장하였다. 북한에서 대중적 정당들과 사회단체들이 자유스럽게 발생하여 활동하였다고 선전하였지만, 각 도, 군, 면까지 민전이 결성되어 북한에서 그들의 적대세력들의 입지를 크게 축소시켰다.10)

민전에는 일부 적대세력을 제외한 대부분의 정당과 사회단체들이 결집되어 유권자와 비슷한 수의 맹원이 있었다. 즉, 1946년 6월 22일 북조선 민전을 결성하면서, 공산당 외에 직업동맹원 35만명, 농민동맹원 180여 만명, 민주청년동맹원 근 100만, 여성동맹원 60여 만명, 예술연맹원 1만여 명을 결집시켰다. 그후 선거 직전에 민전에 포괄된 정당과 사회단체의 인원은 500만명에 이르렀다.11) 민전에서 김일성 세력은 신민당과 합당한 후 북로당의 당원확대와 함께 민주당과 천도교청우당이 자기들의 독자적인 요구를 제기하면서도 자신들의 영도성을 인정하도록 하였다. 또한 북로당은 민전 산하 단체들을 당의 영향하에 있게 하고 그

---

9) 김일성, 「토지개혁의 총결과 금후 과업」 1946.4.10, 『북한연구 자료집』 1, 65면.

10) 크 가이다르, 「조선민주주의역량의 통일에 관한 문제」, 『조선신문』 1946.11.15; 「목전 조선정치형세와 북조선림시인민위원회 조직문제에 관한 보고」 1946.2.8, 『조국의 통일독립』, 4면; 「북조선 민주주의 민족통일전선 위원회 결성에 대한 보고」 1946.6.22, 같은 책, 89-90면; 김기석, 앞의 책, 105-108면.

11) 「민전과 선거」, 『조선신문』 1946.10.25; 김일성, 「북조선민주주의민족통일전선위원회결성에 대한 보고」 1946.6.22, 『북한연구자료집』 1, 104면; 김일성, 「북조선로동당 창립에 대한 보고」 1946.8, 돌베개 편집부편, 북한 '조선로동당'대회 주요 문헌집』, 돌베개, 1988, 19면.

들이 당의 과제를 의식적이거나 무의식적으로 실행하도록 하였다.[12] 그러므로 민전 산하의 민주당이나 청우당이나 사회단체들의 독자성은 매우 제한적이었다.

Ⅲ. 선거과정

1. 선거준비 과정

1) 선거명부 작성

북한에서 1946년 11월 선거법령은 토지개혁, 노동법령, 남녀평등권법령, 농업현물세, 중요 산업국유화법령 등의 개혁 가운데 가장 중요한 것으로 평가되기도 하였다.[13] 선거규정은 소련에서 선거를 치러 본 경험이 있는 소련파들이 작성하였다.[14] 이 규정은 1936년에 제정된 스탈린 헌법을 따른 것으로 선거를 평등적, 직접적, 보편적, 비밀원칙 하에 치르도록 하였고, 여성에게도 동등한 권리를 부여한다거나 일체 선거비용을 정부예산에서 지출하는 것과 투표시간이 오후 12시까지인 점도 똑같았다. 이 외에도 선거규정 가운데 두드러진 특징은 공동후보제와 투표함의 흑백함제의 실시 등이었다.[15]

---

12) 조선로동당 중앙당학교,『당간부 강습강령』,『북한관계사료집』 17, 44-45면; 사회과학원력사연구소,『조선전사』 23, 평양: 과학 백과사전출판사, 96-97면; 박명림, 앞의 책, 275면.

13) 오성화,「민주주의 선거법령은 북조선인민에게 잇서 역사적인 성과다」,『조선신문』 1947.6.15; 한설야,「10월 혁명 수상- 동궁앞에서, 방소기행수첩」,『조쏘문화』 8, 1947, 131-132면.

14) 중앙일보 특별취재반, 앞의 책, 257면.

15) 김택영,「쏘련의 선거」,『조쏘문화』 3집, 1946, 131-133면; 끄 스렙벤꼬 소좌,「쏘련의 선거제도」,『조선신문』 1946.9.28; 브 빤첸꼬,「민주주의란 무엇인가」, 같은 신문 1946.10.22;야 우만쓰끼,「소련공민권론」, 같은 신문 1947.5.17;

선거 실시를 준비하기 위하여 북조선 임시인민위원회는 그 업무를
총괄할 선거지도위원회를 구성하였다. 이를 위해서 중앙, 도, 시, 군 선
거위원회 및 각 선거구(3,459개소)와 분구(12,365개소)가 창설되었다. 선
거구의 조직은 주민 500-1000명에 선거구를 하나씩 설치하였으나, 부분
적으로는 도 인민위원회의 허가에 의하여 주민 50명까지도 선거구를 조
직할 수 있고, 병으로 인하여 투표하려 선거구에 나오지 못하는 것에
대하여 25명 이상의 유권자가 있는 병원에 특별선거구를 조직하였다.
선거위원은 9월 25일까지 중앙에 11명을 비롯하여 각 도에 선거위원수
3,164명(524개 선거구), 시의 경우에 1,435명(287개소), 군의 경우에
13,605명(2,721개소) 등이 조직되었고, 선거분구에 9월말까지 선거위원수
61,825명이 조직되었다. 이들 선거위원의 총수는 80,470명으로, 농민
45,828명 노동자 10,750명 사무원 18,255명 기업주 288명 상인 3,941명
종교가 1,201명 이전 지주 167명 등으로 구성되었다.16) 이들은 "가장 위
신있고 인민에게 존경을 받는 정당과 사회단체의 맹원들"로 바로 민전
산하 맹원들이었다. 또한 중앙선거지도위원회의 위원장 주영하는 북로
당 중앙위원회 부위원장이었고, 박정애는 여성동맹위원장이었다.17) 따라
서 선거위원회가 정치적으로 중립을 지킬 수 있는 형편이 되지 못해서
선거과정에서 관권이 개입할 가능성이 높았다.

한편, 선거명부는 선거권자를 대상으로 면과 시인민위원회들이 작성

이기영, 「인민의 나라, 쏘련방의 약진상」, 『조쏘문화』, 1947.4, 105면; 「면·
시·군 및 도인민위원회 위원의 선거에 관한 규정」(이하, 선거규정으로 줄
임) 1946.9.14, 대륙연구소편, 『북한법령집』, 1991, 135-141면.
16) 「중앙선거지도위원회 공보」, 『조선신문』 1946.10.25; 주영하, 「도시군인민위
원회선거총결에 관한 북조선중앙선거지도위원회 보고」, 같은 신문
1946.11.10; 중앙일보 특별취재반, 앞의 책, 257면.
17) 「선거준비운동이 회의의 중심과제」, 『조선신문』 1946.9.27; 오성화, 「민주주
의 선거법령은 북조선인민에게 잇서 역사적인 성과다」, 같은 신문 1947.6.15;
「북조선농민총동맹 창립 제2주년에 제하여」, 『민주조선』 1948년 1월 31일자
사설.

하였다. 선거권자의 최저 연령은 소련의 경우 18세 이상였으나, 북한에
서는 친일파 민족반역자를 제외한 20세였다.[18]

그러나 북한의 직업동맹에서도 선거권과 피선거권의 연령을 18세 이
상의 남녀에게 차별없이 줄 것을 주장하였고, 자위대의 입대 연령이 18
세 이상이었다.[19] 남한의 민전 강령에서도 만 18세 이상 남녀에게 선거
권과 피선거권이 부여될 것을 주장하였다.[20] 또한 신민당 강령에는 전
국민의 의사를 대표한 보편적 평등적 선거제에 의한 새로운 민주정권의
수립으로 간단히 표현되었지만, 북만특별공작위원회의 강령에서는 신정
권의 수립은 18세 이상의 조선남녀로서 국민의회를 소집하고 각급 정권
을 성립시킨다고 규정하였다. 이 때 여기에 가입할 수 있는 연령은 16
세였다가, 입국 후 신민당의 당원 연령은 만 17세 이상이었다.[21]

이상과 같이 소련의 규정과도 구별되고 일부 정당사회단체의 요구에
도 부합되지 않게 선거규정에서 유권자의 연령이 20세 이상으로 한정된
것은 당시 북로당의 당원이 될 수 있는 연령이 20세 이상으로 규정되어
있는 것에 기초한 것으로 보인다.[22] 이는 남한 과도입법의원에서 처음
에 선거연령을 23세로 규정한 것에 비하면[23], 앞선 것이 틀림없으나 선
거에 많은 인민을 참여시키려는 노력과는 상치된 결정으로 그 이면에는
일부 학생들의 반공시위를 두려워했던 요소도 있었을 것이다. 미군정이
소련 측의 엄격한 검열에도 불구하고 정보원, 피난민, 여행자 등을 통해
서 입수한 대표적 반공적 사례는 다음과 같다. 1945년 11월 23일 신의

---

18) 「해방 후 조선」, 98-99면.
19) "G-2 Summary" 1946.6.9-16, 『미군정보보고서』 12, 41면; 김기석, 앞의 책, 94
   면.
20) 「민전강령」, 『해방일보』 1946.3.3; 「중요정책에 대한 보고」, 『해방일보』
   1946.4.22.
21) 「조선신민당 규약」과 「조선민족독립동맹 북만특별공작위원회 강령 규약」,
   『북한관계사료집』 26, 17면, 54-55면.
22) 「북로당의 강령초안」과 「북로당 규약초안」, 『북한관계사료집』 17, 5면, 9면.
23) 『조선일보』 1947.7.27, 29.

주에서 500명 가량이 인민위원회를 공격하였다 라든가, 1946년 6월 22
일 평양에서 학생들이 경찰과 대치하여 상당한 희생자가 발생하였다 등
이 그것이다. 이와 같이 북한에서 공산주의에 반대하는 세력 가운데에
교회와 조만식을 지지하고 있는 중등학생과 대학생 등 학생들의 규모가
상당하였다.[24]

이상의 유권자에 대한 선거명부를 작성하는 과정에서 호적이 일부
없어지거나 일제 때 작성된 주민현황에 대한 기록에서 일부 누락이 있
었고 문맹자가 많아서 어려움이 따랐다.[25] 평양시 제163선거분구의 상
업가 김만록은 유권자명부를 확인하다가 누락된 것을 발견하였다. 선거
분구 당직자는 그에게 시 인민위원회 앞으로 청원을 쓰라고 하였고, 인
민위원회는 그의 청원을 받아들여 그의 부부를 추기하였다. 그런데 선
거명부에서 탈락된 유권자가 청원을 써서 면 인민위원회에 제출하였을
때 면인민위원회가 청원을 거부하였다면, 그는 면인민위원회의 결정을
군 인민위원회에 제출할 권리가 있었지만, 군 인민위원회의 결정에 따
라야 했다.[26] 그러므로 이 과정에서 인민위원회는 유권자를 임의로 배
제할 수 있었다.

인민위원 선거를 위한 유권자 수의 조사시에 북한 전체 인구가
9,410,252명이었고 이 가운데에 4,516,120명이 유권자였다.[27] 그러나 연
령별 숫자가 있는 다른 통계에 의하면, 1946년 12월 31일 현재 북한인
구는 총 9,257,317명이었고 이 중 선거권을 가질 수 있는 연령 20세 이
상 인구는 약 4,736,915명이었다.[28] 이처럼 연령별 통계와 차이가 있는

---

24) 한림대 아시아문화연구소, 『주한미군북한정보요약』 1, 27면, 81면; 『미군정정
    보보고서』 12, 121면, 131면; 중앙일보 특별취재반, 『비록 조선인민공화국』
    상, 중앙일보사, 1993, 30-32면.
25) 「선거자들의 명부는 어떻게 작성하는가」, 『조선신문』 1946.9.28; 중앙일보 특
    별취재부, 앞의 책, 259면.
26) 「선거일박도한 각선거분구들」, 『조선신문』 1946.10.30.
27) 「북조선민전 결성 1주년에 제하여」, 『조선신문』 1947.6.13; 한림대학교 아시
    아문화연구소, 『북한경제통계자료집』 1946-48, 1994, 142면.

데, 전체 인구는 15만명 정도의 차이가 나지만, 선거연령에 있는 인원과 유권자의 수 사이에는 20만명 이상의 차이가 있다. 이 경우에 해당하는 자로는 먼저 소수의 정신병자와 상당한 규모의 친일파를 들 수 있다. 선거규정에 친일분자의 범위로 1) 조선총독부의 중추원참의고문 전부 2) 도회의원, 부회의원의 조선인 전부 3) 일제시대의 조선총독부 및 도의 책임자로서 근무한 조선인 전부 4) 일제시대의 경찰, 검사국, 재판소의 책임자로서 근무한 조선인 전부 5) 자발적 의사로서 일본을 방조할 목적으로 일본주권에 군수품생산, 기타의 경제자원을 제공한 자 6) 친일단체의 지도자로서 열성적으로 일본제국주의를 방조활동한 자 등으로, 이는 남한 민전이나 과도입법의원에서 규정한 것에 비하면 상당히 제한적이었다.[29] 실제로 북로당은 하급당에게 친일분자 민족반역자에 대해 조사하도록 지시하였으나, 친일파 민족반역자 규정에서 있어서 일체 기계적이며 공식적으로 해석을 피하고 8·15 이후 '건국사업'에 적극 노력한 자들에 대해서는 관대한 처리를 할 것을 당부하였다.[30] 또한 이 시기에 친일파의 대다수는 월남하였을 것이다. 그러므로 보다 주요한 요소는 북한당국에서 인위적으로 배제되는 인원에 대한 고찰이다. 그 대상자의 규모는 정확한 파악이 어려우나, 당시 남한 좌익이나 북한에서는 친일파가 아니더라도 해방 이후 국가건설에 반대하는 자들을 민족반역자의 범주를 상정하고 있어서 이들을 자신들의 반대세력으로 간주하여 제외

---

28) 이 통계에는 19-20세 연령이 합쳐져 있기 때문에 균등분할하였다. 또한 이 수치에는 보안대부대 영내 거주자와 교화소수용인 및 소련군적을 가진 자는 포함되지 않았다(『한림대학교 아시아문화연구소, 『북한경제통계자료집』 1946-48, 1994, 30면).

29) 「'민전'서 민족반역자 규정」, 『해방일보』 1946.2.22; 「면 군 시 및 도인민위원회 위원의선거에 관한 규정」 1946.9.14, 대륙연구소, 앞의 책, 135면; 『서울신문』 1947.7.4.

30) 「김일성동지의 '인민위원회 위원선거 실시에 대한 보고'에 대한 결정서」 1946.9.25, 『북한관계사료집』 29, 1면; 「개천군에서의 선거준비진척상황」, 『조선신문』 1946.10.22.

시켰을 것이다.[31]

2) 유일입후보제[32]

선거에서 후보자의 추천이야말로 선거 중 제일 중요한 일일 것이다. 북한에서 인민위원회 위원후보자를 추천할 권리는 북조선임시인민위원회에 등록된 모든 주민, 민주주의정당 사회단체에 있다고 선전되었다.[33] 그러나 선거규정에는 인민위원회에 등록된 일체 민주주의정당, 사회단체 및 제집단으로 한정되었고, 정당과 사회단체는 공동후보를 추천할 권리가 있었다. 정당이나 사회단체의 경우, 인민위원회에 등록된 단체는 후보를 추천할 수 있었으나, 이를 위해서 후보를 추천한 정당과 사회단체는 후보를 추천한 회의록을 선거구에 제출하여야 했다. 그 회의록에는 회장과 서기의 서명, 단체의 명칭 주소, 회의에 참가한 인원 수, 후보의 성명 주소 연령 당별 단체별 직업별 등을 반드시 적시하여야 했다.[34] 그러므로 무소속은 참여할 길이 거의 없었다. 후에 도·시·군인민위원회의 위원 중 무소속이 전체의 50.1%를 차지한 것으로 선전되었으나, 북로당과 민주당, 청우당을 제외하고는 전부 민전 산하단체이므로 엄밀한 의미에서 무소속이 아니었다.[35]

---

31) 이강국, 「민전의 신정부설계」, 『조선인민보』 1946.4.1; 「선거자들의 명부는 어떻게 작성하는가」, 『조선신문』 1946.9.28. 이미 소련군정에서는 신탁통치에 반대하는 개인들을 질환자로 간주하여 어떤 경우에는 그들의 치료를 위한 명목으로 감금하거나 경찰에 의해서 구금시킨 경우가 있었다고 한다 ("Condtions in Russian Occupied Korea" 1946.6.16-6.15, 『미군정정보보고서』 12, 50면).

32) 1992년 선거법개정에서 복수후보제에 의한 선거경쟁을 가능하도록 하였다 (장명봉, 앞의 논문, 161-162면).

33) 「조선인민은 우수한 자녀를 인민위원으로」, 『조선신문』 1946.10.17.

34) 「위원후보추천과 토의에 관한 질서」, 『조선신문』 1946.10.9; 「선거에서 농민의 열의」, 같은 신문 1946.10.19.

35) 이주철은 무소속의 대부분이라고 평가하였으나, 전부인 것으로 보인다(이주철, 앞의 논문, 240면).

450

그런데 실제로 후보를 추천하는 과정에서 소련에서 소비에트 대의원 후보로 공산당원과 비당원이 공동으로 추천되었던 영향으로 소군정 민정사령관인 로마넨코는 북조선민전에서 공동후보를 추천하되 선거구마다 입후보자를 2명 혹은 1명으로 제한하는 조치를 취하였다. 이에 따라 민전에서는 공동후보의 취지를 잘 살리겠다는 명분으로 일부 지역을 제외하고는 대부분 선거구에서 아예 유일후보를 추천하였다.[36] 이러한 제도는 서구에서 크게 비난을 받았던 까닭에 불가리아에서는 조국전선에 5개 정당이 연합하여 선거에 참여하였으나, 선거자에게 5개정당의 서로 다른 색깔의 투표지를 받아 투표하도록 하였다. 이 방식은 드미트로프의 주장대로 선거자마다 그가 소원하는 후보를 투표할 수 있었으나, 여전히 조국전선에서 배제된 반대당의 참여가 보장되는 것은 아니었다.[37] 그러므로, 유일후보제는 선거과정에서 일어날 수 있는 이변을 배제하기 위하여 북로당은 민전의 이름으로 후보를 내세웠던 것으로 보인다. 그 결과 매 선거구에서 사실상 정당 사회단체의 대표 중 한 명만이 입후보하여 유권자는 어떠한 대안이 없었다.[38]

이에 따라 후보자들은 도의 경우 455명(선거구 452개), 시 293명(287개), 군 2769명(2721개) 등 총 3,521명(선거구 3,460곳)이 있었다. 이 가운데 61개 선거구만이 2인의 후보가 추천되었을 뿐이고 나머지는 모두 1명씩 단일후보였다.[39] 단일후보가 이루어지지 않는 지역은 대부분 민주당이나 청우당이 강력하였다. 평남 맹산이나 영원 등 산골에서는 천도교가 큰 영향력을 발휘하고 있는데 왜 북로당 출신 후보가 더 많은지

36)「평남 시·군 인민위원회 위원선거 총결에 대한 보고」,『북한관계사료집』18, 1994, 408면; 김택영, 앞의 논문, 140-141면; 전현수, 앞의 논문, 146면.
37)「불가리야의 선거전 상황」,『조선신문』1946.10.8.
38) 안드레이 란코프(김광린역),『북한현대정치사』, 오름, 1995, 88-89면.
39) 다른 통계에는 전체 후보자의 수는 같았으나, 그 구성이 도 선거구 452개 459명, 시 선거구 287개 293명, 군 선거구 2,721개 2,769명 등으로 약간 달랐다(「중앙선거지도위원회공보」,『조선신문』1946.10.25).

에 대한 항의가 있었다.[40] 그런데 남한 좌익언론에서 타스통신을 인용하여 북한에서 선거자회의는 인민위원회 후보로 451명을 추천하였고, 도 인민위원회 후보로 861명, 군 인민위원회 후보로 6,743명을 추천하였다고 보도하였다.[41] 이는 타스통신을 통해서 단일후보를 은폐하기 위한 과장 보도일 수 있겠다.

이제 후보추천과정에서 인민의 의사가 어떻게 반영되었는지에 대해서 살펴보겠다. 1946년 10월 9일, 평남 강동군 삼등면 제517호 선거구에서 도위원 선거구 열성자 대회를 개최하여 김일성의 추대를 시작으로 후보들의 추천이 있었다. 일부 후보는 밑으로부터 추천된 경우도 있었겠지만, 실제로 그 대다수는 북로당이 사전에 민전을 통하여 지명한 것으로 보인다.[42]

몇가지 구체적 사례를 고찰하면, 평남 중화군 신흥면의 선거전 총회에서 선거구위원회 위원장 윤내모는 면 민전에서 군 인민위원회 후보로 농민 유호완으로 선정하였다는 것을 말했다. 이에 농민들은 박수갈채로 환영하였고, 농민 김성주는 민전 간부가 인재를 선택하는 데에 실수없이 하였다며 지지연설을 하였다. 남포시의 후보추천과정을 보면, 각종, 기업소, 근방농촌에서 후보 추천회의에 참여하였다. 전 주민은 민전에서 선발한 후보를 열렬히 지지하였다. 평안남도 인민위원회후보로 4명이 선발되었고, 남포시 인민위원 후보로 27명이 추천되었다. 평양역에서 철도일꾼들이 참가한 추천회의에서도, 민전 중앙위원회 위원장 심재순이 민전 중앙위원회 결정은 제25선거구를 통한 인민위원 후보로 단야공 최재선으로 추천할 것을 제의하였다. 그의 후보에 대한 소개 후에, 토론자들은 최재선을 지지하였다. 그리하여 평양정거장 내 노동자와 사무원회

---

40) 중앙일보 특별취재반, 앞의 책, 260-261면.
41) 『독립신보』 1946.11.5.
42) 「榮! 강동군 삼등면 김장군을 입후보」, 『조선신문』 1946.10.17; 「민전과 선거」, 같은 신문 1946.10.25; 조영암, 앞의 책, 92면; 박명림, 앞의 책, 270-271면, 273면.

의는 만장일치로 최재선을 추천하였다. 이상과 같이 북한인민은 선거자
회의, 열성자 회의 등을 열어 모두 민전에서 추천한 후보자들을 만장일
치 혹은 일심합의로 지지하였다. 표면적 이유로는 후보자들이 민전에서
제시한 부강한 독립국가건설과 민주주의정부를 촉성하기 위한 투쟁 등
의 정강을 구현하려고 하는데 있었다.43) 그러나 이러한 후보들에 대해
서 일부 반대세력은 "공동후보는 필요없다, 자유경쟁이라야 정말 민주
주주의선거다", "선거결과는 아모 당이 독판친다" 등 불만을 드러냈으
나, 김일성 등은 선거를 파탄하기 위한 파괴공작이라고 역공하였다.44)

또한 김일성 등은 입후보자들이 가장 우수한 자녀들과 진정한 애국
지사들로 난관을 두려워하지 않고 자기의 진력을 다하여 인민에게 복무
할 인사들이므로 선거할 것을 호소하였다.45) 그렇지만 일부세력은 후보
중에 무식한 농민이 입후보된 것에 대하여 불만이 있었다.46) 당시 북로
당의 학력분포가 1946년 8월 현재 36만여 명의 당원 중 전문학교 이상
을 졸업한 자가 1.2%(4,162명)에 불과하였고, 초등학교 졸업자 59.4%, 국
문해독만 가능자 15.4%, 문맹자 14.8%에 이르러 학력이 대부분 낮아졌
던 것이 사실이었고, 이 때문에 당선된 뒤에도 재교육이 필요하였다.47)

---

43) 「조선인민은 우수한 자녀를 인민위원으로 」,『조선신문』 1946.10.17; 「입후보
   선출코 해설사업계속」, 같은 신문 1946.10.19; 「제25호 선거구 후보 단야공
   최재선의 영예」, 같은 신문 1946.10.19; 「민전과 선거」, 같은 신문 1946.10.25
   등.
44) 김두봉, 「북조선민주선거의 총결과 노동당의 당면과업」『근로자』 2, 1946.12,
   37면;『조선전사』 24, 23면.
45) 「11월 3일은 북조선 인민위원들의 선거일」,『조선신문』 1946.10.30; 「역사적
   민주선거일을 앞두고 조선인민에게 고함」,『조국의 통일독립』, 167면.
46) 조영암, 앞의 책, 92면.
47) 「1947년 8월 21일 중앙상무위원회결정서, 부 당원지식정도 통계표」,『북한관
   계사료집』 17, 115면.

3) 흑백함 투표

이미 1946년 3월 16일자의 소련 훈령에 의거하여 김일성이 1946년 3
월 23일 발표한 '20개 정강'에서 인민위원회는 선거방법으로 일반적인
직접 평등 무기명 투표에 의해서 구성할 것으로 정했다.[48] 이를 토대로
선거방법은 선거 결정서에서 보통, 직접, 평등선거제로서 무기명투표로
한다고 하였고, 선거규정에는 무기명투표 대신에 절대비밀을 규정하였
다. 그런데 앞서 서술한 대로 선거규정에서 투표함은 후보자 한사람에
대하여 백, 흑 두 개를 놓아 두되 백색함은 후보자를 찬성하는 투표함
이고, 흑색함은 후보자를 반대하는 투표함이라고 명시하여 흑백함투표
를 실시하였다(제39조).[49] 이러한 투표는 유권자의 자유로운 의사표시를
제약하였다.

북한 선거당국자는 무기명 투표가 선거자의 의지의 자유로운 발휘와
독단성을 보장하는 진실한 민주주의 표현 중의 하나라고 해설하였다.
이와 같은 투표제는 일면으로 선거자의 완전한 독립적 자유선택을 보장
하는 것이며 다른 한편으로는 하층으로부터 검열하는 방식으로, 인민들
에게 피선된 인민위원회 위원들로 하여금 사회의사를 존중하게 하며 야
심적으로 자기사업과 의무를 책임감 있게 실행하도록 하게 한다고 주장
하였다. 이를 처음 시행하기 때문에 선전원이나 유권자들에게 이 선거
방식에 의한 모의선거를 실행시키기도 하였다.[50] 그러나 투표실에는 나
무 병풍 뒤에 두 개의 투표함이 있어서 하나는 흰색이요, 다른 하나는

---

48) 『해방일보』, 1946.4.10; 『조선인민보』, 1946.4.13; 「조선임시정부수립에 대한 소
   미공동위원회 소련사령부 대표단에의 훈령초안」, 『역사비평』 24, 1994 봄호,
   372-373면.
49) 「면·군·시·도인민위원회 선거에 대한 임시인민위원회 제2차확대위원회의
   결정」, 1946.9.5, 대륙연구소, 앞의 책, 134면; 「선거 규정」 1946.9.14, 같은 책,
   135면; 정진태, 「투표는 이렇게 한다. 그 방법과 결과 판정」, 『조선신문』
   1946.11.1.
50) 중앙선거위원회 서기장 리동영, 「선거구는 어떻게 조직하는가」, 『조선신문』
   1946.9.26; 「무기명투표」, 같은 신문 1946.10.29.

검은색으로, 유권자는 본 선거구에서 추천한 인민위원 후보를 찬성한다
면 백색 투표함에 넣을 것이고, 반대한다면 흑색함에 넣도록 하였다. 이
러한 선거 방식을 채택한데에는 북한인민 가운데 240만여 명이 문맹자
였다는 점이 크게 작용하였다고 한다.[51]

그러나 이들 문맹자의 수가 전부 유권자가 아니었고, 북한당국은 문
맹자에 대한 교육을 실시하여 1946년 10월 1일 현재, 문맹퇴치학교의
수는 9,162개교로 381,146명이 수학하고 있다. 이중에 171,230명이 여성
이었다. 선거가 실시된 후 임시인민위원회는 결정 제113호를 발표하여
문맹퇴치사업을 전면적으로 실시하기로 하였다. 이를 위하여 북한 각지
에 한글학교 성인학교가 설립되었다. 1947년 4월 인민위원회는 결정 제
25호를 발표하여 4개월간 한글 맞춤법 교육과 간이산수를 가르쳤고, 이
해 12월에 문맹퇴치 돌격운동을 전개하여 해방 후 3년 동안에 227만명
을 퇴치하였다고 한다.[52] 유권자의 문맹 때문에 흑백함 선거를 실시하
였다면 문맹퇴치운동이 끝난 후 투표방식이 변해야 했으나, 흑백함 선
거는 그 후에도 지속되었다.[53] 따라서 소련에서 무기명 투표를 강조하
여 유권자로 하여금 자기의 의사를 자유스럽게 표시할 가능성을 강조하
였던 것이나, 남한에서 좌익측이 자유스런 선거환경의 보장을 요구하였
던 점이 북한에서 적용되지 못했다.[54]

---

51) 중앙일보 특별취재부, 앞의 책, 147면.
52) 「사실로 본 숫자」, 『조선신문』 1946.10.20; 『민주조선』 1948.1.28; 「잔존문맹
    퇴치운동」, 『투사신문』 1948년 11월 12일자 사설; 이일산, 「문맹퇴치 및 성
    인재교육사업의 당면과업」, 『인민』 3-8, 1948.12, 25-27면.
53) 1948년 최고인민회의 선거 무렵에 해주에 살다 월남한 방모는 "북한당국이
    자유선거를 보다 안전하게 실시하기 위하여 해주지역에서 100명에 대한 모
    의선거를 실시하였다. 참가자들은 이 선거에서 비밀이 보장되어 아무 처벌
    받지 않는다고 약속되었다. 이승만이 독재자이고, 미제국주의자의 하수인이
    라고 선전되었으나, 그들 중 61%가 이승만을 지지하여 북한당국은 1948년 8
    월 최고인민회의 선거에서 자유선거가 위험함으로 전형적인 공산주의선거를
    실시하기로 했다"고 한다(John C. Caldwell, The Korea Story, Chicago: Henry
    Regenery Company, 1952, 60면).

2. 선전활동

김일성은 "인민에게 주권이 있는 정치"를 민주주의로 파악하였다. 그는 이를 위해서 선거운동[55]을 철저히 추진하여, 무지한 대중을 시급히 교육시켜 그들로 하여금 참된 선거를 하도록 하였다. 그는 그들이 아직도 누가 자기의 이익을 대표하고 누가 자기를 해치는 지도 자각하지 못하고 있다고 평가하였다. 이러한 상황에서 인민위원회는 당시 인민들이 선거에 대한 인식이 낮고 문맹률이 높아서 정치교양사업을 병행하였다. 선거지도위원회와 별도로 선거선전위원회가 만들어져서 선거와 관련된 토론회 강연 등을 통해 선전활동을 하였다.[56]

인민위원회는 1946년 9월 21일 선거선전의 거점인 선전실과 모범선거실을 각 도 시 군 면의 각 선거구와 그 분구에 설치하도록 하였다. 선전실의 기능은 "일반선거자 및 민중에 대한 정치교육을 옳게 실시하고 민전에서 추천한 후보자들을 위한 선전을 충분히 전개하며 선거규정을 인식시킬 목적"이었다. 각급 인민위원회 위원장들은 각급 인민위원, 각 정당 사회단체의 열성자, 교원, 문화인들을 널리 이 사업에 참가시키도록 하였다. 이러한 선전활동을 통해서 당시 북한사회에 남아 있는 선거에 대한 인식 부재, 집안끼리 대결이나 여성에 대한 편견 등 봉건적 식민지적 존재까지 타파하여 인민의 인식을 높이려고 하였다. 이를 위

---

54) 이기석, 「우리는 요구한다. 이러한 선거를 !」, 『노력인민』 1947.8.4; 김택영, 앞의 논문, 136면.
55) 김일성이 연설에서 당면한 농촌 선거를 지적하였는데, 이는 농민동맹 등의 선거로 보이나, 그의 선거에 대한 입장은 비슷할 것으로 보인다.
56) 조선공산당 청진시위원회, 「김일성장군 술; 민족 대동단결에 대하야」 1946.3.15, 『북한관계사료집』 25, 15-16면; 「도·시·군인민위원회 위원선거에 대한 선전실 설치에 대한 임시인민위원회의 결정서」 1946.9.21, 대륙연구소편, 앞의 책, 144면; 중앙일보사 특별취재반, 앞의 책, 257-258면; 류길재, 앞의 논문, 269-272면.

456

해서 각 정당 사회단체들은 총동원되어 선거선전사업을 민중에 전달하려고 하였다. 예를 들면, 평양시 선거위원회에서는 광성인민학교 강당에 선거선전실과 모범선거실을 조직하고 실제 선거방식과 절차를 민중에게 교육시켰다. 이 선전실에는 선전에 대한 모든 참고재료 즉, 인민위원회의 결정과 규정, 여러 가지 북조선민주건설에 관한 소책자, 선거에 대한 주요 기사게재 신문철, 신문게시판, 각종 표어로서 장식되었다. 도내 각 군 선거위원회의 선거위원들이 여기로 와서 선거에 대한 실지행사를 보고 갔고, 일반시민들도 그 행사에 참여하였다.57) 지방에서도 비슷한 양상을 띠어 평산군 선거대책본부에서 남천 시내에 2개의 모범선거실과 선전실을 설치하였다. 시내 통행인과 일반시민 등은 1일 평균 190여명이 선전실에 참관하여 투표를 실습하였다. 10월 15일에는 평산군내 노동장위원장, 민청위원장, 여성동맹, 직업동맹 위원장 등 각 단체의 간부 100여명이 선전실에 모여 선거해설을 듣고 실제로 실습하였다.58)

또한 각급 선거선전위원회에서는 선거선전대를 만들어 각 지방에 파견하였다.59) 민전에서도 선거지도위원회와 긴밀한 연락하에 선거선전지도원을 추천하여 이들을 강습시켜 각 시군에서 강습회를 하도록 하였고, 여기에서 수강한 자가 각 면리 강습회를 개최하도록 하였다. 이 선전대에는 노동당원, 민청원, 노동자, 예술인, 교원, 학생, 노동자 등이 참여하였다.60) 평양시내 여성동맹은 선거선전원으로 하여금 공장, 리 인민위원회, 야학교, 사택을 방문하여 부녀자들에게 해설하였다. 공장 내 당

57) 「도 시 군 인민위원회 위원선거에 대한 선전실 설치에 대한 임시인민위원회의 결정서」 1946.9.21, 대륙연구소, 앞의 책, 144면; 박창원, 「선거사업에 대한 평양시선전공작」, 『조선신문』 1946.10.9.
58) 『조선신문』 1946.11.1.
59) 「선거자들과 그들의 후보」, 『조선신문』 1946.10.26; 『조선전사』 24, 22면.
60) 김하인, 「선거일을 앞두고」, 『조선신문』 1946.9.28; 「선거해석선전사업에 예술가들 적극활동」, 같은 신문 1946.10.31.

기관과 사회단체도 선전원들을 지정하였다. 그리하여 각 직장마다 점심 시간에 노동자들을 모아 놓고 선전원들의 담화를 듣게 하며 신문을 외울만한 선전실을 제공하였다.[61)

교원들은 물론 인민학교에서 대학의 학생까지 동원되었다. 예를 들면, 평양시에서 인민학교와 중학교 학생들이 '건국과 선거', '선거완수의 길', '11월 3일을 승리적으로 완수하자'는 등을 연설하였고, 제12인민학교 연극대의 '선거'라는 아동극과 음악연주회 등이 열렸다. 평양시내 각 중등학교 이상 학생들은 학교를 단위로 가두유세대를 조직하여 활동하였다. 1946년 10월 13일 평양시내 중학생 10여 명이 트럭을 몰고 교외로 나아가서 벼를 베거나 탈곡을 도와주면서 선거계몽활동을 하였고, 여학교, 전문학교 학생들도 선거해설대에 참여하였다. 안주군 민전에서는 초등학교부터 상급생까지 인민위원 선거경기를 치루게 하여 유권투표의 다수를 획득한 경우에 우승하도록 하여 선거를 홍보하기도 하였다.[62)

김일성이나 소련군 사령관 쉬띠코프의 지시로 북로당과 인민위원회 등은 선전활동에 총력을 기울였다. 김일성은 선전이 크게 미약함을 지적하여 강연, 좌담식 선전의 강화 등으로 선전 선거일에 100% 참가하도록 선전사업을 강화할 것을 긴급 지시하였다.[63) 또한 쉬띠코프 사령관도 1946년 10월 21일부터 27일까지와, 11월 초에 평양과 진남포 등지를 직접 방문하여 선거선전사업을 독려하였다. 그는 자동차 10대와 그 연료, 1대의 비행기 등을 지원하였다.[64)

61) 끄 슬렙벤꼬, 안영삼, 「선거를 해설하는 노동자 선전원들」, 『조선신문』 1946.9.29.

62) 『조선신문』 1946.10. 17, 24, 31; 민전 안주군위원회, 「중요서류철」 1946.9, 『북한관계사료집』 18, 403-404면.

63) 「선거준비운동이 회의의 중심과제」, 『조선신문』 1946.9.27; 김일성, 「선거준비사업에 관한 긴급지시의 건」 1946.10.10, 대륙연구소편, 앞의 책, 142-143면.

64) 전현수, 앞의 논문, 147면.

이러한 독려 속에서 도시뿐만 아니라, 산간 벽지 등에도 선전이 활발해졌다. 선전활동을 선거인과 직접 접촉하여 선거의의, 선거시일, 장소, 입후보자 선거절차 등 구체적으로 선거인에게 알릴 것 등이 지시되었다. 이에 따라 북로당 평양시당에서 선거 승리를 위하여 인민반을 단위로 매개 당원과 민청이나 여맹원에게 책임을 부과하였고, 선거일이 가까워지면서 후보자에 대한 선전을 집중하였다. 심지어 매개 당원 5명 내지 10명을 책임지도록 하고, 당 세포를 핵심으로 각 사회단체들을 총동원하는 데에 노력하였다. 10월 19일, 평양시 문화극장에서 선거실시 경축대회를 개최하였다. 평양시 인민위원회 문화과와 선전과, 민주여성동맹 평양시위원회의 주최이며, 평양시음악가동맹, 민주조선사의 후원이었다. 평양시인민위원회 위원장 한면수는 이번 선거에 자주적으로 참가하여 민전 후보를 절대적으로 지지할 것을 강조하였다.[65]

농촌지역에서 선전원들은 유권자의 대부분이 농민이고, 이 중 문맹자도 적지 않는 까닭에 인민들에게 선거를 해석하는 사업에 더욱 주의를 쏟았다. 북로당 함경남도 도당에서는 매 인민반과 직장에 50명 단위로 전속 선전원을 배치하며 오가책임제를 실시하였다. 개천군 선거위원회에서 각 선거구와 분구의 선전대는 매 선전원이 20호씩 할당하여 가가호호를 방문하여 선전하였다. 또한 선전대들은 5일간에 1차씩 집합선전을 하였다. 대동군에서는 각 촌마다 5명씩 배치하여 가가호호 선전활동을 하였다. 평원군에서는 선거경축운동회를 열어서 당, 사회단체 기관원 등과 약 8,000명의 군민이 참석하여 선거해설을 한 후, 운동회가 개최되었다.[66]

65) 『조선신문』 1946.10.24; 「평양시 당단체의 선거선전사업 정형에 대하여」 1946.10.21, 『북한관계사료집』 30, 31-33면.
66) 「함남도 당단체의 선거선전사업 정형에 대하여」 1946.10.14, 『북한관계사료집』 30, 25-26면; 「개천군에서의 선거준비진척상황」, 『조선신문』 1946.10.22; 같은 신문 1946.10.24; 「개천군의 여자선전원」, 같은 신문 1946.10.25; 같은 신문 1946.10.31.

또한, 유권자들은 환영대회나 상담회, 선거구회의 등에서 민전 후보에
대한 절대적으로 지지할 것을 요구받았다.67) 예를 들면, 함북 제21선거
위원회에서 후보자 이주봉 환영대회를 개최하였다. 북로당, 여성동맹,
농민동맹 등의 간부와 군인민위원회 위원장 등이 참여하여 후보자 지지
토론을 하였다. 평양시 사동선거구회의에서 입후보자는 평양시 노동당
위원장 서휘였다. 그의 연설 후에 유권자 중 허춘이 등장하여 "나는 선
거자로서 선거지를 흰 투표함에 넣을 것이다. 여기에 참가한 사람들이
모두 우리 인민의 충직한 아들인 서휘를 찬성하라고 촉구하였다. 그 외
에 리순희 등도 그에게 투표할 것을 외쳤다. 이 과정에서 혈서로 '인민
선거만세'를 제출하기도 하였다.68)

그 결과 선거기간은 "새벽 다섯시만 되면 민청원들이 일어나고 학생
을 시키고 여맹원들이 일어나서 고함을 지르며 거리를 외치고 다니는
형편"이 되었다.69) 평남의 경우, 민전에서 선거선전을 위해서 발표한 각
종 문건은 2,450,161건이었고, 이 지역 유권자가 158만명인데 비하여 선
전에 동원된 인원이 148,775명에 이르렀다. 또한 전체적으로 선전활동에
동원된 인원가운데 노동당원 만도 15만여 명이었고, 총 선전원은
836,430명에 이르렀다.70) 이는 전체 유권자의 수에 비추어 선전원 1인이
5-6명씩 할당되는 규모이다. 이렇게 노동당을 선두로 민전에서는 그들의
후보들을 인민위원으로 선출하는 선거선전에 크게 동원되었다. 이 과정
에서 노동자, 농민 및 지식인들을 소집한 수많은 연설회와 대회에서는

---

67) 「민주선거실시의 경축대회 대성황」,『조선신문』1946.10.24;「선거자들과 그
    들의 후보」, 같은 신문 1946.10.26.
68) 「사동선거구회의 성황리에 진행」,『조선신문』 1946.10.30; 같은 신문
    1946.11.1.
69) 조영암, 앞의 책, 92면.
70) 주영하,「북로당 창립 1주년과 조선의 민주화를 위한 투쟁에서 그의 역할」,
    북로당 중앙본부 선전선동부, 로동당출판사, 1947.9.20,『북한관계사료집』1,
    1982, 258면;『조선전사』24, 22면;「평남 시 군 인민위원회 위원선거 총결에
    대한 보고」,『북한관계사료집』18, 1994, 408면.

선거선전을 듣고 지지를 표현해야 했다. 선전원들은 각종 회의에 동원할 책임인원을 확보치 못하게 되면 그 지위에서 파면을 당할 뿐만 아니라, 인민들도 실제로 토지를 빼앗기고 배급을 정지당한 경우나 심지어 유치장에 끌려 가는 일도 있었을 것으로 보인다.[71]

이러한 선전활동을 통해서 선전원들은 선거법, 투표절차 등과 함께 북한에서의 민주건설 성과와 남한의 혼란 대비, 당시 현안이었던 선거전의 현물세납부를 홍보하였다.[72] 북로당에서는 선전원들에게 선전활동에서 다음과 같은 점을 강조하도록 하였다. 1) 이번 선거규정이 가장 민주적이며 인민대중을 위한 것이라는 점 2) 지난 1년간의 민주개혁에 있어서 붉은 군대에 대한 인식을 더욱 깊이하고 진정한 해방에 대한 감사 3) 북조선인민위원회의 지지운동 4) 민주개혁에 있어서 김일성의 역할 강조 5) 남한에서 미군정의 정책의 반동성을 폭로 반대할 것 6) 이승만과 김구가 조선인민의 최악의 원수임을 강조할 것 등이었다.[73] 따라서 이 선거는 인민위원 후보의 자질에 대한 평가나 비교가 아니라, 인민위원회와 김일성에 대한 지지도를 평가하는 셈이었다. 그러므로 선거 선전에서 인민위원회 위원선거가 인민회의의 창설까지 이어진다는 점도 제대로 알려지지 않았을 것으로 보인다.

선전의 목적에서 보다 중요한 것은 지지율의 제고였다. 소련은 1937년 12월 12일 소비에트선거에서 9,400만명의 유권자 중에서 9,100여 만명이 참가하여 투표율이 96.8%이었고, 이 중에서 98.6%가 찬성을 나타냈다. 거의 10년만에 실시된 1946년 2월 10일 선거에서도 이와 비슷한 양상을 보였다.[74] 따라서 소군정과 김일성측은 북한의 선거에서도 이러

71) 승리사편, 『북한진상』, 1949, 20면.
72) 「큰 전환」, 『조선신문』 1946.10.4; 「희망은 실현되었다」, 같은 신문 1946.10.11;「사실로 본 숫자」, 같은 신문 1946.10.20.
73) 「김일성동지의 '인민위원회 위원선거 실시에 대한 보고'에 대한 결정서」 1946.9.25, 『북한관계사료집』 29, 2-3면.
74) 「평남 시 군 인민위원회 위원선거 총결에 대한 보고」, 『북한관계사료집』 18,

한 지지를 확보하려 하였을 것이다.

이 때문에 심지어 평양시 인민위원회에서는 총무부장 이주연의 사회로 선거전날인 11월 2일, 오후 2시경에 김일성광장에 10만여 명을 운집시켜서 선거를 경축하면서, "우리는 한 사람과 같이 선거장으로 가서 민전에서 추천한 입후보자에게 투표하자"고 인민들을 독려하였다.[75] 언론에서는 민전후보를 찬동하여 투표하겠다거나 후보를 명시하여 그에게 기쁜 마음으로 투표하겠다는 기사들이 실렸다. 심지어 선거당일 언론에 평양기구제작소 오일선은 "나는 선거표를 흰 투표함에 넣겠다"든지 평양시 기관구 수리부 김학철은 후보를 거론하면서 그를 찬동하겠다는 기사를 싣고 있다. 김일성이 도인민위원회 후보로 입후보한 제57선거구 99선거분구 선거위원회 장소에서 투표지를 받아 쥔 광부 김근룡은 "나는 다른 노동자와 똑같은 권리로 김일성장군을 찬동하여 투표한다"고 말했다. 이에 모인 사람들이 박수갈채를 보냈다. 농민 현병진은 선거 분구위원장(91호 분구)에게 공민증을 내주면서, "나는 제땅을 가지고 있으며 그 땅은 김일성 장군이 나에게 준 것이다. 나는 지금 그를 위하여 투표하게 까지 되었다"고 말했다.[76] 이와 같이 선거는 후보들에 대한 공정한 경쟁이 아니라, 민전후보의 지지를 위한 거대한 시위운동으로 변하였다.

또한 북로당을 비롯한 인민위원회에서는 선거당일에 연예를 준비하였고, 문학예술동맹에서 각 선거구별로 맹원들을 할당하여 시낭송회, 음악연주회, 촌극 등을 공연하여 선거장으로 모여 온 일반민중들로 하여금 투표일을 즐겁고 유쾌하게 하였다. 인민위원회에서는 극장을 개방, 광장에 음악을 연주하거나, 라디오방송국에서도 피아노연주, 아동극 등 선거일 특별방송을 하였다. 이렇게 선거일은 참된 인민의 명절로 변하였다

1994, 408면; 조영명편, 『러시아혁명사』, 온누리, 1985, 368면.
75) 『조선신문』 1946.11.3.
76) 『조선신문』 1946.11.2, 3, 4.

고 선전되었다.77) 이는 유권자의 관심과 선거참여를 극대화시키려는 의 도로 보인다.

　그러나 선거과정에서 남한을 비롯하여 외국인의 관찰이나 감시가 이 루어지지 못했다. 북한에서는 남한의 신문, 잡지기자나 통신원의 출입은 물론이요 지식계급 학생들의 입경에도 심한 감시와 조사가 있고 걸핏하 면 몇 일간 구금하여 그 용무와 신분을 확인하기 전에는 석방하지 않았 다고 한다. 그리고 북한언론에서 외국기사의 게재를 엄금하게 하거나 지방에서도 엄밀히 검열되어 이남의 신문이 한 매도 들어오지 못하게 하였고 5주파수 이상의 라디오도 몰수하였으며, 미국인신문기자의 출입 도 금지하였다. 이미 이 시기에 북한에서 서울을 갔다 오면 무조건 잡 아 가둔다거나 북한 내 여행의 자유도 공민증이나 민청가입 등을 확인 하는 등 크게 제약을 받았다.78) 따라서 소련의 영향하에 있었지만, 1946 년 11월 19일 루마니아 선거에서 미국 영국 소련 프랑스 헝가리 유고 폴란드 불가리아 체코 스위스 유태 등의 출판물 대표들이 참관한 후 부 카레스트 주재 기자들과 각국 신문 특파원들과 함께, 루마니아 주권당 국이 자신들에게 선거시에 자유로 통행할 수 있는 가능을 주었고, 선거 자들과 담화할 수 있었으며, 투표를 하러 온 공민들은 육체적 정신적 아무런 억압도 받지 않았다고 밝히면서 루마니아 공민들이 자기의 정치 적 견해를 매우 자유롭고 안전하게 표현할 수 있었다고 주장하였던 수 준에도 이르지 못했다.79)

---

77) 「평양시 당단체의 선거선전사업 정형에 대하여」 1946.10.21, 『북한관계사료 집』 30, 32면; 김하인, 「선거일을 앞두고」, 『조선신문』 1946.9.28; 「선거해석 선전사업에 예술가들 적극활동」, 같은 신문 1946.10.31; 같은 신문 1946.11.4.
78) 김기석편, 앞의 책, 14-15면; 「목사 조봉환 반동선전사건 형사 제1심 소송기 록」, 『북한관계사료집』 20, 572-574면.
79) 『조선신문』 1946.11.26.

IV. 선거결과

1. 선거결과 분석

투표는 1946년 11월 3일 오전 7시부터 시작하여 밤 12시에 종료되었다. 이에 따라 각급 선거위원회는 투표를 계산하는 데 착수하여, 11월 5일에 중앙선거지도위원회 위원장이 그 대체적인 결과를 발표할 수 있었다. 이렇게 선거결과가 신속하게 집계될 수 있었던 것은 먼저 체신국이 몇몇 지방에서 전주를 수선하거나 새로 설치하여 전신전화를 부설하는 등의 대비책에 기인하였다. 그 결과 평양에서 각도 의 중심지뿐만 아니라, 군 면과도 연락이 가능하였다. 즉, 평양에서 함경북도의 청진까지도 직접 전신을 할 수 있었고, 전화로는 함흥을 경유하여 연락할 수 있었다. 일부는 철도전화로 보완할 수 있었고, 그 외에도 자동차나 말, 자전거 등을 준비하여 각 선거구와 분구까지도 연락을 취할 수 있었다.[80] 그러나 이 보다 더 큰 이유는 선거가 흑백함 찬반투표였기 때문에 집계가 손쉬웠기 때문이다.

투표결과는 11월 5일 현재 19개 선거구를 제외한 잠정 통계에 의하면 4,341,791명 99%에 달하는 유권자들이 투표에 참가하여 민전에서 추천한 후보를 지지한 자는 4,208,956명으로 유권자의 96.9%에 이른다고 보도되었다.[81] 최종 선거결과는 도시군 인민위원회 선거에서 유권자 4,516,120명에서 4,501,813명 즉, 총유권자의 99.6%가 참가하였다. 도 선거에 참가한 자들의 97%, 시 인민위원회 선거에서 95.4%, 군 인민위원회 선거에서 96.9%가 민전의 입후보자를 찬성하였다.[82]

---

80) 「민족적 선거와 통신 정확신속한 연락을 보장」, 『조선신문』 1946.10.29.
81) 『조선신문』 1946.11.5.
82) 「북조선민전 결성 1주년에 제하여」, 『조선신문』 1947.6.13; 「북조선 민주선거

464

이 결과에 대하여 북한측은 인민위원선거의 참가율과 투표율이 소련을 제외하고는 세계 어느 나라에서도 그 유례를 찾아 볼 수 없다는 것을 강조하였다.[83] 그러나 소련은 이미 혁명이 진행된 지 오래여서 적대계급과 적대적 당이 존재하지 않다고 주장되는 형편이었지만,[84] 북한에서 해방 후 1년 남짓 되는 상황에서 이러한 결과는 그들이 그 만큼 소비에트화의 강박관념이 지배하고 있음을 드러낸 것이라고 할 수 있을 것이다. 이 무렵의 알바니아 인민은 총선거자들의 90%가 참가하였고, 선거자들의 93%는 민주주의전선 입후보자들을 찬동하여 투표하였다. 루마니아 국회의 선거결과는 민주당 연합에서 348명, 웬게르인민회 29명, 마니누당 32명, 브라찌아누당 3, 루뿌당 2명이 각각 당선되었고, 전체 투표에 참가율은 90%였다.[85] 불가리아에서 첫 국회의 선거 결과, 후보들이 조국전선으로 결집되어 있었지만, 유권자의 85.6%가 선거에 참가하였고 그들 가운데 88%가 조국전선의 후보를 지지하였다.[86]

이제 이상과 같이 투표율과 찬성율이 높았던 측면을 살펴보면, 첫째로 북한측은 선거결과가 민전에 단결된 민주역량의 빛나는 승리로 광범한 인민대중이 인민위원회의 주위에 결속하였고 통일되었다고 평가하였을 뿐이나,[87] 앞에서도 언급하였듯이 유권자의 수와 맞먹는 민전 산하 정당 사회단체의 맹원들의 동원이 있었다. 둘째, 김일성은 선거선전의 역할이 매우 컸음을 인정하였다. 그는 선거를 성공적으로 완수하는 데

의 총결과 인민위원회의 당면과업」 1946.11.25,『조국의 통일독립』, 177면.

83) 「북조선농민총동맹 창립제2주년에 제하여」,『민주조선』 1948년 1월 31일자 사설.
84) 끄 스렙벤꼬 소좌,「쏘련의 선거제도」,『조선신문』 1946.9.28.
85) 『조선신문』 1946.11.20, 26.
86) 느 쎄디흐,「동구 및 동남구각국에서의 청년단체의 통일과 민주정체를 위한 투쟁」,『조선신문』 1947.5.30.
87) 「북조선민주주의 통일전선결성 1주년에 제하여」,『조선신문』 1947.6.13;「인민위원회는 북조선의 현하 발전단계에서 가장 우수한 정권이다」, 같은 신문 1947.6.14.

에 선거선전실의 역할을 높이 평가하여, 이 선전실을 정당 사회단체 학교 등이 인민에게 일상생활에서 정치교양훈련을 위한 교양소로서 또 민주과업을 널리 선전하기 위한 목적으로 항구적인 민주선전실로 변경하여 존속시켰다.[88] 이러한 선전효과는 1947년 민전 산하의 농민동맹위원회 위원 선거에서도 단적으로 드러나고 있다. 이 선거에서 하부조직들이 선전사업을 소홀히 한 결과 257여만 명의 맹원 가운데 선거참가자는 81.3%(216여만명)에 그치고 말았다.[89]

셋째로, 공동후보제와 흑백함의 선거제와 같은 제도적 장치로 반대세력들이 그들의 의사를 표출할 기회가 봉쇄되었다. 이 때문에 선거결과에 대해서 미국의 한 관리는 이 선거가 사전에 계획되고 조정되어 북한 인민들이 공산괴뢰에게 투표할 수 밖에 없는 사기선거라고 혹평을 하였다. 한 연구자는 이러한 제도하에서 후보자가 100%가 당선되는 것이 지당한 일이라고 평가하였다.[90] 1949년 6월 5일에 김일성과 박헌영도 쉬띠코프대사와 대화 도중에, "자유로운 조건하에서 전조선을 대상으로 보통선거를 실시한다면 좌익과 사회주의 단체들이 승리할 것이라고 주장하면서 북한에서 그들이 투표의 80%를 획득할 것을 자신하였던 점에서 그 외의 지지율은 이러한 제도적 압력 등을 통해서 확보한 것으로 추론될 수 있을 것이다.[91]

넷째로, 선거에서 인민정권에 대한 일부 불만세력의 존재는 억압되었다. 기독교세력은 일요일에 선거가 실시된 데에 대한 항의와 연기를 요

---

88) 「선거선전실을 민주선전실로 존속시킴에 관한 결정서」 1946.11.8, 대륙연구소, 앞의 책, 145면.
89) 북로당 중앙상무위원회, 「북조선 리(동)면·군 및 도 농민동맹위원회 선거정형에 대하여」 1947.4.8, 『북한관계사료집』 30, 175면.
90) American Embassy, Manlia, "Radio Speech" 1948.3.4, 『대한민국사자료집』 39, 23-25면; 김남식, 앞의 논문, 110-111면.
91) 「슈티코프가 스탈린에게」 1949.6.5, 예프겐미 바자노프·나딸리아 바자노바 (김광린역), 『한국전쟁의 전말』, 열림, 1998, 18면.

구하였고, 그 일부는 선거거부운동을 하였다. 월남했던 반공세력이 일부 다시 월북하여 선거방해를 도모하였다. 심지어 이들의 방해로 선전대원 몇 명이 사망한 경우도 있었다. 이들은 "선거가 비민주적이다", "승려들과 목사들은 선거하지 말라", "공동후보가 아니라 자유경쟁" 등으로 선거에 비판적이었고, 유권자들에게 선거에서 찬성하면 흑함에 넣으라는 흑함운동을 하기도 하였다. 이들에 대하여 김일성은 인민의 원수이며 반동파들에게 매수되어 그들의 간첩배가 된 세력으로 몰았다. 그는 선거기간에 생산기관의 방화, 운수부분에서 충돌사건, 주요 인사의 암살미수사건 등이 반동세력의 반대운동의 일환으로 파악하였고, 나아가서 북한에서 일어난 방화를 이승만과 김구가 파견한 방화단으로 규정하였다. 결국 북한측은 "반동분자들의 모든 책동과 음모는 인민대중의 조직된 역량 앞에서 여지없이 분쇄되고 말았다"고 평가하였다.[92]

이들 외에도 조선민주당이나 천도교청우당에서도 반발이 있었다. 함흥 등지에서 조선민주당 당원들은 선거에 비협조적 태도로 나와서 선거반대 전단을 배포하기도 하였다. 이 때문에 선거 후인 12월 25일에 열린 조선민주당 제6차 중앙위원회 확대회의에서 당수 최용건은 선거에 반대하였거나 혹은 투표에 참가하지 않았거나 반동적 언사를 한 분자에 대해서는 이를 엄밀히 조사하여 출당케할 것이라고 지적하였다. 천도교청우당에서도 북로당의 독주에 불만을 나타내거나 몇몇 군당에서 선거주간에 축제를 계획하는 등 갈등이 야기되었다.[93]

---

92) 김일성,「북조선 각도 인민위원회 정당사회단체 문화인 예술가회의에서 진술한 연설」, 1946.5.24, 김준엽 외,『북한연구자료집』1, 고려대 출판부, 1969, 89면;「민주주의 조선건국에 있어서의 청년들의 임무」1946.5.30,『조국의 통일독립』, 70면;「평북 화재사건을 계기로 반동배에 대한 경각성 제고에 관하여」1946.10.14,『북한관계사료집』30, 26-28면;「력사적 민주선거를 앞두고 조선인민에게 고함」1946.11.1,『조국의 통일독립』, 174-175면;「해방 후 조선」, 100면; 중앙일보사 취재부, 앞의 책, 258면; 사와 마사히코,「해방 이후 북한지역의 기독교」, 김홍수역음,『해방후 북한교회사』, 다산글방, 1992, 24-25면, 정해구, 앞의 논문, 255면에서 재인용.

또한 북한인민들은 경제적인 어려움을 불만으로 표출하기가 어려웠던 것으로 보인다. 평안북도와 강원도, 평안남도에는 현물세 납부실적이 좋아서 실제로 평남 대동군 길평면 내리, 시산리, 금천리 농민들은 선거일을 현물세 납부수행일로 마쳤다. 그러나 황해도와 함경남도에서는 그렇지 못하였다.94) 당시 북한에서 온 편지에서는 식량부족상황에 대한 내용이 많았다. 황해도에서도 식량부족이 있었고, 함경남도에서 가뭄 때문에 식량부족으로 기근과 아사자가 발생하였다고 한다.95) 그런데 황해도와 함경남도 지역에서 반대투표가 다른 지역보다 약간 높은 것으로 나타났지만, 황해도와 함경남도의 선거참여율은 평안남도 등보다 높게 나타나서 그들의 의사가 제대로 반영되지 않았음이 틀림없다.96)

다섯째로, 넷째 이유와 관련하여 반대세력의 저항이 있었음에도 불구하고 반대표의 수가 크게 낮았던 것은 선거결과가 조작될 가능성도 있다. 선거 당시 강원도의 이북지역에 살고 있던 조영암, 허탁, 박태근, 김진호 등을 비롯한 뜻있는 사람은 흑색 투표함에 넣었다고 한다. 그러나 이 선거구에서는 공산당 간부끼리 개표한 후 부족한 수는 그들 마음대로 만들어 넣었다고 한다.97) 이러한 가능성은 쉬띄코프 사령관의 일기나 북로당 문서에서도 유추할 수 있다. 즉, 선거에서 유권자들은 한 장의 투표지에 도인민위원 혹은 시나 군인민위원을 투표한 것이 아니라 두 장의 투표지를 받아서 각각 도위원과 시나 군위원을 따로 따로 투표하였기 때문에 선거위원회는 결과를 산정하는 데에 두배의 부담을 가졌

---

93) 「일기」, 1946.10.24-31, 전현수, 앞의 논문, 148-150면에서 재인용; 「조선민주당 제6차중앙위원회 확대회의에서 최용건동지의 격론」, 『북한관계사료집』 17, 3면.

94) 『조선신문』 1946.11.6; 북조선임시인민위원회 양정부장, 문회표, 「현물세납부의 완수는 북조선의 부흥을 강화」, 『조선신문』 1946.11.17.

95) "Conditions in Russian occupied Korea" 1946.6.16-7.15, 『미군정정보보고서』 12, 145면.

96) 한림대 아시아문화연구소편, 앞의 책, 142면.

97) 조영암, 앞의 책, 92-93면.

다.98) 그런데 쉬띄코프는 선거 다음 날인 11월 4일자 일기에 이미 유권
자 총수 448만627명 중 442만 3,383명이 투표하여 98.7%의 투표율을 기
록했다고 적고 있다.99) 이외에도 진정으로 평균 96%에 이르는 지지를
획득하였다면 선거 후에 북로당이 각급 당단체에게 승리에 도취하지 말
고 반동에 대한 경각성을 강화하도록 할 필요가 있을까 하는 의문이 제
기된다.100)

한편, 도·시·군 인민위원회의 정당별 분포를 살펴보면, 평남의 경
우, 총 인민위원 602명 가운데에 노동당 154명(26%), 민주당 68명(11%),
청우당 71명(12%), 무소속 309명(51%)이었다. 전체 인민위원 3,459명의
분포101)는 북로당 1,102명(31.8%), 민주당 351명(10%), 청우당 253명
(8.1%), 무소속 1,753명(50.1%) 등이었다.102) 앞서 서술한 대로 무소속은
사실상 북로당의 영향하에 있는 민전 하의 사회단체 소속이므로 사실상
북로당이 차지한 비율이 81.9%에 이르고 있다. 또한 선거과정에서 청우
당이나 민주당에서 일부 농촌지역에서는 노동당 보다 당세가 강한 것도
있었으나,103) 이들 정당의 독자성이 거의 상실되었기 때문에 북로당이
북한체제를 사실상 1당 체제로 정비한 것을 의미하였다. 이는 김일성
체제에 대한 반대세력이 소멸했다는 것으로 이해할 수 있겠다.104)

이 외에도 인민위원의 사회적 구성은 전체 인민위원 3,459명 가운데

---

98) 「선거규정」, 대륙연구소편, 앞의 책, 139면.

99) 「일기」 1946.11.4, 전현수, 앞의 논문, 148쪽에서 재인용.

100) 「'북조선 민주선거운동에 있어서 로동당의 총결보고'에 대하여」 1946.11.28,
『북한관계사료집』 29, 8면

101) 인민위원의 총수가 3,459명인 것은 인민위원 후보자 총 3,521명(선거구
3,460곳) 가운데 각개 선거구에서 1명의 입후보자만 당선될 수 있으므로 61
개 선거구에서 2인의 후보가 추천되었으나 3,460곳의 선거구에서 1명씩 당
선되어 3,460명이어야 하는 것에 비추어 1명이 부족하였다.

102) 「평남 시 군 인민위원회 위원선거 총결에 대한 보고」, 『북한관계사료집』
18, 1994, 409면; 조선중앙통신사, 『조선중앙연감』 1949, 84면.

103) 「청우당의 일반적 동향」 1947, 『북한관계사료집』 1, 264면.

104) 류길재, 앞의 논문, 273면; 박명림, 앞의 책, 275-277면.

농민(36.4%), 노동자(14.5%), 사무원(30.6%), 상업자(4.3%), 문화인(9.1%), 기업가(2.1%), 종교가(2.7%), 전 지주(0.4%) 등이었다. 이러한 요소로 북한측은 인민위원회가 각 계층의 대표로서 구성되어 인민의 이익을 위한 정권이라고 평가하였다.[105] 특히 인민위원 가운데 농민과 여성의 진출은 두드러진 성과였다. 전통적으로 피지배층을 구성하여 왔던 농민은 토지개혁의 영향이나 정책적 배려로 도·시·군 인민위원 36.4%, 면 인민위원 57.97%, 리 인민위원 78,75%와 최고인민회의 대의원도 34%를 차지하였다.[106] 여성 당선자는 453명(13.1%)으로 소련민족최고 소비에트 회의에서 여성 대의원이 30%를 차지한 것에 비추어 보면 낮은 것이었지만, 당시까지 여성들의 사회참여 경험이 없었던 것에 비하면 획기적인 수준이었다.[107]

2. 선거영향

김일성은 "선거의 승리는....인민위원회의 승리였습니다. 이번 선거의 승리는 인민위원회의 지난 1년 동안의 사업에 대한 인민들의 공정하고도 엄숙한 심판이었다. 인민들은 실제사업을 통하여 실제로 체험하는 가운데서 인민위원회가 정말 자기네의 이익을 위한 정권이며 자기네가 요구하는 정말 믿을 수 있는 자기네의 운명을 마음놓고 맡길 수 있는 정권이라는 것을 표시한 것"이라고 평가하였다.[108] 이러한 인식을 토대

---

105) 「북조선 민주선거의 총결과 인민위원회의 당면과업」 1946.11.25, 『조국의 통일독립』, 180-181면.
106) 농맹중앙위원회, 「농민생활향상의 길을 열어주었다」, 『투사신문』 1948.12.10; 정해구, 앞의 논문, 256면.
107) 『해방일보』 1945.12.6. 이러한 여성 참여는 오늘날에도 여성의 권한이 세계에서 북한이 50위이고, 남한은 83위에 그치는 요인이 되었다(『한겨레신문』 1999.8.9, 5면).
108) 「북조선 민주선거의 총결과 인민위원회의 당면과업」 1946.11.25, 『조국의 통일독립』, 179-180면.

로 인민위원회가 임시적 성격에서 벗어나 직접 인민의 손으로 법적으로
승인된 인민정권기관으로 고정화시켰고, 1947년에 들어서서 북한의 공
산단독 정권을 합법화시키기 위한 작업으로 나아갔다.

　선거 후에 각급 인민위원회 위원장과 부위원장, 상무위원회 등 간부
가 결정되었다. 이들은 비밀투표로서 선출되도록 하였지만 이 원칙이
지켜지지 않았다. 예를 들면, 선거 후에 제1회 평양시 인민위원회 확대
위원회를 1946년 11월 15일에 개최하였다. 북조선임시 인민위원회 부위
원장 김두봉이 새로 선거된 위원들의 과업에 대한 보고가 있었고 한면
수의 1년간 시 인민위원회의 사업총결 보고가 있은 후, 확대위원회에서
위원장으로 한면수, 부위원장으로 박창식·이동영, 서기장으로 김홍기를
推擧하고 상무위원 15명과 각 부장급을 결정하였다.[109]

　더욱이 인민위원회의 선거결과로 1947년 2월 17-20일에 열린 인민대
표회의에서 인민회의가 창설되고 그 대의원을 구성하였다. 도·시·군
인민위원회의 대회 대표는 도시군 인민위원회에서 위원 3명에 1명씩 선
출되었고, 그외에 노동당, 조선민주당, 천도교청우당, 직업총동맹, 농민
동맹, 여성동맹, 민주청년동맹에게만 각각 5명씩 결의권이 있는 대표권
을 주었다. 그 결과 노동당 579명 민주당 137명 나머지는 청우당이나
사회단체 대표들로 총 1,252명이었다. 이 회의에서 북한 최고 입법기구
인 인민회의가 창설되었다. 그 구성원은 총 237명으로 이중 노동당원
86명 민주당원 30명 나머지는 청우당 등 사회단체 소속이었다. 이들은
인민위원회 대표 5명 당 1명씩 선출되었다.[110] 1947년 2월 21-22일 대의
원 237명이 참석하에 제1차 북조선인민회의를 개최하였다. 여기에서 북

109)『조선신문』1946.11.17, 19, 21;「해방 후 조선」, 231면.
110)「도·시·군인민위원회 대회 소집에 대한 결정서」1947.2.4, 대륙연구소편,
　　앞의 책, 159면;「선거규정」, 1947.2.4, 대륙연구소,『북한법령집』, 160면;「인
　　민위원회 위원선거의 총결과 금후의 중심임무에 대한 결정서」1947.3.22, 같
　　은 책, 162면;「인민회의 창립에 대한 인민위원회 대회 결정서」, 날짜 미상,
　　같은 책, 164면.

조선 임시 인민위원회를 법적으로 조직하여 북조선인민위원회로 고정된 정권으로 새 출발하였다. 이 회의에서 북조선인민위원회 규정을 창정하고 그 조직을 김일성에게 모두 위임하였다.[111]그러므로 북한정권의 통치구조는 김일성 등 노동당세력에게 아무런 견제를 할 수 없는 독재체제가 되고 말았다.

김일성 세력은 선거 결과에 따라서 인민위원회를 법적 기관으로 격상시킨 후, 행정기관내의 인원축소, 행정조직과 계통을 정리하여 인원을 축소하고 관료주의적 혹은 불법적 행위를 척결하려고 하였다.[112] 이 과정에서 노동당에 반대하는 세력들이 불순분자로 몰려 희생되었고, 더욱 노동당은 행정기관에 대한 지배력을 강화하였다. 또한 인민위원회에 당선된 인민위원들은 그들이 독자적으로 자율성을 발휘하여 정책을 수행한 것이 아니라, 그들은 재교육과정을 거쳤다. 인민위원회에서는 선출된 인민위원들이 애국자이며 우수한 자들이라고 평가하면서도, 이들의 다수가 국가관리에 대한 이론적 준비와 실천적 경험이 없으므로, 이들을 정치적 또는 사업적 수준향상과 그들의 금후 사업에 결정적 향상을 위한 목적으로 교양의 필요성을 인식하였다. 이 무렵 남한의 언론에서도 북한관리들의 경험이 미흡한 점을 지적하고 있었다. 각 시·군·면 인민위원회 위원장 부위원장 및 리 인민위원회 위원장들의 단기 강습은 평양시에서 실시되었다. 이를 위하여 시·군 인민위원회 간부의 강습 조직과 유지에 대한 것은 선전부장이 맡고, 학습계획은 선전부에서 마련하였다. 먼저 1947년 4월 7일부터 16일까지 10일간 교수와 강습소 주임들에 대한 교수강습회를 실시한 후, 본 강좌는 5월초부터 시군 인민위원장과 부위원장 202명에게 각각 30일간, 면리 간부 4,000여 명에게

---

111) 「북조선인민위원회 대회의 성과」, 『조쏘문화』 4집, 1947.3, 160-161면; 「해방 후 조선」, 103면.
112) 김두봉, 「북조선민주선거의 총결과 노동당의 당면과업」, 『근로자』 2, 1946.12, 46-47면; 류길재, 앞의 논문, 278면.

20일간 교육을 실시하였다.[113]

한편, 김두봉은 선거를 통하여 민족적 각성을 하여서, "우리민족도 남과 같이 주권을 처리하고, 조직할 수 있으며 우리 손으로 우리 살림을 꾸릴 수 있으며 우리인민의 손으로 우리나라를 다스릴 수 있다"고 자신하였다. 김일성도 이 선거가 북한인민위원회와 그 개혁이 독립국가를 위한 가장 정당한 길이라는 것을 증명하였다고 선언하였다.[114] 나아가서 그들은 장차 수립될 임시정부 수립형태가 민주주의인민공화국으로 선포되어야 하고, 국회의 가장 훌륭한 형태는 이미 실천을 통하여 확증된 바와 같이 인민회의이고, 지방정권들은 실지경험에서 증명된 바와 같이 인민위원회형태를 취하는 것이 가장 진정한 민주주의적 요구에 맞는 것이라고 주장하였다.[115]

이러한 인식에 따라서 1946년 11월 선거양상은 계속되었다. 1947년 2월 25일 리(동) 인민위원회 선거에서 총유권자의 99.85%, 3월 5일 면·리인민위원회 선거에서 총유권자의 99.98%가 투표에 참가하였다. 1949년 3월 30일, 인민회의 대의원 선거 때, 각도 선거위원회로부터 받은 중간 보고에 의하면 99.9%이상의 선거자가 투표에 참가하였다.[116] 또한, 임기 9년의 대의원을 선거하는 1948년 8월 제1기 최고인민회의 대의원 선거에서도 흑백함 투표로 유권자의 99.97%가 투표에 참가하였고, 이 중 99.92%가 찬성하였다. 1957년 제2기 최고 인민회의에서는 유권자의 99.99% 투표율에 99.92%가 찬성하였다. 1962년 제3기 대의원 이후부터

---

113) 이근실, 「북조선에 있어서 제민주개혁을 확대공고케 하자」, 『조선신문』 1947.4.20; 「북조선 각급 지방인민위원회 지도간부 준비에 대한 단기강습 실습에 대한 결정서」, 『북한관계사료집』 V, 675-676면; 김기석, 앞의 책, 158면.
114) 김두봉, 「북조선민주선거의 총결과 노동당의 당면과업」, 『근로자』 2, 1946.12, 35-36면.
115) 김일성, 「민주주의 조선림시정부를 세우는 것과 관련하여 모든 정당, 사회단체들은 무엇을 요구할 것인가」 1947.6.14, 『조국의 자주적 평화통일을 위하여』, 평양:조선로동당출판사, 1981, 27-28면.
116) 『함남인민보』 1949.4.2.

는 4기(1967), 5기(1972), 6기(1977), 7기(1982)는 100% 투표율에 100% 찬
성으로 이어졌다.[117]

또한, 1946년 11월 인민선거는 전쟁중 남한에서 실시된 선거의 모델
이 되어, 1950년 7월 25일부터 9월 13일까지 전투 중인 경상남북도의
18개군과 제주도를 제외하고 남한지역 108개군 1,186면 13,654리(동) 인
민위원회의 선거가 실시되었다. 그 결과 당선된 군인민위원회 3,878명,
면 인민위원회 22,324명, 리인민위원회 77,716명 등이다. 북한측은 선거
에 참가한 유권자들 가운데 리의 경우 96.66%, 면 95.56%, 군 97.53%
등의 지지율을 확보하였다고 선전하였다.[118]

V. 맺음말

이상에서 살펴 본대로 1946년 11월 선거는 인민위원회의 합법화와
인민회의 구성으로 북한정권을 강화시켰다. 이 과정에서 반대세력들이
철저히 배제되고, 북로당을 중심으로 김일성 세력은 더욱 강화되었다.
이 외에 이 선거를 통해서 아직도 남아 있을 봉건적 요소의 잔존에도
불구하고 여성이나 노동자와 농민의 당선도 두드러졌으며 선거비용이
공적으로 부담되었다는 점은 긍정적으로 평가할 수 있을 것이다.

그러나 선거실시를 위한 결정서에서 나타난 "인민의 총의를 완전히
표현"한다는 의도나 북한의 '정치학 사전'에서 민주주의적 선거란 "선거
조직과 그 실시방법에 이르기까지의 모든 절차가 노동계급을 비롯한 근
로 대중 혹은 전체인민의 이익과 의사가 정확히 반영되는 것"이라고 설
명되고 있지만,[119] 선거과정에서는 인민의 의사반영과 비판적 기능이

---

117) 국토통일원, 『북한개요』, 1984, 45면.
118) 「조선민주주의인민공화국 남반부 해방지역의 군 면 리(동) 인민위원회 선
     거총결에 관하여」 1950.9.28, 김준엽 외, 『북한연구자료집』 2, 1974, 61-62면.
119) 『정치사전』, 평양: 사회과학출판사, 1973, 435면.

474

제거되었다. 즉, 이 선거는 민전에 의한 일방적 후보추천, 단일후보에 대한 찬반투표와 흑백함 선거로 인하여 인민의 의사표시가 크게 제약되었다. 김일성은 선거일인 11월 3일을 인민의 명절이라고 명명하였고 선출된 인민위원들의 사업을 항상 검열하도록 요구하였다.[120] 그러나 그는 선거과정에서도 후보들에 대한 검열이 필요한 것임을 간과하였다. 결국 이 선거는 북한이 소련의 영향하에 전체주의적 체제를 구축해 가는 일환이었다는 비판이 현실이었음을 피할 수 없을 것이다.

이 연구를 통해서 1946년 인민위원회의 선거과정에서 드러난 구체적인 문제점을 지적하면 다음과 같다. 우선 북한의 통계를 일단 수용한다면, 선거명부작성과정에서 선거연령인 20세 이상의 대상자가 4,736,915명인 데, 다른 통계에서 유권자의 총인구를 4,516,120명으로 20만명 이상의 차이가 발생한다는 점이다. 이는 단순히 통계상의 착오가 아니라, 친일파는 물론이고 일부 적대세력에게 선거권을 박탈하였던 것으로 추정할 수 있다. 둘째로, 흑백함투표가 실시되어 북한인민의 의사가 크게 제약되었음은 주지의 사실이나, 이 과정에서 2백만명이 넘는 문맹자를 이유로 이 제도가 실시되었다는 일부의 주장을 비판하였다. 즉, 문맹타파노력은 1946년 11월 선거실시 시기에도 이미 있었고, 북한당국도 1948년에 이르면 거의 전부가 해소된 것으로 주장하고 있는데도 불구하고, 그들의 선거에서 이 제도가 계속 실시되고 있다는 점은 문맹자의 존재 때문이 아니라, 인민의 의사를 제약하려는 의사가 분명하다. 셋째로, 선전활동이 선거투표율을 크게 올릴 수 있다는 점은 기존 연구에서도 지적되었으나, 본 연구에서 북한이 소련의 1937년 12월 선거나 1946년 2월 선거를 모델로 하였기 때문에 지지율을 그 수준으로 끌어올리려는 과도한 활동이 있었음을 밝혔다. 이와 연관하여 선거결과는 북로당이 차지하는 비중은 30% 수준이었지만, 민전 산하의 사회단체의 경우까

---

120) 「력사적 민주선거를 앞두고 조선인민에게 고함」 1946.11.1, 『조국의 통일독립』, 173-174면.

지 합치면 80%를 상회하였고 민주당이나 청우당이 일부 반발세력이 존
재하였으나 이들도 독자성을 사실상 상실하였으므로 이 시기에 이미 북
한은 북로당 중심의 일당체제가 구축되었음을 지적하였다. 넷째로 선출
된 인민위원들은 인민이 추천한 것이 아니라, 당과 민전에서 일방적으
로 선정되었으며 또한 당선 후에도 재교육과정을 거쳐서 그들의 자율성
이 크게 제한 받았음을 밝혔다.

　이러한 문제점을 지닌 1946년 11월 선거는 북한에서 선거의 한 모델
이 되어 1948년 8월 25일 최고인민회의 선거를 비롯하여 전쟁 후 남한
에서 실시된 선거 등에서도 양상이 반복되었다. 이 과정에서 선거는 인
민의 정책결정 참여를 형해화하여 북한정권을 합리화하는데에 이용되고
있을 뿐이어서, 오늘날 북한의 모순을 여기에서도 찾을 수 있을 것이다.

한국전쟁에서 중국의 개입을 둘러싼 논쟁연구

보론초프*

1950년에서 1953년에 발발했던 한국전 역사의 다양한 양상에 대한 흥미가 최근 몇 년간 일었다. 이것은 얼마 전 여러 나라에서 있었던 이 전쟁의 40주년 기념과도 관련되어 있는데, 결과적으로 역사가, 정치학자 그리고 사료학자들의 연구활동과 함께 2차대전 이래 대규모로 여러 나라가 참전한 이 분쟁의 결과에 관한 연구를 활성화 시켰고, 더 나아가서는 참전 결정을 내리는 과정에서 참가국들의 역할 및 참여정도에 관한 연구를 하기에 이르렀다.

한국문제를 조정하기 위해 현재까지 계속되고 있는 회담들은 이 주제의 연구에 더 활력을 불어넣고 있다. 그러나 정작 이해 당사국들의 접근방식에 있어서의 상이함은 회담 참가국 여부에 관한 문제 결정조차 어렵게 하고 있기도 하다 : 잠시 그 회담형태 제의에 대한 예를 들어보기로 하자. 첫 번째는 북한측의 제안인데, 1953년에 휴전협정을 채결한 국가들인 북한-중국-미국의 형태로 이루어지는 3자 회담이다. 두 번째로는 최근에 한국과 미국에 의해 1996년 4월 16일에 제안된, 전쟁의 직접적 참가국인 대한민국-북한-미국-중국의 형태로 이루어지는 4자 회담이

---

* Vorontsov Alexander Valentinovich - 역사학 박사, 러시아 아카데미 동양학 연구소 수석연구원. 동북아 문제 전문가.

다. 마지막으로는 모스크바의 구상인데, 즉, 남북한과 일본 및 유엔 안
전보장이사회의 모든 상임 위원국, 특히 국제원자력기구와 같은 유엔의
특별 기구들의 대표들까지도 참가하는 한국문제에 관한 다자간 국제회
의 형태를 들 수 있다. 역사적 논거들은 또한 북한이 1953년의 휴전협
정을 평화조약으로 대체하기 위한 미-북간 직접교섭을 제안하는 데에도
이용되었다. (이와 관련해서 북한은 일방적으로 휴정협정 이행을 중지하
기로 결정하여 한반도 및 그 주변국들의 우려와 긴장을 자아낸 바 있
다).

최근 몇 년간 학계에 공개된 많은 역사 문서와 자료들 - 이러한 일들
은 1991년 이후 러시아 및 여타국가들에서의 문서기록 공개에 의해 이
루어졌다 -은 한국 문제에 관한 학자들의 관심을 더욱 증폭시켰다. 새로
운 사료연구의 수준에서 한국전 역사의 결정적 문제에 관한 토론이 재
개되었다. 즉 누가, 어떻게 전쟁을 시작했으며, 누가 이 전쟁의 결론에
대한 책임을 져야하는가 하는 문제를 말하는 것이다.

여기서 우리는 러시아연방 대통령 문서기록국에 보관된 기록들 중
특히 A.M. 레도프스키의 문서들을 면밀히 살펴볼 필요가 있다. 왜냐하
면 그는 한국전 시기에 중국주재 소련외교관이었고 이시기의 직접적
인 증인이자 참여자이기 때문이다. 러시아 문서기록상에서의 그의 학문
적 연구결과는 충분한 관심을 끄는 원고[1]가 되었다.

한국전의 과정에서 결정적 사건중의 하나는 1950년 10월 19일의 중
국 참전이라고 할 수 있다. 중국의 참전은 북한을 전쟁의 파멸로부터
구출해냈으나 중국 측은 이 대가로 200 만명 이상의 중국 의용군을 희

---

1) 레도프스키 A.M. : A. I. 미코얀의 중국밀사(1949년 1-2월) - 극동지역의 문제,
   1995, No.2-3.
   1949년 12월 스탈린과 마오쩌뚱간의 회담 - 1950년 2월- 새로운 그리고 가
   장 새로운 역사,
   1997, No. 1; . 1952년 8-9월 스탈린과 조 엔라이 간의 회담 속기기록,- 새로
   운 그리고 가장 새로운 역사, 1997년 No2.

생시켰다. 이러한 어려운 결정에 관련되는 중국 지도부와, 특히 스탈린과 마오쩌뚱(모택동)간의 의견일치를 위한 과정의 다양한 변화 양상은 러시아뿐만 아니라 중국 측 연구가들에게도 충분한 흥미를 유발하는 문제라 할 수 있다.

여기서 즉각 강조할 수 있는 사항은 러시아 전문가들 사이에서 당시의 소련 지도부는 프롤레타리아 인터네셔널이라는 차원에서 뿐만이 아니라 소련 안보와 관련된 국가이익의 수호를 위해서라도 소련에 우호적인 북한을 지키고 미국이 소련과 국경을 마주하는 사태를 막기로 결정했다는 사실에 관하여는 어떠한 이견도 없다는 것이다. 따라서 쩌우언라이(주은래)가 이끄는 중국 대표단과 1950년 소치에서 한국에 중국 군대를 파병하는 문제를 논의하면서 스탈린은 린뺘오(임표)가 김일성에게 빨치산 전투로의 전환과 또는 중국 영토 내로 잔류 군대를 철수시키도록 건의하자는 제안을 거부하고 중국에 대한 모든 필요한 장비 및 군사적 기술적 지원을 약속하면서 사회주의 동맹국인 북한의 패전을 저지하기 위한 중국군의 직접적인 참전 필요성을 주장했다.

중국 지도자들, 그 중에서도 마오쩌뚱은 미군이 단지 북한을 궤멸시키는 데 그치지 않고 중국 공산당까지 제거하려 할 수 있다는 점을 가장 명료하게 이해하고(미국이 중국의 일부 지역에 폭격을 감행했으며, 항구들 중 하나를 점령했다는 점은 이를 뒷받침하는 사실이다), 중국의 용군을 한반도에 투입하면서 이 결정은 중국의 안전보장을 위한 조치임을 그 이유로 들었다. 여기서 중국 지도부는 북한이 중국에 대해 가지는 관계를 '순망치한(脣亡齒寒)'이라는 말로 묘사하였다.

중국의용군이 한국전에 참전하면서 뒤에 일어난 사건들은 소련 지도부의 약속이 공고한 것이었음을 증명해 주었다. 소련은 즉각 소련-북한 국경 지대에 5개의 탱크 사단을 포함한 자신의 병력을 그리고 중국 영토에는 대규모 공군기 편대를 배치시켰는데 이는 미국에 중대한 억제력을 행사하였다. 또한 북한에는 대규모 군사 전문가 및 고문단을 파견하

였는데 이들은 북한군과 중국군에 많은 도움을 주었다. "북한에 대해
서라면-쩌우언라이(주은래)와의 회견에서 스탈린은 말했다.북한을 위해
서라면 우리는 어떤 지원도 아끼지 않을 것이오."[2]

북한영토의 엄호를 위해 참전한 소련 비행사들은 소련 공군의 엘리
트들이라고 불릴 만 했다. 그들은 2차대전의 시련을 이겨냈고 한국전에
서도 미국기와의 수적 열세에도 불구하고, 그리고 38선을 넘어서는 안
된다는 지령 및 연료공급 제한 등으로 전투행동반경에 제약을 받았음에
도 불구하고 "나르는 요새"로 불리는 미 공군의 B-29폭격기 200대를 포
함하여 총 약 1300 대의 미군기들을 북한 상공에서 격추시켰기 때문이
다. 소련의 많은 영예로운 에이스(많은 적기를 격추한 비행사)들은 소
련방의 영웅 칭호를 얻었으며 북한과 중국으로부터 포상을 받았다 ; 이
들 중 135명은 전사하였다[3]. 그러나 이러한 그리고 많은 다른 사건들은
중국군의 한반도 투입이후에 생겨난 일들이다.

지금부터 소개하려는 내용은 소련과 중국의 최고위층이 미국에 대항
하려는 목적으로 중국군을 참전시키는 결정을 내려야 하는 딜레마에 빠
지면서 이 결정의 결과로 발생할 수 있는 여러 양상들의 전개와 가능한
결과들을 신중히 고려해 보던 아주 짧지만 중요한 기간을 다루게 된다.

일부 문제의 해석에 있어서 이견이 관찰되기는 하지만, 중국 측의 관
점은 러시아 역사가들의 흥미를 끄는 것이다. 중국에서는 현재 이 문제
에 있어서 위기국면에서 스탈린이 북한 수호에 대한 동요를 보였으며
중국 지도부는 자체 내에서 스스로의 무력으로 북한을 지키겠다는 결정
을 내렸다는 주장이 많은 지지를 얻고 있다는 인상을 가지게 된다는 점
이다. 이 점에 대하여 특히 이타르타스 통신 북경주재 특파원인 G.A.
아르슬라노프가 다음과 같이 말하고 있다. "최근 중국간행물들을 보면,

---

2) 레도프스키 A.M. '1952년 8-9월의 스탈린과 초우엥라이와의 회견에 관한 속
   기기록 75페이지 참조.
3) Vestnik PVO (防空誌) 1990년 No2, 83페이지 참조

북한을 수호할 목적으로 전쟁을 하는 것에 대해 스탈린은 아주 비판적으로 바라보았다는 것이다. 사실상 그는 소련과 미국과의 군사적 충돌을 회피하기 위해서라면 김일성 정권을 희생할 준비가 되어 있었다."4)

이와 관련해서 동방역사연구북경센터소장인 쉔쥐후아의 "1950년 10월 2일 마오쩌둥이 스탈린에게 보낸 전보에 대한 이견들 : 중국의 대답"이라는 제목을 가진 기사는 호기심을 자아낸다. 여기서 저자는 중국과 러시아 연방에 보관중인 자료들을 폭넓게 이용하면서, 이 중요한 문서에 관한 두 개의 상이한 분석을 시도했다. 이제 이 기사의 주요 명제들을 서술해보겠다.

「이미 여러 번 말한 바와 같이, 중국이 한국전에 참전한 것은 절대적인 중국의 안보를 지키겠다는 의도에 기인하는 것이었다. 한국전 발발 이후에 특히, 북한측에 전쟁의 양상이 불리한 측면으로 전환되고 나서 중국과 소련은 북한에 대한 지원태도를 근본적으로 바꾸게 되었다. 소련이 스스로가 한국전에 관련되는 것을 심하게 우려하고 있었을 때와 동시에(그 당시 소련은 이미 북한의 공산정권을 포기할 가능성까지 염두에 두고 있었다) 중국은 한국전 참전에 대한 논리적 근거를 제공할 방위전략을 만들어 내었다. 새로이 탄생한 중국을 안정적으로 성장시키는 과제는 중국 지도부의 주요한 목표였다. '미국에 저항하고 북한을 도우며, 우리의 조국을 수호하자'는 슬로건을 내건 중국 지도부로서는 세계 최고의 강대국인 미국과의 직접적인 군사적 충돌이 그리 놀라운 일이 아니었다.」

더 나아가 저자는 다음과 같이 단호히 주장하고 있다. "미국에 의한 인천상륙작전이 이루어지고 나서 북한 제체가 붕괴위협에 직면하게 되었을 때 1950년 10월에 중국의 참전이 최종결의 되었다. 9월 28일에 조

---

4) 아르슬라노프 G.A. 한반도, 어떻게 전쟁에서 평화의 길로 인도할 것인가. - 디프꾸리예르(外交傳達使), 1996, No. 7(33), P.48.

선노동당정치국은 소련과 중국에 직접적인 군사원조를 요청하기로 결의했다. 김일성과 박헌영은 9월 28일과 29일에 직접적인 군사지원을 요청하는 두 통의 서한을 스탈린과 마오쩌뚱에게 각각 보냈다. 스탈린은 즉각적으로 이 사항을 중국측에 떠넘겼다. 10월 1일자로 마오쩌뚱이 받은 전보에서 스탈린은, 소련 측이 북한을 지원할 의향이 있는가에 대한 언급 없이, 중국이 즉시 5-6개 이상의 사단병력을 38선 지역으로 보낼 것을 요청하고 있다. 한국전의 가장 위기의 순간에 북경에서 마오쩌뚱과 그의 동지들은 북한을 지키는 데에 있어서 중국이 주요한 책임을 져야만 하는가를 놓고 열띤 논쟁을 벌이고 있었다."

중국군을 한반도에 파병할 것을 요청하는 스탈린과 김일성에게 중국지도부는 어떻게 답변했을까? 이에 대한 쉔쥐후아의 말이다. "이 문제는 중국과 외국 학자들 사이에서 심각한 논쟁을 불러일으켰다. 왜냐하면 얼마 전에 1950년 10월 2일로 되어있는 스탈린에게 보낸 마오쩌뚱의 상반되는 내용을 가진 두 개의 전보가 발견되었기 때문이다.

1987년에 마오쩌뚱의 원고선집 제 1권이 인민공화국 창설일을 기념해서 '내부 열람용'이라는 공식인장이 찍힌 상태로 발간되었는데, 거기에는 마오쩌뚱이 스탈린에게 보낸 1950년 10월 2일자 전보의 주요한 내용들이 포함되어 있다. 여기서 그 내용을 잠시 살펴보기로 한다:

1) 중국은 우리 병력의 일부를 '중국 의용군'이라는 명칭으로 하여 미국과 그의 앞잡이인 이승만 정권과 전쟁을 벌이고 있는 북한을 지원키 위해 한반도에 파병한다. 우리는 이 사명을 필요 불가결한 것으로 간주한다. 만일 북한이 미국에 의해 점령당하고 북한혁명세력이 치명적인 타격을 입는다면 미국은 더욱더 큰 야욕을 품게 될 것이고, 이런 상황은 전 아시아에 불리한 상황을 초래할 것이다.

2) 우리는 미군과의 전투를 위해 한반도에 중국병력을 파병하기로 한이상 반드시 미국과 그 외에 여러 나라들로 구성된 점령자들을 한반도에서 몰아낼 수 있어야 한다. 다음으로는, 한반도에서 우리는 미군과 전

투를 벌이게 될 것이기 때문에(비록 '중국의용군'이라는 명칭하에서지만) 우리는 미국이 중국에 대한 선전포고를 할 가능성을 염두에 두고 이에 대비하여야 한다. 또한 우리는 미국이 중국내의 많은 도시들과 연안지역에 공군·해군병력을 동원하여 공습을 감행할 수 있다는 사실에 대비하여야만 한다.

3) 우리에게 당면한 두 가지 문제가 있다: 첫 번째, 한국전에서 과연 중국군이 미군을 격퇴할 능력이 있는가 하는 점이다. 만일 우리 군대가 미군을 격퇴할 수 있다면, 특히 미 8군(베테랑 급으로 구성된 미군부대이다)을 격퇴할 수 있다면, 비록 중국에 대한 미국의 선전포고라는 중대한 문제가 남아있긴 하지만, 전체적인 상황은 중국과 혁명전선에게 유리하게 전개될 것이다. 즉, 한국전은 미국의 패배로 종결될 것이다(오랜 기간동안 미국이 북한의 승리는 인정하지 않을 것이므로 전쟁은 형식적으로 종결되지 않을 수도 있지만 말이다). 그리고 설사 전쟁이 종결되지 않고 심지어는 미국이 중국에 선전포고를 하게 되더라도 그 후로 있게 될 대치는 소규모에 그칠 것이며, 오래가지 못할 것이다. 그러나, 만일 중국군대가 한반도에서 미국의 주요병력을 격퇴하지 못할 경우 사면초가의 상태에 빠지게 되고, 이에 더하며 미국이 동시에 중국에 대한 선전포고를 하여 경제개혁을 시작한 중국에 치명상을 가해 전쟁을 극도로 두려워하는 민족부르주아와 일련의 다른 주민 계층의 불만을 일으키게 되는 최악의 상황이 닥칠 것이라고 우리는 가정할 수도 있다.

4) 이러한 상황에서 우리는 북한에 인접한(38선에 꼭 가깝게 배치하려던 의도는 아니었지만) 남부 만주지역으로 사전에 이동 배치한 12개의 사단을 파견하기로 10월 15일에 결정했다. 이 부대들은 38선 이북으로 침입해 들어오려고 시도하는 적군들과만 교전을 벌인다는 임무를 띠게 될 것이다. 우리 군대는 상황을 예의 주시하면서 크지 않은 규모의 적군들과 전투를 벌이는 방어전술을 구사할 것이다. 동시에 우리 군대는 무장을 위한 소련측으로부터의 보급을 받을 수 있을 것이다. 소련에

서의 보급이 이루어지고 나서야 만이 중국군대는 북한군과 협동하여 미군침략세력에 역습을 가하게 될 것이다.

5) 우리의 정보에 의하면 개개의 미군부대(2개 육군사단과 1개 기계화 사단)마다 탱크와 고사기관총을 포함하여 70㎜에서 240㎜까지의 구경을 가진 1500문의 대포로 무장하고 있다. 반면에 우리군대는 3개 사단마다 각각 36문의 포로 무장하고 있을 뿐이다. 또한 적군은 제공권을 장악하게 될 것인데 반하여 우리 공군은 이제 훈련비행단계에 머무르고 있어서 빨라야 1951년 2 월쯤에야 300대의 군용기를 실전에 투입할 수 있는 상황이다. 따라서 현재 우리는 미군을 완전히 격퇴할 수 있다는 확신을 얻지 못하고 있다.

그러나 미국과 대항하여 전쟁을 벌이기로 한 이상 만일 미군사령부가 우리와의 전투를 위해 1개 부대를 투입할 경우 우리는 그 한 병력에 결정적인 타격을 입히기 위해 그 4배의 병력을 투입해야 하고 화력에 있어서도 1.5배에서 2배의 우위를 유지해야 할 것이다(다시 말해서 70㎜ 또는 그 이상 구경을 가진 2200에서 3000문의 대포를 동일 규격을 가진 1500문의 적군대포와 맞서 사용해야 한다는 것이다).

6) 위에 언급한 12개 사단 외에도 북한의 2차 3차 군사지원을 위해 24개 사단을 양쯔강, 솬히구안슈 강 유역에서 롱호이, 텐진(천진)-삐꼬우와 북경-남만주 철도 지역으로 이동 배치시킬 것이다 ; 우리는 점차적으로 이 사단병력을 상황을 지켜보면서 내년 봄-여름에 사용하게 될 것이다.

여기서 중국의 학자는 전보가 완전히 공포된 것은 아니라는 사실에 동의하면서도, 위와 같은 텍스트는 중요한 증거가 된다는 점에 확신하고 있다. 왜냐하면 1980년대 말부터 한국전 관련 학자 및 전문가들은 1950년 10 월초에 중국 지도부 특히 마오쩌뚱이 한국전 참전을 결심했다는 사실을 뒷받침하는 데에 있어서 폭넓게 이 전보를 인용해 왔기 때문이다.

이에 덧붙여서 쉔쥐후아는 다음과 같이 언급하고 있다 : "그러나 최근 러시아측 문헌의 공개결과 마오쩌뚱은 N.V. 로쉰 중국주재 소련대사를 통해 1950년 10월 2일 스탈린에게 위에 언급된 것과는 완전히 상반된 내용의 서한을 보낸 사실이 밝혀졌다." 그 내용은 다음과 같다 : "당신(소련 측)의 1950년 10월 1일자 전보를 받았습니다. 우리는 적군이 38선 이북을 넘어 진격해 올 경우 북한에 군사원조를 위한 몇 개의 의용군 사단을 파병할 계획을 처음에 세웠습니다. 그러나, 면밀한 고려결과 지금은 그러한 행위가 심각한 결과를 초래할 수도 있다고 여기게 되었습니다.

즉, 첫 번째로는 몇 개의 사단규모로는 한국문제를 해결하기가 무척 어렵다는 것입니다(우리 군대의 무장상태는 매우 빈약하며, 미국과의 전투에서 승리를 확신하지 못하고 있습니다). 적군은 우리의 양보를 강요할 수 있는 능력이 있습니다.

둘째, 중국의 참전은 미국과 중국간의 공개적인 충돌을 유발하여 결국은 소련까지 전쟁에 참가하는 극한 상황으로 치닫게 할 수 있다는 사실을 명약관화하게 합니다.

중국공산당 중앙위원회의 대다수 동지들은 이 상황에 신중히 대처해야 한다고 생각하고 있습니다.

물론, 중국군의 한국전 불참은 현재 곤경에 처해 있는 북한에게는 아주 불리한 소식이 될 것입니다. 또한, 만일에 적군이 우리의 양보를 강요한다면 이것은 미국과 중국간의 직접적인 충돌을 유발하여 우리의 평화건설 계획은 완전히 무산되어 많은 인민들의 원성을 불러 일으킬 것입니다(전쟁으로 입은 인민의 상처는 아직 채 아물지 않았으며, 우리는 평화를 바라고 있습니다).

따라서 현시점에서 우리는 군대 파병을 자제하고 적군과의 전쟁시기가 무르익을 때를 기다리면서 적극적으로 우리의 힘을 키우는 것이 더 유익할 것입니다.

북한은 일시적인 패배를 겪고 나서 전투형태를 바꾸어서 빨치산전투를 감행할 것입니다. 우리는 중앙위원회 내에 다양한 부서를 관장하는 지도자들이 참여하는 중앙위회의를 소집할 것입니다. 이 문제에 관한 최종결의는 아직 채택되지 않았습니다. 만일 동의하신다면, 우리는 이 문제의 논의와 또 중국과 한반도의 상황보고를 위해 즉각 비행기편으로 쩌우언라이(주은래) 동지와 린빠오(임표) 동지를 당신이 계신 휴양지로 보낼 생각입니다. 답변을 기다리겠습니다."

우리 측 견해로 볼 때 신빙성이 있다고 여겨지는 동아시아연구북경센터 소장의 견해에 따르면, 마오쩌뚱이 스탈린에게 보낸 서로 상반되는 내용을 가진 두개의 1950년 10월 2일 전보를 관찰해 볼 때 과연 1950년에 북경과 모스크바 사이에 과연 어떤 일이 일어났는가 하는 의문이 필연적으로 발생한다.

쉔쥐후아는 1995년 워싱턴 소재 윌슨 센터에서 열린 세미나에서 주목받은 논의의 내용을 상기시켜 주는데, 이것은 위 문제에 대한 논의들 중 하나가 되는 것이다. 그곳에서 러시아측 학자인 A. 만수로프는 마오쩌뚱이 보낸 러시아 측 전보를 인용하면서, "중국의 지도부는 한국전의 참여를 원치 않았으며, 1950년 10월에 북한에 파병하기로 했던 애초의 입장에서 완전히 물러섰다."고 주장했다. 더 나아가서 그는 마오쩌뚱 선집에 실린 전보내용의 진위성에 의구심을 나타냈다. 두 가지 전보의 문체와 내용을 비교하면서 그는 러시아어로 된 전보는 러시아 연방 대통령 문서 보관국의 그것을 복사한 것이기 때문에 중국어 전보보다 더 신빙성이 있는 것으로 여겨진다고 주장하였다. 중국어 전보는 신빙성이 없고 부정확한데다 보내지지도 않았을 것이며, 게다가 날짜도 날조되어 있다는 것이다. 그는 심지어 "텍스트가 역사적 견지에서 정치적 이념적 정당성을 뒷받침하기 위해 변경되었거나 날조되었을 수 있다는 사실을 배제할 수 없다"라고 까지 주장했다. 중국 측 학자의 견해는 이와 같은 만수로프의 의심이 다음과 같은 단순 명료한 결론에 의거하고 있다고 본다 : "두 전보의 내용이 완전히 상이하고 러시아어 전보가 보다 신빙성이 있기 때문에 중국어 전보는 올바르지 않다는 것이다." 쉔쥐후아의 논문의 주요내용은 이상과 같다.

쉔쥐후아는 만수로프가 내린 결론에 대한 논쟁을 벌였다. 러시아어 전보가 발견되고 나서 중국의 당 문서보관담당자들은 중국공산당 중앙문서국에 보관중인 마오쩌뚱의 서류를 주의 깊게 연구하였다. 그리고 나서 그들은 발간된 텍스트보다 더 많은, 그 전보와 같은 내용의 마오쩌뚱의 친필문서가 있음을 입증하였다. 그러나 그 문서의 형식은 마오쩌뚱 당기구에 의해 발송일자와 함께 서명된 대부분의 다른 유사한 전보들과는 구별이 된다는 것이다. 그러한 이유에 근거하여 저자는 다음과 같은 결론에 도달한다. 즉, 중국어 전보의 진위성이 입증되었다 하더라도 그것이 발송되었다는 확신이 없다는 것이다.

중국공산당중앙문서보관국에 러시아어로된 전보가 없다는 사실을 쉔쥐후아는 그 문서의 형식을 근거로 해명하고 있다. 즉, 그것은 마오쩌뚱의 직통전보가 아닌 로쉰 소련대사를 통한 전보에 포함된 서한이었고, 그 서한은 로쉰 대사에게 구두형식으로 전달되었다는 것이다. 더 나아가 중국 측 학자는 다음과 같은 문제에 대한 대답을 찾으려 노력하고 있다: 왜 마오쩌뚱은 스탈린에게 보낼 전보의 초고(중국어판)를 만들었으며, 왜 다른 서한(러시아어판)을 소련대사를 통해 보냈을까?

최근에 입수된 문서들에 근거해서 쉔쥐후아는 중국지도부에 의한 이 문제의 결정과정을 재구성하고 있다. 이 문제는 다음과 같이 소개된다 :

≪한국전의 발발 이후 중국지도부는 심각하게 한국전 참전 문제를 검토했다. 그리고 미군에 의한 인천상륙작전이 전개되고 나서 이 계획을 실현에 옮길 듯이 보였으나 1950년 10월 1일까지 중국지도자들은 공식적으론 이 결의를 논의하지 않았다. 10월 1일 스탈린의 전보를 받고 나서 마오쩌뚱은 같은 날 밤에 마오쩌뚱 자신과 쭈더(주덕), 리우사오치

(유소기) 그리고 쩌우언라이가 참석하는 중국공산당중앙위서기국을 소집했다. 이 회의에서 중국군의 한반도 파병에 관한 의견일치는 이루어지지 않았고 고위급 군 지도자를 포함하는 확대된 형태의 중앙위서기국을 다음날 소집하기로 결정했다. 이 회의 후에 마오쩌뚱은 가오간에게 긴급전문을 보내 동북지역에서 북경으로 신속히 와줄 것을 요청했다. 또한 중국동북지역 국경에 배치된 군대에 언제라도 한국전에 개입할 태세를 갖출 것을 지시했다.

10월 2일에 열린 확대회의에서 마오쩌뚱은 즉각적인 중국군의 한국 파병을 주장했다. 그러나 이 회의에서도 중국군 사령관으로 펑더화이(팽덕회)를 임명했을 뿐, 군대파병문제는 10월 4일 정치국 확대회의에서 다시 논의하기로 결정되었다. 따라서 마오쩌둥은 10월 1일 당시 스탈린의 전보에 대한 확답을 보낼 수가 없었다. 사실상, 게다가 10월4-5일에 걸쳐 열린 정치국 확대회의에서도 한반도 파병에 대한 지도부 대다수의 심각한 반대로 인해 결의는 채택되지 못했다. "참전여부의 필요성이 확실히 대두되기 전까지는 전쟁에 참여하지 않는 것이 낫다"는 것이 지론이었다.≫

위의 사실에 근거하여 쉔쥐후아는 마오쩌뚱이 한국에 병력을 파견하려 했으며 개인적으로 스탈린의 10월 1일자 전보에 대한 답신을 준비했으나 당지도부의 심각한 반대에 부딪치면서 이 전보를 보내지 않고 지금 러시아 문서기록국에 보관되어 있는 다른 내용의 전보를 보내기로 결정한 것으로 추측하고 있다.

1950년 10월 2일자 로쉰이 스탈린에게 보낸 전보내용-마오쩌뚱은 한국으로의 파병을 원하지 않았으며 중국공산당지도부의 한국문제에 대한 태도는 변화하게 되었다-을 근거로 한 만수로프의 주장과 논쟁을 벌이면서 중국 측 학자는 마오쩌뚱은 한국전 파병을 강요당하고 있었으며, 한국전으로 인해 중국이 겪게 될 어려움을 이해하면서 내심 자신들의 동료들이 가진 우려와 반발에 동조하고 있었다고 주장하고 있다. 또한 중국 측 저자는 두 개의 다른 전보내용을 비교 분석해볼 때 마오쩌둥은 자신의 목적을 바꾼 것이 아닌 그 목적을 이루기 위한 전술만을 바꾼 것이라고 추측하고 있다. 스탈린에게 직설적인 긍정적 답변을 하기보다는 마오쩌둥은 중국공산당 지도층에게 한국전 참전을 설득하기에 더 효과적일 수 있고 더 나아가서는 스탈린과의 향후 대화(이를 위해서는 쩌우언라이를 급히 보내기로 제안되었다)에서도 더 많은 가능성을 남겨 놓을 수 있는 기회주의적인 애매한 답변을 선택했다. 마오쩌뚱이 한국전 참전에 대한 의향을 버리지 않았음을 입증하는 또 하나의 사실은, 그가 정치국회의에 참여한 대다수의 반발을 극복해 내고 10월 5일에 결국 그들을 설득하는데 성공했으며 결과적으로 한국전 참전을 위한 구체적 방안들을 신속하게 채택하였다는데에 있다.

평더화이(팽덕회)의 회고에 따르면, 마오쩌뚱은 다음과 같이 말했다는 것이다: " 이 결정을 내리는 것은 참으로 어려웠다. 그러나, 결정을 내리고 나서는 우리는 3개 병력의 파견에 대한 명령을 하달했다. 이것은 수십만명의 인명의 운명을 좌우하는 일이었다. 만일 선전을 할 수 있다면 좋겠지만, 그렇지 못할 경우엔 이것은 국내 정치 상황에 직접적인 위협으로 작용할 뿐더러 우리 영토의 일부를 상실할 가능성까지 내포하고 있었다… 그렇다고 해서 만일 우리가 수수방관한다면, 사회주의 연대에 대한 대화는 한낱 공허한 말에 그치고 말 것이다."[5]

중국측 학자의 의견에 따르면, 러시아 저자들은 중국이 한국문제에 대한 중국의 입장을 완전히 바꾸었다고 간주하면서도, (남한군대가 아닌) 미군이 38선 이북으로 진격해 올 경우에만 참전하겠다고 중국이 경고한 점, 그리고 정작 10월 2일에 이러한 일은 발발하지 않았다는 사실은 간과하고 있다는 것이다. 게다가 "기회주의적 회피전술"을 사용하면서 마오쩌뚱은 소련으로부터 필요한 전적인 군사원조를 얻어내기 위

---

5) 인용. Kapitsa M.C. '다양한 평행선상에서' 외교관 기록 M. 1966년 P.220.

해 스탈린에 대한 압력을 시도했다. 여기에는 한국에 참전한 중국군대와 중국영토에 대한 공중엄호요구도 포함되는데 이러한 것들은 중국으로서는 한국전 참전을 위한 필수 요건으로 간주되는 것들이었다.

알려진 바와 같이, 10월 1일자 스탈린의 전보에는 위와 같은 중국의 요구조건을 충족시켜주겠다는 구체적인 언급이 없다.

우리에게 소개되고 있는 바와 같이 쉔쥐후아의 연구는 아르슬라노프가 인용하는 중국학자들의 학문적 탐구의 궤도선상에 있다. 그 연구에서는 스탈린의 우유부단함이 관심의 대상이 되고 있다. 스탈린은 특히 중국군의 공중엄호 사명을 띤 소련비행사들의 작전반경을 제한하려 했으며, 중국과 소련사이에 군사원조문제를 놓고 이견이 발생하는 상황에서 중국이 기대하는 소련의 공중엄호를 더 늦추기로 재검토까지 했던 것이다. 일련의 자료들 중 특히 중국의 "당 역사 공보"지에는, 쩌우언라이(주은래)가 소련에서 돌아와 중국공산당 중앙위 비공개실무회의에 참석해서 발언한 내용이 있는데, 그 것에 의하면 초우엔라이가 회담에서 소련의 공중엄호를 요청했을 때 스탈린은 잠시 주저하면서 다음과 같은 말을 했다는 것이다:

"만일 지금 중국이 어려운 사정에 처해있다면 군대를 파병하지 않아도 됩니다. 북한을 잃게 될 지라도 소련과 중국의 사회주의는 건재할 것이오."6)

비록, 첫 번째 텍스트에서 마오쩌둥의 동요에 대한 직접적인 입증과 중국이 애초의 계획에서 물러나 한반도 파병을 재고하려하는 태도에 대한 로쉰소련대사의 우려가 나타나 있긴 하지만, 바로 이 궤도선상에서 쉔쥐후아는 마오쩌뚱이 스탈린에게 보내는 1950년 10월 2일자의 러시아어와 중국어로 된 각각 두 개의 전보의 내용의 상이성을 설명할 수 있는 가능성을 제공하고 있다. 이에 더하여, 중소관계의 역사적 성찰이라

---

6) Arslanov G.A. 명령. P. 52.

는 전체적인 문맥에서 바라본 로쉰의 서한 내용과 한반도에서의 분쟁에 대한 분석은 스탈린이 마오쩌뚱에게 보낸1950년 10월1일자 전보를 소련과 중국지도부사이에 공동으로 북한을 군사적으로 지원하기 위한 "의무분담"이라는 모종의 비밀협약으로 간주할 수 있는 가능성을 제공하고 있다.

그러나 이런 중국 쪽의 주장에 대해 전적으로 동의할 수는 없는 일이다. 만일 쉔쥐후아의 시각을 받아들이고, 마오쩌뚱이 이 중요한 결단을 내리기까지의 과정을 올바르게 이해하기 위해서는 1950년 10월 2일을 전후로 한 사건의 일관성을 찾으려 노력할 필요가 있는데, 그 결과로 우리는 다음과 같은 사실을 알게 된다:

첫 번째로, 소련과 미국의 무장 충돌 및 3차 대전을 유발할 지도 모를 한국전에의 참전에 대한 소련 지도부의 강한 회피의향은 중국으로서는 갑작스런 일이 아니었다. 왜냐하면, 크레믈린측은 이에 대해 여러 차례에 걸쳐서 중국과 북한 지도부와의 회담에서 언급했기 때문이다. "다양한 평행선상에서의 외교관 기록"이라는 M. C. Kapitsa 의 회고록에 따르면, 1949년 3월 5일 스탈린과 김일성의 회담에서 소련 지도자는 "우리 인민은 전쟁에 지쳤습니다. 우리에게는 숨돌릴 틈이 필요합니다. 그래서 우리 인민은 전쟁의 참가를 원치 않습니다."라고 말했으며, 1949년 9월 24일에 개최된 全소연방공산당 중앙위 회의에서 한국문제가 거론되었을 때, 북한의 남침은 무모한 행동7)이었다는 결론을 내렸다.

두 번째로 소련, 중국, 북한의 지도자들은 한국전 발발시에 중국이 북한지원에 있어서 주요한 역할을 수행한다는 데에 사전에 즉, 1950년 4-5월에 의견일치를 보았다. Kapitsa는 1950년 4월에 김일성은 한국의 통일을 위한 시기가 무르익었다며 스탈린을 설득하였고, 스탈린은 전쟁수행에 있어서 김일성이 중국의 동의를 얻을 것을 요구하였다는 점을

---

7) Kapitsa M.C. 명령. P.216-217.

강조하였다. 그는 또한 최종결정은 중국의 입장에 달려있었다고 강조했다. 만일 마오쩌뚱이 남침을 반대한다면 전쟁을 연기해야할 상황이었던 것이다. 그런데 마오쩌뚱은 1950년 5월에 북한 지도자들 중의 한사람인 김일에게 "한국에 인민해방군을 파병하게 될 경우, 나는 한반도의 통일은 무력에 의해서 만이 가능하며, 미국이 남한이라는 하찮은 나라 때문에 3차 대전을 일으키지 않을 것이라고 확신할 수 있습니다8)"라고 언급했다.

전 소련 외무차관이자 1950년 4월에 소련 북한 회담에 직접적인 관계를 가졌던 Kapitsa의 의견에서 볼 때, 1950년 10월에 "마오쩌뚱이 한국전 파병결정을 채택하도록 강요했다"는 쉔쥐후아의 주장은 다소 신빙성을 잃게 된다.

세 번째로, 중국인 학자들은 한국전에서 중국이 홀로 미국과 대항하기로 한 용감한 결정을 높이 평가하면서, 그리고 쩌우언라이(주은래)가 모스크바에서 별다른 성과 없이 귀국한 후 하루가 지나 마오쩌뚱이 정치국회의를 소집해서 "소련의 공중엄호의 여부를 가리지 않고, 중국군대를 1950년 10월 19일에 한국에 파병한다9)"라는 공식적인 결의를 내렸음을 강조하면서 다음과 같은 원칙적인 사실에 대한 역사적 분석을 미루고 있다:

a) 미군의 중국-한국 국경으로의 맹렬한 진격은 미국의 중국영토 침입이라는 직접적인 위협을 가지고 있었다.

b) 소련과 공식화된 연맹관계를 맺고있지 않았던 북한과는 달리, 중국은 미국과 접전을 벌이면서 1950 년 2월 14일에 서명된 중소상호원조협력조약에 의지할 수 있었다. 이 조약은 미국에 대한 상당한 억제력을 행사했으며, 백악관 측은 이를 여러 가치 측면에서 고려해야만 했다. 헨리 트루먼 미 대통령의 비망록에는 다음과 같이 쓰여있다. "만일 우리

---

8) 同一. P. 218~219.
9) Arslanov G. A. 명령. P. 51.

가 공산국가인 중국으로까지 전쟁을 확대하기로 결정했다면, 그에 따른 대가를 치러야 만 했을 것이다. 북경과 모스크바 측은 이념적으로 뿐만 아니라 조약에 의해서도 동맹관계를 맺고 있었다. 이것은 만일 우리가 공산국가 중국을 공격할 경우 이는 반드시 러시아의 개입을 초래하게 될 것임을 의미하는 것이었다."10)

물론 이러한 사실이 소련에서 높이 평가된 중국의 한국전 개입 결정의 의미를 축소시키는 것은 전혀 아니다.

쉔쥐후아의 연구는 전적으로 주목할 가치가 있다. 그의 논의의 논리와 논증체계 그리고 마오쩌뚱이 스탈린에게 보낸 1950년 10월 2일의 두 가지 전보는 확실한 출처를 가진 진본이지만, 중국어 전보는 전술적 이유로 모스크바에 송달되지 않았다는 최종결론은 호기심을 자아내는 것이다. 그 당시 마오쩌뚱의 기회주의적인 태도는 한국전 참전 개입에 대한 중국의 원칙적 입장변화를 나타내는 것이 아니라, 전술적인 변화를 나타내는 것임을 입증했다. 중국 지도자는 이 전술을 통해서 최대한 빨리 그리고 최대한 큰 규모로 소련의 군사지원과 공군의 엄호를 받기 위한 압력을 스탈린에게 가하려 했던 것이다.

---

10) Kapitsa M. C. 명령 P.223.

조지훈·이청담의 불교계 '紛糾' 논쟁

金 光 植*

─────────────────── <목 차> ───────────────────

Ⅰ. 서 언   Ⅲ. 논쟁의 성격
Ⅱ. 논쟁의 시말과 그 개요   Ⅳ. 결 어

Ⅰ. 서 언

1954년 5월 21일, 당시 이승만 대통령의 제1차 불교의 '정화' 담화가 발표될 때부터 1970년 5월 8일, 한국불교 太古宗이 문교부로부터 종단으로 인정받기까지 한국 불교는 이른바 비구·대처간의 치열한 분규[1]를 겪었다. 이 17년 간의 분규로 인하여 불교는 여러 방면에서 큰 상처를 입었으며, 사회적인 위상에 결정적인 타격을 받기도 하였다.

─────────────────────────

* 건국대 강사
1) 분규란 표현은 조지훈과 이청담 간에 전개된 논쟁에서 분규라 표현되었던 연유에서 일단 분규로 하였다. 1954~70년에 전개된 비구·대처간의 갈등과 대립은 그간 비구측(조계종)에서는 淨化로, 대처측(태고종)에서는 法亂으로 사용해 왔다. 필자는 아직 이에 대한 명확한 이해의 수립, 개념의 정립 등이 되어 있지 않다. 이 문제는 그와 관련된 자료수집, 분석, 연구 등을 거쳐야 가능할 것으로 보인다.

496

이 분규는 불교계 내부의 문제로 볼 수도 있지만, 한국인의 사상·문화·정신에 끼쳐온 불교의 영향력을 고려할 경우 그를 단순히 불교의 문제로 제한할 바는 아니라 하겠다. 요컨대 불교계는 이 분규로 인하여 민족불교로서의 위상에 결정적인 손실을 입었을 뿐만 아니라 불교의 수행정신이 상실되었다는 비판을 감수해야만 되었다. 그런데 지금껏 이 문제는 현실적인 이해관계 등으로 인하여 그 개요는 말할 것도 없고, 기본적인 이해와 분석을 기하려는 최소한의 노력조차도 없었다.

그런데 그 분규의 외형적인 원인은 일제하의 植民地佛敎의 유습인 승려의 대처였다.[2] 일제하에 보편화되었던 대처는 일제의 불교정책에서 기인하였다고 볼 수 있지만, 일면으로는 불교의 大衆化를 기하려는 일단의 승려들은 그를 불교 대중화의 첩경으로 인식한 경우도 적지 않았다. 그리하여 승려의 대처를 일제의 불교정책에서 유래되었으며 그로 인하여 한국불교 전통이 말살되었다고 보았던 비구측과 불교 대중화를 위해서는 불가피한 조처로 이해한 대처측의 논리와 현실적인 이해관계가 대립하였다. 8·15해방 직후 불교계의 식민지불교의 극복과 불교혁신의 움직임에서도[3] 그 문제는 敎徒制로 지칭되면서 논란이 적지 않았지만 자율적인 해결은 기하지 못하였다.

한편 장기간의 분규는 불교 내부의 수행정신의 퇴보와 부적격자의 불교계 유입 등을 초래하여 불교가 과연 종교가 지향하는 기본 속성을

---

2) 鄭珖鎬, <韓國 近代佛敎의 '帶妻食肉'>『한국학연구』 3, 1991.
 金光植, <1926년 불교계의 帶妻食肉論과 白龍城의 建白書>『한국독립운동사연구』 11, 1997.
3) 8·15해방 공간의 불교계 활동은 아래의 졸고가 참고된다.
 金光植, <8·15解放과 佛敎界의 動向>『불교사연구』 창간호, 1996.
 _____, <佛敎革新總聯盟의 결성과 이념>『정덕기박사화갑기념논총』, 1996.
 _____, <全國佛敎徒總聯盟의 결성과 불교계의 동향>『목정배박사화갑기념논총』, 1997.
 _____, <해방 직후 제주 불교계의 동향>『한국독립운동사연구』 12, 1998.

갖고 있는가 하는 의구심까지 받게 되었다. 또한 그 분규에는 국가권력
이 개입되었으며, 분규의 본질에는 승려의 名利 추구가 개재되었다는
지적도 제기되었던 것이다. 더욱이 그 이후의 불교계는 문중간의 갈등,
종권 갈등 등을 지속적으로 연출하면서 사회적인 우려를 야기시켰던 것
이다. 이에 그 분규의 정리는 시급을 요하는 것으로 볼 수 있다. 그러나
그는 현실적인 이해관계라는 난관이 있어 학문적인 접근 자체가 지난한
것이 오늘의 형편이다.

이에 필자는 그 분규를 이해하기 위한 디딤돌로서 분규의 와중에서
전개된 趙芝薰과 李靑潭의 분규 논쟁을 정리하고자 한다. 이 논쟁은
1963년 8~9월, 『동아일보』의 지상을 통하여 각 2회씩 의견이 개진되어
총 4회의 지상논쟁이 전개되었다.

주지하는 바와 같이 조지훈은 시인으로 널리 알려졌지만 그는 일제
하 불교계가 경영하였던 혜화전문의 국문과 출신이었으며, 졸업후에는
월정사 강원의 외과 강사를 역임하였다. 이 논쟁을 전개할 당시에는 宗
敎團體審議會 委員이었다. 더욱이 그는 지조론의 집필 혹은 타협치 않
는 생활을 통하여 일반 사회에서는 올곧은 지사적인 인사로 널리 알려
진 인물이다. 한편 옥천사 출신 승려였던 이청담은 당시 曹溪宗 中央宗
會議長였는데, 그는 비구측을 대표할 수 있는 그 분규의 핵심 당사자였
다. 그리고 이청담은 일제하에서도 불교 개혁을 위한 활동의 일선에 있
었다. 즉, 강원 교육을 통한 불교 개혁을 주장한 1928년의 朝鮮佛敎學人
大會의 핵심 주도자였으며,[4] 한국 전통 선 부흥을 통한 항일불교의 기
치를 세우며 등장한 禪學院의 후신인 朝鮮佛敎禪理參究院(1934.12)의 이
사였고,[5] 한국 불교의 전통선맥을 구현하기 위해 1941년에 개최된 高僧
遺敎法會에 참가하기도 하였다.[6] 또한 그는 이승만의 정화유시에서 촉

---

4) 金光植, <朝鮮佛敎學人大會硏究>『한국독립운동사연구』 10, 1996.
5) 金光植, <朝鮮佛敎禪宗宗憲과 首座의 現實認識>『建大史學』 9, 1997.
6) 金光植, <日帝下 禪學院의 運營과 性格>『한국독립운동사연구』 8, 1994.

발된 분규가 시작되자 비구측의 최일선에서 그를 진두지휘한 인물이었다. 이 같은 그의 이력은 당시 비구측 조계종단을 대표하는 승려로 보는 것은 타당하다고 하겠다. 즉 그의 주장은 당시 비구측 승려들의 논리를 대변하고 있다는 점이다.

따라서 조지훈과 이청담의 이 같은 성향에 비추어 볼 때, 그들의 분규 논쟁은 우리의 관심을 끌고 있다. 이청담은 비구측의 입장과 논리를 조지훈은 비구·대처측의 입장과 논리를 극복하여 불교의 사회적인 위상을 강조한 일반 사회의 시각을 대변한 것이었다. 따라서 조지훈과 이청담이 갖고 있는 성향으로 인하여 그들이 전개한 논쟁에서 당시 비구·대처간에 전개된 분규의 본질과 그 성격을 찾아볼 수 있다.

이에 우리는 이 논쟁의 경과와 개요, 그리고 그 성격을 통하여 당시 불교계 분규의 전모에 이를 수 있는 실마리를 찾을 수 있다. 또한 필자는 이 고찰로써 현대 한국불교의 모순과 질곡의 원인으로 작용하고 있는 비구·대처간의 갈등인 1954~1970년 불교계 분규 이해의 본격적인 정리로 나아갈 단서로 활용하고자 한다. 선학제현의 질정을 바란다.

Ⅱ. 논쟁의 시말과 개요

조지훈과 이청담이 『동아일보』의 지상에서 전개한 불교계 분규의 논쟁은 조지훈이 『동아일보』 1963년 8월 12일에 <韓國佛敎를 살리는 길>을 기고하면서 시작되었다. 그 논쟁은 조지훈의 글에 대하여 이청담이 대응하는 형식으로 전개되었는데, 그 개요를 정리하면 다음과 같다.

8. 12 ; 조지훈, <韓國佛敎를 살리는 길(上) -主로 宗團紛糾 解決에 대하여 ->

8. 13 ; 조지훈, <韓國佛敎를 살리는 길(下) -主로 宗團紛糾 解決策에 대하

여->

8. 20 ; 이청담, <하나의 誤解(上) -趙芝薰氏의『韓國佛教를 살리는 길』을
  읽고->

8. 21 ; 이청담, <하나의 誤解(下)-趙芝薰氏의『韓國佛教』를 살리는 길』을
  읽고->

8. 30 ; 조지훈, <獨善心의 墻壁(上) -李靑潭師의 所論을 읽고->

8. 31 ; 조지훈, <獨善心의 墻壁(下) -李靑潭師의 所論을 읽고->

9. 20 ; 이청담, <有問有答(上) -趙芝薰氏의 두 번째 글을 읽고->

9. 21 ; 이청담, <有問有答(下) -趙芝薰氏의 두 번째 글을 읽고->

조지훈이 이 논쟁의 발단이 된 글을『동아일보』에 기고한 1963년 8
월은 비구·대처간의 갈등·대립이 10여 년간 전개되던 시기였다. 조지
훈이 그 글을 기고한 배경을 이해함에서는 그 시기 분규의 개요를 살펴
볼 필요성이 있는 바 그 개요를 간략히 정리하면 다음과 같다. 1961년
5·16 군사쿠데타로 집권에 성공한 군부는 국가재건최고회의를 결성한
이후 사회 모순의 해소 차원에서 불교계 분규의 정리를 강력히 추진하
였다. 이에 그 분규에 대하여 국가권력의 주무 부서인 문교부가 그 중
재에 적극 개입하여 1962년 1~3월의 불교재건위원회·불교재건비상종회
의 구성과 운용, 새로운 종헌 선포를 거쳐 1962년 4월 초 종정에 이효
봉, 총무원장에 임석진을 선출하는 등 비구·대처승의 통합종단이 구성
되었다. 이러한 과정을 거쳐 마침내 통합 종단 大韓佛教曹溪宗이 1962
년 4월 14일 문교부에 정식으로 등록하기에 이르렀다.

그러나 그 종회의 의원 비율(비구 32, 대처 18) 문제로 인하여 통합
종단은 출범한지 불과 5개월 후인 동년 9월경에 이르러서는 총무원장
임석진이 통합 이전의 상태로 환원한다는 선언을 하였으며, 대처승측의
간부 전원이 사퇴하였다. 이후 대처측은 법원에 '종헌 무효 및 이효봉
비종정 확인' 청구 소송의 제기, 한국불교조계종 총무원이라는 새로운

종단을 조직하는 등 별도의 움직임을 가시화시켰다. 이에 대하여 비구
측은 전국승려대표자대회를 개최하여 기존의 통합 종단의 종헌 원칙을
고수키로 결의하는 등 타협의 여지를 제공치 않았다.

이러한 비구·대처간의 갈등이 재연되는 가운데 문교부는 분쟁의 수
습을 위한 대안을[7] 작성하고 비구·대처측에 그 각서의 서명을 요구하
였지만 대처측은 이를 거절하였다. 그러므로 당시 그 상황은 비구·대
처간의 독자적인 노선으로 가고 있었기에 타협의 여지는 보이지 않고,
국가권력의 대행인 문교부가 제시하였던 중재안도 효력을 상실한 때였
던 것이다. 이러한 차제에 조지훈은 한국 불교를 살려야 하겠다는 심정
에서 그의 주장을 지상에 기고한 것으로 이해된다. 이제부터는 그 논쟁
이 전개되었던 글의 순서대로 그 요지를 소개하면서 그 논쟁의 초점을
제시하겠다.

1. 趙芝薰, 〈韓國佛敎를 살리는 길〉; 1963. 8. 12, 13(2회)

우선 조지훈이 최초로 기고한 글, 즉 1963년 8월 12일의 <韓國佛敎를
살리는 길>(上)부터 살펴보겠다. 조지훈은 그 글의 서두에서 우선 불교
계 분규가 사회적 물의를 야기시키고 불교의 威儀를 실추시켰다고 전제
하면서, 종교 자체의 여력으로 그 문제를 풀기는 어렵다고 진단하였다.
그는 당시 비구·대처간의 대응을 다음과 같이 판단하였다.

佛敎의 淨化원칙에 있어서는 소위 比丘僧 측의 주장이 여론의 동정을
받는게 사실이요 宗團의 통합원칙에 있어서는 소위 帶妻僧 측의 주장이

---

7) 그 요건의 대안은 다음과 같다. 첫째, 1963년 5월 16일선으로 미등록 사찰을
대상으로 종정 국성우 명의의 등록을 받아들인다. 둘째, 현재 계류중인 모든
소송은 취소해야 한다. 셋째, 승려의 자격은 독신상주로 하되, 기득권만은 인
정한다. 『조선일보』, 1963. 7. 27, ??참조

여론의 지지를 받는 것도 사실이다.

雙方이 모두 淨化와 統合을 내세우면서도 그것은 自家의 영도권 아래서만 성취한다는 我執과 獨善으로 차 있어서 氷炭不相容이 되고 만 것이다.

요컨대, 비구・대처 쌍방이 정화와 통합을 내세우지만 그는 모두 아집과 독선의 바탕하에서 나온 것이라는 것이다. 그러하기에 서로 화합할 수 없다는 형편인 것이다. 이 같은 근본적 문제에서 비롯된 대립적인 인식하에서 전개된 양측의 협상은 결렬되었고, 정부 당국의 조정도 일방을 두둔하는 편파적 과오를 가져왔기에 통합의 결실을 기하지 못한 것으로 조지훈은 보았다.

이러한 현실하에서 나갈 대안은 종단의 분립, 개별 종단 승인이라는 것이다. 그러나 그 분립은 한국불교 전체의 미약과 멸망의 길을 자초하는 결과가 예상되기에 조지훈은 분규 당사자의 핵심 인물들의 양보와 주무 당국인 문교부의 공정하고 성의있는 최후의 조정을 요청하였다. 그리고 그는 불교 분규에 대한 이해에 있어 유의・경계할 측면을 제시하였는바, 그는 불교교리 및 불교사에 대한 무지에서 나온 논설과 정책, 自家의 기호에 의한 판단 등이었다. 한편 조지훈은 불교계의 분규에 대한 기본 이해를 다음과 같이 제시하여 우리의 관심을 끌고 있다.

佛教界의 분규는 지나치게 세속화한 佛教의 淨化문제로 발단되었고, 그 淨化의 先決문제로서 僧侶의 자격문제로 분열되었고, 그것이 그대로 암초가 되었다. 미리 말해두거니와 筆者는 比丘僧側의 佛教淨化 요구를 원칙적으로 지지한다. 그러나 이미 一세기 가까운 僧侶帶妻 許容을 부정하고 이를 단순한 信徒로 간주하려는 그 獨善의 주장을 찬성하지 않는다. 마찬가지로 帶妻僧側의 佛教의 대중화・현대화란 시대적 요청을 지지한다. 그러나 세속화 一路의 내리막 길을 달릴 뿐 教化者 威儀를 상실하고 帶妻蓄髮로 俗人과 다를바 없는 생활을 하여 社會의 指彈을 받는 그 前轍에 대한 翻然의 覺醒이 없는 情性을 찬성할 수는 없는 것이다.

즉 분규의 초점은 승려의 자격문제였으며, 비구·대처측의 주장은 논리적인 타당성을 갖고 있지만 독선과 아집으로 나타난 현실적인 처신을 인정할 수 없다는 것이다. 그는 불교정화, 불교의 대중화를 모두 중요한 것으로 수긍하면서도 이상과 현실의 균형을 기하지 못하는 양측의 논리에 가혹한 비판을 가하였다. 그리고 그는 그 분규가 나온 것에 대하여 한말부터 8·15해방 이전의 불교계에서 조선후기 이래의 불교의 낙후를 혁신하기 위한 대안으로 제기된 시민·대중불교의 기치가 승려의 帶妻運動으로 고착한 데에서 찾았다. 요컨대 독신생활에서 오는 타락을 극복하기 위한 대안으로 승려의 대처가 부각되었던 것을 말하는 것이다. 이에 그는 승려의 대처가 일본불교의 영향이라는 주장에 대하여 불교유신과 정교분리를 위한 한용운의 대처 주장, 『삼국유사』에 나오는 沙門光德의 실례를 거론하면서 승려의 대처가 문제가 아니라 行義와 學德이 근본 문제라는 주장으로 이의를 제기하였다. 나아가서 그는 조선불교의 타락은 승려대처운동으로 극복하였지만, 그 산물로 불교는 지나치게 世俗化하였다고 보았던 것이다. 그리하여 당시 불교의 타락은[8] 결과적으로 대처승들의 책임을 묻지 않을 수 없다는 것이 그의 입장이었다.

따라서 현단계의 佛教정화는 帶妻僧의 지나친 세속의 견제와 蘇生으로써만 實을 거둘 수 있다는 주장의 타당성을 승인해야 한다는 결론에 이르게 된다.

그러므로 조지훈의 첫 번째 주장은 대처승의 지나친 세속의 견제를 통한 승려로서의 소생이다. 그러나 현실적으로 대처승의 완전 배제는

---

8) 그 실례로 거론한 것은 사찰경내의 帶妻俗生活, 도시 사찰의 유흥장화, 독신 수행승의 괄시 등이었다.

종단을 파괴의 지경으로 만들었으며, 수행을 전업으로 하면서 종단을 운영할 능력이 없는 비구승들에게도 문제점이 있다는 것이다. 즉, 비구 측은 종단 운영 능력의 부재, 승려로서의 경력의 미약, 학문적 조예 미 천 등으로 인해 세력의 유지를 위해서는 정화의 대상이 되는 승려들을 오히려 그 세력에 끌어들인 舊態舊惡을 범하였던 모순에 빠졌다고 보았 던 것이다. 이에 그는 분규 해결에 대한 두 번째 주장을 다음과 같이 개진하였다.

> 따라서 현단계의 불교 宗團의 운영은 比丘僧들을 본연의 수행에 전력 하도록 優待하여 돌려보냄으로써 실을 거둘 수 있다는 주장이 順理해지 는 것이다.

이러한 개진하에서 조지훈은 불교 분규의 해결 방안을 淨化와 統合 을 동시에 성취하는 대전제에서 찾았다. 요컨대 비구·대처승을 분리시 키지 않으면서도, 승려의 질 향상과 세속화 방지 등을 통하여 불교정화 를 기하는 대강의 원칙을 수립하였다.

이러한 원칙하에서 조지훈은 분규 해결의 구체적인 방안을 佛敎淨化 원칙과 佛敎宗團 통합의 원칙으로 대별하여 제시하였다. 그가 제시한 불교정화 원칙을 살펴보면 다음과 같다.

1. 獨身·帶妻를 막론하고 현재 僧籍에 있는 자의 승려로서의 기득권을 인정한다.(比丘僧, 帶妻僧의 호칭을 철폐하고 獨身僧을 修行僧, 帶妻僧 을 敎化僧이라 부른다. 僧侶재교육과 法階 재조정을 곧 실시하고 獨身 修行과 學德 敎化 優待의 원칙을 확립한다.)
2. 일체의 僧職者는 寺刹경내에서 帶妻세속생활 하는 것을 승인하지 않는 다.(단 寺庵으로 승격하지 않은 포교당의 布敎師와 宗立 학교의 교직원 에 한하여 예외를 둘 수 있다.)
3. 국가의 徵召 또는 사회 기관에 종사하는 승려의 休籍제도를 둔다.(休籍

은 기한부로 하고 승인을 받아 연장할 수 있으되 休籍이유가 소멸된지
一개년이 지나면 자동적으로 還俗이 된다. 휴적 기간중에는 宗團의 선
거권과 피선거권이 정지된다. 十년 이상 연속 휴적은 還俗으로 간주하
고 還俗者는 一차에 한하여 復籍을 허용한다.)

4. 일체의 승려는 최소한도의 僧貌로서 削髮을 해야한다.(但, 休籍 기간중
의 蓄髮만을 허용한다.)

위 1항은 현실을 인정하되, 비구승과 대처승이라는 호칭을 철폐하자
는 것이다. 그 대안으로 독신의 비구승은 修行僧으로 대처승은 敎化僧
으로 대체시키자는 것이다. 제2항은 사찰 경내에서의 승려의 대처생활
을 인정치 말자는 제안이다. 대처승 혹은 교화승의 생활은 사찰 밖에서
행해야 한다는 것의 강조이다. 제3항은 승려 休籍의 제도를 활용하자는
새로운 제안이다. 제4항은 승려로서의 경건한 모습을 유지해야 한다는
입장에서 削髮의 강조이다.

조지훈은 이상과 같은 정화의 원칙하에서 불교종단 통합원칙을 다음
과 같이 제시하였다.

單一宗團 아래 修行僧團과 敎化僧團의 두 僧團을 둔다. 승려별 등록을
실시하여 자유로 一僧團 소속을 선택하게 한다.(但 修行僧團의 소속 자격
은 獨身僧으로 한다. 敎化僧團은 獨身·帶妻를 不問한다. 이 등록에 의한
僧團別 僧籍을 통합정리한다.)

이 같은 내용은 기존 비구·대처측의 현실적인 여건을 인정한 조처
로서 결과적으로는 2개의 승단을 인정하자는 것이다. 이는 외형적으로
는 단일 종단이되, 그 실제에 있어서는 승려의 출자·소속만을 2개로
구분시킨 고육지책으로 보여진다. 이같은 연후 그는 종단의 구도를 다
음과 같이 제시하였다.

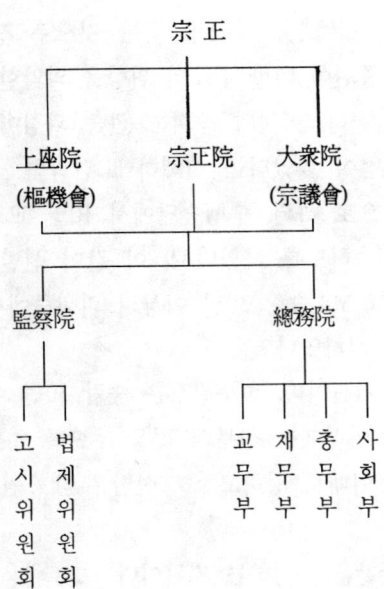

이제부터는 위와 같이 제시한 종단의 구도하에서 조지훈이 제시한 그 내용을 세부적으로 살펴 보겠다. 우선 宗正은 독신승이며 법랍 50이상인 上座院의 의원중에서 호선추대하되, 임기는 5년으로 정하였다.9) 그리고 宗正院은 종정의 비서실로 정하였다.10)

上座院은 그가 새로이 제안한 신설 기관이다. 그 내용은 양측의 獨身僧중에서 선발하되11) 수행승단 8명, 교화승단 7명으로 정하였다. 임기는 전원 終身으로 두었으며 권한은 종정선출권, 宗議 재심의에 대한 종정의 자문, 大衆院 결의에 대한 이의 및 還付權을 두는12) 것으로 하였다.

---

9) 종정의 궐위시는 1개월 이내에 보선하되, 종정의 임기도 5년으로 정하였다.
10) 그 구성원은 상좌원 부의장, 대중원 부의장, 감찰원장, 총무원장, 비서 1명으로 정하였다.
11) 그 기존 대상 자격은 법랍 40이상, 법계는 大禪師와 大敎師 이상으로 정하였다.
12) 환부된 이의가 대중원에서 부결될 시에는 대중원과의 공개 회의에서 의결토

그리고 임기 3년의 正·副議를 각 1명 두는 것으로 정하였다. 이러한 상좌원의 개요에서 대중원에 대한 上院의 위상을 파악할 수 있다.

大衆院은 宗會를 말한다. 이전의 종회는 선출 과정이 번잡하고 인원도 많아 운영의 문제점이 많았다는 이해하에 간략히 구성토록 정하였다. 이에 정원은 30명으로 하되, 수행승단에서 10명 교화승단에서 10명 신도단에서 10명을 선출하도록 하였다.[13] 이 같이 선발된 대중원의 의원 임기는 3년으로 정하고, 승랍 30년 이상의 의원중에서 正·副議長을 각 1명씩 두는 것으로 정하였다.

總務院은 종무 행정기관이다. 총무원장은 승랍 30년 이상의 승려중에서 선발하고, 각 部의 아래에는 실무의 局을 두도록 하였다. 이 총무원의 구성 인원은 15명 이내로 정하고, 그 선발은 대중원에서 하도록 하였다.

監察院은 종무의 감찰을 수행하는 기관이다. 그 내용을 보면 정원은 10명인바, 승랍 30년 이상의 승려에서 正·副院長 각 1명과 승랍 20년 이상의 승려에서 그 위원을 선발하도록 정하였다. 감찰원의 위원 임기는 4년이고, 선발은 대중원에서 하도록 하였다. 또한 감찰원은 대중원이 休會中일 경우 대중원의 권한을 행사할 수 있도록 정하였다.[14]

조지훈은 이상과 같은 종단의 구도와 그 실행에 대한 지침을 정하면서도 현실적인 여건을 고려하여 그 구체적인 구성 방법에 대해서는 양측이 협약하여 그를 成文化해야 한다고 지적하였다.[15]즉, 그 내용은 종

록 하였다.

13) 그 대상 승려는 승랍 10년 이상이어야 하며, 신도단의 10명은 교화승단에서 7명을 추천하고 수행승단에서는 3명을 추천하는 것으로 정하였다.

14) 그러나 그 운용에 있어서는 엄격한 제한을 기하도록 하였다. 즉, 종헌 개정, 대중원의 正副원장 및 총무원장 선거권은 부여치 않았다. 그리고 그 대행의 권한을 행사할 시에는 그 책임을 지도록 하였다.

15) 그 대강의 원칙을 다음과 같이 제시하였다.
   1. 종정이 선출된 파에서는 상좌원과 대중원의 의장을 타파에 양보한다. 상좌원과 대중원의 부의장은 의장과 다른 파에서 선출하는 것을 원칙으로

단 책임자의 선거에 대한 양측의 승단의 分限과 그에 따른 직위의 선출과 구성비율의 문제인 것이다.

한편 조지훈은 이러한 종단에서 개최되는 모든 회의는 재적 3/2이상으로 개정해야 한다고 지적하였다. 아울러 승려 자격, 정화원칙, 종단 기구 및 그 구성비율, 직위 배정은 합의되는 대로 종헌에 반영하는 성문화 작업을 하여 함부로 개정치 못하게 해야한다고 지적하였던 것이다.

그리고 그는 최종적으로 그의 의견 개진은 분규에 대한 원인과 경과를 분석 검토한 연후에 내린 해결책이었음을 밝힌 후에, 분규의 당사자인 양측이 이 방안을 검토, 수락, 조정, 합석 토의 한다면 정부 당국도 적극적으로 추진할 것을 강조하였다. 조지훈은 양측이 분종으로 가기 이전의 최후의 방법으로서 淨化와 統合을 함께 성취하는 첩경으로서 그의 대안을 고려해달라는 충정을 제시하였던 것이다.

2. 李靑潭, 〈하나의 誤解〉; 1963. 8. 21, 22(2회)

이청담은 조지훈의 글을 읽고, 1주일 후 즉시 그의 입장을 개진하였다. 이청담은 우선 조지훈이 분규 해결에 대한 관심을 가진 것에 대하여 사의를 표하면서도, 그의 주장은 私見이라고 이해하였다. 민주사회에서는 누구나 의견을 자유스럽게 발표할 수 있는 권리가 있지만, 그에 대한 논평은 적절치 않다고 보았다. 그러나 조지훈의 議題가 <韓國佛教를 살리는 길>이었고, 그 내용에 불교를 誤解하는 점이 있다고 여기면

한다.
2. 감찰원장은 수행승단에서 총무원장은 교화승단에서 선출하는 것을 원칙으로 한다.
3. 감찰원은 수행승단에서 선출하는 것을 원칙으로 하되 수행승단 7, 교화승단 3의 비율로 구성할 수 있다. 총무원장은 교화승단에서 선출하는 것을 원칙으로 하되 교화부장 一職을 수행승단에 배정할 수 있다.

서 그 현혹됨을 없애기 위한 지적의 차원에서 그의 입장 개진임을 강조
하였다.

이청담은 일반집단체에서 분열이 생겨났을 시에는 양보와 통합으로
문제를 해결하는 것이 상식이지만, 종교단체의 경우에는 그 주장의 정
당성이 문제 해결의 관건임을 지적하였다. 이에 그 문제의 해결에는 正
邪를 구분하는 길이 유일하다고 다음과 같이 강조하였다.

> 진리를 위한 불교의 淨化운동과 같은 破邪顯正의 法戰에 한해서는 어
> 느 편의 주장이 정당하냐가 문제지, 상식이거나 다수결이 문제가 아니다.
> 이러한 경우에 있어서 해결의 방도는 正邪를 揀擇把持하는 길 이외에
> 는 타협이란 있을 수 없다. 원래 진리는 타협으로 인하여 다수결로 성립
> 되는 것이 아니다. 초시공적 원칙이기 때문이다.

이 같은 이청담의 입론은 그 분규를 '法戰'으로 인식한 바에서 극명
하게 드러나듯, 타협이나 상식의 입장은 아니었다. 그러하기에 조지훈이
접근하였던 것과는 판이한 것이었기에 조지훈의 입론 전체가 부정시 될
것은 명약관화한 것이다. 그러하기에 그는 조지훈의 주장을 邪見과 我
執으로 표현하였다.

이청담의 이러한 입장은 곧 조지훈의 주장을 받아들이기 어려운 것
임을 말하는 것이다. 이에 그는 조지훈이 비구·대처 양측의 주장은 우
열이 없고 교리적 전거가 있어, 시비를 가릴 수 없다는 것을 이해해야
한다고 피력한 논리를 조지훈이 "불교를 잘 알지 못한다 점을 고백"한
것으로 인식하였다. 나아가서 그는 "불교를 信修奉行해 보지 않은 자는
불교를 논의할 능력이 있을 수 없다"고까지 피력하였던 것이다. 또한
그는 조지훈이 불교교리와 불교사에 대하여 무지한 처지에서 나온 논설
과 정책의 문제점과 피해를 지적한 것에 대하여도 조지훈 자신의 自責
에 해당된다고 보았다. 그리고 그는 조지훈이 비구측의 정화 요구와 대

처측의 불교의 대중화가 모두 원칙과 타당성이 있다는 점에 대하여는
원칙이 변할 수 없다는 입장으로 응대하였다.

> 원칙이면 원칙이었지, 그 원칙이 一세기나 變則으로 행세했다고 해서
> 원칙이 변할 수는 없다. 倭政 半세기 동안에 變節者도 많이 생겼고, 親日
> 派도 많이 생겼다고 해서 우리의 민족정기를 고취하는 것이 독선이라고
> 할 수 있을까. 또 불교의 대중화거나 현대화라는 것은 제도상 방법론이지
> 불교의 원칙을 고쳐 僧을 俗化시킨다든지, 교리를 변질시킬 수는 없는 노
> 릇 아니겠는가.

요컨대 이청담은 원칙을 강력 고수하는 입장을 천명하였다. 그는 일
제시대에 행해진 승려의 대처를 '變則'으로 보면서, 100여년 간 행해진
대처와 잔존하고 있는 대처승을 부정시하였던 그의 견해를 '독선'이라
고 평한 조지훈의 견해에 대응하였던 것이다. 그리고 불교의 대중화·
현대화는 제도상의 방법론으로 보고, 대처측과 조지훈의 불교의 대중화
를 원칙에서 벗어난 것으로 인식함은 오히려 당연한 이해였다.

그리고 그는 조지훈의 지적 자체를 수용치 않는 자세를 견지하였다.

> 그러므로 修行해 보지도 않고 체득하지 못한 者는 겉으로 보아 관념유
> 희와도 같고 정신통일로 환각세계를 창조하는 따위로 오인하기가 쉽다.
> 그러나 진심으로 修行해온 者는 言說의 敎거나 哲理를 체계화 하는거나
> 이러한 生死心의 論理 구성이 아닌 것을 발견하면서부터 비로소 불교의
> 入門에 들어서게 되는 것임을 알아야 된다.

한국불교를 살리기 전에 그 자신부터 살리는 길을 찾아야 할 것임을
주장하였다. 이 같은 지적은 조지훈이 실례로 들고 지적한 불교의 제반
사실은 몰이해된 것임을 말하는 것이었다.

그러하기에 조지훈이 승려 대처의 실례로 거론한 『삼국유사』 '廣德·

嚴莊條'의16) 이야기 자체는 성립될 수 없다고 보았다. 이에 그는 조지
훈의 자세를 古文까지 歪曲考證하고, 사견을 합리화하는 獨善으로 보았
던 것이다. 이렇듯이 조지훈의 견해를 부정시 하였던 이청담은 조지훈
같은 신분의 부류들에게 시비를 조장하지 말고, 묵묵히 수행에 매진하
는 길밖에 다시 다른 길이 없음을 자각해야 한다고 그의 본뜻을 개진하
였다.

또한 그는 조지훈이 비구·대처측이 각기 자가의 領導權에 집착하여
대립하고 있다는 비판에 대하여도 강력하게 그를 일축하였다. 즉 승단
의 영도권은 단연코 승려에게 있는 것이지 결코 聖者의 지위에 올라간
속인에게도 있을 수 없다는 입장을 피력하였다. 이에 그는 이 사례에서
도 조지훈이 僧俗의 구별도 못한다고 평하면서, 그러한 조지훈이 종단
의 정화와 통합에 논평을 가한다는 자체가 성립될 수 없다고 질책을 거
두지 않았다. 이러한 조지훈에 대한 혹평은 조지훈이 사용한 대처승이
라는 말 자체가 불교에 대한 무식의 폭로라 하였다. 이러한 입장에서
그는 한국불교의 종단 재산은 단연코 승단의 부수물이지, 속인의 소유
는 결코 아니라는 것도 지적하였다. 여기에서 말하는 속인은 곧 대처승
을 말하는 것이다. 이러한 전제에서 그는 대처측보다는 비구측의 논리
가 타당하다는 우월성을 다음과 같이 강조하였다.

누구나 僧行을 준수하는 法侶면 領導權을 향유할 수 있는 것이다. 의
무인 僧行은 포기하고 권리만 주장하는 것은 어느 편이 고집이며 어느 편
이 독선인가 말이다. 妻子에 애착함과 求法者의 爲法忘軀의 境涯가 어떻
다는 것을 체험 대결하지 못한 속인으로서는 논의할 境界가 아님을 명언
해 둔다.

---

16) 문제가 되고 있는 『삼국유사』 5권 感通 7의 세 번째 내용인 광덕조의 관련
그 원문은 다음과 같다. 文武王代 有沙門廣德嚴莊 二人 友善 日夜約曰 先歸
安養者 須告之 德 隱居芬皇西里 蒲鞋爲業挾妻子而居. 이 내용과 관련된 것
은 洪起三, <「光德 嚴莊」說話연구> 『伽山學報』 2호, 참조.

따라서 이청담은 조지훈의 의견 개진을 전혀 수용할 입장이 없었으며, 논평할 자격도 없다고 강력하게 개진하면서 의무인 僧行은 이행치 않고 권리만 주장하는 대처측은 독선에 찬 부류라는 주장도 동시에 하였다. 이러한 입장에 확고히 서 있었기에 조지훈이 내놓은 정화와 통합의 대안은 논평조차도 하지 않았던 것이다.

3. 조지훈, 〈獨善心의 墻壁〉; 1963. 8. 30, 31

조지훈은 자신의 견해를 철저히 부정시 하며 공박한 이청담의 견해에 대한 글을 읽고, 그의 견해를 재차 개진하였다. 그러나 그 두 번째 글에서는 그의 기본 입장을 재론하기보다는 그의 견해에 대한 이청담의 몰이해 및 이청담 입론의 문제점을 지적하는 차원에서 전개하였다.

우선 조지훈은 당초 그가 <韓國佛敎를 살리는 길>을 기고하면서 쌍방의 불만의 예상, 그리고 그 내용을 추측하였다고 하면서 그 예상대로 비구측의 대표격인 이청담의 반응이 나온 것으로 이해하였음을 개진하였다. 이에 대한 그의 입장은 '서글픔'으로 표현하였는데, 이는 그의 주장이 이청담에 의해서 일고의 가치도 없는 것으로 거부되었기 때문이라고 하였다. 이에 대한 조지훈은 입장은 아래의 글에서 단적으로 찾을 수 있다.

> 필자는 統合의 論理를 분규 해결의 입지로 삼았기 때문에 어느 일방에 偏椅하지 않는 兩是兩非論을 택하지 않을 수 없었거니와 氏는 破邪顯正이란 이름의 我執을 방패로 삼아 철두철미 和同의 길을 거부하고 있다. 그렇기 때문에 氏는 분규 해결의 一方案으로 제기된 拙論을 誤解와 脫線과 僭越로만 돌리고 하등의 성의있는 비판을 加하지 않았을 뿐만 아니라 필자의 所論中에서 自家의 주장에 배치되는 점만 꼬집어서 공박함으로써 독자의 共感을 우려하고 사회여론에 대한 自家의 불리한 점을 엄폐하려

는 정치적 의도에만 부심하였음을 섭섭하게 생각한다.

　이러한 조지훈의 대응은 이청담의 의견 개진이 '감정적인 흥분'에 사로잡힌 것으로 인식한 것에서 출발한 것이다. 이에 이청담의 논리에 개재된 근본 태도의 소신에 대한 질문으로 시작되었다. 조지훈은 이러한 대응에 대한 입장을 자신의 논리도 나름대로 근거를 갖고 있다는 소신을 피력하였다.

　이 전제에서 조지훈이 가장 큰 문제로 삼은 것은 이청담이 제기한 즉 정화운동과 같은 파사현정의 法戰에는 양보나 타협이 성립되지 않고 오직 원칙만이 있을 뿐이라는 입장이었다. 이에 대하여 조지훈은 이청담의 그 입장이 '論理의 端緒요, 그 근본골자'라고 하였다. 그러나 이에 대하여 조지훈은 일반 단체의 분열시의 대안책은 양보와 타협이 당연하게 인정되는 데에도 불구하고, 왜 종교단체에서는 그것이 수용되지 않는 것에 대하여 강한 이의를 제기하였다. 그리고 같은 이념으로 뭉친 종교 집단내의 관용과 양보는 오히려 당연하고 더욱 쉬울 것이라는 상식을 인정치 않는 것에 대하여 啞然하지 않을 수 없다고 보았다. 그리하여 그는 그러한 몰상식의 입장에서 수행을 한다면 그는 '空念佛'이 될 것이라는 자조를 제기하였다.

　나아가서 조지훈은 불교분규의 본질이 利害 關係와 전혀 무관치 않았음을 제기하였다. 비구·대처 쌍방간의 집착, 갈등은 교리가 아니라 사찰과 재산이라는 것이다. 곧 法戰은 표방이고, 알맹이는 財産戰이라는 것이다. 이에 조지훈은 이청담 스스로 '종단의 재산은 승단의 부속물'이라고 강조한 것을 그는 예증하는 것으로 보았다. 이러한 입장에서 조지훈은 이청담이 불교 내부의 분쟁을 外道에 대한 法戰으로 선언하는 저의를 여기에서 비롯된 것으로 파악하였다. 그런데 불교는 여타 종교보다 자비의 종교라고 지칭되는데, 그 반대로 관용과 타협은 애초부터 찾을 수 없다면 그는 결과적으로 불교 자체가 민중으로로터 떠나가려는 것을 반영하는 것이라는 것이다.

조지훈이 제기한 또 다른 문제는 아집과 선입견에 대한 것이었다. 이청담은 윤리의 원칙을 고칠 수 없다고 하면서 兄과 弟는 兄과 弟일뿐으로만 지적하였지만, 조지훈은 그 형제가 같은 佛子요, 曹溪宗의 法孫으로 보았다. 이러한 상이한 인식은 큰 차이를 갖는 것이다. 그리고 이청담이 '理陰陽順四時'를 활용하여 人事와 生活에 나타난 조화를 강조하였지만 오히려 이청담의 논조가 격돌과 부조화를 내세우고 있다고 보았다. 그러기에 조지훈은 이 같은 모순을 이청담에게 돌아가야 할 '自戒'의 말로 주장하였던 것이다.

이청담과 조지훈이 전개하는 논점은 곧 是非에 대한 의견을 我執과 先入見으로 보고자 하는 팽팽한 대응이었다. 이에 대하여 조지훈은 그자신도 아집이 있음을 인정하면서도 이청담과 전개하고 있는 논쟁에서 문제시되는 아집과 선입견은 그가 논쟁하기 이전에 이미 비구·대처간에서 있었던 것임을 지적하였다. 이러한 입장에서 조지훈은 이청담의 아집과 선입견의 실례를 그와 전개된 논쟁에서 제시하였거니와 그 개요는 다음과 같다.

즉, 그는 그가 처음의 기고문에서 밝힌 불교 분쟁에 대한 국외자의 논설과 정부 당국의 정책의 유의점을 제시하였던바, 그는 불교의 무지하에서 자행된 것을 우려하면서 그에 대한 경계를 강조한 것이었다고 주장하였다. 그럼에도 불구하고 이청담은 이 우려와 경계를 자신이 불교를 모른다고 고백한 점으로 인식하였다고 보았다. 그리고 불교교리와 불교사에 대한 지식도 없이 지레 짐작으로 논단하지 말라는 그의 충고를 이청담은 그에 대한 자책으로 보면서 동시에 그의 글에 그러한 지레짐작이 있다면 어떤 글이 그러한지를 밝히지 않았다는 것이다. 그리고 그는 이청담이 그에게 제시한 한국불교를 살리기 전에 자신을 살리는 길을 찾으라는 것에 대하여는, 환희의 法門으로 일단 수용하였다. 그러나 조지훈은 그 말은 승려들에게도 해당되는 것임을 지적하면서, 불교

의 정신과 광명을 회구하는 사람들에게 '네 살길은 네가 찾으라'고 말
하는 것을 그는 중생에 대한 방치로 보았던 것이다.

이러한 그의 이질적인 인식은 수행의 개념과 『삼국유사』의 실례에서
도 지속되었다. 이청담은 이전에 기고한 글에서 수행을 설명하면서 心
如薔壁과 可以入道가 수행의 극치로 보았는바, 이에 대하여 조지훈은
死灰枯木과 같이 活氣가 부족해서는 교화가 어렵다고 보았다. 더구나
불교의 분규는 사회의 문제가 되었는데에도 불구하고 그 문제에 대한
지적과 논의를 거부하는 이청담의 자세를 독선으로 보면서 心如薔壁에
도 적용된 것이 아닌가 하는 의구심까지 피력하였다. 그리고 『삼국유
사』 광덕조의 내용에 대한 이해의 비판에 대하여 그 자신은 고승 일연
이 저술한 내용 그대로 소개한 것인데 이를 古文의 왜곡고증이라고 주
장함은 '誣告'라고 강변하였다. 이에 그는 이청담에게 그 내용에 불만이
있으면 저자인 일연을 공격할 일이지, 왜곡하고 악선전하는 것은 점잖
치 못하다고 그의 심정을 피력하였다.

이처럼 조지훈은 이청담이 그에게 가한 대응과 반박의 주요 요지에
대하여 그 의견을 피력한 후, 그의 기본 입장을 재삼 강조하였다.

> 필자는 그런 고의의 閑事를 논할 閑人이 아니다. 필자는 승려가 아니
> 요 帶妻者 보다는 獨身修行의 碩德을 더 欽慕하는 者이다. 僧侶帶妻가 창
> 피하든지 마땅히 그래야 한다고 생각하든지 간에 그것은 승려들의 論爭
> 事이지만 이미 현실로 있었고 있는 사실 그 자체를 엄폐할 수는 없으니
> 쌍방이 허심탄회하게 前非를 뉘우쳐 정화하고 합심하여 신도를 指歸하고
> 사회의 기대에 副應해 주기를 바라는 者이다.

그는 자신이 독신수행의 승려를 흠모하는 사람임을 재인식시키면서,
승려의 대처는 비구·대처 쌍방간의 논쟁사이지만 이미 그 자체는 현실
의 문제이기에 쌍방이 마음을 합쳐 사회의 기대에 부응하기를 요청하였
다. 그러나 당시의 불교 형편은 속세의 법을 통하여 시비를 가리고, 관

의 견제를 받고, 사회의 인사들에게 충고를 듣고 있는 저간의 사정이었으니 이는 모두 불교가 자초한 부끄러움을 이청담도 수긍해야 한다고 지적하였다. 그리고 그는 최종적으로 통합이든 분종이든 간에 하루 바삐 분쟁이 종식되어야 함을 강조하였다.

4. 이청담, 〈有問有答〉; 1963. 9. 20, 21

이청담의 본 논쟁의 대응은 이전 조지훈의 글, <獨善心의 薔壁>이 나온 후 거의 20여일 만에 나온 것이다. 이청담의 두 번째 반박문인 <有問有答>은 이전의 글보다 더욱 그 논쟁의 강도가 깊어졌다. 이청담은 이 글의 서두에서 그 사정과 관련하여, 이전 조지훈의 글은 종단을 위한 호법정신의 所事로 여기었으나, 두 번째 글은 '그 筆鋒을 山僧에게 돌려 시비를 걸어 오고 있다'고 여기었다는 데에서 단적으로 나오고 있다. 요컨대 애교심의 호의에서 이제는 흑백을 가리려는 시비로 변하였다는 것이다. 아래에서 이청담이 이 논쟁을 대하는 기본 입장을 살펴볼 수 있다.

> 도대체 氏는 어떠한 동기로서 『韓國佛敎를 살리는 길』이라는 글을 草하여 공개하게 되었는지 그 의도와 목적을 알 수 없다. 근 十年 간이나 끌어오다가 이제야 그 종식을 보게 되어 統合宗團이 성장해 가는 此際에 統合宗團에서 請託하지도 아니한 제의를 新聞紙上에 公開하여 日可日否한다는 것은 아무래도 뒤늦은 느낌을 준다.

이청담은 조지훈의 논쟁의 본질에 대해서도 대부분 이의가 있었지만, 우선 그 논쟁의 불을 지피게 된 <韓國佛敎를 살리는 길>을 기고하게 된 배경에 의아심을 갖었던 것이다. 더욱이 위의 글에서 이청담은 그 논쟁이 제기되었던 그 시점의 불교 분규의 상황을 분규가 종식되었으

며, 통합종단이 성장해 가고 있다는 현실인식을 하였다는 점을 파악할
수 있다. 그 당시를 조지훈은 분종의 갈림길에 처한 중요한 시점으로
본데 반하여 이청담은 1962년 4월에 성립된 통합종단의 발전 단계로 보
았거니와 이는 양 당사자가 당시 분규를 바라보는 시각이 판연함을 말
해주는 것이다. 그러하기에 이청담은 조지훈의 기고 자체에 대하여 종
교 집단에 대하여 '시비'를 삼가는 것이 좋았을 것이라는 의견도 개진
하였던 것이다.

그 의견의 개진도 종단의 기관지에 발표를 할 수 있는 것이고, 종단
의 결의 기관에 제의할 수 있다고 보았다. 이러한 조지훈의 행태에 대
하여 역설적으로 승려가 詩壇의 문제로 제의하거나 아니면 조지훈의 詩
作에 대하여 왈가왈부하는 것을 받아들일 수 있는 것인가를 되묻기도
하였다. 따라서 조지훈의 불교계 분규에 대한 의견 개진과 승려가 詩壇
에 대한 의견 개진 등은 명분과 영역을 뒤흔드는 혼란의 발단으로 인식
할 수 있는 것으로 보았다.

이러한 전제하에서 이청담은 조지훈의 의견중에서 잘못 인용한 문귀
를 해명하고, 산승 본연의 자리로 돌아가겠다는 취지에서 그의 의견을
조목조목 제시하였던 것이다. 그가 맨 먼저 문제시 한 것은 僧의 정의
와 僧伽의 구성 원칙이다. 이에 대하여 이청담은 승단은 비구와 비구니
의 단체의 총칭으로 보면서, 광의의 승가 구성 범위로 비구와 비구니,
재가신도와의 화합 집단을 통칭하여 僧伽耶라고 지칭한다고 전제하였
다. 이러한 전제하에 그는 조지훈이 후자의 승가야만을 제한하여 이해
한 것으로 보았다. 즉 조지훈은 재가 신도까지 포함한 승가를 유의하였
으며, 이청담은 출가자와 재가자간에는 엄격한 구별이 있다는 것을 은
연중 강조하였다.

이러한 입장에 서 있었기에 이청담은 조지훈이 종교분쟁의 해결도 관
용과 양보에 의한 타협으로 해결치 않는 것에 실망하였다는 것을, '엉뚱
한 결론'을 내린 것으로 일축하였다. 이에 이청담은 당시의 분규를

　　현금까지 있었던 분규는 僧規 僧風에 對한 同道의 이념이 아니였던 것
을 氏는 잠깐 망각하고 결론을 지은 듯 하다.

　라고, 하면서 조지훈은 그를 망각하여 결론을 내렸을 것으로 주장하
였다. 또한, 그는 중생교화를 사명으로 하는 불교종단은 세간에 내려오
지만 세속과 동화하거나 타협은 하지 않는다고 단언하였다. 그리고 부
타의 교법을 어길 때에는 엄벌을 내리며 참회를 할 경우에만 관용을 베
풀지만 이념의 양보나 타협은 절대 불가함을 거듭 강조하였다. 여기에
서 조지훈과 이청담의 이질적인 인식의 본질이 더욱 확연히 드러난 셈
이다.
　조지훈이 종단의 분규를 재산싸움이라고 규정한 것에 대한 것도 단
연 부정하였다. 그 전제로 이청담은 종단의 재산은 사원을 수호하는 청
정법려와 승단에 속한 것으로 보고, 그 삼보정재를 수호하기 위한 투쟁
을 재산권 투쟁이라고 판정하는 것은 절대 불가함을 피력하였다. 조지
훈이 '心如墻壁'이라야 '可以入道'라는 법문을 '枯木元灰'의 무정물로 본
것에 대하여도 선의 개념을 이해치 못한 처사로 보았던 것이다. 『삼국
유사』 광덕조에 대한 논란도 광덕이란 승려가 퇴속하여 속세에 은거하
여 처자를 거느리고 속인생활을 하였다는 내용으로 이해하였다. 요컨대
광덕의 대처생활의 유지를 대처승려들의 고증 자료로 합리화함은 語不
成說로 보았다.
　이 같은 개별적인 내용에 대한 반박 이후 이청담은 그의 분규에 대
한 최종 입장을 다음과 같이 피력하였다.

　　최후로 말할 것은 오늘 우리 宗團은 통합이 되어 발전 성장해 가고 있
　다. 부처님 당시에도 調達 같은 이가 있었고 예수에게도 「가롬·유다」가
　있었으며 孔子 당시에도 盜跖이와 같은 者들이 있었다.

석가나 예수나 공자같은 성현들이 무자비했고 독선적이고 관용을 몰라서 그들과 타협하지 아니한 것은 아니다. 眞理와 非眞理의 사이에 어찌 타협이란 말이 있을 수 있는가.

여기에서 이청담은 당시 상황을 분규가 일단락되어 종단이 통합되었다고 보는 인식이 노출되었다. 당시 대처측은 그 통합 종단에 이의를 제기하고 별도의 노선을 경주하고 있었지만 그를 이청담은 크게 개의치 않은 것이다. 또한 진리와 비진리 사이에는 절대 타협이 없음을 재삼 강조하였다. 그리하여 그는 조지훈에게 사의를 표할 것이[17] 있지만, 조지훈의 의견 개진은 종단에서 청탁하지도 않은 '無風起浪'으로 개념지웠다.

이러한 의견 개진하에 이청담은 당시 상황을 거듭 분규는 종식되었다는 인식을 피력하였다. 그리고 불교의 나아갈 방향을 다음과 같이 제시하였다.

> 이제 十年을 끌어오던 佛教淨化의 첫 단계는 끝났다. 佛陀의 敎理와 전통을 망각하여 현실의 모든 문제를 타개할 통합 종단은 이룩되었다. 이제 남은 것은 오직 현대인의 師表가 될 수 있는 徒弟養成과 우리말 옮김의 譯經事業과 現代的 敎化의 布教事業에 우리 出家와 在家의 四部大衆은 모든 힘을 합하여 나아갈 뿐이다.

요컨대 이청담은 그가 추진하였던 '불교정화'의 1단계는 완성하였다는 인식을 하였다. 그는 그 시기를 통합종단의 정상적인 출범으로 보았던 것이었다. 그리하여 불교계가 추진할 방향은 도제양성, 역경사업, 포교사업을 제시하는 것으로 그 논쟁의 결론을 맺었다.

---

17) 그는 조지훈이 분쟁이 종식되어 불교발전이 있기를 기원한 것, 그리고 대처자보다는 독신수행의 碩德을 더 흠앙한다고 밝힌 점이라고 이청담은 지적하였다.

III. 논쟁의 성격

이제부터는 지금까지 살펴본 조지훈과 이청담의 불교 분규의 논쟁의 개요에 나타난 성격을 정리하고자 한다. 이로써 그 논쟁의 본질과 조지훈 · 이청담이 갖고 있었던 입장과 그 지향점 등에 대한 특성을 밝힐 수 있으리라 본다. 먼저 논쟁을 지핀 조지훈의 개요부터 정리하고자 한다.

첫째, 당시 상황을 분규의 진행으로 인식하였다. 1962년 통합종단이 출범하였지만, 불과 6개월이 채 못 가서 대처측의 이의제기 등으로 인하여 독자적인 노선을 경주하였고 사회의 우려가 일어나는 것으로 보았던 것이다.

둘째, 분규는 불교계 스스로 해결할 수 없는 지경으로 전락된 것으로 이해하였다. 그 이유는 양측이 자기의 원칙과 기준을 갖고 분규를 야기하였으며, 역시 동일한 방법으로 그 문제의 해결에 임하였다고 보았다.

셋째, 분규 미해결의 책임은 불교교리와 불교사에 무지한 상태하에서 분규 조정과 통합을 시도한 불교계 밖의 인사들에도 적지 않다고 주장하였다. 이는 곧 정부 당국자와 그 조정의 역할을 담당하였던 인사들에 대한 책임론을 제기한 것이다.

넷째, 분규의 원인을 지나친 불교의 세속화로 보면서, 그는 한말부터 지속된 승려의 대처운동이 그를 가속화시킨 것으로 이해하였다.

다섯째, 당시 불교발전의 방향은 대처승의 지나친 세속의 견제와 소생, 그리고 비구승들을 본연의 수행에 전력하도록 우대하는 것에서 찾았다.

여섯째, 분규 해결의 방법은 불교의 정화와 통합을 동시에 성취하여 비구 · 대처 양측이 공생할 수 있는 대안에서 찾았다.

일곱째, 분규 해결의 방안을 정화와 통합에서 찾았기에 종단의 구성과 운영에서도 그 원칙을 유지키 위한 고육지책으로 수행승단과 교화승단이라는 이원적인 구도를 설정하였다. 이러한 이원적인 내적 기조는 조지훈이 제시한 승단 운영의 전 분야까지 미칠 수 있는 것이었다.

이제부터는 이에 대응되었던 이청담의 주장에 나타난 특성을 살펴보겠다. 첫째, 당시 불교계 상황을 분규로 인식치 않았다. 그는 1962년 통합종단의 출범으로 인해 정화의 1단계는 완성된 것으로 보았던 것이다. 물론 대처측이 반발하고 별도의 노선을 가고 있음을 분명하게 알고 있었지만, 그 움직임에 큰 의미를 부여치 않은 것이다.

둘째, 분규의 당사자였던 대처측을 불교의 교리 및 원칙에서 인정될 수 있는 승려로 인정하지 않았다. 따라서 그는 분규로 인해 전개되고 있는 비구·대처간의 갈등을 破邪顯正으로 해결해야 한다는 입장에 서게 됨은 당연한 논리였다.

셋째, 승단의 구성 및 운영에 대한 주된 책임은 승려에 있다는 것을 강조하였다. 이처럼 그가 승려 중심의 승단 구성에 중요성을 부여한 것은 결국 재가불자의 차별성을 설정한 것을 말하는 것이다.

넷째, 개화기·일제하·해방공간을 거치면서 보편화되었던 승려의 대처는 절대 인정할 수 없는 역사적 산물로 보았다. 그러므로 그는 대처승이라는 어원 자체를 부정시하였다. 그가 비구측의 대표자로서 그 자신을 '淨化運動에 全生涯를 바친 하나의 使徒'라는 자평은 적절한 표현이라고 하겠다.

다섯째, 불교정화의 1단계는 완성되고, 통합종단이 완성·발전되어 가는 도중에 있다는 현실인식하에서 그가 염두에 두었던 2단계 정화는 도제양성, 역경사업, 포교사업이었다.

지금까지 조지훈과 이청담의 분규 논쟁에 나타난 성격의 개요를 대별하여 제시하였다. 조지훈과 이청담의 주장과 그에 담겨진 성격을 살피면서 대략 드러났지만 그들의 입론과 해결 방안은 사뭇 달랐던 것이다. 조지훈은 사회 지성의 입장에서 분규 해소를 갈망하는 입장에서 일단 분규를 끝냈으면 하는 사회적인 차원에서 접근하였다. 그러나 이청

담은 그 분규의 당사자인 승려였고 통합종단이 출범한 시점에서 통합
종단의 당위성을 강조하고 그를 성사시킨 비구측의 논리를 강조하는 입
장이었다.[18] 따라서 이들의 입지와 당시 불교계를 바라보는 기본 입장
은 확연하게 달랐던 것이다. 그리하여 그 논쟁의 해결은 조화되거나 타
협될 성질은 전혀 아니었다.

다만 우리는 이 같은 논쟁의 개요와 그 성격을 살펴봄으로써 당시
그 분규에 깔려 있었던 배경과 문제 그리고 비구·대처 간의 갈등의 초
점을 이해할 수 있었다. 그리고 그 분규에 대한 당시 사회에서 분규를
바라보는 인식의 단면을 점검할 수 있었다.

이 같은 전후사정하에서 나타난 조지훈과 이청담의 분규에 대한 논
쟁을 통하여 1954~1970년에 벌어진 불교계 분규, 태고종 등장으로 이어
진 불교계의 정황을 보다 본질적으로 바라볼 수 있는 단서를 얻을 수
있었다.

Ⅳ. 결 어

지금까지 1963년 8~9월 『동아일보』 지상을 통하야 전개된 조지훈과

---

18) 그런데 이청담의 발언에는 아이러너라고 할 수 있는 사실이 있다. 즉, 비
   구·대처의 갈등이 지속되고 세속의 법을 통한 정당성 확보 노력이 진행되
   던 때인 1969년 12월 10일 비구측 대표 이청담과 대처측 대표인 박대륜이
   분규 해소를 위한 대화를 가졌다. 당시 그들의 대화 요체는 승려를 이판승
   과 사판승으로 구분·인정하여 분쟁을 종식시키는 방안을 토의하였다. 또한
   수도한 승려인 이판승의 상원과 관리·행정하는 사판승의 하원으로 종회를
   구성하겠다는 파격적인 논의였던 것이다. 이 같은 방안은 본고찰에서 살펴
   본 조지훈의 의견과 유사한 것이다. 이를 어떻게 이해하여야 하는가? 이러
   한 점은 보다 다양한 검토하에서 접근하여야 하겠지만 우리가 유의할 사항
   임은 분명하고 하겠다. 『대한불교』 1969.12.14, 「靑潭·大輪 兩大宗師頂相會
   談」.

이청담의 불교계 분규에 대한 논쟁의 개요와 성격을 정리하여 보았다. 이제 그 내용을 요약하는 것을 맺는 말에 대하고자 한다.

1962년 4월 출범한 통합종단은 대처측의 이의 제기와 이탈로 인하여 1963년 경에 이르러서는 통합종단의 위상을 지킬 수 없었다. 이는 곧 비구·대처간의 분규가 더욱 심화되었음을 말하는 것이다. 이에 그 분규는 사회의 문제로 또 다시 대두되는 형편이었다. 조지훈의 분규에 대한 의견 개진은 바로 이러한 즈음에 가시화되었다.

조지훈의 기고 목적은 그가 동아일보 1963년 8월 12일자에 기고한 최초의 글의 제목을 '한국불교를 살리는 길'이라고 하였으며, 그 부제를 '종단분규 해결'이라고 한 바에서 극명하게 나타났다. 그는 당시 사회문제가 되었던 불교 분규의 해결을 통하여 한국불교를 살려야 하겠다는 의식이 있었던 것이다. 그는 이 같은 목적하에서 당시 분규가 이미 불교계 자체가 스스로 해결할 수 없는 지경으로 전락되었다고 보면서 비구·대처측의 양보와 문제 해결에 관여된 문교부의 성의있는 조정으로 풀어야 한다고 보았다.

그런데 그 분규 이면에는 비구·대처측의 아집과 독선이 깔려 있었고, 그 초점에는 승려의 자격 문제가 자리잡고 있었으며, 비구·대처 양측의 그 해결방안에는 모두 한계가 있다고 보았다. 더욱이 비구·대처 양측에는 그 문제의 해결뿐만 아니라 성직자로서도 일정한 한계를 갖고 있었다고 이해하였다. 이에 그는 분규의 해소책을 기본적으로 '정화'와 '통합'이라는 구도하에서 해결하고자 하였다. 이는 곧 비구·대처승의 공생과 존립을 말하는 것이다.

이에 대한 이청담의 주장은 즉각적인 반론으로 제기되었다. 그는 조지훈의 견해가 불교를 위한 충정에 대해서는 감사의 뜻을 표하면서도 전반적인 그의 입론은 완전 부정하였다. 그는 당시 분규를 '法戰'으로 인식하면서 대처측의 논리는 전혀 인정할 수 없는 변칙이기에 그를 수용한 바탕하에서 나온 조지훈의 견해는 아집으로 보았다. 나아가서 불

교는 승단 중심의 단체임을 거듭 천명하였다. 또한 그는 종교집단내의
문제 해결은 正邪를 구분하는 길이 첩경이지, 타협과 양보는 적절치 않
다고 지적하였다.

이같은 이청담의 주장은 조지훈의 의견을 일고할 것도 없다는 단호
함이었다. 이에 조지훈은 그의 의견을 거듭 주장하면서 이청담의 입론
을 반박하는 글을 다시 기고하였다. 그는 그의 주장을 전혀 고려치 않
는 것에 대한 아쉬움에 대한 '서글픔'을 표하면서 이청담의 주장을 감
정적인 흥분으로 보았다. 그리고 이청담의 주장이 아집과 선입견에서
나온 것으로 보고, 나아가서는 분규의 저변에는 불교의 재산을 둘러싼
갈등이 개재되었음을 언급하였다. 그리고 그는 승려의 대처문제가 단지
일제시대에만 국한된 것이 아니고『삼국유사』광덕조에도 나오는 것과
같이 시대의 문제가 아니라 수행의 본질과 유관한 것임을 강조하였다.
또한 그는 불교계가 분규가 있어 사회에서 우려를 하고 있으며, 자신도
그 우려의 일단으로서 의견 개진을 한 것이라고 하였다. 즉 자신의 의
견을 고려치 않으려면 우선 분규를 스스로 해소하라는 주장을 개진하였
다.

이에 대한 이청담은 주장은 한발 더 나아가 조지훈의 주장을 '山僧에
게 시비를 거는' 것으로 단정하였다. 그는 조지훈이 주장을 기고한 배경
을 의아해하면서 승단의 구성문제로 그를 답하였다. 승단은 기본적으로
비구·비구니 중심이기에 재가자가 승단의 본질까지 언급한 자체에 문
제가 있다고 보았다. 이런 이해하에 조지훈이 언급한 사찰재산의 문제
는 승단 수호를 위한 차원에서는 당연한 것이라고 강변하였다. 더욱이
그는 그 당시 불교계 정황을 통합종단이 완성된 단계로 보면서 이제는
불교발전을 위한 길로 나가야 할 때임을 강조하였다.

조지훈과 이청담의 이같은 논쟁은 각 2회씩 총 4회로 종료되었다. 그
러나 이 논쟁은 논쟁 당사자가 처한 입장, 당시 불교계에 대한 이해의
인식, 문제 해결 방법에 대한 상이성 등이 이질적이기에 상호 조화될

수 있는 것은 애당초 아니었다. 그러나 우리는 이 논쟁의 경과와 그 내용을 살펴봄으로써 당시 불교 분규에 대한 본질에 한발 나아갈 수 있는 징검다리를 얻은 셈이 되었다. 이 같은 논쟁이 있었던 그 자체에서 이미 당시 분규의 해결이 양보와 타협이라는 정상적인 방법으로 해결될 성질은 전혀 아니었음을 새삼 파악할 수 있었다. 여기에서 이 분규 논쟁에 나타난 양상의 본질을 더욱 구체적으로 살펴보고 그에 관련된 정황과 함께 분규 당사자들의 사상, 현실인식 등을 종합적으로 살필 필요성이 더욱 요청된다. 이러한 접근을 통하여 분규의 본질이 더욱 확연하게 드러날 것이다. 이같은 문제의식을 통한 분규의 종합적인 연구는 필자의 후일 연구 주제로 남겨두고자 한다.

일본외무성 외교사료관 소장

《不逞團關係雜件 朝鮮人ノ部 新聞雜誌》

李 相 一*

1. 머리말

해외 독립운동의 일환으로 기여했던 해외의 신문·잡지들은 1905년
이후부터 교포사회에서 꾸준히 발행되어 오다가 3·1운동을 계기로 중
국·만주·노령 연해주·미주 등지에서 여러 종류의 신문들이 창간되었
다. 그러나 이들 지역에서 간행된 신문 잡지와 언론운동에 관한 연구는
지극히 미미한 수준이다. 그것은 이들 신문·잡지 가운데 실물이 남아
있는 것이 적을 뿐만 아니라 전체적인 실상과 규모조차 거의 파악되어
있지 않기 때문일 것이다.

그런데 일본외무성 외교사료관에는 해외 독립운동단체 및 교민사회에
서 발행한 신문과 잡지에 관한 중요한 자료가 소장되어 있다. 분류번호
4門-3類-2項-2-1-1, 件名 『不逞團關係雜件 朝鮮人ノ部 新聞雜誌』로 편철
된 이 문서파일은 총 6책(약 6,000여쪽)으로 구성되어 있는데, 시기별로
는 1907년부터 1926년까지 포괄하고 있으나 주로 1919년 이후 자료가
집중적으로 들어 있다.

---

* 國史編纂委員會

본고에서는 이들 자료 가운데 그 동안 간행사실조차 알려지지 않은 신문과 題號만 알려져 있는 신문에 관한 정보자료만을 발췌하여 정리·소개하고자 한다. 자료의 형태는 일제가 밀정들을 통하여 입수한 신문 원본이 첨부자료로 원형대로 포함되어 있는 것과 일제 정보기관이 불온 기사라고 판단한 기사를 日譯하여 보고한 형태로 나뉘어져 있는데 편의상 이를 구분하여 각 권별 수록자료 현황을 소개하고자 한다.

2. 권별 수록자료 현황

1) 卷1(1907년~1919년)

(1)<韓人別報> 4호(1919. 5. 3)부터 18호(1919. 5. 29) 원본 수록. 발행지 호놀루루.

(2)<독립신보> 1호(1919. 3. 28), 4호(1919. 4. 3), 5호(1919. 4. 5), 6호(1919. 4. 8), 8호(1919. 4. 9), 9호(1919. 4. 10), 10호(1919. 4. 11) 원본 수록.

<독립신보>는 1919년 3월 28일 상해 프랑스조계에서 발행되었다. 한자일간신문. 등사판. 주필은 金弘敍, 白南翊·裵東宣·李光洙·金聲根이 주필보조로서 집필을 담당하였다(機密 第41號 大正8年 4月 17日 鮮人發刊ノ新聞ニ關スル件).

(3)<미국에있는한국학생보(The Korean Students' Review> Vol.1 No.2(1914년 12월 발행) 원본 수록. 발행인은 The Korean Students' Alliance U.S.A(2153 N St., Lincoln, Nebraska). 1년 2회 발행(6월, 12월).

(4)<하와이한인쥬보(荷哇伊韓人週報)> 14호(1915. 6. 21) 원본 수록. 주필 이승만, 편집 홍한식. 발행소는 Punchbowl St. Honolulu Hawaii.

(5)<韓人新報> 창간호(1917. 7. 8) 원본 수록.

편집겸 주필 아크 한. 인쇄인 주용운. 발행소 해삼항 신한촌 니꼴리쓰카야 울리체 21호.

2) 卷2(1919년 9월~1921년 3월)

(1)<國民聲> 3호(1919. 4. 3), 4호(1919. 4. 19), 5호(1919. 4. 27), 6호(1919. 5. 4), 7호(1919. 5. 11), 8호(1919. 5. 18), 9호(1919. 5. 25), 11호(1919. 6. 8), 12호(1919. 6. 15) 원본 수록.

창간은 1919년 4월 2일. 일주 일회 발행. 발행자 한족연합회. 발행지 니꼴라에프스크 개척리.

(2)<新大韓> 창간호(1919. 10. 28), 17호(1920. 1. 20), 18호(1920. 1. 23) 원본 수록. 발행소 신대한신문사.

(3)<自由報> 창간호(1920. 9. 12), 2호(1920. 9. 26), 3호(1920. 10. 3), 4호(1920. 10. 17), 6호(1920. 11. 12), 7호(1920. 11. 21), 8호(1920. 11. 28), 10호(1921. 2. 20), 11호(1921. 3. 1), 13호(1921. 3. 22 : 13호는 권4에 수록되어 있음) 원본 수록.

발행겸 편집인 자유보사. 발행자 블라고베센스크 한족연합회.

(4)<韓族新報> 46호(1919. 10. 20) 원본 수록. 발행지 海龍.

(5)<신국보> 21호(1919. 6. 30) 원본 수록. 발행지 琿春. 편집자겸 발행인 砲山劍客.

(6)<신한공화보> 17호(1919. 8. 16) 원본 수록. 발행지 琿春. 창간일 1919년 5월 12일.

(7)<新世界(새세계)> 13호(1920. 11. 10), 14호(1920. 11.20) 원본 수록.

창간일 1920년 6월 11일. 보름에 세 번 간행. 발행자는 한인공산당흑룡주연합회

3) 卷3(1922년 5월~1926년 1월)

(1)<通信報> 제2호(10월호)(1923년 10월 20일 발행) 원본 수록.

발행지 芝罘 萊陽. 주간 朴尙純. 기독교 잡지.

(2)<農報> 30호(1926. 1) 기사 중 "재만농촌 개척에 관하여", "극단적으로 본 재만동포의 현상", 32호(1926. 1. 11) 기사 중 "경험상으로 본 우리의 독립운동"의 일역 기사 수록.

중국 吉林省 盤石縣에 근거를 두고 있는 韓族勞動黨의 기관지.

(3)<新進少年> 2호(1926. 1. 21) 기사 중 "ピオネル운동에 관하여" 일역 기사 수록. 유산계급자와 그를 옹호하는 군대, 경찰을 박멸하기 위하여 궐기하자는 내용.

발행지 길림성 집안현. 창간일 1926년 1월 7일.

(4)<導報(압잡이)>

창간호(1925. 3. 1) 기사 중 "창간사"(元世勳), "3.1절기념사"(朴建秉), "러일조약의 비판"(원세훈)의 일역 기사 수록. 제22호(1925. 10. 1) 기사 중 "독립운동에 유용한 인재를 교양함에 대하여"(사설), "노령이주동포의 현상(속)"(黃一山), "혁명운동상 조직의 여하"(孟泉), "일본망국의 조짐은 어찌 그리 많은가"의 일역 기사 수록. 28호(1926. 3. 1) 기사 중 "제8회 3.1절을 맞이하여"(사설), "본보창간 1주년을 맞이하여", "이날에 대한 兩大 感想", "急擧하라" 등의 일역 기사 수록.

<導報(압잡이)>는 1925년 3월 1일 창간되었다. 발행지 · 발행소는 북경 韓僑同志會. 발행인은 元世勳(별명: 朱啓勳). 이 신문은 원래 일간지로 발간하려고 했으나 자금사정상 제2호부터 주간, 순간, 월간의 형식으로 계속 발간되었다. 창간 당시의 인쇄부수는 500부였는데 이 중 상당수의 양이 해외에까지 배부되었다. 즉, 100부는 북경지역의 유지들에게 배부되고, 그 나머지는 노령지방의 尹海 앞으로 100부, 서북간도지방의 申肅과 金東三 앞으로 100부, 일본과 조선에 100부(일본지역은 동경유학

생회와 동경선인청년회 앞으로, 조선은 개벽사, 동아일보사, 시대일보사, 조선일보사 앞으로), 하와이지역과 상해지역에 각 50부씩 배부되었다(高警 제939호, 대정14년 3월 17일 在北京不逞鮮人ノ不穩新聞 '導報'發行ニ 關スル件).

4) 卷3 別冊(1922년 6월~1924년)

(1)<自衛會報> 제5호(1922. 10. 31) 원본 수록. 발행소 블라디보스톡 新韓村 自衛會.

(2)<붉은긔(赤旗)> 제1호(1922. 8. 19), 제2호(1922. 8. 27), 제3호(1922. 9. 10) 원본 수록.

발행소 러시아공산당연해주연합회내 고려부출판계.

5) 卷4(1925년~1926년)

(1)<新生活> 호수 미상(1923. 7. 15) 원본 수록.

(2)<大震> 4호(1925. 9. 1) 기사 중 "국제청년의 날을 맞이하여", "역사적으로 필요한 신사회건설과 계급적 각오", 5호(1925. 11. 1) 기사 중 "러시아혁명 8주년기념일에 즈음하여"의 일역 기사 수록.

<大震>은 중국 寧安縣寧古塔에 있던 大震靑年會의 기관지이다(高警第4467號 大正14年 12月 16日 不穩雜誌 대진(大震)ノ記事ニ關スル件).

(3)<同友> 제5호(1925. 1. 25) 61쪽 잡지(월간지)원본 수록.

<同友>는 1924년 2월 중국 길림성에서 조직된 同友會의 기관지로서 처음에는 <野鼓>라는 이름으로 발행되었으나 중간에 경영난으로 휴간하다가 1924년 10월부터 <同友>로 개제하고 朴起白이 주간을 맡았다. 동우회의 이사겸 사장은 梁起鐸, 이사는 孫貞道·吳德林·崔日·全以德·吳尙憲·高轄信·金定濟·金履大·白南俊·柳昌根·朴春·金靜觀·

承震·朴起白이었다. <同友> 제5호에는 同友社社則과 社友規定 등이 실려 있다(高警 第4579號 大正14年 12月 26日 不穩雜誌 同友ノ記事其他ニ關スル件).

6) 卷5(1925년 3월~1926년 9월)

(1)<新民報> 제11호(1925. 8. 1) 기사 중 "생활운동과 경제투쟁", "북만청년이여 단결하라", 제12호(1925. 8. 29) 기사 중 "제15회 국치일을 맞이하여", 제15호(1926. 6. 21) 기사 중 "재만청년에 호소함", 제16호(1926. 8. 1) 기사 중 "정의부 당국의 반성을 촉구함" 등의 일역 기사 수록.

新民府 기관지. 1925년 4월 1일 창간(高警 第3007號 大正14年 9月 2日 不穩新聞 新民報ノ記事ニ關スル件).

(2)<農民益報> 제13호(1926. 4. 1) 기사 중 "농민운동과 신사회건설" 일역 기사 수록.

<農民益報>는 寧安縣의 청년회가 연합하여 결성한 中東線靑年聯合會의 기관지로서 1924년 9월 창간호가 발행되었다. 주간지로 출발하였으나 재정형편상 1925년 9월까지 총 12호가 발행되었다. 이후 1926년 3월까지 재정이 어려워 발행을 중지하다가 1926년 4월 1일에 월간지의 형태로 속간되었다(朝保秘 第179號 大正15年 5月 19日 不穩新聞 '農民益報'ノ記事ニ關スル件).

(3)<농군> 창간호(1926. 6. 11) 일역 기사 수록.

北滿朝鮮人靑年總同盟機關紙.

(4)<學海> 창간호(1926. 8. 20) 원문 36쪽 수록.

길림성내 중국학교 재학중인 조선인학생들이 창간한 잡지로서 편집겸 발행인은 留吉學友會編輯部, 통신처는 吉林文光中學.

(5)<革命> 제8호(1925. 8. 1) 기사 중 "공산혁명과 피압박민족독립운

동", "노농러시아 교육시설 개관", 제9호(1925. 9. 1) 기사 중 "국치일을
기념함", "전국적 水災와 민중의 활로", 제11호(1925. 11. 1) 기사 중 "러
시아혁명과 조선혁명", 제12호(1925. 12. 1) 기사 중 "外地 사상계의 一
瞥", "일본무산운동에 대한 吾人의 태도", 제13호(1926. 1. 5) 기사 중
"중국혁명과 조선과의 관계", 제14호(1926. 1. 16) 기사 중 "조선 사회운
동의 분열과 통일", 16호(1926. 2. 16) 기사 중 "동삼성에 있어서 일본의
음모", 17호(1926. 3. 1) 기사 중 "제8회 3.1절", "3.1절에 대한 感言", "해
외 학생운동의 신경향", "조선의 양대 신법령", 18호(1926. 3. 16) 기사
중 "3.1기념식 인상기", 제21호(1926. 5. 1) 기사 중 "일본 공산계급운동
의 이대 조류에 관한 일고찰" 등의 일역 기사 수록.

<革命>은 1925년 1월 北京에서 金奉煥·金星淑·尹宗默·李民昌 등
에 의하여 창간되었다(高警 第2938號 大正14年 8月 26日 不穩新聞 '革
命' ノ記事ニ關スル件).

(6)<獨立精神> 창간호(1925. 12. 12)의 "창간선언" 일역 기사 수록. 발
행소 독립정신사. 통신처는 上海 法界 望志路 永吉里 26.

(7)<警鍾> 제3호(1925. 12. 18) 기사 중 "경무국의 불법행위" 일역 기
사 수록. 발행지는 상해.

(8)<華東學友> 창간호(1926. 3. 10) 기사 중 "과학자의 민족적 사명(주
요한)", "현하 조선청년의 건전한 발달을 이루기 위하여(李宰均)"의 일역
기사 수록. 華東韓國留學生聯合會機關誌.

(9)<渡頭> 제2호(1925. 12. 25) 기사 중 "사상혁명선언", 제3호(1926. 3.
25) 기사 중 "제8회 3.1절을 이렇게 맞이하고 싶다", "위기에 처한 조선
인의 경제적 파멸에서 본 혁명관"의 일역 기사 수록.

재북경조선인유학생회기관지. 창간은 1925년 11월 25일. 林有棟·李晚
秀·黃益洙·朴健秉·鄭遠 등이 집필자로 활동하였다(朝保秘 第74號 大
正15年 5月 11日 不穩雜誌 '渡頭' ノ記事ニ關スル件).

(10)<學軍> 제2호(1926. 2. 15) 기사 중 "먼저 사상상 일치로부터 조직

적 통일을 구하라" 일역 기사 수록. 재상해조선인유학생으로 조직된 留
滬韓人學友會機關紙.

(11)<血潮> 창간호(1926. 7. 15) 기사 중 "宣言" 일역 기사 수록.

발행지는 북경. 발행인은 元世勳·宋虎·黃一山. 신문 상단에 '고려에
서 강도왜적을 구축하고 사회주의공화국을 건설하자'는 표어가 실려 있
음(朝保秘 第803號 不穩新聞 '血潮'ニ關スル件).

(12)<女子解放> 창간호(1926. 3. 8) 기사 중 "국제부인의 날과 한국여
자운동", 제2호(1926. 5. 1) 기사 중 "한국혁명여자회선언서", "한국여자
운동"의 일역 기사 수록.

(13)<高共靑通信> 제3호 기사 중 "共靑會員의 임무" 일역 기사 수록.
북만고려공산당청년회 기관지. 발행주체 高麗共産靑年會總局滿洲部北滿
都幹部(高警 第3240號 大正14年 9月 15日 不穩文書 '高共靑通信'ニ關ス
ル件).

(14)<霹靂> 창간호(1925. 6. 21) 기사 중 "창간사", "霹靂의 임무", "중
국의 배외운동에 대하여"의 일역 기사 수록.

赤旗團 機關紙. 발행지는 天津法界. 발행겸편집인 金河球(高警 第2885
號 大正14年 8月 25日 不穩新聞'霹靂'ノ記事ニ關スル件).

(15)<鬪報(トトㅂㄴ)> 제2호 원본 4쪽 수록. 발행 天津法界鬪報社.

<鬪報>는 上海高麗共産黨中央總部首領인 金立이 암살당하기 전에 天
津 法租界에서 발간하던 공산주의 선전기관지 <曉鐘>을 金立이 죽은
후 南公善이 인계하여 <鬪報>로 改題한 것이라고 한다(機密 第165號 大
正11年 4月 26日 共産主義宣傳ニ關スル件).

(16)<高麗靑年> 제1호(1926. 3. 27) 기사 중 "本刊宣言" 일역 기사 수
록.

<高麗靑年>의 통신처는 北京郵務總局信箱31號 呂君瑞로 되어 있으나
이 신문은 北京 西郊 海甸에 蟄居하고 있던 安定根이 沈如秋에게 자금
을 지원하여 발간하였다고 함(朝保秘 第21號 大正15年 4月 28日 不穩新

聞 '高麗靑年'ノ發刊ニ關スル件).

　(17)<革新公報> 창간호(1922. 8. 10) 원본 4쪽 수록.

　발행소 天津佛租界 革新公報社.

　(18)<革命靑年> 제2호(1926. 8. 5) 기사 중 "혁명청년사강령", "3.1운동 이후 최초의 독립만세소리" 일역 기사 수록.

　<革命靑年>은 상해에서 崔昌植 등이 1926년 7월 창설한 革命靑年社 의 기관지로서 창간호는 7월 3일 발간되었다. 창간호 상단에는 "한국혁 명은 한국독립을 완수하기 위해 전세계 피압박민족과 피압박계급 해방 운동과 협력하라"는 표어가 실려 있다(朝保秘 第834號 大正15年 8月 16 日 不穩雜誌 '革命靑年'ニ關スル件).

맺음말

　한국근대사 관련자료의 寶庫라고 할 수 있는 일본외무성 외교사료관 에는 1910년 이전 자료뿐만 아니라 한국독립운동사와 관련된 귀중한 자 료가 풍부하게 보존되어 있다. 21세기 새로운 한국사연구를 위해서는 이제 이러한 자료들의 소재파악 작업에서 한 걸음 더 나아가 각처에 收 藏된 사료들을 발굴·수집하여 연구자들이 국내에서 쉽고, 빠르게 이용 할 수 있도록 편의를 제공해 주어야 할 것이다. 더 이상 연구자들에게 사료에 대한 갈증을 느끼게 하거나 수집 사료의 이용에 불편을 끼치고 제한을 가한다면 한국사의 새로운 천년은 새 지평을 열기는커녕 숫자상 의 천년에 불과할 것이다.

□ 자료소개

『新聞으로 본 韓國佛敎近現代史』I · II집 /각 상 · 하권

(선우도량 한국불교근현대사 연구회, 1995~1999)

이 경 순*

I

근현대불교사는 이제까지 학계의 주목을 받지 못하여온 분야였다. 기독교나 천도교에 비하여 연구자와 연구성과도 드물었을 뿐 아니라 종교사로서의 일반적 관심조차 미치지 못한 부문이었다. 이는 근현대불교사 연구에 대한 교단차원의 지원과 관심이 타 종교에 비해 미약했던 그간의 상황과도 관련 있으며 관계 자료의 절대부족이라는 객관적 이유에서 비롯된 것일 수 있다. 또한 만해 한용운 등 몇몇 개인을 제외하고는 불교가 근현대사 일반에서 그리 중요한 역할을 찾아볼 수 없다는 시각에서 기인한 것이라 볼 수 있다.

근현대불교사 연구에 있어서 이러한 문제들을 극복하기 위해서는 무엇보다 자료의 발굴과 체계적 정리가 선행되어야 할 것이다. 자료의 수집과 정리를 통해 치밀한 사실검증과 연구영역의 확대가 요구되고 있는

---

*선우도량 한국불교근현대사 연구회 간사

상황이다.

이제까지 근현대불교사와 관련하여 출간된 자료집은 1970년대 초반 삼보학회에서 펴낸『韓國佛教最近百年史』, 1996년 민족사가 발간한『韓國近現代佛教資料全集』등이 있었다. 이들은 일제시대 발간된 불교잡지를 위시한 각종 관계자료를 모은 자료집으로서 이 분야 연구기반 형성에 큰 역할을 해왔다.

본고에서 소개하는『신문으로 본 한국불교근현대사』는 선우도량 한국불교근현대사연구회에서 1995년과 1999년 2차례에 걸쳐 발간한 자료집이다. 한국불교근현대사연구회는 조계종 승가단체인 선우도량의 부설기관으로서 근현대불교사의 정리, 연구사업을 수행중인 기관이다. 이『신문으로 본 한국불교근현대사』는 근현대시기 전반에 걸친 新聞이라는 가장 기초적인 公刊자료를 발췌하여 엮었다는 데 큰 의의가 있다. 신문기사는 기자의 눈을 통하여 수집된 2차 자료이기는 하지만 당대 사회에서 불교의 위치를 확인할 수 있는 가장 기본적이며 구체적인 자료가 될 수 있다. 이 자료집이 근현대 불교사 연구에 대한 관심을 고양시키고 연구자의 확대와 연구수준의 심화를 위한 계기가 되길 기대한다.

Ⅱ

『신문으로 본 한국불교근현대사』Ⅰ·Ⅱ집은 신문에 수록된 불교관계 기사를 발췌하여 편집한 자료집이다. 1896년에서 1969년까지의 신문자료를 수록하였으며 발췌한 신문의 종수는 9종에 이른다. 그 자세한 내용은 아래표와 같다.

	『신문으 본 …』I (상 · 하)	『신문으 본 …』II (상 · 하)
신문종류	동아 · 조선 · 경향신문	독립 · 제국 · 황성 · 대한매일 신보 · 매일신보 · 상해판 독립신문
시기	1920년~1969년(41년~45년 정간)	1896년~1945년
자료건수	2,803건	4,184건
총 페이지	1,439페이지	1,985페이지
발간년도	1995년	1999년

자료집 I은 동아 · 조선일보가 창간된 1920년에서 불교계 정화가 일단락된 1969년까지의 시기를 다루었다. 이에 비해 자료집 II는 독립신문이 창간된 1896년부터 매일신문이 종간된 1945년까지의 자료를 묶었다.

이 자료집에는 근현대 시기의 교단의 활동, 불교정책, 불교계 항일 자주화 운동, 일제말기의 불교계 친일, 당대 최고 지식이었던 불교지식인의 논설, 해방 후 교단의 갈등, 정화의 전과정 등 근현대불교사의 주된 흐름들이 담겨 있다. 또한 당시 일반 사찰의 현황과 불교 풍속, 승려의 생활사가 생생히 드러나 있다.

자료집 I에는 일제시대 불교계 상황과 해방이후 불교정화의 과정을 살필 수 있는 기사가 많은 분량을 차지하고 있다. 일제시대 민족지였던 동아 · 조선일보에 실린 불교관계 기사는 조선불교의 왜색화 과정과 함께 불교의 자주화와 개혁을 위해 활동했던 당시 불교 청년들의 활동을 살필 수 있는 내용이다. 또한 1954년 본격화된 불교정화의 전과정이 상세히 수록되었다. 불교정화에 관한 자료발굴과 수집이 전무한 상태에서 이 자료집은 이 분야 연구에 중요한 역할을 할 것으로 기대된다.

자료집 II는 대한제국시기의 한국불교의 상황과 일본불교 각 종파의 국내 활동 등 이제까지 자료의 부족으로 연구가 진척되지 못했던 이 시기 불교사 연구에 중요한 자료를 제공하고 있다. 특히 근대 최초의 종

538

단 설립 시도라 할 수 있는 圓宗의 종무원 취지서라든가 1907년 불교계의 국채보상운동, 학교설립운동 등에 대한 기사는 새로운 자료로서 주목할 수 있을 것이다. 또한 일제시대의 신문자료로서 이 자료집의 대부분을 차지하고 있는 매일신보 기사는 당시 총독부의 불교정책과 그에 대응하는 조선불교계의 상황을 심층적으로 보여준다.

자료집의 편집은 자료집 I과 II가 다른 체제를 취하고 있다. 자료집 I은 불교관계 기사를 발췌하여 주제에 맞게 재편집하였는데 비해 자료집 II는 기사의 내용과 상관없이 연대순으로 엮었다.

자료집 I과 II의 차례는 다음과 같다.

『신문으로 본 한국불교근현대사』I 의 차례
제 1 부 교단
　제1장 조선불교의 동요와 왜색화
　제2장 조선불교 자주화 운동
　제3장 조선불교 중앙종무원 설치
　제4장 왜색불교의 청산과 정화운동
제 2 부 각종 행사와 단체 활동
　제1장 단체활동
　제2장 강연회
　제3장 행사
제 3 부 포교당
제 4 부 불교일반
　제1장 사건기사 및 일반기사
　제2장 일반기사
　제3장 기고문
　제4장 해외
제 5 부 불교 문화재 및 사찰 탐방
　제1장 불교 문화재
　제2장 국보 순례

제3장 건축 순례
제4장 사상의 고향
제5장 사찰 탐방

『신문으로 본 한국불교근현대사』 II의 차례
제 1 부 일본 불교의 국내 활동과 조선불교계(1896~1909)
제 2 부 총독부 불교 정책과 조선불교의 왜색화(1910~1918)
제 3 부 일제 문화정치하의 조선불교계 활동(1919~1930)
제 4 부 전시총동원령과 불교계의 친일(1931~1945)

위와 같이 자료집 I은 주제별 편집으로 근현대불교사의 개설에 걸맞는 편제를 갖추었었다. 그러나 4년 후 발간된 자료집 II는 연대순 편집을 택하게 되었다. 그 주된 이유는 4천여 건이 넘는 방대한 기사를 하나하나 분류, 편집할만한 판단력과 역량이 엮은이에게 부족하였기 때문이었다. 그러나 동질적인 주제의 기사들이 주제별 분류라는 원칙하에 분산되어 일관적 이해가 어려웠던 자료집 I에 비하여 일관적이고 순차적 이해에는 도움을 줄 것으로 생각된다.

이 자료집은 많은 한계점 또한 갖고 있다. 주요 신문들을 참고하였지만 당시 발행된 신문 전체를 다루지는 못하였다. 그리고 여러 차례의 검색 작업에도 불구하고 누락된 기사가 적지 않을 것이다. 또한 현재 도서관에 소장된 영인본을 검색하였기 때문에 창간에서 종간까지 전체 기사를 빠짐없이 검색하였다고는 할 수 없다. 제국신문의 경우 여러 문제로 인해 창간에서 1901까지의 기사만이 수록되었다. 이외에도 자료집 I과 II의 체제가 일관되지 않은 편집상의 문제도 지적할 수 있을 것이다.

그러나 위와 같은 한계에도 불구하고 이 자료집은 1896년에서 1969년에 이르는 근현대의 주요 신문자료를 집성하였다는 큰 의의를 부정할 수 없다. 이 자료집이 많은 이들에게 활용될 수 있기를 바라며 근현대 불교사 연구의 활력소가 되길 기대한다.

<서평>

만주지역 민족운동의 새로운 이해
—황민호, 『재만한인사회와 민족운동』, 국학자료원, 1998

장 세 윤*

1

일제 강점기 우리민족의 민족해방운동은[1] 국내는 물론 해외 각지에서 매우 치열하게 지속적으로 전개되었다. 특히 중국동북지역(만주)은 국내와 가깝고 다수의 한인 교민이 거주하고 있다는 이점이 있었기 때문에 해외 민족해방운동의 주요한 근거지가 되었다. 따라서 이곳에서는 한인 교민들을 기반으로 한 다양한 민족해방운동이 폭넓게 전개되었다고 할 수 있다. 이러한 현실을 반영하여 중국동북지역의 한인 민족해방운동에 대한 연구는 이제 상당한 진전을 보게 되었다. 그러나 아직까지도 적지 않은 미해결 과제가 남아 있다고 해도 지나친 말은 아닐 것이

---

* 독립기념관 한국독립운동사 연구소 연구원
1) 필자는 '독립운동'이란 용어 대신 '민족해방운동'이란 용어를 써야 중국동북지역(만주)에서 치열하게 전개된 우리민족의 反帝·反封建투쟁 등 민족운동을 모두 포용할 수 있다고 간주한다. 또 '민족운동'이란 개념은 위의 양자를 아우를 수 있는 포괄적 개념이지만, 그 범주가 넓기 때문에 경우에 따라 상이한 개념으로 해석될 소지가 있다고 본다. 특히 이러한 경향은 만주지역의 특수성을 고려할 때 더욱 두드러진다고 하겠다.

다.

그런데 중국동북지역에 대한 일련의 연구를 진행하고 있던 황민호 선생이 최근 주목되는 저서를 내놓았다. 황민호 선생은 소장 연구자로 는 드물게 중국동북지역 한인 민족해방운동에 관심을 갖고 꾸준히 연구 업적을 발표해 왔다. 황선생은 숭실대학교 대학원에서 박사학위를 취득 하고 동 대학 및 신구대학 등지에 출강하고 있는 신진 사학자이다. 이 번에 발간된 책은 저자의 박사학위 논문을 약간 수정한 것으로 알고 있 다.

근래 경제위기가 심화되고 사회 분위기가 변화하면서 종종 '인문학의 위기'가 언급되곤 한다. 인문학 주요 분야의 하나인 한국학, 나아가 한 국사 연구자들에게 곤혹스러운 이러한 경향은 분명 한국사 연구자 자신 들의 분발과 새로운 각오를 촉구하고 있다 하겠다. 이같은 현상은 한국 사 연구 분야 가운데도 비교적 연구조건이 까다로운 것으로 알려진 중 국동북지역 운동사의 경우도 마찬가지라고 할 수 있다. 말하자면 젊은 연구자들이 자신의 전공분야, 특히 평생의 연구주제로 선택하기가 쉽지 않다는 사실이다. 이런 상황에서 일제강점기 중국동북지역 운동사 분야 를 전공하는 사람은 지금도 손으로 꼽을 정도로 소수인 것으로 알고 있 다.

때문에 필자는 황민호 선생에게 같은 시기, 같은 지역 전공자로서의 반가움을 느끼면서 또한 나름대로의 고충과 애로 등을 충분히 공감하고 있다. 이에 황선생의 역저『재만한인사회와 민족운동』에 대한 나름대로 의 견해를 개진해 보기로 한다.

2

지은이는 맨 앞의 '책을 내면서'에서 "민족유일당운동의 전개과정과 운동이 결렬된 이후에 주목하여, 민족진영과 공산진영이 전혀 다른 운동노선을 수용하게 되는 과정과 원인에 관한 양측의 입장을 보다 구체적으로 재구성해 봄으로써 1920년대 후반 이후의 만주지역 민족운동사에 대한 이해의 폭을 넓히고자 하였다"라고 이 주제 연구의 목적과 의의를 밝혔다. 따라서 우리는 이를 통해 이 책의 간행동기와 연구의 목적을 자연스럽게 알 수 있게 된다.

이 책은 모두 279쪽으로 모두 7장으로 구성되어 있다. 본문 뒤에는 참고문헌과 색인이 있고, 맨 뒤에 간도(중국 연변) 지역 참고지도 두장을 첨부하고 있다. 이 책의 목차와 서술 분량을 소개하면 다음과 같다.

제1장 서론 15쪽
제2장 韓人 농가의 경제 상황과 중국 當局의 정책변화 32쪽
  1. 한인 농가의 경제상황
  2. 중국 당국의 韓人驅逐政策 실시 원인과 실태
제3장 만주지역 민족유일당 운동 41쪽
  1. 민족유일당 운동의 배경
  2. 민족유일당운동의 전개과정
  3. 민족유일당운동에 대한 좌·우익진영의 입장
제4장 한국독립당의 항일민족운동 36쪽
  1. 한국독립당 성립 이전 민족진영의 동향
  2. 항일민족운동의 전개
제5장 國民府의 항일민족운동 42쪽
  1. 국민부의 한인공산주의운동에 대한 대응
  2. 항일무장투쟁의 전개
  3. 조선혁명군의 중국공산당 세력과의 제휴
제6장 한인 공산주의자들의 노선전환과 간도봉기 66쪽
  1. 만주문제에 대한 공산진영의 인식변화
  2. 한인 공산주의자들의 운동노선 전환
  3. 간도봉기의 전개
제7장 결론 18쪽

위에서 보듯 가장 많은 서술분량을 차지하고 있는 부분은 제6장 '한인 공산주의자들의 노선전환과 간도봉기'이다. 때문에 지은이의 주된 관심이 이 부분에 집중되고 있음을 알 수 있다. 제1장은 만주지역 민족운동의 배경이 되는 부분이기 때문에 가장 적은 서술분량을 차지하고 있음은 당연하다고 하겠다. 나머지 3·4·5장은 대체로 비슷한 서술분량이다.

지은이는 서론에서 주로 1920년대 후반과 30년대 초반 경 만주지역에서 전개된 한인 민족운동을 '민족진영'과 '공산진영'으로 대별하여 고찰코자 하였다. 그는 여기에서 기존의 견해들이 가지는 문제점을 지적함으로써 이 시기 만주지역 민족운동의 변화 추이와 각 운동이 가지는 민족운동적 성격에 대해 보다 구체적으로 검토해보고자 한다고 연구의 의도를 밝혔다. 그러나 '민족운동'의 개념은 물론, 민족진영과 공산진영의 분류 기준이나 용어해설, 개념규정 등에 대해서는 구체적 언급이 없다.

제2장은 1920년대 후반 이후 在滿韓人 농가의 경제적 상황이 악화되어가는 과정 및 중국 군벌정권 당국의 한인 구축정책 실시 원인과 그 실태를 살펴보았다. 지은이의 연구에 따르면 이 시기 재만한인 농가의 경제적 상황은 중국인 지주와 당국의 논농사에 관한 관심이 고조되고, 중국 關內의 가난한 중국인들이 급격히 만주로 이주해오면서 크게 악화되었다고 한다. 또한 일본측의 만주 침략정책에 한인들이 이용되고 있다고 판단한 중국동북 군벌정권은 이제 노골적으로 한인들을 탄압하고 몰아내기 위한 각종 구축정책을 실시하게 되었다고 한다. 이러한 여러 가지 어려움에 직면한 한인사회는 난관을 타개하기 위해 적절한 대응책을 모색하게 되었다. 그 결과 '민족진영'과 '공산진영'은 민족유일당운동을 통해 大黨을 결성하고, 그 단결된 역량을 바탕으로 한인 사회의 안정을 도모함과 동시에 적극적 항일투쟁을 전개하고자 했다는 것이다.

제3장은 1920년대 후반 만주지역에서 전개된 민족유일당운동의 배경

과 전개과정, 그리고 이에 대한 '좌·우익진영'의 입장을 고찰하였다. 만주지역의 민족유일당운동은 국내와 중국 등지에서 대두한 민족협동전선론의 영향을 많이 받았고, 공산진영 세력이 확산되는 가운데 中·日의 탄압이 강화되면서 본격화 했다고 한다. 그러나 이 운동은 본래의 취지와는 달리 민족진영에서는 團體本位조직론을, 그리고 공산진영에서는 個人本位조직론을 주장하면서 결국 실패하고 말았다. 그러나 항일투쟁을 강화하기 위한 군사운동의 전개라는 측면에서는 양 진영이 일치했다고 한다. 민족유일당운동에서 이탈한 공산진영은 1920년대 말에 이르면 농민폭동의 전개를 중심으로 계급대립을 강조하는 급진적 노선으로 전환하게 되었다. 따라서 유일당운동은 소기의 목적을 달성치 못했다고 평가한다.

제4장에서는 민족유일당운동이 결렬된 후 北滿洲 지역을 중심으로 활동하던 민족진영 세력이 1930년 7월 한국독립당을 결성하는 과정과 그 특징, 그리고 '만주사변' 이후 한국독립당·군의 '항일민족운동'에 대해 살펴보았다.

한국독립당은 사실상 革新議會 주도세력에 의해 결성되었고, 혁신의회에서 추진하던 합법적 자치운동은 형태를 달리하여 한국독립당에 계승되었다. 그 내용은 중국 당국과의 교섭, 즉 그들과 우호적 관계를 유지함으로써 재만한인 문제를 해결하려 한 것이었다. 한국독립당은 이를 기반으로 하여 재만한인들의 산업 및 교육, 생활안정 등을 달성하려 했던 것이다. 그러나 이러한 목표는 1931년 9월 일제의 침략으로 야기된 '만주사변'의 발발로 어려워졌다. 대신 이를 계기로 민족진영의 대동단결을 통한 항일전선의 단일화 노력 및 중국항일군과의 연합작전으로 상당한 성과를 거둘 수 있었다고 한다.

제5장은 1930년대 전반기 국민부의 항일민족운동을 한인공산주의운동에 대한 대응 및 항일무장투쟁의 전개, 조선혁명군의 중국공산당 세력과의 제휴라는 세부분으로 나누어 분석하였다.

국민부는 조직 결성 직후부터 한인 공산주의자들에 의한 反국민부운동과 국민부내 일부 간부 들의 좌경화 현상이라는 어려움에 직면해 있었다. 이에 따라 국민부 주도층은 한인 공산주의자들과 강력한 투쟁을 전개하는 한편, 내부의 반대파에 대해서도 단호한 숙청작업을 강행하였다. 그 결과 국민부는 新賓縣 등 주요 근거지 일대를 중심으로 하여 1930년대 초반에는 반공적 성격이 두드러진 '민족진영' 조직으로서의 기반을 확립할 수 있었다고 평가하였다.

한편 조선혁명군에 대한 북한의 주장도 검토하였다. 지은이에 따르면 북한에서 한인 공산주의자들의 첫 무장조직이라고 주장하는 '조선혁명군'은 사실은 조선혁명군의 한 지부조직인 '조선혁명군 吉江省指揮部'에 해당한다고 한다. 그리고 이 조직의 성격도 공산주의 조직이기 보다는 오히려 민족주의 또는 공산주의도 아닌 중도적 성격의 조직, 즉 '제3세력'의 단체였다고 한다.

조선혁명군의 항일무장투쟁은 친일분자나 친일조직의 숙청, 국내 공작활동, 중국의용군과의 연합작전 등의 형태로 추진되었다. 지은이의 분석에 따르면 여러 항일투쟁세력과 연대를 모색하던 조선혁명군이 중국공산당 세력과 제휴를 모색하기 시작한 시기는 1933년 중반부터 이듬해 사이였다고 한다.

제6장은 한인 공산주의자들이 중국공산당 입당이라는 운동노선의 전환을 수용하게 된 배경과 1930년 간도봉기의 전개와 그 성격에 대해 살펴보았다.

지은이의 정리에 의하면 한인 공산주의자들이 중국공산당 입당이란 운동노선의 변화를 수용하게 된 중요한 원인은 만주를 횡단하는 中東路鐵道를 둘러싸고 1929년 7월경 소련과 만주군벌이 전쟁으로 치닫게 되는 상황이었다. 즉 이 사건을 계기로 코민테른에서는 한인공산주의자와 농민들에게 유격전의 전개와 농민폭동을 일으켜 만주군벌과 투쟁할 것을 강조했고, 중국공산당 역시 소련을 옹호하는 것은 공산주의자들의 국제적 임무라고 강조했다고 한다. 한인 공산주의자들 또한 소련의 입장을 지지하며 중국혁명이 성공하면 '조선'의 독립에도 유리한 영향을 미칠 것이라는 전망 하에 재만한인 농민이 중국혁명에 참여해야 한다고 인식했다는 것이다.

한인 공산주의자들의 중국공산당 입당과 운동노선의 전환은 각 파별로 상당한 차이가 있었지만, 결국 1930년 말경까지는 거의 완료되었다. 그러나 이 과정에서, 즉 1930년 5월부터 이듬해 3월까지 거의 1년 동안 간도지역을 중심으로 한인 공산주의자와 농민들의 일련의 민중봉기(간도봉기)가 간헐적으로 계속됨으로써 만주지역 한인 민족운동의 흐름에 중요한 변화가 초래되었다. 지은이는 이 간도봉기의 성격을 반일투쟁은 물론, 코민테른과 중국공산당의 이해가 동시에 반영된 것으로 보았다.

간도지역은 물론 중국동북지역에 커다란 반향을 불러일으킨 간도봉기는 처음에는 항일투쟁적 성격을 띠었다. 그러나 나중에는 중국인 지주나 봉건적 군벌정권의 하부조직에 대한 공격이 단행될 만큼 반봉건투쟁 또는 계급투쟁적 성격을 띠게 되었다. 이 때문에 중국 관헌의 엄중한 탄압을 자초한 면이 있었지만, 이후 국내 여러 단체 및 재만 한인사회의 적극적 대책마련, 그리고 중국 당국의 어느 정도의 협조가 이루어지면서 한인들은 차츰 안정을 되찾았다고 한다.

이상의 논의를 종합한 뒤에 지은이는 제7장 결론에서 결국 1920년대 후반 이후 재만한인 사회는 일제와 중국 당국의 탄압이 가중되는 상황에서 적극적 항일투쟁의 전개와 한인사회의 안정이라는 당면과제를 합리적으로 해결해야 하는 상황에 처해있었다고 진단한다. 이에 따라 각 운동 진영은 각자가 처해있는 상황과 운동노선에 따라 자신들의 운동과정에서 이같은 당면문제들을 해결코자 다양한 방법으로 노력했다고 주장한다.

지은이는 이러한 시각에 입각하여 위에서 언급한 여러 가지 노력들이야 말로 '만주사변' 이후 재만한인 사회가 강력한 항일무장투쟁을 전개할 수 있는 중요한 토대를 마련하는 것이었다고 평가하였다.

3

이상에서 대략 요약한 바와 같이 이 책은 1920년대 후반에서 30년대 초반에 이르기까지 재만한인 사회의 민족운동을 각 지역별로 한 사례를 추출하여 정리하고 있다. 즉 목차 구성을 보면 만주지역 전체(제3장 민족유일당운동), 北滿지역(제4장 한국독립당), 南滿지역(제5장 국민부), 東滿지역(제6장 간도봉기) 등으로 골고루 분산되어 있는 것이다. 이는 한인들이 집중되어있는 동만지역(북간도, 또는 연변지역)은 물론, 남만과 북만지역의 민족운동도 배려함으로써 만주지역 전체를 개관하려는 지은이의 의도로 풀이된다. 또한 이는 '재만한인사회와 민족운동'이란 책의 제목에 걸맞는 주제의 고찰이라고도 할 수 있다.

올해 10월 1일은 '중화인민공화국(중국)'의 건국 50주년이 되는 날이었다. 논자에 따라 약간의 차이는 있지만, 대체로 21세기에는 중국이 비약적 발전을 이룩하여 미국에 버금가는 초강대국으로 부상할 것이라는 전망이 나오고 있다. 또한 현재 중국에 거주하고있는 '조선족' 동포들은 대략 200여만에 달하는 것으로 알려지고 있다. 1992년 8월 한국과 중국이 국교를 수립한 이래 양국은 급속히 상호 협력과 유대를 강화해 왔고, 인적 교류도 가히 폭발적이라 할 만큼 확대되어 왔다. 물론 이런 예를 들지 않더라도 우리 자신의 민족적 정체성을 확인하는 연구작업 그 자체가 시급하다고 하지 않을 수 없다.

이러한 시점에서 중국동북지역의 한인 민족해방운동사를 연구하는 것은 적지 않은 의미와 '실용성'이 있다고 하겠다. 그러므로 근래 젊은 연구자에 의해 저술된 만주지역 운동사가 별로 없는 현재의 상황에서 이 책이 갖는 의의는 결코 과소평가될 수 없을 것이다.

이 책이 갖는 의의와 장점을 구체적으로 몇가지 나열해 보면 다음과
같다.

첫째, 그동안 기존의 연구자들이 발굴하지 못했던 국내의 각종 신문
과 잡지 등을 풍부히 조사하여 새로운 사실을 발굴하고 남다른 해석을
시도한 것은 중요한 의미가 있다고 하겠다. 즉 『時代日報』와 『中外日
報』, 『朝鮮中央日報』, 『朝鮮農民』, 『農民』, 『靑年』, 『時代評論』, 『彗星』,
『第一線』, 『批判』, 『新民』, 『東光』, 『別乾坤』, 『新民公論』, 『朝光』, 『開
闢』, 『現代評論』, 『新東亞』 등 국내에서 발간된 각종 신문과 잡지 등에
실린 만주관계 기사와 논문, 기고문 등을 취합하여 새롭게 정리한 사실
은 지은이의 보이지 않는 노력과 치열한 역사의식을 반영한 결과라고
해도 좋을 것이다. 대개의 경우 일본이나 중국측 자료를 인용하여 우리
민족의 운동사를 정리해왔던 사실에 비추어 보면 위의 자료들은 분명
주체적 시각을 확립하는 데 도움이 된다고 할 수 있다.

둘째, 동만과 남만, 북만, 그리고 만주지역 전체의 민족해방운동을 각
지역별로 나누어 하나의 운동사례를 고찰한 뒤, 추후 이를 종합하는 지
은이의 연구방식은 이 시기 재만한인 사회 전체의 흐름과 운동을 이해
할 수 있는 장점을 갖고 있다. 특히 1920년대 후반과 30년대 초반은 국
제정세의 격변과 함께 在滿韓人 사회의 민족해방운동도 다양한 변화 양
상을 보이고 있었다는 점에서 이러한 접근방식은 유용한 인식의 틀을
제공할 수 있다고 본다.

셋째, 지은이는 제6장 '한인공산주의자들의 노선전환과 간도봉기'에서
그동안 다른 연구자들이 미처 간파하지 못했던 '中東鐵道 사건'과 그를
둘러싼 소련 및 코민테른, 중국공산당 등의 입장, 그리고 그에 따른 한
인 공산주의자들의 노선전환과 인식의 변화 등을 새롭게 규명하였다.
이러한 사실은 중요한 연구사적 의의가 있다고 판단된다. 더욱이 한민
족의 민족해방운동을 거시적 시야에서 종합하고 다른 나라의 근현대사
와 비교·종합하는 폭넓은 고찰이 필요하다는 점에서 지은이의 이러한

고찰은 높이 평가할 만 하다고 하겠다.

마지막으로, 연구자들 대부분은 자신이 연구하는 주제에 대해서 깊이 천착·몰입하다 보면 은연중 거기에 빠져드는 경향이 있다. 즉 어떠한 역사적 사건이나 운동, 단체, 인물 등의 평가에 있어 무의식적으로 관찰자(연구자)의 주관적 감정이나 평가가 개입되기 쉽다는 것이다. 그러나 서평자가 보기에 지은이는 놀라우리만큼 냉정한 시각을 유지하며 위 책의 서술주제나 내용의 평가에서 일정한 거리를 유지하고 있는 것으로 보인다. 이는 지은이의 역사의식이 나름대로 충실하게 著書에 반영되고 있는 것이라고 할 수 있다. 아마도 이 사실은 서평자만의 판단이 아니더라도 이 책을 읽는 독자 여러분이 충분히 헤아릴 수 있으리라고 믿는다.

4

이 책은 이상에서 서술한 내용 이외에도 많은 장점과 독특한 내용을 담고 있다고 할 수 있다. 그러나 서평자가 보기에 약간의 문제가 있다고 생각되는 이견 몇가지를 밝히고자 한다.

우선 '민족운동'이나 '민족진영', '공산진영' 등에 대한 분명한 개념 규정이 있어야 할 것으로 본다. 서평자는 민족운동을 '민족해방운동'으로 규정해야 한다고 생각한다. 물론 학위논문이 아닌 단행본, 특히 일반 독자들을 대상으로 하는 책에서는 원론적 학술용어를 고집할 필요는 없다고 본다. 경우에 따라 민족운동으로 써도 좋을 것이다. 그러나 본서에서는 지은이가 민족운동을 어떻게 인식하고 어떠한 시각으로 평가하는지 분명한 근거와 기준, 개념이 미흡하다는 판단이 든다. 각주형식으로라도 자신의 의견을 밝혔어야 했을 것이다.

특히 '민족진영'이란 용어는 지은이의 서술 내용을 보면 '민족주의 계열(운동) 진영'이라고 판단된다. 따라서 서평자의 생각으로는 차라리 '민족주의 진영'이라고 표현하는 편이 나을 것이라고 본다. '공산진영'이란 용어는 '사회주의 또는 공산주의 계열(운동) 진영'이라고 쓰는 것이 좋을 것 같다.

둘째, 1920년대 후반과 30년대 초반 재만 한인 사회의 민족해방운동은 분명 좌익과 우익의 대립이 격화된 시기였다. 이는 국제적 추세를 반영한 결과였다. 그러나 周知하는 바와 같이 그 이전 시기와 이후 시기는 양 진영의 연대와 협력이 모색되던 시기였다. 따라서 이 시기의 민족해방운동을 고찰할 때 너무 兩端的으로, 二分法的으로 파악하지 않았나 판단된다. 그리고 양자의 대립과 충돌을 현상적으로 설명하다보니 그 배경이나 원인, 또 양측의 운동노선의 차이에 대해서는 설득력있는 설명이 부족한 느낌이다. 물론 이 부분은 충분한 자료로 뒷받침되어야 하기 때문에 어려운 문제이기는 하지만, 굳이 설명하자면 至難한 문제는 아닐 것이다.

조선공산당 만주총국의 활동도 파벌이 심했고, 민족주의 계열 운동 당사자들도 여러 가지 원인으로 갈등을 겪기도 한 것이 사실이다. 그러나 독자들을 대상으로 한 단행본의 경우 한민족의 민족해방운동에 대한 나름대로의 애정과 자긍심을 갖도록 그러한 사태가 초래된 원인이나 배경을 충분히 설명하는 여유가 필요하지 않을까 생각해 본다.

셋째, 제6장에서 재만한인들의 중국공산당 입당과 간도봉기의 주요한 배경의 하나로 저자가 지적한 '중동철도 사건'은 사실 이상으로 과장된 인식과 평가를 내리고 있다고 판단된다. 물론 이 부분은 서평자도 상당 부분 인정하고 있는 사실이기는 하지만, 한인 공산주의자들이나 한인 농민들의 입장과 절박한 생존조건, 그리고 자신들의 주체적 의지 등을 재만한인 민족해방운동의 원동력으로 간주해야 할 것이다. 물론 지은이가 이 부분을 무시하고 있다는 것은 아니다. 그러나 운동 당사자들의 주체적 투쟁의지가 더 주목되어야 한다는 점이다. 왜냐하면 중동철도 사건은 이미 1929년 7월에서 12월 사이에 종료되었고, 간도봉기는 이듬해 5월부터 1931년 초까지 전개되었기 때문이다.

넷째, 최근 중국동북지역에 대한 연구성과가 박사학위논문을 중심으로 몇편 나왔다.[2] 따라서 연구사 정리나 자료활용에 참고, 추후 내용을 보완해야 할 것이다. 또한 지은이와 학설이 다르다고 해서 연구사 정리에 소개하지 않는 것은 지양되어야 하겠다.[3]

마지막으로, 아주 사소한 부분이지만 土地商租權이나 商埠地, 中東鐵路 事件 등과 같은 용어는 처음 나올 때 각주 형식으로라도 설명해주어 일반 독자들이 읽을 때 불편함이 없도록 배려하는 자세가 필요할 것 같다.

이상 몇가지 평을 해보았다. 그러나 지은이의 이 책은 만주지역 한인 민족해방운동사에 대한 새로운 이해를 돕는 아주 유익한 책이라고 생각된다. 독자 여러분의 독서와 나름대로의 평가를 기대해 본다.

---

2) 윤휘탁, 『일제하 만주국의 치안숙정공작 연구』, 서강대, 1995.
　　신주백, 『만주지역 한인의 민족운동 연구(1925-40)』, 성균관대, 1996
　　장세윤, 『재만 조선혁명당의 민족해방운동 연구』, 성균관대, 1997.
　　임성모, 『만주국 협화회의 총력전 체제 구상 연구』, 연세대, 1998.
　　채영국, 『정의부 연구』, 인하대, 1998.
　　김성호, 『'민생단 사건' 연구』, 인하대, 1998.
　　박주신, 『간도지역 한국인의 민족교육에 관한 연구』, 인하대, 1998.
　　손춘일, 『일제의 재만한인에 대한 토지정책 연구』, 한국정신문화연구원, 1998.
　　김춘선, 『'북간도'지역 한인 사회의 형성 연구』, 국민대, 1999.
3) 신주백의 경우 지은이와 몇가지 주제나 사실에 대해서 견해가 다른 것으로 알고 있다.

북만주와 연해주 지역 항일전적지 탐방

박 환*

ㄱ. 북만주 신민부, 한족총연합회, 한국독립군의 역사현장

지난 7월 14일부터 7월 20일까지 광복회와 국가보훈처의 후원으로 약 일주일 동안 국가유공자 자녀들과 광복회 어르신들을 모시고 중국을 방문할 기회를 가졌다. 이번 여행은 특히 지금까지 한번도 여행해 보지 못한 돈화, 경박호, 동경성, 해림, 하얼빈 등 흑룡강성 지역의 항일유적과 발해의 유적 등이 포함되어 있어 더욱 필자의 마음을 설레게 하였다. 7월 14일 서울을 출발, 북경 그리고 연변조선족자치주의 주도인 연길을 방문한 이후 7월 16일 저녁 백두산 산기슭에 있는 천지 호텔에 투숙하였다.

7월 17일 오전 6시에 기상하여 백두산 천지로 향하였다. 몇번 다녀온 길이기는 하였지만 설레임은 예전이나 마찬가지였다. 주변에는 자작나무 숲이 우거져 있어 시베리아를 연상하게 하였다.

---

* 수원대학교 사학과 교수
**북만주와 연해주 지역 탐방 관련 사진은 박환교수의 홈페이지를 참조바람.
http://www1.suwon.ac.kr/~hwpark

산 밑에서 바라보는 산 정상은 구름이 잔뜩끼여 천지를 잘 볼 수 없을까 하는 두려움이 앞섰다. 지프를 타고 10여분 정도 올라가니 천지의 웅장한 모습을 볼 수 있었다. 날씨도 선선하고 덥지 않고 맑아 천지의 맑고 정다운 모습을 마음껏 호흡할 수 있었다.

천지에서 하산한 후 장백폭포로 향하였다. 장백폭포를 지나 천지로 걸어 올라가고 싶었으나 낙석관계로 일반인의 통행을 통제하고 있어 아쉬운 마음이 가시질 않았다.

우리일행은 발길을 돌려 돈화로 향하였다. 돈화는 과거 구춘선, 마진 등 항일 독립운동가들의 활동한 항일운동기지로서 뿐만 아니라 대조영이 발해를 건국한 동모산과 발해고분군이 있는 육정산이 있는 곳이라 더욱 기대가 되었다. 돈화로 가는 길에 우리 일행은 송강진에 들러 점심식사를 하였다. 이곳 송강은 해방이전에 항일운동의 전진기지였으며 안도현의 중심지였다. 그런데 해방이후에는 명월구진이 행정중심지로 되었다고 한다. 백두산 부근에 살고 있는 사람들은 명월구가 연길현과 가까이 위치하고 있어 자신들의 거주지로부터 멀어서 여러 가지 불편한 점이 많다고 토로하였다.

우리일행은 송강에서 점심을 먹고 비포장 산길을 따라 3시간 30분 정도 달리고서야 돈화에 도착할 수 있었다. 이곳 돈화에는 전체인구의 5%만이 조선족이었다. 원래 연변조선족자치주는 연길, 화룡, 왕청, 훈춘 등 4개현이었으나 중국의 소수민족정책과 관련하여 조선족이 별로 거주하지 않는 안도현과 돈화현이 자치주에 소속되었다고 한다. 이곳 돈화에서 1920년대 김좌진장군이 주중국청년동맹을 결성하였고, 김산·마진 등이 재만간민농우당을 조직하였었다. 이곳 돈화는 벌판이 많고, 농사를 주로 하는 지역이었다. 돈화에서 한인들은 주로 중국인 지주의 소작농으로 일하였고, 그 결과 한인사회주의 운동이 활발히 전개된 지역이기도 하였다.

우리일행이 산길을 따라 계속 가나보니 큰 벌판이 나왔다. 그리고 그

벌판위에 우뚝 솟은 산 하나를 볼 수 있었다. 이 산이 바로 대조영이 발해를 건국했던 동모산이었다. 이 지역에 살고 있는 주민들은 이곳을 가르켜 성산이라고 하였다. 산 중턱에는 아직도 성을 쌓았던 모습이 뚜렷이 나타나 있었고, 산의 우측에는 林江이 흐르고 있어 해자역할을 하였던 것이 아닌가 생각되었다. 이억만리 돈화지역에 와 옛 발해인의 숨결을 접하니 더욱 감개 무량하였다.

다음에는 발해고분군이 있는 육정산으로 향하였다. 육정산 앞에는 큰 강물이 흐르고 있었다. 그리고. 그 맞은 편에는 싱가폴 화교가 지은 正覺寺라는 큰 절이 위치하고 있었다. 우리 일행은 육정산 고분군을 보고자 하였으나 경찰의 제지를 받았다. 이곳은 무슨 이유인지 외국인뿐만 아니라 중국인의 통행 역시 금지하고 있었다. 아마도 발해의 역사적 위상과 관련된 것으로 추정되었다. 이억 만리를 달려온 손님에게 하는 태도 치곤 좀 섭섭한 마음이 들었다. 이것이 바로 국제적 현실이구나 하는 생각과 더불어 서운한 마음 금할 수 없었다.

돈화시내에 있는 돈화빈관에서 숙박하였는데, 발해여행사 등 발해이름을 가진 여러 간판들을 볼 수 있었다. 이에 더욱 반갑고 안타까운 생각들이 들었다. 발해사 연구는 국가에 따라 자국과의 관련성을 강조하고 있다. 러시아는 중앙아시아와의 관련을, 중국은 자국의 변방국가로, 일본은 자국의 제후국가로 각각 파악하고 있는 것이다. 앞으로 발해사 연구는 민족적 국가적 차원을 넘어 보다 객관적인 그리고 사실적인 차원에서 이루어져야 할 것으로 기대되었다.

7월 18일 아침 6시에 돈화를 출발하여 경박호로 향하였다. 경박호로 가는 길 역시 끝없는 대평원지대였다. 이 평원들을 바라보며 대조영이 수도를 돈화로 한 이유와 발해가 빠른 시일내에 강대국으로 발전할 수 있었던 이유를 짐작해 볼 수 있었다.

경박호 입구에 도착하니 해림에서 원성희 선생이 마중을 나왔다. 원선생은 김좌진장군연구회 회장으로서 활동하고 있는 분이었다. 선생으로부터 1933년 3월 한국독립군이 길림구국군 제14師 柴世榮 부대와 연합하여 일본군과 만주군을 전멸시켰던 경박호전투에 대한 설명을 들었다. 원선생은 이 지역에 살고 있는 촌로들의 이야기를 통해 그 전투지점이 道士山과 城墻砬子의 협곡이었다고 주장하였다. 현재 한국학계에서는 정확히 그 전투지역을 잘 모르고 있는 상황에서 나온 언급이라 주목되었다.

경박호에서 점심을 먹고 동경성 전투가 있었던 발해진으로 향하였다. 발해진에 도착하니 발해의 궁성터와 우물(팔보유리정), 성벽, 석등 등이 모두 옛 발해의 영화로움을 보여주고 있었다. 한번도 접해보지 못했던 발해의 자취들을 바라보고 또 바라보았다. 아! 발해여 그 찬란한 역사여, 그 역사의 모습은 어디로 갔단 말인가.

발해 성벽 정면에는 동경성 전투에서 전사한 일본군 150명의 충혼탑이 있었던 무덤이 있었다. 이곳은 현재 발해국 상경성유지라고 쓰여져 있었다. 1933년 6월 이청천 장군이 발해의 유물과 목재를 실어가고자 하는 일본군을 전멸시킨 곳이다.

발해진은 독립운동가들의 요람이었던 대종교총본사가 있었던 곳으로, 또한 백산 안희제 선생이 발해농장을 만들어 만주로 이주해오는 농민들의 생활안정을 물론 군자금 제공에 기여하기도 하였던 곳으로도 유명하다.

발해진을 뒤로 하고 우리는 영안현, 목단강을 지나 김좌진 장군의 활동했던 해림시에 도착하였다. 해림시 인민정부에서는 우리 일행을 열렬히 환영해 주었으며, 저녁에는 시 인민정부에서 환영만찬을 베풀어주기도 하였다.

해림시에는 조선족이 3만 5천명 거주한다고 한다. 그리고 신안진, 해남향 등 2곳의 조선족 자치진을 갖고 있으며, 26개 조선족학교를 갖고 있다고 하였다. 해림지역으로의 조선족 이주상황을 살펴보면 1886년에 100호 정도가 경제적인 이유에 의하여 처음으로 이주하였다. 다음에는

1897년 중동철도 부설시 및 1903년 완공시에 약 800호가 이주하였다고 한다. 그리고 1920년대 김좌진과 함께 한인들이 이주해 왔으며, 1938년 일본의 정책에 의하여 경상도, 전라도, 충청도 사람들이 다수 이곳으로 이주하였다고 하였다.

7월 19일 아침 필자는 원성희 선생과 함께 해림역사로 향하였다. 해림역은 1903년 러시아인에 의하여 완공되었다. 그리고 이 역사 앞에 한인마을 등이 있었다. 김좌진의 족제인 김종진이 이 해림역 앞에서 1931년 8월 공산주의자에게 암살당하였다. 지금은 신 역사 옆에 있는 구해림역은 해림역전 파출소로 이용되고 있다.

김좌진이 신민부와 한족총연합회를 조직하여 활동했던 산시로 향하였다. 산시는 해림에서 30키로 정도 떨어진 곳에 위치하고 있었다. 가는 길에 김좌진장군의 묘소가 있었던 곳으로 향하였다. 그곳은 7가촌 뒷산(현재의 신흥촌 뒷산)에 위치하고 있었다. 처음에 김좌진 장군을 보필하던 八老들이 보초를 세워 묘소를 보호하였으나 일본군의 위협이 계속 강화되어 국내에 있는 부인 오숙근 여사에게 통고하였다. 이에 유골을 홍성으로 옮겼다가 1954년에 충남 보령으로 이장하였다.

김좌진 장군의 유골을 한국으로 들여갈 때 일본의 눈을 피하기 위해서 장기덕이라는 가명을 써서 위장해서 수송하였다고 한다. 1934년 5월 21일 발인제를 지냈던 철둑길에 서니 김좌진 장군의 혼령을 보는 듯하였다.

어느던 차는 산시에 도착하였다. 산시는 분지로서 주위 사방에는 산이 둘러 있었다. 김좌진 장군은 수풀 속에 쌓여 있고 교통이 편리하며, 농사가 잘되는 평원이 있고, 인근에 한인들이 다수 거주하는 新安鎭이 있는 이곳을 독립운동의 최적지로 판단하였던 것 같다. 바로 이곳에서 김좌진 장군 등이 독립전쟁을 전개하기 위하여 활동하였다고 하니 그 기개에 그저 고개가 숙여졌다.

산시 입구 역전 앞에는 普光寺라는 허름한 절이 있었다. 옛 이름은

558

員山寺라고 하였다. 원래 2층 건물이었던 이 절이 독립군들의 비밀 연락장소였다고 하였다. 금방이라도 독립군들이 나타날 것 같은 생각이 들었다. 산시역을 지나 골목 골목으로 들어가니 山市鎭 道南村 文明路 11-1번지 주소를 단 초라한 농촌 집이 나타났다. 이 집이 김장군이 거처하던 곳이라고 하였다. 현재 집은 1942-3년에 새로이 지은 것이라고 하였다. 그 집 앞에 있는 외양간이 방앗간 터였다고 한다. 지금은 그때의 일을 아는지 모르는지 외로운 소 한마리가 그곳을 지키고 있었다. 아울러 방앗간에서 사용하던 맷돌도 있었다. 이 맷돌에는 대종교 깃발 표시가 있어 대종교인들의 민족의식을 새삼 확인 할 수 있었다.

우리는 다시 신민부와 한족총연합회 본부가 있던 곳으로 가 보았다. 이 곳은 현재 村衛街 19번지로 개인집으로 이용되고 있었다. 이 본부 건물앞에는 독립군들을 훈련하던 연병장이 있었다고 한다.

김좌진 장군이 활동하던 산시를 떠나 해림, 상지, 아성을 지나 하얼빈으로 5시간의 강행군을 하였다. 도로는 고속도로로 차들의 통행은 그리 많지 않았다. 하얼빈에 도착한 우리는 안중근 의사가 이등박문을 저격한 하얼빈 역으로 향하였다. 안의사가 이등박문을 저격한 장소에는 큰 역사 건물이 들어서 있었으며, 이등박문이 죽은 장소는 화단으로 변해 있었고 아무런 표식도 없었다. 노보끼예프스크(현재지명: 끄라스끼노)를 떠나 블라디보스톡, 우수리스크, 수분하, 목단강을 지나 하얼빈으로 향하던 안의사의 심정을 생각하니 그 비장함이 느껴지는 듯 하였다.

역사부근에는 안의사가 체포되어 처음으로 끌려갔던 중동철도공안국이 있었다. 현재 하얼빈철도공안국(紅軍街 108호)으로 이용되고 있었다. 이곳에서 안중근이 심문받은 자료는 상당한 양에 달하였다고 한다. 그런데 러시아측이 일본과의 관계를 고려하여 이 자료와 안중근의 신병을 일본측에 인도하였다. 우리 일행은 奮鬪路 329에 위치하고 있는 일본총영사관 자리도 방문하였다. 현재 지상에 있는 2층 건물은 花園소학교로 이용되고 있었다. 하얼빈 총영사관은 북만주 지역뿐만 아니라 러시아

지역의 한인독립운동상황을 파악하고, 독립운동가들을 체포 투옥하였던 일제의 중심 거점이었다.

하얼빈 영사관을 답사하고 우리 일행은 동북혁명열사박물관을 방문할 예정이었으나 수리중이어서 볼 수 없어 안타까운 마음 금할 수 없었다. 저녁에 송화강변가에 위치하고 있는 송화강 호텔에 투숙하였다. 작년 수해때에 희생된 사람들을 추모하는 조각물들이 서 있었다.

7월 20일 아침 6시에 쌍성보로 향하였다. 쌍성보는 하얼빈에서 남쪽으로 30키로미터 정도 떨어져 있는 곳이다. 이곳에서 1932년 9월과 11월에 각각 한국독립군과 중국군 그리고 만주군 수비대와 소수의 일본군과 전투가 벌어졌다. 9월에 벌어진 1차전투에서 한인부대가 승리하였으나, 11월에 있은 2차 전투에서는 패하였다.

우리일행은 하얼빈에서 2시간 정도 달려 쌍성보 동문(承旭門)에 도착하였는데 조그마한 전형적인 중국 성문이었다. 그리고 동문에서 약 3키로 정도 가니 서문이 나왔다. 이곳은 고봉림군대와 한국독립군이 함께 진격하였던 문으로 지금은 옛 모습이 사라지고 새로이 건축하는 모습을 볼 수 있었다.

과거 1932년에 있었던 쌍성보 전투지를 멀리하고 우리 일행은 하얼빈 남방 平方에 있는 731부대를 방문하고자 하였다. 그러나 시간 관계상 그곳을 방문하지 못하고 조선족들의 집단 거주지인 道里區로 향하였다. 이곳에는 현재 다수의 조선족이 거주하고 있으며, 조선족민족상점, 한글 신문사인 흑룡강신문사 등 조선족들과 관련된 상점, 기관 등이 있어 보는 이의 마음을 흐뭇하게 해 주었다.

우리일행은 아쉽지만 흑룡강성의 대평원에서 말달리던 선구자의 모습을 뒤로 하며 하얼빈 공항으로 향하였다.

ㄴ. 러시아 연해주 지역 항일전적지
답사-전로한족회중앙총회와 단지동맹 결성지

1999년 8월 28일부터 3박 4일 일정으로 윤경빈광복회 회장을 단장
으로, 박유철 독립기념관장과 장치혁 고려학술문화재단 설립자를 부단
장으로 하는 연해주 항일독립운동전적지 실태조사단의 자문 교수로 연
해주 지역을 방문하였다. 이번 답사는 지금까지 제대로 조망되지 못한
연해주지역 항일독립운동 전적지를 답사함과 아울러 독립운동의 주요
근거지를 확인하여 그곳에 기념비를 설치하기 위한 예비조사적 성격을
지닌 것이었다. 특히 이번 조사는 지금까지의 조사형태가 생존인물(고
송희현옹 등)들의 증언에 기초한데 반하여 증언과 더불어 문헌적 조사
의 토대위에서 이루어진 과학적 합리적 작업이라는 점에서 더욱 뜻깊
은 것이었다.

주지하는 바와 같이 러시아지역에서의 항일독립운동은 1905년부터 시
작되어 1922년까지 전개되었으며, 1905년부터 1919년까지는 국내외의
모든 독립운동을 주도적으로 전개하였다는 점에서 그 역사적 의미가 대
단히 크다고 할 수 있다. 그럼에도 불구하고 지금까지 이 지역의 운동
사가 제대로 연구되지 못하여 한국민족운동의 전체상을 복원하는데 어
려움이 있었던 것 또한 사실이다.

이번 조사는 처음에 블라디보스톡 신한촌 지역을 중심으로 이루어졌
다. 신한촌은 1911년에 이루어진 한인마을로 1922년까지 한국독립운동
의 중심기지로서 중요한 역할을 담당한 곳이었다. 권업회, 권업신문사,
대한국민의회, 일세당, 한인시회당, 노인단 등 수많은 독립운동단체들이
이곳에서 조직되어 활동하였으며, 이동휘, 이상설, 장도빈, 박은식, 이종
호 등 독립운동가들이 이곳을 중심으로 항일운동을 전개했던 항일운동

의 메카였으며, 무기공급의 중심기지이기도 하였던 것이다. 이러한 신한촌을 방문 조사한다는 것은 조사단에게는 감격적인 일이었다. 이곳 저곳에서 독립운동의 메아리가 들리는 듯한 느낌이었다.

　신한촌에서 우리일행은 먼저 최근 해외한민족연구소(이사장 손세일)에서 건립한 신한촌한인독립운동기념탑을 방문하여 헌화하고 참배하였다. 이국땅에서 한인기념탑을 대하니 그 감동은 이루말 할수 없었다. 이어 대한민국 임시정부에서 국무총리로 활동한 이동휘의 집터, 신채호·장도빈 등이 주필로 활동한 권업신문사터, 대표적인 민족학교였던 한민학교터, 그리고 1920년 3.1운동 1주년을 기념하여 만든 3.1문터와 1937년 한인들이 강제이주 당했던 뻬르바야 레치카역 등을 조사, 확인하였다. 다만 신한촌에 대한 정확한 지적도를 발견할 수 없었던 점, 신한촌의 지형이 과거와 크게 변하여 정확한 지점을 파악하기 어려운 점 등은 이번 조사의 한계로 파악되었다.

　다음에 항일독립운동가들이 드나드는 길목이었던 블라디보스톡 내항과 국제선 항구, 시베리아 횡단철도의 종착역이자 시발점인 블라디보스톡 역전, 운쩨르베르그 연해주 총독관저, 볼세비키 혁명 지도자 세르게이 라조 동상, 항일독립운동을 탄압했던 블라디보스톡 일본총영사관 건물, 파제에프 도서관으로 변해버린 고려사범학교 등을 답사하였다. 아울러 한인들의 최초 거주지이며 힌글 민족지인 해조신문, 대동공보 등이 있었던 개척리 마을을 조사하였다. 그러나 이곳 개척리 마을은 현재 뽀그라니치나야 거리로 변하였으며, 운동장과 상점들이 들어서 있고 더위를 피해 수영을 즐기는 러시아인들의 한가로운 휴양지가 되어 있었다.

　다음날 우수리스크로 향하였다. 그곳은 블라디보스톡에서 북쪽으로 100km 정도 떨어진 곳으로 과거 발해의 東京이 있었곳으로 알려져 있어 더욱 우리에게 친근하게 느껴지는 곳이었다. 우리 일행은 먼저 이상설 선생의 유해가 뿌려진 수이푼강(현재는 라즈돌노예강)으로 향하였다. 이상설은 헤이그 밀사의 한 사람이며, 만주 용정에서 민족학교인 서전서숙을 설립하였고, 권업회 등에서 활동한 러시아지역의 대표적인 항일운동가였다. 선생은 1917년 3월 2일 48세의 일기로 작고하면서 "동지들은 합세하여 조국광복을 기필코 이룩하라. 나는 조국광복을 이룩하지 못하고 이 세상을 떠나니 어찌 孤魂인들 고국에 갈 수 있으랴. 내 몸과 유품 원고는 모두 불태우고 그 재마저 바다에 날린 후에 제사도 지내지 마라"라고 유언을 하고 임종하였다. 이에 동지들은 선생의 유해를 화장하여 이곳 수이푼 강에 뿌렸던 것이다. 우스리스크 사범대학 역사학과 올가교수의 수이푼강의 전설을 들으니 더욱 가슴이 아팠다. 수이푼 강은 죽음의 강이란 뜻이며 발해가 패방할 때 수많은 군사들이 죽어서 그들의 어머니와 처자들이 이 강에서 슬피울었다고 전해진다고 하였다.

수이푼 강 근처에는 러시아정부에서 세운 4월참변 추도비가 있었다. 이 비는 1920년 4월 4일부터 5일까지 일본군의 습격을 받아 순국한 240명의 러시아인과 한인들을 추도하기 위하여 만든 비석이라고 한다. 이 비에는 "승리를 위하여 수많은 사람이 죽었다. 이들의 업적은 영원하리라. 여기에는 1920년 4월 4일-4.5일까지 연해주에서 소비에트 권력을 위한 투쟁에서 간섭자들과의 전투에서 숫적인 열세상태에서 240명의 빨치산이 산화한 장소"라고 되어 있었다. 이역만리에서 일본군과 전투를 벌이다 순국한 한인들과 러시아인들을 위한 묘비가 돌보는 사람없이 우수리스크 교외에 쓸쓸히 서 있는 모습을 보니 더욱 안타까운 생각이들었다.

올가교수의 안내로 1917년 5월 우수리스크에서 조직된 전러시아 한인의 대표기구인 전로한족중앙총회가 개최되었던 자나드보롭스가야 15번지가 있었던 곳으로 향하였다. 그러나 그곳은 현재 체체리나 거리의 학교운동장 터로 변하여 인생의 무상함을 새삼 느끼게 하였다. 올가교수의 말에 따르면 그곳은 과거 우수리스크에서 제일 부자들이 모여 사는 곳이었고 그 맞은 편에는 우수리스크 시장이 살기도 하였다고 귀뜸해 주었다. 이어서 1917년 11월 이후 전로한족회중앙총회가 있었고 노령정부로 알려진 대한국민의회가 1919년 3월 초까지 있었던 곳으로 추정되는 자나드보롭스가야 31번지를 조사하였다. 올가교수는 이 주소는 현재 체체리나 거리 35번지라고 알려 주었다. 그러나 최근에 올가교수로부터 온 소식에 따르면 체체리나 거리 39번지가 정확한 주소라는 연락을 받았다. 이곳에서 활동하던 문창범, 윤해, 최재형, 박은식 선생들을 직접 대하는 듯하여 그 홍분을 이루 표현 할 수 없었다. 앞으로 보다 신중한 조사 검토를 통하여 이 건물이 보존되었으면 하는 마음이었다.

 이어서 우스리스크 시내에 있는 발해절터와 교외에 있는 크라스노야르 발해 성터를 방문하였다. 이곳은 1910년대 권업신문사에서 활동했던 국사학자 산운 장도빈 선생이 처음으로 답사한 유적지로서 발해절터에는 현무암 주춧돌이 4개, 성터에서는 온돌구조 등이 나타나 더욱 발해 유적지임을 확인해주고 있었다. 이역 만리에서 민족의 정체성 회복을 위해 발해유적을 답사 조사한 선생의 선구자적 태도에 같은 역사학도로서 부끄러운 마음이 앞섰다.

 다음날인 30일에는 한인의병운동의 근거지였던 끄라스끼노(일명:연추)로 향하였다. 이곳은 1908년 의병운동의 본부인 동의회, 창의회 등이 조직되었던 곳으로 이 시대 최고의 독립운동가였던 최재형, 이범윤, 홍범도, 유인석, 안중근 등이 활동한 지역이기도 하였다. 우리일행은 안중근이 거쳐하며 활동했던 곳으로 여겨지는 하얀치혜 마을로 향하였다. 1937년 한인들이 강제이주 당한 후 한국인으로서는 처음으로 방문하는 것이라 다소 홍분되었다. 안중근은 1909년 3월 대한독립의 결연한 의지를 구현하기 위한 비밀결사인 斷指同盟(동의 단지회)을 이곳 연추근처의 카리라는 작은 한인마을에서 자신을 맹주로 김기룡, 강기순 등 12명이 모여 왼손 무명지를 끊고 "死亦同穴 生亦同日"을 맹약하며 "大韓獨立" 4자를 혈서로 남겼다. 아울러 블라디보스톡에서 간행된 민족지인 『대동공보』의 연추통신원으로 활동하였다.

 하얀치혜는 끄라스끼노 시내에서 3km 정도 떨어진 곳에 위치하고 있었다. 현재 마을은 폐허화되어 있고 다만 과거 조선인들이 사용하던 우물과 러시아정교 교회, 한인회관, 학교터 등만이 당시의 정황을 증거해 주고 있었다.

하얀치혜에서 2키로 정도 올라가면 새로 형성된 쥬하노프카 마을이 있었다. 이 마을은 1937년 한인들이 강제이주당한 이후 러시아인들을 중심으로 형성된 마을이었다. 이 마을 위에 상얀치혜 마을이 있었고, 여기에서 1908년 최재형 등이 동의회 등 의병조직을 만들었던 것이다. 그러나 아쉽게도 여건상 이곳을 방문하지 못하였다.

31일에는 극동문서보관소와 아르세니예프 박물관 등을 방문하였다. 문서보관소에서는 한글로 된 홍범도, 이범윤 등의 친필과 그들의 붉은 인장을, 아울러 대한국민의회에서 1919년 3월 17일 블라디보스톡 일대에 뿌렸던 순 한글본 3·1독립선언서와 안중근 추도가, 1914년 당시 이동휘의 애국저금권 등의 입수 또한 큰 성과였다. 박물관에서는 1920년 쉬꼬도뽀에서 활동한 한인 독립운동가의 사진과 항일운동시 사용했던 총과 신발 등을 대하니 더욱 가슴이 뜨거워졌다.

이번 학술 조사는 3박 4일 간의 짧은 일정이었지만 철저한 사전 조사와 사전 답사 후에 이루어진 것이라 그 성과 역시 큰 것이었다. 안중근의 활동 거점과 전로한족회중앙총회 터와 건물을 확인 한 것은 그 중 대표적인 것이라 할 수 있다. 또한 극동문서보관소 등에서 독립운동 관련 자료 및 사진 등을 입수한 것 또한 학계에 기여하는 바 클 것으로 기대되었다. 앞으로 보다 계획적이고 체계적인 조사작업이 계속 이루어져 러시아 지역의 한인독립운동의 실체를 복원하는 한편 한국독립운동의 전체상이 올바로 서술되는 계기가 되기를 기원한다.

ㄷ. 연해주지역 유적지 조사현황

1. 블라디보스톡

ㄱ. 블라디보스톡 소개

블라디보스톡은 러시아 공화국 극동지방 남동쪽 끝에 있는 연해주의 중심 도시이다. 인구는 1999년 현재 74만명에 이르고 있다. 동해에 면해 있으며 무라비요프 아무르스키 반도의 남단, 금각만 연안에 발전한 도시로서 태평양 방면에서의 이 나라 굴지의 항만도시이다. 항구는 12월부터 2월까지 결빙하지만 쇄빙선을 이용하면 겨울에도 활용할 수 있는 장점을 가진 항구이다. 도시의 이름은 "동방(워스또크)을 정복하자(블라지)"라는 러시아어에서 유래한다. 중국명은 하이첸웨이이다. 1860년에 러시아 해군기지로 개항하여 19세기 말부터 20세기 초 러시아 극동정책이 활발해짐에 따라 경제적, 군사적으로 그 중요성이 높아진 곳이었다. 1903년 시베리아 철도의 개통으로 러시아 중심부와 육로로 직결되면서 그 철도의 종점으로서 국제적 의의도 높아졌다. 혁명운동사에서도 1905-1907년 제1차 러시아 혁명기에 군대 반란이 여러 차례 일어났으며, 1917년 10월 혁명때에는 재빨리 소비에뜨 정권을 수립하는 등 시베리아, 극동정세에도 큰 영향을 미쳤다. 또 19세기 말에 동방연구소가 개설되어 문화적 중심지가 되기도 하였다. 공항에서 호텔까지는 32Km로, 1시간 정도 소요되는 거리.

ㄴ. 블라디보스톡 금각만이 한 눈에 내려다 보이는 언덕(후니꿀요르)

항구와 시가 전경을 한 눈에 볼 수 있다. 특히 금각만(Золотой Por)에 정박해 있는 배들의 모습은 바다와 어우러져 더욱 빛나 보인다. 그 건너편은 출끼나 지역이고, 그곳 해군공동묘지 근처에 시베리아에 출병했던 미국, 일본, 캐나다 병사들이 잠들어 있다. 또한 전망대 뒤는 러시

아극동기술대학이 위치하고 있고, 바다에서 좌측에는 독수리산(텔레비
안테나가 서 있음)이 있다. 이 독수리 산을 바라보며, 한인들이 블라디
보스톡으로 들어왔다.

　*출낀은 러시아의 상인 이름임

　ㄷ. 신한촌

　　신한촌에는 과거 우리 조선인들만이 거주하고 있었으며, 그곳은 높
은 산이었다고 한다. 높은 산 위에 모여 사는 모습을 본 춘원 이광수는
다음과 같이 묘사하기도 하였다. "해삼위 시가를 다 지나고 공동묘지도
지나서 바윗등에 굴붙듯이 등성이에 다닥다닥 붙은 집들이 나타났다.
이것이 신한촌이다". 신한촌은 과거 동서로 약 6정, 남북으로 약 7정의
면적으로 아무르만에 연한 산의 경사면에 위치하여 그곳에서 아무르만
을 내려다 보면 1백 여 척이나 되는 낭떠러지 밑에 푸른 물이 넘실거리
는 절경지였다. 그리고 겨울이면 결빙하여 西南行 人馬는 해빙판 위를
걸어서 훈춘, 왕청, 화룡 등 북간도를 오가던 곳이다. 新韓村은 新開拓
里와 石幕里로 구성되어 있었다. 러시아풍의 나무로 건축한 작은 집이
보통이었다. 집마다 2, 3개의 한국식 온돌방이 있고, 한 집에 여러 사람
이 모여 살아 많으면 20여 명이 동거하기도 하였다. 지금은 당시의 모
습을 전혀 살필 수 없었다. 아파트들과 신식 건물들이 들어서 있었다.
그런 까닭에 산의 높이도 많이 낮아졌다.

　　이러한 신한촌은 러시아 지역 항일독립운동의 총본산이기도 하였다.
권업회, 권업신문사, 대한국민의회, 노인동맹단, 일세당, 한인사회당 대
표대회(1919.4) 등이 이곳에서 조직, 또는 개최되었던 것이다.

　　신한촌에는 과거 니꼬리스크 거리, 하바로브스크거리, 아무르거리, 서
울 거리 등 4개의 거리가 있었으나 철도를 만들면서 서울거리는 거의
없어지고 스보르스가야로 변하였다. 현재 신한촌에는 하바로브스크 거
리와 아무르 거리만이 남아 있다. 하바로브스크 거리의 경우도 길이 넓

어지고 드러오는 길은 새로 만들어졌다. 원래 하바로브스크 거리는 콤소몰거리에서 올라오도록 되어 있었다.

신한촌은 아파트 등을 짓기 위하여 니코리스크 거리를 없앴고, 현재 큰 아파트 등을 지어 지형 자체가 변화한 모습을 보여 주고 있다.

신한촌 입구에 있던 목욕탕은 현재 슈퍼 마켓으로 변화하였다. 그리고 상점은 병 받는 곳으로 변하였고, 러시아인이 살던 집은 현재에도 그 모습을 간직하고 있다.

1999년 8월 15일 신한촌 하바로브스크 거리에 해외한민족연구소(이사장 손세일)에서 한인독립운동기념탑을 건립하여 한민족의 민족적 자긍심을 높이는 한편 한·러간의 문화 교류에 기여하고 있다.

ㄹ. 신한촌에 있는 한인 독립운동관련 주소지
1) 대한국민의회 위치
1920년 4월 당시 신한촌 하바로브스크 9번지 張一의 집
2) 권업신문사
ㄱ. 창간시 주소: 신한촌 하바로스스크 거리 울리짜 10호
ㄴ. 1912년 12월 이후 주소: 신한촌 하바로브스크 거리 울리짜 20호
*이동휘 선생 집이 하바로브스크거리 21호였으므로 권업신문사는 그 옆이거나 맞은 편이었다고 추정됨(1912년 이후 하바로브스크 거리 20호였음)

<참고>:산운 장도빈과 권업신문
1912년 1월 경 나이 25세 망명을 결심하고 부산-회령을 거쳐-연길-훈춘을 통하 해삼위로 망명하였다. 연신에서 해삼위로 배를 타고 이동하였다. 당시의 상황을 장도빈은 그의 회고 『암운짙은 구한말』(『사상계』 1962년 4월호)에서
延新에서 해삼위가 가까운 곳이 못되어 日暮경에야 배가 해삼위에 다다랐다. 배에서 내려 엄씨를 따라 해삼위의 신한촌에 들어갔다. 신한

촌은 곧 해삼위시의 북단에 한국인이 따로이 백여호의 촌락을 건설한 곳이다. 나는 신한촌에 도착한 즉시로 신채호씨의 거소를 찾아가서 신씨를 만나니 신씨가 매우 반가워 환영하여 그곳서 식사를 하고 그날 밤으로 이종호씨. 이상설씨. 정재관씨를 방문하였다. 내가 이종호씨를 만나서 즐은 즉 방금 권업신문을 경영하게 되었으니 협력하여 주기를 바란다고 하고, 그 신문의 발행은 신채호씨에게서도 들어 알았으며, 나는 아직 그 신문에 기고하기를 승낙하였다. 나는 그날부터 신채호씨와 한 여관에 유숙하며 수년간 함께 있었다.

3) 한인신보사

1917년 7월 8일 매주 1회 한글로 간행됨. 창간호가 국사편찬위원회에 소장되어 있음.

위치: 신한촌 니꼴리스크거리 21호 (한인신보 10호, 1917년 9월 23일자 참조)

4) 신한촌 거주 주요 한인 독립운동가 주소지

성명	주소지	연도
李喬	하바로브스카야 9번지	1919.12
尹能孝	하바로스스카야 9번지	1920.5
朴京喆	하바로브스카야 2번지	1920.1.31
朴大成	니코리스카야	1920.4
池建	아무르스카야	1919.12.15
張基永	하바로브스카야 8번지	1920.4
張道政	아무르스카야	1920.4
趙瑞元	아무르스카야 22번지	1919.12
李義橉	하바로브스카야	1920.4
蔡聖河	아무르스카야 22번지	1920.4(여인숙)
金喆訓	아무르스카야	1919.12
金夏錫	아무르스카야 2번지 金光國 집	19199.12.15
金致甫	하바로브스카야 7번지	1920.4
金秉治	니코리스카야	1919.12.15

5) 이동휘의 집터

신한촌 하바로브스크 거리 21번지. 현재는 엘레나 상점임. 이동휘는 대한민국 임시정부 초대 국무총리를 역임한 인물이다. 1918년 한인사회당을 창당하였다. 이동휘 묘소는 이스꾸라(횃불이란 뜻) 키노 찌아트라 뒷편에 있었음.

6) 독립문(3.1문터)

1920년 3.1운동 기념 1주년을 맞이하여 한인들이 세운 문. 당시의 모습은 1932년에 이곳을 방문했다는 한 일본인이 남겨놓은 기록에 의하면 다음과 같다. .

블라지보스또크의 북쪽 해안을 내려다보는 언덕위에 자리잡은 신한촌을 방문하였다. 그들의 집들은 온돌을 놓고 있어 한국의 연장이나 다를 것이 없었다. 이 마을에 들리려면 울퉁불퉁한 돌들이 깔린 고개길을 올라가야 했다. 그 고개를 오르면 이 마을 입구에 독립기념일인 3·1문은 古色을 지닌 채로 서 있다. 이 문을 지나서 메인 스트리트로 바로 걸어가면 우측에 소학교가 있다. 맞은 편 洋館은 지금 구매조합의 사무실로 쓰여지고 있으나 재작년까지 한국인 소학교였다. 이것이 바로 1919년의 간섭(서백리아출병) 당시에 독립운동을 모의한 곳이라 하여 일본군인들이 불살라 버린 것을 재건축한 것이라고 한다(永丘智太郎, ≪극동의 계획과 민족≫, 1938, 페이지 249)

*조선일보 1923년 8월 16일자에 <海港 신한촌에 大赤門>이라는 제목 하에,

로령 해삼위 신한촌에 있는 조선동포들은 근자 신한촌 동구에 큰 붉은 문을 나무로 만들어 세우고 그 문우에 「삼월 일일 조선독립긔념」이라 하

570

고 세기고, 그 아래에도 삼십여자의 문구를 조각하였다더라(모처 정보)

리고 있다.

7) 서울거리 2A라는 주소판이 붙어 있는 집

서울 거리는 과거 신한촌에서 아무르만으로 내려가는 2개의 길 가운데 하나였다. 현재 서울거리에 옛날 주소 명패를 달고 있는 집이 있어 보는 이의 마음을 애뜻하게 하고 있다.

8) 뻬르바야 레츠카역

이곳은 신한촌 끝부분에 있는 역으로, 오스뜨래꼬바 거리의 마지막에 위치하고 있다. 1937년 고려인들이 강제이주 당한 역사이다. 1918년 이후 이곳에 일본군 병영이 있었으며, 이 병영에 있던 일본군들이 1920년 4월 신한촌일대의 한인들을 급습하여 몰살시켰다.

<참고>　신한촌 참변(1920.4)

1919년말에서 1920년초까지 시베리아 상황은 새로운 전환기를 맞이하였다. 널리 퍼진 빨치산운동과 볼세비키의 동진, 콜차크군대 내의 반란의 결과로 백색 정권은 전복되어갔다. 이에 일본사령부는 1920년 3월 블라디보스톡과 하바로브스크 등 연해주의 다른 도시에 있는 혁명수비대에 대한 전면적인 공세를 행하도록 비밀리에 명령하였다.

1920년 4월 4일 밤 블라디보스톡에서 러시아군과 일본군이 충돌이 있자 일본군 헌병대사령부에서는 이 기회를 이용하여 독립운동가들을 억압하기 위하여 블라디보스톡 헌병분대장에게 신한촌에 있는 독립운동가들의 무기를 압수하고 아울러 독립운동가들을 검거하라고 지시하였다. 이에 하사 이하 12명을 파견하여 5일 새벽 0시 20분부터 신한촌을 정찰하였다. 그후 田澤중위는 大西 보병 소위이하 21명의 제1소대와 根岸 특무조장이하 21명의 제2소대를 출동대로 편성하는 한편 보병 1개소대 15명의 지원을 받아 오전 4시 신한촌에 침입하였다. 그리고 오전 5

시 30분 적위군 48명을 무장해제시키고 신한촌의 모든 집들에 대해 가택수색을 실시하였다. 이때 무장해제당한 러시아군은 일본관헌의 침입을 미연에 방지하기 위하여 3월 7일부터 신한촌에 特務曹長의 지휘아래 한민학교 내에 주둔하고 있었던 군인들이었다. 이중 5명은 하바로브스크 9번지에 위치한 張一 의 집에 있는 대한국민의회 사무소에 파견되어 대한국민의회의 경비에 임하고 있었고, 2명은 니꼬리스카야 14번지 李龍俊집에 있는 한인사회당 사무소에 파견되어서 주야 경계를 하고 있었다. 그리고 나머지 30명은 때때로 신한촌을 경계하고 있었던 것이다.

한편 일본군이 신한촌을 습격하였을 때 주요 독립운동가들은 이미 신한촌을 탈출한 뒤였다. 그러므로 그들은 체포를 면하였다. 일본측 기록에 따르면 신한촌 참변시 한인 60여명을 체포하였다고 한다. 그리고 일본군은 한인들로부터 총 70정, 탄약 1만발을 압수하였으며, 한인들 또는 러시아군에 의하여 한민학교 1동이 불에 탔다고 밝히고 있다. 그러나 김승화가 지은 『소련한족사』에는 300여명 이상의 한인들이 체포되었으며, 일본군은 체포된 사람들을 학교에 가두고 그 건물을 불태워 죽였다고 하고 있다. 또한 1920년 7월 이루쿠츠크에서 결성된 전로고려공산단체 중앙위원회의 기관지인 『동아공산』 창간호(1920년 8월 14일 간행)에서도 당시의 상황을 러시아어 신문 『끄라스노예 즈나야』를 인용하여 다음과 같이 서술하고 있다.

지나간 사월에 해삼항에 있는 일본군대에서 러시아 사관들을 청하야 조약을 체결하자고 빙자하고 다수히 모인 뒤에 일본군사로 하여금 병영을 둘러싸고 사격을 가해 다수 러시아 군인을 살해하고, 그 중에 도망하여 생명을 구한 자외에는 사망을 면한 자 없으니 그뿐만 아니라 남녀노소를 불문하고 이와 같은 참상을 당하였다. 이러하기를 그날밤이 세도록 얼마나 포악하게 행하였던지 그 이튿날 아침에 큰 마당과 큰 거리에 죽엄이 산과 같으며, 육축도 많이 쓰러졌고, 집도 온전한 집이 하나도 없으니 그 참혹한 광경을 눈으로 볼 수 없으며, 신한촌에는 한민학교를 벤진을 부어 불지르고 한인계에 유지자와 청년을 다수 붙들어 갔으며, 일인 앞으로 정탐하는 한인은 기회를 만나듯 이 부도덕한 야만행동을 하는 일본놈을 도와 부모와 동생이 다 붙들려 가고 고독이 있는 어린 여자를 불러다가 여러 가지 형벌 노문료를 받았으며 그 항내에 보물과 상선 수십척까지 탈취하였다고.

즉, 동아공산에서는 적기를 인용하여 당시 일본군의 러시아군 무장해제 상황과 한인탄압 그리고 친일파의 발호 등에 대하여 묘사하고 있는 것이다.

한편 일본군의 4월 공격시 세르게이 라조, 스비르체프, 스룰츠키 등 혁명군 지도자들은 백군에게 넘겨져서 기관차 화통에서 산채로 불태워졌는가 하면, 조선인들은 일본군에 의해 마음대로 처벌되었다. 일본군들은 조선인 희생자들을 러시아 볼세베키 지도자들과 함께 묶어서 녹쓴 철도에 매달아 블라디보스톡 근처의 우리쓰만 바다에 던져 버렸다.

독립운동의 근거지인 신한촌을 완전히 초토화시킨 일본총영관의 木藤 통역관은 이 기회를 이용하여 신한촌을 완전히 독립운동과 격리시키고자 하였다. 그리하여 그는 헌병분대장, 연해주 隊長, 사령관 등을 방문하여 이 기회를 이용하여 신한촌에 헌병분견소를 설치하는 한편, 친일적인 민회를 조직하고자 하였다. 그는 민회의 중심적인 인물인 항일세력이 없는 틈을 타 친일적인 민회를 조직하고자 하였던 것이다. 특히 그는 이번에 체포된 인사들을 친일적인 민회의 신원보증과 청원에 의하여 석방시킴으로서 친일민회의 기반을 다지고자 하였던 것이다. 그리고 이러한 계획을 조선총독부에 건의하였던 것이다.

9) 한민학교

신한촌에 있었던 대표적인 민족학교. 그 위치는 현재 확인이 불가능했다.이 학교는 교사의 정문 현관과 교실에 태극 문양을 새겨 넣었으며, 학생 수는 2백 40명 정도였다고 한다.

7. 위치:

위치는 현재 확인이 불가능했다. 다만 일본인의 기록을 통하여 그 위치가 신한촌 입구쪽에 있었던 것으로 추정된다.

1) 1932년에 이곳을 방문했다는 한 일본인이 남겨놓은 기록에 의하면 다음과 같다.

블라지보스또크의 북쪽 해안을 내려다보는 언덕위에 자리잡은 신한촌을 방문하였다. 그들의 집들은 온돌을 놓고 있어 한국의 연장이나 다를 것이 없었다. 이 마을에 들리려면 울퉁불퉁한 돌들이 깔린 고개길을 올라가야 했다. 그 고개를 오르면 이 마을 입구에 독립기념일인 3·1 문은 古色을 지닌 채로 서 있다. 이 문을 지나서 메인 스트리트로 바로 걸어가면 우측에 소학교가 있다. 맞은 편 洋館은 지금 구매조합의 사무실로 쓰여지고 있으나 재작년까지 한국인 소학교였다. 이것이 바로 1919년의 간섭(서백리아출병) 당시에 독립운동을 모의한 곳이라 하여 일본군인들이 불살라 버린 것을 재건축한 것이라고 한다(永丘智太郎, ≪극동의 계획과 민족≫, 1938, 페이지 249)

2) 『자유보』(1920년 9월 26일 발행 2호, 대한국민의회) 「나의 지낸 사정」(2)(필자 鐵兒)을 보면 희랍 정교회 교회 지난 곳에 위치하고 있었던 것 같다. 증거를 인용하면 다음과 같다.

희랍교당을 지나 한민학교 운동장에 다다라 치어다보니 굉장하던 그 집은 간 곳이 없고 다만 검은 재와 거츨한 굴뚝 4-5개만 남았을 뿐이다. 10년간 나의 몸을 용납하고 나의 마음을 위로하든 사랑하고 정다운 집을 이렇게 보는 나의 눈에는 뜨거운 눈물이 비빨과 같이 쏘다지고 나의 가삼에는 분하여 불길처럼 니러난다. 그 익일 일본이 발행하는 포조일보의 호외가 나돈다. 대형사령관의 포고라는 문제아래에 "지난 4일 열한시(저녁)경에 로군이 우리 제1병참사령부를사격하므로 우리는 그리말라고 버텼으나 종래 듣지 아니하므로 부득이 정당방위책을 썼노라" 하였으며, 또 그

신문 잡보란에 "한민학교를 불질음은 하등병들의 한 행위요, 사령관의 명령이 안임으로 그 군인을 엄중하게 벌하리라"하였다.

ㄴ. 신한촌참변(1920.4)과 한민학교
1) 재소한인 학자 김승화 기록
김승화가 지은 『소련한족사』에는 300여명 이상의 한인들이 체포되었으며, 일본군은 체포된 사람들을 학교에 가두고 그 건물을 불태워 죽였다고 하고 있다.

2) 『동아공산』
1920년 7월 이루쿠츠크에서 결성된 전로고려공산단체 중앙위원회의 기관지인 『동아공산』 창간호(1920년 8월 14일 간행)에서도 당시의 상황을 러시아어 신문 『끄라스노예 즈나야』를 인용하여 다음과 같이 서술하고 있다.

    신한촌에는 한민학교를 벤진을 부어 불지르고 한인계에 유지자와 청년을 다수 붙들어 갔으며, 일인 앞으로 정탐하는 한인은 기회를 만나듯이 부도덕한 야만행동을 하는 일본놈을 도와 부모와 동생이 다 붙들려 가고 고독이 있는 어린 여자를 불러다가 여러 가지 형벌 노문료를 받았으며 그 항내에 보물과 상선 수십척까지 탈취하였다고.

3) 『자유보』(창간호 1920년 9월 12일, 대한국민의회) 증 「나의 지낸사정」(1)(필자 鐵兒)
일병 5백명이 신한촌을 습격하여 한인 300여명을 체포하였다.

4) 『독립신문』(임시정부 간행)
체포된 한인이 380명(독립신문, 1919년 4월 20일자)

5) 일본측 기록:

일본측 기록(『不逞團關係雜件』在西比利亞 朝鮮人部, 일본 외무성사료관 소장)에 따르면 신한촌 참변시 한인 60여명을 체포하였다고 한다. 그리고 일본군은 한인들로부터 총 70정, 탄약 1만발을 압수하였으며, 한인들 또는 러시아군에 의하여 한민학교 1동이 불에 탔다고 밝히고 있다.

10) 한인사회당 사무소 위치

1920년 4월 당시 신한촌 니꼬리스카야 14번지 李龍俊의 집

11) 스탈린 구락부

신한촌의 스탈린구락부는 블라디보스톡 한인들의 대중집회로 빈번하게 활용되었다. 즉, 스탈린구락부는 1927년 10월혁명 10주년 기념행사 때 한인들에게 나누어줄 기념책자인 ≪십월혁명십주년과 쏘베트고려민족≫에 필요한 증언과 자료수집을 위한 협의회라든가, 블라디보스톡 고려인노력군중대회, 조선공산당사건관련자들에 대한 일제의 고문과 탄압을 규탄하기 위한 반항대회, 1929년 이후 당청결을 위한 대중집회 등의 개최장소로 활용되었던 것이다. 신한촌의 스딸린구락부에는 고려도서관이 위치하고 있었고(1925년 당시 이동휘가 여기서 일했다--시대일보) 신한촌의 벽신문인 ≪레닌의 거름대로≫를 발간했다.

이동휘 집 건너편에는 스탈린구락부가 있었다고 한다. 3·1운동 기념일, 5월 1일 노동절 등에 한인 지도자들이 만나 독립운동을 논의하였던 곳이다. 이곳 역시 흔적 조차 없다. 그리고 그 옆에는 나무로 된 3층 건물의 장로교회가 있었다고 한다.

ㅁ. 해삼시 원동 조선사범대학 건물(위치: 대양통로)

1935년 당시 사진은 『선봉』 1935년 6월 29일자 1면에 나와 있으며, 당시 주소는 블라디보스톡 키타이스카야 18번지(선봉 1935년 6월 29일

자)였다.

일본총영사관 건물의 반대편에는 고려사범대학 건물이 있었다. 이 대학은 1931년에 건립된 대학으로 1935년에 첫 졸업생 35명을 배출하였고, 학교내에 단기코스 노동학원을 부설하였다. 1934년 5월 당시 고려사범대학에 158명, 노동학원에 265명의 노동자 농민 출신 학생들이 재학중이었다.

1935년 중반 당시 고려사범학교에는 역사과 물리-수학과, 자연과, 언어과등 4개학과와 화학, 물리-수학, 사회-경제, 조선어, 노어-문학 등 각 학과에 19명의 한인교수를 포함, 29명의 교수를 확보하고 있었다.1934. 35년 당시 학교장은 오가이 뻬뜨로였다(『선봉』신문에 기록이 많이 나옴)

건물은 청회색의 외벽으로 구조된 3층 건물로 현재 연해주 파제예프(Фадеев) 도서관겸 노동자동맹 연해주 지방위원회 건물로 사용되고 있음. 파제예프는 볼세비키 혁명기 및 소비에뜨 정권 초기 활약했던 러시아의 문호이다. 주소는 대양거리 18번지였다. 과거에는 뒷편으로 공터가 있었으며, 뒤에 문이 있었다고 한다. 주소는 대양통로 18번지.

1946년부터 러시아당국은 한인지식인들을 사할린으로 보내 2년제 사범학교를 만들어 한국어 교육을 시켰다. 이때 이 고려사범학교 출신들이 다수 사할린에 가서 활동하였다. 송희연의 경우 1949년에 사할린에 가서 1957년까지 한국어와 러시아어, 역사 등을 교수하였다(송희현의 딸 송지나 증언)

ㅂ. 구개척리

현재의 명칭은 빠그라니치나야(Пограничная)였다. 바로 이거리가 한인들이 처음 이주하여 거처했던 개척리 마을이었다. 이곳은 1873년 군항의 개척과 병행하여 이루어진 곳으로 블라디보스톡 시가 중심부에 자리잡고 있다. 지금은 상점들이 들어서 있는 이 거리에 바로 해조신문사와 대동공보사 등이 위치하고 있었던 것이다. 그런데 러시아 당국이 1911년 봄에 돌연 "호열자의 근절"이라는 명분을 내세워 강제로 철거시키고 러시아 기병단의 병영지로 삼았다. 그리고 한인촌은 러시아 당국이 지정한 시의 서북편 변두리인 개척리에서 북쪽으로 언덕을 넘어 5丁 가량되는 곳으로 옮기게 하였다. 이곳 구개척리에서 성명회선언이 있었다.

 1) 해조신문사

 블라디보스톡 한인거류지(까레이스카야 스라보드까) 344호. 장지연이 주필로 활동한 신문임.

 2) 대동공보사

. 처음 간행시 블라디보스톡 한인거류지 600호였음.

. 1909년 5월 한인거류지 469호로 이전

. 1910년 4월 24일 한인거류지 67호로 이전.

 ㅅ.아르세니예프 박물관

 이 박물관은 1882년에 세워진 것으로 한국과 관련하여서는 발해 유물과 한인독립운동에 관한 사료들을 소장하고 있었다. 발해와 관련된 유물로는 발해의 기와 등 다양한 유물들이 전시되어 있었다. 또한 박물관에는 여진족의 유물들과 나나이족의 물고기 껍질로 만든 옷, 결혼식, 샤만 등 다양한 풍습을 보여주는 것들이 전시되어 있어 보는 이로하여금 경이로움을 갖게 하였다.

 아울러 박물관에는 과거 한인의 전통적인 의상이 각각 한벌씩 전시되어 있었으며, 20세기 초 한국인의 모습을 담은 사진이 3장 전시되어 있었다. 또한 최근 3층에 한인들의 한복과 최근 북한 그림 등도 전시되어 있다.

 박물관에서 특히 관심있게 본 것 중에 하나는 광물이었다. 이 지역에는 석탄, 아연, 수정 금, 등이 많이 생산된다고 안내인은 소개했다. 이러한 광물들을 보며 노동현장에서 고생한 한인들이 생각나 마음 아팠다.

그들은 광산에서 일하며 번 돈으로 군자금을 제공하였던 것이다.

또한 3층에는 1921년도 아니시모프부대와 연합한 쉬꼬도보 지역에 있는 한인빨치산 사진과 신발, 각반 그리고 일본군 군복, 사진, 그리고 체코제 권총, 일본 칼, 1910년대 사용하던 막심 기관총, 1918년도 뻬르바야 레츠카에 있던 볼세비키 수용소 사진 등도 전시되어 있어 혁명기관 중 한인들의 주변 환경과 항일투쟁을 엿볼 수 있었다. 그리고 볼세비키의 영웅인 세르게이 라조 사진과 빨치산 당원증, 올가근처 세르게에브카의 시위 장면 등도 전시되어 있었다.

ㅇ. 극동대학

이곳의 동양학부에는 한국어과가 있다. 블라디보스톡은 일찍부터 한국에 대하여 연구하여 온 대표적 지역이다. 이미 1899년 이곳에 동아시아 나라들과 민족들을 연구하기 위한 동방학원이 세워졌고, 한국학 연구도 활발히 진행되었다. 1890년 당시의 정치 상황이 제정러시아에 유리했기에 많은 러시아 학자, 군인, 여행가 등이 육로로 서울 등을 다녀가면서, 서적 등 자료를 수집해 갔다. 이 동양학원이 후에 극동대학으로 발전하였던 것이다. 이외에도 러시아에는 한국어과가 있는 대학이 몇개 더 있다. 뻬쩨르부르크대학, 모스끄바대학, 모스끄바 국제관계대학 등이 그것이다.

극동대학에는 동양학부가 아데우스까야 56번지에 위치하고 있다. 이 학부는 1899년에 세워진 것으로 처음에는 일본어과 조선어과, 중국어과 등이 있었다. 특히 이 학교의 교수와 졸업생들은 한국어를 할 줄 아는 관계로 한국인들에게 많은 애정을 보여 주었다. 교수인 뽀드스따빈의 경우는 1910년대 블라디보스톡 에서 조직된 권업회의 명예회원으로서 한인들의 독립운동을 도왔으며, 이 학교의 졸업생인 듀꼬프의 경우는 해조신문, 대동공보의 발행에 깊히 관여하였다. 극동대학 동양학부에는 고합그룹의 장치혁회장의 후원으로 한국학대학이 따로 설치되어 있다.

ㅈ. 혁명광장-한인강제이주의 현장

지금은 공원으로 쓰이고 있는 이 광장에 1937년 조선인들을 집합시켜 열차에 태웠다고 한다. 1937년 10월 4, 5, 7, 9, 11, 13일 등 여러 차례에 걸쳐 이주가 이루어졌던 것이다.

ㅊ. 블라디보스톡 일본총영사관 자리(현재 암병원)

대양거리에서 광장 못 미쳐 우측에 일본총영사관 건물이 남아 있다. 주소는 대양거리 20번지. 2층 석조건물. 건물에 국화 모양이 새겨져 일본 것임을 상징하고 있었다. 과거에는 건물 앞에 두마리 사자상이 있었다고 하는데 현재는 그 모습을 찾아 볼 수 없었다.

ㅋ. 블라디보스톡 항구 및 선착장

한인들이 금각만이라고 부르던 이곳은 한인들이 국내 및 러시아각지에서 이동하여 오던 곳이다. 또한 독립운동가들이 이곳에서 베를 타고 한국, 만주, 일본 등지를 몰래 드나들었다.

ㅌ. 블라디보스톡 역

시베리아횡단철도의 종착역이다. 연해주에서 활동하던 독립운동가들이 이 정거장을 통하여 이동하였다. 특히 1909년 안중근이 이곳에서 하얼빈으로 떠났고, 1937년 한인들이 중앙아시아로 이동하던 곳이다.

ㅎ. 연해주 총독 운쩨르베르게르가 거처하던 집(현재 소년단의 집)

이 집을 1891년 5월 니꼴라이 2세가 방문하였었다. 또한 운쩨르베르게르총독(1842-1921)이 1891년부터 1897년까지 거쳐하였으며, 그는 하바로브스크 명예시민으로 존경을 받았다. 또한 1918년 러시아 사회주의 혁명가 콘스탄찐 알렉산드로비치 스하노프(1894-1918)이 활동하였던 집이다.

2. 뽀시에트(한국명: 목허우)

ㄱ. 박물관

개인이 사비로 운영하는 박물관이다. 이곳에는 끄라스끼노에서 발굴한 발해 유물이 있다. 또한 한인들이 사용하던 호미, 쟁기, 맷돌, 작두, 항아리, 나무 상자, 숫가락, 놋그릇, 양동이 등 다양한 유물들이 남아있었고, 1904년 당시의 항구사진 등이 보관되어 있다.

박물관 바깥에는 1927년 중국과 전투시 사용하던 탱크, 1945년 8월 당시 일본군과 전투시 사용하던 박격포 등이 전시되어 있다.

ㄴ. 뽀시에트 항구

항구를 중심으로 많은 한인들이 거주하고 있었으며, 1914년에는 한인 이주 50주년을 기념하기 위하여 이곳에 기념비를 세우고자 하였으나, 2차세계대전의 발발로 그 뜻을 이루지 못하였다.

3. 끄라스키노(한국명: 연추, 노보끼예브스크)

ㄱ. 산 정상에 있는 기념비

끄라스키노 산위에 위치한 이 탑은 핫산의 영웅들을 추도하기 위하여 만든 탑이다.

ㄴ. 끄라스킨 중위 추도비

1938년 8월 7일 국경지역인 핫산 호수 전투에서 사망한 크라스킨(1906.6.16-1936.3.25)과 뽀자르시킨(1905-1938) 등 군인의 추도비와 무덤.

ㄷ. 러시아군 추도비

끄라스키노 시내에 위치한 탑으로 1945년 8월 9일부터 동년 9월 3일

까지 일본군과의 전투에서 사망한 658명의군인들을 추모하기 위하여 세
운 비이다. 이중 유빈산이란 한글 이름이 있어 보는 이의 마음을 더욱
아프게 하였다.

ㄹ. 안중근의사의 斷指同盟결성장소 및 의병본거지
1) 과거주소: 연추 카리
안중근이 단지동맹을 결성했던 장소는 연추 카리(下里)이며, 카리에
대하여 안중근은 供述에서,

> 카리(연추와 훈춘의 사이에 있다. 러시아와 청국의 국경이라 한다)는
> 山中의 寒村으로 5,6호의 韓家가 있다. 아마 러시아령일 것이다.[2]

라고 언급하고 있다.
2) 현재 위치: 크라스키노 쥬하노프카 마을 입구로 추정됨. 앞으로 보다
   정확한 주소지 파악이 요망됨.
3) 조사현황: 1937년 강제이주후 마을이 폐허화되어 현재는 러시아정교
   회 건물 遺趾가 남아 있으며, 아울러 한국식 우물이 남아 있
   다. 그리고 당시 학교와 한인회관 위치를 파악할 수 있다. 현
   재 쥬하노프카 마을은 그 후 새로이 만들어진 마을이다.
4) 증언자: 뽀시에트 박물관 관장 위스콜체프
   증언내용:
   ㄱ. 옛날 얀치혜마을은 1937년 스탈린에 의한 한인들의 강제추방후
자연적으로 소멸되었으며, 현재 쥬하노프카 마을은 이웃에 새로 건설된
마을임.
   ㄴ. 얀치혜 마을은 한인마을이었으므로 집구조가 온돌식이었다. 그러
므로 1937년 강제이주 후 러시아인들은 한인들의 집을 이용하지 않았으

---

2) 국사편찬위원회, 『한국독립운동사 자료 7』, pp.398-399

므로 일정기간 후 마을은 폐허화되었고, 러시아정교교회만이 1969년까지 그 모습을 유지하고 있었으나 1970년이후 사람들이 건물을 건축자제로 이용하게 되면서 파괴되었다.

ㄷ. 현재 얀치혜의 모든 건물이나 흔적은 가라지고 숲이 우거진 야산으로 변하였으나 돌로 만들어진 그 당시의 우물이 남아있다. 일반적으로 러시아인들은 우물을 나무로 만들고 있다.

ㄹ. 현재 러시아정교회 터에는 건축자제들이 어지럽게 흩어져 있으며, 러시아정교회 맡은 편에 한인회관 그리고 학교가 있었다고 한다.

ㅁ. 포시에트 박물관 관장 위시콜체프씨에 의하면 동씨는 1969년 이 마을을 방문하였으며, 그 당시 마을의 형태, 집구조, 러시아정교 학교 등을 일견으로 알 수 있는 상태였으나 30년후인 현재 이곳에 와서 보니 아무 것도 남은 것이 없다고 한탄하였다. 그 당시 한인들의 집은 나무로 역은 데다 흙은 바른 형태였다고 기억하고 있다.

<참고> 上안치혜 마을:

쥬하노프카 마을 위에 상 안치혜마을이 있었고, 이곳 역시 1937년 강제이주 이후 폐허화되었다. 이곳에 1908년에 조직된 동의회 본부가 있었고, 러시아 한인의 최고 지도지인 최재형의 집이 있었다. 그리고 그의 집에 이범윤, 홍범도, 유인석, 이위종, 안중근 등 당대의 지도자들이 기식하기도 하였다.

5) 내용설명

1909년 안중근은 대한독립의 결연한 의지를 구현하기 위한 비밀결사인 斷指同盟(동의단지회)을 조직하였다. 연추근처의 하리라는 작은 한인마을에서 안중근을 맹주로 김기룡, 강기순 등 12명이 모여 왼손 무명지를 끊고 "死亦同穴 生亦同日"을 맹약하며 "大韓獨立" 4자를 혈서로 남겼다. 아울러 안중근은 『대동공보』의 연추통신원으로 활동하였다.

*참고 <최재형과 연추>

블라디보스톡에서 1878년부터 1881년까지 회사에 근무하면서 어느 정도의 자산을 모은 최재형은 부모님과 형을 생각하게 되었다. 최재형은 1881년 포시에트 구역에 가서 아버지와 형의 거처를 수소문한 결과 그들을 얀치혜에서 찾아냈다. 얀치혜촌은 노보끼예브스크에서 3-4뵤르스타 (1 뵤르스탄는 1.067키로미터) 떨어진 곳에 위치한 한인들이 다수 거주하고 있는 곳이다. 1890년에 이 지역을 방문한 영국의 비숍여사는 이 지역의 주변 상황을 다음과 같이 묘사하고 있다.

평평한 지역은 깊고 비옥한 검은 흙으로 이루어져 있어서 모든 곡식과 식물들이 매우 잘 자란다. 모든 곡물들이 여기 모여져 있었으며, 땅은 깨끗하게 경작되어 있었다. 이 지역에 위치하고 있는 한국의 촌락들은 한국에서라면 매우 강력한 지배계층의 저택일 그러한 집이 많았다. 한국인 촌락은 그 지역 주위에 산재하고 있었다. 그 주위에 큰 부류에 속하는 촌락들은 보통 9십 2만평의 비옥한 농지를 가지고 있으며, 그런 땅에 보통 140여 세대가 거주한다.

비숍여사도 지적하고 있는 바와 같이 얀치혜는 토질이 좋은 곳이므로 최재형은 블라디보스톡에서 번 돈을 가지고 그곳에 개인농장을 만들어 농사일에 전념하고 있었다.

5.핫산(붉은 마을이란 뜻, 크라스노엘셀로)
1) 참고사항
ㄱ. 러시아의 최남단, 크라스키노에서 75키로 지점, 비포장 동로 1시간 30분 정도 소요됨. 초원이 펼쳐짐, 두만강 철교.
ㄴ. 1937년 강제이주전 조선인 마을이 370여개. 현재 러시아인 마을이 30여개 있다.
ㄷ. 한창걸의 출생지(1892.4.28)

2) 답사지역

ㄱ. 핫산 기차역

북한과 가장 가까운 곳에 위치한 역사

ㄴ. 장고봉 기념비

핫산역에 위치하고 있으며, 비문에는 "우리의 조국을 위하여 1938년 7월-8월에 하산 호수지구에서 소련군대가 일본 사무라이를 물리쳤다"고 기록되어 있다.

*장고봉사건: 1938년 7월 시베리아, 동만주, 한국 등이 접경하고 있는 곳에서 무력충돌이 일어났다. 이 사건은 발생한 구릉지 이름을 따 장고봉사건(러시아에서는 하산호사던이라고 불려진다)이라고 불리운다. 이 장고봉 사건은 소련·일본 사이에 발생한 국경분쟁으로서는 처음으로 사단 단위의 군대가 참여하여 벌어진 본격적인 전투였다. 문제의 장고봉은 소만 국경지대에 있는 약 150m의 구릉지대로서 부근에 만주철도가 지나가는 것 외에는 그다지 중요한 지점은 아니였다. 그러나 만주사변 이후 소련과 일본의 국경경비대가 배치되면서 마찰이 일어나기 시작하였다.

ㄷ. 두만강 철교

4. 우수리스크

ㄱ. 우수리스크

이곳은 1935년까지는 니꼴스크-우스리스크로, 그리고 1935년부터 1957년까지는 보로시로브로, 그리고 그 이후 오늘날까지는 우스리스크로 불리고 있는 곳이다. 블라디보스톡에서 북쪽으로 약 112Km 떨어졌으며, 과거 발해의 5경 12부 중의 한부가 이곳에 있었다. 발해가 멸망한 직후에는 중국의 영토였으나 1860년의 북경조약 체결의 결과로 러시아 영토가 되면서 점차 한국인의 이주가 시작된 곳이다. 1870년 地新

墟로 이주해 온 조선인들 가운데 96명이 청나라 배 3척을 나누어 타고 秋豊으로 향하다가 블라지보스또크에 이르러 암초에 부딪힌 기록이 있다. 이 때 96명 가운데 22명이 사망하고 나머지 생존자들은 하루에 10여 리를 걸어 8일만에 이곳에 도착하였다. 그리고 그들은 과거 러시아 병사들이 지냈던 토굴에서 거주하며 이 지역의 개척을 시작하는 것으로 정착의 계기를 마련하였다고 한다. 그 후 많은 조선인들이 이곳으로 이주하기 시작하였으며, 식민지하 항일독립운동의 주요 거점이 되기도 하였다. 블라디보스톡에서 1시간 반거리.

　ㄴ. 우수리스크(보로실로프) 고려교육전문학교

　　1918년 고려족 중앙총회에서 4만 루블이라는 거금을 들여 중등학교-현 조선사범학교를 개교하였다. 그 학교의 총장은 실업학교를 졸업한 인물이었으며, 러시아어와 한글을 가르쳤다. 교원은 대부분 러시아인이었다. 예과 2반이 있었다. 1918년부터 1920년 4월까지는 정상적으로 운영되었다. 그러나 일본군과 백군이 점령시에는 학교가 폐쇄당하였다.

　　1920년 다시 예과 1반과 본과 1번으로 다시 문을 열었다. 1924년까지는 러시아학생도 공부하는 혼성사범학교였다. 시베리아 내전 종결 후에는 러시아교육전문학교의 조선과로 개조되었다가 1926년 고려교육전문학교로서 정식 설립되었다. 1936년까지의 10년동안에 교원 244명을 배출하였다.(선봉 1936년 4월 4일자)

　　이 학교를 졸업하면 7년제 학교의 교사자격증을 획득할 수 있었다. 이 학교의 교사로서는 여러 인물이 거쳐갔지만 잘 알려진 인물로는 일제하 한국문단의 대표적인 기구의 하나였던 카프의 결성에 주도적인 역할을 했던 비운의 망명작가 포석 조명희를 들 수 있다. 그리고 졸업생으로는 오순희, 朴正愛, 주송학 등을 들 수 있다.

　　<참고> 보로실로브시 교육전문학교 학생모집 광고(선봉 1936년 7월

12일자)

보로실로브시 조선안교육전문학교에서는 1936-37학년도에 내교전과 학생 30명과 본과 학생 120명을 받는다.

입학을 지원하는 자에게는 7년제를 졸업한 지식이 있어야 하며, 연령은 16-25세까지로 제한한다.(생략)

위치: 보로실로프시 бульварная 41(선봉 1936년 7월 12일)

고려교육전문학고 위치는 최근까지 치체리나(Чичерина) 거리 54번지에 위치한 2층 건물로 파악되었으나 현지 주민의 설명과 조사단의 조사결과 블바르나야 거리가 아게에바 거리로 변경되었음으로 지금까지의 견해는 수정되어야 할 것 같다. 교육전문학교는 현재 우수리스크 아게에바 거리에 있는 미술학교 건물이다.

ㄷ. 우수리스크 4월 참변추도비

1) 위치:수이푼강 못미처에 있음.

2) 의미: 1918-20년까지 현재 비석이 있는 뒷산에 한인부대가 주둔하고 있다가 1920년 4월 4일부터 5일까지 일본군의 습격을 받아 전투를 벌이다가 240명이 모두 그 자리에서 전사하였다. 러시아에서 한인들을 위하여 세운 비석은 이만에 있는 한인위령비와 함께 두 개밖에 없다.(해외한인독립운동유적지, 한상수 저)

3) 비문내용: 승리를 위하여 수많은 사람이 죽었다. 이들의 업적은 영원하리라. 여기에는 1920년 4월 4일-4.5일까지 연해주에서 소비에트 권력을 위한 투쟁에서 간섭자들과의 전투에서 숫적인 열세상태에서 240명의 빨치산이 산화한 장소입니다.

4) 우수리스크와 4월참변:

우스리스크는 또한 의병운동을 활발히 지원했던 崔在亨 등이 총살당한 곳으로도 유명하다. 1920년 4월 4일 밤부터 5일 새벽에 연해주 지방과 연흑룡강 지방에 주둔한 일본군이 예기치 않게 극동공화국을 기습했다. 일본인들은 24시간 동안 블라지보스또크, 니꼴스크 우스리스크, 스빠스크(Спасск), 하바로브스크, 쉬꼬또보(Шкотово), 뽀시에트(Посьет), 기타 연해주 지방 지역에서 군사행동을 개시했는데, 이것은 사전에 작성된 계획에 따라 수행된 것이었다. 이때에 니꼴스크 우스리스크에서 연해주 지방과 연흑룡강 지방 노동자들의 회의가 열리고 있었다. 일본군은 이 도시를 점령하자 이 도시에 참석한 많은 대표위원들을 체포 살해했다. 체포된 사람들 중에는 한인무장 유격대 대표위원들인 최재형, 金利稷, 嚴周弼, 카피톤 黃, 이경수 등이 있었다. 그 다음날 일본인들은 그들을 모두 총살시켰다.

ㄹ. 우수리스크 역

이 역은 블라디보스톡에서 출발하는 시베리아 철도가 이 도시에서 하바로브스크 방향으로 가는 철도와 중국의 하얼빈으로 가는 철도와의 교차가 이루어지는 철도 교통의 요지였다. 역사는 3층 건물이었으며 역 광장에는 아직 레닌의 동상이 서 있었다.

ㅁ. 1920년 4월 최재형 등이 처형당한 곳

우스리스크는 러시아지역의 대표적인 독립운동가인 최재형 등이 총살 당한 곳으로도 유명하다. 1920년 4월 4일 밤부터 5일 새벽에 연해주 지방과 연흑룡강 지방에 주둔한 일본군이 예기치 않게 극동공화국을 기습했다. 일본인들은 24시간 동안 블라디보스톡, 니꼴스크 우스리스크, 스빠스크(Спасск), 하바로브스크, 쉬꼬또보(Шкотово), 뽀시에트(Посьет), 기타 연해주 지방 지역에서 군사행동을 개시했는데, 이것은 사전에 작성된 계획에 따라 수행된 것이었다. 이때에 니꼴스크 우스리스크에서 연해주 지방과 연흑룡강 지방 노동자들의 회의가 열리고 있었다. 일본군은 이 도시를 점령하자 이 도시에 참석한 많은 대표위원들을 체포 살해했다. 체포된 사람들 중에는 한인무장 유격대 대표위원들인 최재형, 金利稷, 嚴周弼, 카피톤 黃, 이경수 등이 있었다. 그 다음날 일본인들은 그들을 모두 총살시켰다.

ㅂ. 이상설의 묘소(수이푼 강)
1) 이상설과 수이푼강
이상설은 헤이그 밀사의 일인이며, 만주 용정에서 민족학교인 서전서 숙을 설립하였고, 권업회 등에서 활동한 러시아지역의 대표적인 항일운동가이다. 그는 1917년 3월 2일 48세의 일기로 작고. 다음과 같은 유언을 남겼다.

동지들은 합세하여 조국광복을 기필코 이욱하라. 나는 조국광복을 이룩하지 못하고 이 세상을 떠나니 어찌 孤魂인들 고국에 갈 수 있으랴. 내 몸과 유품 원고는 모두 불태우고 그 재마저 바다에 날린 후에 제사도 지내지 마라.

2) 위치: 이상설 선생의 유해가 화장되어 뿌려진 수이푼강.
참고: 이상설 선생의 유해가 화장되어 뿌려진 위치는 현재 정확히 알 수 없음(인하대 윤병석 교수 의견 참조하였음)
3) 수이푼 강은 빠끄라니치나야로 가는 길에 위치하고 있으며 현재 라즈돌리노예강이라고 부르고 있다. 이곳에서 보리소프카까지는 10키로미터, 꼬르사코프카까지는 20키로로 떨어져 있다.
4) 참고: 현재 이상설 선생의 직계손은 생존해 있지 않음.

ㅅ. 전로한족회대표자회의 개최지 및 전로한족중앙총회(고려국민회) 결성지(1917.5)
1) 조사 현황
1917년 러시아혁명 발발 이후 전러시아지역에 거주하고 있는 한인들은 5월 21일부터 31일까지 11일동안 한인대표 100여명이 참가한 가운데 우수리스크 자나드보롭쓰까야(3АНАДВОРОВСКАЯ) 15번지(전화번호 47)에 모여 전로한족회 대표자회의를 개최하였다. 그 결과 우스리스크에 본부를 둔 전로한족중앙총회(고려국민회)를 조직하였다. 본 답사팀은 이번 조사에서 현재 체제리나 거리에 있는 전로한족회대표자회의 개최지 및 전로한족중앙총회 건물지를 최초로 확인하였다. 현재 체체리나 거리에 위치하고 있으며, 학교운동장으로 변해 있었다.

2) 근거
1) 우스리스크 크라이(러시아 우스리스크시에서 발행된 러시아어 신문) 117호, 1917년 6월 2일, 제3면
2) 우수리스크 크라이(러시아 우스리시크에서 발행된 러시아어 신문) 118호, 1917년 6월 3일 간행, 제3면
3) 올가 보리소나 린사(러시아 우수리스크 사범대 역사학과 교수)의 연구 결과 1917년 당시 주소파악, 우스리스크 지역 노인들과의 면담,. 기준 건물을 중심으로 주소지 파악

ㅇ. 전로한족회중앙총회, 청구신보사, 한인회관(1917.11-) 건물
1) 과거 주소지: 니꼴리스크 우수리스키 자나드보롭쓰까야(3АНАДВОРОВ СКАЯ УЛ.집호수 31, 전화호수 178(청구신보 20호, 1917.11.18일자)
2) 현재 주소지:우수리스크 체체리나거리 39번지
3) 내용설명
고려족 중앙총회는 1917년 11월 자나드로봅쓰까야 15번지에서 주소지를 동거리 31번지로 변경하였다. 그리고 고려족 중앙총회의 기관지인 청구신보사도 이곳에 두었으며, 한인회관도 함께 두었다. 전로한족중앙총회는 1917년 러시아혁명이후 전러시아 한인을 대표하는 기관이었으므로 역시적 의미가 크다고 생각된다. 청구신보는 고려족중앙총회의 기관

지로서 조완구, 윤해 등이 그 주필로서 일하였다.

전로한족회중앙총회는 1919년 2월 25일 연해주의 우수리스크에서 전로국내조선인회의를 개최하고, 전로한족회중앙총회를 대한국민의회로 확대개편 하였다.

4) 조사현황

1917년 러시아혁명 이후 한인들의 대표기관인 전로한족회중앙총회와 그 기관지인 청구신보 간행장소를 발견한 것은 독립운동 연구에 대단히 큰 의미가 있다고 생각됨. 아울러 전로한족중앙총회가 1919년 2월 25일 대한국민의회로 확대 개편되었으므로 이 건물은 대한국민의회 건물로도 추정된다. 1918년 이후 일본군이 블라디보스톡에 상륙하였으므로 대한국민의회 자리는 이전하였을 가능성도 배제할 수 없다.

ㅈ. 우수리스크 거주 한인 독립운동가 주소

문창범의 집주소: 니코리스시 코리사코프스카야 거리 (니코리스크에서 약 6리정도 떨어진 六城에 본집이 있다)

안공근 거처: 꼬르사곱스카야 거리 10호 믿을 집 상점 안에 있음(청구신보 참조)

한국민족운동과 민족문제

인쇄일 초판 1쇄 1999년 11월 25일
　　　　 3쇄 2015년 03월 21일
발행일 초판 1쇄 1999년 11월 30일
　　　　 3쇄 2015년 03월 30일

지은이 한국민족운동사연구회
발행인 정 찬 용
발행처 국학자료원
등록일 1987.12.21, 제17-270호

서울시 강동구 성내동 447-11 현영빌딩 2층
Tel : 442-4623~4 Fax : 442-4625
www. kookhak.co.kr
E- mail : kookhak2001@hanmail.net
ISBN 978-89-8206-444-9 (03910)
가 격 27,000원
*저자와의 협의 하에 인지는 생략합니다.